法律学講座双書

会　社　法

第二十六版

神田秀樹著

弘文堂

第26版はしがき

　この第26版は、令和5年末頃までの動向を盛り込んで改訂したものである。上場会社に関する制度の動向のほか、この間の裁判例などの動向を盛り込んだ。この第26版でも、これまでどおり、歴史的な経緯にも言及しつつ、会社法の全体像について、できるだけ簡潔な記述をしたものとなるように努力した。

　本書の初版から第25版までについては、先輩・同僚の方々および学生の皆さんを含め、多くの読者の方々から、誤植等の指摘を含めて、多数の貴重なご指摘とご批判をいただいた。深く感謝申し上げる。

　この第26版が、進化を続けている日本の会社法の姿を勉強しようとする読者の方々の参考になれば、大変光栄である。

　弘文堂の鯉渕年祐会長には本書の初版以来格別の配慮をいただき、第4版以降は今回の改訂を含めて同編集部の北川陽子さんに細かな点に至るまで大変お世話になった。厚く御礼申し上げる。

　　令和6年2月

　　　　　　　　　　　　　　　　　　　神　田　秀　樹

は し が き〔初版〕

　本書は、会社法について筆者が理解しているところを概説したものである。できるだけ簡潔でわかりやすく記述したつもりであるが、それでも相当の頁数になってしまっている。

　鈴木竹雄先生の名著「会社法」（本シリーズで、最終版は「新版会社法全訂第5版」）は、筆者にとっても学生時代以来の愛読書であり、本書では、その伝統を引き継ぐよう努力した。

　この機会に、鈴木竹雄先生と恩師である竹内昭夫先生からいただいた学恩に改めて深く感謝したい。

　本書の執筆中に次々と法改正が成立したため、全体としてバランスがよくない点が目立つが、この点の改善は、他の点の改善とともに、将来の課題としたい。

　本書が会社法を勉強しようとする読者の方々にとって参考となれば、筆者にとってまことに幸せである。

　本書については、東京大学助手の小出篤君の有能な助力をえた。また、弘文堂の鯉渕年祐社長には格別の配慮をいただき、同編集部の丸山邦正氏と清水千香さんには細かな点に至るまで大変お世話になった。厚く御礼申し上げる。

　　平成13年8月

神 田 　秀 樹

目　　次

第3章 株式会社

凡　例（主要なもの）

会＝会社法（平成17年法86号）〔本書では、会社法の条文は条文数のみで引用した。たと
　　えば、105Ⅰ②は、会社法105条1項2号の意味〕
整備法＝会社法の施行に伴う関係法律の整備等に関する法律（平成17年法87号）
施行令＝会社法施行令（平成17年政令364号）
規則＝会社法施行規則（平成18年法務省令12号）
計算規則＝会社計算規則（平成18年法務省令13号）
電子公告規則＝電子公告規則（平成18年法務省令14号）

商＝商法（平成30年改正後）

民＝民法
有＝有限会社法〔平成17年廃止前〕
商法特例法＝株式会社の監査等に関する商法の特例に関する法律〔平成17年廃止前〕
一般法人＝一般社団法人及び一般財団法人に関する法律
信託＝信託法
担信＝担保付社債信託法
振替＝社債、株式等の振替に関する法律
土地再評価＝土地の再評価に関する法律
商登＝商業登記法
企担＝企業担保法
金商＝金融商品取引法〔旧証券取引法〕
独禁＝私的独占の禁止及び公正取引の確保に関する法律
民訴＝民事訴訟法
民執＝民事執行法
民保＝民事保全法
破＝破産法
民再＝民事再生法
会更＝会社更生法
非訟＝非訟事件手続法

民集＝大審院民事判例集・最高裁判所民事判例集
高民＝高等裁判所民事判例集

下民＝下級裁判所民事裁判例集
判時＝判例時報
判タ＝判例タイムズ
金融商事＝金融商事判例

百選＝神作裕之・藤田友敬・加藤貴仁編・別冊ジュリスト会社法判例百選〔第4版〕（有
　　斐閣・2021）
商法百選＝神作裕之・藤田友敬編・別冊ジュリスト商法判例百選（有斐閣・2019）
商判＝神作裕之・藤田友敬編・商法判例集〔第9版〕（有斐閣・2023）

　条文上は「生ずる」「準ずる」「命ずる」等と表記されるが、本書では、条文をほぼその
まま引用した一部箇所を除いて、「生じる」「準じる」「命じる」等と表記した。また、本
書では、条文をほぼそのまま引用した一部箇所では条文どおり(イ)(ロ)(ハ)の順を用いたが、
それ以外では一般に(ア)(イ)(ウ)の順での表記を用いた。

　会社法による法務省令への委任は、会社計算規則と電子公告規則への委任はすべて会社
法施行規則を経由してされる（たとえば、会社法432条1項→規則116条1号→計算規則4
条等）。しかし、本書では再委任後の法務省令の規定だけを引用する（上記の例でいえば、
規則116条1号は引用を省略する）。

第1章　総　　論

第1節　事業と法形態

　会社は、事業を行うための法形態の1つである。

　一般に、出資者が1人の事業を個人事業、出資者が複数の事業を共同事業と呼ぶが、会社は、共同事業形態の典型的なものである。共同事業は、多数の者からの出資を結合することにより大規模な事業を行うことを可能にする。

　日本では、共同事業のうちで出資者が所有者となる形態のものとして、次に述べるようないくつかの法形態がある（ただし、会社法上の会社の場合を含めて、法は出資者が1人の場合を禁止しているわけではない）。

　これらの法形態は、主として、①法人格を有するか、②出資者の責任は出資額を限度とする（出資者のいわゆる有限責任）か、③出資者と業務執行者とを別の者とすることを原則とする（所有と経営の制度上の分離）か、④出資者の持分の譲渡または投下資本回収をどのように規律するかの点において、相違がある。

　＊1）　**出資者**　　出資者という概念は、資金（金銭その他の財産が通常であるがそれ以外の場合もある）を提供し、事業の活動によって生じる利益の帰属者となるという意味である。債権者として事業に出資する者もあるが（たとえば社債権者）、そのような者は、ここにいう出資者ではない。

　＊2）　**出資者による事業の所有**　　「出資者が所有者になる」という意味は、＊1）の意味での出資者が事業の運営を支配することを意味する。そのような意味での出資者が存在しない形態または出資者が事業の所有者とならない形態として、一般社団法人や相互会社等がある。

1.　組　　合

　2人以上の者（法人でもよい）が出資をして共同事業をすることに合意すれ

ば、民法上の組合契約が成立する（民667 I）。出資は、金銭その他の財産のほか、労務（組合事業のために働くこと）や信用（名前を連ねる等）でもよい（同 II 参照）。組合は契約であり、組合に法人格は認められない。組合員の出資により組合財産が形成されるが、これは共同事業を行うためのものであるから、組合の存続中は分割することはできない（民676 III）。

　組合の債務については各組合員が責任を負うが〔無限責任〕、各組合員の損失負担の割合は組合契約で定めることができる（民674）。債権者は組合財産から先に執行する必要はなく、いきなり組合員に対して債務の履行を請求できる（民675）。

　組合の業務執行は、組合員の多数決（1人1票）で行うのが原則であるが、業務執行者を選ぶこともできる（民670 I―IV）。日常業務〔常務〕は、各組合員または各業務執行者が単独でできる（同 V）。業務執行者を選任した場合には、正当な事由がないかぎり辞任・解任はできない（民672）。

　各組合員はその持分を譲渡しても組合および組合と取引をした第三者に対抗できない（民676 I）。組合員は、脱退により持分の払戻しを受けるが（民678以下・681）、組合員の脱退により組合は当然には解散しない。

2. 匿名組合

　事業を行う者〔営業者〕と名前を出さないで出資（金銭その他の財産に限られる）をする者〔匿名組合員〕（法人でもよい）との間で出資と利益分配の契約をすると匿名組合が成立する（商535）。日本では、航空機リースや不動産の証券化等において利用される。これも契約であり、匿名組合に法人格は認められないが、民法上の組合と異なり、出資者相互間に契約はなく、組合財産も形成されない（匿名組合員が複数の場合には、匿名組合契約が複数あることになる）。

　匿名組合員は、営業者の債権者とは直接の法律関係に立たないので、債権者に対して責任は負わず、営業者に対して約束した出資さえすれば、それ以上の責任はない〔有限責任〕（商536 IV）。

　事業は営業者のものであり、出資した財産も営業者のものになるが（商536 I）、実質的には、「匿名組合員＝出資者」と「営業者＝業務執行者」とを分離した制度とみることもできる。業務は営業者が行い（同 III）、事業の利益は

契約に基づき匿名組合員に分配される（営業者が、匿名組合員との間に実質的な利益相反関係が生じ、匿名組合員の利益を害するおそれの高い行為をするときは、営業者の善管注意義務として匿名組合員の承諾を得る必要があるとした判例として、最判平成28・9・6判時2327-82〈商判Ⅱ-12〉）。

　匿名組合員が匿名組合契約上の地位を譲渡することは可能である。また、匿名組合契約が解除等により終了すれば出資は匿名組合員に返還されるが、損失が生じれば匿名組合員が負担する（商538・542）。

3．信　　託

　平成18年改正前の日本の信託法は信託という仕組みを主として財産管理の仕組みとして用意してきたが、これが事業を行う目的で利用される場合もあり、いわゆる土地信託などがその例である。平成18年に全面改正された後の信託法〔平成18年法108号〕のもとでは、委託者が受託者との間で、①受託者に対し財産の譲渡・担保権の設定その他の財産の処分をする旨および②受託者が一定の目的（信託目的）に従い財産の管理または処分とその他の信託目的達成のために必要な行為をすべき旨の契約（信託契約）を締結するなどの方法で、信託関係が成立する（他の方法も含めて、信託3・4参照）。複数の者が委託者兼受益者となって受託者と信託契約を締結すれば、共同事業の形態として利用できる。

　信託に法人格は認められず、信託財産は受託者の所有となる。受益者は、原則として「有限責任」である。そして、業務執行は受託者が行う（出資者と業務執行者との分離）。また、受益権の譲渡は原則として可能である。

4．会　　社

　会社法上の会社（2①）には、株式会社と持分会社との2つの類型があり、持分会社には、合名会社・合資会社・合同会社という3つの種類がある〔株式会社は「類型」であると同時に「種類」である〕。これらについては、第3章と第4章で述べる。

第2節　会社の概念

1. 法 人 性

(1)　法人性　会社（2①）は、法人とされる（3）。法人格が認められることにより、団体自身の名において権利を有し義務を負うことが認められ、権利義務関係の処理が簡明になる[*1]。

　会社法は、法人格取得の要件を定め、その要件がみたされたときは、行政官庁の免許等の取得を問題としないで当然に法人格を認める（準則主義）[*2]。

　　[*1]　法人性　法人であることの意味が何にあるかについては、学説上争いがある。①法人の名で権利義務の主体となれることのほか、②民事訴訟の当事者能力があるか、③法人財産への民事執行のためには法人を名宛人とする債務名義が必要か、④構成員の債権者は法人財産に追及できないか、⑤構成員に法人の債権者に対する有限責任が認められるかなどの点が指摘されてきた。たとえば、民法上の組合は法人ではないが②が認められているし、合名会社や合資会社は法人であるが、合名会社の社員や合資会社の無限責任社員には⑤は認められないので、結局、法人であることの意味が何であるかを正確に整理することは困難である。

　　[*2]　準則主義　団体が法人格を取得するのに行政官庁の許可を必要とするのを免許主義（民法35参照）、法定の要件をみたせば免許等を問題としないで法人格が付与されるのを準則主義と呼ぶ。

(2)　法人格否認の法理　会社法上明文の規定はないが、判例法上、特定の事案かぎりにおいて法人に認められる属性を否定する法理が認められており、「法人格否認の法理」と呼ばれている（最判昭和44・2・27民集23-2-511〈百選3〉〈商判Ⅰ-4〉）。最高裁の判例理論によれば、一般的には、法人格の濫用または法人格の形骸化が認められるような場合に、その事案かぎりで法人格が否認される[*3]。

　　[*3]　法人格否認の法理　最高裁の判例理論に対しては、学界では、①「法人格」否認という呼称は必ずしも正確とは言えない、②実際に問題となった事例をみると、事件の解決のために法人格否認の法理という理論構成を持ち出す必要があったか疑

問がある、③法人格の濫用と法人格の形骸化という区分は類型として不十分である等の批判がある。実体法上は法人と構成員の人格の異別性を否認できるとしても、手続法上は一方への判決効を他方へ及ぼすことは認められないのが通常であるが（最判昭和53・9・14判時906-88）、第三者異議の訴えの原告について法人格が否認された例がある（最判平成17・7・15民集59-6-1742〈商判Ⅰ-5〉）。

（3）　会社の能力の制限　　会社の権利能力については、自然人と比べると、次のような制限が問題となる。

（ア）　性質による制限　　会社は自然人ではないので、生命、身体、親族等に関する権利義務の主体となることはできない。

（イ）　法令による制限　　法令上特別の制限があれば、それに服することはいうまでもない。

（ウ）　目的による制限　　会社の権利能力は定款に定めた目的（27①・576Ⅰ①）によって制限を受ける（民34）。判例は、平成18年改正前の民法43条を会社にも類推適用してきた。昔の判例は、定款所定の目的の範囲外の行為の効力を無効とし（大判明治36・1・29民録9-102）、かつ、定款の目的条項を厳格に解釈していたが、その後、会社は定款所定の目的である事業の遂行のために必要な行為をする能力があるという弾力的な解釈を採用するに至った（最判昭和27・2・15民集6-2-77〔合資会社〕〈百選1〉〈商判Ⅰ-2〉、最大判昭和45・6・24民集24-6-625〔株式会社〕〈百選2〉〈商判Ⅰ-3〉等）。問題となる行為がこれにあたるかどうかは行為の客観的な性質から判断される。実務では、定款の目的条項を広く記載するので、今日では、ある行為がこの面で会社の能力外であるとされる可能性はまずないといってよい。^{＊4）}

> **＊4）　定款所定の目的による制限**　　学説上は、取引の安全を確保する趣旨から、定款所定の目的の範囲外の行為の効力も有効と解する見解が多い。定款所定の目的の範囲外の行為は差止めの対象となる（360Ⅰ・385Ⅰ・407Ⅰ・422Ⅰ）。なお、平成18年改正前民法43条については、学説上は、会社と取引する第三者の利益を社員の利益よりも優先すべきであるという理由で、民法43条を営利法人である会社に類推適用することを否定する見解も有力であった。平成18年に一般法人法の整備法により民法が改正されたため、同年改正後の民法34条は、会社にも適用される。

（4）　会社の住所　　会社の住所は、その本店所在地にあるとされる（4）。

2．営利法人性

　会社は事業を行い、それによって得た利益を出資者である構成員に分配することを目的とする団体であって、その意味で営利法人である。一般社団法人や公益社団法人と異なり、構成員の私的利益をはかることを目的とし、利益の構成員への分配は剰余金の配当または残余財産の分配という形等をとる（株式会社につき、105Ⅰ①②〔Ⅱに注意〕。持分会社につき、621Ⅰ・Ⅱ・664・666、持分会社における出資の払戻しにつき、624Ⅰ・Ⅱ・632以下）。事業がどのような業種であるかは問題でないが事業は対外的に行われるものでなければならず、したがって相互保険会社や協同組合は会社法上の会社とはいえない。^{＊1)}

　平成17年改正前商法52条・有限会社法1条は「会社は営利を目的とする社団である」と規定していたが、会社法ではこの規定は削除された。しかし、会社は上述した意味での営利法人性を有する。

> ＊1）　**営利法人性と営利性**　営利法人概念の構成要素としての営利性（民33Ⅱ、平成17年改正前商法52・有1）とは、対外的活動によって得た利益を構成員に分配するという意味であるのに対して、商人概念（商4Ⅰ参照）の構成要素としての営利性は、通常は利益を得ることを目的として対外的活動をするという意味であって、両者は同じではない。なお、会社設立登記の実務では、会社の定款所定の目的は後者の意味での営利性を有することを要求している。

3．社　団　性

　平成17年改正前商法52条・有限会社法1条は「会社は営利を目的とする社団である」と規定し、会社の社団性を明記していたが、会社法ではこの規定は削除された。しかし、会社は社団である。

　社団とは、組合に対する概念で、法的形式として、出資者である団体の構成員が相互に契約関係で結合する団体を組合、構成員が団体との間の社員関係により団体を通じて間接に結合する団体を社団と呼ぶ。^{＊1)}組合では、構成員が契約によって結合するため、各構成員の権利義務は他の全構成員に対する権利義務の形をとり、各構成員は団体の財産上に共有権者として物権的持分を有する。これに対して、社団では、各構成員の権利義務は社員の地位と

いう団体に対する権利関係の内容となり、団体の財産は団体自身に帰属し、構成員は観念的な持分を有するにすぎない。団体の構成員間の関係を処理するためには、社団のほうが組合よりも簡便であり、構成員が多数いる場合には、社団形式による処理が優れている。^{*2)3)}

* 1)　**社員**　ここでいう社員という概念は、団体の構成員という意味であって、日常用語にいう従業員という意味ではない。

* 2)　**社団性**　社団の定義をめぐっては、本文で述べた見解のほかにも学問上さまざまな見解が唱えられてきた。しかし、社団に関するさまざまな法律関係は法律上明定されているため、社団性を論じる実益はなく、会社法は、会社が社団であるという平成17年改正前商法の明文の規定を削除した。

* 3)　**一人会社**　株式会社や持分会社は１人で設立することができ会社の成立後も構成員が１人の株式会社や持分会社（合資会社を除く）の存在が認められる〔持分会社については会社法で認められるに至った〕。このような一人会社は社団ではないと解する見解もあるが、これもいつでも社員が複数になる可能性があるのであって、潜在的には社団であるといってよい。

第３節　　会社の類型と種類

1　会社法上の会社

　会社法上の会社には、株式会社と持分会社との２つの類型があり、持分会社には、合名会社・合資会社・合同会社の３つの種類がある（2①・575 I）〔株式会社は「類型」であると同時に「種類」である〕。これら以外の会社は認められない（2①・7参照）。^{*1)}

* 1)　**各会社の数**　日本には、令和５年10月現在、清算中の会社を除き、398万3000社の会社があるが、株式会社（特例有限会社を除く）が211万4000社、特例有限会社〔9頁＊1）参照〕が145万1000社、合名会社が１万8000社、合資会社が８万8000社、合同会社が31万1000社ある。株式会社のうち、証券取引所〔金融商品取引法に基づく金融商品取引所〕の上場会社が約3900社あり、大会社〔後述30頁参照〕は8000社程度と推測される。したがって、大部分は、中小規模の株式会社と特例有限会社である。なお、議決権を有する株主が1000人以上の会社〔30頁参照〕は4000社

図表1　会社の類型と種類

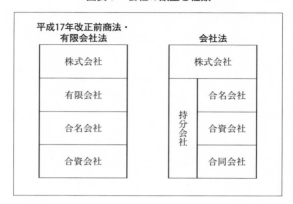

程度と推測される。

1．株式会社

　株式会社（25以下）については、第3章で詳説するが、株式会社の社員は株主と呼ばれ、株主は、株式についての払込みまたは給付という形で会社に出資をする義務を負うだけで（労務や信用の出資は原則として許されないと解されているが、明文の規定はない）、会社債権者に対して何ら責任を負わない〔有限責任〕(104)。

　業務執行と会社代表については、1株1議決権を原則とする株主総会で取締役を選任し、取締役が取締役会を構成し、代表取締役を選定し、代表取締役が業務を執行し会社を代表するというのが典型的な姿であるが、中小会社向けに簡素な機関設計も認められており、第3章で詳述する。また、原則として、各種の意思決定および業務執行の監査・監督について複雑な規律が設けられている。

　株主の投下資本の回収は、原則として持分（株式）の譲渡による(127)。

　なお、平成17年改正前の有限会社（有限会社法に基づく）という類型は、会社法上の株式会社という類型に統合されている（有限会社法は廃止されたが、会社法施行前に設立された有限会社は、会社法施行後は、法的類型としては株式会社になるものの、なお「特例有限会社」として存続し、有限会社法のもとでの規律とほぼ同様の規

律のもとで運営を継続することが認められる）。^{＊1）2）}

> **＊1）　特例有限会社**　　会社法の施行時〔平成18年5月1日〕に（有限会社法に基づ
> き）すでに設立されていた有限会社は、定款変更や登記申請等の特段の手続をせず
> に、会社法施行後は会社法上の株式会社として存続する（整備法2Ⅰ）。このような
> 会社（旧有限会社）は有限会社の文字を商号中に用い、特例有限会社と呼ばれるが
> （整備法3）、会社法施行後も、とくに期限なく、有限会社法の規律の実質が維持さ
> れるように手当てされている（たとえば、取締役の任期の最長限度不要〔整備法18〕・
> 決算公告不要〔整備法28〕等）。なお、特例有限会社は、いつでも、定款を変更して
> 株式会社に商号変更すれば（登記もする）、特例から脱却できる。
>
> **＊2）　会社法における改正前の株式会社と有限会社の規律の調整**　　株式会社と有
> 限会社とを1つの類型（株式会社）に統合するにあたり、旧有限会社法の規律と改
> 正前株式会社に関する規律との調整が必要となったが、会社法は、基本的には、両
> 者のうちでよりゆるいほうの規律の適用を受ける道を選択することを認めるという
> 形で、定款自治の自由度の拡大をはかった。ただし、取締役・監査役の任期の最長
> 限度（10年まで）（332Ⅱ・336Ⅱ）および決算公告の強制（440）等の若干の規律につ
> いては、旧有限会社法の規律を強化したので、この例外ということができる。

2. 合名会社

　合名会社（576Ⅱ）では、社員の全員が会社の債権者に対して無限の人的責任を負う（法人も社員になれる。合資会社・合同会社でも同じ）。民法上の組合と異なり、合名会社の各社員は会社債務の全額について連帯責任を負う反面、債権者に会社資産からまず弁済を受けるよう求めることができる（580Ⅰ①・605）。

　合名会社では、全社員がそれぞれ業務を執行し会社を代表するが、定款等で別段の定めをすることもできる（590Ⅰ・599Ⅰ）。

　持分の譲渡も可能であるが、全社員の同意が必要である（585Ⅰ。なおⅣ〔定款で別段の定め可〕）。なお、社員の氏名や出資の目的（労務や信用でも可（576Ⅰ⑥参照））は定款記載事項であり、その変更にも（定款に別段の定めがある場合を除き）全社員の同意が必要である（637）。投下資本の回収方法としては、持分譲渡のほかに、各社員は出資の払戻しを請求できる（624）。また、各社員は全社員の同意等により退社する（606・607・609）。退社した社員は原則として持分

の払戻しを受ける (611)。

3. 合資会社

合資会社 (576Ⅲ) では、無限責任社員と有限責任社員があり、前者は合名会社の社員と同じ責任を負い、後者は定款記載の出資の額までしか責任を負わない〔有限責任〕(580Ⅱ。未履行の出資額については会社債権者に対して直接責任を負う)。

各社員が無限責任社員か有限責任社員かは定款記載事項であり (576Ⅰ⑤・Ⅲ)、有限責任社員の出資の目的・価額または評価の標準も定款記載事項である (576Ⅰ⑥)。有限責任社員の出資は金銭その他の財産に限られる (576Ⅰ⑥)〔法文上の「金銭等」とは金銭その他の財産をいう (151Ⅰ)〕。

合資会社における業務執行と会社代表は、合名会社の場合と同様である。

持分の譲渡には、全社員の同意を必要とするのが原則であるが (585Ⅰ)、業務を執行しない有限責任社員の持分の譲渡は、業務を執行する社員全員の同意があればできる (585Ⅱ。なおⅣ〔定款で別段の定め可〕)。出資の払戻し、退社および退社による持分の払戻しは、合名会社と同様である。

4. 合同会社

会社法で創設された新しい種類の会社である (576Ⅳ)。

すべての社員が有限責任社員であり、定款記載の出資の額までしか責任を負わない〔有限責任〕(580Ⅱ)。そこで、株式会社の場合と同様、会社法は全額出資規制を採用するほか (578)、さまざまな会社債権者保護のための規律を設けている (626以下)。

業務執行と会社代表は、合名会社・合資会社の場合と同様である。

持分の譲渡、出資の払戻し、退社および退社による持分の払戻しは、合資会社の有限責任社員と同様であるが、特則がある (632—636)。

2　一般法上の会社・特別法上の会社

一般法である会社法の規定のほかにさらに特別法の規定が適用される会社を特別法上の会社と呼び、そうでないものを一般法上の会社と呼ぶことがあ

る。特別法上の会社には、特定の種類の事業を目的とする会社のための一般的な特別法（銀行法や保険業法等）の適用を受ける会社と、特定の会社だけのために特別の法律が存在する会社とがあり、後者は特殊会社と呼ぶ（その例として、日本電信電話株式会社等に関する法律に基づく日本電信電話株式会社）。

第4節　会社法の法源と構造

(1)　会社法の法源　　会社法の法源は、会社法（1条から979条まで）が主なものであるが、そのほかに特別法、商慣習、個々の会社の定款等が含まれる。会社に関する法律関係には、まず定款の規定が適用され、次に会社法の規定が適用される。これらの法律についての一般的な特別法があればそれが優先的に適用され（1）（例として社債、株式等の振替に関する法律等）、また、特定の事業を行う会社について特別法がある場合には、それがさらに優先して適用される（例として銀行法等）。以上に規定がなければ、商法1条2項により、商慣習、民法が適用されるが、これは他の商法上の法律関係と同じである。[1)2)]

　　＊1）　実質的意義の会社法と形式的意義の会社法　　理論的に法の観念を定めてこれを実質的意義の法と呼び、実際に存在する法律を形式的意義の法と呼んでこれらを対比することが学界では昔よく行われた。このような見地からは、実質的意義の会社法を会社にかかわるさまざまな関係者間の利害を調整する私的規律であると定義すれば、形式的意義の会社法である会社法典は、訴訟法や罰則等を含んでいる点で異なることになる。

　　＊2）　特別法　　社債、株式等の振替に関する法律（平成13年法75号）のほか、担保付社債信託法（明治38年法52号）、金融商品取引法（昭和23年法25号）、会社更生法（平成14年法154号）、企業担保法（昭和33年法106号）、商業登記法（昭和38年法125号）等がある。

(2)　会社法の条文の構造　　平成17年改正前商法と比較すると、会社法は、その条文の構造等について、次のような特色が見られる。[3)]　①体系（編・章立て等）を大幅に組み替えた。その際、株式会社の規定を持分会社の規定よりも先に配置し、また、簡素なものから複雑なものへという順序で条文を組み立てた（たとえば、株式会社について、機関設計がもっとも簡素な株式譲渡制限会社〔30

頁参照〕を条文配置上の出発点とし、あるいは株券不発行を条文配置上の出発点として、条文を組み立てた等）。②多くの用語を定義し（2 など）、また、条文の準用が極力少なくなるように条文を配置し記述した。もっとも、定義はすべて 2 条に置かれているわけではないし、また、準用条文がなくなっているわけではない。③多くの用語の変更がされた（たとえば、「資本」が「資本金」に、「営業」が「事業」に変更された等）。④多くの事項が政省令にゆだねられた（制定時の政令への委任事項は約20、省令への委任事項は約300）。

　　＊3）　**会社法の条文配置と本書の構成**　　会社法は、条文の配列を一新し、次のような姿としている。第 1 編　総則（1―24）、第 2 編　株式会社（25―574）、第 3 編　持分会社（575―675）、第 4 編　社債（676―742）、第 5 編　組織変更、合併、会社分割、株式交換、株式移転及び株式交付（743―816の10）〔令和元年改正後〕、第 6 編　外国会社（817―823）、第 7 編　雑則（824―959）、第 8 編　罰則（960―979）。第 1 編と第 4 編以下は、株式会社と持分会社の両方に関する規定である。また、雑則には、解散命令等のほか、組織に関する訴え・責任追及等の訴え・役員解任の訴え等の訴訟、非訟、登記、公告に関する諸規定が置かれており、雑則といっても重要な事項が含まれていることに注意する必要がある。本書が取り扱うのは株式会社を中心としている。おおむね会社法の条文の配列の順序に従うこととした（社債と組織再編等については株式会社の場合について記述した）が、株式会社の各論については条文の配列とは順序を変えている箇所がある。また、株式会社の事業譲渡等（467―470）については、組織再編の箇所〔本書第 6 章第 2 節〕で記述した。

第2章　会社法総則

　会社法は、商法総則の規定のうちで会社に適用されるものは、会社法総則（1—24）として規定することとした。その結果、平成17年改正後の商法総則は、会社以外の商人に適用される*1）（平成17年改正後の商法8—32）。

　　*1）　**会社の商人性**　会社法は本文で述べたように法の規定を整理したため、会社を商人とみなす必要はなくなり、平成17年改正前商法の該当規定（平成17年改正前商法4・52参照）は削除された〔なお、会社法5参照〕。ただし、会社も商人ではある（商4 I）（最判平成20・2・22民集62-2-576〈商法百選29〉〈商判 I-1〉）。

第1節　通　　則

　（ア）　法人性と住所　会社は、法人格を有する（3）〔4—5頁参照〕。そして、会社の住所はその本店所在地にあるものとされる（4）。

　（イ）　商行為性　会社（外国会社を含む）がその事業としてする行為およびその事業のためにする行為は、商行為とされる*1）（5）。

　　*1）　**会社の行為の商行為性**　上記最判平成20・2・22は、会社の行為は商法503条2項によりその事業のためにするものと推定されるとし、商法503条2項にいう「営業」は会社については「事業」と同義と解されるとする。

第2節　会社の商号

　(1)　会社の商号の規律　①会社（外国会社を含む）は、その名称が商号となる（6 I）。

　②会社は、その種類（株式会社・合名会社・合資会社・合同会社）に従い、その商号中に株式会社・合名会社・合資会社または合同会社という文字を用いな

ければならない（6Ⅱ）。

　③会社は、その商号中に、他の種類の会社であると誤認されるおそれのある文字を用いてはならない（6Ⅲ）。

　④会社でない者は、その名称または商号中に、会社であると誤認されるおそれのある文字を用いてはならない（7）。

　(2)　不正目的での商号の禁止　　何人も、不正の目的（最判昭和36・9・29民集15-8-2256、知財高判平成19・6・13判時2036-117）をもって、他の会社（外国会社を含む）であると誤認されるおそれのある名称または商号を使用してはならない（8Ⅰ）。

　これに違反する名称または商号の使用がされた場合には、それによって営業上の利益を侵害され、または侵害されるおそれがある会社は、その営業上の利益を侵害する者または侵害するおそれがある者に対し、侵害の停止または予防を請求することができる（8Ⅱ）。

> ＊1）　**同一商号・同一住所の会社**　　このような会社が複数存在することは認められず、同一商号・同一住所の会社の登記はできない（商登27）。
>
> ＊2）　**類似商号規制の廃止**　　平成17年改正前商法における類似商号規制は、会社設立手続のコスト増になるとの批判を受けて廃止された（平成17年改正前商法19・20、平成17年改正前商業登記法27参照）。したがって、会社法のもとでは、登記した商号の保護は、本文で述べた8条によるほか、不正競争防止法（同法3—5）等によることになる（最判昭和58・10・7民集37-8-1082参照）。

　(3)　自己の商号の使用を他人に許諾した会社の責任　　自己の商号を使用して事業または営業を行うことを他人に許諾した会社（外国会社を含む）は、その会社がその事業を行うものと誤認してその他人と取引をした者に対し、その他人と連帯して、その取引によって生じた債務を弁済する責任を負う（9）。

　取引の相手方保護の見地からは、この規定は、商号の使用を許諾した場合だけでなく、商標等の使用を許諾した場合にも類推適用されると解すべきである。

> ＊3）　**名板貸しに関する責任**　　平成17年改正前商法23条は「自己の氏、氏名または商号」と規定していた。同規定に関する判例として、次のものがある。①誤認が過失による場合でも、名義貸与者は責任を免れることはできないが、重大な過失が

あるときは、名義貸与者は責任を免れる（最判昭和41・1・27民集20-1-111〈商法百選12〉）。②他人に自己の商号を使用して営業をすることを許諾した場合、許諾者が同条の責任を負うためには、特段の事情のないかぎり、許諾を受けた者の営業が許諾者の営業と同種の営業であることが必要である〔特段の事情を認めた事例〕（最判昭和43・6・13民集22-6-1171〈商法百選13〉）。③類推適用──一般の買物客がスーパーマーケット内のペットショップＡの営業主体はスーパーマーケットの経営会社Ｂであると誤認するのもやむをえない外観があり、ＢはＡの店舗の外部にＢの商標を表示し、Ａとの間で出店および店舗使用に関する契約を締結し、そのような外観を作出し、またはその作出に関与していた場合には、Ｂは平成17年改正前商法23条の類推適用により名板貸人と同様の責任を負う（最判平成7・11・30民集49-9-2972〈商法百選14〉〈商判Ⅰ-7〉）。「精華住設機器」を冠した自己の名称を使用して営業を営むことを許諾した場合、名義貸与者は、この名称使用を許諾した営業の範囲内と認められる営業のためにその者の名義で振り出された約束手形につき、名義借用者がその名称を使用して営業を営むことがなかったとしても、それまでにその名称で開設した当座勘定取引口座を利用した名義貸与者振出名義の約束手形が無事決済されてきた状況を確かめたうえでその裏書譲渡を受けた者に対し、平成17年改正前商法23条の規定の類推適用により、手形金の支払義務を負う（最判昭和55・7・15判時982-144〈商法百選11〉〈商判Ⅰ-6〉）。④「取引によって生じた債務」──平成17年改正前商法23条の「其ノ取引ニ因リテ生ジタル債務」とは、第三者が外観を信じて取引関係に入ったため、名義貸与を受けた者がその取引により負担することとなった債務をいう。それゆえ、交通事故その他の事実行為たる不法行為に起因して名義貸与を受けた者が負担する損害賠償債務は、その不法行為が名義貸与者と同種の営業活動を行うにつき惹起されたものであっても上記の債務にあたらないのはもとより、そのような債務について、名義貸与を受けた者と被害者との間で、その支払金額と支払方法を定める示談契約が締結された場合に、契約締結にあたり、被害者が名義貸与者をもって営業主、すなわち損害賠償債務の終局的な負担者であると誤認した事実があったとしても、その契約に基づく債務は「其ノ取引ニ因リテ生ジタル債務」にあたらない（最判昭和52・12・23民集31-7-1570）。平成17年改正前商法23条の趣旨は、第三者が名義貸与者を真実の営業主と誤認して名義貸与を受けた者との間で取引をした場合に、外観を信頼した第三者を保護し、もって取引の安全を期することにあるから、名義貸与を受けた者がした取引行為の外形をもつ不法行為によって生じた損害賠償債務も「其ノ取引ニ因リテ生ジタル債務」に含まれる〔詐欺による売買の事例〕（最判昭和58・1・25判時1072-144）。

第3節　会社の使用人と代理商

1．会社の使用人

⑴　**支配人**　　(ア)　会社の支配人とは、会社の使用人のうちで会社（外国会社を含む）の本店または支店の事業の主任者である者をいう（10参照）。会社は、そのような支配人を置くことができ（株式会社について362Ⅳ③等参照）、登記する（918）。
＊1)

> ＊1)　**使用人**　　(1)　使用人と会社との関係は通常は雇用関係であるが（したがって、使用人とは「従業員」とほぼ同義である）、それ以外の場合であっても指揮命令に服する関係にあれば使用人に該当すると解するのが妥当である。取締役・執行役・監査役等は使用人ではない。なお、「社員」という言葉は、会社法のもとでは、出資者である構成員（株式会社では株主）を意味し、日常使う意味（従業員）とは異なる。
> 　(2)　使用人という概念は、会社との対内的関係で決まる概念である。対外的な代理権または代表権は、代理または代表に関する規定に従って付与される。

　(イ)　**権限**　　ⓐ　包括的代理権　　支配人は、会社に代わってその事業に関する一切の裁判上・裁判外の行為をする権限を有し（11Ⅰ）、支配人の代理権に加えた制限は、善意の第三者に対抗することができない（11Ⅲ）。
　ⓑ　支配人は、他の使用人を選任・解任する権限を有する（11Ⅱ）。
　(ウ)　**営業禁止および競業禁止**　　支配人は、会社の許可を受けた場合を除き、次の行為をすることが禁止される（12Ⅰ）。①自ら営業を行うこと。②自己または第三者のために会社の事業の部類に属する取引をすること。③他の会社または商人の使用人となること。④他の会社の取締役・執行役または業務執行社員となること。
　これに違反した場合には、その行為によって支配人または第三者が得た利益の額は、会社に生じた損害の額と推定される（12Ⅱ）。
　(エ)　**表見支配人**　　会社の本店または支店の事業の主任者であることを示す名称を付した使用人（表見支配人という）は、その本店または支店の事業

に関し、一切の裁判外の行為をする権限を有するものとみなされる（13本文）。ただし、相手方が悪意であった場合は、別である[*2）]（13ただし書）。

　＊2）　**表見支配人**　㋐　平成17年改正前商法42条は、表見支配人は「支配人ト同一ノ権限ヲ有スルモノト看做ス」と規定していたため、会社法のもとでは平成17年改正前商法と異なる解釈が成り立つ可能性がある（相手方が表見支配人を支配人であると信じていたが当該行為をする代理権がないことを知っていた場合等）〔なお、会社法354条と対比〕。

　㋑　平成17年改正前商法における判例として、次のものがある。①百貨店の「取締役店長」は平成17年改正前商法42条〔会社法13条に相当〕の表見支配人にあたる（山口地下関支判昭和63・3・15判時1292-146）。②平成17年改正前商法42条の「本店又ハ支店」とは、商法上の営業所としての実質を備えているもののみを指称すると解すべきであり、A生命保険相互会社の大阪中央支社が、新規保険契約の募集と第1回保険料徴収の取次ぎがその業務のすべてであり、A会社の基本的事業である保険業務を独立して行う権限を有しない場合には、同支社は支店に準じるものではなく、したがって、同支社長も支店の営業の主任者に準じるものではない（最判昭和37・5・1民集16-5-1031〈商法百選23〉）。③肥料販売会社の支店管下の出張所について、相場の著しい変動ある肥料の仕入れには同支店の許可を要するが、それ以外は許可なしで仕入れができ、所在県下で年間4000万円にも達する肥料の販売・運送および代金回収を行い、出張所長のもとに3名の職員を使用し、職員の給料を除く日常経費は原則としてその取立金でまかなう等の事情がある場合には、その出張所は、単に機械的に取引を行うにすぎない出先機関とは異なり、上記販売業務の範囲では本店から離れて独自の営業活動を決定し、対外的にも取引をなしうる地位にあったと認められるので、その出張所は平成17年改正前商法42条の支店にあたり、その出張所長は表見支配人にあたる（最判昭和39・3・10民集18-3-458）。④「相手方」とは取引の直接の相手方に限られ、手形行為の場合には、手形上の記載により形式的に判断されるべきではなく、実質的な取引の相手方をいう（最判昭和59・3・29判時1135-125〈商法百選24〉）。⑤信用金庫の表見支配人はその営業に関する行為をする権限を有するものとみなされるところ、その営業に関する行為は、営業の目的たる行為のほか営業のため必要な行為を含み、かつ、営業に関する行為にあたるかどうかは、当該行為につき、その行為の性質・種類等を勘案し、客観的・抽象的に観察して決せられる（最判昭和54・5・1判時931-112〈商法百選25〉〈商判 I-12〉）。

(2)　**ある種類または特定の事項の委任を受けた使用人**　　会社の事業に関するある種類または特定の事項の委任を受けた使用人は、その事項に関する

一切の裁判外の行為をする権限を有し（14Ⅰ）、その使用人の代理権に加えた
制限は、善意の第三者に対抗することができない（14Ⅱ）。^{＊3）}

> **＊3）　特定事項の委任を受けた使用人**　　判例として次のものがある。①支店長在
> 職中に貸し付けた金員の回収にあたっていた銀行の本店審査部付調査役が、その貸
> 付金を被担保債権とする抵当不動産の第三取得者との間で同不動産に関する損害担
> 保契約を締結し、または同債務を免除し、それにより銀行の債権が実質上回収不能
> になるおそれがあるような場合、その調査役は同債権の回収事務についてのみ平成
> 17年改正前商法43条〔会社法14条に相当〕の委任を受けた使用人にあたるにすぎず、
> 上記損害担保契約または債務免除の代理権までも与えられていたものではない（最
> 判昭和51・6・30判時836-105）。②平成17年改正前商法43条による代理権を主張する
> 者は、その使用人か営業主からその営業に関するある種類または特定の事項の処理
> を委任された者であることおよびその行為が客観的にみて上記の事項の範囲内に属
> することを主張・立証しなければならないが、その事項につき代理権を授与された
> ことまでを主張・立証することを要しない。そして、「善意ノ第三者」には、代理
> 権に加えられた制限を知らなかったことにつき過失のある第三者は含まれるが、重
> 過失のある第三者は含まれない（最判平成2・2・22裁判集民159-169〈商法百選26〉
> 〈商判Ⅰ-13〉）。

(3)　物品の販売等を目的とする店舗の使用人　　物品の販売等（販売・賃
貸その他これらに類する行為をいう）を目的とする店舗の使用人は、その店舗に
ある物品の販売等をする権限を有するものとみなされる〔相手方が悪意であっ
た場合は別〕(15)。

2．会社の代理商

(1)　代理商　　**(ア)　意義**　　会社の代理商とは、会社のために平常その
事業の部類に属する取引の代理または媒介をする者で、その会社の使用人で
ないものをいう（16・平成17年改正前商法46参照）。^{＊1）}

> **＊1）　代理商**　　(1)　損害保険代理店がその例である。なお、当事者が代理店とい
> う名称をつけても必ずしも法律上の代理商とはいえず、そのような名称を有しなく
> ても実質上代理商であるものもある（大判昭和15・3・12新聞4556-7）。
> 　(2)　会社法および商法が想定する仲介形態には、代理・媒介のほか、取次ぎがあ
> るが、仲介者が取引の当事者になる場合も実際には多い。**図表2**参照。

(イ)　通知義務　　代理商は、取引の代理または媒介をしたときは、遅滞

図表2　仲介の諸形態（物品の売買における売主側の仲介者の例）

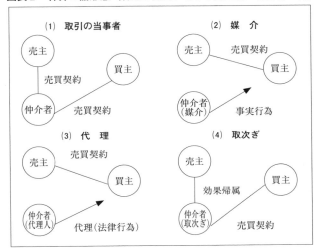

なく、会社に対し、その旨の通知を発しなければならない (16)。

　（ウ）　競業の禁止　　代理商は、会社の許可を受けた場合を除いて、次の行為をすることが禁止される (17 I)。①自己または第三者のために会社の事業の部類に属する取引をすること。②会社の事業と同種の事業を行う他の会社の取締役・執行役または業務執行社員となること。これに違反した場合、その行為によって代理商または第三者が得た利益の額は、会社に生じた損害の額と推定される (17 II)。

　（エ）　通知を受ける権限　　物品の販売またはその媒介の委託を受けた代理商は、商法526条2項の通知その他の売買に関する通知を受ける権限を有する (18)。

　（オ）　代理商契約の解除　　会社および代理商は、契約の期間を定めなかったときは、2か月前までに予告し、その契約を解除することができる (19 I)〔東京地判平成10・10・30判時1690-153参照〕。また、やむを得ない事由があるときは、会社および代理商は、いつでもその契約を解除することができる (19 II)。

　（カ）　代理商の留置権　　代理商は、取引の代理または媒介をしたことによって生じた債権の弁済期が到来しているときは、その弁済を受けるまでは、

会社のためにその代理商が占有する物と有価証券について留置権を有する〔当事者が別段の意思表示をした場合は別〕(20)。

第4節　事業の譲渡

1. 概　要

　会社法21―24条は、事業譲渡に関する取引法的側面についての規律を設けているが、組織法的側面〔株式会社〕については467―470条に規定が置かれている[*1]（平成17年改正前商法が「営業」譲渡と呼んでいたことを含めて、382頁以下参照。**図表3**）。

　　＊1）　**事業譲渡の当事者の一方が商人の場合**　　会社が会社以外の商人に対してその事業を譲渡した場合には、その会社を商法16条1項の譲渡人とみなして、商法17―18条の2が適用される（24 I）。また、会社が商人の営業を譲り受けた場合には、その商人を譲渡会社とみなして、会社法22―23条の2が適用される（24 II）。

図表3　事業譲渡

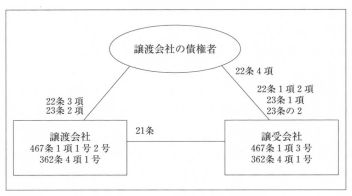

2. 譲 渡 会 社

(1)　**競業禁止**　　⒜　事業を譲渡した会社（譲渡会社）は、当事者の別段

の意思表示がないかぎり、同一の市町村（東京都と指定都市では区）の区域内および これに隣接する市町村の区域内においては、その事業を譲渡した日から20年間は、同一の事業を行うことが禁止される（21 I）。

　(b)　譲渡会社が同一の事業を行わない旨の特約をした場合には、その特約は、その事業を譲渡した日から30年間に限り、その効力を有する（21 II）。

　(c)　(a)(b)にかかわらず、譲渡会社は、不正の競争の目的をもって同一の事業を行うことは禁止される（21 III）。

(2) 譲受会社　（ア）　譲渡会社の商号を続用した場合　(a)　事業を譲り受けた会社（譲受会社）が譲渡会社の商号を引き続き使用する場合には、その譲受会社も、譲渡会社の事業によって生じた債務を弁済する責任を負う[*1]（22 I）。商号に対する第三者の信頼を保護する趣旨である。

　(b)　ただし、(i)事業を譲り受けた後、遅滞なく、譲受会社がその本店の所在地において譲渡会社の債務を弁済する責任を負わない旨を登記した場合には、(a)の責任は負わず、また、(ii)事業を譲り受けた後、遅滞なく、譲受会社および譲渡会社から第三者に対しその旨の通知をした場合には、その通知を受けた第三者について、同様とされる（22 II）。

　(c)　譲受会社が(a)により譲渡会社の債務を弁済する責任を負う場合には、譲渡会社の責任は、事業を譲渡した日の後2年以内に請求または請求の予告をしない債権者に対しては、2年経過時に消滅する（22 III）。

　(d)　(a)の場合、譲渡会社の事業によって生じた債権について、譲受会社にした弁済は、弁済者が善意でかつ重過失がないときは、有効となる（22 IV）。

（イ）　譲渡会社の商号を続用しない場合　(a)　譲受会社が譲渡会社の商号を引き続き使用しない場合であっても、譲渡会社の事業によって生じた債務を引き受ける旨の広告をしたときは、譲渡会社の債権者は、その譲受会社に対して弁済の請求をすることができる[*2]（23 I）。

　(b)　譲受会社が(a)により譲渡会社の債務を弁済する責任を負う場合における譲渡会社の責任は、(a)の広告があった日の後2年以内に請求または請求の予告をしない債権者に対しては、2年経過時に消滅する（23 II）。

（ウ）　詐害的な事業譲渡の場合　(a)　譲渡会社が「残存債権者」（譲受会社に承継されない債務の債権者）を害することを知って事業を譲渡した場合には、

残存債権者は、譲受会社に対して、承継した財産の価額を限度として、債務の履行を請求することができる（23の2 I）（譲受会社が事業譲渡の効力発生時に残存債権者を害することを知らなかったときは別である）〔平成29年民法改正により、民法の詐害行為取消し制度が類型化される等の改正を受けたが（同年改正後の民法424以下）、ここで述べる会社法と商法の規定は類型化はされずに維持されている〕。

　　(b)　譲渡会社の(a)の責任は、残存債権者が譲渡会社が残存債権者を害することを知って事業を譲渡したことを知った時から2年以内に請求または請求の予告をしないと、2年経過時に消滅し、また、事業譲渡の効力発生日から10年を経過したときも、消滅する（23の2 II）。

　　(c)　残存債権者の(a)の権利は、譲渡会社について破産手続・再生手続・更生手続開始の決定があったときは、行使することはできない（23の2 III）。

　　＊1）　**商号続用譲受会社の責任**　　主要な判例として次のものがある。①「有限会社米安商店」から営業を譲り受けた者が「合資会社新米安商店」という商号を使用する場合は、平成17年改正前商法26条1項〔会社法22条1項に対応〕の商号を続用する場合にあたらない（最判昭和38・3・1民集17-2-280〈商法百選17〉〈商判 I-8〉）。②営業の現物出資を受けて設立された会社が出資者の商号を続用する場合には、平成17年改正前商法26条の類推適用により、その会社は、出資者の営業によって生じた債務につき、出資者と並んで弁済責任を負う（最判昭和47・3・2民集26-2-183）。③平成17年改正前商法26条は営業譲渡人が営業を譲渡するまでの間にその営業により債務を負担した場合に限り適用され、譲渡人が営業譲渡後に新たに負担した債務についてまで譲受人に弁済の責任を負わせる趣旨ではない（東京高判昭和56・6・18判時1016-110）。④預託金会員制のゴルフクラブの名称がゴルフ場の営業主体を表示するものとして用いられている場合において、ゴルフ場の営業の譲渡がされ、譲渡人が用いていたゴルフクラブの名称を譲受人が継続して使用しているときは、譲受人が譲受後遅滞なくそのゴルフクラブの会員によるゴルフ場施設の優先的利用を拒否したなどの特段の事情がないかぎり、会員において、同一の営業主体による営業が継続しているものと信じたり、営業主体の変更があったけれども譲受人により譲渡人の債務の引受けがされたと信じたりすることは、無理からぬものというべきである。したがって、譲受人は、上記特段の事情がないかぎり、平成17年改正前商法26条1項の類推適用により、会員が譲渡人に交付した預託金の返還義務を負う（最判平成16・2・20民集58-2-367〈商法百選18〉〈商判 I-9〉）。⑤上記④の法理は、ゴルフ場の事業が会社分割によって分割された場合にも適用され、会社分割に伴いゴル

フ場の事業を承継した会社が預託金会員制のゴルフクラブの名称を引き続き使用している場合には、特段の事情がないかぎり、会社法22条1項の類推適用により、承継会社は預託金返還義務を負う（最判平成20・6・10判時2014-150〈百選A40〉〈商法百選19〉〈商判Ⅰ-10〉）。⑥譲渡会社の商号が「ヌギートレーディング株式会社」であり、屋号が「ザ・クロゼット」である場合、屋号が商号の重要な構成部分を内容としているとはいえないから、平成17年改正前商法26条1項を類推適用することはできない（東京地判平成18・3・24判時1940-158）。⑦その後の判例として、東京地判平成27・10・2判時2331-120・判時2292-94、東京地判平成29・11・27金融商事1608-2等。

＊2）　**債務引受けの広告**　　ABC3会社が営業を廃止し、新たにD会社が設立されて旧3会社と同一の業務を開始するという趣旨の書面を、D会社が旧3会社の取引先に送付しても、それは単なる挨拶状にすぎず、平成17年改正前商法28条〔会社法23条に対応〕にいう債務引受けを広告したことにはならない（最判昭和36・10・13民集15-9-2320〈商法百選20〉〈商判Ⅰ-11〉）。

＊3）　**詐害的な事業譲渡**　　平成26年改正で、詐害的な会社分割の場合における残存債権者保護のための規定が新設された（420頁参照）ことに合わせて、詐害的な事業譲渡の場合についても規定が新設された（23の2）。会社以外の商人の場合についても、規定が新設された（商18の2。なお、会社24参照）。平成26年改正前は、22条1項（平成17年改正前商法26Ⅰ）を類推適用して債権者保護をはかった判例がある〔＊1〕参照）。

第5節　登　　記

(1)　**概観**　　会社法の規定により会社が登記すべき事項（938Ⅲの保全処分の登記事項を除く）は、当事者の申請または裁判所書記官の嘱託により、商業登記法の定めに従い、商業登記簿に登記する（907）。

　登記した事項に変更が生じたり、消滅したりした場合には、当事者は、遅滞なく、変更の登記または消滅の登記をしなければならない（909）。

　なお、登記すべき事項のうち官庁の許可を要するものの登記の期間については、その許可書の到達した日から起算する（910）。

　会社が登記すべき事項は法定されており、本店の所在地において一定の期

間内に登記をしなければならない (911—929)〔令和元年改正により、支店の所在地における登記は廃止された（平成元年改正前930—932は削除された)〕。

(2) 登記の効力（公示力） **（ア） 登記前——登記の消極的公示力** 会社法の規定により会社が登記すべき事項は、登記するまでの間は、善意の第三者に対抗することができない (908 I 前段)。

（イ） 登記後——登記の積極的公示力 登記後は、善意の第三者に対しても登記事項を対抗することができる (908 I 前段)。ただし、第三者が正当な事由によってその登記があることを知らなかったときは、登記事項を対抗することができない (908 I 後段)。

> ＊１） **登記の効力** (1) 908条 1 項後段の「正当な事由」とは、交通途絶とか登記簿の滅失等、狭く解されている。
>
> (2) **外観信頼保護規定との関係** 908条 1 項は、他の外観信頼保護規定（たとえば会社法354条）による第三者保護を否定するものではない。この問題については、学説上さまざまな見解が唱えられている〔外観信頼保護規定が適用されるべき場合を正当な事由ある場合と解する説、そのような場合には908 I 前段の登記後の悪意擬制効を否定する説、908 I は登記すべき事項に適用し外観信頼保護規定はそれ以外の登記を見ればわかる事項に適用すると解する説等〕。
>
> (3) 主要な判例として次のものがある。①代表取締役の退任および代表権喪失につき登記がされたときは、その後はもっぱら平成17年改正前商法12条〔会社法908条 1 項に相当〕が適用され、民法112条を適用ないし類推適用する余地はない（最判昭和49・3・22民集28-2-368〈商法百選 6 〉〈判例 I -14〉)。②正当な事由——昭和43年12月28日に代表取締役の資格喪失および取締役退任の登記がされ、遅くとも昭和44年 1 月 7 日か 8 日には同登記事項につき登記簿を閲覧することが可能であった場合には、同年 2 月上旬にその者が会社名義で振り出した約束手形の受取人は、その代表資格喪失を知らなかったことにつき平成17年改正前商法12条の正当事由があるとはいえない（最判昭和52・12・23判時880-78〈商法百選 7 〉)。③選任登記前の代表取締役による手形振出——会社が商号を変更し代表取締役を選任したが未だそれらの登記がされないうちに、その代表取締役が会社名義で手形を振り出した場合、手形所持人に対して手形上の責任を負うのは会社自身であって、代表取締役個人ではない（最判昭和35・4・14民集14-5-833）。④平成17年改正前商法12条は第三者相互間においては適用されない（最判昭和29・10・15民集 8 -10-1898〈商法百選 4 〉)。⑤民事訴訟上誰が当事者である会社を代表する権限を有するかを定めるにあたっては、平成17年改正前商法12条の適用はない〔内紛が生じている同族会社で、株主が未登記の清算人

の訴訟上の会社代表資格を争った事例〕（最判昭和43・11・1民集22-12-2402〈商法百選5〉〈百選29〉〈商判Ⅰ-80〉）。

(3) 不実の登記 故意または過失によって不実の（真実でない）事項を登記した者は、その事項が不実であることを善意の第三者に対抗することができない（908Ⅱ）。これは、不実の登記を信頼した者を保護するための規定である。[*2]

＊2） 不実の登記 主要な判例として次のものがある。①平成17年改正前商法14条〔会社法908条2項に相当〕が適用されるためには、原則として、不実の登記が登記申請権者の申請に基づいてされたものであることを必要とし、そうでない場合には、登記申請権者が何らかの形でその登記の実現に加功し、または不実登記の存在が判明しているのにその是正措置をとらずにこれを放置するなど、登記を登記申請権者の申請に基づく登記と同視するのを相当とするような特段の事情がないかぎり、平成17年改正前商法14条による登記名義者の責任を肯定する余地はない（最判昭和55・9・11民集34-5-717）〔会社法のもとでの事例として、東京地判平成28・3・29金融法務2050-83〕。②「不実ノ事項ヲ登記シタル者」とは、登記を申請した商人を指すが、その不実の登記事項が取締役への就任であり、かつその就任の登記につき取締役とされた本人が承諾を与えた場合は、同人もまた不実の登記の出現に加功したものというべく、平成17年改正前商法14条を類推適用して、同人も、故意または過失があるかぎり、その登記事項の不実なことをもって善意の第三者に対抗することができない（最判昭和47・6・15民集26-5-984〈商法百選8〉〈商判Ⅰ-158〉）〔株式会社の取締役を辞任した者が、登記申請権者である会社の代表者に対し、辞任登記を申請しないで不実の登記を残存させることに明示の承諾を与えていた等の場合につき、同旨。最判昭和62・4・16判時1248-127〈百選68〉〈商判Ⅰ-159〉、最判昭和63・1・26金融法務1196-26〕（299頁＊1）⑦参照）。

第3章　株 式 会 社

第1節　総　　説

1　株式会社の特質

　株式会社の特質は、これを機能的にみると、①出資者による所有、②法人格の具備、③出資者の有限責任、④出資者と業務執行者の分離、⑤出資持分の譲渡性にあると考えられる[*1]。

　　＊1）　株式会社の特質　　日本の法制のもとでは、これらの5つの特質のうち、①②は、会社法上のすべての会社に認められている。

　(1)　出資者による所有　　前述したように、世の中には出資者以外の者が事業を所有する法形態もある（たとえば、協同組合、相互会社、一般社団法人など）。株式会社では、他の会社法上の会社と同様、資本の出資者が所有者になる。その意味は、前述したように、①出資者が事業の運営を支配するということと、②出資者が事業の活動によって生じる利益の帰属者になることにある。

　(2)　法人格　　株式会社は、他の会社法上の会社と同様、法人格を有する。このことの意味は前述した〔4頁参照〕。

　(3)　出資者の有限責任　　株式会社の出資者（株主）は、出資額を超えて会社の債務について会社債権者に対して責任を負わない(104)。株式会社は大規模な共同事業であることを法は想定しているため、このような出資者の有限責任を認めないと、出資をしようとする者にとってのリスクが大きく、多数の出資者からの資本の結合ということが困難になるからである。また、有限責任は、会社債権者にとっては会社の財産だけが債権の引当てとなり、株主の債権者にとっては株主の出資債務が有限であることを認めるものであ

り、債権者にとって明確な基準を提供し、取引を容易にするという機能がある。さらに、有限責任は、出資者と会社債権者との間のリスク分配を容易にし、そのため出資持分（株式）の価格形成と譲渡を容易にするという機能もある。

(4) **出資者と業務執行者との分離**　株式会社では、出資者が業務執行者を選任し、例外的な場合を除いて、この業務執行者が事業経営の意思決定と執行をする（所有と経営の制度上の分離）。このことは出資者が多数の場合には事業経営権を一部の経営者に集中させることを意味する。多数の出資者がいちいち経営上の意思決定を行ったり、執行をすることは多大なコストがかかる。そこで、法は、出資者と業務執行者との分離および経営権の集中を要求している。

出資者と業務執行者との分離および経営権の集中の形態にはいろいろなものがあるが、日本の現行法は、株式会社については、出資者（株主）が選任した取締役が取締役会を構成し、そこで経営上の意思決定を行うこととし、その執行は、取締役会が選定する代表取締役が行うという姿を典型としている（ただし、第6節で後述するように他の機関設計も認められる）。また、このような取締役会制度は、同時に、業務執行の監督をも行うこととされている〔詳細は、第6節参照〕。このような取締役会（ボード）を法が要求することは、先進諸外国の株式会社法に共通の特徴となっている。

(5) **出資持分の譲渡性**　株式会社では、出資持分（株式）の譲渡性が高められている。すなわち、出資持分が株式という細分化された割合的単位とされ、それは株券という有価証券に表章され、または振替制度のもとで流通するのが通常である。このような譲渡性は、有限責任と深くかかわっている。有限責任が認められていないと、出資者の信用力に応じて出資の価値が変動することとなり、出資持分の価格形成と譲渡性は著しく低下するからである。

このような出資持分について、株主の投下資本回収の道を確保するために、その自由譲渡性を法が保障すべきかという問題がある。日本の会社法は、株式の自由譲渡性を原則としながらも、一定の方法による譲渡制限を認めている（107 I ①・108 I ④）。

2 法的手法の特色

　株式会社法は、その主要な部分は株式会社にかかわる各種の利害関係者の間の利害を調整する私法的ルールであるが、とくに、出資者である株主と会社債権者の合理的期待を保護し、健全で円滑かつ効率的な企業活動を可能とすることが、その目的である。そのため、株式会社法は、*1* で述べた株式会社の特質に応じて、たとえば契約法と比べると、さまざまな特色のある規律を設けている。^{*1)}

> ＊1）　**株式会社法の強行法規性**　株式会社法の規定には強行法規が多い〔会社法では、定款で会社法の定めるルールと異なるルールを定めることが認められる場合には、会社法上その旨が明記されている（29・577）〕。ただし、強行法規という場合のその正確な意味には注意する必要がある。たとえば、株主有限責任の原則（104）は強行規定と解されているが、それは定款に異なる規定を置いても無効という意味にすぎず、特定の株主が会社債権者との間の契約で出資額を超える責任を負うことを定めれば、そのような契約は有効である。また、たとえば、株式譲渡制限は、条文上は、定款により、しかも法の定める形での制限だけが認められるが（107 Ⅱ ①・108 Ⅱ ④）、特定の株主間の契約で譲渡を制限することを定めれば、その違反があった場合には損害賠償責任を生じるという意味では、契約は有効である。このように、強行規定といっても、個々の場合についてその正確な意味を検討することが必要である。なお、強行法規性の根拠については、近年いろいろと議論がされているが、決め手となるような根拠が何か１つあるというわけではない。

　(1)　**開示制度**　株式会社は大企業向けの企業形態であり、多数の者から出資を受け、大規模に事業活動を行う。したがって、その利害関係者は広範囲にわたる。そのため、法は会社に関する各種の情報の開示を要求し、株主や会社債権者等の合理的期待を保護している。^{*2)3)}

> ＊2）　**金融商品取引法による開示制度**　金融商品取引法は上場会社等について、証券取引の円滑と投資者保護のために会社に関するさまざまな財務情報等の開示を求めている（ディスクロージャー制度）。これらの会社に関する財務情報等に関するかぎり金融商品取引法による情報開示は会社法による情報開示よりもはるかに詳細である。会社法は、金融商品取引法により開示をしている会社については会社法上の規律を簡素化するという調整を随所に取り入れている。

＊3）　**商業登記制度**　　商業登記制度〔23頁参照〕は、公示制度の１つとして、取引
上重要な事実を一般利害関係者に周知させ取引の安全に役立てるものと説かれてき
たが、その手段は開示制度のうちの間接開示制度（一定の場所で情報を提供するも
の）である。なお、日本では、登記の申請を受理するか否かは登記官が書面の審査
により行うこととされているが〔形式的審査主義（商登24）〕、実際には、登記行政
が会社法のエンフォースメントを担っている面が強い。

(2)　**ガバナンス**　　株式会社では、出資者である株主と業務執行者が分離
され、経営権が一部の者に集中されることは前述した〔27頁参照〕。法は、事
業活動の意思決定と執行、そして監査・監督に関して、複雑な仕組みを要求
し、株式会社のガバナンスについて複雑な規律を設けることによって、株主
の合理的期待を保護している。

(3)　**会社債権者保護**　　株式会社では、株主有限責任の結果、会社債権者
に対する責任財産は会社の財産だけである。このことと、業務執行者の出資
者からの分離との結果、たとえば個人が債務者である場合と比較して、会社
債権者の合理的期待が損なわれるおそれが大きい。そのため、株式会社法は、
会社債権者を保護するために特色ある規律を設けている。

(4)　**集団的処理**　　株式会社では、利害関係者の数が多数に及ぶため、そ
の法律関係を合理的に処理するために、特別の規律が設けられている。

(5)　**民事責任**　　株式会社をめぐる多数の利害関係者が不測の損害を被ら
ないように、株式会社法は、一般の不法行為責任や債務不履行責任と比べて、
取締役や監査役等の民事責任を強化している。

(6)　**罰則**　　株式会社をめぐる多数の利害関係者が不測の損害を被らない
ように、会社法は、取締役や監査役等の民事責任の強化に加えて、一定の場
合には刑事制裁を加えることとし、特別背任罪（事例として、最決平成21・11・9
刑集63-9-1117〈商判Ⅰ-132〉）をはじめとする多くの罰則規定を設けている（960—
979〔持分会社に関する規定を含む〕）。なお、会社法は特別背任などの一定の場合に
は国外犯も処罰することとしている。

(7)　**裁判所の後見的関与**　　会社法は、株主や会社債権者の利益保護のた
め、いくつかの場合について裁判所の後見的関与を認めている。そのため、
株式会社については多くの非訟事件規定が設けられている（868—906〔持分会社

に関する規定を含む〕)。

3 株式会社の規模等に応じた規律

　株式会社は本来は大企業向きの形態であり、会社法もそれを念頭に置いて各種の複雑な規律を設けている。しかし、実際には、数のうえでは中小規模の株式会社が圧倒的に多い。株式会社法を会社の規模等に応じて区分したものとすることの必要性は、長年指摘されてきたが、どのような基準で会社を区分すべきか、またどのような内容の規律が望ましいか等、難問が多い。現行法は、いくつかの局面について、会社の規模等に応じた規律を設けている。

　(1)　**規模——大会社**　最終事業年度の貸借対照表上の資本金の額が5億円以上または負債の合計額が200億円以上の株式会社は「大会社」とされ（2⑥）、会計監査人による監査が強制されるなど、一般の株式会社よりも厳格な規制を受ける。

　(2)　**株主数**　議決権を有する株主の数が1000人以上の株式会社（大会社に限られない）については、株主総会に際して株主に参考書類を交付し、書面による議決権行使の機会を提供しなければならない〔電磁的方法も可〕（298Ⅱ本文・301Ⅰ・Ⅱ。例外として298Ⅱただし書）。

　(3)　**公開性——株式譲渡制限**　会社法は、定款に株式譲渡制限の定めがある株式会社かどうかを基準として、すべての種類の株式について譲渡制限がある株式会社以外の株式会社を公開会社と定義している（2⑤）〔すべての種類の株式について譲渡制限がない会社はもちろん、一部の種類の株式についてだけ譲渡制限がある会社も公開会社となる〕。そして、さまざまな点で、公開会社か否かに応じて、異なる規律が設けられている。^{*1)}

　　　＊1）　**会社法における「公開会社」概念**　公開会社とは、通常は上場会社等を意味することが多いが、会社法における公開会社の定義はこれとは異なるので注意が必要である。本書では、便宜上、公開会社でない株式会社のことを「非公開会社」または「株式譲渡制限会社」と呼ぶことがある（正確には「全株式譲渡制限会社」とでも呼ぶべきであり、本書では必要と思われる場合はこの用語を用いる）。

　(4)　**上場会社・金融商品取引法適用会社**　会社法は、上場会社（その株

式が金融商品取引所に上場されている会社）や上場会社を含めた金融商品取引法適
用会社（有価証券報告書提出会社等）に適用される特別の規律を置いている。こ
れには、大別して、①適用範囲を限定する趣旨のタイプのもの〔たとえば、連
結計算書類制度（444）・取締役への株式報酬など（202の2・236ⅢⅣ。令和元年改正）〕と、
②金融商品取引法の適用を前提として会社法上の一般的な規律の適用を不要
とする趣旨のタイプのものがある〔たとえば、決算公告の省略（440Ⅳ）・募集株式
発行の公示の省略（201Ⅴ）〕。

4　企業グループに関する規律

　会社法は、企業の結合関係を視野に入れる必要がある。1つの会社につい
ての規律も他の会社との結合関係、換言すれば企業グループを視野に入れな
いと不十分であったり不適切であったりする場合が生じる。もっとも、ここ
でも、どのような範囲で企業グループを定義すべきか、どのような内容の規
律を設けるべきか等、難問が多い。会社法は、子会社・親会社の概念（2③・
④、規則3・4）〔平成26年改正で「子会社等」「親会社等」の定義が追加された（2③の2、
規則3の2・2④の2、規則3の2）〕を使って、いくつかの局面について、企業グ
ループを念頭においた規律を設けている。*1)
　また、相互保有株式について議決権を排斥する規律も設けられている（308
Ⅰ）〔なお、会社が保有する自己株式にも議決権はない（308Ⅱ）〕。

　＊1)　親会社・子会社の定義　　①平成13年6月改正前は発行済株式総数または出
　　資口数を基準として定義していたのを、同改正で総株主または総社員の議決権を基
　　準とすることに変更された。②会社法は、それまでの形式基準で親会社および子会
　　社を定義するやり方を改めて、実質基準で定義をすることとした〔形式基準がまっ
　　たく使われていないわけではない〕。すなわち、親会社および子会社の定義として、
　　「財務及び事業の方針の決定を支配している場合」という基準を用いることとした
　　（2③④、規則3・4）。金融商品取引法に基づく財務諸表規則8条4項の内容とほ
　　ぼ同一である〔ただし、企業会計基準における子会社概念は、細かな点で会社法上のそれ
　　と若干異なる可能性がある（企業会計基準委員会・企業会計基準第22号「連結財務諸表に
　　関する会計基準」〔平成20年12月26日・平成25年9月13日最終改正〕第6項から第7-2項
　　まで、改正企業会計基準第16号「持分法に関する会計基準」第5項および第5-2項〔平成

20年3月10日・平成20年12月26日改正)、企業会計基準適用指針第22号「連結財務諸表にお
ける子会社及び関連会社の範囲の決定に関する適用指針」〔平成20年5月13日・平成23年3
月25日最終改正〕)〕。なお、親会社および子会社には、会社以外の法人や法人格を有
しない組合等も含まれ、また、外国の会社等も含まれる。

　平成26年改正で、「子会社等」の定義（2 3の2）（子会社または会社以外の者がそ
の経営を支配している法人として法務省令〔規則3の2 I Ⅲ〕で定めるもの）と「親会社
等」の定義（2 4の2）（親会社または株式会社の経営を支配している者（法人であ
るものを除く）として法務省令〔規則3の2 Ⅱ Ⅲ〕で定めるもの）が追加された。

5　株式会社法の歴史

　日本の一般的な会社法は、ドイツ人のヘルマン・レースラーが起草した草
案をもとに旧商法（明治23年法32号）第1編第6章（明治26年7月施行）に初めて設
けられた。その後まもなく新商法（明治32年法48号）第2編がこれにとって代わ
り、その後多くの改正を経て今日に至っている。第2次世界大戦前の主要な
改正には、明治44年改正と昭和13年改正があるが（昭和13年には有限会社法も制
定された）、戦後には、昭和23年改正（株式分割払込制の廃止）、アメリカの制度
を大量に受け入れた昭和25年改正（授権株式制度・取締役会制度の導入、株主権の
強化等）のほか、その後も、昭和30年改正（新株引受権に関する改正）、昭和37年
改正（計算に関する大幅な改正）、昭和41年改正（株式譲渡制限・議決権の不統一行使
の導入等）、昭和49年改正（監査制度に関する大幅な改正、商法特例法の制定等）、昭
和56年改正（株式単位の引上げ・強制、監査制度の強化、株主総会の活性化、利益供与
の禁止、開示の充実、新株引受権付社債の導入等）、平成2年改正（株式会社の最低資
本金の導入、設立手続の簡素化、優先株式制度の合理化等）など重要な改正が相次い
で行われた。その後はさらに改正の頻度が高まり、平成5年改正、平成6年
改正、平成9年改正、平成11年改正、平成12年改正、平成13年改正、平成14
年改正、平成15年改正、平成16年改正と重要な改正が行われ、平成17年には
「会社法制の現代化」として、それまでの改正を含めて規律を統合・整理し
た「会社法」が制定されるに至った。その後、平成26年に企業統治のあり方
と親子会社に関する規律等についての改正が行われ、令和元年に企業統治等
に関する規律についての改正が行われた。[*1] ドイツ法系の立法として出発した

日本の会社法は、戦後アメリカ法の影響を強く受けて変容し、その後度重なる改正によって日本独自の色彩が加味されて今日に至っている。

* 1)　**平成5年以降の株式会社法・有限会社法の改正など**　　(1)　平成5年改正　①株主による会社の業務執行の監督是正機能を強化するため、株主代表訴訟の訴訟の目的の価額を95万円〔平成15年民訴費用法改正により160万円〕とみなし、代表訴訟を提起する手数料を請求額にかかわらず一律8,200円〔平成15年改正後は13,000円〕とした。また、代表訴訟に勝訴した株主は、会社に対して訴訟で支出した費用の支払を請求できることとした。さらに株主の帳簿閲覧請求権の持株要件を発行済株式総数の100分の3以上（従来は10分の1以上）に引き下げた。②株式会社の監査機能を強化するため、監査役の任期を3年に伸長し（それまでは2年）、大会社については、監査役を3人以上とし、社外監査役を強制するとともに、監査役会を法制化した。③社債発行限度規制の廃止、社債管理会社の原則義務づけ、社債管理会社の権限・義務の法定、社債権者集会に関する規定の整備、担保付社債信託法に関する所要の改正等、社債法の全面的な見直しを行った。

　(2)　平成6年改正　　自己株式取得規制の緩和を行った。自己株式取得禁止の例外として、取締役または使用人に譲渡するため、定時総会決議に基づいて株式を任意消却するため、株式譲渡制限会社が株式の売渡請求をするため、そのような会社が株式の相続人から株式を取得するための各自己株式の取得を、一定の要件のもとに認めることとした。

　(3)　平成9年改正　　(ア)　議員立法という形で、取締役および使用人に対するインセンティブ報酬としてのストック・オプション制度を導入し（平成9年法56号）、また、公開会社について取締役会決議に基づく株式の任意消却を認める特別法を制定した（株式の消却の手続に関する商法の特例に関する法律（平成9年法55号〔平成13年6月改正で廃止〕））。(イ)　従来からの懸案であった合併手続の簡素・合理化を行った（平成9年法71号）。(ウ)　相次ぐ大企業における総会屋への利益供与の再発を防止するために、利益供与に関する罰則の新設・強化を行った（平成9年法107号）。

　(4)　平成11年改正　　①株式交換・株式移転の制度を創設し、②親会社の株主の子会社に関する情報の収集権を整備し、③金融資産について時価会計を導入した。

　(5)　平成12年改正　　①会社分割の制度を創設したほか、②簡易な営業全部の譲受けを認め、③ストック・オプション制度を改善し、④子会社の計算による利益供与を禁止した。

　(6)　平成13年改正　　(ア)　「短期社債等の振替に関する法律」が制定され（平成13年法75号）、また、株券保管振替法も改正された（平成13年法69号）。

　(イ)　6月改正（議員立法）（平成13年法79号）　　①自己株式法制の抜本的な改正

が行われ、自己株式の取得・保有についての目的・数量・保有期間規制が撤廃され（いわゆる金庫株の解禁）、株式消却特例法は廃止された。②株式の単位（大きさ）についての法制が抜本的に改正され、法による単位の強制の撤廃（純資産額規制の廃止等）・単位株制度の廃止・単元株制度の創設・端数株と端株制度の改正・額面株式の廃止・法定準備金制度の改正・公募増資手続の緩和等が行われた。

　(ウ)　11月改正（平成13年法128号）　　①株式譲渡制限会社における授権株式数に関する制限の廃止、新株の有利発行決議の有効期間などの新株発行規制の改正、②種類株式の定款記載事項の緩和、議決権制限株式の導入、強制転換条項付株式の導入などの種類株式に関する改正、③新株予約権に関する法制整備（転換社債・新株引受権付社債等の改正を含む）が行われたほか、④会社関係の各種の書類の電子化を認める法制整備が行われ（公告の電子化は見送られた）、⑤貸借対照表の電磁的方法による公開を認めることとした。

　　各種の通知や請求等を電磁的方法でするためには原則として相手方の事前の承諾が必要である（施行令1・2参照）。たとえば、株主総会の招集通知を電磁的方法でするためには株主の事前の承諾が必要である（施行令2。例外として、株主総会での電子投票は取締役会決議かぎりで採用することができる〔214頁＊10）参照〕。令和元年改正〔株主総会資料の電子化〕について、205頁参照）。

　(エ)　12月改正（議員立法）（平成13年法149号）　　①監査役の任期を4年に伸長し、大会社につき社外監査役の資格要件を厳格化し半数以上を要求するなど、監査役制度の強化を行った。②取締役・監査役の会社に対する責任について、一定の要件・手続・限度のもとで軽減を認める制度を導入した。③株主代表訴訟制度について、訴訟上の和解に関する規定を設けるなどの改正を行った。

　(7)　平成14年改正　　(ア)　次に述べるような大幅な改正がされた（平成14年法44号）。(a)株式関係——①種類株主による取締役・監査役の選解任権の新設（株式譲渡制限会社のみ）、②株券失効制度の創設、③所在不明株主の株式の売却制度の創設、④端株等の買増制度の整備が行われた。(b)機関関係——①株主総会・社債権者集会の特別決議の定足数の緩和、②株主総会手続の簡素化（招集手続の省略・総会の開催の省略・株式譲渡制限会社での招集期間の短縮）、③株主提案権の行使期間の繰上げ等、④委員会等設置会社制度の導入（大会社）、⑤重要財産委員会制度の導入（大会社）、⑥みなし大会社制度の導入が行われた。(c)計算関係——①資産評価等の規定の法務省令への委任、②連結計算書類制度の導入が行われた。(d)その他——①現物出資等の目的財産の価格証明制度の導入、②資本減少・法定準備金減少手続の合理化、③外国会社規制の合理化が行われた。

　(イ)　「短期社債等の振替に関する法律」が大幅改正された（平成14年法65号）。法律の題名が「社債等の振替に関する法律」に改められ、振替の対象が一般の社債・

国債等に拡大され、振替制度につき振替機関と口座管理機関とからなる多層構造が導入された〔365頁参照〕。

(8)　平成15年改正　　(ア)　議員立法という形で、定款に定めを置くことにより取締役会決議に基づく自己株式の買受けを認め、また、中間配当限度額規制について、最終の決算期後に資本または法定準備金の減少があった場合には、資本減少差益または法定準備金減少差益は中間配当限度額に含める旨の法改正が行われた（平成15年法132号）。

(イ)　司法制度改革のための裁判所法等の一部を改正する法律（平成15年法128号）により、民事訴訟費用等に関する法律が改正され、同法4条2項の「財産権上の請求でない請求に係る訴えについての訴訟の目的の価額」が95万円から160万円に改正され、また、同法の別表1・1項が改正された。その結果、株主代表訴訟の提起時の手数料の額は、13,000円になった。

(ウ)　担保物権及び民事執行制度の改善のための民法等の一部を改正する法律（平成15年法134号）により、使用人の先取特権の商法上の規定（295）〔改正前〕が削除されて民法へ統合され（改正後の民法306②・308）、商法294条ノ2が同295条〔平成17年改正前〕へと条文番号の変更がされた。

(9)　平成16年改正　　(ア)　「電子公告制度の導入のための商法等の一部を改正する法律」（平成16年法87号）により、次のような改正がされた（施行は、平成17年2月1日）。①電子公告制度の創設〔50頁＊5〕参照）、②会社債権者異議手続の簡素化（官報公告に加えて新聞公告または電子公告をした場合は、分割会社の不法行為債権者を除き、知れたる債権者への個別催告は不要となった）、③一部の公告義務の廃止（株主代表訴訟以外の訴えの提起があった旨の公告義務や社債管理会社が発行会社から弁済を受けた旨の公告義務等の廃止）。

(イ)　「株式等の取引に係る決済の合理化を図るための社債等の振替に関する法律等の一部を改正する法律」（平成16年法88号）により、次のような改正がされた。①商法上「株券不発行」制度が導入されるとともに、「社債等の振替に関する法律」が「社債、株式等の振替に関する法律」に変更され、株式についても、従来の保管振替制度に代わって（無券面化を前提とした）振替制度が適用されることとなった。なお、株式の振替制度への移行（および保管振替制度の廃止）〔上記の法律の題名変更を含む〕は、システムの準備に時間がかかるため、平成21年1月5日に施行されたが、それ以外の商法改正部分の施行は平成16年10月1日である。振替制度利用会社は定款で株券不発行を定めなければならないが、それ以外の株式会社も定款で定めれば株券を発行しないことが認められることになった。②株式譲渡制限会社は、株主からの請求がないかぎり株券を発行しないでよいこととなった。③その他、すべての株式会社について、株主名簿の閉鎖制度を廃止し（株主の会社に対する権利行使

は基準日制度に一本化された）、新株発行の効力発生日を払込期日当日とする等の改正がされた。

　(ウ)　「民事関係手続の改善のための民事訴訟法等の一部を改正する法律」（平成16年法152号）により、公示催告・除権判決制度が改正された（「公示催告手続ニ関スル法律」の廃止、非訟事件手続法第3編に新制度として整備〔平成23年非訟事件手続法では第4編となった〕）。

　(10)　平成17年の「会社法」制定　　(ア)　会社法制の現代化に関する作業の成果として、「会社法」が平成17年6月に国会で成立し、7月26日に公布され（平成17年法86号）、平成18年5月1日に施行された（合併等の対価柔軟化の部分は、1年施行時期が遅れ、平成19年5月1日に施行された）。この改正は、平成15年10月22日法制審議会会社法〔現代化関係〕部会「会社法制の現代化に関する要綱試案」を経た平成17年2月9日法制審議会決定「会社法制の現代化に関する要綱」および「特別清算等の見直しに関する要綱」に基づくものであるが、衆議院で一部修正がされた。その趣旨は、次のとおりである。①会社法制の現代語化と1つの法典化（商法のうちの会社に関する規定〔商法第2編〕・有限会社法・商法特例法等の会社に関する諸規定について、前2者の平仮名口語体化をはかるとともに、会社に関する諸規定を1つの法典〔会社法〕としてまとめ、わかりやすく再編成する）。②会社法制の現代化（第1に、現代語化に関連して避けられない内容面での改正、第2に、現行諸制度間の不均衡の是正〔近年の相次ぐ改正の結果生じている不整合の是正〕、第3に、最近の社会経済情勢の変化に対応するための各種制度の見直し〔内外の実務界等から改正要望が強く出されているもの〕）。具体的内容は、次のとおりである。

　(a)　利用者の視点に立った規律の見直し（中小企業や新たに会社を設立しようとする者の実態をふまえて、会社法制を会社の利用者にとって使いやすいものとするための各種の見直し）──①株式会社と有限会社を1つの会社類型（株式会社）に統合、②設立時の出資額規制の撤廃（最低資本金制度の廃止）、③事後設立規制の見直し（検査役の調査の撤廃等）。(b)　会社経営の機動性・柔軟性の向上（会社経営の機動性・柔軟性の向上をはかるため、株式会社の組織再編行為や資金調達に関する規律の見直し、株主に対する利益の還元方法等の合理化、取締役等の責任に関する規律の合理化）──①組織再編行為に関する制度の見直し（吸収合併等の場合における対価の柔軟化・簡易組織再編行為の要件緩和・略式組織再編行為の新設）、②株式・新株予約権・社債制度の改善（ある種類の株式の譲渡についてのみ譲渡制限許容・会社に対する金銭債権の現物出資につき一定の場合に検査役の調査不要・種類株主総会の決議を要する場合の明確化・端株制度の廃止・新株予約権の取得対価として株式交付を許容・代表取締役に対する社債の発行条項に関する決定権限の授権の許容・社債管理者の権限と責任の強化・社債権者集会の特別決議の成立要件の緩和・社債券不発行制度の導入等）、③株主に対する利

益の還元方法の見直し（株主に対する金銭等の分配と自己株式の有償取得を「剰余金の分配」として整理し統一的な財源規制を整備・剰余金の分配はいつでも株主総会決議による決定を許容・委員会設置会社以外の株式会社でも一定要件をみたす場合〔取締役会のほか監査役会および会計監査人を設置し、かつ、取締役の任期を1年とする場合〕は、取締役会決議での剰余金配当を許容）、④取締役の責任に関する規定の見直し（無過失責任の見直し等、委員会設置会社とそれ以外の株式会社との規律の整合化）。(c) 会社経営の健全性の確保（会社経営の健全性を確保し、株主および会社債権者の保護をはかるための各種の見直し）──①株主代表訴訟制度の合理化（株式交換等の場合の原告適格の継続・会社の不提訴理由の通知義務・濫用的提訴の不許）、②業務適正確保体制の整備の決定の義務化〔大会社〕、③会計参与制度の創設、④会計監査人の任意設置の範囲の拡大。(d) その他──①新たな会社形態（合同会社）の創設、②特別清算制度等の見直し〔協定の可決要件の緩和等、手続迅速化・合理化のための見直し〕、③会社の整理の制度の廃止。

　(イ) 会社法の成立に合わせて、経過措置を定め、また関連する326の法律を改正する「会社法の施行に伴う関係法律の整備等に関する法律」（平成17年法87号）が成立・公布された。

　(ウ) 平成17年12月14日に「会社法施行令」（平成17年政令17号）が制定された。

　(11) 平成18年の動向　　(ア) 法務省令の制定　　平成18年2月7日に、「会社法施行規則」（平成18年法務省令12号）〔本書では「規則」として引用〕、「会社計算規則」（平成18年法務省令13号）〔本書では「計算規則」として引用〕、「電子公告規則」（平成18年法務省令14号）が制定された。

　(イ) 一般法人法の成立・公布　　「一般社団法人及び一般財団法人に関する法律」と「公益社団法人及び公益財団法人の認定等に関する法律」およびこれらの整備法が平成18年5月26日に国会で成立し、同年6月2日に公布され（平成18年法律48号、49号、50号）、平成20年12月1日に施行された。

　(ウ) 証券取引法改正の成立・公布　　「証券取引法等の一部を改正する法律」とその整備法が平成18年6月7日に国会で成立し、同年6月14日に公布された（平成18年法律65号・66号）。施行時期については、罰則の強化等の部分が平成18年7月4日に、公開買付制度と大量保有報告制度関係の部分が一部を除いて同年12月13日に、施行された。法律の題名を「金融商品取引法」に改めることを含んだ「金融商品取引法制」部分の改正（いわゆる投資サービス法制の整備）は、平成19年9月30日に施行された（代表者による確認書制度・四半期報告書制度・内部統制報告書制度については平成20年4月1日以降に開始する事業年度から適用）。また、一般法人法の施行に合わせて一部改正が施行された。

　(エ) 法の適用に関する通則法の成立・公布　　国際私法のルールを定めた「法

例」を現代化する「法の適用に関する通則法」が平成18年6月15日に国会で成立し、同年6月21日に公布され（平成18年法78号）、平成19年1月1日に施行された。

　　(オ)　新信託法の成立・公布　　新しい信託法とその整備法が平成18年12月8日に国会で成立し、同年12月15日に公布され（平成18年法108号、109号）、平成19年9月30日に施行された。この整備法において会社法の改正が含まれている（信託法改正に関係しない部分は公布日から施行された）。

　⑿　平成19年の動向　　(ア)　会社法のうちで合併等の対価柔軟化の部分は、上述したように、平成19年5月1日に施行された。対応する法務省令（会社法施行規則）の改正は、平成19年4月25日に公布された（平成19年法務省令30号。5月1日施行）。

　　(イ)　公認会計士法が改正され（平成19年法99号、平成19年6月27日公布）、平成20年4月1日に施行された。

　　(ウ)　会計基準等　　平成19年4月25日に、企業会計基準適用指針第17号「払込資本を増加させる可能性のある部分を含む複合金融商品に関する会計処理」が公表され、6月15日には、企業会計基準第10号「金融商品に関する会計基準」の改正が公表された〔最終改正は令和元年7月4日〕。また、上記(ア)の対価柔軟化を受けて、平成19年11月15日に、企業会計基準適用指針第10号「企業結合会計基準及び事業分離等会計基準に関する適用指針」の改正が公表された（平成20年4月1日以降の組織再編について適用）。これに対応して法務省令の一部が改正された（平成20年法務省令12号）〔平成20年4月1日施行〕。

　⒀　平成20年以降の動向　　(ア)　平成20年12月26日に、次のものが公表された。企業会計基準第21号「企業結合に関する会計基準」、企業会計基準第22号「連結財務諸表に関する会計基準」、企業会計基準第23号「『研究開発費等に係る会計基準』の一部改正」、改正企業会計基準第7号「事業分離等に関する会計基準」、改正企業会計基準第16号「持分法に関する会計基準」、改正企業会計基準適用指針第10号「企業結合会計基準及び事業分離等会計基準に関する適用指針」。これに対応して、平成21年3月27日に、会社法施行規則および会社計算規則の一部改正が公布され（平成21年法務省令7号）、同年4月1日に施行された。

　　(イ)　平成21年6月30日に取りまとめられた企業会計審議会「我が国における国際会計基準の取扱いに関する意見書（中間報告）」は、IFRS（国際財務報告基準・国際会計基準）について、平成22年3月期から一部の上場会社の連結財務諸表について任意適用をすることおよび平成24年を目途として強制適用について判断することを表明した（ただし、その後、平成23年に検討時期の延期がされることとなった）。これに対応して、平成21年12月11日に、会社計算規則の一部改正が公布・施行された（平成21年法務省令46号）。

　　(ウ)　平成23年3月30日に、東北地方太平洋沖地震後の対応として、法務省は「定

時株主総会の開催時期について」と「定時株主総会の開催時期に関する定款の定めについて」を公表し、また、金融庁は、特定非常災害特別措置法とそれに基づく政令により有価証券報告書の提出期限に関する特例措置を政令で定めると公表した。

(エ) 企業会計基準委員会の過年度遡及修正に関する会計基準（企業会計基準第24号「会計上の変更及び誤謬の訂正に関する会計基準」平成21年12月4日制定）が平成23年4月1日以降適用されることに対応して、平成23年3月31日に、会社計算規則等の一部改正が公布・施行された（平成23年法務省令6号）。

(オ) 新しい非訟事件訴訟法が制定され（平成23年法律51号）、その整備法で関係する会社法の規定の改正がされた（平成23年法律53号）〔いずれも平成23年5月25日公布、平成25年1月1日施行〕。会社非訟事件では、当事者が対立する紛争について手続保障の観点から申立書（写し）の送付、審問と陳述の聴取、審理終結と裁判日の告知等が取り入れられた（870以下）。また、裁判所は、文書提出命令を出せるようになり（非訟53Ⅰ）、専門委員を関与させてその意見を聴くことができるようになった（非訟33）。

(カ) 平成23年11月16日に、会社法施行規則と会社計算規則の一部改正が公布・施行された（平成23年法務省令33号）（そのうち一部の施行は11月24日）。これは、①企業会計基準委員会の連結会計基準の改正を受けての子会社の範囲に関する特別目的会社の特則の改正、②米国会計基準に関する規定の本則化（IFRSの検討時期が延期されたため、平成21年12月改正前の状態に戻した〔上記(イ)参照〕）、③資産流動化に関する法律の改正に伴う整備をしたものである。

(キ) 平成25年6月19日、企業会計審議会は「国際会計基準（IFRS）への対応のあり方に関する当面の方針」を公表し、IFRSへの対応の当面の方針として、「任意適用要件の緩和」「IFRSの適用の方法」「単体開示の簡素化」について、考え方を整理した。この結果、日本では、当面は、日本基準・米国基準・ピュアIFRS・エンドースメントされたIFRSという4つの基準が並存することとなった。

その後、平成26年7月31日に、企業会計基準委員会は、公開草案「修正国際基準（国際会計基準と企業会計基準委員会による修正会計基準によって構成される会計基準）（案）」を公表し、その後の審議を経て、平成27年6月30日に企業会計基準委員会「修正国際基準の適用」が公表された（同日付の企業会計基準委員会「『修正国際基準（国際会計基準と企業会計基準委員会による修正会計基準によって構成される会計基準）』の公表にあたって」参照）〔最終改正は、平成30年12月27日〕。また、同日、企業会計基準委員会による修正会計基準第1号「のれんの会計処理」および企業会計基準委員会による修正会計基準第2号「その他の包括利益の会計処理」が公表された（その後、平成28年7月25日および平成29年4月11日に改正）。

これを受けて、平成27年9月4日に連結財務諸表規則の改正が公布された。また、

平成27年11月6日に会社計算規則の改正案が公表され、この改正は、平成28年1月8日に公布・施行された（平成28年法務省令1号）。改正後の会社計算規則120条の2は、平成28年3月31日以後に終了する連結会計年度に係る連結計算書類について適用される。

なお、平成25年9月13日に、企業会計基準第21号「企業結合に関する会計基準」、同第22号「連結財務諸表に関する会計基準」、同第7号「事業分離等に関する会計基準」、企業会計基準適用指針第10号「企業結合会計基準及び事業分離等会計基準に関する適用指針」等が改正されている。また、平成27年3月26日に、企業会計基準第1号「自己株式及び準備金の額の減少等に関する会計基準」および企業会計基準適用指針第2号「自己株式及び準備金の額の減少等に関する会計基準の適用指針」が改正された。

⑭　平成26年改正　　平成22年2月に、法務大臣から法制審議会に対して次の諮問がされた。「会社法制について、会社が社会的、経済的に重要な役割を果たしていることに照らして会社を取り巻く幅広い利害関係者からの一層の信頼を確保する観点から、企業統治の在り方や親子会社に関する規律等を見直す必要があると思われるので、その要綱を示されたい」。これを受けて、法制審議会に会社法制部会が設置され、同年4月以降、会社法制の見直しの審議が進められた。平成23年12月に、法務省民事局参事官室から「会社法制の見直しに関する中間試案」と「会社法制の見直しに関する中間試案の補足説明」が公表され、その後の審議を経て、平成24年8月1日に会社法制部会は要綱案と附帯決議を決定し、同年9月7日に法制審議会は会社法制の見直しに関する要綱と附帯決議を決定し公表した。

これに基づいて、その後一部修正された改正法案が平成25年11月29日に国会に提出され、改正法は平成26年6月20日に国会において成立し、6月27日に公布された〔平成26年法90号〕。この改正は、平成27年5月1日に施行された。関連する法務省令（会社法施行規則・会社計算規則・電子公告規則）の改正は、平成27年2月6日に公布された（平成28年1月8日に会社法施行規則の一部改正が公布・施行されている〔平成28年法務省令1号〕）。なお、改正法附則25条で、施行後2年経過した場合において、「社外取締役の選任状況その他の社会経済情勢の変化等を勘案し、企業統治に係る制度の在り方について検討を加え、必要があると認めるときは、その結果に基づいて、社外取締役を置くことの義務づけ等所要の措置を講ずるものとする」とされた。

この平成26年改正の主な事項は次のとおり。

㋐　企業統治に関する改正　　①監査等委員会設置会社制度の創設、②社外取締役を置いていない場合の理由の開示、③社外取締役・社外監査役の要件の改正、④取締役・監査役の責任の一部免除制度の改正、⑤会計監査人の選任等議案の内容の決定に関する改正、⑥支配株主の異動を伴う募集株式発行等に関する改正、⑦仮装

払込みによる募集株式の発行等の規律の改正、⑧新株予約権無償割当てに関する割当通知についての改正。

(ｲ) **親子会社に関する改正** ①子会社等・親会社等の定義の創設、②株主代表訴訟制度に関する改正（多重代表訴訟制度の創設および組織再編の際の旧株主への代表訴訟原告適格付与）、③企業集団の業務の適正を確保するために必要な体制の整備、④親会社による子会社の株式等の譲渡に関する改正、⑤特別支配株主の株式等売渡請求制度の創設、⑥全部取得条項付種類株式の取得に関する改正、⑦株式の併合に関する改正、⑧株主総会決議取消しの訴えの原告適格の改正、⑨株式買取請求権に関する改正、⑩組織再編等の差止請求制度の創設、⑪会社分割等における債権者保護（詐害的な会社分割における残存債権者の保護等および分割会社に知れていない債権者の保護）。

(ｳ) **その他** ①株主名簿閲覧請求の拒絶事由の一部削除、②募集株式が譲渡制限株式である場合等の総数引受契約の取扱い、③監査役の監査の範囲に関する登記についての改正、④人的会社分割時の準備金の計上に関する特則、⑤発行可能株式総数に関する改正。

なお、法制審議会の要綱では、金融商品取引法上の一定の規制に違反した者による議決権行使の差止請求制度の規定を創設することとされていたが、改正法案には盛り込まれなかった。この問題は、現行法のもとにおけると同様、解釈にゆだねられることとなる。

(15) 平成27年3月5日に、金融庁と東京証券取引所を共同事務局とする「コーポレートガバナンス・コードの策定に関する有識者会議」が上場会社向けに「コーポレートガバナンス・コード原案」を策定した。このコードは、東京証券取引所において規範化され、平成27年6月1日から適用されている（平成30年6月1日と令和3年6月11日に一部改訂）〔コードの部分は、本書巻末（448頁以下）に収録した〕。

(16) **平成29年の民法（債権関係）改正** 法制審議会の民法（債権関係）部会は、平成27年2月10日に「民法（債権関係）の改正に関する要綱案」を決定し、法制審議会は、平成27年2月24日に「民法（債権関係）の改正に関する要綱」を決定して法務大臣に答申した。これに基づく民法改正法案は平成27年3月31日に国会に提出され、改正法は平成29年5月26日に成立し、平成29年6月2日に公布された（平成29年法44号。整備法は平成29年法45号。一部を除いて令和2年4月1日から施行）。

(17) **有価証券報告書と事業報告・計算書類の一体化等** 金融商品取引法に基づく有価証券報告書と会社法に基づく事業報告・計算書類の一体化に向けた検討がされており、金融庁＝法務省「一体的開示をより行いやすくするための環境整備に向けた対応について」（平成29年12月28日）、公益財団法人財務会計基準機構「有価証券報告書の開示に関する事項―『一体的開示をより行いやすくするための環境整備

に向けた対応について』を踏まえた取組─」（平成30年3月30日）、内閣官房＝金融庁＝法務省＝経済産業省「事業報告等と有価証券報告書の一体的開示のための取組の支援について」（平成30年12月28日）、経済産業省「事業報告等と有価証券報告書の一体的開示FAQ（制度編）」（令和3年1月18日）が公表されている。

　また、平成30年3月30日に、企業会計基準第29号「収益認識に関する会計基準」が制定され、平成31年1月16日に、企業会計基準第21号「企業結合に関する会計基準」および企業会計基準適用指針第10号「企業結合会計基準及び事業分離等会計基準に関する適用指針」が改正されている。

　⒅　平成30年商法改正　　平成30年に商法および国際海上物品運送法の改正が行われた（平成30年5月25日公布〔法29号〕・平成31年4月1日施行）。運送に関する規律の現代化が行われたほか、商法の片仮名条文の部分の平仮名口語化が実現した。

　⒆　令和元年改正　　平成26年会社法改正に係る改正法の見直し条項（同改正法附則25条。前掲⒃）を受けて、平成29年2月9日の法制審議会の会議において、法務大臣から法制審議会に対し、「近年における社会経済情勢の変化等に鑑み、株主総会に関する手続の合理化や、役員に適切なインセンティブを付与するための規律の整備、社債の管理の在り方の見直し、社外取締役を置くことの義務付けなど、企業統治等に関する規律の見直しの要否を検討の上、当該規律の見直しを要する場合にはその要綱を示されたい」という諮問がされた。この諮問第104号を受けて、会社法制（企業統治等関係）部会が設置された。

　部会は、平成29年4月26日に第1回会議を開催して調査審議を開始し、平成30年2月14日の第10回会議において「会社法制（企業統治等関係）の見直しに関する中間試案」を取りまとめ、この中間試案について法務省民事局参事官室において意見募集の手続（パブリックコメントの手続）が行われた。この中間試案と併せて法務省民事局参事官室による「会社法制（企業統治等関係）の見直しに関する中間試案の補足説明」が公表された。この意見募集をした結果、意見募集期間中に65の団体と120名の個人から意見が寄せられた。その後、部会は、これらの意見をも踏まえ、引き続き調査審議を行い、平成31年1月16日の第19回会議において「会社法制（企業統治等関係）の見直しに関する要綱案」と「附帯決議」を決定した。この部会の要綱案と附帯決議は平成31年2月14日に法制審議会の会議に付議・報告され、同会議において要綱案と附帯決議のとおりの内容で要綱の取りまとめと附帯決議がされ、要綱は法務大臣に答申された。

　その後、法務省において法案が作成され、令和元年10月18日に会社法改正法案と整備法案が国会に提出された。これらの法案は、衆議院において一部修正のうえ可決され、参議院においてもこれが可決されて、令和元年12月4日に改正法が成立し、同年12月11日に公布された（令和元年法70号・71号）。施行日は、株主総会資料の電

子化と登記に係る改正部分を除いて令和3年3月1日、株主総会資料の電子化と登記に係る改正部分は令和4年9月1日である。関係する法務省令（会社法施行規則および会社計算規則）の改正も行われた（令和2年11月27日公布〔令和2年法務省令52号〕。その後の法務省令改正について後述(21)を参照）。

令和元年改正は、平成17年の会社法制定後のまとまった改正としては、平成26年改正に次ぐ2度目のものである。

改正の主な内容は、次のとおり。(1)株主総会に関する規律の見直し（株主総会資料の電子提供制度の導入、株主提案権に関する制限の導入）、(2)取締役等に関する規律の見直し（取締役等への適切なインセンティブの付与〔取締役の報酬等の規律の改善・会社補償契約に関する規律の新設・会社役員賠償責任保険に関する規律の整備〕、社外取締役の活用等〔業務執行の社外取締役への委託に関する規律の整備・社外取締役を置くことの義務づけ〕）、(3)その他（社債の管理に関する規律の整備〔社債管理補助者制度の導入・社債権者集会決議による社債の元利金の減免等〕、株式交付制度の創設、その他〔株主代表訴訟における和解に関する規律の整備・議決権行使書面の閲覧等の制限・株式の併合等に関する事前開示事項の整備・登記に関する見直し・取締役等の欠格条項の削除およびこれに伴う規律の整備〕）。

(20)　計算規則の改正等　(1)企業会計審議会で監査報告書の記載区分等および監査報告書における意見の根拠の記載等に関する監査基準の改訂が行われ（平成30年7月5日および令和元年9月3日）〔200頁参照〕、これを受けて、会社計算規則が令和元年12月27日に一部改正され（令和元年法務省令54号）、同日施行された。(2)企業会計基準委員会の企業会計基準第30号「時価に関する会計基準」（令和元年7月4日）を受けて、会社計算規則の改正がされた（令和2年3月31日公布・施行〔令和2年法務省令27号〕）。(3)企業会計基準委員会の企業会計基準第29号「収益認識に関する会計基準」（平成30年3月30日制定）の改正（令和2年3月31日）および企業会計基準第31号「会計上の見積りの開示に関する会計基準」（令和2年3月31日制定）を受けて、会社計算規則の一部改正がされた（令和2年8月12日公布・施行〔令和2年法務省令45号〕）。(4)令和3年1月28日、企業会計基準委員会は、取締役等の報酬等として金銭の払込み等を要しないで株式の発行等をする場合における会計処理および開示についての会計基準を公表している。実務対応報告第41号「取締役の報酬等として株式を無償交付する取引に関する取扱い」、改正企業会計基準第5号「貸借対照表の純資産の部の表示に関する会計基準」、企業会計基準適用指針第8号「貸借対照表の純資産の部の表示に関する会計基準等の適用指針」。この実務対応報告は、費用の認識や測定については、企業会計基準第8号「ストック・オプション等に関する会計基準」（平成17年12月27日）に準じることとしている。なお、これは、会社法202条の2に基づいて取締役の報酬等として株式を無償交付する取引を対象としており、

いわゆる現物出資構成により、金銭を取締役等の報酬等としたうえで取締役等に株式会社に対する報酬支払請求権を現物出資財産として給付させることによって株式を交付する場合には適用されない。対応する会社計算規則（会社法445Ⅵ参照）は、令和2年11月27日に定められている（計算規則42の2、42の3および2Ⅲ34〔株式引受権〕、54の2、76Ⅰ1ハ・2ハ、96Ⅱ1ハ・2ハ、105④・106③）。

(21)　**新型コロナウイルス感染症の感染拡大を受けての特別措置等**　(1)令和2年の新型コロナウイルス感染症の感染拡大を受けて、次の文書等が公表された。法務省「定時株主総会の開催について」（令和2年2月28日。令和3年12月13日・令和4年12月26日に更新）、経済産業省＝法務省「株主総会運営に係るQ&A」（令和2年4月2日。4月14日・4月28日に更新）、法務省「商業・法人登記事務に関するQ&A」（令和2年4月13日。5月1日・5月28日に更新）、金融庁「新型コロナウイルス感染症緊急事態宣言を踏まえた有価証券報告書等の提出期限の延長について」（令和2年4月14日。4月22日に更新）、新型コロナウイルス感染症の影響を踏まえた企業決算・監査等への対応に係る連絡協議会「新型コロナウイルス感染症の影響を踏まえた企業決算・監査及び株主総会の対応について」（令和2年4月15日）等、金融庁＝法務省＝経済産業省「継続会（会社法317条）について」（令和2年4月28日）。また、令和2年5月15日に会社法施行規則および会社計算規則の緊急一部改正が公布・施行され（令和2年法務省令37号）、同日から6か月以内に招集手続が開始される定時株主総会について事業報告の一部・貸借対照表・損益計算書をウェブ開示制度〔205頁＊5）参照〕の対象とすることを認めた〔法務省「会社法施行規則及び会社計算規則の一部を改正する省令（令和2年法務省令第37号）について」令和2年5月15日〕。

(2)令和3年の定時株主総会についても、省令改正の施行日（令和3年1月29日）から令和3年9月30日までに招集の手続が開始される定時株主総会に限って、上記と同様の法務省令の改正がされた（令和3年1月29日公布・施行の令和3年法務省令1号）。なお、この改正に合わせて、企業会計審議会の「その他の記載内容」等に関する監査基準の改訂（令和2年11月6日）を受けての会社法施行規則および会社計算規則の改正がされている〔この改正の効力に時限はない〕。

(3)その後、令和3年12月23日に同様の省令改正（令和3年法務省令45号）が公布・施行され、同日から令和5年2月28日までの間、上記と同様の特例が適用された（令和5年3月以降は、令和元年改正による株主総会資料の電子提供制度が利用可能となっている）。

(4)令和4年12月26日に法務省令が改正され、株主総会資料の電子提供制度のもとで株主から書面交付請求があった場合に書面でなくウェブでの情報提供でよい場合が拡大されている（令和4年法務省令43号）。

(22)　**産業競争力強化法の令和3年改正**　　令和3年6月16日に産業競争力強化法

が改正され、一定の条件のもとで上場会社が経産大臣および法務大臣による確認を受けて定款を変更した場合（施行日から2年間はみなし定款変更可）にはバーチャルオンリー株主総会（場所の定めのない株主総会）を実施できる特例、株式対価M&Aにおける事前認定不要の株式譲渡益課税繰延べおよび株式買取請求権の適用除外等の会社法の特例が設けられている。

　(23)　サステナビリティ開示基準　　IFRS財団は、令和3年11月3日に、国連気候変動枠組条約第26回締約国会議（COP26）において、同財団内にサステナビリティに関する開示基準の開発を目的とする新しい会議体として「国際サステナビリティ基準審議会（International Sustainability Standards Board：ISSB）」を設置することを発表した。同基準審議会は、令和5年6月26日に最初の基準であるIFRS-S1号（サステナビリティ関連財務情報の開示に関する全般的要求事項）とIFRS-S2号（気候関連開示）を公表している。日本では、令和4年12月に金融庁が「我が国におけるサステナビリティ開示のロードマップ」を公表し、また、令和4年7月1日に公益財団法人財務会計基準機構の下に「サステナビリティ基準委員会」が設置され、基準開発に向けた活動を行っている。

　(24)　金融商品取引法の内部統制監査基準の改訂　　企業会計審議会は、令和5年4月7日に「財務報告に係る内部統制の評価及び監査の基準並びに財務報告に係る内部統制の評価及び監査に関する実施基準の改訂について（意見書）」を公表し、この基準と実施基準が改訂されている。

第2節　設　　立

1　概　　要

1．設立の意義

　株式会社の設立とは、株式会社という団体を形成し、株式会社が法人格を取得し、法律上の人格者（法人）になるということである。

　(1)　**実体の形成**　　株式会社という団体の実体の形成は、次のようなプロセスを経る。①団体の根本規則である定款の作成（＋公証人の認証を受ける）、②株式発行事項の決定と株式の引受けの確定、③機関（取締役など）の決定、④株式引受人による出資の履行・会社財産の形成、その結果として設立時の株主の確定。

> 　＊1)　**持分会社との比較**　　合名会社では、社員となる者1人以上が定款を作成すれば会社の実体は完成する（576Ⅱ）。原則として社員がそのまま会社の執行機関となり、また、社員はすべて無限責任を負うので、出資義務が履行されていなくても問題はない。合資会社では、無限責任社員になる者と有限責任社員になる者それぞれ1人以上が合意して定款を作成すれば会社の実体は完成する（576Ⅲ）。合同会社では、有限責任社員となる者1人以上が定款を作成すれば会社の実体は完成するが（576Ⅳ）、全員が有限責任社員なので、株式会社と同様、全額出資制度がとられ、出資の履行も会社の成立前にしなければならない（578）。なお、合資会社・合同会社とも、合名会社と同様、原則として社員がそのまま会社の執行機関となる（590）。

　(2)　**法人格の取得**　　会社法の規定に従って上記のような株式会社としての実体が形成されると、設立の登記によって株式会社は法人格を取得し、成立する（911・49、商登47）〔準則主義という。この点は他の会社でも同じ〕。

2．発起設立と募集設立

　会社法は、平成17年改正前商法を引き継いで、発起設立と募集設立との2種類の設立方法を認めている。①発起設立は、設立の企画者であり設立事務

の執行者である発起人が設立の際に発行する株式（設立時発行株式）のすべてを引き受け、会社成立後の最初の株主になる形態の設立方法（25Ⅰ①参照）、②募集設立は、発起人は設立の際に発行する株式の一部だけを引き受け、残りについては発起人以外の者に対して募集を行い、そのような発起人以外の者が株式の引受けを行い、発起人とそのような者とが会社成立後の最初の株主になる形態の設立方法をいう（25Ⅰ②参照）。

　一般に、発起人だけで当初の出資をまかなうことが困難なような大規模な株式会社を設立するには募集設立のほうが適していると言えるが、株主の募集や創立総会の手続〔58頁〕を経なければならない点で、発起設立に比べて面倒である。
＊1）2）3）

　＊1）　**発起設立と募集設立**　　会社法では、発起設立には26―56条、募集設立には26―37条・39条・47―103条が適用される。26―37条・39条・47―56条は両者に共通する規定である。

　　日本で今日新しく設立される会社は、小規模の会社か大企業の子会社等で株主数の少ない会社が多く、その設立には発起設立が適している。平成2年改正前は、株主数の少ない会社の設立にも、発起人以外の者を加えてわざと募集設立の方法をとることが多かった。これは、発起設立の場合には発起人自身が出資金の払込みを受けることになっていたため、金銭出資だけで設立する場合でもつねに裁判所の選任する検査役の調査を法が要求し、面倒であったからである。平成2年改正は、発起設立の場合も出資金の払込みは払込取扱機関にしなければならないこととし（平成17年改正前商法170Ⅱ）、変態設立事項〔52頁＊6）〕がないかぎり検査役の調査は不要とした（平成17年改正前商法173Ⅰ）。その結果、この点で発起設立と募集設立とには差がなくなったので、その後は、株主数の少ない会社を設立するには発起設立のほうが便利になった。会社法は、発起設立の場合の出資金の払込みにつき払込取扱機関の保管証明制度を廃止し、また、払込みのない部分は失権を認め、資本充実責任〔333頁＊1）参照〕を廃止するなど、設立規制を簡素化した。

　　なお、平成2年改正前は、発起人は7人以上必要であったが、同年改正で発起人は1人でもよいこととなったため（平成17年改正前商法165参照）、その後は、発起設立を利用すれば最初から株主が1人の株式会社を設立することが可能である（株主が1人の会社を俗に「一人会社」と呼んでいる〔7頁＊3）参照〕）。

　＊2）　**その他の会社設立方法**　　本文で述べた方法以外にも会社が設立される場合がある。それは、新設合併・新設分割・株式移転の場合である（2㉘・㉚・㉜）。これらの場合にも、設立される会社の設立登記によって新会社が成立するが（すなわ

ちそのような登記によって新設合併・新設分割・株式移転の効力も生じる）、発起人が必要なわけでもないし、設立手続に関する規定（26—103）のほとんどは適用されない（814Ⅰ。なおⅡ参照）。これらの場合には、1．(1)で述べた①—④に対応する事項は、合併契約・分割計画・株式移転計画の中で定められる。

＊3）　**最低資本金制度の廃止**　　平成17年改正前商法と有限会社法が定めていた最低資本金制度（株式会社1000万円、有限会社300万円）は、会社法により廃止された。したがって、設立時の資本金はゼロ円でもよい。出資額は1円以上である必要があると解されるが、会計処理しだいでは、最初の資本金の額がゼロ円となってもよいとされている（計算規則43Ⅰ。なお計算規則附則11）。もっとも、資本金の額をマイナス表示することまでは認められない。マイナスで会社を始める場合は、その他利益剰余金をマイナスとする（計算規則43Ⅳ参照）。

2　設立の手続

1．定款の作成

　発起設立・募集設立いずれの場合でも、設立の第1段階は、発起人による定款の作成（26Ⅰ）である。

　(1)　**発起人**　　発起人とは、会社の設立の企画者として定款に署名または記名押印（いわゆる電子署名を含む）した者である[＊1)]（大判昭和7・6・29民集11-1257）。発起人の資格に制限はなく、行為能力のない者や法人でもよいと解されている。また、発起人の員数は、1人でもよい。発起人は自ら少なくとも1株は引き受けなければならない（25Ⅱ）。そして、設立事務を執行し、会社の成立を目指す。

　　＊1)　**発起人の定義**　　定款に発起人として署名した者は、実質的には会社設立の企画者でなくても法律上は発起人とされる一方、定款に発起人として署名しない者は、実質的には会社設立の企画者であったとしても法律上は発起人ではなく、擬似発起人として責任を負うことがあるだけである（103Ⅳ）。

　(2)　**定款の作成と方式**　　定款とは、株式会社の組織と活動に関する根本規則をいう。定款の作成とは、定款を実質的に確定し、これを形式的に書面に記載するか、または電子データとして記録（法は「電磁的記録」という）する

ことを意味する。最初の定款を「原始定款」と呼ぶことがあるが、原始定款とは公証人の認証を受ける対象となる定款の意味と解するのがわかりやすい。定款の方式については、発起人が署名または記名押印（いわゆる電子署名でもよい）することに加えて（26 I・II）、公証人の認証が必要である（30 I。なおII）[*2)]。この認証は、定款の内容を明確にして後日の紛争や不正行為を防止するためであるが、その後に定款を変更する場合には認証は不要とされている。

> ＊2）　**実質的支配者の把握**　　公証人法施行規則の平成30年10月12日改正（同年11月30日施行）により、公証人による会社（および一般法人）の定款の認証の際に、嘱託人〔書面による定款の場合は発起人、電子定款の場合は代理人である司法書士〕は、法人成立の時に実質的支配者（犯罪による収益の移転防止に関する法律4 I④）となるべき者について、①その氏名・住居・生年月日等と②その者が暴力団員または国際テロリストに該当するか否かを、公証人に申告しなければならなくなった（同規則13の4）。なお、設立後の実質的支配者の把握について、61頁＊3）〔登記所での情報保管等〕参照。

(3)　定款の内容　　定款規定の内容には、絶対的（必要的）記載事項・相対的記載事項・任意的記載事項がある〔以下では、定款を電磁的記録として作成する場合も含めて「記載」という用語を使う〕。

(ア)　絶対的記載事項　　定款に必ず記載しなければならない事項をいう。その記載がないと定款全体が無効となる。次の事項である。①目的、②商号、③本店の所在地、④設立に際して出資される財産の価額またはその最低額、⑤発起人の氏名または名称と住所（以上、27①—⑤）、⑥発行可能株式総数〔授権株式数ともいう〕(37)。

　設立の登記時までには上記のすべての事項の記載が必要である。⑥は、定款認証時には不要で、会社成立時までに発起人全員の同意で定めることが認められる（37 I）。原始定款で定めた場合には発起人全員の同意で変更もでき（37 II）、改めて認証を受ける必要はない。

　なお、公開会社では、「設立時発行株式の総数」は発行可能株式総数の4分の1以上でなければならない（37 III）。俗に「4倍ルール」と呼ぶ〔後述147頁参照〕。

　定款記載事項と登記すべき事項とは同じではない。上記のうち、①②③⑥は登記事項であるが、④⑤は登記事項ではない（911 III参照）。

（イ）　相対的記載事項　　定款に記載しなくても、定款自体の効力は有効であるが、定款で定めないとその事項の効力が認められないような事項をいう（29参照）^{＊3）}。事項ごとに条文上定められているが、公告方法と変態設立事項等がその例である^{＊4）5）6）}。

　　＊3）　会社法29条　　会社法29条は、会社法が定めるルールと異なるルールを定款で定めてよい場合と会社法に定めがない事項について定款で定めを置いてよい場合を述べたものであり、本文の（イ）「相対的記載事項」と（ウ）「任意的記載事項」は、そのような場合について、本文で述べた観点から区別される概念である。

　　＊4）　公告方法　　会社（および外国会社）は、公告方法（2③）として、次の方法のいずれかを定款で定めることができる（939Ⅰ・Ⅱ）。①官報に掲載する方法、②時事に関する事項を掲載する日刊新聞紙に掲載する方法、③電子公告（この場合には、電子公告を公告方法とする旨を定めれば足り、また、事故その他やむを得ない事由によって電子公告による公告をすることができない場合の公告方法として、①②のいずれかを定めることができる）。そして、定款に何も定めを置かないと、官報によることとなる（939Ⅳ）。公告方法は登記する（911Ⅲ②—②）。なお、電子公告制度については、＊5）参照。

　　＊5）　電子公告制度　　平成16年改正前は、株式会社の公告方法は官報または時事に関する日刊新聞紙のいずれかであったが、平成16年改正は、新たに電子公告（電磁的方法であって法務省令に定めるものにより不特定多数の者がその公告すべき内容である情報の提供を受けることができる状態に置く措置をとること。具体的には、インターネットを利用した公告）（2③）を認めることとした。電子公告制度の概要は、次のとおりである。

　　①定款の記載　　電子公告を公告方法とする株式会社（電子公告会社）の定款には、電子公告を公告方法とする旨だけを記載すれば足りる（＊4）参照）〔電磁的方法も可〕。

　　②登記　　電子公告会社は、公告内容の情報提供を受けるために必要な事項〔ウェブサイトのアドレス等〕を登記する（911Ⅲ②）。

　　③電子公告をすべき期間（公告期間）　　公告期間は、次のとおり（940Ⅰ。なおⅡ）。(i)特定の日の一定の期間前に公告しなければならない場合は、その特定の日まで、(ii)決算公告の場合は、定時株主総会終結日後5年を経過する日まで、(iii)公告に定める期間内に〔株主や債権者等が〕異議を述べることができる旨の公告の場合は、当該期間を経過する日まで、(iv)これら以外の公告の場合は、公告開始後1か月を経過する日まで。

　　④短期的な公告の中断があった場合の救済　　「公告期間」中に公告の中断（上記

の状態に置かれた情報がその状態に置かれなくなったことまたは当該情報がその状態に置かれた後改変されたこと。以下同じ）があった場合でも、次の要件のすべてを満たすときは公告の中断は公告の効力に影響を及ぼさない（940Ⅲ）。(ⅰ)公告の中断が生じるにつき会社が善意で重過失がないか、または会社に正当な事由があること（サーバーの保守点検等）。(ⅱ)公告の中断が生じた時間の合計が公告期間の10分の1を超えないこと。(ⅲ))会社が公告の中断が生じたことを知った後速やかにその旨・公告の中断が生じた時間・公告の中断の内容を当該公告に付して公告したこと。

　⑤電子公告の調査　　電子公告会社は、電子公告を行うべき期間中、電子公告の内容である情報が上記の状態に置かれているかどうかについて、法務大臣の登録を受けた調査機関の調査を受けなければならない（941―959、電子公告規則）。電子公告は、紙による公告と異なり、公告をしたことに関する客観的証拠が当然には後に残らないため、調査機関制度を設けて、調査機関は調査の結果を書面等で会社に通知することとするとともに、その調査結果を保存し、利害関係者の閲覧等に供することとした。

　⑥電子公告ができない場合　　電子公告会社は、やむを得ない事由により電子公告をすることができない場合には、官報または日刊新聞紙のいずれかをあらかじめ定款で定めておけば、その方法によって公告をすることができる（939Ⅲ後段）。

　⑦決算公告の特例　　(ⅰ)電子公告会社が貸借対照表（大会社の場合は貸借対照表および損益計算書。以下同じ）の公告をする場合には、上記⑤の例外として、調査機関の調査を受けなくてよい（941）。これについては、平成16年改正前の電磁的公開〔電子公告とは異なる点に注意〕と同様の制度とした（440Ⅲ・911Ⅲ㉖）。なお、電子公告会社は、決算公告とそれ以外の公告とでは異なるウェブサイトのアドレスとすることができる。(ⅱ)電子公告会社による貸借対照表の公告については、その全文を公告する（440Ⅰ・Ⅱ）。(ⅲ)電子公告を公告方法としない株式会社（官報または日刊新聞紙を公告方法とする株式会社）は、貸借対照表の公開を電磁的公開の方法によって行うことができるが、電子公告会社は、電磁的公開の方法による貸借対照表の公開をすることはできない（440Ⅲ）。(ⅳ)なお、会社法は、金融商品取引法上の有価証券報告書提出会社は決算公告は不要とすることとした（440Ⅳ）。

　⑧その他――会社債権者異議手続における個別催告の廃止　　平成16年改正は、合併・会社分割・資本減少・準備金減少における債権者異議手続について、官報公告に加えて日刊新聞紙による公告または電子公告をも行った場合には、知れたる債権者に対する個別催告は不要とした〔分割会社の不法行為債権者を除く〕。なお、合名会社・合資会社の合併については、存続会社または新設会社が株式会社〔会社法では合同会社も同じ〕である場合の債権者異議手続については個別催告の省略は認め

られず、それ以外の場合については株式会社の合併における債権者異議手続と同様
となった。平成16年改正が個別催告の大幅廃止に踏み切った理由は、電子公告制度
の導入と官報についても紙と同内容のものがインターネットによってすでに公開さ
れていることにより、公告の周知力の増大が予想されたからである。

＊6）　変態設立事項　　28条は次のようないわゆる「変態設立事項」を定めている。
　これらの「変態設立事項」については、①原始定款で定め、②原則として裁判所
選任の検査役の調査を受け、③不当とされた場合には裁判所が定款変更をするか
（発起設立の場合）または創立総会が定款変更をすることができる（募集設立の場合）、
という三段階の手続を踏む必要がある。

　(1)　現物出資（28①）　　金銭以外の財産でする出資。目的物を過大に評価して
不当に多くの株式が与えられると金銭出資をした他の株主との間で不公平となるの
で、法は規制をしている〔会社法のもとでは会社債権者保護は関係ないという見解もあ
るが、会社債権者保護機能もある〕。現物出資者〔発起人に限る〕の氏名・名称、出資
の目的財産、その価額、これに対して与える株式の種類・数を定款で定めなければ
ならない。募集株式発行の場合にも現物出資の規制がある（207）。

　(2)　財産引受け（28②）　　㋐　発起人が会社のため会社の成立を条件として特
定の財産を譲り受ける旨の契約をいう。通常の売買契約であるが、現物出資の場合
と同じ弊害のおそれがあるため、設立時に限って現物出資と同じ厳格な規制が設け
られている。譲渡の目的財産、その価額、譲渡人の氏名・名称を定款で定めなけれ
ばならない。募集株式発行の場合には、現物出資と異なり、特別の規制はない。
　なお、同じ趣旨でいわゆる「事後設立」（会社成立前から存在する財産で事業のため
に継続して使用するものを成立後2年以内に純資産額の20％超にあたる対価で取得するこ
とをいう）について、会社法は、平成17年改正前商法が要求する検査役調査を不要
とし、また株主総会の特別決議を要する場合を20％基準に緩和した〔定款で20％基
準の引下げ可〕（467Ⅰ⑤）。

　㋑　発起人の権限との関係　　発起人の権限〔64頁〕との関係で、財産引受けの
うちで開業準備行為にあたるものは、①本来は発起人の権限に属さないが、法はこ
れをその必要性にかんがみてとくに厳格な条件のもとで認めたものと解する見解と、
②本来発起人は開業準備行為をすることができ、法は財産引受けについてはその濫
用防止のためにとくに厳格な制約を設けたと解する見解とがある〔64頁＊1）参照〕。

　㋒　違法な財産引受け　　法の手続に違反した財産引受けは、上記のいずれの見
解によっても無効である。成立後の会社は、その財産の取得手続を踏めば（上記の
事後設立など）無効の財産引受けを追認することができる（民113以下参照）と解す
る説もあるが、判例は追認を認めない（最判昭和28・12・3民集7-12-1299）。また、

相手方に無効の主張を認める必要はない〔会社もあまり長期間が経過した後に無効を主張するのは信義則に反し許されない（最判昭和61・9・11判時1215-125〈百選5〉〈商判Ⅰ-17〉）〕。なお、財産引受けが無効な場合の効果については、後述〔64頁＊1）〕参照。

(3)　発起人の報酬・特別利益（28③）

(4)　設立費用（28④）　　発起人が会社設立のためにした権限内の行為により支出した費用をいう。事務所の賃借料・株式の募集広告費などがその例である。定款で定めた額の範囲内で会社に対して求償できる。ただし、定款認証の手数料・払込取扱機関の報酬・登録免許税額等は、濫用のおそれがなく、4号の設立費用に入らない（最初のものについては明文の規定があり、その他は規則5）。

　発起人が費用未払の場合にその債務を成立した会社が引き継ぐかという問題があり、争われている。定款で定めた額についてだけ会社に債務が帰属しそれ以外は発起人の債務となるとする見解をとる判例があるが（大判昭和2・7・4民集6-428〈百選6〉〈商判Ⅰ-18〉）、費用の総額が上記の手続を通った額を超える場合に区別をしなければならず、賛成する学説はない。学説上は、①発起人の債務にとどまり、先に述べた三段階の手続を通った額について発起人は支出後に会社に求償できるにすぎないと解する見解、②会社が成立した後はすべて会社の債務となり、会社は上記の手続を通った額を超える額がある場合には発起人に求償できると解する見解、③相手方は両方に請求できると解する見解等がある。相手方保護という見地から③の両方に請求できるとする見解が妥当であるが、発起人は上記の手続を通った額については、相手方から請求を受けたときは先に会社に請求するよう求めることができると解すべきではなかろうか。

(ウ)　任意的記載事項　　（ア）（イ）以外の事項も、会社法の規定に反しないかぎり定款で定めることができ（29参照）、実際にも、日本の株式会社では、多数の事項が定款で定められている。これらの事項は、定款外で定めても効力があるが、定款で定めると明確性が高まるとともに、その変更には定款変更手続（466）が必要になるという効果がある。

(4)　定款の備置きと閲覧　　定款は、本店および支店に備え置き、発起人・株主・会社債権者の閲覧・謄写に供する（31Ⅰ・Ⅱ。なおⅣ）。親会社の株主等〔親会社社員＝親会社の株主その他の社員をいう〕も、権利を行使するため必要があるときは、裁判所の許可を得て、閲覧・謄写の請求をすることができる（31Ⅲ）。

2. 株式発行事項の決定と株式の引受け

(1) 株式発行事項の決定 設立の際の株式（設立時発行株式）に関する事項のうち、設立に際して出資される財産の価額またはその最低額は定款で定める必要があるが (27④)、それ以外は、定款外で適宜決定してもよく、原則として発起人の多数決で決定できる（民法670条1項を類推して1人1議決権）〔発起人としての立場で物事を決める場合は1人1議決権、出資者＝設立時株主として物事を決める場合は1株1議決権となる（後述3. 参照）〕。

例外として、次の3つの事項は、発起人全員の同意で決めなければならない〔定款で定めることも可〕〔同意に特別の方式は要求されないが、設立登記申請に発起人全員の同意を証明する書面の添付が必要〕。①発起人が割当てを受ける設立時発行株式の数、②①の設立時発行株式と引換えに払い込む金銭の額、③成立後の株式会社の資本金・資本準備金の額に関する事項（以上、32Ⅰ。なお、Ⅱ）。

(2) 株式の引受け (ア) 発起設立の場合 設立時発行株式は、発起人がその全部を引き受ける。引受けの時期は定款作成と同時である必要はなく、その前でも後でもよい。発起人は出資の履行をすれば〔後述56頁〕、会社成立時に株主となる (50Ⅰ)。

(イ) 募集設立の場合 ⓐ 発起人の引受け まず、設立時発行株式の一部を発起人が引き受ける。その要件等は発起設立の場合と同様である。

ⓑ 株主の募集 発起人が引き受けた分以外の残りの設立時発行株式については、発起人が株主を募集する (57Ⅰ・Ⅱ・58)〔設立時募集株式〕。募集に対して「申込み」(59・61) があると、「割当て」(60・61) がされ「引受け」が確定し (62)、引受人は「払込み」をすると (63・64)、会社成立時に株主となる^{*1)2)3)} (102Ⅱ)。

＊1) **金融商品取引法による規制** 金融商品取引法は、多数の者に対して募集〔会社法上の募集概念とは異なる〕がされる公募の場合であって、かつ発行価額の総額が1億円以上の場合には、内閣総理大臣に法定事項を記載した有価証券届出書を提出しなければ株式の募集をすることができないとしている（金商4）。届出書受理の日から原則として15日たって届出が効力を生じた後でなければ、その株式を投資者に取得させることができない（金商8Ⅰ・15Ⅰ）。そして、株式募集の際には

目論見書（有価証券届出書とほぼ同じ内容の法定記載事項を記載した文書）を作成し、原則として、あらかじめまたは同時にこれを交付しなければ投資者に株式を取得させることができない（金商13・15Ⅱ・Ⅲ）〔平成16年一部改正〕。以上の手続が踏まれないときには、株式引受けは無効ではないが、罰則の制裁があり（金商197の2①③・200③）、損害賠償責任を生じる（金商16）。なお、発行価額の総額が1億円未満でも内閣府令に定める額（現在は1000万円）を超える場合には、内閣総理大臣に有価証券通知書を提出してからでないと募集はできない（金商4Ⅵ）。

* **2）　株式の申込み**　　(1)　株式申込証制度　　平成17年改正前商法の株式申込証制度は会社法により廃止された。

　(2)　申込証拠金　　実務では、払込金額全額を申込証拠金として徴収し、申込みが募集株式総数に達すると募集を打ち切るという方法がとられる。

* **3）　株式の割当てと引受け**　　(1)　割当て　　募集に対して申込みがあると、発起人は割当て、すなわち特定の申込人に株式を引き受けさせるかどうか、何株引き受けさせるかを決定する。その決定により、割り当てられた株式について株式申込人は株式引受人（株主の前身）となる。株式引受人は割り当てられた株式数に応じて払込義務を負う（63）。

　(2)　割当自由の原則　　割当てについては、あらかじめその方法を定めない場合には、申込株式数や申込順序等にかかわらず自由に相手を選んで割当てをすることができると解され、割当自由の原則と呼ばれてきた。ただし近年は、とくに募集株式発行の場合に関し、既存の持株比率を不当に変えるような割当てをすることは認められないとする見解が有力である〔166頁＊1）参照〕。なお、払込金額全額を申込証拠金として徴収し、申込みが募集総額に達すると募集を打ち切る方法〔＊2）(2)参照〕の場合には、割当自由の原則は意味がない。

　(3)　無効・取消しの制限　　引受けについては、法的安定を確保するために、会社法は民法の意思表示の一般原則を変更している。すなわち、心裡留保・通謀虚偽表示を理由とする無効についての民法の規定（民93Ⅰただし書・94Ⅰ）は、引受け等に関する意思表示には適用されない（51Ⅰ・102Ⅴ）。また、錯誤・詐欺・強迫を理由として引受けを取り消す（民95Ⅰ・96Ⅰ）ことは、会社成立後は認められない（51Ⅱ・102Ⅵ）。もっとも、株式申込人に行為能力がないときは一般原則によるしかないし（民5）、詐害行為取消し（民424Ⅰ）などは起こりうるといわざるをえないので、引受けが無効となったり取り消されたりする事態は生じうる。その場合に設立の効力がどうなるかは、後述〔66頁＊1）〕。

　(4)　他人名義での申込み　　他人名義で株式の申込みがされた場合には、実際に申込みをした者が実質上の引受人・株主となる（いわゆる実質説〔最判昭和42・11・

17民集21-9-2448〈百選8〉〈商判Ⅰ-20〉＝平成17年改正前商法201Ⅱ（会社法で廃止）に関する判例〕。発起人の場合はむずかしい問題がある。東京高判平成22・7・28、水戸地土浦支判平成29・7・19金融商事1539-52、大阪高判平成29・12・21金融商事1549-42、東京地判令和3・1・28金融商事1618-53参照）。

3．設立時取締役・設立時監査役等の選任

　発起設立の場合には、発起人は1株につき1議決権を有し、その議決権の過半数で設立時取締役・設立時監査役等を選任する（解任を含めて、38―45）。募集設立の場合には、創立総会〔決議要件（72）を含めて後述58頁〕で設立時取締役・設立時監査役等を選任する*1（解任を含めて、88―92、39）。

　そして、設立時代表取締役等の選定が行われる（解職を含めて、47・48）。

　　＊1）　**設立時取締役等**　　「設立時」取締役とは、会社の設立に際して取締役となる者をいい、設立時監査役その他も同様である。会社法では、設立が効力を生じるまでの設立中のプロセスで誰が行為をすべきかを明確にするためにこうした概念を用いている。設立中のプロセスにおけるほとんどの行為は発起人がするが、設立事項の調査等（46Ⅰ・93Ⅰ）の一定の行為は設立時取締役等がする。

4．出資の履行による会社財産の形成と株主の確定

⑴　**出資の履行**　　（ア）**概要――全額出資制度**　　発起人は引受け後遅滞なく（34Ⅰ本文）、募集設立の場合の募集株式の引受人は発起人が定めた払込期日または払込期間中に（63Ⅰ）、引き受けた株式につき全額の払込みをし、また現物出資〔設立時は発起人に限る〕の場合はその全部の給付をしなければならない〔金銭の出資の場合は「払込み」といい、現物出資（金銭以外の財産の出資）の場合は「給付」というが、両者を合わせて「出資の履行」という〕。

（イ）**失権**　　出資の履行がされない場合には、迅速な設立を認めるため失権が認められる（36・63Ⅲ）〔出資の履行があった分だけで会社の設立をしてよい〕。発起人が出資の履行をしない場合には、失権予告付で履行を催告し、履行がなければ引受人を失権させる（36）。発起人以外の引受人が払込みをしなかった場合には当然に失権する（63Ⅲ）。この場合、他の出資者により出資された財産の価額が定款で定めた「設立に際して出資される財産の価額

またはその最低額」を満たしているときは、設立手続を続行できるが、満たしていなければ追加の引受人の募集をしないと設立手続を続けられない。

　発起人は設立時株式を1株以上引き受ける義務があるので (25Ⅱ)、失権により発起人が1株も権利を取得しなくなるような場合には、他の出資者により出資された財産の価額が定款で定めた「設立に際して出資される財産の価額またはその最低額」を満たしていたとしても設立無効事由〔65頁参照〕とならざるをえない。

　(ウ)　払込取扱場所および払込取扱機関による保管証明　　①発起人の不正行為を防止し、払込みの確実をはかるため、払込みは銀行・信託会社等の「払込取扱機関」の「払込取扱場所」においてしなければならない (34Ⅱ・規則7、63Ⅰ)。②募集設立の場合の払込みについては、払込取扱機関は払込金の保管証明義務を負う (64Ⅰ)〔会社法で発起設立の場合は保管証明制度が廃止された〕。この場合、払込取扱機関が発起人の請求により払込金の保管証明書を交付すると、その証明した金額については、払込みがなかったとか預合い〔＊1〕参照〕のような返還に関する制限があるとか主張して会社にその返還を拒むことはできず (64Ⅱ)、設立登記の申請にはこの保管証明の添付が要求される (商登47Ⅱ⑤)。

　＊1)　**預合い（あずけあい）と見せ金**　　(1)　預合いとは、発起人が銀行等から借入れをしてそれを預金に振り替えて払込みにあてるが、この借入れを返済するまでは預金を引き出さないことを約束する行為をいう。このような払込みは無効と解すべきである (民90)〔会社法のもとでは有効と解する見解もある〕。会社法は、預合いを防止するため、重い罰則を科す (965。最判昭和42・12・14刑集21-10-1369〈百選A44〉〈商判Ⅰ-193〉)〔なお64Ⅱ〕。

　　(2)　見せ金とは、発起人が払込取扱機関以外の者から借り入れた金銭を株式の払込みにあて、会社の成立後にそれを引き出して借入金の返済にあてることをいう。預合いの場合と異なり、形式的には、金銭の払込みがされ、会社の成立後に取締役に任務違反行為があるだけである。しかし、全体があらかじめ計画されたものであり、したがって、反対説もあるが、一般に払込みは法律的に無効と解されている (払込取扱機関から借り入れた事例につき、最判昭和38・12・6民集17-12-1633)〈百選7〉〈商判Ⅰ-19〉〔公正証書原本不実記載罪を認めた事例として、最決平成3・2・28刑集45-2-77〈百選101〉〈商判Ⅰ-194〉〕。

(3) なお、平成26年改正により、出資の履行を仮装した場合の責任が定められた〔68頁参照〕。

(2) 変態設立事項の調査 変態設立事項〔52頁＊6）参照〕がある場合には、発起人の請求に基づいて裁判所が選任した検査役の調査を必要とするのが原則である（33 I）。ただし、現物出資と財産引受けについては、次の場合は、検査役の調査は不要である（33 X）。①その対象となる財産の定款に記載した価額の総額が少額の場合（500万円を超えない場合）、②その対象となる財産が市場価格のある有価証券である場合（定款記載の価額が市場価格〔規則6〕を超えないときに限る）、③現物出資・財産引受けが相当であることについて、弁護士・弁護士法人・公認会計士・監査法人・税理士または税理士法人の証明を受けた場合（不動産の場合には不動産鑑定士の鑑定評価も必要）〔証明者・鑑定評価者についての欠格事由として33 XI〕。設立時取締役等は、①②の場合には定款記載の価額が相当かどうか等を調査し、③の場合には証明が相当かどうか等を調査する義務を負う（46 I ①②・93 I ①②・94）。

検査役の調査の結果妥当であれば問題ないが、不当なときは、発起設立の場合には、裁判所が定款の定めを変更する（33 VII）。募集設立の場合には、設立時取締役等の報告に加えて（93 I・II）、検査役の報告または上記③の証明資料・鑑定資料が創立総会〔次の(3)(イ)〕に提出され（87 II）、創立総会が不当と考えたときはこれを変更することができる（96参照）。

＊2） **創立総会での変態設立事項の変更** 平成17年改正前商法のもとでは、創立総会での変態設立事項の変更は、縮小または削除だけで、定款規定の追加・拡大はできないと解されていた（最判昭和41・12・23民集20-10-2227）。

(3) 設立経過の調査 （ア） 発起設立の場合 設立時取締役（および設立時監査役）は、設立事項（検査役の調査不要の場合の現物出資等の定款記載価額の相当性、弁護士等の証明の相当性、出資の履行の完了、設立手続の法令・定款違反の有無）を調査する（46 I）。調査の結果、法令・定款違反または不当な事項があった場合には、各発起人に通知し（46 II。なお III）、発起人が善処する。

（イ） 募集設立の場合──創立総会 払込期日または期間が経過すると、遅滞なく創立総会が招集される（65 I。なお II）。これは設立時株主（設立時に株主となる株式引受人）からなる議決機関であって、会社成立後の会社の株主総

会に相当する。招集手続・議決権・議長・議事等は株主総会とほぼ同様であるが (67以下)、権限と決議方法は異なる。

　(a)　権限　　①まず、発起人が設立の経過を報告する (87)。②次に、設立時取締役等を選任する (88)。③そして、設立時取締役 (および設立時監査役) は、設立事項 (検査役の調査不要の場合の現物出資等の定款記載価額の相当性、弁護士等の証明の相当性、出資の履行の完了、設立手続の法令・定款違反の有無) を調査する (93 I・94)。創立総会には、設立時取締役等による調査の結果、変態設立事項の検査役の報告・弁護士等の証明資料・鑑定資料が報告され (87 II・93 II)、創立総会は、変態設立事項を不当と考えたときはこれを変更することができ (96)、その変更に創立総会で反対した者は株式引受けを取り消すことができる (97)。④以上のほか、招集通知に記載または記録がなくても、定款変更や設立廃止を決議できる (73 IV ただし書)。設立廃止が決議されたときは、会社は不成立となる〔67頁〕。

　(b)　決議方法　　創立総会の決議は、その創立総会において議決権を行使することができる設立時株主の議決権の過半数であって、出席した設立時株主の議決権の3分の2以上にあたる多数決で行う (73 I。なお II・III)。

3　設立の登記

　以上のような過程をへて株式会社の実体が完成するが、それが法人格を取得するためには、設立の登記をすることが必要である (49・911 I・II)。

　(1)　**登記手続**　　設立の登記は、代表者〔代表取締役または代表執行役〕が (商登47 I)、所定の期間内に、本店所在地の登記所において (911 I・II)、登記申請書に所定の添付書類 (商登47 II) を添えて申請する。なお、登録免許税を納付しなければならない (登録免許税法2・9・別表第一[二四](一)イ)。

　(2)　**登記事項**　　登記の必要事項は、911条3項に定められている。　*1) 2) 3)

　　*1)　**登記事項**　　911条3項は次の事項を定める。①目的、②商号、③本店および支店の所在場所、④株式会社の存続期間または解散の事由についての定款の定めがあるときは、その定め、⑤資本金の額〔最低額の規制はない〕、⑥発行可能株式総数、⑦発行する株式の内容 (種類株式発行会社では、発行可能種類株式総数および発行する

各種類の株式の内容）、⑧単元株式数についての定款の定めがあるときは、その単元株式数、⑨発行済株式総数・その種類および種類ごとの数、⑩株券発行会社であるときは、その旨、⑪株主名簿管理人を置いたときは、その氏名または名称および住所ならびに営業所、⑫新株予約権を発行したときは、(イ)新株予約権の数、(ロ)236条〔新株予約権〕1項1号から4号までの事項、(ハ)236条3項各号の事項〔インセンティブ報酬として取締役に交付した新株予約権の行使に際し払込みを要しないことを新株予約権の内容とした場合〕を定めたときは、その定め、(ニ)有償で新株予約権を発行する場合における募集新株予約権の払込金額（募集新株予約権の払込金額の算定方法を定めた場合において、登記の申請の時までに募集新株予約権の払込金額が確定していないときは、その算定方法）、(ホ)236条1項7号・238条1項2号の事項、(ヘ)238条1項3号の事項〔(ロ)─(ホ)は令和元年一部追加・改正〕、12の2 株主総会資料の電子提供措置をとる旨の定款の定めがあるときは、その定め〔令和元年追加。施行は令和4年9月1日〕、⑬取締役（監査等委員会設置会社の取締役を除く）の氏名、⑭代表取締役の氏名および住所（㉓の場合を除く）、⑮取締役会設置会社であるときは、その旨、⑯会計参与設置会社であるときは、その旨および会計参与の氏名または名称・378条1項の場所、⑰監査役設置会社（監査役の監査の範囲を会計に関するものに限定する旨の定款の定めがある会社を含む）であるときは、その旨および(イ)監査役の監査の範囲を会計に関するものに限定する旨の定款の定めがある会社であるときは、その旨、(ロ)監査役の氏名、⑱監査役会設置会社であるときは、その旨と監査役のうち社外監査役であるものについて社外監査役である旨、⑲会計監査人設置会社であるときは、その旨と会計監査人の氏名または名称、⑳346条4項により選任された一時会計監査人の職務を行うべき者を置いたときは、その氏名または名称、㉑373条1項の規定による特別取締役による議決の定めがあるときは、(イ)373条1項による特別取締役による議決の定めがある旨、(ロ)特別取締役の氏名、(ハ)取締役のうち社外取締役であるものについて、社外取締役である旨、㉒監査等委員会設置会社であるときは、その旨および(イ)監査等委員である取締役・それ以外の取締役の氏名、(ロ)取締役のうち社外取締役であるものについて、社外取締役である旨、(ハ)399条の13第6項による重要な業務執行の決定の取締役への委任についての定款の定めがあるときは、その旨、㉓指名委員会等設置会社であるときは、その旨および(イ)取締役のうち社外取締役であるものについて、社外取締役である旨、(ロ)各委員会の委員および執行役の氏名、(ハ)代表執行役の氏名および住所、㉔426条1項による取締役・会計参与・監査役・執行役・会計監査人の責任の免除についての定款の定めがあるときは、その定め、㉕427条1項による非業務執行取締役等が負う責任の限度に関する契約の締結についての定款の定めがあるときは、その定め、㉖440条3項による措置をとること

するときは、同条1項に規定する貸借対照表の内容である情報について不特定多数の者がその提供を受けるために必要な事項であって法務省令（規則220Ⅰ①）で定めるもの、㉗939条1項による公告方法についての定款の定めがあるときは、その定め、㉘ ㉗の定款の定めが電子公告を公告方法とする旨のものであるときは、(イ)電子公告により公告すべき内容である情報について不特定多数の者がその提供を受けるために必要な事項であって法務省令（規則222・223）で定めるもの、(ロ)939条3項後段による定款の定めがあるときは、その定め、㉙ ㉗の定款の定めがないときは、939条4項により官報に掲載する方法を公告方法とする旨。

＊2） **令和元年改正等**　(1)　令和元年改正により、新株予約権および株主総会資料の電子提供措置に関する登記事項が追加された（改正後の911Ⅲ⑫の一部追加、⑫の2の追加）。

(2)　会社の代表者の住所の登記について、会社法の条文の改正はないが、平成31年2月の法制審議会の附帯決議に基づいて、次の改正がされる。すなわち、現在、登記情報を取得・閲覧するには登記事項証明書を取得する方法とインターネットを通じて登記情報をオンラインで閲覧する方法があるが、前者については一定の場合に代表者の住所が記載された登記事項証明書を取得することはできなくなる。また、後者についてはインターネットを通じて代表者の住所をオンラインで閲覧することはできなくなる。

(3)　令和元年会社法改正に係る整備法において、商業登記法が改正され、登記手続における印鑑届の任意化が行われた（商業登記法20条の削除。施行は令和3年2月15日）。

＊3） **株式会社の実質的支配者リスト制度**　登記所が株式会社からの申出により、その実質的支配者に関する情報を記載した書面を保管し、その写しを交付する制度が設けられた（商業登記所における実質的支配者情報一覧の保管等に関する規則。令和3年法務省告示187号。令和3年9月17日公布・令和4年1月31日施行）。資金洗浄等防止の観点からのFATF（金融活動作業部会）の勧告等に対応するものである。

(3)　**登記の効果**　**(ア)　会社の成立**　本店の所在地における設立の登記によって会社が成立する(49)。すなわち、設立中の会社は法人格を取得し、完全な会社となる。また、発起人に形式的に帰属していた権利義務はこれにより当然に会社に帰属することになる。

＊4） **設立登記と商業登記の一般的規定**　会社の設立登記が会社を成立させるという創設的効力について商業登記の一般的効力に関する規定（908Ⅰ）の適用があるかどうかについては、見解が分かれているが、適用はないと解すべきである。

（イ）　株式引受けに関する無効の主張と取消しの制限 (51Ⅱ・102Ⅵ)〔55頁＊3)(3)参照〕

（ウ）　権利株の譲渡制限の解除　会社成立前の株式すなわち株式引受人の地位を権利株と呼ぶが、その譲渡を自由に認めると手続が複雑で迅速な会社設立を阻害するおそれがあるので、その譲渡は当事者間では有効であるが、会社には対抗できない (35・50Ⅱ・63Ⅱ)。会社が成立すると、権利株は株式となるのでこの制限はなくなる (ただし128Ⅱ)。

図表4　権利株の譲渡制限

	出資の履行前	出資の履行後
発起設立における発起人	35条	50条2項
募集設立における発起人	35条	50条2項
募集設立における発起人以外の株式引受人	63条2項	規定なし（上を類推適用）

（エ）　株券発行の許容・強制　会社が成立すると、株券発行会社は、株券が発行できるようになるだけでなく、株主の利益のために遅滞なく株券を発行しなければならないのが原則である (215Ⅰ)。株券が実際に発行されるまでは、権利株譲渡の制限と同様、株式譲渡をしても会社に対抗できない (128Ⅱ。法文上は「効力を生じない」と規定されている)。

4　設立中の法律関係

1．設立中の会社

　会社は設立の登記前はまだ権利能力を有しないので、発起人が会社の設立のために取得または負担した権利義務は形式的には発起人に帰属すると言わざるをえないが、会社が成立すれば、設立中の法律関係のすべてがそのまま成立した会社の法律関係となる。すなわち、株式引受人は株主となり、設立時取締役・設立時監査役等は会社の機関となり、発起人が会社設立のために取得し負担した権利義務は当然に（法律上何も権利義務移転手続をしなくても）会

社の権利義務となる。

　このことを説明するために「設立中の会社」という概念が使われる。つまり、発起人が会社設立のために取得し負担した権利義務は実質的には「設立中の会社」に帰属しているので会社が成立すればそれらは当然に会社に帰属すると説明するわけである[*1)]。このように考えると、「設立中の会社」は権利能力のない社団であり、発起人はその執行機関であるといえる。なお、設立手続が途中で挫折し会社として完成に至らないような場合を「会社の不成立」と呼ぶ〔後述67頁〕。

　＊1）　**同一性説**　　本文に述べたような説明は、「設立中の会社」が団体として存在することを認め、発起人をその機関ととらえ、かつ、「設立中の会社」と成立した会社とをまったく同一の存在と考える見解で（同一性説と呼ばれる）、昔のいろいろな見解の対立をへて、通説となった見解である。

2．発起人組合

　会社の設立過程では、発起人が複数の場合には発起人間に（実際に明示の合意がなくても）「発起人組合」という民法上の組合関係が存在すると解するのが通常の考え方である。すなわち、発起人は、設立手続に入る前に会社の設立を目的とする組合契約を結び、その履行として定款の作成・株式の引受け・設立事務の執行等の設立に関する諸行為をすると考える[*1)]。

　＊1）　**発起人組合と設立中の会社との関係**　　発起人による定款の作成・株式の引受け・設立事務の執行等は、「設立中の会社」にとってはその規則制定・設立行為・機関の活動としての意味を有するが、発起人組合からみると組合契約の履行行為としての意味を有する。すなわち、どのような内容の定款を作成し、各発起人が何株ずつ引き受けるか等は発起人組合契約によって定められると解される。また、発起人間における職務分担も発起人組合契約で定められる。発起人が権限内でした対外的行為は、設立中の会社の名でしたものも、発起人総代ないし発起人組合の名でしたものも、会社が成立すれば当然にその権利義務は会社に帰属すると解すべきである（発起人の権限外の行為については後述3．＊1)参照）。会社の成立（または不成立）により発起人組合は解散する（民682。なお、東京地判平成4・4・21判時1434-54）。

3．発起人の権限

　設立中の発起人の権限の範囲がどこまでか、すなわち発起人がした行為の効果のどこまでが「設立中の会社」に実質的に帰属し、会社の成立により当然に会社に帰属することとなるかについては、問題がある。発起人に会社の設立を直接目的とする行為をする権限があることは当然であるが、設立に必要な行為をする権限があることまでは一般に認められており、他方、成立後の会社の事業に属する行為をする権限がないことも争いがないが、成立後の事業の準備行為（開業準備行為という）をする権限があるか否かについては、見解が分かれている。^{＊1）}

　　＊1）　**発起人の権限**　　(1)　設立を直接の目的とする行為・設立のために必要な行
　　　為　　発起人に設立を直接目的とする行為をする権限があるのは当然である。定款の
　　　作成、株式の引受け・払込みに関する行為、創立総会の招集等がその例である。こ
　　　のほか、会社の設立に必要な行為、たとえば設立事務所の賃借、その職員の雇用な
　　　ども、発起人の権限内と解されている。
　　　　(2)　開業準備行為　　会社が成立後にすぐ事業を行えるように、土地・建物等を
　　　取得したり、原材料の仕入れや製品の販売ルートを確立しておくなどの行為を、開
　　　業準備行為と呼ぶ。財産引受け〔52頁＊6）(2)〕も通常これにあたる。①発起人は設
　　　立に必要な行為までしかできず、財産引受けはとくに必要性が大きいので厳格な要
　　　件のもとで法は認めたと解する見解と、②発起人は開業準備行為をする権限がある
　　　が、財産引受けは濫用の危険が大きいので法はとくに厳格な要件を定めたと解する
　　　見解とがある。①が多数説・判例である（最判昭和33・10・24民集12-14-3228〈百選
　　　4〉〈商判 I -16〉）。②の見解をとると、発起人がした開業準備行為のすべてに成立後
　　　の会社は拘束されることになる（そこで、財産引受けの規定をすべての開業準備行為に
　　　類推適用する見解もある）。他方、①のように開業準備行為は発起人の権限外と解す
　　　ると、発起人の開業準備行為（その効果は次の(3)の場合と同じ）から生じた債務に成
　　　立後の会社が責任を負うためには、追認するか（設立中の会社の名でした場合）、債
　　　務引受けをする（発起人総代または発起人組合の名でした場合）ことが必要であると指
　　　摘されている。なお、②説によっても開業準備の費用は設立費用〔53頁＊6）(4)〕に
　　　は含まれないと解されている。
　　　　(3)　事業行為　　成立後の会社の事業に関する行為を発起人が会社成立前にする
　　　権限がないことは明らかである（979 I 参照）。事業行為をすることを発起人組合が
　　　その目的に含めている場合には、発起人総代など代理権がある者がした行為の効果

は発起人組合に帰属し、発起人全員が責任を負う（最判昭和35・12・9民集14-13-2994〈百選A1〉〈商判 I -15〉）。発起人組合の行為とみられない場合には発起人が無権代理人として責任を負う（民117）と解すべきである。

5　違法な設立・会社の不成立

　設立登記によって会社が成立しても、設立の過程に違法な点があれば、本来はその会社の設立は無効なはずである。しかし、会社がいったん有効に成立したとの外観を有するに至ったものを無効とすると会社をめぐる法律関係が混乱し、法的安定性を害するので、会社法は、設立無効の訴えという制度を設けて、無効の主張や効果を大幅に制限している。ただし、会社の実体がないほど瑕疵（かし）が大きい場合には、会社は「不存在」というしかない^{* 1) 2)}〔67頁〕。

> ＊1)　**持分会社の設立の瑕疵**　　合名会社・合資会社・合同会社では、設立無効の訴えのほかに、設立に参加した社員の意思表示に取消原因があったり、債権者を害する目的で会社を設立した場合には、会社の設立が取り消される（832）。この取消しも訴えによらなければならず、手続や効果は設立無効と同じである。
>
> ＊2)　**会社法上の各種の訴え**　　会社法では、会社法上の各種の訴えについて、まとめて条文を配置して整理した（828—867）。設立無効の訴えは、「会社の組織に関する訴え」（828—846）として、①提訴期間の限定、②提訴権者（原告適格）の限定、③無効判決の対世効〔片面的対世効（67頁(3)参照）〕、④無効判決の不遡及等の規律に服する。

1. 設立の無効（設立無効の訴え）

　(1)　提訴期間・提訴権者　　株式会社の設立の無効は、設立登記から2年以内に（828 I ①）、株主等が（828 II ①）訴えを提起することによってしか主張できない。

　(2)　無効事由　　設立無効の原因となる事由は、明文の規定はないが、次のような重大な瑕疵（かし）に限ると解されている。①定款の絶対的記載事項が欠けていたりその記載が違法である場合、②定款につき認証がない場合、③株式発行事項につき発起人全員の同意がない場合、④創立総会が適法に開

図表5　会社の組織に関する訴え

	提訴期間 828 I 等	原告適格 828 II 等	対世効 838	不遡及 839
設立無効	○	○	○	○
新株発行無効	○	○	○	○
新株発行不存在確認	−	−	○	−
株主総会決議取消し	○	○	○	−
株主総会決議無効確認・ 不存在確認	−	−	○	−
資本金減少無効	○	○	○	○
吸収合併無効等	○	○	○	○
解散	−	○	○	

(注)　「会社の組織に関する訴え」は被告に応じて22種類（834）〔令和元年改正後〕

催されない場合、⑤設立登記が無効の場合。^{* 1) 2)}

＊1)　株式の引受け・払込みの欠缺（けんけつ）がある場合　　従来、この場合を設立無効事由と解すべきかについては争いがあった。(i)欠缺の程度が重大なときは無効事由、そうでないときは無効事由とならないと解する見解と、(ii)瑕疵の程度にかかわらず発起人や会社設立時の取締役の引受け・払込み担保責任〔会社法で廃止〕や払込取扱機関の責任が履行され瑕疵が塡補された場合には、無効事由は消滅し、他方、瑕疵が塡補されない場合には、設立の際に発行する株式全部の引受け・払込みがあることが設立の要件である以上〔会社法では要件ではなくなった〕、設立無効事由になるという見解があった〔後者が多数説であり妥当な見解であった〕。会社法のもとでも、たとえば会社成立後に払込みの無効が判明したような場合において、その瑕疵が自発的に治癒されたような場合等には、設立無効事由は消滅すると解すべきである。

＊2)　裁判所の裁量棄却　　昭和25年改正前は、客観的な無効事由があった場合でも、その瑕疵が補完されたときまたは会社の現況その他を斟酌して設立を無効とすることを不適当と認めるときは、裁判所は訴えを棄却できる旨を定めた明文の規定があった。この規定は昭和25年改正で削除されたが、裁判所の裁量による棄却権はそれ以後も認められると解されている。瑕疵がきわめて軽微な場合か瑕疵が解消された場合等が考えられる。昭和56年改正は、株主総会決議取消しの訴えについて裁

判所の裁量棄却権を認める規定を以前と若干変容して復活させたが（平成17年改正前商法251＝会社法831Ⅱに継承）、このことは設立無効の訴えの場合に裁判所の裁量棄却権を肯定する参考になる。

(3) 無効判決の効力　設立を無効とする判決が確定すると、その判決は対世的効力（対世効）を有する〔当事者だけでなく第三者にも効力が及ぶ〕(838)（請求を認容した判決は対世効を有するが、請求を棄却した判決は対世効を有しないので、片面的対世効と呼ぶこともある）。将来に向かっての対世効で、遡及はしない(839)。そこで、有効に成立した会社が解散した場合と同様に清算手続をとる(475[2])。

2．会社の不存在

設立登記をしないで会社として活動しているとか、設立登記はあるが設立手続をまったく踏んでいない等、設立手続の外形が存在しないような場合には、その会社は「不存在」である。会社法に明文の規定はないが、誰でもいつでもその不存在を主張できる。

3．会社の不成立

会社の設立が途中で挫折し設立の登記まで至らなかった場合を、会社の「不成立」という。設立無効の訴えによるまでもなく、誰でもいつでも会社が存在しないことを主張できる。発起人がした設立に必要な行為はすべて発起人全員の連帯責任となる(56前段)。設立費用として支出したものは、定款に定めがあったとしても〔52頁＊6）参照〕すべて発起人の負担となる(56後段)。株式の払込みを受けていれば引受人に返還しなければならない。

6　設立に関する責任

設立に関する違法行為や不正行為について、会社法は厳格な罰則を定めているが(960Ⅰ等)、さらに設立の関係者である発起人と設立時取締役・設立時監査役に対して重い民事責任を課している。

(1) 現物出資・財産引受けの不足額塡補責任　現物出資または財産引受

けの対象となった財産の会社成立当時の実価が定款で定めた価額に著しく不
足する場合には、発起人と設立時取締役はその不足額を会社に支払う義務を
負う（52Ⅰ）〔連帯責任〕。ただし、現物出資者または財産の譲渡者である場合
を除いて、発起人と設立時取締役は、発起設立の場合は次の①②の場合に、
募集設立の場合は次の①の場合に限り、この責任を免れる。①その現物出資
または財産引受け事項につき検査役の調査を受けたとき。②無過失を立証し
たとき（以上、52Ⅱ・103Ⅰ）。なお、現物出資・財産引受け事項について証明・
鑑定評価をした者も不足額支払義務を負うが、無過失を立証した場合は責任
を免れる（52Ⅲ）。

　(2)　**仮装出資の場合の履行責任**　　平成26年改正で次の規律が新設された。
①発起人は、設立時発行株式についての金銭の払込みまたは現物出資財産の
給付（34Ⅰ参照）を仮装した場合は、会社に対して、仮装した出資に係る金銭
の全額の支払または財産の全部の給付（会社が給付に代えて財産の価額に相当する
金銭の支払を請求した場合は、その金銭の全額の支払）をする義務を負う（52の２Ⅰ）
〔無過失責任〕。②募集設立における設立時募集株式の引受人は、払込み（63Ⅰ
参照）を仮装した場合は、会社に対して、仮装した出資に係る金銭の全額の
支払をする義務を負う（102の２Ⅰ）〔無過失責任〕。③これらの場合に出資の履
行または払込みの仮装に関与した発起人または設立時取締役として法務省令
〔規則７の２・18の２〕で定める者も、同様の責任を負うが、無過失を立証した
場合は責任を免れる（出資の履行または払込みを仮装した者は無過失責任）（52の２
Ⅱ・103Ⅱ）〔①②③の責任は連帯責任（52の２Ⅲ・103Ⅱ本文）〕。これらの場合、出資の
履行を仮装した発起人や払込みを仮装した設立時募集株式の引受人は、責任
を履行した後でなければ、出資の履行・払込みを仮装した設立時発行株式に
ついて、設立時株主（65Ⅰ）および株主の権利を行使できない（52の２Ⅳ・102
Ⅲ）。もっとも、この設立時発行株式または株主となる権利が譲渡されたよ
うな場合には、譲受人は、悪意または重大な過失があるときを除き、その設
立時発行株式についての設立時株主および株主の権利を行使することができ
る（52の２Ⅴ・102Ⅳ）〔この場合の法律関係については、会社成立後における募集株式の
発行の場合に関する171頁＊６）参照〕。

　(3)　**任務懈怠責任**　　発起人・設立時取締役・設立時監査役は、任務を怠

ったときは会社に対して損害賠償責任を負い（53Ⅰ）〔過失責任〕、職務を行う
につき悪意または重過失があったときは第三者に対しても損害賠償責任を負
う（53Ⅱ）。全員の連帯責任となる（54）。

(4)　**その他──擬似発起人**　　定款に発起人として署名をしない者は発起
人ではないが、株式募集に関する文書等に賛助者等として自己の氏名を掲げ
ること等を承諾した者（擬似発起人という）は、発起人と同様の責任を負う
（103Ⅳ）。

(5)　**民事責任の実現と免除**　　以上の民事責任の実現については、①株主
による代表訴訟が認められる（847以下）。②責任の免除については、発起人・
設立時取締役の現物出資等不足額塡補責任、発起人・設立時取締役・設立時
募集株式の引受人の仮装出資履行責任や発起人・設立時取締役・設立時監査
役の任務懈怠による損害賠償責任は、総株主の同意がないと免除できない
（55、102の2Ⅱ・103Ⅲ。ただし、847の3Ⅹ）。

第3節　株　　式

1　総　　説

1．株式の意義

(1)　**株式という仕組みの意味**　　株式とは、株式会社における出資者である社員すなわち株主の地位を細分化して割合的地位の形にしたものである。なぜ会社法は、株式会社における社員の地位を細分化して株式という割合的地位の形をとることを要求するのか。それは、個性のない多数の者が株式会社に参加できるようにするための法的技術である。すなわち、株主の会社に対する法律関係を明確にし、株主の権利行使や会社から株主に対する各種の通知や配当の支払等を容易にするためと、株主が投下資本回収のために株式を譲渡することを容易にするためである。それでこそ多数の者が安心して株式会社に株主として出資することができ、株式会社制度が成り立つ。

(2)　**株式の均一性と不可分性**　　株式は均一性を有する[*1]。したがって、1人で数株を保有する者は、その株式数だけ株主の地位を有することになる。また、株式を1株未満に細分化することは、許されない（株式の不可分性）〔株式の共有は認められる（(5)参照）〕。なお、会社法は株式の単位について単元株制度を認めているが、この点については後述する（7参照）。

　　＊1)　**額面株式と無額面株式──平成13年改正による額面株式制度の廃止**　　①平成13年6月改正までは、商法は、額面株式と無額面株式とを認めてきた。額面株式は、額面のある株式、すなわち、定款において1株の金額の定め（株金額とか券面額という）があり、かつそれが株券に表示される株式である（平成13年改正前商法166I ④・225④）。無額面株式は、額面のない株式、すなわち株券に券面額の記載がなく単にその表章する株式数のみが記載される株式である。②株式は割合的単位の形をとった株主の地位であり、しかも額面株式についても株金額の均一性が要求されたので（同年改正前商法202I）、額面株式も無額面株式もその内容は同じであった。会社は定款で制限しないかぎり両者をともに発行することができたが（同年改正前

商法199）、その場合でも、額面株式か無額面株式かを問わず、1株は1株として同価値であり、したがって相互に転換もできた（同年改正前商法213）。つまり、額面株式の価値は、無額面株式と同じく、会社企業自体の経済的価値によって定まり、券面額は株式の価値をあらわすものではなかった。日本の実務では、額面株式を発行する会社が圧倒的に多く、昭和25年改正前に設立された会社のほとんどが額面金額を50円としてきた。③商法上、額面株式の券面額は、資本の額は株金総額（券面額×発行済株式総数）以上でなければならないことと出資単位の規制と2つの面で意味を有していたが、前者はそれを要求する理由が明確でなく、後者については平成13年6月改正は出資単位規制を廃止したため〔137頁＊1）参照〕、同改正は、額面株式制度そのものを、商法上の制度としては廃止することとした。

(3)　**株式と資本金の額との関係**　　会社法は、実際の払込み・給付額の全額を資本金の額とすることを原則とする（445Ⅰ〔計算規則43Ⅰ（設立時）・14Ⅰ（募集株式発行時）等、計算規則において細かく定められている〕）。ただし、株式発行の際に、払込み・給付額の2分の1までの額を資本金に組み入れないこととし、資本準備金とすることが認められる（445Ⅱ・Ⅲ）。また、資本金の額を減少したり増加することも認められる（447・450）〔335頁参照〕。

＊2）　**株式と資本金との関係**　　昭和25年改正前の商法は、定款に資本の総額を定め、これを均一な金額の額面株式に細分化することを要求していたため、株式は資本の構成単位とされ、資本の額と株金総額（券面額×発行済株式総数）とはつねに一致していた。昭和25年改正は、無額面株式を新たに導入するとともに、額面株式について資本と株金総額との関係を切断し、さらに昭和56年改正は、額面株式についての資本の額の算定方法について、従来「資本の額＝株金総額」としていたのを改めて、「資本の額＝発行済株式の発行価額の総額」とすることを原則とした。その結果、資本の額が株金総額を超える場合が原則となった。ただし、逆に、資本の額が株金総額よりも低くなることは認められず「資本の額≧株金総額」が要求されてきた。しかし、平成13年6月改正は額面株式制度を廃止したため、現在では、株式と資本金との間の関係は本文で述べた以外はなくなっている。

(4)　**株式の法的性質——債権との差異**　　株式は、株主の会社に対する社員としての地位を細分化したものであり、通常の債権とは異なる。したがって、株主としての地位に基づく諸権利のうち個々の権利についてそれを別個独立に処分することはできないと解されている。たとえば、株主権のうちの株主総会における議決権だけを、あるいは剰余金配当請求権だけを譲渡する

ことはできないと解されている[議決権信託について、大阪高決昭和58・10・27高民36-3-250〈百選30〉〈商判Ⅰ-47〉]。なお、株主総会決議等によって配当金額が決定されて配当金支払請求権が確定すると、それにより具体的に発生した配当金支払請求権は通常の債権であって、別個独立に処分することができ、また消滅時効にもかかると解されている（信託法101対比）。

　　＊3）　**株式の法的性質**　　74頁＊1）参照。

　　＊4）　**エンプティ・ボーティング**　　株主権のうちの議決権がそれ以外の経済的な権利から切り離された状況を「エンプティ・ボーティング（empty voting）」（空の議決権）などと呼ぶことが多い。こうしたことは法形式的にはできないが（105参照）、スワップ取引等を利用して経済実質としてこうした状況を作り出すことは可能であり、実際にも行われることがある。しかし、こうした状況は経済的な利益を基礎としない議決権行使を可能とするものであって、望ましいものではない。なお、基準日制度（124参照）[116頁参照]は、一定の範囲で上記のような状況を生じさせるが、多数の変動する株主の権利行使を可能とするための仕組みとしてやむをえないものということになる。

(5)　**株式の共有**　　株式を2人以上の者が共有することは認められる（2人以上による株式の共同引受け、2人以上による株式の相続、組合による株式所有等の場合に共有が生じる）。この場合には、①共有者は、共有株式についての権利を行使する者1人を定めて会社にその者の氏名または名称を通知しなければ、共有株式についての権利を行使することができない（106本文）[ただし書について、＊5）参照]。②また、会社から株主への通知・催告については、共有者は、会社から通知・催告を受ける者1人を定めて会社にその者の氏名または名称を通知し（126Ⅲ等）、通知・催告はその者に対してされることになる。そのような代表者を定めないときは、会社は共有者の1人に対して通知・催告をすればよい（126Ⅳ等）。

　　＊5）　**株式の共有**　　次の3つの次元を考える必要がある。(ア)共有者間での意思決定（民法251・252・264）[なお、共有に関する民法の規定（民249以下）は、令和3年民法改正により改正されていることに注意。令和3年4月28日公布、施行は令和5年4月1日]、(イ)会社との関係その1（会社法106。なお126Ⅲ・Ⅳ）、(ウ)会社との関係その2（共有状態が生じた場合の名義書換。130[117頁参照]）。会社法106条については、次のような問題がある。①権利行使者は、特段の事情のないかぎり、共有株主が持分の価格に従いその過半数で決める（最判平成9・1・28判時1599-139[有限会社の事例]〈百選

10）〈商判Ⅰ-22〉・後掲最判平成27・2・19）〔権利行使者の指定が権利濫用とされた事例として、大阪高判平成20・11・28金融商事1345-38〕。権利行使者1人を決めて会社に通知したときは、その者が共有者の議決権の正当な行使者となるので、共有者間で総会の決議事項について逐一合意を要するとの取決めがあり、ある事項について共有者間に意見の相違があった場合であっても、被選定者は自己の判断で議決権を行使できる（最判昭和53・4・14民集32-3-601〔有限会社の事例〕）。②権利行使者を定めない場合は、株主としての権利を行使できない（上記最判平成9・1・28）。ただし例外的にこれが認められた事例がある（最判平成2・12・4民集44-9-1165〈百選9〉〈商判Ⅰ-24〉〔株主総会決議不存在確認の訴えの原告適格〕、最判平成3・2・19判時1389-140〔合併無効の訴えの原告適格〕）。③権利行使者を定めることを会社法が要求するのは会社の事務処理上の便宜のためであり、会社側から権利の共同行使を認めることはさしつかえない（106ただし書〔会社法での新設規定〕）。この点について、権利の単独行使を会社側から認めることができるかという問題がある。最高裁は、会社法106条本文は、共有に属する株式の権利行使の方法について民法の共有に関する規定に対する「特別の定め」（民法264ただし書）を設けたものであり、共有株式について会社法106条本文の規定に基づく指定および通知を欠いたまま権利が行使された場合において、その権利の行使が民法の共有に関する規定に従ったものでないときは、会社が106条ただし書の同意をしても、権利行使は適法となるものではないと判示している（最判平成27・2・19民集69-1-25〈百選11〉〈商判Ⅰ-23〉）（平成17年改正前商法のもとでの判例として、最判平成11・12・14判時1699-156。なお、持株会の理事長の議決権行使について会社が悪意であった場合に係る事例として、東京地判平成31・3・8金融商事1574-46＋東京高判令和1・10・17金融商事1582-30〈商判Ⅰ-92〉）。

＊6）　**振替株式**　振替株式が共同相続された場合における差押えの方法について、最決平成31・1・23民集73-1-65〈百選A2〉〈商判Ⅰ-25〉。

2．株主の会社に対する義務・権利など

(1)　**株主の義務——株主有限責任**　株主はその有する株式の引受価額を限度とする責任を負うだけである（104）。それ以外に義務や責任はない（株主有限責任〔26頁参照〕）。会社債権者保護のため、この出資義務を免除したり、払い込んだ金額を返還したりすることは、剰余金分配等一定の手続を踏まない限り、許されない〔338頁参照〕。また、募集株式の引受人の側から、払込みまたは現物出資給付の債務と会社に対する債権との相殺をすることはできない（208Ⅲ）。

(2)　**株主の権利**　　株主の権利のうち多くのものは会社法が定めているが、定款の規定に基づくものもある。

（ア）　**自益権と共益権**　　株主の権利は、学問上、自益権と共益権とに分類される。自益権は、会社から直接経済的な利益を受けることを目的とする権利であり、剰余金配当請求権（105Ⅰ①）と残余財産分配請求権（105Ⅰ②）とが中心であるが（なお105Ⅱ）、そのほかにも株式買取請求権などがその例である。共益権とは、会社の経営に参与することを目的とする権利であり、株主総会における議決権（105Ⅰ③）が中心であるが、そのほかにも株主総会決議取消訴権（831Ⅰ）や取締役等の違法行為の差止請求権（360・422）などのように、株主総会の決議や取締役の業務執行等の会社の運営を監督是正する権利が含まれる。

（イ）　**自益権と共益権とを区別する意味**　　学問上、自益権と共益権とを区別する意味がどこにあるのかについては、株式の法的性質論として、昔からさまざまな見解が唱えられてきた。[*1]共益権は、その行使が他の株主の利益にも影響するため、自益権の行使と比較すると、ある程度の制約が認められるべき場合が多い。

なお、共益権のうち、なぜ議決権のほかに各種の監督是正権を会社法は認めているのであろうか。それは、議決権だけを認めることとして、経営の監督は取締役会や監査役等による監督・監査と取締役の責任にゆだねるのでは不十分であって、株主にある程度の監督是正権を認めたほうが合理的であると考えられるからである。

*1）　**株主の権利の法的性質**　　株式の法的性質および株主の権利の譲渡性については、昔、さまざまな見解が唱えられた。

　①株式社員権説──株式は株式会社における社員の地位と解し、株式が譲渡されると自益権も共益権も移転すると解する見解で、通説・判例（最大判昭和45・7・15民集24-7-804〈商判Ⅰ-21〉）である。②社員権否定説──議決権等の共益権は株主が会社の機関としての資格で有する権限にすぎず、株式の内容は株主が社員の資格で有する剰余金配当請求権等の自益権だけと解する見解。③株式債権説──②の見解を発展させた見解で、株式は自益権のうち剰余金配当請求権のような金銭債権自体であり、共益権は株主が株式会社において有するいわば公権の一種とする見解で、株式の譲渡により自益権が移転し、譲受人は株式を取得して構成員となると原始的

に一身専属的な人格権である共益権を取得すると解する。④株式会社財団説——株式会社を営利社団法人ではなく営利財団法人と解し、株式は、自益権中の剰余金配当請求権と残余財産分配請求権を内容とする純粋な債権であって、これだけが譲渡性を有し、これ以外の自益権と共益権はすべて法が株主保護のために与えた権利であって譲渡性はないと解する見解。

　　（ウ）　**単独株主権と少数株主権**　　株主の権利には、1株の株主でも行使できる権利（単独株主権）と発行済株式総数の一定割合以上または総株主の議決権の一定割合以上・一定数以上を有する株主だけが行使できる権利（少数株主権）とがある。自益権はすべて単独株主権であり、共益権のうちでも議決権は単独株主権であるが、監督是正権には単独株主権のものと少数株主権のものとがある〔次頁**図表6**参照〕。

　　（エ）　**固有権**　　学問上、株主総会の多数決によって奪うことができない権利を固有権といい、固有権概念は株主総会における多数決の濫用を防止する機能を有する。しかし、今日では、株主総会の多数決で決定できる事項は法で明定されている場合が多く（たとえば783 I）、また多数決の濫用があったような場合についても他の理論で対処するのが通常であって、固有権概念が用いられることはほとんどない。

　　(3)　**株式の内容**　　会社法は、各株式の権利の内容は同一であることを原則としつつ、その例外として、一定の範囲と条件のもとで、すべての株式の内容として特別なものを定めること（107）と、権利の内容の異なる複数の種類の株式を発行すること〔種類株式制度〕（108）を認めている。これらについては、後述する〔80頁以下参照〕。

　　(4)　**授権株式制度**　　授権株式制度というのは、会社が将来発行する予定の株式の数（法文上の概念は「発行可能株式総数」）を定款で定めておき（37 I・II）、その「授権」の範囲内で会社が取締役会決議等により適宜株式を発行することを認める制度である（実務では「授権資本制度」とも呼ばれる）。後述する〔147頁参照〕。

　　(5)　**株式買取請求権**　　一定の場合に、株主総会決議で反対した株主等に株式買取請求権が認められる（116—119等）。後述する〔219頁・402頁参照〕。

図表 6 株主の監督是正権——単独株主権と少数株主権

	議決権数・株式数の要件	保有期間の要件	
単独株主権		要件なし	設立無効等の訴権 (828Ⅱ①等)、累積投票請求権 (342)、募集株式発行差止権等 (210等)
		行使前 6 か月	代表訴訟提起権 (847・847の2)、取締役・執行役の違法行為差止権 (360・422)
少数株主権	総株主の議決権の 1 %以上または300個以上	行使前 6 か月	提案権 (303・305)
	総株主の議決権の 1 %以上	行使前 6 か月	総会検査役選任請求権 (306)
	総株主の議決権の 1 %以上または発行済株式総数の 1 %以上	行使前 6 か月	多重代表訴訟提起権 (847の3)
	総株主の議決権の 3 %以上または発行済株式総数の 3 %以上	要件なし	帳簿閲覧権 (433)、検査役選任請求権 (358)
	総株主の議決権の 3 %以上	要件なし	取締役等の責任軽減への異議権 (426Ⅶ)
	総株主の議決権の 3 %以上または発行済株式総数の 3 %以上	行使前 6 か月	取締役等の解任請求権 (854・479)
	総株主の議決権の 3 %以上	行使前 6 か月	総会招集権 (297)
	総株主の議決権の10分の 1 以上	要件なし	一定の募集株式発行等における株主総会決議要求権 (206の2Ⅳ)
	総株主の議決権の10分の 1 以上または発行済株式総数の10分の 1 以上	要件なし	解散判決請求権 (833)
	法務省令〔規則197等〕原則として総株主の議決権の 6 分の 1 以上	要件なし	簡易合併等の反対権 (796Ⅲ等)

注 1) 発行済株式総数は自己株式を除く。
注 2) 非公開会社では、 6 か月要件はない。
注 3) 少数株主権については、すべての会社において、定款で要件の緩和ないし単独株主権化が可。

3. 株主の平等取扱い (株主平等原則)

株主は、株主としての資格に基づく法律関係については、その有する株式の数に応じて平等の取扱いを受けるべきであるという原則が認められている

（通常「株主平等の原則」と呼ぶが、「株式平等の原則」というほうが正確である）。

　従来、一般には、団体の構成員が平等な処遇を受けることは、正義・衡平の理念からすべての団体に共通の理念であり、これが株式会社においては、各株主はその有する株式の数に応じて平等の取扱いを受けるべきことという形で現れると解されてきたようである。しかし、株式会社における株主平等の原則は、もっと技術的な要請に基づいて認められるべきものと考えられる。

　すなわち、この原則は、株式が株主の地位を均一の割合的な単位としたものであることを裏から表現したものであると解すべきである。換言すれば、株主平等取扱いという原則がないと、株主と会社との法律関係や株式の譲渡等を合理的に処理できなくなり、ひいては誰も安心して株式会社に株主として出資できなくなって株式会社制度が成り立たなくなるというのが、このような株主平等の原則を認めるべき理由であると考えられる。

　従来、この原則の第1の意味として、各株式の内容は原則として同一であると解されてきた。そして、法が定款で定めれば異なる内容の種類の株式の発行を認めてきたことは、平等原則の例外であると理解されてきた。しかし、株主平等の原則を上述のように法技術的な面から導かれるものと解すると、この点は、平等原則とは直接の関係はない。

　この原則の意味は、各株式の内容が同一であるかぎり株主はその有する株式の数に応じて同一の取扱いがされるべきであるということである（109Ⅰ〔会社法で明文化された〕）〔従来の見解では、このことは株主平等の原則の第2の意味と理解されてきた〕。法が例外を認める場合を除いて（109Ⅱ・Ⅲ）、この意味での株主平等の原則に反する定款の定め、株主総会の決議、取締役会の決議、取締役の業務執行行為等は、会社の善意・悪意にかかわらず、無効である。[*1] ただし、個々の取扱いについて不利益を受ける株主がそれを承認したときは、株主平等の原則と異なる取扱いをすることも許されると解されている。

　なお、少数株主権も株主平等原則の例外を法が定めたものと説明する見解もある〔単元株制度（後述136頁）も同様に説明する見解もある〕。

　＊1）　株主平等の原則　（1）　株主平等の原則に違反するとされた昔の例として、配当可能利益〔＝会社法では「分配可能額」（461Ⅱ）〕の計上ができなくなった会社が、大株主との間で、無配直前の配当に見合う金額をベースに報酬として月8万円、中

元・歳暮として各5万円ずつ支払う契約をしたところ、株主平等の原則と平成17年改正前商法293条本文〔会社法454Ⅲに相当〕の趣旨から無効であるとされた（最判昭和45・11・24民集24-12-1963〈商判Ⅰ-26〉）。

　(2)　最高裁は、買収対抗策としてされた新株予約権者の差別的な取扱いを内容とする新株予約権無償割当て（277）について、会社法109条1項に定める株主平等の原則の趣旨が及ぶと判示した（最決平成19・8・7民集61-5-2215〈百選98〉〈商判Ⅰ-66〉）〔結論としては、株主平等原則の趣旨に反しないとした。183頁参照〕。差別的な行使条件等を付した新株予約権無償割当ても109条1項に定める平等原則〔狭義の平等原則といってもよい。平等性は形式的に判断される〕には反しないが、平等原則の背後にある衡平の理念（最高裁のいう「平等原則の趣旨」）にかんがみてその合理性が問題となるというべきであり、その合理性は実質的に判断されるべきである〔広義の平等原則といってもよい。平等性は実質的に判断される〕。278条2項が株主の数に応じて新株予約権を割り当てるべきことを定めているのは無償割当てを定義することにほかならず（そういうものが無償割当てになる）、109条1項の平等原則〔狭義の平等原則〕とは関係はない。なお、少数株主の締出しを目的とする株式の併合に係る株主総会決議が株主平等原則に違反しないとした事例として、札幌地判令和3・6・11金融商事1624-24。

　(3)　属人的定め（109Ⅱ）により、ある株主の持株比率と配当を受ける権利を他の株主の100分の1に変更した株主総会決議は、その内容が株主平等原則の趣旨に反し無効であるとされた（東京地立川支判平成25・9・25金融商事1518-54〈商判Ⅰ-27〉）。

4．株主の権利行使に関する利益供与の禁止

　会社は、誰に対しても、株主の権利〔またはその会社に係る適格旧株主（847の2Ⅸ）の権利・会社の最終完全親会社等（847の3Ⅰ）の株主の権利（平成26年改正で追加）。以下同じ〕の行使に関し〔最判平成18・4・10民集60-4-1273〈百選12〉〈商判Ⅰ-137〉参照〕、自己（その会社）またはその子会社の計算で財産上の利益を供与してはならない（120Ⅰ）。会社経営の健全性を確保するとともに、会社財産の浪費を防止する趣旨である。

　この規制に違反して、会社が株主の権利の行使に関し財産上の利益を供与した場合には、その供与を受けた者はそれを会社または子会社に返還しなければならない（120Ⅲ）。会社・子会社の返還請求につき、株主代表訴訟が認

められる（847以下）。また、違法な利益供与に関与した取締役・執行役〔規則21〕は、その供与した利益の額について会社に対して連帯して支払義務を負う（120Ⅳ本文）〔なお、責任免除につき120Ⅴ・847の3Ⅹ〕。利益供与をした取締役・執行役は無過失責任であるが、それ以外の者は無過失を立証したときは責任を免れる（120Ⅳただし書）〔子会社の取締役は423条により子会社に責任を負う〕。監査役が任務懈怠により取締役の違法な利益供与を見逃したときは、取締役と連帯して会社に対する損害賠償責任を負う（423・430）。以上との関連で、特定の株主に対する無償供与および無償に近い供与は、株主の権利行使に関する利益供与と推定される（120Ⅱ）。また、取締役等について、罰則がある[*1]（970）〔会社法で自首減免規定が新設〕。

　　＊1）　**利益供与の禁止**　　(1)　会社荒しや総会屋に対処するため、昭和56年改正により商法294条ノ2〔平成15年改正後は商法295条＝会社法120条〕が設けられた。この規定によって禁止されるのは財産上の利益供与に限られるが、「株主の権利の行使に関し」というのは、権利の行使・不行使、行使の態様・方法等を広く含む趣旨である。また、罰則については、会社荒し等についての贈収賄罪を定めた商法494条〔＝会社法968条〕が「不正の請託」を受けることを要件としており従来その実効性に限界があったため、昭和56年改正で、これとは別に商法497条〔＝会社法970条〕を新設した。ところが、昭和56年改正の後も総会屋に対する利益供与を行い摘発される大企業が続いたため、平成9年改正は、商法497条を改正し、従来からの利益供与罪および利益受供与罪の罰則を引き上げるとともに、新たに、利益供与要求罪を新設し、威迫を伴う利益受供与罪・利益供与要求罪を加重犯罪類型とし、利益受供与罪、利益供与要求罪、威迫を伴う利益受供与罪・利益供与要求罪につき懲役刑と罰金刑の併科を可能とした。さらに平成12年改正は、子会社の計算で（子会社に資金を拠出させて）する利益供与も禁止することを明定した。

　　(2)　①いわゆる仕手筋として知られる者が大量に取得した会社の株式を暴力団の関連会社に売却するなどと会社の取締役を脅迫した場合において、その者の要求に応じて巨額の金員を交付することを提案しまたはこれに同意した取締役の過失（平成17年改正前商法266Ⅰ⑤〔会社法423〕）を否定することはできないとされ、また、会社から見て好ましくないと判断される株主が議決権等の株主の権利を行使することを回避する目的で当該株主から株式を譲り受けるための対価を何人かに供与する行為は平成17年改正前商法294条ノ2第1項（会社法120Ⅰ）にいう「株主ノ権利ノ行使ニ関シ」利益を供与する行為にあたるとされた（平成17年改正前商法266Ⅰ②〔会社法120Ⅳ〕）（最判平成18・4・10民集60-4-1273〈百選12〉〈商判Ⅰ-137〉）（なお、株主か

らその保有する株式を買い取った場合は利益供与とはいえないであろう）〔これ以前の別の
事例として東京地判平成7・12・27判時1560-140〕。②株主総会における有効な議決権
行使を条件として株主1名につき Quo カード1枚（500円分）を交付した事例につ
いて、会社提案と株主提案が対立していた状況のもとで会社提案に賛成する議決権
行使の獲得を目的としたものであり、違法な利益供与に該当するとされた（東京地
判平成19・12・6判タ1258-69・金融商事1281-37〈百選31〉〈商判Ⅰ-84〉）。利益供与に当
たらないとされた事例（福井地判昭和60・3・29判タ559-275〔従業員持株会への奨励金
支出〕、なお、高松高判平成2・4・11金融商事859-3〔株主優待券の交付〕）との線引き
は、理論的には、それほど簡単な問題ではない。120条1項を文言通りに形式的に
解釈すると規定の適用範囲は相当に広くなってしまうので、規定の趣旨に即した合
理的な解釈により規定の適用範囲を適切に決定するのが妥当である。その場合、問
題となる行為が120条1項に該当しないためには社会通念上の相当性があることが
求められるというべきである。

2 株式の内容と種類

1. 概　要

(1) **株式の多様化**　　会社法は、各株式の権利の内容は同一であることを
原則としつつ、その例外として、一定の範囲と条件のもとで、①すべての株
式の内容として特別なものを定めることと (107)、②権利の内容の異なる複
数の種類の株式を発行することを認めている〔種類株式制度〕(108)。会社法
がこれらの株式の発行を認める趣旨は、一定の範囲と条件のもとで株式の多
様化を認めることにより、株式による資金調達の多様化と支配関係の多様化
の機会を株式会社に与えるためである。[*1)]

　具体的には、まず第1に、すべての株式の内容として特別の定めを認められ
れるのは、次の3つの事項についてに限定される (107Ⅰ)。①譲渡制限（譲渡
〔による取得〕について会社の承認を要すること）〔譲渡制限株式という（2⑰）〕、②株
主から会社への取得請求権（株主が会社に対してその取得を請求することができるこ
と）〔取得請求権付株式という（2⑱）〕、③会社による強制取得（会社が一定の事由が
生じたことを条件として取得することができること）〔取得条項付株式という（2⑲）〕。

　第2に、内容の異なる「種類」の株式として認められるのは、次の9つの事項についてに限定される（108 I）。①剰余金の配当、②残余財産の分配、③株主総会において議決権を行使できる事項〔議決権制限種類株式〕、④譲渡制限〔譲渡制限種類株式〕、⑤株主から会社への取得請求権〔取得請求権付種類株式〕、⑥会社による強制取得〔取得条項付種類株式〕、⑦株主総会決議に基づく全部強制取得〔全部取得条項付種類株式〕、⑧（定款に基づく）種類株主総会の承認〔いわゆる拒否権付種類株式〕、⑨種類株主総会での取締役・監査役の選任〔選解任種類株式〕（⑨は指名委員会等設置会社と公開会社には認められない）。

　このほか、⑩非公開会社（全株式譲渡制限会社）は、剰余金配当・残余財産分配・議決権について株主ごとに異なる取扱いとする旨を定款で定めることができ〔特殊決議（309 IV）〕、その場合は、その定めによる株式は、株式会社と組織変更・組織再編に関する規定との関係では「内容の異なる種類」の株式とみなされる（109 II・III）〔属人的みなし種類株式〕。

　＊1）　**株式の多様化**　（1）　普通株式　2以上の異なる「種類」の株式を発行する場合に、標準となる株式を「普通株式」というのが従来の説明である。しかし、本書では、会社が107条や108条に基づく定款の定めを何も置かないような場合に、会社法がその内容を自動的に定めてくれるものを普通株式と定義する。

　　日本の上場会社の多くは、この意味での普通株式だけを発行する会社である。この普通株式は、その内容はすべて同一であって、法が例外を認める場合を除いて、定款などによりその内容に差を設けることは許されない。

　　なお、①株式の内容について何も定款で定めなければ、すべての株式は普通株式となり、その内容は会社法で定まる。②たとえば、後述する優先株式〔88頁参照〕を定款で定めると、その会社は普通株式と優先株式との2種類の株式を発行することになる。しかし、普通株式の内容は定款で定める必要はない（法が定めてくれる）。俗に「種類株式」という場合は、この例でいえば、優先株式を意味し、普通株式は意味しないことが多い（会社法上はどちらも種類株式であり、たとえば種類株主総会〔後述(3)参照〕がそれぞれ構成される）。③2種類以上の株式を発行する会社を「種類株式発行会社」というが（2⑬）、実際にまだ種類株式を発行していなくても、会社法上は「種類株式発行会社」である。

　　（2）　会社法　会社法は、平成17年改正前商法の株式譲渡制限制度を株式の内容についての特別の定めと構成しなおし、かつ、一部の種類の株式だけを譲渡制限株式とする道を認めた。そして、改正前の償還（消却）株式は取得対価を金銭等とす

る取得請求権付株式（株主が会社に対して取得を求める請求権を有する）および取得条項付株式（会社が取得権を有する）と整理し、また、改正前の転換株式〔転換予約権付株式（株主が転換請求権を有する）と強制転換条項付株式（会社が転換権を有する）〕は、取得対価を株式とする取得請求権付種類株式および取得条項付種類株式と整理した。

(3) **定款自治**　日本の会社法は、株式の内容や株主間の関係については、法の定めと異なる定めは、一定の場合にかぎり、かつ定款で定めた場合にだけ、その効力を認めている。株主間の契約でこれらを定めても会社法上の効力はない。したがって、これらの定めについては、「契約自由」ではなく「定款自治」が認められると学界では表現する。近年の改正で、ベンチャー企業等でのニーズに応えて、この意味での定款自治が認められる範囲が拡大されてきている。

(2)　特別な内容の株式および種類株式の発行手続　**(ア)**　すべての株式について特別な内容を定めるためには、定款で会社法の規定する事項を定めなければならない (107Ⅱ) 〔譲渡制限株式の場合は株券にも記載する (216③)〕。

(イ)　また、内容の異なる種類の株式を発行するには、各種類の株式の①発行可能種類株式総数と②内容について会社法の規定する事項を定款で定めなければならない (108Ⅱ) 〔「普通株式」の内容を除く〕。ただし、例外として、後述する配当優先株式の場合の優先配当金額など、法務省令で定める事項 (規則20) 〔広く定められている〕については、定款で「内容の要綱」だけを定め、具体的な内容の決定を株主総会または取締役会の決議等にゆだねることが認められる〔ゆだねる旨は定款で定める〕(108Ⅲ)。

(ウ)　特別な内容の株式や数種の株式を発行するときは、一定事項を株主名簿 (121②)・株券 (216③④) などに記載し、かつ登記 (911Ⅲ⑦) 〔属人的みなし種類株式を除く〕しなければならない。

(3)　権利調整——種類株主総会制度　会社が数種の株式を発行した場合には、異なる種類の株主の間で各種の権利の調整が必要となる場合が生じる。そこで、種類株主総会制度が設けられている (321—325)。

(ア)　法定種類株主総会——会社が一定の行為をする場合　(a) 原則　種類株式発行会社が次の行為をする場合において、ある種類の株式の種類株主に損害を及ぼすおそれがあるときは、その行為をするためには、その種類の株式の種類株主を構成員とする種類株主総会（その種類株主に関する株式の種類が2つ以上ある場合は、2つ以上の種類別に区分された種類株主を構成員とする各種類株

主総会）の決議が必要である（322Ⅰ本文）〔その種類株主総会において議決権を行使することができる種類株主がいない場合は決議は不要（322Ⅰただし書）〕。①次の定款変更（111の場合〔取得条項・全部取得条項・譲渡制限〕を除く）──④株式の種類の追加、⑩株式の内容の変更、⑪発行可能株式総数または発行可能種類株式総数の増加、②株式の併合または株式の分割、③185条の株式無償割当て、④株式を引き受ける者の募集（202Ⅰの事項を定めるものに限る）、⑤新株予約権を引き受ける者の募集（241Ⅰの事項を定めるものに限る）、⑥277条の新株予約権無償割当て、⑦合併、⑧吸収分割、⑨吸収分割による他の会社がその事業に関して有する権利義務の全部または一部の承継、⑩新設分割、⑪株式交換、⑫株式交換による他の株式会社の発行済株式全部の取得、⑬株式移転、⑭株式交付。

(b) 例外　種類株式発行会社は、ある種類の株式の内容として、(a)の種類株主総会の決議を不要とする旨を定款で定めることができる（322Ⅱ）〔会社法での新設規定〕。その場合は、(a)の各行為について種類株主総会は不要となる*2)3)（322Ⅲ本文）。ただし、定款変更をする場合はつねに種類株主総会が必要である（322Ⅲただし書）〔単元株式数についての定款変更は種類株主総会不要にできる〕。なお、ある種類の株式を発行した後に定款を変更してその種類の株式についてそのような種類株主総会不要の定款の定めを設けようとするときは、その種類の種類株主全員の同意が必要である（322Ⅳ）。

定款で種類株主総会制度を排除した場合（322Ⅱ）には、その行為について種類株主に株式買取請求権が与えられ（116Ⅰ③・785Ⅱ①ロ・797Ⅱ①ロ・806Ⅱ②）、種類株主の保護はこれによることになる。

＊2）　**定款による種類株主総会制度の排除**　322条2項に基づいて定款で種類株主総会制度を排除する場合は1項のすべての事項について排除しなければならず一部の事項についてだけ排除することは認められないと解するのが多数説のようである。しかし、一部の事項（たとえば株式の併合と分割）についてだけ定款で種類株主総会制度を排除することを認めてもさしつかえないと思う。

＊3）　**定款による権利調整**　平成17年改正前商法のもとでは、ある会社の行為について種類株主間の権利を調整する定めを定款に置いた場合には、その定めが合理的なものであるときは、一部例外を除き、その行為について種類株主総会は不要であるとされていたが、会社法のもとでは、そうした取扱いを認める規定は条文上は

直接には存在しない。そのような場合は種類株主に「損害を及ぼすおそれ」（322
Ⅰ）がないとする解釈論が唱えられており、そういえる場合もあるとは考えられる
ものの、損害を及ぼすおそれはあっても定款所定の権利調整で処理するというのが
定款の定めの趣旨であるという場合が通常であろう。そうだとすると、こうした場
合は、その行為について種類株主総会を排除する趣旨〔＊2）参照〕と解したほうが
よいように思う。

（イ）　法定種類株主総会——その他　　（ア）の場合以外に、会社法が種類株
主総会決議を要求する場合がある〔損害を及ぼすおそれは不要。③④を除いて定款
で不要とできない〕。①その種類の株式に譲渡制限を新設する定款変更（111Ⅱ）、
②その種類の株式を全部取得条項付種類株式とする定款変更（111Ⅱ）、③譲
渡制限種類株式の追加発行またはその委任（199Ⅳ・200Ⅳ）、④譲渡制限種類株
式を新株予約権の目的とする新株予約権の発行またはその委任（238Ⅳ・239Ⅳ）、
⑤選解任種類株式（347Ⅰ・Ⅱ）、⑥譲渡制限種類株式を発行している存続会社
等における吸収合併等の承認（795Ⅳ）、⑦譲渡制限種類株式を発行している
消滅会社等における譲渡制限株式等を対価とする吸収合併等の承認（783Ⅲ）・
譲渡制限種類株式を発行している消滅会社等における譲渡制限株式等を対価
とする新設合併等の承認（804Ⅲ）。

（ウ）　定款による種類株主総会　　拒否権付種類株式を発行した場合には、
その定款記載の内容に従って、問題となる事項については、株主総会等の決
議に加えて、その種類の株式の種類株主を構成員とする種類株主総会（その
種類株主に関する株式の種類が2つ以上ある場合は、2つ以上の種類別に区分された種類
株主を構成員とする各種類株主総会）の決議が必要となる（84本文・323本文）〔ただし、
その種類株主総会において議決権を行使することができる種類株主がいない場合
は決議は不要[＊4)]（84ただし書・323ただし書）〕。

　＊4）　定款による種類株主総会制度　　平成13年11月改正で導入された。この制度
　は、当該種類株式の株主に拒否権を認めるための制度である。この種類株主総会に
　ついては、定款で定めれば、決議要件を加重したり、その種類株主総会に条件をつ
　けたりすること（たとえば、種類株主総会が必要な期間を一定期間に限定するなど）も
　可能と解すべきである。
　　なお、このような制度は、本来は法定の種類株主総会決議は不要である場合につ
　いて、定款で種類株主総会決議が必要と定める道を開いたものであって、そうだと

すれば、このような制度を新設した趣旨からすれば、法定種類株主総会のほうについては、法が定めた場合以外の場合に322条1項を類推適用して種類株主総会が必要であると解することは妥当ではない。他方、たとえば優先株式の優先配当金を減額するような措置は種類株主総会決議をもってしても多数決では行うことができないと解すべきである（できると解する説もある）。

（エ）　種類の意味　　数種の株式というのは実質的に判断されなければならない。すなわち、たとえば後述する参加的・非累積的配当優先株式と非参加的・累積的配当優先株式〔89頁参照〕との2つのタイプの優先株式が発行される場合には、それぞれが別個の種類の株式であることになる。

（オ）　種類株主総会の手続　　ⓐ　定足数と決議要件　　(i)　普通決議　　定款による種類株主総会と次の(ii)(iii)以外の法定種類株主総会については、その種類の総株主の議決権の過半数が定足数、出席した株主の議決権の過半数の賛成が決議要件である（324Ⅰ）〔定款で別段の定め可〕。(ii)　特別決議　　次の法定種類株主総会については、議決権を行使できる株主の議決権の過半数が定足数〔定款で3分の1まで引下げ可〕、出席した株主の議決権の3分の2以上の賛成が決議要件である（324Ⅱ）〔上回る割合を定めたり、一定数以上の株主の賛成を要する等、定款による決議要件厳格化可〕　　①全部取得条項付種類株式とする定款変更（111Ⅱ）、②譲渡制限種類株式の追加発行またはその委任（199Ⅳ・200Ⅳ）、③譲渡制限種類株式を新株予約権の目的とする新株予約権の発行またはその委任（238Ⅳ・239Ⅳ）、④会社の一定の行為（322Ⅰ）〔上記(ア)参照〕、⑤選解任種類株式による役員等の解任（347Ⅱにより読み替えて適用する339Ⅰ）、⑥存続会社等における吸収合併等の承認（795Ⅳ）。(iii)　特殊決議　　次の法定種類株主総会については、議決権を行使できる株主の半数以上かつ議決権の3分の2以上の賛成が決議要件である〔定款による要件厳格化可〕（324Ⅲ）　　①その種類の株式に譲渡制限を新設する定款変更（111Ⅱ）、②消滅会社等における吸収合併等の承認（783Ⅲ）・消滅会社等における新設合併等の承認（804Ⅲ）。

　　ⓑ　その他　　株主総会についての規定が準用される（325）。

2．譲渡制限株式

　一般に大規模な会社では株主の個性は問題とならず、したがって株式の譲

渡を制限するニーズはないが、同族会社のように株主の個性が問題となる会社のニーズにこたえて、会社法は、定款で定めることを条件として、すべての株式または一部の種類の株式について、その譲渡〔法文上は「譲渡による取得」〕に会社の承認を必要とするという形で株式の譲渡を制限することを認めている（2⑰・107 I ①・108 I ④）〔会社法のもとでは、譲渡制限性は株式の内容の1つとして位置づけられることとなった〕。

　具体的には、（ア）すべての株式を譲渡制限株式とする場合は、①株式の譲渡〔法文上は「譲渡による取得」〕について会社の承認を要する旨、②一定の場合に会社が承認をしたとみなすときは、その旨および当該一定の場合（136・137 I 参照）を定款で定め（107 II ①）、（イ）一部の種類株式について譲渡制限を設ける場合は、その発行可能種類株式総数と上記① ②を定款で定める（108 II ④。ただし、III・規則20④参照）。

　設立時の原始定款によるほか会社成立後に定款を変更して（466）譲渡制限の定めを置くこともできるが、そのような定款変更のための株主総会の決議要件は厳格である〔特殊決議〕（309 III ①〔なお②③〕、111 II ＋ 324 III）。

　譲渡制限株式を譲渡する場合の詳細については、後述する〔104頁参照〕。

3．取得請求権付株式

　株主がその株式について会社に取得（買取り）を請求できるような株式をいう（2⑱・107 I ②・108 I ⑤）。

　平成17年改正前商法では、数種の株式が発行される場合において、株主がその有する種類の株式から他の種類の株式への転換を請求できる権利（転換予約権）が付与された株式を転換予約権付株式と呼んでいた（平成13年11月改正前は「転換株式」と呼んでいた）。たとえば、非参加的配当優先株式〔後述89頁参照〕に普通株式への転換予約権を付与すれば、株主は、会社の収益が比較的少ない間は優先株主として安定した配当を受け、会社の収益が向上して普通株式のほうが多くの配当を受けられるようになれば普通株式への転換を請求できるということとなり（転換予約権はオプションに他ならない）、これにより会社の資金調達の多様化に資する。会社法のもとでは、この例でいうと、取得請求権付種類株式（非参加的配当優先株式）を会社が普通株式を対価として

取得すると構成されている。

　会社法のもとでは、（ア）すべての株式を取得請求権付株式とする場合は、①取得請求権付株式である旨、②取得の対価〔新株予約権・社債・新株予約権付社債・その他〔金銭等、法文では「株式等以外の財産」に区別する〕、③請求期間を定款で定める（107Ⅱ②）。（イ）一部の種類株式を取得請求権付株式とする場合は、発行可能種類株式総数と①—③を定める（②については他の株式を対価とすることもでき、その場合は区別して定める）（108Ⅱ⑤。ただし、Ⅲ・規則20Ⅰ⑤参照）。他の株式を対価とする場合には、株主による取得請求によって発行すべき株式の数は、取得請求期間中は未発行授権株式数として留保しなくてはならない（114Ⅱ①）。

　株主は株券を提出して取得請求権を行使する（166Ⅰ本文・Ⅱ・Ⅲ）〔株券不発行の場合は株券提出は不要（Ⅲただし書）〕。ただし、財源規制に反する場合〔分配可能額（461Ⅱ）を超える場合〕は請求できない（166Ⅰただし書）。取得請求権の行使により当然に取得の効力が生じ（167Ⅰ）、対象株式は会社の自己株式となり、株主は対価を取得する〔たとえば、対価が株式の場合には、当然に株式発行の効力が生じる（167Ⅱ）〕〔端数処理についてⅢ・Ⅳ参照〕。したがって、取得請求権は形成権である。取得の効力は請求があった時に生じる。

　取得により発行済株式総数が増加する場合には（たとえば会社が優先株式を取得し普通株式を対価として新規発行すると普通株式の発行済株式総数が増加する）、1か月ごとに登記すればよい（915Ⅲ）。

4．取得条項付株式

　一定の事由が生じた場合に、株主ではなく会社側が取得権を有するような株式をいう〔いわば強制取得株式〕（2⑲・107Ⅰ③・108Ⅰ⑥）。

　平成17年改正前の商法では、強制償還株式が認められていたほか、会社側がある種類の株式から他の種類の株式へ（典型的には優先株式から普通株式へ）の転換権を有する株式を強制転換条項付株式と呼んでいた（平成13年11月改正で明文の規定を設けた）。会社法のもとでは、前者は対価を金銭とする取得条項付株式の取得、後者は株式（上記の例では普通株式）を対価とする取得条項付種類株式の取得と構成することとなった。

　会社法のもとでは、（ア）すべての株式を取得条項付株式とする場合は、①取得条項付株式である旨と取得事由、②別に定めた日の到来を取得事由とする場合はその旨、③株式の一部を取得する場合は、その旨と取得の対象となる株式の決定方法、④取得の対価（新株予約権・社債・新株予約権付社債・その他〔金銭等、法文では「株式等以外の財産」に区別する）、を定款で定める（107Ⅱ③）。（イ）一部の種類株式を取得条項付株式とする場合は、発行可能種類株式総数と①─④を定める（④については他の株式を対価とすることもでき、その場合は区別して定める）（108Ⅱ⑥。ただし、Ⅲ・規則20Ⅰ⑥参照〔なお、114Ⅱ②〕）。

　取得の手続としては、取得日や取得株式は取締役会設置会社では取締役会決議で決めることができる〔それ以外は株主総会決議。定款で別段の定め可〕（168Ⅰ・169Ⅰ。株主・登録質権者への通知〔取得日の2週間前まで〕または公告につき、168Ⅱ・Ⅲ・169Ⅲ・Ⅳ）。

　原則として取得事由が生じた日に当然に取得の効力が生じ（170Ⅰ。例外として一部株式の取得の場合は取得事由発生日と169Ⅲ・Ⅳの通知・公告〔その2週間後〕の遅いほう）、対象株式は自己株式となり、株主は対価を取得する〔たとえば、対価が株式の場合には、当然に株式発行の効力が生じる〕（170Ⅱ）。そこで、会社は、遅滞なく、取得したことを株主・登録質権者に通知または公告する（170Ⅲ本文・Ⅳ。なおⅢただし書）。

　また、株券提出手続が必要となる（219・220）。

　ただし、以上について、財源規制に反する場合〔分配可能額（461Ⅱ）を超える場合〕は、取得はできない（170Ⅴ）。

　なお、全部取得条項付種類株式については、後述する〔7.参照〕。

5．配当・残余財産分配についての種類株式

（1）**概要**　従来から、剰余金の配当（平成17年改正前商法は利益配当）・残余財産の分配またはその双方について、他の種類の株式よりも優先的な地位が与えられる株式を優先株式、劣後的な地位が与えられる株式を劣後株式（後配株式）、標準となる株式を普通株式と呼んできた。剰余金の配当については優先するが、残余財産の分配については劣後するというような混合株式の発行も許される（108Ⅰ①②）。

　業績の不振な会社は、優先株式を発行することによって多様化による資金調達が容易となり、利益の多い会社は、劣後株式を発行することによって資金調達を行うことができる。また、配当優先株式（剰余金配当に関する優先株式）を議決権制限株式とすれば〔90頁参照〕、これを社債の代替物として発行したり、あるいは、たとえば親会社がその支配関係を維持しながら、子会社が優先株式発行による資金調達を行うことができる。[*1)2)]

　　＊1)　**優先株式**　　昔は、金融機関が監督法上の自己資本比率を高める目的や公的資金の注入を受ける目的で優先株式を発行した例が多かったが、近年では、事業会社による優先株式の発行例も見られる。平成27年7月に自動車会社が長期保有者を優遇する優先株式を発行して話題を呼んだ。

　　＊2)　**配当について異なる定めをした種類株式**　　平成13年11月改正は、次の3点を変更した。①改正前は、配当優先株式についてだけ定款では優先配当金額の上限だけを定めればよいとしていたのを、配当「優先」株式ではなく、「配当に関し内容の異なる株式」とした。②上限を定めることを要求していたのを、「上限額その他の算定の基準の要綱」を定めれば足りることとした。③他方、定款でそのような定めをすることができるのは新株〔募集株式〕発行の場合で設立時に発行される株式については認めないこととした（発起人全員の同意で定めてもよい）。これら①―③は、表現上の改正はあるが、会社法に引き継がれている。

　　　①②は、いわゆるトラッキング・ストック（配当金額が子会社等の業績に連動する株式）の発行を容易にするためである。トラッキング・ストックは、配当金額がゼロになる場合もありうるので、そのかぎりで配当「優先」株式とはいえず「剰余金の配当について異なる定めをした種類株式」である。

(2)　**配当優先株式**　　配当優先株式 (108 I ①) は、ある期につき一定額の配当を普通株式への配当に優先して受けるが、この優先配当を受けた後の残余の配当について、普通株式とともにこれにあずかれるかどうかにより参加的優先株式と非参加的優先株式とに分類される。また、ある期における配当金が所定の優先配当金額に達しない事態が生じた場合において、その不足額が累積し、次期以降の利益からその累積した分が優先的に支払われるかどうかにより、累積的優先株式と非累積的優先株式とに分類される。参加的・非累積的優先株式は普通株式に近い経済的性質をもつこととなり、非参加的・累積的優先株式は社債に近い経済的性質をもつこととなるが、さらにこれをたとえば取得条項付株式・議決権制限株式とすれば、その経済的性質はいっ

そう社債に近づく。

(3) 定款の定め方 上記のように優先株式はその内容の定め方によって、いろいろな経済的性質を付与することができるが、その発行可能種類株式総数と内容は定款で定めなければならない（108 Ⅱ ① ②）〔配当優先株式と残余財産優先株式は別々に定め、前者の場合は、当該種類の株主に交付する配当財産の価額の決定の方法・剰余金の配当をする条件その他剰余金の配当に関する取扱いの内容、後者の場合は、当該種類の株主に交付する残余財産の価額の決定の方法・残余財産の種類その他残余財産の分配に関する取扱いの内容を定める〕。ただし、配当財産の種類以外は、定款では内容の要綱だけを定め、その具体的な内容は、優先株式を実際に発行する時までに、取締役会設置会社では取締役会決議（非取締役会設置会社では株主総会決議）で決定することが認められる〔その旨は定款で定める〕（108 Ⅲ・規則20 Ⅰ ① ②。設立時は32 Ⅱ〔発起人全員の同意で決められる〕）。

上記の優先配当の内容の要綱等と発行可能種類株式総数（108 Ⅱ柱書）とは、優先株式のタイプごとに定める必要があると解される。すなわち、たとえば参加的・非累積的優先株式と非参加的・累積的優先株式とを発行しようとする場合には、それぞれの優先株式について、優先配当の内容の要綱等と発行可能種類株式総数を定款で定めることが必要と解される〔別々の「種類」となる〕。

なお、定款の定めに基づき取締役会が具体的な優先配当金額を定めて優先株式を発行した場合には、その後取締役会決議のみで優先配当金額を変更することはできないと解すべきである〔84頁＊4）参照〕。

6．議決権制限種類株式

議決権制限種類株式とは、株主総会の全部または一部の事項について議決権を行使することができない株式をいう（108 Ⅰ ③）。そのような議決権制限株式を発行するには、発行可能種類株式総数と議決権行使事項・条件を定款で定めなければならない（108 Ⅱ ③。ただし、Ⅲ・規則20 Ⅰ ③）。[1)2)]

議決権制限株式は、配当等に期待し議決権の行使には関心のないような株主のニーズにこたえた制度であり、会社は、とくに株主総会のすべての事項について議決権を有しない株式（本書では「完全無議決権株式」と呼ぶ）を発行すれば、出席を期待できない株主に対する株主総会の招集通知などの費用を

節約することができる。また、議決権制限株式は、従来の支配関係に変動を
与えないでエクイティ・ファイナンスを行うことを可能とする。

　ただし、議決権は、ある（1株1議決権または1単元1議決権）かないかの
いずれかしか認められず、1株（または1単元）についての議決権を0.7とか
2とかなどと定めることは認められない。もっとも、複数議決権株式と同様
な実質は、株式の種類ごとに異なる単元株式数を定めることで達成できる
〔＊2〕・139頁参照〕。

　なお、議決権制限株式の株主は、議決権が制限される事項については、そ
の議決権の存在を前提とする権利〔たとえば提案権（303―305）など〕は有しない
が、それ以外の権利は認められる。

　以上に対して、議決権制限株式の株主も種類株主総会においては議決権を
有する。

　公開会社では、議決権制限株式の総数は発行済株式総数の2分の1を超え
てはならない（115。違反した場合の効果としては、無効になるのではなく、直ちに是正措置
をとることが要求される）。

　　＊1）　**議決権制限株式**　　平成13年11月改正前の商法は、無議決権株式（議決権のな
　　　い株式）として、定款で株主総会のすべての事項（種類株主総会等は別）について議
　　　決権を有しないと定めた株式のみを認め、しかも、議決権は株主のもっとも基本的
　　　な権利の1つであると考え、利益配当に関し優先的内容を有する種類の株式（配当
　　　優先株式）についてのみ無議決権株式とすることを認め、かつ、無議決権株式の株
　　　主に優先配当金の支払がされない場合には、その議決権が復活すると定めていた。
　　　しかし、平成13年11月改正は、この考え方を変更し、株主総会のすべての事項につ
　　　いて議決権を行使できない株式だけでなくその一部の事項についてだけ議決権を行
　　　使できないような種類の株式をも認めることとし、これらの「議決権制限株式」は、
　　　配当優先株式についてだけでなく、普通株式等についても可能とした（議決権制限
　　　は独立の「種類」株式となり、その内容と数は定款で定め、登記されることとなった）。会
　　　社法も、これを引き継いでいる。

　　＊2）　**議決権種類株式**　　単元株式数を異にする種類株式（188Ⅲ参照）を議決権種
　　　類株式と呼ぶことがある（108Ⅰ③の議決権制限株式とは異なる）。
　　　東京証券取引所は、平成26年2月5日に「IPOの活性化等に向けた上場制度の見
　　　直しについて」を公表し、同年3月に日本で初めて議決権種類株式を発行する会社
　　　の上場を認めた（A種株式を100株＝1単元、B種株式を10株＝1単元とし〔その結果、

B種株式の議決権はA種株式の10倍〕、創業者がB種株式〔総議決権の87.7％〕を保有、A種株式〔総議決権の12.3％〕を上場）。その後、その際の経験等に基づいて「上場審査等に関するガイドライン」を改正した（平成26年7月7日施行）。

7．全部取得条項付種類株式

（ア）　**概要**　　全部取得条項付種類株式とは、株主総会の特別決議により会社がその全部を取得することができるような種類株式をいう（108 I ⑦）。私的整理等において従来の用語でいう100％減資を可能とするために会社法によって新たに導入された制度である[*1]。実際には、MBO などの場合において、第1段階の公開買付けで取得できなかった残りの株式を第2段階でいわば強制的に取得する手段として利用されてきた[*2)3)]。

定款で、発行可能種類株式総数と取得対価の決定方法・条件を定める（108 II ⑦。ただしⅢ・規則20 I ⑦）。

（イ）　**取得手続等**　　①事前の情報開示（171の2）　　②株主総会の決議　　取締役が取得を必要とする理由を説明したうえで（171Ⅲ）、株主総会の特別決議により（309 II ③）、取得対価〔株式・新株予約権・社債・新株予約権付社債・金銭等（株式等以外の財産）〕・その割当てに関する事項・取得日を定める（171 I、規則33の2。なおⅡ）。反対株主には裁判所への取得価格決定申立権が認められる（172 I）〔株式買取請求権（402頁参照）と同じ機能を果たす[*4)5)]〕。③取得　　取得日に効力を生じ（173 I）、対価が株式等の場合には、全部取得条項付種類株式の株主は、取得日に当然に対価の株式等の株主等になる（173Ⅱ）〔裁判所に取得価格決定の申立てをした株主は別〕。④事後の情報開示（173の2、規則33の3）

（ウ）　**差止め**　　全部取得条項付種類株式の取得が法令または定款に違反する場合、株主が不利益を受けるおそれがあるときは、株主は、会社に対し、全部取得条項付種類株式の取得の差止め〔法文上は「やめること」〕を請求することができる（171の3）。

（イ）①④と（ウ）は、平成26年改正で新設された規律である〔規則33の2は令和2年に改正〕。

　＊1）　**全部取得条項付種類株式**　　「従来の用語でいう100％減資」とは、株主の総入れ替えをすることをいう。業績が悪化した会社では、その株主にとっての価値は

ゼロである。そこで、しばしば、いったん既存の株式をすべて消して、資本金もゼロとして、そのうえで、同時に、新株を発行して資金を入れ、その会社の再生をはかった。いったんゼロとすることで既存の株式を消し、新たに資金を投入してくれる者（金融機関や再生ファンド）に資金投入のインセンティブを付与するというやり方である。このような「100％減資」は、平成17年改正前商法のもとでは、直接の明文の規定がなかったため、倒産処理手続のなかで裁判所の許可を得て行う場合は別として、私的整理等のなかで行う場合には、株主全員の同意がないとできないと解されていた。そこで、会社法は、新しく規定を設けて、多数決でこれを行うことを可能とした。たとえば、普通株式だけを発行する会社がこれを行おうとする場合には、まず株主総会決議により定款変更をして全部取得条項を付し（種類株式発行会社となる）、次に株主総会決議でその株式を取得し、さらに新株式を発行する。100％減資の手続の適法性が争われた事例として、福岡高判平成26・6・27金融商事1462-18〈商判 I -39〉、取得価格の決定事件として、大阪地決平成27・12・24。

＊2）　**MBO**　　MBO（management buyout）とは、上場会社において、経営者等がプライベート・エクイティ・ファンド等の投資ファンドや金融機関から資金を得て、その会社の支配権を取得してその会社を非上場化し、数年かけて企業価値を高めて再上場を図る（投資ファンド等はこれにより資金回収をする）という手法である。通常は、第一段階として、ファンド等から資金を得た受皿会社が公開買付け（金商27の2 VI・27の2以下）の方法で対象会社の株式の取得を試み、これで取得できなかった残りの株式を、第二段階として、全部取得条項付種類株式制度を利用して金銭対価で強制的に取得するということが行われてきた（いわゆる二段階キャッシュアウト）。典型的には、公開買付け後に定款を変更してすべての普通株式を全部取得条項付種類株式とし、次に会社が新規に発行する株式を対価として全部取得条項付種類株式を取得するが、一般株主には端数株が対価として交付されるように設計しそれを現金化して交付する（234参照）。

　平成26年改正後は、第二段階は、仕組みが複雑な全部取得条項付種類株式を使うのではなく、第一段階の株式公開買付けにより90％以上を取得できた場合は特別支配株主の株式売渡請求（179以下）、90％未満の取得にとどまった場合は端数を生じる株式の併合（180以下）によって実施することが実務上定着した。価格に不満な株主は、前者では裁判所に対して売買価格決定の申立てをし（179の8）、後者では反対株主の株式買取請求権を行使することになる（182の4・182の5）。

＊3）　**実務指針**　　MBOと支配株主による上場従属会社の完全子会社の場面を主として念頭において、実務におけるベストプラクティスの形成を期待して策定されたガイドライン（実務指針）として、経済産業省「公正なM&Aの在り方に関する

指針―企業価値の向上と株主利益の確保に向けて―」（令和元年6月28日）がある。
これは、経済産業省「企業価値の向上及び公正な手続確保のための経営者による企
業買収（MBO）に関する指針」（平成19年9月4日）を改訂し、これに置き換わる
ものである。

＊4）　**裁判所による取得価格の決定**　　平成26年改正により、価格決定申立てをす
ることができる期間が、改正前は「総会日から20日以内」であったのが「取得日の
20日前の日から取得日の前日まで」と改められた（172 I。会社による通知または公告
につき、172 II III）。会社は裁判所の決定した価格に取得日後の法定利率（民404）に
よる利息を付して支払わなければならない（172 IV）。会社が公正な価格と認める額
を支払うことにより利息の支払を防止することができる（172 V〔平成26年改正で追
加〕）。

　　判例は、「取得価格の決定申立制度において裁判所が決定すべき取得価格とは、
取得日における公正な価格をいい、裁判所は、取得日における当該株式の客観的時
価に加えて、強制的取得により失われる今後の株価上昇に対する期待を評価した価
額をも考慮するのが相当であり、取得価格の決定は、記録に表れた諸般の事情を考
慮した裁判所の合理的な裁量に委ねられる」という（東京高決平成20・9・12金融商
事1301-28〈百選87〉。最決平成21・5・29金融商事1326-35〈商判 I -40〉により抗告棄却）
〔MBOがなかったとした場合の客観的価値に、MBOにより増大が期待される価値のうち
申立株主が享受してしかるべき価値として20%を加算〕。このほか、大阪高決平成21・
9・1金融商事1326-20、東京地決平成21・9・18金融商事1329-45＋東京高決平成
22・10・27資料版商事法務322-174、札幌高決平成22・9・16金融商事1353-64、大
阪地決平成24・4・13金融商事1391-52〔DCF法を採用〕、東京高決平成25・10・8
金融商事1429-56。また、東京地決平成25・7・31資料版商事法務358-148〈商判 I -
42〉、東京地決平成25・9・17金融商事1427-54、東京地決平成25・11・6金融商
事1431-52〔基準日後・総会前に取得した株式についても可〕、東京地決令和2・7・9
資料版商事法務437-157〔取得価格決定の審理終結時までに対抗要件を具備すれば可〕。
なお、基準日の公告を欠く瑕疵が総会決議取消事由とされた事例として、東京地判
平成26・4・17金融商事1444-44＋東京高判平成27・3・12金融商事1469-58〈百選
A13〉〈商判 I -86〉。取締役の義務と責任等が問題となった事例として、東京地判平
成23・2・18金融商事1363-48＋東京高判平成25・4・17判時2190-96〈百選52〉〈商
判 I -156〉、東京地判平成23・7・7判時2129-114・金融法務1933-118＋東京高判
平成23・12・21判タ1372-198・神戸地判平成26・10・16金融商事1456-15＋大阪高
判平成27・10・29判時2285-117〈百選A28〉〈商判 I -157〉（文書提出命令につき、神戸
地決平成24・5・8金融商事1395-40＋大阪高決平成24・12・7）、また、大阪地判平成

24・6・29金融商事1399-52〔全部取得後に合併の効力が発生した場合〕。

　その後、公開買付けを第一段階とする二段階キャッシュアウト（公開買付けを第一段階として第二段階で残った一般株主を金銭対価で強制退出させること）による上場子会社の完全子会社化の場合において、東京地決平成27・3・4金融商事1465-42＋東京高決平成27・10・14金融商事1497-17＋最決平成28・7・1民集70-6-1445〈百選86〉〈商判Ⅰ-41〉〔最高裁は公開買付価格を超える価格を取得価格と決めた地裁・高裁決定を破棄〕の最高裁と、東京地決平成27・3・25金融商事1467-34＋東京高決平成28・3・28金融商事1491-32〔高裁は公開買付価格を超える価格を取得価格と決めた地裁決定を取消し〕の高裁は、第二段階の全部取得条項付種類株式の取得価格を第一段階の株式公開買付けの価格と同じと決定した。最高裁は、「一般に公正と認められる手続により……公開買付けが行われ、その後に……会社が上記買付け等の価格と同額で全部取得条項付種類株式を取得した場合には、……〔そ〕の基礎となった事情に予期しない変動が生じたと認めるに足りる特段の事情がない限り、裁判所は、上記株式の取得価格を上記公開買付けにおける買付け等の価格と同額とするのが相当である」と判示した。なお、これら2件は、第一段階の株式公開買付けが公表された時点と第二段階の全部取得条項付種類株式の取得の時点との間に株式市場および対象会社の株価が上昇していた事例であり、いずれも、公開買付けの前の時点において、すでに支配株主が存在していた会社に関する事例である。また、両事例とも、第一段階の株式公開買付けが公表された時点よりも後、全部取得条項付種類株式の取得に係る株主総会の議決権の基準日以後に市場で株式を取得して全部取得条項付種類株式の取得価格決定の申立てをした者についても価格決定が認められた。

　公開買付けを第一段階とする二段階キャッシュアウトの場合については、いわゆる強圧性の問題から第二段階の価格は原則として公開買付けの価格と同じであることが望ましい。ただし、第一段階の公開買付けの価格が公正であることが前提であり、裁判所が第一段階の公開買付けの価格が低すぎると考えた場合には第二段階の価格を公開買付けの価格よりも高く決定することになる〔上記最決平成21・5・29参照〕。親会社が上場子会社を非上場化・完全子会社化するようなキャッシュアウトの事例では、MBOの場合と類似の構造的な利益相反があるということができ、第一段階の公開買付けの価格が公正であるかについて厳格な審査が求められるべきである。なお、裁判所に持ち込まれた株式買取請求の価格決定の場合と全部取得条項付種類株式の取得価格決定の場合、そして特別支配株主の売渡請求に係る価格決定の場合とで、算定基準日が異なってよいかという問題もあり、キャッシュアウトの場合には、そろえて考えたほうがよいと思う。

　その後の事例として、大阪地決平成29・1・18金融商事1520-56、大阪高決平成

29・11・29金融商事1541-35、東京地決平成30・1・29金融商事1537-30等。

＊5） **株式買取請求権との関係** 平成26年改正前は、株主が定款変更に反対して株式買取請求権を行使した場合（116Ⅰ・117Ⅱ）、同請求に係る株式の買取りの効力が生じる代金支払時（平成26年改正前117Ⅴ参照）までの間に、株式を全部取得条項付種類株式とする旨の定款変更がされ、株式の取得日が到来したときは、会社による株式取得の効果が生じ（173Ⅰ）、株主は株式を失い、買取価格決定の申立て（117Ⅱ）の適格を失うとされた（最決平成24・3・28民集66-5-2344）。したがって、不満な株主の救済手段は価格決定申立て（172Ⅰ）だけということになっていた（なお、大阪高決平成24・1・31金融商事1390-32は、この最判のかぎりで先例的価値を失ったといえるが、そこでの公正な価格の算定は、価格決定申立て（172Ⅰ）がされた場合に参考となる）。平成26年改正は、株式買取請求に係る株式の買取りの効力が生じる時を定款変更の効力発生日と改めた（117Ⅵ）。

8． 拒否権付種類株式

これについては、前述した〔84頁＊4）参照〕。

9． 取締役・監査役の選解任についての種類株式

平成14年改正により、株式譲渡制限会社にかぎり、その種類の株主の総会（他の種類の株主と共同して開催することも可）における取締役または監査役の選任に関する事項について内容の異なる数種の株式を発行することができることとなった。ジョイント・ベンチャー企業などでなされる取締役・監査役の選任についての株主間合意の効力を商法上も認めるための改正である。会社法は、非公開会社（指名委員会等設置会社を除く）について、この制度を引き継いだ（108Ⅰ⑨）。

＊1） **選解任についての種類株式** (ア) 定款の定め 取締役・監査役の選解任について内容の異なる数種の株式を発行するには、全部の種類の株式について、定款で、発行可能種類株式総数と株式の内容として次の事項を定める（108Ⅱ⑨）。① その種類株主を構成員とする種類株主総会において取締役（監査等委員会設置会社では監査等委員である取締役とそれ以外の取締役とは別扱い。以下同じ）または監査役を選任することおよび選任する取締役または監査役の数、②選任することができる取締役または監査役の全部または一部を他の種類株主と共同して選任することとするときは、当該他の種類株主の有する株式の種類および共同して選任する取締役また

は監査役の数、③上記①②の事項を変更する条件があるときは、その条件およびその条件が成就した場合における変更後の①または②の事項、④その他法務省令で定める事項（規則19）。

　(イ)　取締役の選任　　取締役は、(ア)の定款の定めに従い、各種類の種類株主総会において選任する。この取締役の選任決議の定足数その他については、株主総会の場合に準じる（347 I ）。なお、選任された取締役は、特定の種類の株主に対してではなく会社全体に対して善管注意義務および忠実義務を負うことに注意すべきである。

　(ウ)　種類株主により選任された取締役の解任　　上記の種類株主総会において選任された取締役は、いつでも、その選任をした種類株主総会の決議により解任することができる（347 I ）。なお、定款に別段の定めがある場合と取締役の任期満了前に上記の種類株主総会において議決権を有する者を欠くに至った場合には、その取締役の解任は、通常の解任決議（339 I ・309 II [7]）による（347 I 。なお解任の訴えについて、854 I ・II 参照）。

　(エ)　法令または定款に定める員数の取締役を選任することができない場合の定め　　法令または定款に定めた取締役の員数を欠き、その員数に足りる数の取締役を選任すべき種類の株主が存在しないときは、(ア)の定款の定めを廃止したものとみなされる（112 I ）。

　(オ)　定款の定めを廃止した場合の取締役の任期　　会社が定款を変更して株式譲渡制限の定めを廃止した場合には、(イ)の総会により選任された取締役の任期は、その定款変更の効力が生じた時に満了する（332 VII [3]）。

　(カ)　監査役の選解任　　監査役の選解任についても、上記(イ)から(オ)までに準じる（347 II ・112 II ）。

3　株式の流通と株主の会社に対する権利行使

1. 株　　券

(1)　**株券**　　会社法は、株式会社における株主の地位を細分化した割合的単位（株式）としているが、平成16年改正前までは、それを有価証券化することを要求していた。すなわち、会社は株式を表章する株券という有価証券を必ず発行しなければならなかった。その理由は、株主の会社に対する権利関係を明確にし（この関係では株主名簿制度も重要な役割をはたす）、また、投下資

本回収のための株式の譲渡（ひいては株式投資）を容易にするためである。なお、株券の紛失などをおそれてその所持を望まない株主のために株券不所持制度が用意されていた。

平成16年改正は、株券不発行制度を新設し、定款で定めれば株券を不発行とする道を認めた。このような株券不発行制度を導入した趣旨は、対象となる会社の類型に応じてまったく異なることに注意する必要がある。すなわち、一方で、その発行する株式に高度な流通性が求められる会社（上場会社等）については新しい振替制度〔120頁参照〕への移行を構想して株券のペーパーレス化（電子化）を実現するとともに（平成16年改正附則6Ⅰ）、他方において、そのような振替制度利用会社以外の会社については、とくに中小会社を念頭において、株式の市場での流通性を高める必要がないため、株券の不発行を認めることとした。

会社法は、以上の考え方を引き継いだが、条文の構成としては、以上の原則と例外を逆転させて、会社は原則として株券を発行しないものとし、株券の発行を定款で定めた場合に限って株券を発行することとした[*1]（214）〔以下、定款に株券発行の定めがない会社を「株券不発行会社」といい、株券発行の定めがある会社を「株券発行会社」という〕。

なお、異なる種類の株式を発行している場合、定款で特定の種類の株式についてだけ株券発行の定めをすることは認められず、すべての種類の株式について株券発行の定めをすることしかできない（214）。

　＊1）　**株券不発行状態**　　平成16年改正後は、株券不発行の状態がある会社として、①株券不発行会社（振替制度適用会社を含む）、②株券未発行会社、③株券不所持会社の3種類があることになる。そして、後2者〔株券発行会社である〕は、特定の株主との関係で株券不発行状態であり（発行済株式のすべてについて株券不発行状態ということもありうる）、不発行状態の株券の株式を有する株主から請求があれば株券を発行しなければならない。

　　発行済株式のすべてについて株券不発行状態の会社〔株券不発行会社＋発行済株式すべてについての株券未発行会社＋発行済株式すべてについての株券不所持会社＋発行済株式の一部について株券未発行・残部について株券不所持の会社〕は、株式の併合等の際に株券提供手続が不要となるほか（219Ⅰただし書〔正確には、対象となる株式すべてが不発行状態なら株券提供手続は不要〕）、株券の存在を想定した規定は適用されない。

(2) 株券の発行 （ア） 株券発行の時期 株券発行会社は、株式発行
日以後遅滞なく株券を発行しなければならないのが原則である（215Ⅰ）〔株式
併合・株式分割の場合につき215Ⅱ・Ⅲ〕。例外として、非公開会社の株券発行会社は、
株主の請求があるまでの間は株券を発行しなくてよい（215Ⅳ〔平成16年改正によ
る〕）。日本の中小会社には昔から株券未発行会社が多かったといわれており、
平成16年改正と会社法はこれを追認する結果となった（会社法のもとでは、定
款で株券発行を定めることはしないと推測される）。

（イ） **株券の記載事項など** 株券には、①株券発行会社の商号、②その
株券が表章する株式の数、③株式譲渡制限の定めがあるときはその旨、④種
類株式発行会社では株券が表章する株式の種類と内容、および⑤株券番号を
記載して、代表取締役〔指名委員会等設置会社では代表執行役〕が署名または記
名押印する（216）。

これらの法定記載事項のうち、本質的事項が書いてあればその他の事項の
記載を欠いても株券自体は無効とはならないし、また事実と異なる記載がさ
れても記載どおりの効力が生じるのではなく、取締役の損害賠償責任（423・
429）と罰則（976⑮）の問題となるにすぎない。

株券が発行されている場合、株式の譲渡は株券の交付によってするので
（128Ⅰ本文）、株券は学問上いわゆる無記名証券である。

　＊2） **有価証券としての株券の成立時期** 判例（最判昭和40・11・16民集19-8-1970
　〈百選23〉〈商判Ⅰ-33〉）によれば、株券は、これを作成して株主に交付することによ
　って有価証券として成立する。
　＊3） **株券の偽造** 株券が偽造された場合には、偽造株券は無効であって、たと
　え善意の第三者がこれを取得しても株主権を取得することはできない。会社の被用
　者による偽造の場合には、会社の使用者責任（民715）が問われる可能性が高い。
　＊4） **株券の盗難** 売却した株券が盗難株券であったため取引所の申合せに従っ
　て買戻しをした証券会社が顧客に買戻し代金相当額の損害賠償請求をして認められ
　た事例がある（大阪高判平成12・7・31判時1746-94）。
　＊5） **株式の株券への表章** 1枚の株券は、数個の株式を表章できる。したがっ
　て、株券の種類を10株券・100株券というふうに限定することができるが、請求が
　あれば1株券は必ず発行しなければならない。また、株主は、たとえば100株券1
　枚を10株券10枚に、また10株券10枚を100株券1枚にというふうに、株券の分割ま

たは併合を請求できる。

(3)　株券不所持制度　　株券の紛失などをおそれてその所持を望まない株主のために株券不所持制度が用意されている[*6]（217）。

> **＊6）　株券不所持制度**　平成16年改正により、不所持の申出があった株券の銀行・信託会社への寄託制度は廃止された。したがって、不所持の申出があった株券は不発行状態となる〔株券発行後に株主が不所持の申出をした場合は、申出株主は株券を会社に提出し、その株券は無効となる〕（217Ⅲ—Ⅴ参照）。また、平成16年改正は、株券が発行されていない〔株券未発行〕時に株券不所持の申出がされた株式について、その後株主が株券発行請求をした場合の株券発行費用は、会社の負担とすることとした〔株券発行後に不所持の申出をした場合にその後発行請求したときは従来どおり株主が発行費用を負担する〕（217Ⅵ参照）。

(4)　株券失効制度　　平成14年改正前は、株券を喪失した者は、公示催告・除権判決〔当時〕を得て、会社から株券の再発行を受けることになっていたが、公示催告・除権判決という手続は名義書換手続とも連動せず、批判が多かった。そこで、株券に限ってではあるが（他の証券については公示催告・除権決定制度〔非訟事件手続法（平成23年法律51号）99—118〕が残されている）、平成14年改正は、公示催告・除権判決制度〔当時〕を廃止し、新しい制度を創設することとした。会社法はこれを引き継いでいる[*7]（233参照）。

> **＊7）　株券失効制度**　この制度のもとでは、①株券を喪失した者は、会社（株主名簿管理人〔名義書換代理人〕がある場合は、その者）に対して株券喪失登録簿への記載・記録を請求し（221—223）、会社はそれに喪失登録をして一般に閲覧させるとともに、株主名簿上の株主と登録質権者に通知する（224Ⅰ・231）。なお、当該株券が権利行使のために会社に提出された場合には提出者に喪失登録がされている旨を通知する（224Ⅱ）。②喪失登録されている株券の株式については、名義書換および議決権行使等はできない〔ただし、株主名簿上の株主が喪失登録をしている場合は議決権行使可〕（230）〔会社法で一部改正〕。③当該株券を有する者は喪失登録に対して登録の抹消の申請ができ、これがされると、会社は喪失登録者に通知し、2週間後に喪失登録を抹消する（225）。④喪失登録がされた株券は、登録された日の翌日から1年後に失効し（無効となる）、登録者は会社から株券の再発行が受けられる（228）。

2. 株式の流通

(1) 株式の譲渡　　**(ア) 株券発行会社の場合**　　株式の譲渡は、株券を譲受人に交付することにより行う（128 I 本文）。株券の引渡しは権利移転の要件であり、単なる対抗要件ではない（例外が認められた事案として、東京地判令和1・10・7金融商事1596-28）。

　株券の占有者は適法の所持人と推定される（131 I）。また、その占有者から株券の交付を受けた者は、悪意または重過失がないかぎり善意取得する（131 II）。なお、株券を喪失した場合には、前述した株券失効手続により喪失株券を無効とし会社に対して株券の再発行を請求できる〔上記＊7）参照〕。

　(イ) 株券不発行会社の場合　　株券不発行会社（株券を発行する旨の定款の定めがない会社）の株式の譲渡については、振替株式には特別規定が適用されるが〔120頁参照〕、それ以外の場合の一般ルールとしては、譲受人（取得者）の氏名または名称と住所を株主名簿に記載しなければ、会社その他の第三者に対抗することができない〔電磁的方法も可〕（130 I）〔平成16年改正による。名義書換については、4.(1)(3)参照〕。株券不発行会社の株主は、会社に対して自分についての株主名簿に記載された事項を記載した書面の交付を請求することができる（122 I）。なお、譲渡当事者間では、株式の譲渡は意思表示で効力が生じると解される。

　　＊1）　**株券発行会社で株券未発行または株券不所持の場合**　　この場合は、譲渡しようとする株主は、株券の発行を受けたうえで、その交付によって譲渡をすべきである〔(ア)参照〕。すなわち、株券の発行を受けないで株式を譲渡するのは「株券発行前における株式の譲渡」となる〔次の(3)(ア)参照〕。

　(2) 株式譲渡の自由　　株主にとっては、会社の解散や剰余金分配等の場合を除き、株式を譲渡する以外には投下資本を回収する方法がないので、株式の自由譲渡性を認める必要がある。会社法は、原則として株式の自由譲渡性を認めるが（127）、例外として、法律による制限・定款による制限・契約による制限がある。

　(3) 法律による株式譲渡の制限　　**(ア) 時期による制限**　　会社成立前または新株〔募集株式〕発行前の株式引受人の地位（権利株という）の譲渡は、

当事者間では有効であるが、会社には対抗できない（35・63Ⅱ・208Ⅳ）〔62頁参照〕。また、株券発行会社では、会社成立後または新株〔募集株式〕発行後でも株券発行前における株式の譲渡は、当事者間では有効であるが、会社との関係では効力が否定される（128Ⅱ）。

　会社法は、株券発行会社については、会社との法律関係を簡明に処理するために株式を有価証券化することを求めるので、それまでの間に株式が譲渡されたのでは会社との関係では困るからである。しかし、会社が遅滞なく株券を発行しないなど会社に帰責事由があるような場合には、株式の譲渡を認めないのは不合理なので、判例上、当事者間の意思表示で株式の譲渡ができ、会社はその効力を否定することはできず、会社は譲受人を株主として取り扱わなければならないとされている（最大判昭和47・11・8民集26-9-1489〈百選A4〉〈商判Ⅰ-34〉）。

　（イ）　子会社による親会社株式の取得の制限　　子会社が親会社の株式を取得することは原則として禁止される（135Ⅰ・規則3Ⅳ）。例外として、第1に、①他の会社（外国会社を含む）の事業の全部を譲り受ける場合で当該他の会社の有する親会社株式を譲り受ける場合、②合併後消滅する会社から親会社株式を承継する場合、③吸収分割により他の会社から親会社株式を承継する場合、④新設分割により他の会社から親会社株式を承継する場合、⑤その他法務省令で定める場合（規則23）にだけ認められる（135Ⅱ）〔本条の前身規定の制定前の事例として、最判平成5・9・9民集47-7-4814〈百選19〉〈商判Ⅰ-48〉〕。

　第2に、吸収合併の消滅会社の株主または社員・吸収分割会社・株式交換の完全子会社の株主に対して存続会社・完全親会社の株式を交付することが認められ、その場合には、その存続会社等は、交付する親会社株式の総数を超えない範囲において親会社株式を取得することが認められる（800Ⅰ。保有につきⅡ）。

　例外的に取得が許容されるこれらの場合には、取得した株式は相当の時期に処分しなければならないが（135Ⅲ。ただし、800Ⅱ・802Ⅱ）、親会社が取得することもできる（155③・156Ⅰ・163）。なお、例外的に取得が許容される場合に子会社が一時的に保有する親会社株式については、原則として議決権を有しない（308Ⅰ）。
*2)

＊2）　**独占禁止法・外為法による制限**　　本文に述べた会社法上の制限のほかに、独占禁止法は、一定の場合に株式の取得・保有を制限している（同法9・10・11・14）。また、外為法（外国為替及び外国貿易法）は、外資規制をしており（同法27）、平成20年5月、主務大臣により株式取得の中止命令が出された例がある。なお、令和元年の外為法改正により同法による外資規制は一部強化されている（改正は同年11月22日成立、11月29日公布、令和2年5月8日施行）。

(4)　**定款による株式譲渡の制限**　　**（ア）　趣旨**　　一般に、大規模な会社では株主の個性は問題とならず、したがって株式の譲渡を制限するニーズはないが、同族会社のように株主の個性が問題となる会社のニーズにこたえて、会社法は、定款で定めることを条件として、すべての株式または一部の種類の株式の譲渡について会社の承認を必要とするという形で株式の譲渡を制限することを認めている（107Ⅰ[1]・108Ⅰ[4]）〔会社法のもとでは、このような譲渡制限性は株式の内容の1つと整理された（85頁参照）〕。

　　具体的には、(i)すべての株式を譲渡制限株式とする場合は、①株式の譲渡〔法文上は「譲渡による取得」〕について会社の承認を要する旨、②一定の場合に会社が承認をしたとみなすときは、その旨および当該一定の場合（136・137Ⅰ参照）を定款で定め（107Ⅱ[1]）、(ii)一部の種類株式について譲渡制限を設ける場合は、その発行可能種類株式総数と上記①②を定款で定める（108Ⅱ[4]。ただし、Ⅲ・規則20Ⅰ[4]）。

　　設立時の定款によるほか会社成立後に定款を変更して譲渡制限の定めを置くこともできるが、そのような定款変更のための株主総会の決議要件は厳格である〔特殊決議〕（309Ⅲ[1]〔なお[2][3]〕、111Ⅱ＋324Ⅲ）。

　　（イ）　譲渡制限の態様　　制限の態様は、取締役会設置会社では株式の譲渡〔法文上は「譲渡による取得」〕につき取締役会の承認を必要とするという形、非取締役会設置会社では株主総会の承認を必要とするという形が原則であるが、定款で別段の定めをすることが認められる（139Ⅰ）。したがって、定款で承認権者を代表取締役等の機関と定めることも認められる。

　　定款でこのような譲渡制限の定めを設けたときは、その旨を登記し（911Ⅲ[7]、商登62）、かつ、株券発行会社では株券に記載しなければならない（216[3]）。これを怠ると善意の第三者に対抗できない（登記を怠った場合については、908Ⅰ。株

券への記載を怠った場合については会社法上規定はなく解釈による）。定款変更で新たに譲渡制限を設ける場合は、旧株券の提出手続がとられる（219・220〔他の場合を含めた規定〕）。すなわち、一定の期間（1か月以上）を定めて公告および株主・登録質権者への個別通知をし、旧株券を提出させる（219Ⅰ本文①）。旧株券は株券提出日（定款変更の効力発生日）に無効となる（219Ⅰ・Ⅲ。なおⅡ）〔株券不発行状態会社では株券提出手続は不要（219Ⅰただし書）〕。この場合、旧株券を提出できない者があるときは、その者の請求に基づき一定期間（3か月以上）を定めて利害関係人に異議申述の機会を与え、この期間経過後に新株券を交付することができる（220）〔なお最判昭和52・11・8民集31-6-847〕。

＊3）　相続等による株式の移転　　譲渡制限株式の相続その他の一般承継による株式の移転には、会社の承認は不要である（134④参照）。その代わり、会社は、相続その他の一般承継により譲渡制限株式を取得した者に対してその株式を会社に売り渡すことを請求できる（174―177）〔会社法で制度新設〕。この場合、会社は、そのような売渡請求ができる旨を定款で定めておかなければならない（174）。そして、そのつど、株主総会決議（特別決議であり〔309Ⅱ③〕、取得者の議決権は排除される）で一定の事項を決めたうえで（175）、売渡請求をする（176）。売買価格は当事者の協議で定めるが、決まらないときは当事者の申立てにより裁判所が決定する（177）。

＊4）　譲渡制限の態様　　株主の資格を特定の者（たとえば会社の従業員）に制限することは許されない（ただし、日刊新聞紙の発行を目的とする株式会社の株式の譲渡の制限等に関する法律1条参照）。取締役会等の承認を要する場合を制限して、たとえば現在の株主以外の者、会社の従業員以外の者または外国人に株式を譲渡する場合には取締役会の承認を必要とすると定めることは許される。なお、証券取引所は、譲渡制限株式の上場を認めていない。

＊5）　一人会社の場合　　定款に株式譲渡制限の定めがある一人会社では、株主が保有する株式を他に譲渡した場合には、定款所定の取締役会の承認がなくても、その譲渡は会社に対する関係でも有効であると解されている（最判平成5・3・30民集47-4-3439〈商判Ⅰ-35〉）。

（ウ）　株主の投下資本の回収　　会社法は上記のように定款による株式譲渡制限を認めるが、同時に、そのような譲渡制限がある場合についても、株式の譲渡を希望する株主に投下資本の回収を保証する（136以下）。たとえば、株主Aがその持株をBに譲渡したいと希望するときは、会社に対してその譲渡〔法文上は「譲渡による取得」〕の承認を求め（136）、さらに会社が譲渡を承認しない場合にはその株式の会社による買取り、または指定買取人（先買権者とも

いう）による買取りを求めることができる（138①）。会社における譲渡等の承認の決定（139）、指定買取人の指定等（140）、会社または指定買取人による買取りの譲渡承認等請求者への通知（141・142）については、細かく規律が定められている。譲渡承認等請求者は、上記の通知を受けた後は、会社または指定買取人の承諾がないと譲渡等の請求を撤回できない（143）。他方、会社は所定の期間内に上記の通知をしないと、別段の定めがないかぎり、譲渡等を承認する決定をしたものとみなされる（145）。

　会社が譲渡を承認せず、たとえばCを買取人と指定したような場合（140Ⅳ・Ⅴ）、CがAに対してその株式の買取りを通知すると（142Ⅰ）、AC間で売買契約が成立すると解されている（Cが通知するまでの間は、Aは会社に対する譲渡承認・買取請求を撤回できる〔143Ⅱ〕。最決平成15・2・27民集57-2-202参照）。売買価格についてAC間で合意できないときは、当事者または会社の申立てにより裁判所が価格を決定する（144Ⅱ以下・Ⅶ）。裁判所は譲渡承認請求時の会社の資産状態その他一切の事情を考慮して売買価格を定めるが（144Ⅲ・Ⅶ）、株式の評価をどのような基準で行うべきかについてはいろいろ議論がある〔後述123頁参照〕。また、バブル経済の時期には、土地の値上がり等の事情を反映して、裁判所がCにとって予想外の高額を定めた場合もあり、その時点でCが売買の撤回を希望する事態も生じたが、いったん成立した売買契約をその後一方的に撤回ないし解除することは認められない（143Ⅱ）。以上は、会社自身が買い取る場合もほぼ同様である（140Ⅰ―Ⅲ・141・143Ⅰ・144Ⅰ―Ⅵ）。

　（エ）　譲渡制限株式の譲渡の効力　　譲渡制限のある株式について譲渡が行われ、それにつき会社の承認がない場合でも、譲渡は譲渡当事者間では有効であると解されている（最判昭和48・6・15民集27-6-700〈百選16〉〈商判Ⅰ-36〉）。そこで、上記の例で、たとえばもし先にＡＢ間で譲渡が成立したような場合には、Ｂからも会社の承認を求めることができる[*6]（137・138②）。

　最高裁の判例は、株式を譲渡担保に供することもここでいう譲渡に該当するとしているが〔上記判例〕、学説上は批判が強い[*7]。なお、会社の承認のない譲渡も当事者間では有効であるが、会社との関係では効力がなく、その結果会社は必ず譲渡前の株主を株主として取り扱わなければならない（最判昭和63・3・15判時1273-124、最判平成9・9・9判時1618-138）。

＊6) **株式取得者からの承認請求** 譲渡が承認されないリスクを考えると、通常の場合、譲受人が譲渡制限株式を譲り受けてから譲渡承認請求をすることはあまり考えられない。これがされるのは、競売・公売による取得の場合のほか、善意取得の場合などであろう。

＊7) **株式の譲渡担保** 株式の譲渡担保が会社の承認を要する「譲渡」にあたると解すると、会社の承認を得て譲渡担保に供した場合、担保設定者が被担保債務を弁済して当該株式の返却を求めた場合にも、再度会社の承認を求める必要があることとなる（承認が得られない可能性もある）。株券が発行されていれば、株券を譲渡担保権者に交付して株主名簿の名義書換はしないでおくことができるが、株券不発行会社の場合は、株主名簿の名義書換が会社以外の第三者への対抗要件でもあるので（130 I）、上記の問題を避けられない。

(5) **契約による株式譲渡の制限** 関係者が契約により株式譲渡を制限することは認められるか。実務上、従業員持株制度との関係などにおいてそのようなニーズがあると言われている。会社がそのような契約の当事者となる場合には、上記の会社法の趣旨からして、そのような契約の効力を認めることは疑問の余地があるが、会社を当事者としない契約による譲渡制限は当事者間では有効であると解されている（最判平成7・4・25裁判集民175-91〈百選18〉〈商判 I -45〉・最判平成21・2・17判時2038-144〈商判 I -46〉）（学説上は、契約当事者が誰かによって区別せず、制限の内容等を実質的に判断して有効かどうかを論じる見解が有力である）。ただし、当事者がそのような契約に違反して株式を譲渡したような場合には、株券が発行されているときは、株券が交付されれば譲渡は有効と言うべきであり(128 I 本文)、その譲受人が株券を会社に提示して名義書換を求めたときは、会社はこれを拒むことはできない。したがって、このような契約に実効性をもたせるためには、株券をどこかに預託するなどして株券の移転が物理的にできないようにしておく必要がある。

(6) **株式の担保差入れ** 株式もこれを担保として差し入れることができるが、会社法は、略式質と登録質という2つの方法を認めており（質権設定＝146 I）、さらに譲渡担保という方法がある。

（ア） 株券発行会社の場合には、①略式質は、株券の交付で効力を生じ(146 II)、株券の継続占有が質権の会社および第三者に対する対抗要件である(147 II・III)。このような質権の設定は会社と無関係にされるので、会社は設定

者を株主として取り扱うこととなる。質権者には物上代位が認められる（151 I・なおⅡ）。②これに対して、略式質の要件をみたし、さらに設定者である株主の承諾を得て株主名簿に質権者の氏名または名称と住所および質権の目的である株式の記載〔電磁的記録も可〕をすると登録質が成立し（148）、質権者は直接会社から剰余金配当その他の物上代位的給付を受けることができる（150—154。なお、149）。

　（イ）　株券不発行会社の場合〔振替株式の場合を除く〕には、株式の質権者は、その氏名または名称と住所を株主名簿に記載しなければ質権を会社その他の第三者に対抗することができないので〔電磁的方法も可〕（147 I・Ⅲ）、登録質とすることになる（なお、149）。

3. 自己株式

　(1)　**概要**　　自己株式とは「株式会社が有する自己の株式」と定義されている（113Ⅳ）。そこで、通常、会社が自社の発行した株式を取得することを「自己株式の取得」というが〔本書でもこの表現を用いる〕、法文上は厳密にいえば、会社が自己の株式を取得するとその結果その株式は自己株式となる。

　平成13年6月改正までは自己株式の取得および保有は原則禁止であったが、同改正により、手続・方法・財源の規制のもとで取得目的や取得数量・保有期間の制約なく取得・保有が認められることとなり、会社法もこれを引き継いだうえで規制を合理化している。会社法の条文の書き方は、自己株式の取得は法が定める一定の場合に限って認められるとなっているが、その規制の実質としては、次に述べるように、手続・方法・財源の規制のもとで広く自己株式の取得および保有が認められる[1)2)3)4)5)]（155以下）。

　なお、子会社による親会社株式の取得は、原則として禁止される[6)]（135）。

　　＊1)　**自己株式取得規制の経緯**　　平成13年6月改正前までは、日本の商法は、自
　　　己株式の取得を原則として禁止していた。その理由は、①会社債権者保護（自己株
　　　式取得は出資の払戻しとなり、また会計上自己株式の資産性を認め配当規制をしないと債
　　　権者を害する）、②株主間の公平の確保（自己株式取得はその方法と価格によっては株主
　　　間に不平等をもたらす）、③不公正な株式取引の禁止（自己株式取得は相場操縦やイン
　　　サイダー取引に利用されるおそれがある）、④会社支配権をめぐる不公正な取引の禁止

（現経営者の地位保全のために利用されるおそれがある）といった政策的観点にあった。しかし他方で、余剰資金のある会社で適当な投資機会がないような場合には、それを株主に返却するなど、自己株式取得へのニーズは昔から主張されてきた。そして、上記の弊害は、自己株式の取得を事前に一律に禁止することではなく、それぞれに必要な規制を設けることで対処することが可能である。そこで、株式市場の活性化のためのインフラ整備や事業再編の容易化（合併等の場合に新株を交付する代わりに自己株式〔代用自己株という〕を交付することを認める）という政策的判断もあって、平成13年6月改正は、それまでの規制を抜本的に改正した。

　商法は、平成6年改正前までは、自己株式の取得を次の4つの例外的場合を除いて禁止していた（同年改正前210）。①株式消却のためにするとき。②合併・他の会社の営業全部の譲受けによるとき。③会社の権利の実行にあたりその目的を達するため必要なとき。④株主の株式買取請求に応じて株式の買取りをするとき。平成6年改正と平成9年改正（および「株式の消却の手続に関する商法の特例に関する法律」〔株式消却特例法〕）は、これらの例外に新しく次の場合を追加した。①取締役・使用人に譲渡・交付するための取得（いわゆる自己株式方式のストック・オプション〔インセンティブ報酬〕のための取得を含む）。②株式の利益消却のための買受け。③株式譲渡制限がある会社で譲渡請求があった場合に会社が買受人となる場合。④株式譲渡制限がある会社で株主が死亡した場合に会社と相続人との合意に基づく買受け。これらの自己株式の取得が認められる場合のうち、平成6年改正以後に認められることとなった場合については、①取得の目的、②取得の手続、③取得の方法、④取得の財源、⑤取得できる自己株式の数量（消却目的の場合を除く）につき規制を設け、また、すべての場合について⑥取得した自己株式の保有期間を制限していた（ただし、処分する場合の手続の規制はなかったが、保有する自己株式について配当規制をしていた）。平成13年6月改正は、「金庫株の解禁」といわれるように、金庫株（会社が自己株式を期間制限なくその金庫に入れておくこと）を認めるため、①⑤⑥を撤廃し、原則として②③④だけの規制とし、他方で、保有する自己株式を処分する場合は、原則として新株発行の手続に準じることとした。また、保有する自己株式の会計処理も改正された。その結果、改正前商法210条は廃止され、上記の4つの追加的場合の規定も、株式譲渡制限会社で譲渡請求に応じて会社が買受人となる場合を除いて削除され（その結果、自己株式方式のストック・オプション制度も廃止され、株式消却特例法も廃止された）、改正後の210条以下の一般的な規制に統合された。そして、有限会社法についてもこれに対応する改正が行われた。

　平成15年7月改正は、実務界からの要望に応えて、定款に定めを置くことにより取締役会決議に基づく自己株式の買受けを認めることとした。

　会社法は、これらの一連の改正を引き継いだうえで、さらに改正を加え、全体として規制を整理しなおした。

＊2）　**不正な自己株式取得の禁止**　平成13年6月改正後も、従来どおり、不正な自己株式の取得は罰せられる。すなわち、いかなる者の名義であれ会社の計算で不正にその会社の株式の取得が行われた場合には、会社の取締役・監査役等は5年以下の懲役または500万円以下の罰金に処せられる（963V①）。

　また、他人名義であっても会社の計算での自己株式の取得や子会社の計算での親会社株式の取得には、155条・135条1項（＊6）参照）の適用があると解されている。この場合の「計算で」については、資金の出所を重視する見解や取得後の株式の経済的利益の実質的帰属を重視する見解等がある。

＊3）　**数量制限の撤廃**　平成13年6月改正で数量制限が撤廃されたため、所定の手続を踏み財源等があれば〔(2)参照〕会社が取得できる自己株式の数量に制限はない。しかし、実際には問題にはならないと思われるものの、発行済の議決権のある株式のすべてを取得することはできないと解される。会社法は少なくとも議決権のある株式が1株は社外に存在することを要求していると解すべきである。なお、この例外として、従来の用語でいう100％減資等のように瞬間的に議決権ある株式がゼロになる場合は認められると解してよい。

＊4）　**自己株式の質受け**　平成13年6月改正前は、自己株式の質受けも規制されていた。しかし、同改正後は、自己株式の質受けは取得（平成17年改正までは買受け）にあたらないので、会社は自由にその質受けをすることができる。ただし、取得規制の脱法となるような質受けは違法と解すべきである。

＊5）　**自己株式の取得・処分と金融商品取引法**　金融商品取引法は、自己株式の取得・処分について、開示規制（金商24の6・27の22の2）と不公正取引禁止規制を設けている。とくに後者との関係では、インサイダー取引規制（金商166）と相場操縦禁止規制が重要であり、相場操縦については平成13年改正で特別の規定を新設した（金商162の2）。なお、会社法上の開示は株主資本等変動計算書がその中心となる。

＊6）　**子会社による親会社株式取得の規制**　子会社による親会社株式の取得の規制は、平成13年6月改正では変更はされず、従来どおり、原則として禁止したままであった（同年改正後の商法211ノ2Ⅰ）。しかし、自己株式の取得規制を抜本的に改正したのに、子会社による親会社株式の取得の規制は従来どおりの事前規制のままというのは、いかにも不均衡であるし、また、理論的にもそのような事前規制を残しておく理由は見当たらない。この点の改正がされなかった理由は、買受けについて財源規制を設けることが法技術的に困難であったからであるといわれているが（子会社による親会社株式の買受けに親会社の財源を要するとすると、子会社が買受けに際

して親会社の財源をいちいち確認する必要があり、そのような規制は実際上運用が困難である)、かといって、子会社による親会社株式の取得の規制は従来どおり原則一律事前禁止のままでよいということにはならない。したがって、立法論としては、将来この点は見直される必要がある。しかしながら、名案はなく、会社法では、取得を認める例外的場合を拡大するにとどまっている（なお、規則23⑫・計算規則158④・2Ⅲ⑤①）。なお、子会社は相当の時期にその保有する親会社株式を処分しなければならない（135Ⅲ）〔この点は自己株式の場合と異なる〕。

(2) **自己株式の取得** （ア） **取得できる場合** 会社が自己株式を取得できる場合は、次のとおりである（155）。①取得条項付株式の取得（107Ⅱ③イの事由が生じた場合）、②譲渡制限株式の取得（138①ハまたは②ハの請求があった場合）、③株主総会決議等に基づく取得（156Ⅰの決議に基づく場合）、④取得請求権付株式の取得（166Ⅰの請求があった場合）、⑤全部取得条項付種類株式の取得（171Ⅰの決議があった場合）、⑥株式相続人等への売渡請求に基づく取得（176Ⅰによる請求をした場合）、⑦単元未満株式の買取り（192Ⅰの請求があった場合）、⑧所在不明株主の株式の買取り（197Ⅲ各号の事項を定めた場合）、⑨端数処理手続における買取り（234Ⅳ各号〔235Ⅱによる準用の場合を含む〕の事項を定めた場合）、⑩他の会社（外国会社を含む）の事業の全部を譲り受ける場合にその会社が有する株式の取得、⑪合併後消滅する会社からの株式の承継、⑫吸収分割をする会社からの株式の承継、⑬上記①—⑫のほか、法務省令で定める場合[*7]（規則27）。

　以上のうちで、③の株主総会決議等に基づく取得（156Ⅰの決議に基づく場合）は、一般的に自己株式を取得できる場合ということができる。条文は「株主との合意に基づく取得」と呼んでおり、156—165条である。ただし、次の(イ)の取得手続と取得方法の規制〔取得方法に応じた取得手続の規制〕に服する（①②④—⑬はそのような規制に服さない〔156Ⅱ〕）。また、自己株式の取得は(ウ)の財源規制に服する。

　　＊7）　**自己株式取得の例**　たとえば、⑪の意味は、A会社がB会社を吸収合併する場合に、B会社がA会社の株式を有するときは、合併によりA会社は自己株式を取得することが認められるという意味である。A会社がB会社の株式を有する場合に、それに自社の新株を割り当ててよいかどうかは別問題である〔会社法のもとでは割当て不可〕。

（イ）　**取得方法に応じた取得手続の規制**　　(a)　すべての株主（種類株式の場合は

当該種類株式すべての種類株主）に申込機会を与えて行う取得　　これは会社法で新たに認められることとなった手続である。まず第1に、株主総会決議（普通決議。臨時株主総会でもよい）で、①取得する株式の数（種類株式の場合は取得の対象となる株式の種類および種類ごとの数）、②取得と引換えに交付する金銭等〔＝金銭その他の財産（151 I）〕（当該会社の株式等を除く。以下同じ）の内容およびその総額、③取得することができる期間（最長1年間まで）を定めて、取締役会（取締役会設置会社の場合）等に「買受け」（＝株主との合意による自己株式の取得）を授権する（156 I）。ただし、定款により剰余金分配を取締役会の権限とした会社（459 I ①・Ⅱ）〔339頁参照〕では、以上は、取締役会の決議で決めることができる〔下記の(b)は株主総会の特別決議が必要〕。

　次に、第2に、会社は（取締役会設置会社では取締役会決議で〔157Ⅱ〕）、そのつど、①取得する株式の数（種類株式の場合は種類および数）、②株式1株を取得するのと引換えに交付する金銭等の内容および数・額またはこれらの算定方法、③株式を取得するのと引換えに交付する金銭等の総額、④株式の譲渡の申込みの期日を定めて（157 I）、株主に通知するが〔公開会社では公告でも可〕（158）、取得の要件は均等でなければならない（157Ⅲ）。

　第3に、会社は、株主からの申込みに応じてその株主の株式を取得するが、申込総数が取得総数を超えたときは按分で取得する（159）。

　　(b)　特定の株主からの取得　　上記の株主総会決議で特定の株主からの取得を決議することができ〔特別決議（309Ⅱ②）〕、この場合は、その株主に通知する（160 I・Ⅴ）。この場合には、特定の株主だけがその所有する株式を会社に売却できるというのでは、株主間の公平を害するおそれがある。そこで、厳格な規制がある。すなわち、①株主総会の特別決議では取得の相手方となる株主の議決権行使は排除される（160Ⅳ本文。例外はただし書）。さらに、②他の株主（または種類株主）は、その総会決議の前で法務省令で定める時（規則28・29）までに自己を売主に追加するよう請求できる（160Ⅱ・Ⅲ）。③ただし、②の例外として、市場価格ある株式で一定の要件を満たした場合（161・規則30）および株式相続人等から取得する場合で一定の場合（162）には②の売主追加請求権はない。また、売主追加請求権をあらかじめ定款で排除することが認められる（164 I。なおⅡ〔株主全員の同意〕）〔会社法での改正〕。
*8)

*8) **相対での取得** 会社法の手続規制の例外として、銀行等保有株式取得機構からの取得の場合がある（銀行等の株式等の保有の制限等に関する法律40）。

(c) **子会社からの取得** 子会社から自己株式を取得する場合は、(b)の例外として、取締役会設置会社では取締役会決議で(a)①—③の事項を定めるだけで取得できる〔非取締役会設置会社では株主総会決議が必要〕(163)。

(d) **市場取引等による取得** 以上の手続規制の例外として、市場取引または公開買付け〔金商27の2Ⅵ・27の2以下〕により自己株式を取得する場合には、①(a)の株主総会決議だけで取得することができ（165Ⅰ）〔定款により剰余金分配を取締役会の権限とした会社（上記参照）では、取締役会の決議で可〕、②〔定款により剰余金分配を取締役会の権限とした会社でなくても〕あらかじめ定款に「取締役会決議により自己株式を取得する」ことを定めておいて取得することができる〔取締役会設置会社〕。②の場合は、取締役会決議で(a)①—③の事項を定める（165Ⅱ・Ⅲ）。上場会社における自己株式の取得は、この②の手続によって行われる例が多い。

（ウ） 財源規制 会社が自己株式を取得する場合については、（ア）の各場合について、財源規制がほぼ横断的にかけられている。すなわち、自己株式取得の対価として会社が株主に交付する金銭等（対価として会社が保有する自己株式を交付する場合のその自己株式を除く）の帳簿価額の総額が効力発生日等における分配可能額（461Ⅱ）を超える場合には、金銭等を交付することはできず、したがって自己株式の取得はできない（（ア）①については170Ⅴ、②③⑤⑥⑧⑨については461Ⅰ、④については166Ⅰただし書。⑦⑩⑪⑫⑬の場合はこのような財源規制はない）〔461Ⅰによる分配規制と関連する規制〔464・465〕については、342頁を参照〕。

（エ） 規制違反の効果 上記(イ)の手続・方法の規制に違反して自己株式の取得がされたような場合、その効力については、従来はその取得は無効と考えられてきたが、無効の主張は会社側だけができると解されてきた（旧規定下での事例として、東京高判平成1・2・27判時1309-137、最判平成5・7・15判時1519-116〔有限会社の事例〕、子会社による親会社株式の取得について同旨、東京高判令和1・11・21金融商事1601-50。なお、最判昭和43・9・5民集22-9-1846、大阪高判平成25・9・20判時2219-126）〔学説上は、無効の主張権者を会社側に制限することに反対する見解が有力〕。また、違法な自己株式の取得により会社に損害が生じれば取締役の対会社責任が生じるが

（423Ⅰ）、会社の損害をいくらと考えるべきかは難問である（大阪地判平成15・3・5判時1833-146〔違法に取得したが処分していない事例〕。なお最判平成5・9・9民集47-7-4814〈百選19〉〈商判Ⅰ-48〉〔完全子会社が親会社株式を違法に取得した後に処分した事例〕）。なお、上記(ウ)の財源規制に違反して自己株式の取得がされた場合の効果については後述する〔343頁以下参照〕。

(3) 自己株式の保有 **(ア)** 会社は取得した自己株式をとくに期間の制限なく保有できる。

(イ) 会社はその保有する自己株式については議決権を有しない（308Ⅱ）。その他の共益権も有しないと解されている。会社以外の者の名義で取得した場合には、会社も名義人も議決権（およびその他の共益権）を有しないと解されている。

(ウ) 会社はその保有する自己株式について、剰余金の配当をすることはできない（453）。

(エ) このほか、①募集株式・募集新株予約権等の株主割当てや②株式併合・株式分割を受ける権利については、①については否定されるが（202Ⅱ・241Ⅱ・186Ⅱ・278Ⅱ）、②については権利を有する（182Ⅰ・184Ⅰ参照）。

(オ) 平成13年6月改正前は、自己株式は、消却のために取得した場合を除いて、貸借対照表の流動資産の部に他の株式と区別して計上されたが、会社法のもとでは、純資産の部に控除項目として計上される（計算規則76Ⅱ）〔なお、企業会計基準委員会の企業会計基準第1号「自己株式及び準備金の額の減少等に関する会計基準」（平成14年2月21日制定・平成27年3月26日最終改正）〕。したがって、保有する自己株式の総額は分配可能額（461Ⅱ）には含まれない。

(4) 会社が保有する自己株式の消却と処分 会社は保有する自己株式を、いつでも消却し、または処分することができる。

(ア) 保有する自己株式の消却 会社は、取締役会の決議により（取締役会設置会社の場合）、消却する株式の種類と数を定めて、保有する自己株式を消却することができる（178）〔なお、「消却」概念は会社法で改正された（125頁参照）〕。

(イ) 保有する自己株式の処分 会社がその保有する自己株式を処分する場合は、新株発行と同じ規律に服する[9]（199以下〔募集手続〕）〔無効の訴え・不存在確認の訴えにつき168頁参照〕。ただし、引受者を募集しない場合は別（代用自己株の交

付、新株予約権の行使、単元未満株式の買増し等）。なお、株券の交付時期（128Ⅰただし書・129）。

　＊9）　「消却＋新株発行」と「自己株式の取得＋処分」の比較　　株式を消却してその後新株を発行する場合と自己株式を取得・保有してその後これを処分する場合とでは、次のような点が異なる。①消却すると発行済株式総数は減少するが、自己株式を取得しても減少しない。②株券発行会社では、消却すると株券を廃棄しなければならず、新株を発行すると新しく株券を発行しなければならないが、自己株式の取得・処分の場合はこれが不要である。③新株発行では資本金の額が増加するが（445Ⅰ―Ⅲ）、自己株式の処分では資本金の額は増加しない。④自己株式の処分益は分配可能額に含まれるが（その他資本剰余金）、新株発行の場合は、そのようなことはない。

4．株主の会社に対する権利行使

(1)　**流通と権利行使との規律の相違**　　会社法は株式の流通面と権利行使面とで異なる仕組みを設けている。すなわち、株券が発行されている場合であっても、会社に対する権利行使の仕組みとして、株主名簿という制度を採用している。その理由は、株主名簿がないと、多数の絶えず変動しうる株主に対する会社からの各種の通知や株主の権利行使をスムーズに行うことが困難となるからである。したがって、株券発行会社では、株式を譲渡するには、譲渡当事者間では株券の交付が必要十分条件であるが（128Ⅰ本文）、会社との関係では、株式を譲り受けた者は株主名簿上の名義を自己の名義に書き換えてもらう必要がある（130Ⅰ・Ⅱ）。これに対して、株券不発行会社では、株主名簿上の名義書換が株式の譲渡の会社および第三者に対する対抗要件である（130Ⅰ）〔振替制度適用会社では譲受人の口座の保有欄への数の増加の記載が譲渡の効力要件かつ会社以外の第三者に対する対抗要件である（振替140）〕。

(2)　**株主名簿**　　（ア）　**記載事項**　　会社は株主名簿を作成し、次の事項を記載する（121）〔電磁的記録も可〕。①株主の氏名または名称および住所、②株主の有する株式の数（種類株式の場合は種類および種類ごとの数）、③株主が株式を取得した日、④株券発行会社では株式（株券が発行されているものに限る）の株券の番号。

　（イ）　**株主名簿の備置きと閲覧請求制度**　　会社は、株主名簿をその本店（株

主名簿管理人がある場合はその営業所）に備え置かなければならず（125 I）、株主および会社債権者は、会社の営業時間内は、いつでも、株主名簿の閲覧または謄写の請求をすることができる（125 II）〔以下、閲覧請求という〕。ただし、次の場合には会社は閲覧請求を拒絶することができる（125 III）。請求を行う株主または債権者（請求者）がその権利の確保または行使に関する調査以外の目的で請求を行ったとき（①）、請求者が会社の業務の遂行を妨げ、または株主の共同の利益を害する目的で請求を行ったとき（②）、請求者が株主名簿の閲覧または謄写によって知り得た事実を利益を得て第三者に通報するため請求を行ったとき（③）、請求者が、過去 2 年以内に、株主名簿の閲覧または謄写によって知り得た事実を利益を得て第三者に通報したことがあるものであるとき*1)（④）。なお、親会社社員〔親会社の株主その他の社員（31 III）〕は、権利を行使するため必要があるときは、裁判所の許可を得て、閲覧請求をすることができる（125 IV V）。

　　*1)　**閲覧請求の拒絶事由**　　平成17年改正前商法は会社法125条 3 項のような拒絶事由をとくに定めておらず、会社法によって、会計帳簿閲覧請求の場合における拒絶事由（433 II〔317頁参照〕）と同様の事由が新設された。そして、「請求者が会社の業務と実質的に競争関係にある事業を営み、またはこれに従事するものであるとき」（平成26年改正前125 III ③）が拒絶事由の 1 つとされていた（以下「旧 3 号」と呼ぶ）。しかし、会計帳簿の場合と異なり、株主名簿については競争者に該当するということだけで閲覧請求を拒絶できるのは妥当でない。このため、判例では、閲覧請求を拒絶できる場合とは不当目的の場合であるという一般的な考え方を基礎として、旧 3 号は立証責任を転換した規定であると解し、旧 3 号に該当する場合であっても請求者のほうで不当目的の不存在を立証すれば会社は閲覧請求を拒絶できないという解釈がとられた（東京高決平成20・6・12金融商事1295-12、東京地決平成22・7・20金融商事1348-14、東京地決平成24・12・21金融商事1408-52）。そこで、平成26年改正は旧 3 号を削除した。なお、1 号に該当するとされた事例として、名古屋高決平成22・6・17資料版商事法務316-198〈百選 A 3〉〈商判 I -72〉（最決平成22・9・14資料版商事法務321-58により抗告棄却）。

　（ウ）　株主への通知・催告　　会社は、株主総会の招集通知などの各種の通知や催告は株主名簿上の株主の住所または株主が会社に通知した宛先（電子メールのアドレス等）に対してすればよいし（126 I）、また、配当も株主名簿

上の株主に支払えばよい。たとえそのような通知・催告が到達しなかったと
きでも、通常到達すべき時期に到達したものとみなされる（126Ⅱ。なおⅢ・Ⅳ
〔共有株式の場合〕、Ⅴ〔電磁的方法〕。59Ⅵ・Ⅶ・150Ⅰ・Ⅱ・203Ⅵ・Ⅶ）。このような通知・催
告が5年間継続して着かなかった場合には、通知・催告はしなくてよい（196
Ⅰ）。ただし、株主の権利には影響がなく、その株主もたとえば配当金支払
請求権を有するが、その場合の会社の債務履行の場所は、株主の住所ではな
く、会社の住所地（本店所在地）となる（196Ⅱ）ので、会社はその配当金を留
保しておいて、株主が取りに来たら渡せばよい。これらの規定は登録質権者
にも準用される（196Ⅲ）。

　（エ）　所在不明株主の株式　　平成14年改正は、会社の株式事務の合理化
に資するため、取締役会決議で所在不明株主の株式を売却し（または買い取
り）、その代金を従前の株主に支払うという制度を創設した（197・198）。なお、
支払うといっても所在不明なので、実際には供託することになろう（民494参
照）。

　（オ）　基準日　　株主の権利を有し会社に行使できる株主は、その時点に
おける株主名簿上の株主である。しかし、株主が多数いる会社では誰がその
時点における名簿上の株主かを把握することが容易でないので、会社法は、
一定時点における株主に権利行使を認めるために基準日を設けることを認め
ている（124Ⅰ）〔過去に存在した株主名簿の閉鎖制度は、平成16年改正により廃止された〕。
基準日は権利行使の日の前3か月以内の日でなければならない（124Ⅱ）。基
準日と行使できる権利内容は定款で定めるか、そうでない場合は2週間前ま
でに公告する（124Ⅲ）〔議決権の基準日公告を欠いたとして株主総会決議の取消しがさ
れた事例がある（東京地判平成26・4・17金融商事1444-44＋東京高判平成27・3・12金融商事
1469-58〈百選A13〉〈商判Ⅰ-86）〕。以上は登録質権者についても同様（124Ⅴ）。な
お、議決権については、基準日後に新たに株主となった者について、会社の
ほうの判断で、株主総会・種類株主総会での議決権を認めることはさしつか
えない〔会社法での新設規定〕（124Ⅳ〔ただし書に注意[*2]〕）。

　＊2）　124条4項　　4項本文が適用される典型例は、基準日後に新株が発行された
　　場合である。ただし書が適用されるのは、基準日現在の株主Aの株式が基準日の後
　　にBに譲渡された場合。これに対して、基準日の前に譲渡されたが、基準日現在、

株主名簿上の当該株式の株主はＡのままとされている場合〔後述＊5〕の失念株の場合〕、会社はＢを株主として議決権行使させることが認められる（最判昭和30・10・20民集9-11-1657〔後述(3)(エ)〕参照）。なお、不合理な取扱いをした場合には、決議の方法が著しく不公正として決議取消事由（831Ⅰ①）になりうる。

　(3)　名義書換　　**（ア）**　株券発行会社では、前述したように、株式の譲渡は当事者間では株券を交付することが必要十分条件であるが、譲受人は、会社に対して株主の地位を主張するためには、株主名簿上の名義を自己の名義に書き換えてもらう必要がある (130Ⅰ・Ⅱ)^{＊3)4)5)6)}（名古屋地一宮支判平成20・3・26金融商事1297-75〈百選Ａ39〉〈商判Ⅰ-29〉〔株式交換無効の訴えの原告適格〕）。株券を占有する者は適法な権利者と推定されるから（131Ⅰ）、譲受人が会社に対して株券を提示して名義書換を請求すれば、会社は反証ができないかぎり、名義書換をする義務があるし（133Ⅰ・Ⅱ・規則22Ⅱ①。なお②—⑤）、かりにその者が無権利者であったとしても会社は免責される〔株券提出手続がとられた場合に旧株券を提出しなかった者による提出期間経過後の名義書換請求を認めた判例として、最判昭和60・3・7民集39-2-107〈百選Ａ5〉〈商判Ⅰ-30〉〕。

　（イ）　株券不発行会社では、振替株式については特別規定がある〔120頁参照〕。それ以外の場合には、株式の譲渡は、譲渡当事者間では意思表示で効力が生じると解されるが、株主名簿上の名義書換が株式の譲渡の第三者に対する対抗要件であると同時に、会社に対する対抗要件でもある（130Ⅰ）〔信託の場合につき、154の2〕。そして、株券不発行会社の株式（振替株式を除く）についての株主名簿の名義書換は、株主名簿に株主として記載された者（名簿上の株主）またはその一般承継人と株式の取得者が共同して請求した場合その他法務省令で定める場合にしかすることができない（133Ⅰ・Ⅱ・規則22Ⅰ）〔なお、原始株主は、単独で、株主名簿への記載を請求できる（東京高判令和1・11・20金融商事1584-26）〕。

　なお、株主は、会社に対して、いつでも、自分についての株主名簿の記載事項を証明した書面の交付を請求することができる（122）。

　（ウ）　特別な場合（132〔株式発行時・株式併合・株式分割等〕・134〔譲渡制限株式〕）。

　（エ）　名義書換がされると、以後、株式譲受人は会社に対して株主であることを主張することができ、会社もその者を株主として取り扱う義務がある

（ただし、無権利者が名義書換を受けたときは、会社はその者を株主として取り扱う義務はない）〔名簿上の株主でない者も株主であることを立証できれば権利行使できる。この点につき、名簿上の株主でない者が株主であるとして権利の存在を推認しうる間接事実を主張立証したが、事実上の権利推定をするには不十分であるとされた事例として、東京高判平成24・12・12判タ1391-276がある〕。株式が譲渡され名義書換がされるまでの間、会社が自己のリスクで名義書換未了の譲受人を株主として取り扱うことができるかについて、判例はこれを認める（最判昭和30・10・20民集9-11-1657）。また、たとえば、会社が不当に名義書換を拒絶した場合や過失により名義書換を怠った場合のように、例外的に名義書換未了の者が会社に対して自己が株主であることを主張できる場合がある（最判昭和41・7・28民集20-6-1251〈百選13〉〈商判Ⅰ-28〉、最判昭和42・9・28民集21-7-1970〈百選33〉〈商判Ⅰ-85〉）。

* 3）　**譲渡以外による株式の取得**　　株式を発行した場合や株式併合・株式分割の場合等には、株主の請求によらないで会社が名義書換をする（132）。これに対して、相続・合併等の一般承継で株式が移転した場合には、名義書換手続は用意されているが、名義書換がされるまでの間の取扱いは、むずかしい問題である。

* 4）　**株主名簿管理人**　　アメリカ法にならって昭和25年改正で導入された制度である。費用の節約のため、定款で第三者に株主名簿の作成・備置き・名義書換等の株式事務の代行を委託することができる（123）。平成17年改正前商法では名義書換代理人と呼ばれたが会社法は名称を改めた。アメリカでは transfer agent と呼ばれる。日本では信託銀行等が委託を受けて行っている。なお、昭和25年改正は、これとは別に、株券の発行について超過発行や重複発行のリスクを防止し株券の信用を高めるため、定款で発行株券の番号を登録してその発行が適法か否かを審査する機関を置くという制度を設け、これは登録機関（registrar）と呼ばれるが、日本では利用されず、会社法はこの制度を廃止した。

* 5）　**失念株**　　株式の譲受人が名義書換の請求を失念している場合を失念株という。失念という言葉は忘れていた場合を意味するはずであるが、忘れているわけではなくて、わざと名義書換をしていないような場合も、同じ問題となる。

　　こうした場合について、譲渡当事者間においても譲渡人が株主であるとした判例があるが（最判昭和35・9・15民集14-11-2146〈百選A6〉〈商判Ⅰ-31〉）〔新株の株主割当て〕、会社・株主間の関係と譲渡当事者間の関係を混同したものとして、学説の強い批判を浴びた。譲受人が名義書換手続をしなかったため株主名簿上の株主は譲渡人のままであった事例で、譲渡人が株式分割により増加した新株式に係る株券の交

付と配当を受け、株式を第三者に売却して売却代金を取得した場合において、譲渡人は譲受人に対し、原則として売却代金相当額および配当金相当額の金員の不当利得返還義務を負うとされた（最判平成19・3・8民集61-2-479〈百選14〉〈商判Ⅰ-32〉）〔有限会社における増資持分の帰属に関する事例として、千葉地判平成15・5・28金融商事1215-52〕。なお、日本証券業協会の統一慣習規則第2号「株式の名義書換失念の場合における権利の処理に関する規則」は、会員証券会社が譲渡人・譲受人である場合における失念株の当事者間での取扱いを定めている。

＊6）　**130条の例外**　本文で述べた場合のほか、会社に対する権利行使に株券の提出を要する場合にも、名義書換を経ずに権利行使ができると解されている〔会社法220条の異議催告公告の請求について、最判昭和52・11・8民集31-6-847〕。**図表7**参照。

図表7　名義書換がない場合の法律関係

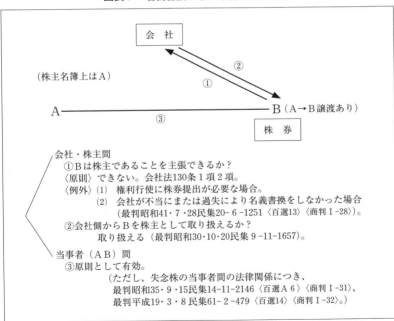

5．振替決済制度

(1)　振替決済制度の必要性　　前述したように、会社法は株式の流通を容

易・確実にし、株主の会社に対する権利関係を明確にするための法技術として株式を有価証券化しているが、株式の譲渡が多数かつ頻繁に行われるような場合には、そのつど株券の引渡しを行うことは煩雑である。そこで、コンピュータ技術の発達も相まって、かねてから準備が進められてきた株券保管振替制度が昭和59年に立法化された（株券等の保管及び振替に関する法律。以下「保管振替法」と略す）。

(2)　**保管振替制度**　　この制度のもとでは、一般の株主（保管振替法は顧客と呼ぶ）は、証券会社等（保管振替法は参加者と呼ぶ）を通じて株券を保管振替機関に集中預託し、株主名簿上はこの機関の名義とし、参加者は保管振替機関に口座を持ち、顧客は参加者に口座を持ち、預託株式の譲渡は口座間の振替記帳によって行われた。①保管振替法は、有価証券法理を存続させることとし、口座の記載に適法な権利者の推定力を与え、また口座の振替をもって株券の交付があったものとみなして、有価証券法理を適用することとした（保管振替27）。②会社に対する権利行使については、預託株式については株主名簿上は保管振替機関の名義となるが、このほかに、会社は顧客の氏名を記載した実質株主名簿というものを作成することを義務づけられ、顧客の会社に対する権利行使や会社の顧客への通知等はこの実質株主名簿に基づいて行われた（保管振替29以下）。①②の点は、社債振替制度と異なっており〔365頁参照〕、平成16年改正で（経過期間を経て平成21年1月に）社債振替制度と同様の次に述べる制度に移行することとなった。

(3)　**現在の振替制度**　　証券決済法制改革の一環として、平成14年に「短期社債等の振替に関する法律」〔358頁＊2）参照〕が改正され、法律の題名が「社債等の振替に関する法律」と改められ、一般の社債や国債等についてもその無券面化を実現し新しい振替制度が創設されるとともに、振替機関と口座管理機関からなる多層構造での保有制度が創設されたが〔365頁参照〕、平成16年改正により、法律の題名がさらに「社債、株式等の振替に関する法律」と改められ、株式等についても従来の保管振替制度から新しい振替制度（新しい階層保有制度を含む）への移行が実現することとなった（平成16年法88号。平成21年1月5日施行）。この新しい振替制度のもとでは、株券不発行会社（ただし株式譲渡制限会社を除く）で振替制度利用に同意した会社の株式（特定の種類の株式

でも可）が「振替株式」となる（振替128参照）（上場会社の新しい振替制度への移行は施行日である平成21年1月5日に一斉に行われ、対象となる株式について株券提供手続を経ないで株券は無効となった）。そして、そのような振替株式については、次のような特別の規律が適用される。①その譲渡・質入れは、譲受人・質権者がその口座における保有欄・質権欄に譲渡・質入れ株式数の増加の記載または記録を受けることで、その効力が生じ対抗要件が具備される（振替140・141）〔株主名簿の記載または記録を第三者対抗要件とした株式譲渡の対抗要件・名義書換の要件・質権の対抗要件等の会社法の規定は適用されない〕。②善意取得も認められるが、その場合には、すべての株主の有する振替株式の総数が振替株式の発行総数を超えることとなる可能性を認め、そうなった場合には、発行会社との関係では株主は按分比例で株主権を有することとする一方で、一定の口座管理機関と振替機関が超過株式の消却義務を負うほか、損害賠償責任で処理する[*1]（振替144—148）。③以上は、社債の場合と同様であるが、会社と株主との間の処理は複雑で、多数の会社法の特例が定められている。たとえば、(i)振替機関は基準日等における自己および下位口座管理機関の振替口座簿の内容を発行会社に通知しなければならず、発行会社はその通知を受けたときは株主名簿に通知事項等を記載しなければならず〔電磁的方法も可〕、それにより名義書換がされたものとして取り扱う（振替151・152）〔総株主通知といい、原則として年2回行われる〕、(ii)発行会社は、正当な理由があるときは、振替機関に対し、一定の費用を支払って、一定の日の株主についての通知事項を通知することを請求することができる（振替151Ⅷ。なお振替277）、(iii)超過記録に関する義務の不履行により加入者（株主）が会社に対抗できる保有株式が単元未満になった場合には、1議決権未満の議決権を有する（振替153）、(iv)振替株式についての少数株主権等の行使については、株主名簿に記載・記録がなくても認められるが、所定の手続〔個別株主通知[*2)3)]〕が必要である（振替154）等。

* 1）　**超過記録**　(ア)　たとえば振替機関Ｐの下に口座管理機関Ｑがあり、Ｑが加入者Ａの口座に100株と記録すべきであるのに、間違って1000株と記録したとする。この場合、株式の譲渡および振替を受けた加入者Ｂは、超過分である900株を善意取得しうる。その場合には、振替株式の総数が発行済株式総数を超えるという事態が生じる〔超過記録という〕。そこで、その場合には、超過記録をした振替機関ま

たは口座管理機関（上記の例でいえばQ）は、超過記録分（900株）の振替株式をど
こかから取得したうえで、会社に対してその振替株式について権利を放棄する旨の
意思表示をする義務を負う〔この意思表示によりその振替株式は消滅し口座簿の記録は
抹消する〕（振替145・146）〔消却義務といい、無過失責任〕。この義務を負うのは、自
己の加入者の口座に過誤の記録をした振替機関または口座管理機関（以下、両者合
わせて振替機関等と呼ぶ）だけである（振替145Ⅰ・146Ⅰ）〔上記の例では、Qがこの義務
を負う〕。

　　(イ)　振替機関等が上記の消却義務を履行するまでの間は、その振替機関等または
その下位口座管理機関の加入者は、超過数のうちで自らの株式数に対応する分だけ
株主権を会社に対抗できない（振替147Ⅰ・148Ⅰ。なお振替151Ⅴ〔総株主通知の通知
事項〕。例外として振替147Ⅲ・148Ⅲ。なお振替147Ⅳ・148Ⅳ〔少数株主権等の持株数要件〕）。
消却義務の不履行により株主に損害が生じた場合には、消却義務を負う振替機関等
は株主に対して損害賠償責任を負う（振替147Ⅱ・148Ⅱ）〔無過失責任〕。なお、振替
機関等が無資力の場合に備えて加入者保護信託制度が設けられている（振替51以下）。
　　たとえば上記の例を少し変えて、口座管理機関Qに加入者CDだけが口座を有し
ており、C100株、D300株と口座に記録すべきなのに、Qが誤って100株の超過記
録をし、それがQ以外の口座管理機関の加入者によって善意取得されたような場合、
Qはその100株分について消却義務を負うが、それが履行されない場合には、会社
との関係では、超過分の100株については株主権を対抗できない〔議決権についての
特例として振替153〕。Qより下位にある振替株式の合計数が400株だとすると、超過
分の100株について、Cは25株、Dは75株について、それぞれ発行会社に対抗でき
ないことになる〔この制度は消却義務と合わせて「パーティション方式」と呼ばれている〕。
もっとも、発行会社以外との関係では、CDはそれぞれ75株・225株ではなく100
株・300株を保有しているので、たとえばCは100株を他に譲渡する振替の申請をす
ることができる。なお、CがQ以外の口座管理機関の加入者に譲渡する振
替がされたとすると、その後にDがQ以外の口座管理機関の加入者に譲渡する振替
の申請ができるのは200株までということになる。なぜなら、上位機関であるPが
管理するQの顧客口座には当初は400株と記録されていたはずであるが超過記録分
の譲渡によりそれは300株になったはずであり、さらにCの譲渡により200株になっ
たはずであり、その数までしかDの振替申請を受けることはできないからである
〔Qが消却義務を履行した場合には、Pが管理するQの自己口座を100株減らし顧客口座を
100株増やすので顧客口座は（CやDによる譲渡がないとすると）400株に戻る（振替146Ⅴ）〕。

＊2）　**個別株主通知**　　全部取得条項付種類株式の取得の価格の決定を裁判所に求
める場合（172〔92頁参照〕）について、最高裁は次のように判示した（最決平成22・

12・7民集64-8-2003〈百選15〉〈商判Ⅰ-44〉)。「個別株主通知〔振替法154条3項所定の通知〕は、振替法上、少数株主権等の行使の場面において株主名簿に代わるものとして位置付けられており（振替法154条1項）、少数株主権等を行使する際に自己が株主であることを会社に対抗するための要件であると解される。そうすると、会社が裁判所における株式価格決定申立て事件の審理において申立人が株主であることを争った場合、その審理終結までの間に個別株主通知がされることを要し、かつ、これをもって足りるというべきである。」その後の裁判例として、最決平成24・3・28民集66-5-2344〔96頁＊5〕参照）、大阪地判平成24・2・8金融商事1396-56〔株主提案権を行使するためには株主総会の日の8週間前までに個別株主通知が必要〕。

* 3) **振替株式の相続**　共同相続された振替株式等の差押えの方法につき、最決平成31・1・23民集73-1-65〈百選A2〉〈商判Ⅰ-25〉参照。

4　株式の評価

法律上いろいろな局面で、株式の評価が問題となる。

会社法上問題となる場合としては、訴訟上問題となる場合があるほか（199Ⅲ・210・212等参照）、非訟事件において裁判所が株式の評価をしなければならない場合が多い（870④）。合併や事業譲渡等に関する株主総会決議で反対した株主が株式買取請求をする場合がその例である（786Ⅱ・798Ⅱ・807Ⅱ・470Ⅱ）。これは、上場会社等の株式のように市場価格のある株式についても、また、そうでない中小規模の会社の株式についても問題となる。そして、市場価格がない株式の評価が問題となる場合として、株式譲渡制限を定める定款変更決議で反対した株主が株式買取請求をする場合（116Ⅰ①②・117Ⅱ）、定款に株式譲渡制限の定めがある会社で、株式の譲渡を希望する株主と会社または指定買取人との間で売買価格の協議がととのわなかった場合（144Ⅱ）等がある。

市場価格がない株式の評価については、理論的には、その株式について将来会社から与えられる配当等の経済的給付を予測してこれを現在価値に引き直すという方法（配当等還元方式）が正しいといわれているが〔一般に将来キャッシュフローの割引現在価値を算定する方法をDCF（discounted cashflow）法と呼ぶとすると、配当等還元方式はそのうちの1つであることになるが、実務では、会社の将来の会計上の純利益を現在価値に割り引く方法を収益還元法とし、配当等還元法・収益還元法とは

区別して、会社の資産全体が将来生み出すフリーキャッシュフローを現在価値に割り引く方法を DCF 法と呼ぶことが多い〕、この予測が困難なため、裁判所は昔はこの方法をあまり採用しなかった。裁判所が以前もっとも多く採用してきた方法は、対象会社と業種が類似する上場会社を探してその会社の配当金額・年利益金額・帳簿上の純資産額を参考とする方法で相続税の分野で通達上採用されている方法（類似業種比準方式）であった。しかし、この分野についての学界における研究の進展を反映して、近年は裁判所の実務にも変化がみられる[* 1]。

　上場会社の株式のように、その株式について市場価格が存在する場合には、その株価を基準とするのが近年の裁判所の実務である〔詳細は後述する（400頁＊7）参照〕。

　　＊1）　**株式の評価**　　譲渡制限株式を配当等還元方式で評価した例として、大阪高決平成1・3・28判時1324-140、収益還元方式で評価した例として、東京高決平成20・4・4判タ1284-273、収益還元方式と配当等還元方式を1対1で加重平均した例として、広島地決平成21・4・22金融商事1320-49〔このほか、札幌高決平成17・4・26判タ1216-272（配当等還元方式・純資産価額方式・収益還元方式を1対1対2の割合で併用）、大阪地決平成25・1・31判時2185-142〈百選17〉〈商判Ⅰ-37〉（収益還元方式と配当等還元方式を8対2の割合で併用）等〕。平成17年改正前商法のもとでの営業譲渡の場合の反対株主による株式買取請求権に関する株式買取価格の決定において収益還元方式を採用した例として、東京地決平成20・3・14判時2001-11＋東京高決平成22・5・24金融商事1345-12。譲渡制限株式の譲渡を希望する株主と会社または指定買取人との間で売買価格の協議がととのわなかった場合の株式の評価と株式買取請求権が行使され会社との間で売買価格の協議がととのわなかった場合の株式の評価とでは、理論的には考え方は異なりうる。会社法144条2項に基づく譲渡制限株式の売買価格の決定の手続において裁判所が上記売買価格を定める場合に、DCF法によって算定された上記譲渡制限株式の評価額から非流動性ディスカウントを行うことができるとされ（最決令和5・5・24最高裁HP〈商判Ⅰ-38〉）、吸収合併の消滅会社の株主が株式買取請求権を行使した事例において、裁判所が収益還元法を用いて株式の買取価格を決定する場合に、非流動性ディスカウントをすることはできないとされている（最決平成27・3・26民集69-2-365〈百選88〉〈商判Ⅰ-184〉）。なお、有利発行か否かが争われた事例として、最判平成27・2・19民集69-1-51〈百選21〉〈商判Ⅰ-57〉〔161頁参照〕。

5 株式の消却・併合・分割・株式無償割当て

　発行済株式総数が減少する場合として、株式の消却と株式の併合がある。
これに対して、発行済株式総数が増加するのは新株発行と総称される場合で
あるが、ここでは株式の分割と株式無償割当てについて述べる。

　平成13年6月改正は、株式の消却・併合・分割について大きな改正を行っ
たが、会社法はさらに概念の整理等を中心とする改正を行った（平成17年改正
前の消却概念が大きく変更され、また、それまでの分割は分割と無償割当てに分離される
ことになった）。

1．株式の消却

　平成17年改正前商法では、株式の消却を特定の株式を消滅させることと定
義し、場合を限定してだけ株式の消却を認めていた（①保有する自己株式を消却
する場合、②資本減少の場合、③定款に基づき配当可能利益による消却をする場合）〔次
に述べる株式の併合について、平成13年6月改正が認められる場合の限定を撤廃したこと
と対照的であった〕。

　しかし、会社法は概念を整理しなおして、①だけを株式の消却と定義する
こととした。その結果、②③の場合を含めて、会社以外の株主の保有する株
式については、いったん自己株式の取得をしてから消却するというふうに概
念が整理され、従来の規制は、すべて自己株式の取得の規制に吸収されるこ
ととなった*1)〔なお、従来の株式の消却を対象株式のすべての株主に平等に行う場合は会
社法のもとでは株式の併合として行うことができる〕。

　会社法のもとでの株式の消却の手続としては、取締役会決議（取締役会設置
会社の場合）で消却する自己株式の数（種類株式の場合は種類および種類ごとの数）
を定めるだけでよい（178 I・II）。取締役会決議等により効力が生じる。

　株式の消却があった場合に授権株式数（発行可能株式総数）は減少するか、
減少しないとする場合には、その分だけ未発行株式数が復活し、会社はその
分につき株式を再発行できると解すべきかについては、昔は争いがあった。
昔の登記実務は、消却によって授権株式数は当然に減少すると取り扱ってき

たが、平成13年6月改正後は、このような考え方は変更されるほうが同改正とは整合的であり（自己株式が「出し入れ」自由となり、それにより発行済株式総数は変動しない）、会社法は当然には減少しないとの考え方に立つ。なお、従来の多数説は、授権株式数が減少しないとしても、過去の株式の発行によってその株式の発行権限はすでに行使されたことなどを理由として、株式の再発行は許されないと解してきたが、授権株式制度の趣旨をどのように理解すべきかがポイントである。授権株式数（発行可能株式総数）は既存株主の持分割合が薄められる限度を画するという点を重視すると、昔は少数説であったが、むしろ再発行を認めてもよいと解すべきである〔148頁参照〕。

> **＊1）　株式の消却**　　(1)　平成17年改正前商法のもとでは、株式の消却には、法の規定に即して分類すると、①保有する自己株式を消却する場合、②資本減少の場合、③定款に基づき配当可能利益による消却をする場合があった（①は平成17年改正前商法212、②③は平成17年改正前商法213Ⅰ）。別の観点から分類すると、株式の消却には、株主に一定額を払い戻す有償消却とこれをしない無償消却とがあり、また、すべての株式について平等に消却を行う場合と特定の株式について消却を行う場合があった。
>
> 　そして、平成17年改正前商法は、株主の利益保護と会社債権者の利益保護のため、規制を設けていた（無償消却の場合は会社債権者保護は不要）。すなわち、株主保護の点については、①の場合には、原則として自己株式を取得する時点で株主保護の手続が踏まれているので、消却する時点では取締役会決議だけで消却を決定できるとしていた（平成17年改正前商法212）。②の資本減少の場合には、株主総会の特別決議が必要である（平成17年改正前商法375Ⅰ）。③の場合は、特定の株式をあらかじめ償還株式として発行する場合が多く、その場合には、発行の時点で定款に記載する必要があるので（平成17年改正前商法222Ⅱ）、会社の成立後にこれを発行する場合には定款変更のための株主総会の特別決議が必要である。償還株式以外の場合に③があるとすると、従来は、株主平等の原則から、原始定款または総株主の一致により変更した定款で消却の条件を定め、かつ、消却の方法も全株主にとって平等なものでなければならないと解されてきた（この点は他の場合と比較すると厳格すぎ、たとえば平等に消却する場合はそう考える必要はなかった）。
>
> 　他方、会社債権者保護については、①の場合は、原則として自己株式を取得する時点で財源規制があった。②の資本減少による場合は、債権者異議手続が踏まれる。③の場合は、配当可能利益からに限って消却が認められた。
>
> 　(2)　相手方の意思にかかわらず強制的に消却する場合を強制消却、相手方との合

意により消却する場合を任意消却と呼ぶことがあったが、平成13年6月改正後は、商法にいう消却は自己株式の買受けを含まない概念となったので、従来の任意消却のうちで買入消却と呼ばれていたものは「自己株式の買受け＋自己株式の消却」となった。

（3）　立法論としては、準備金を減少する場合にも株式の消却を認めるべきであるが、株式併合手続は資本減少手続・準備金減少手続とは分離されているので、立法論としては、株式消却手続も資本減少手続・準備金減少手続とは分離したほうがわかりやすいというべきであった。

（4）　以上を受けて、会社法では、保有する自己株式についてだけ消却という概念を使うことと整理しなおし、その結果、自己株式以外の株式については、これを会社が自己株式として取得しなければ消却できないと概念を整理しなおすこととした（株式の消却は、資本金減少手続や準備金減少手続とも分離されることとなった）。

2．株式の併合

　株式の併合（本書では株式併合と呼ぶ）とは、2株を1株に、あるいは3株を2株にというふうに、数個の株式を合わせてそれよりも少数の株式とすることである＊1）2）（180 I）。

　（ア）　事前の情報開示（182の2・規則33の9〔令和2年に改正〕）〔単元株式制度を採用する会社では単元レベルで端数が生じる場合に限られる〕

　（イ）　株主総会決議　　株主の利益に重大な影響を与えるので、そのつど、株主総会の特別決議で、①併合の割合、②併合の効力発生日、③種類株式の場合は併合する株式の種類、④効力発生日における発行可能株式総数（公開会社では、効力発生日における発行済株式の総数の4倍を超えることはできない〔180 III〕）を定め（180 II・309 II ④）、株主・登録質権者への通知または公告（効力発生日の2週間前まで）をして（181）、行う。取締役は株主総会で株式併合を必要とする理由を説明する（180 IV）。

　株主は②の日に併合後の株式を取得しその株主となる（182 I。なお II）。

　平成13年6月改正前は、多数決で株式併合ができる場合を限定していたが、同改正で限定がはずされた。株式併合〔単元株式制度を採用する会社では単元レベルで端数が生じる場合に限られる〕により1株に満たない端数が生じる場合については、反対株主の株式買取請求権（1株に満たない端数となるもの全部につい

て）が認められる（182の 4・182の 5 ）〔下記(オ)では不十分と考えられるからである〕。
買取請求手続などは、組織再編等の場合の反対株主の株式買取請求権とほぼ
同様である〔402頁参照〕（価格決定の事例として、大阪高決平成29・11・29金融商事1541-35）。

　（ウ）　**差止め**　　株式併合が法令または定款に違反する場合、株主が不利
益を受けるおそれがあるときは、株主は、会社に対し、株式併合の差止め
〔法文上は「やめること」〕を請求することができる（182の 3 ）〔単元株式制度を採用
する会社では単元レベルで端数が生じる場合に限られる〕。

　（エ）　**株券提出手続**　　株券発行会社では、一定の期間（ 1 か月以上）を定
めて公告および株主・登録質権者への通知をし、株券を提出させる（219 I 本
文②）。株券は併合の効力発生日（株券提出日）に無効となる（219 I・Ⅲ。なお
Ⅱ）〔株券不発行状態会社では株券提出手続は不要（219 I ただし書）〕。この場合に、旧
株券を提出できない者があるときは、その者の請求に基づき一定期間（ 3 か
月以上）を定めて利害関係人に異議申述の機会を与え、この期間経過後に併
合後の株券を交付することができる（220）。

　（オ）　**端数処理手続**　　株式併合により 1 株に満たない端数が生じた場合
は、競売して代金を分配するのが原則であるが、市場価格〔規則52〕がある株
式は市場価格で売却しまたは買い取り、また市場価格がない株式でも裁判所
の許可を得て競売以外の方法で売却しまたは買い取り、代金を分配すること
も認められる（235 I・Ⅱ・234 Ⅱ―Ⅴ）。

　（カ）　**事後の情報開示**（182の 6・規則33の10）〔単元株式制度を採用する会社では単元
レベルで端数が生じる場合に限られる〕

　　＊ 1 ）　**平成26年改正**　　平成26年改正は、MBO 等による上場会社の非上場化にお
いて使われる全部取得条項付種類株式の取得について、合併等の組織再編の場合と
比べて情報開示等の規律が不十分であったことを改善し、事前・事後の情報開示を
要求するとともに、差止め制度を新設するなどの改正をしたが（92頁参照）、これに
合わせて、株式併合〔単元株式制度を採用する会社では単元レベルで端数が生じる場
合に限られる〕が MBO 等に使われる可能性にかんがみ、そのような株式併合につい
ても、事前・事後の情報開示を要求するとともに（182の 2・182の 6 ）、差止め制度
を新設し（182の 3 ）〔ただし、法令・定款違反の場合だけで著しく不公正な場合は含まれ
ていない〕、さらに、端数が生じる場合については、反対株主の株式買取請求権を
新設した（182の 4・182の 5 ）。この結果、平成26年改正後は、MBO その他の二段

階キャッシュアウトにおいては、仕組みが複雑な全部取得条項付種類株式の取得ではなく、第一段階の株式公開買付けにより90％以上を取得できた場合は特別支配株主の株式売渡請求（179以下）〔133頁以下参照〕、90％未満の取得にとどまった場合は端数を生じる株式併合が使われることが実務上定着している。

＊２） **令和元年改正**　　令和元年改正に係る法務省令の改正〔令和２年〕より、全部取得条項付種類株式の取得または株式の併合を利用した金銭を対価とする少数株主の締出し（キャッシュアウト）に際して行われる端数処理手続（234・235）に関し、事前開示手続（171の２・182の２）において本店に備え置かなければならない書面または電磁的記録に、任意売却の実施および株主に対する代金の交付の見込みに関する事項等を記載・記録しなければならないものとして、情報開示の充実がはかられた（同改正前の事例として、札幌地判令和３・６・11金融商事1624-24）。

3．株式の分割

　株式の分割（本書では株式分割と呼ぶ）とは、１株を２株に、あるいは２株を３株にというふうに、既存の株式を細分化して従来よりも多数の株式とすることをいうが、会社法では、同一の種類の株式について一定の割合で一律にその数を増加させることを意味する〔株式の数の増加〕（183Ⅰ）。新株がいわば無償で発行されることになるので既存の株主に対してその持株数に応じて交付されなければならない。既存株主の利益に実質的影響はないので、取締役会設置会社では取締役会決議で行うことができる（183Ⅱ）（発行する新株数に相当する授権株式数〔発行可能株式総数〕の存在は必要）。①株価を下げるニーズがある場合、実務界の用語によれば②通常の新株発行を時価発行で行った後にそのプレミアムを株主に還元する場合、③いわゆる株式配当を行う場合などに利用される。
　＊１）２）

　この場合には、株主総会決議によらないで、分割に応じて授権株式数を比例的に増加させる定款変更をすることができる（184Ⅱ）。たとえば授権株式数５万株、発行済株式総数２万株の会社が１株を２株に分割する場合、取締役会決議で、分割後の授権株式数を10万株とすることができ、１株を３株に分割する場合には、これを15万株とすることができる。これが認められる理由は、そのようなことを認めても授権株式制度の趣旨、すなわち既存株主が受ける持分割合が薄められる限度に変更がないからである〔148頁参照〕。ただ

し、2種類以上の株式を現に発行している会社は、このような特例は認められない (184Ⅱ)。

なお、株主の利益を害さない一定の場合には、株式分割と同時に単元株制度を導入し、または単元株式数を増加する場合も、株主総会決議によらないで定款変更ができる (191)〔会社法での新設規定〕。

株式分割は、そのつど、取締役会設置会社では取締役会決議 (非取締役会設置会社では株主総会決議) で次の事項を定めて行う (183Ⅱ)。①分割の割合および分割の基準日、②分割の効力発生日、③種類株式の場合は分割する株式の種類。

分割の効力は、基準日現在の株主について、分割効力日に生じ、株主はその日に分割による株式を取得しその株主となる (184Ⅰ)。

株券発行会社の場合でも、株券提出手続はない。

株式分割により1株に満たない端数が生じた場合〔株式分割の比率は整数倍である必要はなく、たとえば、1株を1.1株に分割することも認められる〕の処理は、上述した株式併合の場合と同様である (235Ⅰ・Ⅱ・234Ⅱ—Ⅴ・規則52)。

＊1) **株式分割と額面株式制度** 平成13年6月改正前は、額面株式制度との関係で、額面株式を発行している会社 (日本の会社のほとんどがそうであった) が株式分割をしようとすると、次のような制約があった。すなわち、株式分割により資本の額は変動しないが、資本の額が株金総額を下回る結果となる場合には株式分割は許されなかった。したがって、たとえば額面金額500円、発行済株式総数100万株、資本の額5億円の会社が株式分割を行おうとする場合には、額面金額を減少する必要があった。額面金額を下げることはできるが、それは定款記載事項であったため定款変更の株主総会決議が必要であった。換言すれば、実際に取締役会決議のみで株式分割が可能な場合は、株式分割の前に、何らかの形で資本の額が増加している場合であった。たとえば、通常の新株発行を時価発行で行ったような場合で、発行価額のうち額面金額相当分を超える額を資本の増加額とした場合、法定準備金の全部または一部を資本に組み入れた場合、配当可能利益の全部または一部を資本に組み入れた場合などが典型的な場合であった。なお、平成2年改正前は、法定準備金を資本に組み入れた後にその分をいわば引当てとして株式分割を行うことは「法定準備金の資本組入れによる新株の無償交付」と呼ばれていた。また、配当可能利益を資本に組み入れてその分を引当てに株式分割を行うことは「株式配当」と呼ばれていた。しかし、平成13年6月改正は、額面株式制度を廃止したため、株式分割に関

する上記のような制約はなくなった。

　なお、平成13年 6 月改正前は、株式分割により出資単位が一定以上細分化する結果となるような場合には、株式分割は許されなかったが、このような株式の単位の規制も同改正により撤廃された。

　その後、分割後の株券供給に時間がかかることを利用して、100倍の株式分割を繰り返す等によって株価を上げる策が使われ、東京証券取引所は、平成17年 3 月に、上場会社に対して、 5 倍を超える株式分割の自粛を求めるに至った（分割後の実務に時間がかかる点も平成18年 1 月に改善された）。また、こうした株式分割をした会社は証券取引所における売買単位が細分化されすぎており、売買単位を一定レベルに定めるべきであるとの意見が強く、証券取引所は、上場会社の売買単位を100株に統一することを最終目標、100株と1000株に集約することを当面の目標とする計画を公表した（全国証券取引所「売買単位の集約に向けた行動計画」平成19年11月27日）。

　東京証券取引所では、売買単位は当時 8 種類存在したが、平成26年 3 月までに当面の目標としていた100株と1000株の 2 種類への集約をほぼ完了し、100株単位の会社が全体の 3 分の 2 を超えるに至った（なお、新規上場の要件としては100株単位であることを求めてきた）。そこで、最終目標である100株単位への統一に向けて、一部市場への指定や市場変更などの要件として100株単位であることを求めるとともに（全国証券取引所「売買単位の 2 種類（100株、1000株）への集約期間の終了と100株統一のための移行期間の開始について」平成24年 3 月17日）、売買単位の引下げを容易にするための対応を行うことを公表した（東京証券取引所「売買単位の統一に向けた上場制度の見直しについて」平成26年 5 月13日〔同年 7 月実施〕）。その後、売買単位の100株への統一日は平成30年10月 1 日とされた（全国証券取引所「売買単位の100株への移行期限の決定について」平成27年12月17日）。なお、令和 5 年10月10日に、東京証券取引所は、売買単位の最低限を撤廃する上場規則（望まれる事項）の改正をした（有価証券上場規程445〔望ましい投資単位の水準への移行及び維持に係る努力等〕）。

＊ 2 ）　**異なる種類の株式の無償交付**　　平成 2 年改正後は、「株式分割」の名のもとで、たとえば普通株式の株主に対して優先株式を無償で交付することも認められることになったが、わかりにくいという理由で、会社法は、このような場合を次に述べる「株式無償割当て」として整理しなおした（なお、無償割当ては同じ種類の株式の追加交付も可能）。

＊ 3 ）　**2 種類以上の株式がある場合の例外**　　このような場合には、取締役会決議かぎりでの授権株式数の比例的増加を認めると、ある種類の株主の利益を害すると考えたためと推察されるが（たとえば普通株式と優先株式を発行する会社が一律に株式分割をすると普通株主の利益が害される）、普通株主と優先株主との間の利害調整は異

なる種類の株式を発行する際の定款規定または種類株主総会で行われるべきであって、株式分割時に取締役会決議による授権株式数の増加へのニーズがあるベンチャー企業などでは、むしろ2種類以上の株式を発行している場合が多いのではないかと思われる。

4. 株式無償割当て

株式無償割当てとは、会社法で新たに整備された概念であり、株主（または種類株主）に対して無償で（＝新たに払込みをさせないで）新株の割当て（自己株式の交付も可）をすることをいう(185)。追加的に新株を割り当てる（または自己株式を交付する）ものなので、たとえばA種株式の株主にA種株式1株に対してB種株式2株を無償割当てすることができる。

株式無償割当ての経済実質は株式分割 (183) と同じであるが、法的には、次のような違いがある。①株式分割は法文上は「株式の発行」(828 I ②) とは観念されないのに対して、株式無償割当ては新株が割り当てられる場合には「株式の発行」に含まれる（その結果、たとえば振替株式の場合の株主の口座への増加記録手続が異なってくる）。②株式分割においては同一種類の株式の数が増加するが、株式無償割当てにおいては、同一または異なる種類の株式が割り当てられる。③株式無償割当てでは保有する自己株式を交付することができるが、株式分割ではそれはできない。④自己株式は株式分割の対象とはなるが、自己株式に株式無償割当てはできない (186 II)。⑤株式分割では基準日の設定が義務づけられるが (183 II ①) 〔振替制度との関係〕、株式無償割当てでは義務づけられない。⑥決定機関について株式無償割当てでは定款で別段の定めができるが (186 III ただし書)、株式分割ではそのような規定は置かれていない。⑦株式無償割当てについては、株式分割の場合の184条2項の特例や191条の特例に相当する規定は置かれていない。

株式無償割当ては、そのつど、取締役会設置会社では取締役会決議（非取締役会設置会社では株主総会決議）で〔定款で別段の定め可〕次の事項を定めて行う[*1]　(186 I・III)。①株主に割り当てる株式の数（種類株式の場合は種類および種類ごとの数）またはその数の算定方法、②株式無償割当ての効力発生日、③種類株式の場合は無償割当てを受ける株主の有する株式の種類。なお、法は基準日の

設定を要求はしないが〔募集株式の株主割当ての場合と同様〕、株主が多数変動する会社では、実際には基準日を設定することになろう（124参照）。

　株式無償割当ての効力は、②の効力発生日に生じ、株主はその日に無償割当てを受けた株式の株主となる（187 I）。なお、会社は、効力発生後遅滞なく、株主（または種類株主）・登録質権者に株主が割当てを受けた株式の数（または株式の種類および種類ごとの数）を通知しなければならない（187 II）。

> ＊1）　**株式無償割当て**　　すべての株主に無償で新株を割り当てるので、取締役会設置会社では株主総会決議は不要とされているが、たとえば譲渡制限のない普通株式だけを発行している会社がその株主全員に対して譲渡制限株式を無償で割り当てると投下資本回収可能性が低下するという問題がある〔譲渡制限付きの新株予約権を無償割当てした場合も同様〕。

6　特別支配株主の株式等売渡請求

　平成26年改正は、特別支配株主の株式等売渡請求制度を新設した（179—179の10）。これは、議決権の10分の9以上を直接・間接に保有する株主（特別支配株主）に、いつでも、その一方的な請求により、強制的に、他の株主の株式を金銭を対価として買い取ることを認める制度である。一般に、このような少数株主を解消すること（＝会社を100％子会社とする方法）は「キャッシュアウト」と呼ばれ、会社法のもとでは、金銭を対価とする合併や株式交換、全部取得条項付種類株式の取得、株式併合などを利用してこれを行うことが可能である（なお、日本では、金銭を対価とする合併や株式交換は原則として課税されるため、実務では、平成26年改正まではもっぱら全部取得条項付種類株式の取得が使われてきた）。しかし、これらの方法はいずれも株主総会の特別決議を要する（略式等の場合を除く）のに対して、特別支配株主の株式等売渡請求は株主総会決議なしでキャッシュアウトを達成できるので時間と費用を節約できる（また、新株予約権等も取得できる）。法的には、株式等を買い取るのが会社ではなく特別支配株主である点が上記他の方法の場合と異なることに留意する必要がある。

(1)　**概要**　　対象会社（定義は、179 II）の総株主の議決権の10分の9以上を

直接または間接に保有する株主（特別支配株主）は、いつでも、他の株主（対象会社を除く）に対して、他の株主が有する対象会社の株式のすべてを金銭を対価として特別支配株主に売り渡すことを請求することができる（179Ⅰ）（株式売渡請求という）。これと併せて、新株予約権や新株予約権付社債についても売渡請求をすることができる（同Ⅱ・Ⅲ）（株式等売渡請求という）。

(2) **売渡請求に際して定めるべき事項**　株式売渡請求は、次の事項を定めてしなければならない（179の2Ⅰ）。①特別支配株主完全子法人（定義は、179Ⅰ・規則33の4）に対して株式売渡請求をしないこととするときは、その旨および特別支配株主完全子法人の名称。②株式売渡請求によりその有する対象会社の株式を売り渡す株主（売渡株主）に対して売渡株式の対価として交付する金銭の額またはその算定方法。③売渡株主に対する②の金銭の割当てに関する事項〔売渡株主の有する売渡株式の数（種類株式発行会社で種類ごとに異なる取扱いをする場合は、各種類の売渡株式の数）に応じて金銭を交付することを内容としなければならない（179の2Ⅲ）〕。④株式売渡請求に併せて新株予約権売渡請求（新株予約権付社債の売渡請求を含む）をするときは、その旨および一定の事項。⑤特別支配株主が売渡株式（株式売渡請求に併せて新株予約権売渡請求をする場合は、売渡株式および売渡新株予約権〔売渡株式等〕）を取得する日（取得日）。⑥その他、法務省令で定める事項（規則33の5）〔規則33の5で重要な事項が定められていることに注意〕。

なお、対象会社が種類株式発行会社である場合には、種類ごとに異なる取扱いをすることが認められる（179の2Ⅱ）。

(3) **対象会社の承認、通知・公告、情報開示**　株式売渡請求（新株予約権売渡請求をもする場合は、株式売渡請求および新株予約権売渡請求。以下、株式売渡請求の場合について述べる）をしようとするときは、まず、第1段階として、特別支配株主は、対象会社に対し、その旨と上記(2)の各事項を通知し、その承認を受けなければならない（179の3Ⅰ）。なお、対象会社は、特別支配株主が株式売渡請求に併せて新株予約権売渡請求をしようとするときは、新株予約権売渡請求のみを承認することはできない（同Ⅱ）。また、取締役会設置会社では、承認をするか否かの決定は、取締役会の決議によらなければならない（同Ⅲ）。対象会社は、承認をするか否かの決定をしたときは、特別支配株主

に対し、その決定の内容を通知しなければならない（同Ⅳ）。

対象会社は、上記の承認をしたときは、取得日の20日前までに、売渡株主に法定事項を通知し、売渡新株予約権者・売渡株式の登録質権者に法定事項を通知または公告する（179の4Ⅰ・Ⅱ・規則33の6）〔費用は特別支配株主の負担（同Ⅳ）〕。通知・公告により、特別支配株主から売渡株主等に対して株式等売渡請求がされたものとみなされる（同Ⅲ）。

さらに、対象会社には、事前の情報開示（179の5・規則33の7）と事後の情報開示（179の10・規則33の8）が求められる〔規則33の7で重要な事項が定められていることに注意〕。

なお、株式等売渡請求の撤回は、売渡株式等の全部について、かつ、対象会社の承認を受けた後は、取得日の前日までに対象会社の承諾を得た場合に限り、することができる（手続等を含めて179の6）。

(4) **売渡株式等の取得**　　株式等売渡請求をした特別支配株主は、取得日に、売渡株式等の全部を取得する（179の9Ⅰ）〔なお、取得した売渡株式等が譲渡制限株式または譲渡制限新株予約権であるときは、対象会社が取得の承認をする旨の決定をしたものとみなされる（同Ⅱ）〕。

(5) **差止め**　　次の場合、売渡株主が不利益を受けるおそれがあるときは、売渡株主は、特別支配株主に対し、株式等売渡請求に係る売渡株式等の全部の取得の差止め〔法文上は「やめること」〕を請求することができる（179の7Ⅰ）。①株式売渡請求が法令に違反する場合。②対象会社による売渡株主に対する通知または事前の情報開示に関する規律に違反した場合。③上記(2)②③〔対価〕が対象会社の財産の状況その他の事情に照らして著しく不当である場合。

売渡新株予約権者についても、同様の差止請求権が認められる（179の7Ⅱ）。

(6) **売買価格決定制度**　　株式等売渡請求があった場合には、売渡株主等は、取得日の20日前の日から取得日の前日までの間に、裁判所に対し、その有する売渡株式等の売買価格の決定の申立てをすることができる（179の8Ⅰ）〔通知・公告後に売渡株式を譲り受けた者は売買価格の決定の申立てをすることができないと判示したものとして、最決平成29・8・30民集71-6-1000〈百選83〉〈商判Ⅰ-43〉。その他、東京地決平成30・1・29金融商事1537-30〕。特別支配株主は、裁判所の決定した売買価格に取得日後の法定利率（民404）により算定した利息を付して支払わなければな

らないが（179の8Ⅱ）、公正な価格と認める額を支払うことにより利息の支払
を防止することができる（同Ⅲ）。

　(7)　**無効の訴え**　　株式等売渡請求に基づく売渡株式等の全部の取得が違
法であった場合における取得の無効については、法律関係の安定をはかるた
め、特別の無効の訴えの制度が用意されている。すなわち、取得の無効は、
「売渡株式等の取得の無効の訴え」によってのみ、主張することができる
（846の2）。会社法は、無効の主張を制限する一方、無効の効果を画一的に確
定し、その遡及効を否定する。なお、無効となる場合（無効事由）は明定さ
れておらず、解釈にゆだねられる。①訴えを提起できる者（原告適格）は、
(ⅰ)取得日において売渡株主（新株予約権売渡請求もされた場合は、売渡株主・売渡新
株予約権者）であった者と(ⅱ)取得日において対象会社の取締役（監査役設置会社
では取締役・監査役、指名委員会等設置会社では取締役・執行役。以下同じ）であった
者または対象会社の取締役・清算人に限られる（846の2Ⅱ）。②提訴期間は、
取得日（179の2Ⅰ⑤）から6か月以内（非公開会社では1年以内）である（846の2
Ⅰ）。③訴えの被告は、特別支配株主である（846の3）。④無効の訴えに係る請
求を認容する確定判決は、第三者に対してもその効力を有する〔対世効〕（846
の7）。⑤無効の訴えに係る請求を認容する判決が確定したときは、売渡株式
等の全部の取得は、将来に向かってその効力を失い、遡及効はない（846の8）。
⑥専属管轄・担保提供命令・弁論等の併合・原告が敗訴した場合に悪意また
は重過失があったときの賠償責任は、他の「会社の組織に関する訴え」の場
合と同様である（846の4・846の5・846の6・846の9）。

7　単元株制度

1．経　　緯

　平成13年6月改正は、株式の出資単位（大きさ）を法が一律に強制するこ
とを廃止し、従来の単位株制度を廃止して、新たに単元株制度を創設し、ま
た従来の端株制度や株式併合制度を大幅に改正したが、会社法により、端株
制度は廃止され、単元株制度に統合された（端株制度の経過措置として平成17年

会社法整備法86）。

2．単元株制度

（1）**概要**　　単元株制度とは、株式の一定数をまとめたものを１単元とし、株主の議決権は１単元に１個とする制度である。

　株式の単位が小さい会社では、株主管理コストの観点から、１株主にも株主総会での議決権を認めて、株主総会の招集通知と添付書類を送付することは、不合理である。また、平成13年６月改正は株式の単位を法で一律に強制することを廃止した以上、従来の単位株制度は廃止せざるをえない。しかし、単位株制度が強制されていた上場会社など多数の会社が単位株制度を採用してきており、それらの会社に１単位を１株にする株式併合を強制することは、膨大な事務処理コストを生じ実際上不可能である。以上の２つの理由から、平成13年６月改正は、単元株制度を創設し、その採用は会社の自由に任せることとした。そして、単位株制度を廃止して単元株制度を導入することに伴い、平成13年６月改正施行の際に単位株制度をとっていた会社は、その１単位の株式の数を次に述べる１単元の株式の数として定める定款変更決議をしたものとみなすこととして（平成13年６月改正附則９Ⅱ）、新制度へのスムーズな移行を認めた。会社法もこの制度を一部改正のうえ引き継いでいる。^{*1)2)}

　　＊１）　**株式の単位の規制**　　株式の出資単位（大きさ）について、平成13年６月改正前の商法は、その最低単位を５万円と法定していた。その理由は、無産者の投資を防止するという後見的な理由と株主管理コストに配慮したためであると言われていた。株主管理コストとは、たとえば、毎年定時株主総会の開催に際し、計算書類やその監査報告書を招集通知に添付して送付すること等にかかる費用のことであって、次に述べる昭和56年改正当時、少なくとも株主１人について3000円程度はかかると言われていた。そうだとすると、たとえば100円を出資すれば１株主になれるとすると、このような株主に対しても上記のような招集通知を送付しなければならず、不合理である。そこで、昭和56年改正で、商法は株式の出資単位の最低限を５万円に引き上げた。この経緯は次のとおりである。

　　　昔は、出資単位の最低限として、株金額（額面金額）の最低限を法定していた。昭和25年改正は株金額の最低限を500円に引き上げた。それ以前は20円以上とされており、多くの会社は１株50円としていたが、その引上げを強制することは無理で

あると考え、改正後に設立する会社については1株500円以上を要求することとしたが、既存会社については従前どおりでよいこととする一方で、そのような会社が自発的に望めば、株主総会の特別決議により、たとえその結果端数が生じる場合であっても、株式を併合して500円以上の株式とする道を認めた。

　昭和56年改正の際には、その後の貨幣価値の下落等により、この500円という出資単位をさらに引き上げる必要性が認識されたが、同時に他方で、株金額の最低限を法定するというやり方をとると、相場が高くなった株式を分割しようとしてもこれができないため、株式分割を容易に行えるようにするために、株金額の最低限を法定することの廃止を望む声が高まった。そこで、これら2つの点を解決するために、昭和56年改正は、改正後に設立する新設会社については、設立の際に発行する株式の発行価額を5万円以上でなければならないとして出資単位を引き上げ、他方で、株金額の最低限の法定を廃止して、株式分割を容易にした。しかし、設立後はいくらでも出資単位を引き下げられるのでは困るので、株式分割等は、1株あたりの純資産額が5万円を下ることにならない場合に限って行えることとして、不完全ではあるが（通常の新株発行の場合にこのような制約がなかった）出資単位の細分化に歯止めをかけた。また昭和56年改正前に成立した既存会社については、出資単位の自発的引上げのための株式併合の道を開くとともに、新たに単位株制度（株式の一定数をまとめたものを1単位として、単位株には本来株式に認められるすべての権利を認めるが、単位未満の株式には自益権だけを認め共益権を認めない制度）を導入し、上場会社にはその適用を強制し、出資単位の引上げを強制または期待した。そして、以上の出資単位の引上げに伴い、出資単位が5万円以上となった会社については、1株にみたない端数株式の経済的価値を無視することは適当でないと考え、端株制度（株式の1株にみたない端数のうち1株の100分の1の整数倍にあたるものを端株とし、一定の自益権を認める制度）を導入した。

　ところが、その後、ベンチャー企業を中心として、株価が高騰し、市場における株価を引き下げてその流動性を高めるために株式分割をしようとしても、上記の純資産額規制があるため、これができないという不都合が生じた。そこで、平成13年6月改正は、思い切って、出資単位を法が一律に強制することを廃止することとし（単位株制度も廃止した）、他方で、出資単位の設定は、一定の範囲で会社の自由にゆだねることとした（単元株制度の創設）。そしてこれらに応じて、端株制度や株式併合制度を大幅に改正した。

　会社法は、端株制度と単元株制度とは同様の制度であるという認識に立ち、実際にはほとんどの場合に後者が利用されているので、端株制度のほうは思い切って廃止することとし、それに応じて単元株制度を改正した。

＊2） **単元株制度の導入と発行済株式総数との関係など**　平成13年6月改正は、
単元株制度の創設に伴い、従来は発行済株式総数を基準としていた親会社・子会社
の定義、株主総会の定足数、少数株主権の持株要件等が、発行済株式総数ではなく
議決権数（＝単元数）を基準とすることに改められた。平成13年改正前の単位株制
度は、暫定的な制度として設計されていたため、それに関する規定も昭和56年改正
の附則に置かれ、株主総会の定足数や少数株主権の持株要件などの計算については、
単位数を基準とすることをやはり附則で定めていた。しかし、単元株制度は商法本
体に創設されたため、上記のような基準の変更も商法の各関係個所ごとに行われた。
したがって、株主総会の定足数、少数株主権の持株要件等については従来の単位株
制度のもとでの取扱い（昭和56年改正附則20・21）を引き継いだものであるが、これ
に対して、完全無議決権株式〔90頁参照〕は、発行済株式総数には含まれるが「議
決権数」には含まれないので、平成13年6月改正は大きな変更である。また、親会
社・子会社の定義については、支配力に着目して定義をするほうが優れているとい
う判断から、従来の考え方を大きく変更して平成13年6月改正は議決権数を基準と
して定義することとしたが、会社法は実質基準を導入して定義をしなおすこととし、
さらに平成26年改正は子会社等・親会社等を定義した〔31頁＊1〕参照〕。

　この平成13年改正により完全無議決権株式には少数株主権は認められなくなった
が、帳簿閲覧権などについては立法論としては再考すべきであり、会社法は、一定
の少数株主権について発行済株式総数基準を復活させた。また、会社が保有する自
己株式の数は控除すべき場合が多く、会社法で明確にした。

(2)　単元株制度の採用　①会社は、定款で、一定の数の株式を1単元の
株式とすることを定めることができる (188 I)。ただし、あまり大きな単位
を認めると株主の利益を害するので、1単元の株式数（単元株式数）の上限
が法務省令で定められている (188 II)〔規則34条により1000と発行済株式総数の200分
の1とのいずれか低いほうが上限となる（平成21年規則改正）〕。定款変更により単元株
制度を導入する場合には、取締役は株主総会においてその変更を必要とする
理由を開示しなければならない (190)。②株式分割をする場合において、株
主の利益を害さないときは、株式分割と同時に単元株制度を導入し、または
単元株式数を増加する定款変更が株主総会決議によらないで認められる (191)
〔会社法で新設〕。また、単元株式数を減少し、または単元株制度を廃止する場
合は株主に利益をもたらすものなので、株主総会決議によらないで（非取締
役会設置会社では取締役の決定、取締役会設置会社では取締役会決議で）定款変更がで

きる（195 I）。定款変更後遅滞なく株主・登録質権者に通知または公告する（195 II・III）。③会社が数種の株式を発行する場合は、株式の種類ごとに1単元の株式数を定めなければならない（188 III）。

(3) 株主の議決権 単元株制度を採用した会社では、 株主は1単元について1個の議決権を有し、単元未満株式については議決権を行使することができない（189 I）。

単元未満株式だけを有する株主も、議決権の存在を前提とする権利〔たとえば提案権（303—305）など〕を除いて、株主としての他の諸権利はすべて有するのが原則であるものの、定款で株主権の全部または一部を行使できないと定めることが認められる。ただし、次の権利は奪うことができない（189 II。なお847 I）〔会社法で従来の端株主の権利に合わせた改正がなされた〕。①全部取得条項付種類株式の取得対価の交付を受ける権利、②取得条項付株式の取得と引換えに金銭等の交付を受ける権利、③株式無償割当てを受ける権利、④単元未満株式の買取請求権、⑤残余財産分配請求権、⑥その他法務省令で定める権利〔規則35（平成27年に改正あり）〕。

(4) 単元未満株式についての株券の不発行 株券発行会社は、定款で、単元未満株式の株券を発行しない旨を定めることができる（189 III）。

(5) 単元未満株式の株主の買取請求権 株主は、単元未満株式について会社に対して買取請求権を有する（192・193）。単元未満株式を有する者は、いつでも、会社に対して、自己の有する単元未満株式の買取りを請求することができる（192 I・II。撤回の制限＝III）。買取請求がされた場合には、①市場価格のある株式の場合は、その市場価格〔規則36〕を売買価格とする（193 I ①）。②市場価格のない株式の場合は、当事者で売買価格を協議し、協議がととのわないときは裁判所が決定する（同 I ②・II—IV）。請求日から20日以内に裁判所に価格決定の申立てがされないときは、最終の貸借対照表上の純資産額を基準として価格を決定する（193 V）。①②の場合とも、代金支払の時に買取りの効力が生じる（193 VI）。

(6) 単元未満株式の株主の売渡請求制度 平成14年改正により導入された制度で、名称等が会社法で変更された。会社は、定款で、単元未満株主がその単元未満株式と併せて単元株式となるような単元未満株式数を売り渡す

ことを会社に請求できる旨を定めることができる。この場合、単元未満株主
の請求があった場合には、その請求があった時に会社が売り渡すべき単元未
満株式を有しないときを除き、自己株式をその単元未満株主に売り渡さなけ
ればならない（以上、194Ⅰ－Ⅲ）。株主が支払うべき金額の決定方法等（194Ⅳ）。

第4節　株式の発行

1　総説——株式会社の資金調達

1．各種の資金調達手段

(1)　**概要**　　株式会社が事業活動を行うためには、資金が必要である。会社を設立する際には資金はすべて外部から集めなければならず、株式会社の場合には、会社法上、必ず株式を発行して会社財産を形成することを要求される (32・58参照)。会社をいったん設立すれば、その後は、事業活動によって得た利益を株主に配当しないで社内に留保し、事業活動のための新たな資金とすることも可能である（内部資金）。内部資金では不足の場合等、必要があれば外部から資金を調達することになる（外部資金）。

(2)　**外部からの資金調達手段**　　成立後の株式会社が資金を外部から調達しようとする場合、いろいろな方法がある。まず、銀行等から借入れをする方法が考えられ、実際にも広く行われている。しかし、そのほかに、株式や社債を発行して直接に資本市場から資金を集める方法があり、大企業はこれらの方法をさかんに用いている。

なぜ、株式や社債による資金調達が行われるのであろうか。大ざっぱに言うと、2つ理由がある。1つは、通常は銀行借入れよりも安上がりである。もう1つは、株式発行や社債発行の方法のほうが広く多数の者から資金を集めることができ、その結果、通常は巨額の資金調達が可能になる。[*1)]

図表8　株式会社の資金調達手段

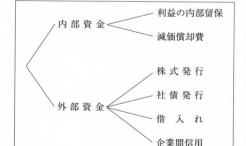

（単位：百万円）

図表9 資金調達の状況（東証上場会社）

	株式					社債		
	株主割当て	公募	第三者割当て	新株予約権の行使	優先株式等	普通社債 国内	転換社債型新株予約権付社債 国内	海外
2001	32,047	1,201,483	477,176	37,400	216,107	7,250,500	281,971	546,807
2002	—	153,312	484,350	276,261	996,802	5,966,000	456,483	812,998
2003	1,451	567,236	223,161	36,645	2,532,161	5,447,000	56,900	930,132
2004	2,729	750,232	572,627	99,494	1,362,584	4,084,500	539,600	1,592,546
2005	3,721	650,847	778,055	166,878	1,167,769	5,532,500	713,950	373,800
2006	—	1,447,724	416,476	151,256	559,655	4,780,000	1,351,550	1,150,700
2007	8,086	456,974	662,102	164,989	795,543	6,930,800	94,202	715,640
2008	139	341,697	395,840	20,905	593,700	6,638,200	645,850	655,400
2009	—	4,966,829	714,609	18,811	474,016	7,476,400	285,130	211,688
2010	689	3,308,906	535,606	24,586	73,555	6,682,900	161,008	271,000
2011	—	967,813	395,151	26,097	69,297	5,220,000	38,139	298,000
2012	414	451,766	159,327	21,777	1,275,509	5,276,900	31,659	271,000
2013	981	1,113,702	371,855	190,430	120,000	6,691,000	94,354	598,945
2014	—	1,377,995	392,844	108,702	224,159	6,481,400	104,094	897,457
2015	56	961,970	163,546	81,479	751,272	5,761,000	238,630	760,742
2016	221	257,717	623,017	90,133	147,978	8,810,500	87,356	429,500
2017	106	424,222	881,585	192,601	61,342	9,083,000	90,715	705,000
2018	—	401,625	214,568	227,720	59,500	7,770,000	40,088	680,170
2019	—	219,787	910,408	142,982	150,823	11,438,590	27,400	138,850
2020	430	732,831	404,179	220,265	194,671	12,074,000	31,134	176,000
2021	226	1,369,167	1,779,104	223,479	161,238	10,912,100	32,683	793,000
2022	67	129,264	273,308	123,898	62,958	8,750,100	18,295	58,300

出所：東京証券取引所

＊1） **短期資金調達** 社債は、主として長期の資金調達に向いているが、会社法は、短期の社債を認めていないわけではない。しかし、従来、資本市場からの短期の資金調達は、CP（コマーシャル・ペーパー）によって行われてきた。CP（証券が発行される）の私法上の性質は約束手形とされており、会社法の社債に関する規定の適用はない。これに対して、平成13年に、券面が発行されない短期の社債について「短期社債等の振替に関する法律」（平成13年法75号）が制定された（平成14年改正で「社債等の振替に関する法律」に改められ、平成16年改正で「社債、株式等の振替に関する法律」に改められた）〔365頁参照〕。

2．会社法の規律の必要性

　株式発行や社債発行につき、後述するように、会社法はさまざまなルールを置いている。その目的は2つある。第1の目的は、多数の者からの資金調達を可能にするために、株式や社債を有価証券化することである。そのため、有価証券化する規定のほか、有価証券化された株式や社債の譲渡方法や株主や社債権者の権利行使の方法等に関する規定が必要となる（もっとも、近年は有価証券を無券面化〔電子化〕した振替制度への移行が世界的な趨勢であり、日本もその方向にある）〔120頁・365頁参照〕。第2の目的は、資金提供者間の利害を合理的に調整するルールを定めることである。①株式や社債を通じて株式会社に資金を供給する者を保護する必要があり、②そのような資金供給者は複数（通常は多数）いるので、それらの者の間の利害を調整する必要があり、③それらの者以外の利害関係者（たとえば銀行等の貸付債権者や取引債権者）との間の利害を調整する必要があり、④株式や社債発行時においては、既存の株主や社債権者と新たに株主や社債権者となる者との利害を調整する必要がある。これらの利害調整を合理的に行えないと、誰も株式会社に資金を供給しなくなるので、株式会社は資金調達ができず、ひいては株式会社制度が利用されなくなってしまう。もっとも、会社法がルールを設けているのは以上に述べた局面の一部であって、あとは私法の一般ルール（民法など）にまかせているということができる。なお、金融商品取引法などの特別法においても私法的なルールが設けられていることに注意が必要である。

3．金融商品取引法の役割

　会社法のほかに金融商品取引法という法律がある。この法律は、株式会社が多数の者を相手として株式の発行や社債の発行による資金調達を行う場合に、株式や社債を取得しようとする投資者、および、すでに発行された株式や社債を他の者に売却したり、これを購入したりする投資者を保護するために、株式や社債とその発行会社に関する一定の重要な情報の開示（ディスクロージャー）の強制と株式や社債の不公正な取引の禁止を二大柱とする規制を設けている。

　上述した会社法の2つの目的との関係でいうと、金融商品取引法は、株式や社債が有価証券化されていることを前提として（同法2Ⅰ。なお同Ⅱ参照）、その発行市場と流通市場における合理的な規制をしている。金融商品取引法は、関係者の利害調整については会社法の規律を前提としたうえで、上記の二大柱の規制によって投資者の保護をはかるとともに、証券市場（資本市場）の健全性を確保し、その発展を促すことが目的とされている。

4．株式と社債との差異

　社債は会社の債務であり、会社は発行時に定めた条件で元本の返済（償還と呼ぶ）と利息の支払をしなければならない。株式は、出資額の返還は、会社が清算する場合を除いて〔債務を弁済した後でないと残余財産を株主に分配できない（502）〕、株式取得の手続等を経ないかぎり許されないので、通常の意味での会社の債務でないことは明らかであるが、会社が利益をあげれば、その配当を受けることができ、配当すべきか否かは株主自身が株主総会決議で決定するのが原則である（454Ⅰ）。経済的にみると、株式は、会社の資産から負債（社債を含む）を差し引いた価値を投影すると言えるので、その価値は株価に反映するはずである。したがって、投資者からみれば、株式保有はリスクも大きいがリターンも期待できるのに対して、社債保有は発行会社が倒産しないかぎり安全であるかわり、会社がどれだけ利益をあげても所定の利息しか受け取ることはできない。会社は、その時々における投資者のニーズ等に応じて、株式発行か社債発行かを決めるが、後述する新株予約権付社債のよ

うに、両者の性質をミックスしたもの（正確には株式のコール・オプションが付いた社債）も認められており、広く利用されている。

　投資者の経済的利益という点における株式と社債との基本的な差異は、上記の点、すなわち会社の負債か否かという点にあるが[*1]、法的にはそのほかにもいろいろ重要な差異がある。たとえば、第1に、株主は会社の社員であると位置づけられるので、株主総会における議決権をはじめとする各種の経営参加権や経営監督権を有する。社債権者はこのような権利を有しない。そのかわり、元利金の確実な支払を確保するため、社債管理者制度や社債権者集会制度が設けられている。第2に、剰余金配当請求権のような経済的権利についても、株式の場合には、同じ内容の株式は数に応じて原則として同じに取り扱われる（株主平等取扱い）〔76頁参照〕。したがって、以前から株主であった者も新たに株主になった者も同じ扱いを受けることとなるので、新たに新株発行をする際には、その払込金額等について新株発行規制が必要となる〔149頁参照〕。社債の場合には、発行のつど元利金の支払の内容が定められるので、このような規制は不要である。

　　＊1）　**デットとエクイティ**　　債務（debt）と持分（equity）の差異は、前者は受け取るキャッシュフローが契約で確定されているのに対して、後者は会社が債務を支払った後に残った分のすべてが帰属するという意味で「残余権（residual claim)」の性格を有する点と、前者は弁済期に利息等の支払がないと債務不履行（デフォルト）になるのに対して、後者はそのようなことがない点とにあると言われているが、契約の定め方次第では、債務であっても残余権性を持たせることが可能であり、近年は、ファイナンス理論の分野では、デフォルトの有無のほうに着目して分析が行われることが多い。なお、株主や社債権者等の投資家の会社に対する権利は、支配（コントロール）権・キャッシュフローに対する権利・会社を解散させることができる権利の3つに分類して検討するのが近年の趨勢である。

2　株式発行による資金調達

1. 株式発行規制の必要性

株式に関する会社法の規律は、上述したように、①株式を有価証券化する

〔あるいは電子化して振替制度を適用する〕ことと、②関係者間の利害調整を行うことに主眼がある。

後者に関して、会社法が株式の発行（および自己株式の処分）について強行法的なルールを設ける必要はどこにあるか。それは、大ざっぱに言うと３通りの理由がある。第１に、日本の会社法は、株式会社ではその財産のみが会社債権者に対する責任の引当てとなるので、株式発行に際して、出資である金銭等が確実に会社に引き渡されることを確保しておく必要があると考えた。第２に、成立後の会社が新株を発行して資金調達を行う場合については、既存株主と新たに新株を取得して株主となる者との利害の調整が必要である。そして第３に、以上の点が確保できれば、個々の新株発行は取締役会等の判断で機動的に行うことができるようにすることが、資金調達の便宜という見地から望ましいため、そのような方向を会社法は認めている。

2. 授権株式制度

授権株式制度というのは、会社が将来発行する予定の株式の数（「発行可能株式総数」）を定款で定めておき（37 I・Ⅱ）、その「授権」の範囲内で会社が取締役会決議等により適宜株式を発行することを認める制度である（実務では「授権資本制度」とも呼ばれる）。

株式の発行は既存の株主の利益に影響を及ぼすが〔148頁参照〕、発行のつど株主総会決議を要求することとすると、市場の状況等に応じた機動的な株式発行を行うことができず、機動的な資金調達を阻害し、結局は株主のためにもならないおそれがある。そこで、会社法は授権株式制度を認めている。しかし、設立時には授権株式数（発行可能株式総数）の少なくとも４分の１は株式を発行しなければならず（37Ⅲ本文）、また、定款の変更により既存の授権株式数を増加する場合にも、発行済株式総数の４倍までしか増加できない[*1)]（113Ⅲ〔平成26年一部改正〕。なおI・Ⅱ）〔ただし、非公開会社＝全株式譲渡制限会社ではこのような制約はない〕（また、新株予約権との関係での授権株式数につき113Ⅳ、種類株式の場合につき114、公開会社の議決権制限株式の場合につき115参照）。このように授権の限度を法定する理由は、取締役会等に無限の数の株式発行権限を認めるのは濫用のおそれがあると考えられることと、授権株式制度は授権後に登場する将来の

株主の意思を反映していないこと等にあると言えるが、新株発行により既存
の株主が被る持分比率の低下の限界を画するという点も重要である。

　問題は、第1に、授権の範囲内で取締役会決議により新株発行が行われた
ような場合に、既存の株主は何ら文句が言えないかである。会社法は、新株
発行によって既存株主に経済的な不利益が生じる場合には、取締役会等かぎ
りで新株発行を決めることはできないとしている（199Ⅲ・200Ⅰ・201Ⅰ参照）。また、
かりに払込金額が公正であっても、既存株主の被る持分比率の低下という不
利益に対処するために、会社法は、非公開会社については株主割当て以外の
発行には株主総会の特別決議を要求し（199Ⅱ・200Ⅰ・202Ⅴ）、公開会社における
支配株主の異動をもたらす発行に一定の場合に株主総会の普通決議を要求し
（206の2）〔平成26年改正〕、また一般に、「著しく不公正な方法」による新株発行
は差止事由とする（210②）〔166頁参照〕。

　第2に、株式の消却などの結果、発行済株式総数が減少したような場合に、
授権株式数は影響を受けるか。会社法のもとでは、定款変更の手続が踏まれ
ないかぎり、授権株式数は当然には減少しない〔昔の登記実務では当然に減少す
ると考えていた〕（なお、株式併合の場合について、180Ⅱ④Ⅲ〔平成26年改正〕）。では、減
少した分だけ取締役会決議でさらに新株を発行することができるか。この問
いに対する答えは授権株式制度の趣旨をどう考えるかによって異なる。この
制度を取締役会等に新株発行権限をそのつど「授権」したものと考えると、
いったんその権限が行使された以上は同じ授権枠をもう一度使うことは許さ
れないと解すべきこととなるが、この制度は既存株主の持分比率低下の限度
を定めたものと考えると、授権枠が残存する以上は再度取締役会で新株発行
をすることも認められることとなる。後者が妥当である。

　　＊1）　**条件付決議**　　定款変更により授権株式数を増加する場合、授権株式数が発
　　　行済株式総数の4倍までという意味は、授権株式数増加についての株主総会の決議
　　　当時の発行済株式総数ではなく、授権株式数増加の時の発行済株式総数を基準とす
　　　る。したがって、授権株式数の増加を定める株主総会の決議の効力に発行済株式総
　　　数が現実に発行済となったときに発生するという条件をつけることは認められる
　　　（最判昭和37・3・8民集16-3-473〈百選A12〉〈商判Ⅰ-49〉）。

3．会社設立時の株式発行と成立後の新株発行との比較

　会社成立後の新株の発行は、設立にない特色がある。①簡易迅速な事務処理が要求される。失権催告手続（36）や創立総会（65以下）にあたるものがないのはその例である。②すでに会社の株主として存在する者がいるため、それについての配慮が必要である。有利発行・譲渡制限株式の場合の株主の割当てを受ける権利・株主の不公正発行差止権等〔上記 2．参照〕が問題になるのはその例である。

4．新株発行における既存株主と新たに株主となる者との利害調整

　〔設例〕　いま、発行済株式総数が100万株のA株式会社があり、その株式の証券市場における株価（市場価格）は 1 株1000円であるとする（負債はゼロとして考える）。そして、A会社の財産（資産）の価値は時価10億円とする（1000円×100万株）。
　A会社が新たに 1 億円の資金を新株発行（実務では「増資」ともいう）によって調達しようとする場合を考えてみよう。
　たとえば、A会社が 1 株の払込金額を500円として一般公衆に新株を発行しようとすると、新たに発行すべき株式数は20万株ということになる（1 億円÷500円＝20万株）。このような新株発行が行われると、その後の 1 株の株価は917円となるはずである。なぜなら、会社財産は新たに調達した 1 億円を加えると合計11億円となり、発行済株式総数は120万株となるので、11億円を120万株で割ると 1 株あたり917円となるからである（実際には市場は増資効果等を反映するので株価はこの額以上となる場合が多いが、ここではそのような点は一応無視する）。
　上記のような新株発行が100万株を保有していた既存の株主の権利や利益にどのような影響を及ぼすかを、従来 1 株を保有していた株主について考えてみよう。まず第 1 に、従来は、自分の有する議決権等の共益権の価値が100万分の 1 であったのが、上記の新株発行により120万分の 1 に薄められる結果となる。第 2 に、従来は1000円で売れた持株が917円でしか売れなくなり、自益権の価値が低下し、その意味で経済的損失を被ることとなる。
　このような既存株主の被る不利益、すなわち持分比率の低下（共益権の希薄化）と経済的損失の発生について、会社法がどうあるべきかは実は難問である。

結論だけを言えば、法は既存株主の不利益を「ある程度」防止する必要がある。
なぜなら、既存株主の利益が全く保護されないとすると、誰も既存株主になろ
うとしない。すなわち、そもそもA会社の株主になろうとする者が出てこない
はずだからである。そうなれば、株式会社制度そのものを否定することになっ
てしまう。

　他方、既存株主の利益を完全に保護しようとすると、持分比率の低下を防止
するために新株はつねに既存株主にその持株割合に比例して与えることとせざ
るをえないが、そうなると、既存の株主だけが資金提供者ということとなり、
たとえば既存株主が十分な資金を有しない場合などには（既存株主に借入等の能
力はないと仮定する）、会社が必要な資金を集めることができなくなってしまう。
その結果、十分な事業活動が行えないこととなり、ひいては既存株主の利益に
もならないこととなる。したがって、法による既存株主の利益保護が「ある程
度」ないし「合理的な程度」で必要だということになる。

(1)　**考えられる法ルール**　　いま、日本の会社法がどのような規制をして
いるのかを忘れて、およそ理論的に考えられるルールとしてどのようなもの
がありうるかを考えてみよう。

　第1に、既存株主の利益を完璧に保護するためには、前述したように、新
株は必ず既存株主に対してその持株割合に応じて発行することだけを認める
ルールが考えられる（ルールⅠ）。

　このルールのもとでは、新株の払込金額がいくらであっても、既存株主は、
持分比率の低下を被らないだけでなく経済的損失も被らないことに注意すべ
きである。たとえば、先の設例で、払込金額を500円とした場合には、既存
の10株主は新たに2株を取得するので（1000円払い込むこととなる）、新株発行
後の株価が前述したように1株917円に下落しても、今や12株を保有してい
るので、結局11000円分の株式を保有していることになる（917円×12株＝11000
円）。これは、従来1000円の時価の株式10株と現金1000円を保有していた状
態と同じであるから、経済的損失はない。また、たとえば、払込金額が1株
50円である場合でも、既存株主は経済的損失を被ることはない。新たに発行
される200万株（1億円÷50円＝200万株）につき、既存の1株主は新株2株を
取得する（100円出資する）が、新株発行後は3株保有することとなり、他方、

1株の株価は367円となるはずなので（11億円÷300万株＝367円）、経済的損失は生じない（367円×3株＝1100円）。

第2に、経済的損失を防止するルールとしては、既存株主への持株割合に応じた割当て以外の方法で新株を発行する場合には、既存株主に経済的損失を与えないような払込金額で新株発行を行わなければならないとするルールが考えられる（ルールⅡ）。「既存株主に経済的損失を与えないような払込金額」とは、通常は時価であり、設例では1株1000円である。設例で、1株1000円で新株を発行すると、新規発行株式数は10万株であり（1億円÷1000円＝10万株）、新株発行後の株価は1株1000円のままのはずなので（11億円÷110万株＝1000円）、既存株主は経済的損失を被らない。ただし、既存株主は持分比率の低下という不利益は被ることとなる（1株主の場合で言えば持分比率が100万分の1から110万分の1に低下する）。

第3に、質の違った観点からのルールとして、既存株主の利益を害するような新株発行は、既存株主自身がそれを行うべきか否かを決定することとするルールが考えられる（ルールⅢ）。上記のような不利益が生じるとしても、株主はそれを上回る利益を期待するかもしれない（たとえば調達した1億円で行う事業が大成功するなど）。理想を言えば、既存株主全員で決定することがもっとも望ましいが、現実的には全員一致を要求したのでは新株発行が不可能となるので、一定の多数決で決めることとせざるをえない。[*1]

　　＊1）　**その他の可能なルール**　本文で述べた3つのルールのほかにも、たとえば事前の規制をおかないこととし、取締役の義務や多数株主の少数株主に対する忠実義務の問題として、事後的にその違反の有無を裁判所が判断するというルールも考えられる。アメリカの州会社法は、このルールに近い。株式の多様化が進展すると〔80頁参照〕、有利発行規制のような事前手続規制はうまく機能しない面があり、立法論としては見直しが必要である。

(2)　日本の会社法のルール　会社法は、まず第1に、非公開会社（全株式譲渡制限会社）については、ルールⅠを原則としつつルールⅢを併用する。すなわち、既存株主は新株の割当てを受ける権利を有するのが原則であり、新株発行の際に株主総会の特別決議でこれを排除することができる〔158頁参照〕。

第 2 に、非公開会社で既存株主の割当てを受ける権利を排除した場合と公開会社の場合については、経済的損失の面につき、ルールⅡとルールⅢを組み合わせるルールを採用している。すなわち、既存株主への持株割合に応じた割当て以外の方法による新株発行は「公正な払込金額」で行われなければならないが、株式引受者に「特に有利な」払込金額での新株発行（有利発行という）も株主総会の特別決議を経れば行うことができる（199ⅡⅢ・200Ⅰ—Ⅲ・201Ⅰ・309Ⅱ⑤）。そして、公開会社における支配株主の異動をもたらす発行に一定の場合に株主総会の普通決議を要求する（206の2）〔平成26年改正〕。また、持分比率の低下については、会社法はまったく手を打っていないわけではなく、ゆるやかな意味でルールⅢが課されている。すなわち、授権株式制度を採用し、授権株式数を定款記載事項とし、公開会社では授権株式数は発行済株式総数の 4 倍までに限るとしている〔147頁参照〕。したがって、既存株主は、最高 4 倍までの限度で授権株式数の枠までは持分比率の低下を覚悟しなければならないが、それ以上の希釈化については、ルールⅢがあり、つまり、定款変更の株主総会特別決議が必要となる。さらに、会社法は「著しく不公正」な方法による新株発行は差止事由とする（210②）〔166頁参照〕。

なぜ、会社法が以上のような複雑なルールを採用しているかというと、さまざまな沿革的な経緯があるが、理論的な理由は、先に述べたとおりである。

3 通常の新株発行——募集株式の発行

(1) **新株発行の分類** 新株発行とは発行済株式総数が増加する場合を総称する学問上の概念である。新株発行にはいろいろな態様のものがあるが、会社法199条以下の手続に従って行われるもの（株主となる者に新たに金銭の払込み〔または現物出資〕をさせて新株を発行する場合）を学問上「通常の新株発行」と呼び、その他のもの（たとえば、株式無償割当て・吸収合併・吸収分割・株式交換等の場合における新株発行等）を「特殊の新株発行」と呼ぶ[*1)2)]。

会社法は、前者の新株発行について、自己株式の処分と合わせて、「募集株式」の発行等という規律に一元化・横断化して、規律の大幅整理を行った[*3)]。

以下では、新株発行の場合を中心として、この募集株式の発行手続を概説

する。

＊１）　**株式会社の財務構造の変更**　　通常の新株発行、特殊の新株発行、株式の消
却・併合、資本金減少、準備金減少、剰余金分配は、株式会社における財務構造の
変更として統一的に整理することができる。

資本金・準備金の増減、発行済株式総数の増減などが生じる場合に関する会社法
の基本的な考え方はなにか。それを理解する手掛かりを示したのが、**図表10**である。

図表10　財務構造の変更と会社法の考え方

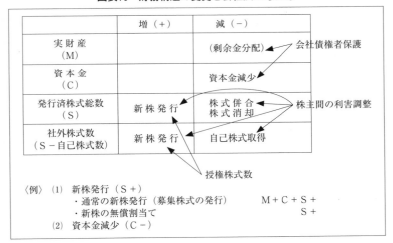

	増（＋）	減（−）
実 財 産 （Ｍ）		（剰余金分配）◀── 会社債権者保護
資 本 金 （Ｃ）		資本金減少 ◀──
発行済株式総数 （Ｓ）	新 株 発 行	株 式 併 合 株 式 消 却 ◀── 株主間の利害調整
社外株式数 （Ｓ−自己株式数）	新 株 発 行	自己株式取得

授権株式数

〈例〉　(1)　新株発行（Ｓ＋）
　　　　　・通常の新株発行（募集株式の発行）　　　　Ｍ＋Ｃ＋Ｓ＋
　　　　　・新株の無償割当て　　　　　　　　　　　　　　　Ｓ＋
　　　　(2)　資本金減少（Ｃ−）

会社法の考え方の基本を要約すると次のとおりである。すなわち、まず資本金・
準備金の額の増減については、資本金・準備金の額が減少する場合には（数字の減
少とはいえ）剰余金分配規制の基準など会社財産を確保する基準となる額が減少す
ることになり、会社債権者の利益が害されることとなるので、なんらかの形で会社
債権者の保護が必要となる。つまり、資本金・準備金の額の変更は株主と会社債権
者との利害調整を必要とする。

次に、発行済株式総数の増減は株主間の利害調整を必要とする（この場合の株主
とは新たに株主となる者を含む意味である）。すなわち、発行済株式総数が増加する場
合とは新株発行等の場合であるが、既存株主と新たに株主となる者との利害調整、
換言すれば既存株主の利益保護が必要となる（この問題についての会社法の考え方の
詳細は、149頁参照）。発行済株式総数が減少する場合には、株主間の利害調整が必要
となる。

　なお、資本金の額や発行済株式総数は定款記載事項ではないのに対して、授権株式数は定款記載事項なので、これらを変更するためには定款変更の株主総会決議が必要である。これも既存株主間の利害調整を意味する。

＊2）　特殊の新株発行　「特殊の新株発行」というのは学問上の概念であって、同じく学問上の概念である「通常の新株発行」以外の新株発行（設立時の株式発行は含まない）、すなわち発行済株式総数が増加する場合の総称である。具体的には、取得請求権付種類株式・取得条項付種類株式等の取得で新株を対価とする場合、株式分割、株式無償割当て、新株予約権の行使、吸収合併、吸収分割、株式交換等の場合における新株発行をいう〔株式分割は会社法のもとでは株式の「数の増加」であって株式の「発行」ではないと整理されているが、その経済的実質にかんがみると学問的には特殊の新株発行の一場合と考えるのが有益である〕。これらをすべて特殊の新株発行として総称することは、学問上どういう意味があるか。

　これらすべての場合においては、新たに株主を募集し出資を履行させるということはないので、そのための手続的規定は不要である。また、多くの場合には（吸収合併、吸収分割、株式交換等の場合を除く）、新株発行は既存の株主（新株予約権の場合には新株予約権者）に対して行われるので、新株発行の時点では既存株主の保護といった問題は生じないし（あるいは解決ずみであるはずである）、その面では払込金額を決定する意味はない（ただし資本金額が変動する場合には、その額を決定する必要がある）。なお、これらの場合においては、資金調達がない、つまり新たな金銭等の出資がない場合が多いが、そうでない場合もある（社債の償還を払込みとする場合を除く新株予約権の行使）。

＊3）　新株発行等の概念　「株式の発行」には、会社設立時の発行と会社成立後の発行とがある。

　㋐　条文における概念は、次のとおりである。①「新株発行」とは、会社成立後における株式の発行をいい、一部の条文でだけ使われている（834②）。②会社設立の際の株式発行は、「設立時株式」の発行ということになる。条文上は、正確には、設立に際して発行される株式を「設立時発行株式」と呼ぶ（25Ⅰ①）。③「株式の発行」と「自己株式の処分」の両方を含めた上位概念は「株式の交付」である（107条、108条、749条等で使われている）。④「募集株式」（199Ⅰ）という概念は新株と自己株式の両方を含む（「募集株式の発行」という場合は、自己株式の処分を含まない）。⑤「株式の分割」（183Ⅰ）は「発行」ではなく「数の増加」にすぎない。

　㋑　以上について、学問的には、会社の成立後に発行済株式総数が増加するもの（したがって自己株式の処分は含まない）は、すべて「新株発行」と呼ぶことができ、本書も原則としてこれに従う。

(2)　募集事項の決定と公示〔その1〕──　公開会社の場合　　**(ア)　募集事項の決定**　　募集に応じてこれらの株式の引受けの申込みをした者に対して割り当てる株式を「募集株式」という (199 I)〔自己株式を含む概念〕。そのような募集株式の発行の手続について、会社法の条文の書き方は、原則は株主総会決議〔特別決議〕で「募集事項」を定めることとし (199 Ⅱ Ⅲ・309 Ⅱ⑤)、その募集事項の決定を取締役会〔非取締役会設置会社では取締役〕に委任できるとし〔これも株主総会の特別決議〕(200 I〔募集株式数の上限と払込金額の下限は株主総会決議で定める〕・309 Ⅱ⑤)〔有効期間は1年間 (200 Ⅲ)〕、さらに、199条2項について〔有利発行の場合を除いて〕公開会社の特例を201条1項で定めているので、条文は読みにくい。これらの募集事項は、募集ごとに均等でなければならない (199 V)。

公開会社では、取締役会決議で、次の「募集事項」を決定する (199・201)〔募集事項の決定は、監査等委員会設置会社では一定の場合に取締役に委任でき (399の13 V本文・Ⅵ)、また、指名委員会等設置会社では執行役に委任できる (416Ⅳ本文)〕。

①　募集株式の数（種類株式の場合はその種類および数）(199 I①)

②　募集株式の払込金額（募集株式1株と引換えに払い込む金銭または給付する現物出資財産の額）またはその算定方法 (199 I②)　　既存の株主の利益を害しないため、決定する払込金額は公正でなければならず、したがって株式の時価を基準とする価額でなければならない (＊8) 参照)〔平成17年改正前商法は決定する「発行価額」を問題として規制していたが、会社法は「払込金額」を問題とする規律に改めた〕。

平成13年6月改正で市場価格のある株式を公正な価額で発行する場合は取締役会決議では発行価額の決定の方法だけを定めればよいこととなったので、会社法のもとでも、②は「公正な価額による払込みを実現するために適当な払込金額の決定の方法」〔ブック・ビルディング方式が典型〕でよい (201 Ⅱ)〔公示につき201 Ⅲ─Ⅴ〕。

株主割当て以外の方法で募集株式を「特に有利な払込金額」で発行する場合〔有利発行という〕は、株主総会の特別決議が必要となる〔(5)参照〕。

なお、発行方法が著しく不公正な場合は、発行差止めの問題を生じ (210②)、また、払込金額が著しく不公正な場合は通謀した引受人の責任を生じる (212 I①・213)。

③ **現物出資の場合は、その旨と出資する財産の内容および価額** (199 I ③)〔後述163頁参照〕

④ **募集株式と引換えにする金銭の払込みまたは財産の給付の期日または その期間**〔払込・給付期日または払込・給付期間〕(199 I ④)　この日または期間 経過後に新株引受人は失権するため (208 V 参照)、重要な事項である。

⑤ **増加する資本金および資本準備金に関する事項** (199 I ⑤)〔自己株式処分 の場合は不要〕　払込みまたは給付がされた額の全額を増加する資本金の額 とするのが原則であるが、その2分の1までの額は、資本金としないで資本 準備金とすることが認められる (445 I —Ⅲ・計算規則14)〔332頁参照〕。

＊4)　株主割当て・公募・第三者割当て　　(1)　新株発行の分類　　実務では、通 常、新株発行は、株主割当て・公募・第三者割当ての3つに分類される。会社法上 は、すべてが募集株式の発行に該当する。一般に、新株を不特定多数の者に発行す る場合を公募、特定の者（通常は1人）に発行する場合を第三者割当てという（株 主以外の者への発行という意味で「第三者」割当てと呼ばれてきたようであるが、実際に は割当てを受ける者は株主である場合が多い）。金融商品取引法上は、開示規制との関 係で第三者割当ての定義が置かれている（企業内容等の開示に関する内閣府令19 Ⅱ ① ヲ）。

(2)　日本の上場企業の近年のエクイティ・ファイナンス　　エクイティ・ファイ ナンス（会社法上の概念でいえば募集株式発行等による資金調達）は、株式会社とりわ け上場企業にとって基本的な資金調達手段である。株式会社形態がもたらすメリッ トの代表的な側面である。にもかかわらず、日本の上場企業のエクイティ・ファイ ナンスについて、さまざまな問題点と課題が指摘されてきた。いわゆる不公正ファ イナンスの手段としてエクイティ・ファイナンスが使われる、仮装の払込みがされ る、割当先に問題がある、経営難に陥った会社によって無理なエクイティ・ファイ ナンスが行われる、大幅な希釈化を伴い既存株主の利益を損なうエクイティ・ファ イナンスが行われるなどといった指摘がされてきた。

第1に、第三者割当てについては、不適切な事例の経験を踏まえて（実際の事例 について、東京証券取引所自主規制法人上場管理部「上場管理業務について—不適切な第 三者割当の未然防止に向けて」平成22年9月参照）、東京証券取引所は、上場会社が第 三者割当てを行う場合で既存株主の持株比率の希釈化率が25％以上となるときまた は支配株主が異動するときは、当該割当ての緊急性が極めて高いものとして同取引 所が認めた場合を除いて、①経営陣から一定程度独立した者による第三者割当ての 必要性と相当性に関する意見の入手または②株主総会の決議などの株主の意思確認

の手続を経ることを、同取引所が上場会社に対して定める「企業行動規範」の「遵守すべき事項」としている（東京証券取引所有価証券上場規程432、同施行規則435の2）〔平成21年8月24日施行〕。

そして、会社法の平成26年改正は、支配権の異動をもたらす第三者割当てについて10分の1以上の株主が要求すれば原則として株主総会決議を要することとし（206の2Ⅳ）〔161頁参照〕、また、仮装払込みへの対応を強化する（213の2・213の3）〔171頁参照〕などして、これらの問題に対処しようとしている。

第2に、すべての株主に平等の機会が与えられるライツ・イシュー（ライツ・オファリングともいう）〔この用語は、株主割当てのうちで新株予約権が発行されて既存株主の株式の割当てを受ける権利が市場で流通する形態のものを意味するのが通常である〕については、近年その積極的な利用が説かれ、金融商品取引法改正・取引所の規則改正や会社法の平成26年改正〔179頁＊1）参照〕により、利用しやすくなってきている。しかし、実際の事例を見ると、引受証券会社を置かないいわゆるノン・コミットメント型の発行が多く、これらの事例についてはさまざまな指摘がされており、東京証券取引所において規制が導入された（東京証券取引所・上場制度整備懇談会「我が国におけるライツ・オファリングの定着に向けて」平成26年7月25日、東京証券取引所「新株予約権証券の上場制度の見直しについて」平成26年9月3日）。

第3に、公募増資についても、大規模な増資に伴う既存株主の持株比率の希釈化や株価の下落が指摘された。増資により短期的に株価が下落することは不自然なことではないが、増資した会社が調達資金を活用して企業価値を高めるというストーリーが市場に受け入れられず、株価の大幅な下落を招いたと批判された。さらに、平成24年春以降、大型公募増資の発表前に引受証券会社から情報を入手した機関投資家が増資銘柄を売却するいわゆる増資インサイダー取引事件が摘発され、公募増資のイメージは急落した（平成25年金融商品取引法改正につながった）。

第4に、東京証券取引所等の自主規制機関である日本取引所自主規制法人は、エクイティ・ファイナンスに関する諸原則を定めている（日本取引所自主規制法人「エクイティ・ファイナンスのプリンシプル」平成26年10月1日）。

＊5）　**令和元年改正**　上場会社が取締役・執行役にインセンティブ報酬として募集株式を交付する場合には払込みを要しないものとすることが認められることになった（改正後の202の2・205Ⅲ—Ⅴ・209Ⅳ）。ストック・オプションの行使の際も同様となった（改正後の236ⅢⅣ）〔後述175頁＊3）参照〕。

＊6）　**払込金額**　ここでは「払い込むべき金額」という意味である。これに対して、資本金算定の基準となるのは、実際に払い込まれた金額である（445Ⅰ—Ⅲ）。後者の規定は、実際に払い込まれた金額が払い込むべき金額よりも高かったような

　　場合のことを考えた規定である〔本文中の⑤参照〕。逆の場合は払込みはないこととなり引受人はその部分について失権する。

（イ）　募集事項の公示　　既存株主に差止めの機会を与えるため、払込期日または払込期間初日の2週間前までに募集事項を公告または株主に通知しなければならない（201Ⅲ・Ⅳ）。ただし、金融商品取引法に基づく届出をしている場合（その他法務省令で定める場合＝規則40）は、この通知・公告は不要である（201Ⅴ）。金融商品取引法に基づく開示によって募集事項が周知されるからである。

(3)　募集事項の決定〔その2〕—— 非公開会社の場合　　考え方としては、株主割当ての方法で（＝株主に割当てを受ける権利を与えて）既存株主に平等に割り当てるのが原則である（202Ⅰ）〔(4)参照〕。特定の第三者に発行するなど、既存株主への持株割合に応じた発行以外の方法で発行する場合には、既存株主の利益保護のため、募集事項の決定には株主総会の特別決議が必要である（199Ⅱ・200ⅠⅢ〔募集事項決定の委任。有効期間は1年間〕・309Ⅱ⑤〔200Ⅰの決議も特別決議〕）。平成17年改正前商法ではこのことを「株式譲渡制限会社では株主は商法上新株引受権（会社が発行する新株を優先的に引き受けることができる権利）がある」または「新株引受権の法定（法律による保障）」と表現していた。会社法でもその規律の実質に変更はないが、条文の書き方として、新株引受権を排除する場合と有利発行の場合とを一体化して書いたので、条文は読みにくい。

　　なお、株主総会の特別決議を経なかった場合に新株発行無効事由〔後述168頁〕となるかどうかという問題がある。有利発行の場合には法律関係の安定のために無効事由とはならないというのが最高裁の判例であるが〔後述168頁〕、非公開会社で既存株主の新株引受権を無視して募集株式を発行したような場合〔株主総会の特別決議を経ないで、公正な払込金額ではあるが特定の第三者に発行するなど、既存株主への持株割合に応じた発行以外の方法で募集株式を発行したような場合〕、従来は無効事由となると解されてきた。会社法では新株引受権排除と有利発行とが条文上一体化されたので、この場合をどのように考えるかという問題がある。非公開会社では持分比率は既存株主にとって重要な利益であることを考えると、会社法のもとでも、既存株主の割当てを受ける権利を無視して行われた新株発行は無効事由となると解するのが妥当である（最判平成24・4・

24民集66-6-2908〈百選26〉〈商判Ⅰ-64〉、横浜地判平成21・10・16判時2092-148、大阪高判平成25・4・12金融商事1454-47、東京地判令和3・12・20金融商事1645-49)。以上は、自己株式の処分の場合も同じである。

(4) 募集事項の決定〔その3〕——株主割当ての場合　　(ア) 概念

募集株式を発行する場合、株主に株式の割当てを受ける権利を与えることができ、この場合を株主割当てという[*7)] (202Ⅰ)。

> **＊7)　株主割当て**　　平成17年改正前商法は、会社が新株を発行する際にその新株を優先的に引き受けることができる権利を「新株引受権」と呼び、株式譲渡制限会社の場合を除いて、株主は法律上当然には新株引受権を有しないこととしながらも、会社は新株発行の際に、株主に対して新株引受権を付与することもできるとしていた。そして、日本の大規模な株式会社では、昭和40年代半ばまでは、株主に新株引受権を与えて（株主割当てと呼ばれた）、新株を額面金額（平成13年6月改正前）で発行するという例が圧倒的に多かった。その後は不特定多数の公衆に対して新株を時価で発行する例が増加し、そのような公募によるのが新株発行の主流的形態となった。なお、株主割当ての形態も依然利用されてきたが、その場合には、一定時期以降は額面金額（平成13年6月改正前）と時価との中間の価額を発行価額とする例が多く、また、そのような「中間発行増資」の場合には、既存株主の利益保護のために、新株引受権の譲渡を認め、そのために新株引受権証書を発行するのが実務上の慣行であった。
>
> 　会社法は、新株引受権という概念を廃止し、「199条1項の募集において、株主に株式の割当てを受ける権利を与えることができる」と規定したが（202Ⅰ）、規律の実質に変更はない。ただし、株式の割当てを受ける権利に譲渡性を付与しようとする場合には、会社法のもとでは「新株予約権」として割り当てることになる（173頁参照）〔この点は株主以外の第三者に平成17年改正前商法にいう新株引受権を付与しそれに譲渡性を与えようとする場合も同様であり、会社法のもとでは第三者に新株予約権を発行することになる〕。なお、株主に無償で新株を発行する場合は、株式無償割当てとなる（185—187）。株主割当ての場合には申込みがないと失権するのに対して（204Ⅳ）、株式無償割当ての場合には株主に当然に割当てがされる。

(イ) 募集事項その他の決定

199条1項の募集事項に加えて、次の事項をも決定する (202Ⅰ)。その決定は、公開会社では取締役会決議による一方、非公開会社では株主総会決議〔特別決議〕によるのが条文上の原則であるが、定款で取締役会決議（非取締役会設置会社では取締役）と定めることができ（202

Ⅲ）、それ以外の規制は受けない（202Ⅴ参照）〔監査等委員会設置会社では399の13Ⅴ本文・Ⅵ、指名委員会等設置会社では416Ⅳ本文参照〕。①株主に対し、申込みをすることにより募集株式の割当てを受ける権利を与える旨、②募集株式の引受けの申込みの期日。株主への通知（202Ⅳ）。

①の株主（会社を除く＝自己株式には割当てはできない）は、その有する株式の数に応じて募集株式の割当てを受ける権利を有するが、1株に満たない端数が生じるときは、これを切り捨てる（202Ⅱ）。

なお、会社法は基準日の設定を要求しないが、株主が多数いる会社では実際には基準日を設定することになろう（124参照）。

(5)　**有利発行**　　既存の株主の利益保護のため、株主割当て以外の方法で新株を「特に有利な払込金額」で発行する場合は、株主総会の特別決議が必要となる。[*8] 公開会社では、通常は取締役会決議で払込金額を定めるので、その額が募集株式を引き受ける者に「特に有利な」金額である場合には、募集事項の決定は株主総会の特別決議が必要になる（199Ⅱ・201Ⅰ・309Ⅱ5）。公開会社・非公開会社とも、株主総会決議〔特別決議〕で払込金額の下限だけを定めて具体的な決定を取締役会決議（取締役会設置会社以外では取締役）に委任することができるが（200Ⅰ・309Ⅱ5）、その場合の委任の有効期間は1年間である（200Ⅲ）。いずれの場合も、株主総会で有利発行を必要とする理由を説明する（199Ⅲ・200Ⅱ）。

＊8)　有利発行　　①　「特に有利な払込金額」（平成17年改正前商法では「特に有利な発行価額」）が何かは、難しい問題である。(i)一般に、公正な発行価額（通常は時価）を基準として1割程度低くても「特に有利」とはいえないと解されてきた（東京高判昭和46・1・28高民24-1-1）。(ii)一時的に株価が高騰しているような場合には、一時的に高騰した時価ではなく、一定期間の平均値などの株価を基準として考える（東京地判昭和47・4・27判時679-70、大阪地決昭和62・11・18判時1290-144、東京地決平成1・7・25判時1317-28、大阪地決平成2・6・22判時1364-100、東京地決平成16・6・1判時1873-159〈百選20〉〈商判Ⅰ-55〉等参照。なお、日本証券業協会「第三者割当増資の取扱いに関する指針」平成22年4月1日）。(iii)特定の第三者に事業提携等の目的で発行される場合であって、その提携等による効果が発行前に株価に反映された場合には、反映前の株価を基準に発行しても「特に有利」には該当しない（東京高判昭和48・7・27判時715-100〈百選95〉〈商判Ⅰ-52〉）〔平成17年改正前商法211ノ11（会社法212

Ⅰ①に相当）が問題となった事例〕。近年、有利発行か否かが争われた事例として、最判平成27・2・19民集69-1-51〈百選21〉〈商判Ⅰ-57〉（原審である東京高判平成25・1・30金融商事1414-8を破棄）、東京地判平成26・6・26金融商事1450-27を参照。

　　②　株主総会決議を経ないで株主割当て以外の方法で有利発行がされた場合に実際の発行価額と公正な発行価額との差額を会社の損害として、取締役の対会社責任（423Ⅰ）〔平成17年改正前商法266Ⅰ⑤〕を認めた判例がある（東京地判平成12・7・27判タ1056-246、上記の東京高判平成25・1・30）。しかし、具体的事案によっては、会社に損害が生じたといえるかは議論の余地がある。一般論としては、429条1項〔平成17年改正前商法266ノ3Ⅰ〕に基づく責任が生じると考えるほうが理論的であろう（東京地判昭和56・6・12下民32-5＝8-783、大阪高判平成11・6・17金融商事1088-38〈百選A26〉〈商判Ⅰ-56〉）。

(6)　申込み・割当て・引受け　　**（ア）　申込み**　　募集株式の申込みをしようとする者に対して法が定める事項を通知し（203Ⅰ。なおⅤ—Ⅶ）、申込みをする者は一定事項を記載した書面で申し込む〔電磁的方法も可〕（203Ⅱ・Ⅲ）。ただし、金融商品取引法に基づく目論見書を交付した場合等（203Ⅳ）と総株引受け（1人または数人が募集株式のすべてを引き受ける契約をする場合で、「買取引受け」の場合が典型）の場合（205Ⅰ）は、この手続は不要である^{＊9）}（なお、募集株式が譲渡制限株式である場合の総株引受けについて205Ⅱ〔平成26年改正で追加〕）。

　＊9）　申込証拠金　　大規模な会社では、払込金額と同額の申込証拠金を添えて申し込むのが実務である（最判昭和45・11・12民集24-12-1901参照）。

　（イ）　割当てと引受け　　株式の申込みがあると、会社はこれに対して割当てをし、申込人は割当てを受けた株式について株式引受人となる（204Ⅰ—Ⅲ・206①）〔総株引受けの場合は割当手続は不要。205Ⅰ・206②〕。申込人が多数の場合には誰に割り当ててもよいとする割当自由の原則が認められるが（明文の規定はなく解釈による）、たとえば経営者が支配権の維持をはかったりなどすると、不公正な方法による新株発行となるおそれがあり〔166頁参照〕、割当自由の原則といっても限界がないわけではない。

　なお、株主割当ての場合は、期日までに申込みをしない株主は失権する（204Ⅳ）。

(7)　公開会社における支配株主の異動をもたらす募集株式発行等　　平成26年改正により、公開会社における支配株主の異動をもたらすような募集株

式発行等〔「等」は自己株式処分を含む意味〕について、次に述べるように、一定の場合に一定の条件のもとで株主総会決議を要するものとする規制が導入された（206の2）。既存株主の利益を保護するための規制であるが、会社法は、支配株主の異動をもたらす募集株式発行等を組織再編と同視しているわけではなく、株主総会決議は普通決議とされ、また、反対株主の株式買取請求権は認められない〔なお、第三者割当てについては取引所のルールがあることに注意。156頁＊4）参照〕。

　（ア）　規制対象となる募集株式発行等（公開会社にかぎられる）　「募集株式の引受人（その「子会社等」〔2③の2〕を含む）がその引き受けた募集株式の株主となった場合に有することとなる議決権の数」の「当該募集株式の引受人の全員がその引き受けた募集株式の株主となった場合における総株主の議決権の数」に対する割合が2分の1を超える場合である。ただし、例外として、当該引受人（特定引受人という）が発行会社の親会社等〔2④の2〕である場合または株主割当ての場合〔202参照〕は、規制の対象とならない。前者は支配株主の異動をもたらさないからである。

　（イ）　手続　　10分の1以上の既存株主の請求があった場合に原則として株主総会決議による承認を必要とすることとされている。すなわち、まず、発行会社は、払込期日（払込期間を定めた場合は、その期間の初日）〔199Ⅰ④参照〕の2週間前までに、既存株主に対し、特定引受人の氏名または名称・住所、特定引受人が募集株式発行等により有することとなる議決権の数その他の法務省令で定める事項（規則42の2）を通知する〔公告でも可〕（206の2ⅠⅡ）〔金融商品取引法に基づく届出書の提出がある場合等は、通知・公告は不要（同Ⅲ・規則42の3）〕。

　次に、総株主（ここでの株主総会で議決権を行使することができない株主を除く）の議決権の10分の1（下回る割合を定款で定めること可）以上の議決権を有する株主が上記の通知の日〔通知を要しない場合は、規則42の4〕または公告の日から2週間以内に特定引受人（その子会社等を含む）による募集株式の引受けに反対する旨を会社に対し通知したときは、会社は、払込期日（または払込期間の初日）の前日までに、株主総会の決議によって、当該特定引受人に対する募集株式の割当て（または当該特定引受人との間の総株引受契約〔205Ⅰ〕）の承認を受けなければならない。ただし、例外として、会社の財産の状況が著しく悪化し

ている場合で会社の事業の継続のため緊急の必要があるときは、株主総会を開催する時間的余裕がないと考えられるため、株主総会による承認は不要である（以上、206の2Ⅳ）。

上記の株主総会決議はいわゆる普通決議であり、議決権を行使することができる株主の議決権の過半数を有する株主が出席し（定足数）、その出席株主の議決権の過半数で決定する。この定足数は定款で軽減・排除することができるが、役員（取締役・会計参与・監査役）の選任・解任〔監査役の解任と累積投票で選任された取締役・監査等委員である取締役の解任を除く〕の決議と同様〔217頁参照〕、定足数の定款による引下げは議決権を行使することができる株主の議決権の3分の1までにしかできない〔決議要件を定款で引き上げることは認められる〕（以上、206の2Ⅴ）。*10)

なお、募集新株予約権の発行についても、同様の規制が導入された（244の2）。この規制がないと募集新株予約権の発行によって上記の募集株式発行等の場合の規制が潜脱されるおそれがあるからである。

> **＊10)　206条の2違反の募集株式発行の効力**　206条の2第4項に規定する株主総会の決議による承認を経ないでされた新株発行は、発行手続に重大な法令違反があり、新株発行無効の訴え〔168頁参照〕の無効事由になるとした裁判例がある（東京地判令和3・3・18判タ1503-233〈商判Ⅰ-61〉）。

(8)　現物出資　現物出資については、設立の場合のように定款に定めを要求すると（28①）、株主総会の開催が必要となり、授権株式制度の趣旨に反するため、取締役会等の決定事項とされている（199Ⅰ③・200Ⅰ・201Ⅰ）。現物出資者の資格についても制限はない。設立の場合と同様、裁判所が選任した検査役が調査をするのが原則で、調査の結果不当な場合は、裁判所が変更する（207Ⅰ—Ⅷ）。

ただし、①現物出資者全員に発行する株式の総数がその株式発行直前の発行済株式総数の10分の1を超えない場合、②現物出資財産の募集事項で定めた価額の総額が500万円を超えない場合、③現物出資財産が市場価格〔規則43〕のある有価証券である場合（募集事項で定めた価額がその価格を超えないときに限る）、④現物出資財産の募集事項で定めた価額が相当であることについて、弁護士・弁護士法人・公認会計士・監査法人・税理士または税理士法人の証

明を受けた場合（不動産の場合には不動産鑑定士の鑑定評価も必要）、⑤現物出資財産が会社に対する金銭債権（弁済期が到来しているものに限る）であって、その金銭債権について募集事項で定めた価額が当該金銭債権の負債の帳簿価額を超えない場合には、検査役の調査は不要である（207IX。証明・鑑定評価をする者の欠格事由につき、207X）〔①⑤は設立時にはない類型〕。給付財産の実価が著しく低い場合等は、現物出資者等の責任が問題となる（212I②・II・213）〔170頁〕。

　なお、財産引受けについては、設立の場合と異なり特別の規制はなく、一般の業務執行の問題である。

　　*11)　**デット・エクイティ・スワップ**　　⑤は、会社法で新設された規定である。デット・エクイティ・スワップ（業績が悪化した会社の再建等のため、債権者がその債権を債務会社の株式に振り替える手法で、近年よく用いられるようになった）において、債権の現物出資という方法をとる場合には、債権の実際の価値ではなく、その名目額（券面額）をもって増加資本金の額（2分の1までは資本準備金として可）とすることを認めるのが、東京地裁の検査役調査の実務であり、⑤はこれと整合的な規定である。なお、債権者であった者に発行する新株の数は債権の実際の価値を基準として決定されるべきで、新株の数しだいでは有利発行になると解すべきである（この点については、見解は分かれている）。税法に関する判例として、東京地判平成21・4・28訟務月報56-6-1848＋東京高判平成22・9・15〔平成17年改正前商法のもとでの事例〕参照。

(9)　出資の履行および新株発行の効力発生　　(ア)　出資の履行

募集株式の引受人は払込期日または払込期間内に、払込取扱場所で払込金額の全額の払込みをし（208I）、現物出資財産全部の給付をしなければならない（208II）〔引受人側からの相殺の禁止につき208III、権利株の譲渡につき208IV〕。これがされないと、その引受人は法律上当然に失権する（208V）。

(イ)　新株発行の効力発生

払込期日までに払込みがあった新株については払込期日に（払込期間を定めた場合は払込みの日に）新株発行の効力が生じ、新株引受人はその日から株主となる（209I）。したがって、発行予定新株のすべてについて払込みがなくても、払込みがあった分だけについて新株発行は成立する〔以上は、現物出資についても同様〕。もっとも、公募の場合には証券会社が買取引受けを行うため失権株が発生することはなく、また、株主割当ての場合には失権分については再度公募を行い証券会社が買取引受けを行う

というのが、通常の実務である。

新株発行が効力を生じると、会社の発行済株式総数に変更が生じ、資本金の額が増加するので(445Ⅰ—Ⅲ)、変更登記をする必要がある(911Ⅲ⑤⑨・915Ⅰ・Ⅱ)。

> ＊12) **新株発行の効力発生時期**　平成16年改正前は、払込期日の翌日とされていたが、平成16年改正で払込期日と改正された（209Ⅰ①）。決済リスク削減のためのDVP（delivery versus payment）〔払込資金の支払と新株の交付の同時履行〕を可能とするためである。会社法では、払込期間を定めることも認め、その場合は払込みがあった日に新株発行の効力が生じる。なお、登記は期間の末日から2週間以内にまとめてする（915Ⅱ）。

(10)　**引受けの無効・取消しの制限**　設立時と同様、心裡留保・通謀虚偽表示を理由とする無効についての民法の規定は、募集株式の引受けの申込み・割当て・総株引受契約には適用されず(211Ⅰ)、また、株主となった日から1年経過後または株主権を行使した後は、錯誤・詐欺・強迫による取消しはできない(211Ⅱ)。

4　株式発行の瑕疵

株式の発行の手続等に法令・定款違反などの瑕疵（かし）があったような場合には、取締役等の責任が問題となるほか、その株式発行の効力が問題となる〔自己株式の処分の場合も同様〕。

(1)　**設立時における株式発行**　会社設立時における株式発行に瑕疵（かし）があったような場合については、会社法は、株式発行の部分についてだけその効力を否定することは認めないで、設立無効の問題として処理することとしている〔65頁参照〕。これは、当初の株式発行は会社設立の重要な一部を構成するので、その効果を否定すべき場合には設立自体を無効とするのが合理的であるからである。

(2)　**新株発行の場合**　会社成立後の新株発行（および自己株式の処分。以下同じ）の場合については、会社法は、まず第1に、新株発行が効力を生じるまでの間は、瑕疵のある新株発行を差し止める制度を用意している〔募集株式の発行の場合〕。第2に、新株発行が効力を生じた後は、新株発行無効の訴

えおよび不存在確認の訴えという制度を用意している。新株発行が効力を生じるまでの間は、瑕疵がある場合には広く差止めを認めても不都合はないが、いったん新株発行が効力を生じた後は、事情を知らない関係者も多数存在するうえ、株式の流通という取引の安全を保護する必要があるので、あまり広い範囲で新株発行の効力を否定することは認められるべきでないというのが、会社法の基本的な考え方である。

(3) **募集株式発行の差止め** 会社が法令・定款に違反し、または著しく不公正な方法で募集株式を発行し、これにより株主が不利益を受けるおそれがある場合には、株主は会社に対して発行の差止め〔法文上は「やめること」〕を請求できる (210)〔自己株式の処分の場合も同じ〕。この請求は訴訟で行うこともでき、その訴えを本案として発行差止めの仮処分を求めることもできる (民保23Ⅱ)。

この制度は、取締役が法令・定款に違反する行為をし、会社に回復できない損害または著しい損害を生じるおそれがある場合に、株主に認められる差止請求権 (360) と似ているが、それが取締役の違法行為により不利益を受ける会社の利益保護のための制度であるのに対して、株式発行差止請求権は違法または不公正な新株発行により不利益を受ける株主自身の利益保護のために認められた制度である〔308頁参照〕。「著しく不公正な方法」による株式発行とは、たとえば、資金調達のニーズがないのに取締役が一部の者に多数の新株を割り当てるような場合をいうと解されている。そのような新株の第三者割当ては、たとえその払込金額が公正であり、有利発行とならない場合であっても、著しく不公正な発行として差止めの対象となる[*1)]。なお、会社法が差止め制度を募集株式発行（および自己株式処分）に限定したのは、立法政策として疑問があり、解釈論として、募集株式発行以外の一定の場合に210条の類推適用が認められるべきである〔新株予約権無償割当てに募集新株予約権発行の差止めの規定 (247) の類推適用が認められたことが参考となる（最決平成19・8・7民集61-5-2215〈百選98〉〈商判Ⅰ-66〉)〕。

  ＊1) 不公正な方法での新株発行──主要目的ルール (1) 上場会社2社が第三者から株式の買占めを受けたため、互いに大量の第三者割当てをした事例で、従来の株主の持株比率に重大な影響を及ぼすような数の新株が発行され、第三者に割り

当てられる場合、その新株発行が特定の株主の持株比率の低下と現経営者の支配権の維持を主要な目的とするときは、平成17年改正前商法280条ノ10〔＝会社法210②〕の不公正発行にあたる。また、主要な目的は違っても、新株発行により特定の株主の持株比率が著しく低下することを認識しつつ新株発行がされたときは、新株発行を正当化させるだけの合理的理由がないかぎり、不公正発行にあたるとして新株発行差止めの仮処分を認めた例がある（東京地決平成1・7・25判時1317-28）。これに対して、会社に具体的な資金需要があり、その調達方法として第三者割当てを行った場合には、著しく不公正な方法による新株発行とはいえないとされている（大阪地決平成2・7・12判時1364-104、東京地決平成16・7・30判時1874-143〔上記平成元年東京地決要旨の後半部分を否定〕＋東京高決平成16・8・4金融商事1201-4〈百選96〉〈商判Ⅰ-53〉）。この判例理論は「主要目的ルール」と呼ぶことが多い。

　(2)　この主要目的ルールは、その後の裁判所の運用において、買収対抗策としての新株予約権の発行を差し止めた東京高決平成17・3・23判時1899-56〈百選97〉〈商判Ⅰ-65〉〔180頁＊1〕裁判例参照）を契機として、現に支配権についての争いがある状況のなかで取締役会決議で行われる新株発行（とくに第三者割当て）は、権限分配法理〔183頁(6)参照〕に基づいて、原則として現経営陣の支配権維持を主要目的とするもの（差止め事由がある）と推認されるというルールに変容したということができる。

　会社法のもとで不公正発行には該当しないとされた事例として、東京地決平成18・7・26資料版商事法務270-257、大阪地決平成18・12・13判時1967-139、仙台地決平成19・6・1金融商事1270-63、横浜地決平成19・6・4金融商事1270-67。差止めの申立てを認容した事例として、さいたま地決平成19・6・22金融商事1270-55、東京高決平成20・5・12金融商事1298-46〔新株予約権に基づく新株発行〕、東京地決平成20・6・23金融商事1296-10〔支配権維持を主要目的とする新株発行と推認〕。その後の判例（東京地決平成24・7・9金融商事1400-45＋東京高決平成24・7・12金融商事1400-52、仙台地決平成26・3・26金融商事1441-57、東京高決平成26・5・29、山口地宇部支決平成26・12・4金融商事1458-34）をみると、経営支配権争いがある場合において、株主総会の議決権行使の基準日後・総会前に新株発行が行われて会社が総会でその新株発行の割当先に議決権行使を認めた（124Ⅳ本文参照）ときに、支配権維持を主要目的とする新株発行と推認する〔事実上の推定〕というのが、現在における主要目的ルールの運用であると見受けられる。なお、大阪地決平成28・12・27＋大阪地決平成29・1・6金融商事1516-51、名古屋地一宮支決令和2・12・24金融商事1616-30、大阪地決令和4・2・9＋大阪高決令和4・2・10金融法務2195-45。

　　株主割当てが著しく不公正な方法による発行と認めた事例として、大阪高判平成28・7・15金融商事1500-23（新株発行無効の訴えを容認）。公募増資にも主要目的ルールの適用があるとした事例として、東京地決平成29・7・18金融商事1532-41〈商判Ⅰ-54〉＋東京高決平成29・7・19金融商事1532-57〈百選A41〉（新株発行差止めの仮処分は認めず）。株主総会の特別決議を経てされた第三者割当てについて差止めの仮処分を認めた事例として、京都地決平成30・3・28金融商事1541-51、不法行為責任を認めた事例として、最判令和4・1・18民集76-1-1。

(4)　新株発行の無効と不存在　　(ア)　新株発行無効の訴え　　新株発行〔「募集株式」に限定されない〕または自己株式の処分が効力を生じた後にその効力を否定しようとする場合については、会社法は二重の制約をかけている。①法律関係の安定などの要請から、新株発行〔または自己株式処分。以下同じ〕の無効の訴えという方法を通じてのみ、新株発行の効力を否定することを認める（828Ⅰ②③）。新株発行無効の訴えについては、提訴権者（原告適格）は、株主（新旧両株主）・取締役・監査役等に限られ（828Ⅱ②③）、提訴期間は、効力発生日から6か月間〔非公開会社では1年間〕（828Ⅰ②③）、被告は会社である（834②③）。無効判決には対世効があり遡及効はない（838・839）。専属管轄・担保提供・弁論の併合等は、他の「会社組織に関する訴え」と共通である（835―837）〔66頁**図表5**参照〕。

　　②この訴訟において無効原因となる事由は、解釈上、狭く解されている。すなわち、取締役会の決議を経ないでされた新株発行や株主総会の特別決議を経ないでされた新株の有利発行も、無効事由にはならないと解されている（最判昭和46・7・16判時641-97〈百選22〉〈商判Ⅰ-50〉。なお、最判平成6・7・14判時1512-178〈百選100〉〈商判Ⅰ-60〉、東京高判平成19・3・29金融商事1266-16）。ただし、新株が当初の引受人の手元にとどまっているうちは、これらの場合を含めて広く新株発行無効を認めてもさしつかえないとする学説もある。

　　これに対して、授権株式数を超過した新株発行や定款の定めのない種類の株式を発行したような場合は、瑕疵が重大であって、無効事由になる（特別の事情を認めて無効とした事例として、東京地判平成19・7・19。募集事項を決定する株主総会決議の不存在を無効事由と判示した事例として、東京地決平成24・1・17金融商事1389-60〈百選A10〉〈商判Ⅰ-75〉〔議決権行使禁止の仮処分の事例〕。その他、無効事由になるとした裁判例として、

東京地判令和 3・3・18判タ1503-233〈商判 I -61〉〔206の 2 Ⅳ違反〕）。非公開会社で既存株主の割当てを受ける権利を無視して行われた新株発行は無効事由となる（158頁(3)参照）。募集事項の通知・公告（201Ⅲ・Ⅳ〔平成17年改正前商法280ノ 3 ノ 2〕）を欠いた場合は、株主の知らないうちに新株発行が行われる結果となり、株主は差止めを請求する機会を奪われることになるため、無効事由になる（最判平成 9・1・28民集51- 1 -71〈百選24〉〈商判 I -58〉）。ただし、通知・公告がされたとすれば差止め事由がなかったという事情がある場合は、無効事由にすべきではない（同上判例）。なお、新株発行差止めの仮処分が出されたのにそれに違反して新株発行が強行された場合は、無効事由になる[＊2]（最判平成 5・12・16民集47-10-5423〈百選99〉〈商判 I -59〉）。

（イ）　新株発行の不存在　　以上に対し、新株発行・自己株式処分の実体がないといえるほど瑕疵が大きいような例外的な場合には、新株発行・自己株式処分は不存在というしかなく、誰でも、いつでも、新株発行・自己株式処分の不存在を主張することができるが、法律関係の安定のため、不存在確認の訴えの制度が設けられている[＊3]（829①②、834⑬⑭、838）。

＊2）　新株発行無効の訴え　　以上のほか、③新株発行無効の訴えにおいて出訴期間経過後に新たな無効事由を追加主張することは許されない（最判平成 6・7・18裁判所時報1133-170）。④無効判決が確定すると、発行した新株は将来に向かって効力を失う。そこで、会社は新株失効を公告し株券を回収し、払い込まれた金額（現物出資の場合は給付時価額に相当する金銭）を返還する。これらが無効判決確定時の会社財産の状況から著しく不相当なときは、裁判所に対して会社は減額を株主は増額を請求できる〔自己株式処分も同じ〕（以上、840・841・877・878）。なお、無効判決により、発行済株式総数は減少し、未発行株式数は元へ戻るが、資本金・資本準備金は当然には減少しないとされている（計算規則25Ⅱ①・26Ⅱ）。⑤以上のほか、無効判決に再審事由がある余地があるとされた判例（最決平成25・11・21民集67- 8 -1686〈百選A 7〉〈商判 I -62〉）、また、無効の訴えではないが、取締役に新株発行を差し控える注意義務があるとした判例（名古屋高金沢支判平成23・4・27金融法務1983-60）がある。

＊3）　新株発行の不存在　　平成17年改正前商法のもとでは、明文の規定はなかったが、解釈として、新株発行無効の訴えに準じて「新株発行不存在確認の訴え」が認められ、この訴えは、新株発行無効の訴えと同様、会社を被告としてのみ提起することができるが（最判平成 9・1・28民集51- 1 -40）、出訴期間の制限はない（最判

平成15・3・27民集57-3-312)とされていた。そこで、会社法は、この判例法を引き継ぎ、明文の規定を設けた〔自己株式処分も同じ〕(829①②、834⑬⑭、838)〔出訴期間制限はなく、対世効などの規定の適用がある。66頁**図表5**参照〕。近年、新株発行不存在確認の訴えを認容した裁判例がある(大阪高判令和3・11・11〔総株引受契約が無効であった事例〕)。

(5) 株式引受人・取締役等の差額填補責任   (ア) 金銭出資の場合

取締役(指名委員会等設置会社では取締役または執行役)と「通じ」て「著しく不公正な払込金額」で募集株式を引き受けた者は、会社に対して公正な価額との差額を支払う義務を負い、株主代表訴訟が認められる(212 I ①・847 I)。[4)5)]

(イ) 現物出資の場合   (ⅰ) 引受人   上記(ア)と同じ差額支払義務を負うが、出資者が善意でかつ重過失がないときは、出資の取消しが認められる(212 I ②・Ⅱ)。

(ⅱ) 取締役等〔規則44―46〕や現物出資の証明者   連帯して差額支払義務を負うが、検査役の調査を受けた場合や無過失を立証した場合は義務を免れる(213)。

* 4) **会社法**   会社法は、設立時と同じく取締役等の資本充実責任を撤廃したが、さらにまた、現物出資の場合における不足額填補責任を改正して本文で述べるような規律とした。

* 5) **差額填補責任**   判例は、①公募の場合に買取引受けをした証券会社は平成17年改正前商法280条ノ11にいう「株式を引受けたる者」〔会社法212 I の「引受人」〕にあたるとし、②上場会社が額面普通株式の時価発行をする場合について、公正な発行価額は、発行価額決定前の株価・その株価の騰落習性・売買出来高の実績・会社の資産状態・収益状態・配当状況・発行済株式数・新たに発行される株式数・株式市況の動向・これらから予測される新株の消化可能性等の諸事情を総合し、既存株主の利益と会社の有利な資本調達の実現という利益との調和の中に求められるべきものであり、これらの要因が客観的な資料に基づいて斟酌され、その算定方法が一応合理的であり、かつ、発行価額は取締役会による決定直前の株価に近接している場合には、その発行価額は、特別の事情がないかぎり、平成17年改正前商法280条ノ11の「著しく不公正なる発行価額」〔会社法212 I ①の「著しく不公正な払込金額」に相当〕にはあたらないとしている(最判昭和50・4・8民集29-4-350〈商判 I -51〉)。また、③有償の株主割当増資に際し、失権株をいったん取締役が額面金額で引き受けたとしても、従来より取締役が失権株分の新株引受人を確保するのが慣例になっ

ており、取締役名義で引き受けた株式を従業員持株に関する内規に則って額面金額で従業員に分配譲渡していること、株主総会で特別決議をするに足るだけの数の株主が本件新株発行を承認しているものと考えられること、旧株主は直接的に損害を受けていないこと等の事情がある場合には、株式の時価が額面金額を大幅に上回るとしても、当該取締役は「著しく不公正なる発行価額を以て株式を引受けたる者」には該当せず、また当該取締役は平成17年改正前商法266条1項〔会社法423 I〕の損害賠償責任も負わないとした判例がある（大阪地判平成2・2・28判時1365-130）。

(6)　**仮装出資の場合の責任**　　平成26年改正で次の規制が新設された。①募集株式の引受人は、募集株式に係る金銭の払込みまたは現物出資財産の給付を仮装した場合には、会社に対して、払込みを仮装した払込金額の全額の支払または給付を仮装した現物出資財産の給付（会社が給付に代えて財産の価額に相当する金銭の支払を請求した場合は、その金銭の全額の支払）をする義務を負う（213の2 I）。これは無過失責任であり、総株主の同意がなければ免除できない（同II）。②これらの場合に出資の履行を仮装することに関与した取締役・執行役として法務省令で定める者（規則46の2）も、同様の責任を負うが、無過失（職務を行うについて注意を怠らなかったこと）を立証した場合には責任を免れる〔ただし、出資の履行を仮装した者は無過失責任〕（213の3 I）。①②の責任は連帯責任となる[*6]（同II）。

　これらの場合、募集株式の引受人は、①または②の責任の履行がされた後でなければ、出資の履行が仮装された募集株式について株主の権利を行使することができない（209II）。もっとも、この募集株式が譲渡されたような場合には、譲受人は、悪意または重過失があるときを除いて、その募集株式についての株主の権利を行使することができる（同III）。

　＊6)　**仮装の出資と失権との関係など**　　金銭の払込みの場合について述べると、(ア) 外形的にも払込みがない場合には、株式の引受人は失権する（208V）。(イ) 外形的には払込みがあるけれども払込みが仮装であった場合には、見せ金等の場合には新株の払込みは無効となるが、新株発行自体は当然には無効とはならない。最判平成9・1・28民集51-1-71〈百選24〉〈商判 I -58〉は、「いわゆる見せ金による払込みがされた場合など新株の引受けがあったとはいえない場合であっても、取締役が共同してこれを引き受けたものとみなされるから（平成17年改正前商法280ノ13 I）、新株発行が無効となるものではな〔い〕」と判示していた。平成26年改正後の

213条の 3 は平成17年改正前商法280条ノ13を一部復活したとみることができる。もっとも、事案の具体的事情によっては新株発行無効事由となりうる場合もあると解される（新株発行無効の訴えによらないで発行された新株の無効を主張することは原則としてできないと解すべきである〔異なる見解もある〕）。なお、新株発行無効の訴えを認容する判決が確定するまでは新株発行は有効であり（839＝不遡及）、209条 2 項 3 項の適用がある。

図表11 塡補責任等

	設立時株式の発行	会社成立後の株式発行
金銭の払込み		212条 1 項 1 号
現物出資	52条 1 項 103条 1 項	212条 1 項 2 号・2 項 213条
仮装出資	52条の 2 102条の 2 103条 2 項 52条の 2 第 4 項 102条 3 項	213条の 2 213条の 3
仮装出資の場合における株主権行使の制限	原則 52条の 2 第 4 項 102条 3 項 例外 52条の 2 第 5 項 102条 4 項	原則 209条 2 項 例外 209条 3 項

第5節 新株予約権

1 概 要

新株予約権とは、平成13年11月改正で新たに導入された概念であり、それを有する者（新株予約権者）が会社に対してそれを行使したときに、会社から株式の交付を受ける権利をいう〔行使されると、会社は新株予約権者に対して、新株を発行し、または、会社の有する自己株式を交付する義務を負う〕（2㉑）。会社がライターとなって付与するその会社の株式のコール・オプションである。通常は、新株予約権の行使は、あらかじめ定めた一定期間（行使期間）内にあらかじめ定めた一定の金額（行使価額）の払込みをすることによって行う。また、新株予約権の発行は、その価値に対応した対価で（すなわち有償で）行われるのが通常であるが、無償で（対価の払込みを求めないでという意味）行われる場合もある[1]2)3)。

> **＊1）　経緯**　従来の商法は、本文で述べたようなコール・オプションについて限定的な立場をとり、一定の場合（いわゆるストック・オプション・転換社債・新株引受権付社債の場合）にのみその発行を認めてきた。平成13年11月改正は、このようなオプションを一般的に発行することを認め、従来の商法の考え方を変更した。平成13年11月改正は、平成9年改正によって導入されたインセンティブ報酬としてのいわゆるストック・オプションを含めて、一般的に新株予約権という制度を導入し、これを誰に対してでも発行できるようにし、また譲渡も可能とするように規律を拡大整備した。そして、上記のコール・オプションとしての性格を有する改正前の転換社債の転換権と新株引受権付社債の新株引受権についても、新株予約権と名称を改め、上記のコール・オプションについて全体として整合性のある形に規律を改正した。なお、改正前の転換株式も転換予約権付株式と名称変更された。会社法は、新株予約権が株式と同様の経済的実質を有することを重視し、株式に準じて、一定の場合に新株予約権者に買取請求権を認め、また、募集新株予約権に関する規定を設け、新株予約権付社債の規制のしかたを整理するなど、新株予約権についてきわめて詳細な規定を整備した（236以下）。
>
> 　　　本書では、新株予約権付社債については、社債の箇所で述べる〔373頁以下参照〕。

＊2）　**新株予約権**　　「新株予約権」という概念は、新株発行契約を成立させる予約完結権であると説明されているが、予約権の行使には行使価額（払込金額）全額の払込みが必要なので（281）、その払込みをして新株予約権を行使すれば、株主の地位を取得する。したがって、新株発行契約（または自己株式交付契約）を観念する実益はない。

＊3）　**新株予約権の実際**　　日本で発行される新株予約権には、次の4つのタイプがある。①インセンティブ報酬として取締役や従業員に付与する。②資金調達のために発行する（新株予約権付社債とする場合が多い。なお、ライツ・イシュー〔156頁＊4）(2)参照〕の場合には新株予約権無償割当てが使われる）。③株主優待策として、株主に発行する（近年は行われない）。④買収防衛策として発行する。

2　新株予約権の発行手続

（1）　**新株予約権の内容**　　まず、会社法は、新株予約権の内容を定めることを要求する^{＊1)2)3)}（236Ⅰ）〔なお、共有者の権利行使につき237〕。

＊1）　**新株予約権の内容**　　236条1項で法定されている。①新株予約権の目的である株式の数（種類株式の場合は種類および種類ごとの数）またはその数の算定方法、②新株予約権の行使に際して出資される財産の価額〔行使価額〕またはその算定方法〔なお、＊3）参照〕、③金銭以外の財産を新株予約権の行使に際してする出資の目的とするときは、その旨ならびに財産の内容および価額、④新株予約権を行使することができる期間〔行使期間〕、⑤新株予約権の行使により株式を発行する場合における増加する資本金および資本準備金に関する事項、⑥譲渡による新株予約権の取得について発行会社の承認を要することとするときは、その旨、⑦新株予約権について、発行会社が一定の事由が生じたことを条件としてこれを取得することができることとするときは、法の定める一定の事項、⑧発行会社が当該会社が消滅する合併・吸収分割・新設分割・株式交換・株式移転をする場合において、新株予約権の新株予約権者に存続会社・新設会社等の新株予約権を交付することとするときは、その旨およびその条件〔新株予約権の承継〕、⑨新株予約権を行使した新株予約権者に交付する株式の数に1株に満たない端数がある場合において、これを切り捨てるものとするときは、その旨、⑩新株予約権（新株予約権付社債に付されたものを除く）について新株予約権証券を発行することとするときは、その旨、⑪⑩の場合で、新株予約権者が記名式証券・無記名式証券間の転換請求〔290参照〕の全部または一部をすることができないこととするときは、その旨。

　なお、新株予約権付社債に付された新株予約権の数は、その新株予約権付社債についての社債の金額ごとに、均等に定めなければならない（236Ⅱ）。

＊2）　新株予約権の行使条件　　新株予約権には行使条件をつけることができ（238Ⅰ①）〔登記する。911Ⅲ⑫ハ〕、その行使条件は、株主間で異なる条件をつけることも認められる。たとえば、従業員であることを条件に行使できるとか、「ある者が発行済株式総数の20％以上を取得した場合にその者以外の新株予約権者が行使することができる」というような条件をつけることも認められる。

＊3）　令和元年改正　　（1）　上場会社が取締役・執行役にインセンティブ報酬として新株予約権を交付する場合には、行使価額をゼロ円とすることが認められることになった（改正後の236Ⅲ・Ⅳ）。なお、インセンティブ報酬として募集株式を交付する場合にも払込みを要しないものとすることが認められることになった（改正後の202の2・205Ⅲ―Ⅴ・209Ⅳ）〔前述157頁＊5）参照〕。

　（2）　新株予約権に関する登記事項が次のように改められた。①236条3項各号の事項〔インセンティブ報酬として取締役・執行役に交付した新株予約権の行使に際し払込みを要しないこと（＝行使価額をゼロ円とすること）を新株予約権の内容とした場合〕を定めたときは、その定め、②有償で新株予約権を発行する場合における募集新株予約権の払込金額（募集新株予約権の払込金額の算定方法を定めた場合において、登記の申請の時までに募集新株予約権の払込金額が確定していないときは、その算定方法）（改正後の911Ⅲ⑫ハ・ヘ）。

（2）　発行手続　　募集新株予約権の発行は、募集株式の発行の場合に準じて〔ただし、自己新株予約権は募集新株予約権に含まれない〕、取締役会等で募集事項を定めて行う^{＊4）}（238―240。なお248）。募集株式の発行の場合と同様、募集事項は募集ごとに均等でなければならず、また、公開会社が取締役会決議で募集する場合は原則として2週間前までに募集事項の公告または通知をしなければならない（240Ⅱ―Ⅳ）。株主割当ては、募集株式の場合と同様である（241）。

　募集といっても、新株予約権の場合には、払込みをさせないで〔無償で〕発行することも認められる点に注意が必要である。

　その他、募集新株予約権の申込み・割当て（242・243・244・244の2〔平成26年改正で追加〕）、新株予約権者となる日（245）。

　募集株式の場合と異なるのは、払込みについてである。全額払込みが原則ではあるが（246Ⅰ）、払込みがなくても新株予約権を取得はする^{＊5）}（245）。しかし、払込みをしないと新株予約権を行使できない（246Ⅲ）。また、払込みに

ついては、会社が承諾すれば相殺もできる（246Ⅱ）。なお、金銭以外（現物）を対価として給付するような形での新株予約権の発行は、条文上一般的な規定はないが、禁止する趣旨ではない。

　＊4）　**募集事項**　238条1項で法定されている。①募集新株予約権の内容および数、②募集新株予約権と引換えに金銭の払込みを要しないこととする〔＝無償で発行する〕場合には、その旨、③募集新株予約権の払込金額（募集新株予約権1個と引換えに払い込む金銭の額）またはその算定方法〔②の場合を除く〕、④募集新株予約権を割り当てる日〔割当日〕、⑤募集新株予約権と引換えにする金銭の払込みの期日を定めるときは、その期日、⑥⑦（略＝新株予約権付社債の場合）。

　＊5）　**株式発行の場合との比較**　　(ア)　新株発行（募集株式発行）の場合は、会社法では、平成17年改正前商法のように払込期日を定めることのほか、払込期間を定めることも可能になった。新株予約権発行（募集新株予約権発行）の場合は、これと異なり、払込期日制度だけであるが、払込期日を定めない（何も定めない）ことが可能である（238Ⅰ⑤）。しかし、新株予約権の行使期間は定めなければならない（236Ⅰ④）。

　　(イ)　払込期日または行使期間の前日（条文上は、会社法246条3項との関係では、両者が「払込期日」＝246Ⅰ参照）に払込みをしなくても、割当日に新株予約権は取得できるが（245）、新株予約権を行使することはできない（246Ⅲ）。そして、一般に、新株予約権が行使できないことが確定した時には、新株予約権は消滅する（287）。

3　有利発行

(1)　手続　　新株予約権については、次の2つの場合が「有利発行」となり、募集事項の決定に株主総会の特別決議が必要となる[*1)]（238Ⅱ・239Ⅰ・240Ⅰ・309Ⅱ⑥）。

①無償〔払込みを要しないという意味〕で発行し、それが新株予約権を引き受ける者に「特に有利な条件」である場合

②払込金額が新株予約権を引き受ける者に「特に有利な金額」である場合

募集株式の場合と同様に、株主総会では有利発行を必要とする理由を説明する（238Ⅲ・239Ⅱ）。株主総会決議で無償と定めまたは有償の場合の払込金額の下限を定めて募集事項の決定を取締役会等に委任した場合の有効期間は1年間である（239Ⅲ）〔募集新株予約権の内容と数の上限は株主総会決議で定める〕。

＊1）　**特に有利な条件・金額**　　新株予約権自体の価値を測定して、それを基準と
してとくに有利かどうかを判断することになる。新株予約権の価値の測定は、オプ
ションの価値を測定するブラック・ショールズ・モデル（具体的にはブラック・ショ
ールズ計算式・ツリー格子法〔実務では二項モデルと呼ばれる方法がよく使われる〕また
はモンテカルロ・シミュレーション法）を利用して行われる。ブラック・ショールズ
計算式では、現在の株価・オプションの権利行使価額と権利行使日・無リスク金
利・ボラティリティによってオプションの価値が測定される。なお、この計算式は、
将来の株価は予測できなくてもオプションの価値は測定可能であるとするものであ
ることに注意する必要がある。

　　有利発行であるとして新株予約権の発行差止めの仮処分が認められた事例として、
東京地決平成18・1・17、東京地決平成18・6・30判タ1220-110・金融商事
1247-6〈百選25〉〈商判Ⅰ-63〉、札幌地決平成18・12・13金融商事1259-14〔後2者
は会社法のもとでの事例〕がある。

(2)　**インセンティブ報酬としてのストック・オプション**　　平成9年改正
による制度導入以来、取締役や従業員にインセンティブ報酬として付与され
てきたいわゆるストック・オプションは、平成13年11月改正後は、新株予約
権の無償発行として、有利発行手続によることと解されてきた。しかし、会
社法のもとでは原則として有利発行にはならない。^{＊2)}

　＊2）　**インセンティブ報酬としてのストック・オプション**　　会計基準の改正によ
り、インセンティブ報酬としてのストック・オプション（以下、単にストック・オ
プションという）の付与について費用計上が義務づけられることとなった（企業会
計基準第8号「ストック・オプション等に関する会計基準」および企業会計基準適用指針
第11号「ストック・オプション等に関する会計基準の適用指針」（平成17年12月27日））。

　　たとえば、新株予約権の価値が200円だとすると、会計的には、費用として損益
計算書の左側に「費用200円」として、右側は貸借対照表の純資産の部に新株予約
権200円として登場する。

　　そこで、そうなると、ストック・オプションの付与は有利発行とはいえなくなり、
取締役に対するストック・オプションの付与は、会社法361条1項にいう報酬等に
該当する（定款の定めまたは株主総会決議〔普通決議〕が必要）〔264頁＊10)③参照〕
と考えるのが妥当である。

　　会社法制定時の立案担当者は、取締役に対するストック・オプションの付与は報
酬規制と新株予約権発行規制との両方の適用を受け、新株予約権の発行手続との関
係では、ストック・オプションは、一般論としては有利発行になる場合もあればな

らない場合もあるとの考え方のようである。取締役へのストック・オプションの付与については、「有償」の場合には、公正価値を払込金額とする新株予約権の発行であると解し、取締役は会社に対して公正価値に対応する額の報酬債権を有し、それにより新株予約権の発行対価の払込みにあてる（相殺）と考え（246Ⅱ参照）〔相殺構成〕、そうでない「無償」の場合であっても、将来の報酬額を減額するような場合には「特に有利な条件」（238Ⅲ①参照）での発行ではなく〔無償構成〕、取締役会設置会社では取締役会決議で付与できると考えていたようである。

　ストック・オプションの付与について費用計上を義務づける会計基準が制定された以上、その費用がオプションの公正価値に対応する額として算定されるものである場合には、取締役へのストック・オプションの付与は、新株予約権発行手続との関係では公正な払込金額による発行であると解するのが妥当である。そして、361条の報酬規制に服すると解するのが妥当である。

　この場合、発行が「無償」であっても、「無償」とは払込みを要しないという意味であって、経済的には無償とは限らない。ただ、将来の報酬額を減額すると構成するのは考えすぎであって（そもそも将来の報酬額は361条の定款規定または株主総会決議がないと決まらない〔指名委員会等設置会社は別〕）、労務（働くこと）に対して付与すると解するほうがベターであるように思われる。

　以上に対して、未公開企業などの場合には、簡便法により、新株予約権発行時の株式時価を基準とする費用算定が認められており、そうなると、行使価額が新株予約権発行時の株式時価と等しければオプションの費用はゼロということになる。上記の見解が、そのような場合にまで、必ず公正価値（オプションである以上ゼロではない）を算定して報酬規制に服さないと取締役にストック・オプションを付与できないと解する趣旨だとすれば、それは行き過ぎであって、会社法の考え方としては、そのような場合には、たとえば事情を説明して有利発行手続をふめば、ストック・オプションの付与ができると解してよい（この場合に361条の決議をどう考えるかについては、令和元年改正の内容を含めて、後述する〔264頁＊10〕③参照〕）。

　また、子会社の取締役や従業員に親会社のストック・オプションを付与することは、原則として有利発行に該当すると考えられるので、親会社において株主総会の特別決議が必要である。

4　その他

詳細なルールが整備されている。

　①新株予約権原簿（249─253・272の2）

　②新株予約権の譲渡（254─261）と譲渡制限（262─266）　　譲渡制限の場合、株式と異なり投下資本回収方法は定められていないが、新株予約権者には一定の場合には買取請求権が認められる〔下記⑪〕。

　③質入れ（267─272）

　④会社による自己新株予約権の取得　　取得条項付新株予約権の場合について規定が置かれているが（273─276）、それ以外の場合でも取得は可能である。また、処分について自己株式のような規制はない。

　⑤新株予約権無償割当て^{*1)}（277─279）

　⑥新株予約権の行使（280─284）　　現物出資を含むが、金銭の場合必ず1円は払い込まなければならないように条文は読める〔令和元年改正について175頁＊3)参照〕（なお、授権株式数の留保について、282Ⅰ・113Ⅳ・114Ⅱ③）。

　⑦著しく不公正な払込金額等の場合の新株予約権者等の差額支払義務（285・286）　　無償発行が著しく不公正な条件である場合を含む点に注意。

　⑧新株予約権に係る払込み等を仮装した場合の責任（286の2・286の3）

　なお、新株予約権の行使ができないことが確定したときは、新株予約権は消滅する（287）。

　⑨新株予約権証券（288─294）

　⑩登記（911Ⅲ⑫）〔令和元年改正について175頁＊3）参照〕

　⑪買取請求権　　会社法で新しく導入されたルールとして、組織変更や合併等の組織再編の場合のうち一定の場合に、新株予約権者には新株予約権の買取請求権が認められる（777・787等）。

　＊1）　**新株予約権無償割当てに関する割当通知**　　新株予約権無償割当てに関する割当通知は、新株予約権無償割当ての効力発生後遅滞なくしなければならない（279Ⅱ）。そして、新株予約権の行使期間の末日が通知日から2週間以内に到来する場合には、行使期間は、通知日から2週間を経過する日まで延長されたものとみなされる（279Ⅲ）。以上は平成26年改正によるもので、ライツ・イシュー〔156頁＊4）参照〕をしやすくする趣旨である。ライツ・イシューでは、行使期間の初日より前に新株予約権の上場を認めると弊害があると指摘されているが、他方、行使期間の初日まで新株予約権の上場を認めないと市場で新株予約権を売却できる期間の開始が遅くなるところ、平成26年改正前は、割当通知の後2週間を経過するまでは行使

期間を開始させることができなかった（平成26年改正前279Ⅱ）。なお、実務上は、割当通知をするまでに基準日（権利確定日）から 2 ～ 3 週間の準備期間が必要といわれている。

5　新株予約権の発行の瑕疵

(1)　**発行の差止め**　　法令・定款違反または著しく不公正な方法により行われる新株予約権の発行は、それによって株主が不利益を受けるおそれがあるときは、差止め事由となるが (247)、募集株式発行の場合と異なり、新株予約権の発行に資金調達の必要性は要求されないと解すべきである。支配権の争いがあるような場合に行われる新株予約権の特定の者への発行や新株予約権無償割当てが不公正発行にあたるか否かは具体的事例ごとに判断するしかない。^{＊ 1 ）}

＊ 1 ）　**買収防衛策**　　敵対的な買収に対する防衛策ないし対抗措置として、新株予約権の発行や新株予約権無償割当てが使われる。

(1)　平成17年に企業買収とその防衛策をめぐる動きがめまぐるしく展開した。買収の対象となる企業の経営陣の同意を得ないで行われる買収のことを一般に「敵対的買収」と呼んでいるが、東京地決平成17・ 3 ・11金融商事1213- 2 ＋東京地決平成17・ 3 ・16金融商事1213-21＋東京高決平成17・ 3 ・23判時1899-56〈百選97〉〈商判Ⅰ-65〕〔取締役会決議による特定者への新株予約権の発行について差止めの仮処分を認容〕の事例では、平成17年 2 月初旬に、買収者は、東京証券取引所の上場会社に対して、株式公開買付け〔TOB ともいう〕という通常の方法によるのではなく、東京証券取引所の立会い外取引という特殊な取引を通じて対象会社の株式を買い集めた。これに対して対象会社は、対抗策として新株予約権をグループ会社に発行することで買収者の持株比率を薄めようとしたが、裁判所はそのような新株予約権の発行を差し止め、対抗策は不発に終わった。その後、紆余曲折はあったが、結局、当事者間で和解が成立した。

この事例は、それまで日本では起きることがあまり考えられなかったような敵対的買収がいつ起きても不思議ではないということを企業関係者に目覚めさせ、その後、上場企業では、急遽、敵対的買収への防衛策の導入を試みるところがいくつか出てきた。 6 月下旬の株主総会でも、いくつかの上場企業が買収防衛策を付議したが、なかには、大口株主である機関投資家によって反対され、経営者の提案した議

案（授権株式数の増加・取締役の員数の上限設定等の定款変更）が否決されるという例も出たりした。

　(2)　平成17年3月に国会に提出された証券取引法改正案には、急遽、立会い外取引を規制する改正が盛り込まれ、この改正は6月に国会で成立し、立会い外取引規制の部分は異例の早さで7月に施行された。また、3月と4月には、東京証券取引所等は、投資家保護の観点から黄金株等の一定の防衛策や関連する大量の株式分割等の行為は上場会社にふさわしくないとして、上場会社に対してその自粛を求めた。そして、経済産業省の「企業価値研究会」は買収防衛策に関する考え方を整理した報告書を5月27日に公表したが、同日、経済産業省と法務省は共同で「企業価値・株主共同の利益の確保又は向上のための買収防衛策に関する指針」を公表した。この「指針」は、法的な拘束力はないが、実際には影響が大きい。

　この「指針」は、次の3つの原則をかかげたうえで、具体的な例もあげている。①企業価値・株主共同の利益の確保・向上の原則〔買収防衛策の目的は、企業価値（株主利益に資する会社の財産、収益力、安定性、成長力などを指す）ひいては株主共同の利益（株主全体に共通する利益）の維持・向上とする〕、②事前開示・株主意思の原則〔買収防衛策は、事前にその内容などを開示し、株主等の予見可能性を高める、株主の合理的意思に依拠したものとする（株主総会の承認を得て導入する、取締役会で導入する場合には株主の意思で廃止できる措置を採用する）〕、③必要性・相当性の原則〔買収防衛策は過剰なものとしない（株主の財産権保護、経営者の濫用防止をはかる措置が必要）〕。

　そして、東京地決平成17・6・1金融商事1218-8＋東京地決平成17・6・9金融商事1218-26＋東京高決平成17・6・15判時1900-156〈百選A42〉では、ある上場企業が採用した「平時」導入型の新株予約権を用いたスキーム（具体的な敵対的買収者が現れるよりも前の段階である「平時」において導入しておく対策をいう）について、裁判所はその新株予約権発行の差止めを認めた。その後、5月・6月には、事前警告型と呼ばれる防衛策を採択したり、信託を用いた新株予約権スキームの防衛策を株主総会の特別決議を経て導入する上場企業も登場した。さらに、7月に入って、政府は、株式公開買付け制度の見直しを検討することを明らかにし、その見直しは、平成18年に証券取引法の改正として実現し、同年12月13日に施行された。

　(3)　他方で、会社法のもとでは、各種の防衛策の導入が容易になったといわれている。たとえば、第1に、買収者の議決権比率を低下させる方法（いわゆるライツ・プラン）について、(ア)種類株式を使う方法として、平成17年改正前商法のもとでも、一定割合以上の株式を買い占めた買収者の株式を強制的に取得して議決権制限株式に転換したり、取得対価として金銭を交付したりすることができる種類株式

を発行することができたが、会社法では、既に発行している普通株式をそのような防衛策対策の施された種類株式に転換することが可能となった。(イ)新株予約権を使う方法として、会社法では、買収者が一定割合以上の株式を買い占めた場合には、買収者の新株予約権は消却され、かつ、買収者以外の株主には自動的に株式が発行されるような新株予約権を発行することもできるようになった。第2に、友好的な企業に拒否権付株式等(いわゆる黄金株)を保有させる方法について、平成17年改正前商法のもとでも、友好的な企業に対して拒否権付株式等を発行することができたが、そのような株式は会社の知らないところで他の者に譲渡されると悪用されるおそれがあるので譲渡制限をかけることが求められるところ、平成17年改正前商法では一部の種類の株式についてだけ譲渡制限をかけることができなかった。会社法では、会社が一部の種類の株式についてだけ譲渡制限をすることもできるようになった。

　(4)　平成18年2月に制定された会社法施行規則118条3号〔平成21年一部改正。平成18年制定時は127条〕は、事業報告における開示について、次の事項を定めた。「株式会社が当該株式会社の財務及び事業の方針の決定を支配する者の在り方に関する基本方針(以下この号において「基本方針」という。)を定めているときは、次に掲げる事項　イ　基本方針の内容の概要、ロ　次に掲げる取組みの具体的な内容の概要　(1)当該株式会社の財産の有効な活用、適切な企業集団の形成その他の基本方針の実現に資する特別な取組み、(2)基本方針に照らして不適切な者によって当該株式会社の財務及び事業の方針の決定が支配されることを防止するための取組み、ハ　ロの取組みの次に掲げる要件への該当性に関する当該株式会社の取締役(取締役会設置会社にあっては、取締役会)の判断及びその理由(当該理由が社外役員の存否に関する事項のみである場合における当該事項を除く。)　(1)当該取組みが基本方針に沿うものであること。(2)当該取組みが当該株式会社の株主の共同の利益を損なうものではないこと。(3)当該取組みが当該株式会社の会社役員の地位の維持を目的とするものではないこと。」

　(5)　社会や国の経済からみた場合、敵対的買収イコール悪であるとはいえない。良い買収もあれば悪い買収もある。良い・悪いを決める基準は何か、また、良い・悪いは誰が判断すべきかといった問いがポイントである。上記の企業価値研究会の報告書はこうした点のロジックを整理しようと努めている。そこでの結論は、良い買収と悪い買収とを決める基準は、企業価値であるべきであるとされている。すなわち、企業価値を高めるような買収は良い買収で、企業価値を損なうような買収は悪い買収である。そして、敵対的買収への防衛策については、企業価値を損なうような買収は実現されるべきではなく、その実現を止めるような防衛策は合理性があり、他方、企業価値を高めるような買収は実現されるべきで、したがってその実現

を止めるような防衛策は合理的ではないということになる。

　もっとも、誰がそれを判断すべきかという問いは、難問である。「平時」導入の際には、株主総会決議によるべきであるとする意見もあれば、取締役会決議での導入も一定の条件で認められてしかるべきであるという意見もある。「平時」に導入したとしても、「有事」になった際に（すなわち具体的な敵対的買収者が出現した時点で）、企業価値を損なうような買収であれば防衛策を発動し、企業価値を高めるような買収であれば防衛策は発動すべきではないので、発動・不発動を「有事」になった時点で誰かが判断しなければならない。「有事」に株主総会を開いている時間的余裕は通常はないので、取締役会で決めるか、誰か社外の中立的な第三者等に決めてもらうか、誰も判断しないこととして株式市場における投資家の株式売買という帰趨にゆだねるかなど、意見はいろいろと分かれている。

　(6)　東京高決平成17・3・23〔前掲(1)参照〕は、「商法上、取締役の選任・解任は株主総会の専決事項であり、取締役は株主の資本多数決によって選任される執行機関といわざるを得ないから、被選任者たる取締役に、選任者たる株主構成の変更を主要な目的とする新株等の発行をすることを一般的に許容することは、商法が機関権限の分配を定めた法意に明らかに反するものである……」「現に経営支配権争いが生じている場面において、経営支配権の維持・確保を目的とした新株予約権の発行がされた場合には、原則として、不公正な発行として差止請求が認められるべきであるが、株主全体の利益保護の観点から当該新株予約権発行を正当化する特段の事情があること、具体的には、敵対的買収者が真摯に合理的な経営を目指すものではなく、敵対的買収者による支配権取得が会社に回復し難い損害をもたらす事情があることを会社が疎明、立証した場合には、……発行を差し止めることはできない」と判示した。この決定の後、前半の考え方は「権限分配法理」と呼ばれるようになった。

　東京地決平成19・6・28金融商事1270-12＋東京高決平成19・7・9金融商事1271-17＋最決平成19・8・7民集61-5-2215〈百選98〉〈商判Ⅰ-66〉は、公開買付けを開始した買収者に対抗して、その買収者は行使できず、また取得の対価を金銭とするという差別的な行使条件と取得条項を付した新株予約権無償割当てを、定款変更により発行権限を株主総会に移したうえで株主総会決議で行った事例である。最高裁は、新株予約権無償割当てにも差止めの規定（247）が類推適用されることを前提としたうえで、結論としては、差止めの仮処分を認めなかった原決定を維持した。最高裁決定では、本件での新株予約権無償割当てのような対抗措置が不公正発行（247類推適用）に該当せず、また株主平等の原則の趣旨に違反しないためには、必要性と相当性が必要であるが、本件では株主総会で多数の株主が承認しており必

要性の存在は推認され、他方、相当性のほうは推認はされず裁判所の審査に服する（結論としては本件では相当性の存在が肯定された）という枠組みがとられていると理解することができる。

(7) 以上の裁判例の流れと実務の進展のなかで、平成20年6月30日に「企業価値研究会」は報告書を公表し、敵対的買収者に金銭等を交付することは政策論としては望ましいとはいえないとし、金銭等を交付しなくても適法となりうる場合の論拠を示した。

(8) 上記で言及した以外に、株式分割の差止めを認めなかった事例として、東京地決平成17・7・29金融商事1222-4、株主総会決議無効確認の訴えを却下した事例として、東京地判平成26・11・20金融商事1457-52〈百選A43〉、株主総会決議で買収防衛策を廃止するという株主提案について議案要領通知請求権（305 I）を否定した事例として、横浜地決令和1・5・20資料版商事法務424-126＋東京高決令和1・5・27資料版商事法務424-120がある。なお、株主構成の変更自体を主要な目的とする不公正発行に該当すると推認して新株予約権発行の差止めの仮処分を認容した事例として、大阪地決平成28・12・27＋大阪地決平成29・1・6金融商事1516-51、弁護士費用の支出につき、東京高判平成30・5・9金融商事1554-20。

(9) 東京証券取引所の上場規制 平成19年11月に整備された東京証券取引所の「企業行動規範」において、買収防衛策の導入に係る遵守すべき事項として、開示の十分性・透明性・流通市場への影響・株主の権利の尊重が定められた（有価証券上場規程440条〔平成21年8月24日に一部改正〕）。また、平成27年に策定された東京証券取引所のコーポレートガバナンス・コード（平成30年・令和3年に一部改訂。本書巻末参照）では、次の事項が定められている。

(i) 原則1-5．いわゆる買収防衛策 買収防衛の効果をもたらすことを企図してとられる方策は、経営陣・取締役会の保身を目的とするものであってはならない。その導入・運用については、取締役会・監査役は、株主に対する受託者責任を全うする観点から、その必要性・合理性をしっかりと検討し、適正な手続を確保するとともに、株主に十分な説明を行うべきである。

(ii) 補充原則1-5① 上場会社は、自社の株式が公開買付けに付された場合には、取締役会としての考え方（対抗提案があればその内容を含む）を明確に説明すべきであり、また、株主が公開買付けに応じて株式を手放す権利を不当に妨げる措置を講じるべきではない。

(10) 令和2年以降の動向 (ア) 令和2年に入って、ある上場会社が同年1月17日に導入した防衛策（有事導入型）について株主意思確認総会（臨時株主総会）が同年3月27日にその発動を承認し、同日取締役会決議により新株予約権無償割当て

が決定された。買収者は4月2日にTOB（株式公開買付け）を撤回したため、4月7日に無償割当ては中止となった。この紛争は裁判にはならなかった。そして、その後、同様の内容の（といっても細部は同一ではなく、また導入のタイミング等も事案によって異なる）防衛策の発動をめぐって次のような事案が裁判になった。①名古屋地決令和3・3・24資料版商事法務446-152（差止め仮処分決定）＋名古屋地決令和3・4・7資料版商事法務446-144（仮処分決定取消し）＋名古屋高決令和3・4・22資料版商事法務446-138〈商判Ⅰ-67〉（なお、名古屋地決令和3・7・14資料版商事法務451-123は、株主意思確認を議題とする株主総会の招集を297条1項ですることはできないと判示している）、②東京地決令和3・4・2資料版商事法務446-166（差止め仮処分決定）＋東京地決令和3・4・7資料版商事法務446-163（保全異議申立却下）＋東京高決令和3・4・23資料版商事法務446-154（抗告棄却・仮処分確定）、③東京地決令和3・6・23資料版商事法務450-151〈商判Ⅰ-69〉（差止め仮処分認めず）＋東京高決令和3・8・10資料版商事法務450-146（抗告棄却）、④東京地決令和3・10・29資料版商事法務453-107（差止め仮処分認めず）＋東京高決令和3・11・9資料版商事法務453-98〈商判Ⅰ-70〉（抗告棄却）＋最決令和3・11・18資料版商事法務453-107（抗告棄却）。⑤大阪地決令和4・7・1資料版商事法務461-162（差止め仮処分を認容）＋大阪地決令和4・7・11資料版商事法務461-158（差止め仮処分認可）＋大阪地決令和4・7・21資料版商事法務461-153（保全抗告棄却）＋最決令和4・7・28資料版商事法務461-147（許可抗告棄却・仮処分確定）。

　敵対的買収といってもさまざまなものがあり、個別の事案に応じて事実関係も異なるので一律に論じることはできないが、おおざっぱにいうと、近時の敵対的買収の特徴としては、アクティビストファンド等の買収者が市場で対象会社の株式を買い集め、その前後で、部分買付けのTOBを実施する等を武器として対象会社の経営陣と交渉するというパターンが少なくない。なお、買収者は必ずしも支配権まで取りにいくとは限らない。

　これに対する対抗措置としては、上記の令和2年3月にある上場会社が採用した（実務でいう）「特定標的型」の防衛策が典型的なものであり、対抗措置である新株予約権無償割当てに際して「株主意思確認総会」（会社法上の株主総会決議ではない株主意思確認決議ないし勧告的決議）を開催して株主意思確認を行うとする例が多い。もっとも、TOBが実施される場合は、その終了時までに株主意思確認総会を開催する必要があるので（TOB期間が終了してTOBが成立すると株主構成が変わる）、それが時期的にむずかしい事案では、対象会社の経営陣ないし取締役会は買収者に対してTOB期間を延長を求めるのが通常である。買収者はこれに応じることも少なくないが応じない例もある。なお、この防衛策は「有事導入型」と呼ぶべき場合が多

いが、TOB 開始前に導入されることもあり、実務では「半有事導入」と呼ぶことともある。ただ、いずれにせよ、平時導入型の防衛策に関する平成17年の経済産業省と法務省の指針に沿った（少なくともこれと整合的な）内容としている場合が通常である。内容は、一定の情報開示等（場合により TOB 期間の延長）を買収者に求め、買収者がこれに従わないと対抗措置を発動する。発動に際しては発動時までに株主意思確認総会による承認を経るのが通常である。対抗措置は通常は差別的行使条件が付された新株予約権無償割当てであり、前掲の平成19年最高裁決定の事案で用いられたものに類似するが、具体的な設計は多少異なり、買収者への金銭補償等を一定の範囲で定める例が多い。

　①の事案では、株主総会の普通決議で事前警告型防衛策が導入され（その内容はおおむね企業価値研究会の平成20年報告書に沿ったもの）、取締役会決議で発動された対抗措置が会社法上適法とされた（買収者の TOB は部分買付け）。②の事案では、取締役会決議で防衛策（有事導入型）が導入され、取締役会決議で発動された対抗措置が会社法上違法とされた（買収者の TOB は全部買付け）。③の事案では、取締役会決議で防衛策（有事導入型）が導入され、株主意思確認総会を経て発動された対抗措置が会社法上適法とされた（買収者の TOB は全部買付け）。④の事案では、取締役会決議で防衛策（有事導入型）が導入され、株主意思確認総会を経て発動された対抗措置が会社法上適法とされた（買収者による TOB はなし。市場買集めのみ）。⑤の事案は、④の事案と似ているが、対抗措置が会社法上違法とされた。④は後述するMOM であったのに対して⑤は通常の普通決議であったが、裁判所は、対象会社による対抗措置について必要性の推認は肯定されるが相当性を欠く（やりすぎである）として、差止めの仮処分を認めた。

　学界では、このような防衛策とそれに基づく対抗措置は、敵対的買収者によるTOB（とくに部分買付けの場合）および株式の市場買集めのいずれの場合にも、買収者が支配権（または相当割合の株式）を取りに行くプロセスにおいて株主が持株を売却する判断に与える強圧性が存在するため、それに対応するものであり、その意味で防衛策は一定の条件のもとで認められるべきとの議論が通常であるが、強圧性の排除はそれ自体が目的視されるべきではなく、強圧性が存在すると企業価値を損なう買収が成立する可能性がある点が問題であることに留意する必要がある。また、以上は理論であって、実際の事案において強圧性の存否や程度が測定された例はなさそうである。

　④の事案では、株主意思確認総会において買収者（と対象会社の取締役等）の議決権を除外して同総会での決議が行われ、出席議決権の79％が防衛策の発動に賛成した。これは、買収者が TOB までに市場で株式（議決権）の40％を買い集めてい

たため、買収者の議決権をカウントすると同総会において過半数の賛成が得ること
が困難ないし不可能であったという事情があると見受けられる。

　(ｲ)　問題点　　(ⅰ)　株主平等原則違反（109Ⅰ・247①類推適用）か不公正発行（247
②の類推適用）か　　平成19年最高裁決定は、株主平等原則（の趣旨）違反を先に判
断し、不公正発行該当性をその後で判断しているが、最近の地裁・高裁の裁判例は、
先に不公正発行該当性を判断し、不公正発行の要件である必要性と相当性の要件を
クリアした場合には、それにあまり付け加える点もなく株主平等原則（の趣旨）違
反はないとしている。

　(ⅱ)　「主要目的ルール」は、新株予約権無償割当ての場合にも妥当すべきか
最近の地裁・高裁の裁判例は、募集株式発行の不公正発行（210②）該当性を判断
する際の「主要目的ルール」を敵対的買収への対抗措置である新株予約権無償割当
てにも適用している。しかし、新株予約権無償割当てには敵対的買収をつぶすこと
以外に目的はないのであって、「主要」目的を問題とするのが妥当かどうか疑問の
余地がないではない。

　(ⅲ)　MOM（ここでは、買収者と対象会社の取締役等の一定の者の議決権を除外してそ
れ以外の株主の多数の判断を仰ぐやり方を意味する）の意義　　④で問題となったが、
「企業価値のき損」（対抗措置の必要性）の疎明責任が買収者等を除いての株主意思
確認総会での単純多数決による対抗策発動の承認によって転換すると解してよいか
は議論の余地がある。疎明責任の転換はむしろ総合判断というほうが妥当と考えら
れる。

　④の事案の前の時点において、近時の一連の裁判例によって、買収防衛策の導入
と発動が取締役会決議のみでされた場合については、判例上、原則として、事後的
に株主の意思によって対抗措置が撤回・解除されることが予定されているか否かに
よって対抗措置発動の是非が決せられることがおおむね固まったものと解されると
の理解が実務においてされていた。そして、敵対的TOBの予告または開始に対応
して防衛策を導入し、対抗措置を発動する場合（③の事案など）と異なり、市場買
上がりに対応して防衛策を導入し、対抗措置を発動する場合（④の事案など）には、
株主意思確認総会に対抗措置発動の是非につき付議するとしても、時間の経過とと
もに株主構成自体が買収者側に有利に変わっていくことになるという問題がある。
株主意思確認総会の基準日までにおける急速な市場買上がりに対して、対象会社の
取締役会側には有効な対抗手段がない。この点について、④⑤は新しい判例法を形
成したと理解することができる。

　(11)　令和5年7月末の時点で、上場会社のうちで約260社が事前警告型と総称さ
れる買収防衛策を導入していると報じられている。種類株式を用いた防衛策は、平

成16年秋に石油会社の例があるが、それ以外には、証券取引所が消極的であること
もあって導入されてはいない〔なお、議決権種類株式を発行する会社の新規上場が一定
の条件のもとで認められることについて、91頁＊1）参照〕。

⑿ 令和5年8月31日に経済産業省は「企業買収における行動指針」を公表して
いる。また、令和5年12月25日に金融庁の金融審議会「公開買付制度・大量保有報
告制度等ワーキング・グループ報告」が公表され、令和6年中に公開買付制度・大
量保有報告制度等に係る金融商品取引法の改正が見込まれている。

(2) **新株予約権発行無効の訴え** 平成17年改正前商法は、新株発行の場
合と異なり、新株予約権発行無効の訴えの制度は用意していなかったが、会
社法は、新株発行無効の訴えと同様の制度として、新株予約権発行無効の訴
えの制度を整備した[*2]〔新株予約権付社債を含む〕（828 I ④・Ⅱ④、無効判決の効力として
842）。

＊2） **新株予約権発行無効** 後述375頁＊2）参照。なお、株主総会決議において、
新株予約権の行使条件の一部について、その内容の決定を取締役会に委任した場合、
委任された趣旨に反する行使条件の決定ないし変更は無効であり、それに基づく新
株予約権の行使により行われた新株発行は新株発行無効事由となるとした判例があ
る（最判平成24・4・24民集66-6-2908〈百選26〉〈商判Ⅰ-64）。このほか、名古屋地一
宮支決令和2・12・24金融商事1616-30〔新株発行差止めの仮処分を認めず〕。

第6節　機　　関

1 総　　説

1．会社の機関

　会社は法人であるから、自ら意思を有し行為をすることはできない。そこで、一定の自然人または会議体のする意思決定や一定の自然人のする行為を会社の意思や行為とすることが必要になる。このような自然人または会議体を会社の「機関」と呼ぶ。

　株式会社の場合には、会社法は多数の株主が存在することを想定するため、株主は事業の所有者であるといっても、株主自らが会社の経営に直接関与することは不可能であり、適切でもない。そこで、会社法は、株主自身は、定時または臨時に株主総会を開いて、基本的な事項について会社の意思を決定することとし、これらの基本的事項以外の会社の経営に関する事項の決定と執行をさせるために取締役を選任することとしている。典型的な株式会社では、取締役は全員で取締役会を構成し、取締役会は会社の業務執行に関する意思決定をするとともに、代表取締役を選定して、代表取締役が業務を執行し、対外的には会社を代表する（日常的な事項については取締役会から代表取締役に意思決定も委譲される）。他方、株主総会は取締役の選任権と解任権によって取締役を監督するほか、会社法は、個々の株主（単独株主権）または一定の株式数・議決権数を有する株主（少数株主権）に総会の決議や取締役の業務執行を監督是正する権限を認めている。株主がこれらの権限を行使するのは会社の機関として行動するものといえる。さらに、一定の会社では、株主総会は監査役を選任して取締役の職務の執行を監査させる。また、一定の会社では、監査役全員が監査役会を構成し、監査役会が監査権限の一部を担当したり、会計監査人を設置して会計監査人が会計監査を行うなどのバラエティがあるほか、すべての会社において会計参与の設置が可能である。

　このような機関に関する会社法の規律は、コーポレート・ガバナンスに関する法制の中心的な部分である。^{* 1) 2)}コーポレート・ガバナンスのあり方についての近年の世界的規模での議論やこれまでの日本での経験等を受けて、平成14年改正は、商法特例法上〔当時〕の大会社について、重要な改正を行ったが、会社法は、有限会社と株式会社とを1つの会社類型に統合することに合わせて、機関設計についての規律を大幅に見直して、法律上は最低限度の機関設計だけを要求することとし、一定のルールのもとで、原則として、各会社が任意に各機関を設置できることとした（326Ⅱ参照）〔**図表12**参照〕。

図表12　機関設計の典型例

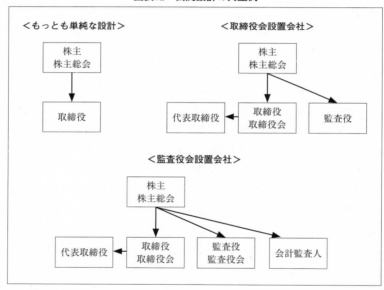

* 1 ）**コーポレート・ガバナンス**　⑴　コーポレート・ガバナンス（企業統治）とは、どのような形で企業経営を監視する仕組みを設けるかという問題であるが、不正行為の防止（健全性）の観点だけでなく、近年は企業の収益性・競争力の向上（効率性）の観点からも、コーポレート・ガバナンスのあり方について世界的な規模でさまざまな議論がされている。コーポレート・ガバナンスは、会社法などの法制だけにかかわる問題ではなく、実際上の対応も重要である。

　⑵　東京証券取引所は、上場会社のコーポレート・ガバナンスの向上に向けた環

境整備の一環として、①上場会社は、一般株主保護のため、独立役員（一般株主と利益相反が生じるおそれのない社外取締役または社外監査役をいう）を1名以上確保することを、同取引所が上場会社に対して定める「企業行動規範」の「遵守すべき事項」として規定し、かつ、独立役員に関して記載した「独立役員届出書」を同取引所へ提出することを求め（東京証券取引所有価証券上場規程436の2）、また、②上場会社が自らのコーポレート・ガバナンス体制を選択する理由と独立役員の確保の状況（独立役員として一定の利害関係者に該当する場合は、それを踏まえてもなお独立役員として指定する理由を含む）を、コーポレート・ガバナンス報告書において開示することを求めている（東京証券取引所有価証券上場規程施行規則211Ⅵ②・⑤、226Ⅵ②・⑤）〔平成21年12月30日施行、平成24年5月10日一部改正施行、平成26年2月10日一部改正施行（なお、上場会社は取締役である独立役員を少なくとも1名以上確保するよう努めなければならない〔上記有価証券上場規程445の4（望まれる事項）〕）〕〔「遵守すべき事項」と「望まれる事項」の違いは、前者は違反すると実効性確保措置（上記有価証券上場規程第5章）が適用されるが、後者は違反してもそれは適用されない点にある〕。

　(3)　上場会社のコーポレート・ガバナンス（企業統治）に関する開示内容の充実を図るため、企業内容等の開示に関する内閣府令〔開示府令〕の改正が行われた〔平成22年3月31日施行、平成24年3月30日一部改正施行〕。具体的には、上場会社は、有価証券報告書等において「コーポレート・ガバナンス体制」「役員報酬」「株式保有の状況」に関する詳細な開示が求められ（開示府令第二号様式）、臨時報告書において「議決権行使結果」についての詳細な情報の開示が求められる（開示府令19Ⅱ⑨の2）。また、平成31年1月31日の開示府令の改正（同日施行）により、役員報酬と政策保有株式に関する開示の拡充が求められることとなった（同年3月期に係る有価証券報告書から適用。改正後の開示府令第二号様式（有価証券届出書）記載上の注意の⑸コーポレート・ガバナンスの概要、⑸役員の状況、⑸監査の状況、⑸役員の報酬等、⑸株式の保有状況、同第三号様式（有価証券報告書）記載上の注意の⑶コーポレート・ガバナンスの概要、⑸役員の状況、⑶監査の状況、⑶役員の報酬等、⑶株式の保有状況）。なお、この府令改正は記述情報（非財務情報）の開示の拡充も求めている（令和2年3月期に係る有価証券報告書から適用）。後掲(6)も参照。

　(4)　平成26年2月26日、金融庁は、日本版スチュワードシップ・コードに関する有識者検討会「『責任ある機関投資家』の諸原則：日本版スチュワードシップ・コード」を定め、機関投資家の行動基準を定めた（平成29年5月29日・令和2年3月24日に一部改訂）。3か月ごとに、このコードの受入れを表明して届出をした機関投資家のリストが公表されている。

　(5)　平成27年3月5日、金融庁と東京証券取引所を共同事務局とする「コーポレ

ートガバナンス・コードの策定に関する有識者会議」が上場会社向けに「コーポレートガバナンス・コード原案」を策定した〔コードの部分は、本書巻末（448頁以下）に収録した〕。このコードは、東京証券取引所において規範化され、平成27年 6 月 1 日から適用されている（平成30年 6 月 1 日・令和 3 年 6 月11日に一部改訂）。 5 つの基本原則・30（平成30年改訂後は31）の原則・38（平成30年改訂後は42、令和 3 年改訂後は47）の補充原則から構成され（行動規範の合計数は、平成27年策定時が73、平成30年改訂後は78、令和 3 年改訂後は83）、いずれの規範も、スチュワードシップ・コードにおけるのと同様、原則主義（プリンシプルベース）とされているが（一部例外がある）、コードで示される規範は「コンプライ・オア・エクスプレイン」規範とされる（規範を実施しない場合に実施しない理由を説明しないと上場規則違反となる）。ただし、コードの基本原則・原則・補充原則のすべてがコンプライ・オア・エクスプレイン規範として適用されるのは本則市場（ 1 部および 2 部市場）〔令和 4 年 4 月 4 日からはプライム市場とスタンダード市場。＊ 2 ）参照〕の上場会社であり（それ以外の市場〔令和 4 年 4 月 4 日からはグロース市場。＊ 2 ）参照〕の上場会社には基本原則だけがコンプライ・オア・エクスプレイン規範として適用されるが、原則・補充原則も尊重されるべき規範ではあるとはいえる）。また、規範を実施しない場合における理由の説明はコーポレート・ガバナンス報告書で行う。なお、令和 3 年改訂により、プライム市場上場会社向けの規範が 6 つ定められた。また、規範を実施する場合に情報開示が求められる項目が15ある（このうち 2 つはプライム市場上場会社向け）。

　コーポレートガバナンス・コードは、その冒頭の「コーポレートガバナンス・コードについて」の部分において、次の 2 点を述べている。①本コードにおいて、「コーポレートガバナンス」とは、会社が、株主をはじめ顧客・従業員・地域社会等の立場を踏まえた上で、透明・公正かつ迅速・果断な意思決定を行うための仕組みを意味する。②本コードは、実効的なコーポレートガバナンスの実現に資する主要な原則を取りまとめたものであり、これらが適切に実践されることは、それぞれの会社において持続的な成長と中長期的な企業価値の向上のための自律的な対応が図られることを通じて、会社、投資家、ひいては経済全体の発展にも寄与することとなるものと考えられる。また、各章の基本原則の後に「考え方」が述べられており、留意する必要がある。

　なお、このコードが参考とした OECD（経済協力開発機構）の「コーポレートガバナンスに関する原則」（1999年制定・2004年改訂）も2015年 9 月に改訂版が確定した（名称は、G20/OECD Principles of Corporate Governance となった）。近年のサステナビリティ関連の動向等を受けて、この原則は、2023年 9 月に改訂されている。

　(6)　平成30年 6 月 1 日にコーポレートガバナンス・コードの改訂に合わせて金融

庁「投資家と企業の対話ガイドライン」が策定されたが（令和 3 年 6 月11日に一部改
訂）、これはガイドラインであって法令ではない。

　また、平成31年 1 月22日に金融庁「会計監査についての情報提供の充実に関する
懇談会」報告書が公表され、監査人の異動に係る開示の改正がされた〔近年の監査
基準の改正等については、198頁＊ 1 ）参照〕。そして、平成31年 1 月31日に開示府令
〔(3)参照〕の改正が行われ、有価証券報告書における記述情報（非財務情報）およ
びガバナンス関連情報の開示の充実と一部英文開示が実施されることになった。そ
して、平成31年 3 月19日には金融庁「記述情報の開示に関する原則」と「記述情報
の開示の好事例集」（後者は随時更新）が公表されている。令和 5 年 1 月31日に、有
価証券報告書におけるガバナンス関連情報の充実やサステナビリティ関連情報の記
載欄の新設等を定める開示府令等の改正がされている。

　サステナビリティ関係の情報開示については、上記のコーポレートガバナンス・
コードの令和 3 年改訂において新しい規範が盛り込まれているが、IFRS財団がサ
ステナビリティに関する開示基準の開発を目的とする「国際サステナビリティ基準
審議会（International Sustainability Standards Board：ISSB）」が設置され、令和 5 年 6
月26日に最初の基準である IFRS-S 1 号（サステナビリティ関連財務情報の開示に
関する全般的要求事項）と IFRS-S 2 号（気候関連開示）を公表している。日本で
は、令和 4 年 7 月 1 日に公益財団法人財務会計基準機構の下に「サステナビリティ
基準委員会」が設置され、基準開発の審議が行われている。

　なお、金融商品取引法の基づく情報開示については、実際は、金融庁「企業内容
等の開示に関する留意事項について」（企業内容等開示ガイドライン）〔最新版は令
和 5 年12月〕が重要である。これは「あくまで法令等の適用に当たり、留意すべき
事項（制定・発出時点において最適と考えられる法令等の解釈・運用の基準）及び審査・
処分の基準・目安等を示したものであり、個別の事情に応じて、法令等の範囲内に
おいてこれと異なる取扱いとすることを妨げるものではない」とされている（同ガ
イドライン 1 - 1 - 1 ）。

　(7)　コーポレートガバナンス・コードを実践するうえで有益な実務指針として、
経済産業省「コーポレート・ガバナンス・システムに関する実務指針（CGSガ
イドライン）」（平成29年 3 月31日策定・平成30年 9 月28日・令和 4 年 7 月19日に一部改訂）、
経済産業省「グループ・ガバナンス・システムに関する実務指針（グループガイド
ライン）」（令和元年 6 月28日策定）、経済産業省「事業再編実務指針」（令和 2 年 7 月
31日策定）、経済産業省「社外取締役の在り方に関する実務指針」（令和 2 年 7 月31日
策定）がある。

　(8)　令和 2 年 2 月 7 日に、東京証券取引所は、上場子会社のガバナンス向上のた

め、上場規則等の改正を施行している〔会社法施行規則の改正を含め、436頁＊2）参照〕。

(9)　令和5年3月31日に東京証券取引所は上場会社に対して「資本コストや株価を意識した経営の実現に向けた対応等に関するお願い」を発出した。このお願いは、①資本コストや株価を意識した経営の実現に向けた対応（プライム市場・スタンダード市場の上場会社）、②株主との対話の推進と開示（プライム市場の上場会社）、③建設的な対話に資する「エクスプレイン」のポイント・事例の通知を含んでおり、これらの内容は、持続的な成長と中長期的な企業価値向上の実現に向けて重要と考えられる事項をまとめたものである。上場規則上の義務付けを行うものではないが、上場会社に、投資者からの期待を踏まえ、積極的に実施していただくことをお願いするものとされている。そして、上場会社との対話の担い手となる機関投資家にも、上場会社における今般の対応を踏まえた開示内容等に基づき、上場会社の持続的な成長と中長期的な企業価値向上の実現に向けて、建設的な対話を実施していただくことを期待するとされている。

(10)　令和5年4月26日に「コーポレートガバナンス改革の実質化に向けたアクション・プログラム」（「スチュワードシップ・コード及びコーポレートガバナンス・コードのフォローアップ会議」意見書(6)）が公表されている。今後は、両コードの3年ごとの改訂は行わないとし、ガバナンス改革の実質化を進めるためにアクション・プログラムを実施するとしている。

(11)　令和5年10月10日に東京証券取引所は女性役員比率に係る企業行動規範（望まれる事項）を追加している（有価証券上場規程445の7）。

＊2）　**東京証券取引所の上場株式市場の市場区分の見直し**　　上場企業の成長に向けての企業価値向上への動機づけという新しいコンセプトに基づき、令和3年9月から各企業がどの市場を希望するかを申請し、令和4年4月4日に新市場区分への移行が実施された。令和4年4月4日の時点で、上場会社3,771社（市場第一部2,177社、市場第二部・JQスタンダード1,127社、マザーズ・JQグロース466社）のうち、プライム市場を選択した会社が1,839社、スタンダード市場を選択した会社が1,466社、グロース市場を選択した会社が466社となった。市場第一部上場会社のうちの338社がスタンダード市場を選択しており、また、プライム市場を選択した会社のうちの295社が新上場維持基準を満たしておらず、基準適合に向けた計画を開示し実施することになった（スタンダード市場を選択した会社についても同様の会社がある）。なお、どのような企業がプライム市場の上場企業となるかを予想しながら、令和3年6月にコーポレートガバナンス・コードが改訂されている。

東京証券取引所の市場区分見直しの内容の概要は次のとおりである。第1に、幅広い企業に上場機会を提供するとともに、上場後の持続的な企業価値の向上を動機

づける観点から、明確なコンセプトに基づいた制度とする。具体的には、①多くの機関投資家の投資対象になりうる規模の時価総額（流動性）をもち、より高いガバナンス水準を備え、投資者との建設的な対話を中心に据えて持続的な成長と中長期的な企業価値の向上にコミットする企業向けの市場（プライム市場）、②公開された市場における投資対象として一定の時価総額（流動性）をもち、上場企業としての基本的なガバナンス水準を備えつつ、持続的な成長と中長期的な企業価値の向上にコミットする企業向けの市場（スタンダード市場）、③高い成長可能性を実現するための事業計画およびその進捗の適時・適切な開示が行われ一定の市場評価が得られる一方、事業実績の観点から相対的にリスクが高い企業向けの市場（グロース市場）の3つの市場区分に再編成される。

　第2に、上場基準については、プライム市場とスタンダード市場は、流動性・ガバナンス・経営成績および財政状態による基準とし、数値基準だけでなく質的基準も重視する。プライム市場は、グローバルな機関投資家の視点などをより強調した基準とする。とくに流通株式の定義と基準の見直しには注意が必要であり、プライム市場の上場維持基準は流通株式比率35％以上となる（その他の市場は25％以上）。一方、グロース市場は先行投資型企業を含め、成長可能性の高い新興企業に幅広く上場機会を提供する観点から、プライム市場やスタンダード市場よりも緩和された上場基準とする。

　第3に、退出基準については、経営成績や財政状態だけでなく、時価総額も加味した基準とする。そして他市場からの移行基準・新規上場基準・退出基準を共通化する。また機関投資家の参入促進のための方策を設ける。企業の成長段階、投資家層の厚みを踏まえた開示制度などを改善する。

　以上の市場区分の見直しに合わせて、東証株価指数（TOPIX）も見直される。TOPIXの範囲は市場区分と切り離され、現在のTOPIXとの連続性も考慮しながら、より流動性を重視して選定される。

2．会社と会社の機関構成者との関係

　機関を構成する自然人がその権限内でした行為の効果は、会社に帰属する。この点はすべての機関について同じである。しかし、このような機関関係の基礎となる会社と機関構成者との実質関係は、機関によって異なる。取締役・監査役等の役員等の場合には、その実質関係は委任関係であって（330）、もっぱら会社のためにその権限を行使すべきであるが、株主が監督是正権を行使するような場合は、会社の機関として行動するものの、その実質関係は

社員関係であって、本来であれば、自分の利益に基づいてそのような権利を有し、行使する。しかし、たとえば1人の株主が提起した株主総会決議取消しの訴えによって決議が取り消される場合のように、株主の権利行使の効果はその者自身の利害を超えて全体に及ぶ。したがって、株主の権利行使も、他の株主の利益を不当に害するような場合には認められるべきではないともいえるが、取締役や監査役のように最初から自分の利益ではなく会社の利益のために行動すべき者とは、制約のあり方が異なる（433Ⅱ等参照）。

3．機関設計に関する規律

会社法における基本的な規律は次のとおりである[* 1) 2)]（326—328参照）。

①　すべての株式会社は、株主総会と取締役が必要（295Ⅰ参照・326Ⅰ）。

②　公開会社（全株式譲渡制限会社以外の会社）（2⑤）は取締役会が必要（327Ⅰ①）。

③　取締役会を置いた場合（任意に置いた場合を含む）は、監査役（監査役会を含む）、監査等委員会、三委員会（2⑫＝指名委員会等）・執行役のいずれかが必要（327Ⅱ本文・328Ⅰ）。ただし、例外として、大会社以外の全株式譲渡制限会社で会計参与を置いた場合は別（327Ⅱただし書）。なお、(i)　監査役（監査役会を含む）、監査等委員会、三委員会・執行役は、いずれかしか置くことはできず（327Ⅳ・Ⅵ）、(ii)　監査等委員会を置く会社を監査等委員会設置会社、三委員会・執行役を置く会社を指名委員会等設置会社というが、これら以外の大会社で公開会社である会社は監査役会が必要（328Ⅰ）。

④　取締役会を置かない場合は、監査役会、監査等委員会、三委員会・執行役を置くことはできない（327Ⅰ②—④参照）。

⑤　大会社、監査等委員会設置会社、指名委員会等設置会社では、会計監査人が必要（327Ⅴ、328Ⅰ・Ⅱ）。

⑥　会計監査人を置くためには、監査役（監査役会を含む）、監査等委員会、三委員会・執行役〔大会社かつ公開会社では監査役会、監査等委員会、三委員会・執行役〕のいずれかが必要（327Ⅲ・Ⅴ参照）。

以上の規律のもとで選択可能な機関設計は、**図表13—15**のとおりであるが、選択した機関設計は定款で定め（326Ⅱ）、登記する（911Ⅲ⑮—㉓）〔なお、定款で

図表13　機関設計の選択肢

規模／株式譲渡制限	非大会社	大会社
譲渡制限あり＝非公開会社（＝全株式譲渡制限会社）	取締役○ 取締役＋監査役○○■ 取締役＋監査役＋会計監査人 取締役会＋会計参与※ 取締役会＋監査役●■ 取締役会＋監査役会 取締役会＋監査役＋会計監査人 取締役会＋監査役会＋会計監査人▲★ 取締役会＋監査等委員会＋会計監査人▲★★ 取締役会＋3委員会等＋会計監査人▲★★★	取締役＋監査役＋会計監査人 取締役会＋監査役＋会計監査人 取締役会＋監査役会＋会計監査人●★ 取締役会＋監査等委員会＋会計監査人●★★ 取締役会＋3委員会等＋会計監査人●★★★
譲渡制限なし＝公開会社	取締役会＋監査役● 取締役会＋監査役会 取締役会＋監査役＋会計監査人 取締役会＋監査役会＋会計監査人▲★ 取締役会＋監査等委員会＋会計監査人★★ 取締役会＋3委員会等＋会計監査人▲★★★	取締役会＋監査役会＋会計監査人●★ 取締役会＋監査等委員会＋会計監査人★★ 取締役会＋3委員会等＋会計監査人●★★★

注1）★＝監査役会設置会社、★★＝監査等委員会設置会社、★★★＝指名委員会等設置会社（「3委員会等」＝指名委員会＋監査委員会＋報酬委員会＋執行役）

注2）すべての株式会社で、会計参与の設置は任意に可能（※は選択的必置）

注3）■ 監査役の権限を会計監査に限定可

注4）● 平成17年改正前商法が株式会社について要求、▲ 平成17年改正前商法では「みなし大会社」が選択可、○ 有限会社法が要求、○○ 有限会社法が許容、これら以外＝会社法で選択可（★★は、平成26年改正で新設）

注5）株主数の基準：有限会社法基準（50人）は会社法で廃止、1000人基準は残る

図表14　機関設計

	設置強制	任意設置	
取締役会設置会社（2⑦）	公開会社	○	取締役3名以上
会計参与設置会社（2⑧）		○	
監査役設置会社（2⑨）	取締役会設置会社（監査等委員会設置会社・指名委員会等設置会社を除く）（注）	○	
監査役会設置会社（2⑩）	公開会社かつ大会社（監査等委員会設置会社・指名委員会等設置会社を除く）	○	監査役3名以上。半数以上は社外監査役、1名以上は常勤監査役
会計監査人設置会社（2⑪）	大会社・監査等委員会設置会社・指名委員会等設置会社	○	
監査等委員会設置会社（2⑪の2）	取締役会設置会社（監査役設置会社・監査役会設置会社・指名委員会等設置会社を除く）	○	
指名委員会等設置会社（2⑫）	取締役会設置会社（監査役設置会社・監査役会設置会社・監査等委員会設置会社を除く）	○	3委員会（指名委員会・監査委員会・報酬委員会）と執行役

（注）非公開会社では、会計参与を置いた場合は監査役設置は強制されない

図表15 大会社かつ公開会社における選択肢

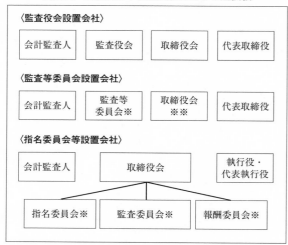

（※） 委員は3名以上、過半数は社外取締役
（※※） 社外取締役が過半数の場合または定款で定めた場合には、取締役
会から取締役に大幅権限委譲可（指名委員会等設置会社における執
行役への権限委譲と同範囲）

図表16 東京証券取引所上場会社の機関設計

	監査役会設置会社	監査等委員会設置会社	指名委員会等設置会社	合計
2021年7月	2,417 (64.7%)	1,237 (33.1%)	81 (2.2%)	3,735
2022年7月	2,290 (60.7%)	1,392 (36.9%)	88 (2.3%)	3,770
2023年7月	2,210 (58.0%)	1,510 (39.6%)	91 (2.4%)	3,811

〔出所〕東京証券取引所

監査役の権限を会計監査に限定したこと（389）は、平成26年改正により登記事項となった（911Ⅲ⑰イ）〕。

* 1） **監査制度の経緯** （1） 商法は、当初は監査役に取締役の職務全般を監査す
る権限を与えていたが、昭和25年改正で、アメリカ法を参考として取締役会の制度
を新設したこととの関係で、取締役会が代表取締役の業務執行を監督することを期
待し、監査役の権限を縮小して会計監査だけに限定した。しかし、この取締役会の
監督機能は機能せず、他方で、証券取引法〔現在の金融商品取引法〕が公開会社の財

務諸表について公認会計士または監査法人による会計監査制度を強制したため（金商193の2、財務諸表等の監査証明に関する内閣府令）、証券取引法適用会社では、それと商法の監査役の監査とが重複するという問題が生じた。そこで、昭和49年改正は、株式会社の監査制度について抜本的な改正を行った。まず、商法の一般的制度としては、監査役は会計を含む取締役の職務執行全般について監査することとし（業務監査）、監査役に多くの権限を付与した。次に、商法特例法（株式会社の監査等に関する商法の特例に関する法律）を制定して、大会社については、公認会計士または監査法人を会計監査人として決算の監査を要求し（株主総会前の事前監査）、これに対応して監査役の権限を変容する一方で、小会社については、監査役の権限を改正前どおり会計監査だけに限定し、それ以外の業務監査には及ばないこととした。その後、昭和56年改正は、監査役の権限と独立性を強化し、また大会社について複数監査役・常勤監査役の制度を新設し、監査体制の充実をはかった。さらに平成5年改正は、監査役の任期を原則2年から3年に伸長し、大会社については、3人以上の監査役の設置を強制して、そのうち1人以上は社外監査役であることを要求するとともに、監査役会制度を導入して多くの権限を監査役から監査役会に移した。そして平成13年12月改正は、監査役の任期を4年に伸長し、大会社につき社外監査役の要件を強化して必要員数を半数以上と増加するなど、監査役制度を一層強化した。そして、会社法は、監査役の権限を一部強化した。以上の結果、日本の株式会社の監査制度は、会社の規模によって異なる複雑な制度となっており、諸外国の制度と比較してもユニークな制度となっている。

(2) 会社法は、任意に会計監査人を設置できる会社の範囲を拡大し、また、新たに会計参与〔後述268頁参照〕制度を設けた。とくに中小会社については、会計帳簿の正確・適時な作成要求と決算公告の強制に加えて、「小会社」制度を廃止し監査役の権限は原則業務監査とすることとし、さらに、採用は会社の任意ではあるが、この会計参与の制度を新設し、計算の適正が図られることを法は期待している。

(3) その後、上場会社等において会計不正事件が発生し、公認会計士・監査法人制度の見直しが行われた（平成19年の公認会計士法改正など。なお金商193の3）。また、平成29年には、「監査法人の組織的な運営に関する原則」（監査法人のガバナンス・コード）が制定された（平成29年3月31日）。

(4) このほか、国際的な潮流をも受けて、金融商品取引法に基づく監査報告書において、財務諸表の適正性についての意見表明に加え、監査人が着目した会計監査上のリスクなどを記載することについて、金融庁「監査報告書の透明化について」（平成29年6月26日）および企業会計審議会「監査基準の改訂に関する意見書」（平成30年7月5日）によって企業会計審議会が定める監査基準が改訂され、監査人の監

査報告書において監査上の主要な検討事項（KAM〔key audit matters〕）の記載が求められることとなった〔令和 3 年 3 月期から適用（令和 2 年 3 月期から早期適用可）〕。監査人は、監査役等とのコミュニケーションを行った事項の中から財務諸表監査において監査人が特に注意を払った事項を決定する。そしてその中から職業的専門家として特に重要であると判断した事項を監査上の主要な検討事項（KAM）として決定する。個々の KAM についての記載事項として「KAM の内容」「当該事項をKAM であると判断した理由」「当該事項に対する監査上の対応」の 3 点が監査人の監査報告書に記載される。これは監査意見ではなく、監査のプロセスに関する情報提供である。事業環境・内容・規模等による企業ごとの監査の重点事項の違いを明確にすることによって投資家や株主という監査報告書の利用者に監査の透明性の向上を図ることが目的とされているが、監査や財務諸表に対する財務諸表利用者の理解の深化、監査人の緊張感、監査人と監査役等との間のコミュニケーションの活発化による監査品質の向上、リスクマネジメントの重要性への認識向上という効果も期待されている。

(5) 近年の会計不正事例を受けて、令和元年 9 月 3 日の企業会計審議会「監査基準の改訂に関する意見書」によって監査基準が改訂され、また、令和元年12月 6 日の企業会計審議会「財務報告に係る内部統制の評価及び監査の基準並びに財務報告に係る内部統制の評価及び監査に関する実施基準の改訂について（意見書）」によって同基準と同実施基準が改訂され、令和 2 年11月 6 日の企業会計審議会「監査基準の改訂に関する意見書」および「中間監査基準の改訂に関する意見書」によって監査基準と中間監査基準が改訂されている。これに対応する会社法施行規則と会社計算規則の改正は、令和 3 年 1 月29日に公布された（令和 3 年法務省令 1 号）。また、令和 3 年11月16日の企業会計審議会「監査に関する品質管理基準の改訂に係る意見書」によって監査に関する品質管理基準の改訂がされている。このほか、令和 4 年に監査法人・公認会計士制度に係る公認会計士法の改正等がされている。

(6) 令和 5 年 4 月 7 日に、企業会計審議会は「財務報告に係る内部統制の評価及び監査の基準並びに財務報告に係る内部統制の評価及び監査に関する実施基準の改訂について（意見書）」を公表し、この基準と実施基準が改訂されている。

＊2） **モニタリング・モデル** (1) 指名委員会等設置会社は、平成14年改正により当時「委員会等設置会社」という名称で導入され、会社法で名称が「委員会設置会社」と改められたが、平成26年改正で名称が「指名委員会等設置会社」と改められた。また、平成26年改正は、新しく「監査等委員会設置会社」を導入した。

(2) コーポレート・ガバナンス（企業統治）の目的は、コンプライアンス（不祥事防止を含む）〔健全性の確保〕と会社の業績ないし経営の評価〔効率性の向上〕との

2つが中心であるが、後者について、取締役会の役割を業務に関する決定については基本的な戦略の決定に限定し、取締役会の役割としては業績ないし経営の評価を社外取締役により行うことを重視する考え方を、近年、モニタリング・モデルと呼ぶ。指名委員会等設置会社では、業務に関する決定権限を取締役会から執行役に委譲することにより（416Ⅳ参照）、モニタリング・モデルを実現することができる。監査等委員会設置会社でも、取締役会の過半数が社外取締役である場合または定款で定めた場合には、業務に関する決定権限を取締役会から取締役に委譲することができ（399の13ⅤⅥ参照）、これにより、モニタリング・モデルを実現することができる。日本の大企業でモニタリング・モデルを採用する会社は未だ少ない。他方、コンプライアンスのほうについては、監査等委員会設置会社と指名委員会等設置会社には監査役は存在せず、監査役（または監査役会）設置会社で監査役（ないし監査役会）が果たすべき役割は、それぞれ監査等委員会およびその委員と監査委員会およびその委員が果たすべきことになる。

2 株 主 総 会

1. 概　　要

　株主総会は株主の総意によって会社の意思を決定する機関である。本来であればすべての事項について決定できるはずであるが、会社法は、取締役会設置会社以外では株主総会を万能の機関としながらも、取締役会設置会社については、会社の合理的運営を確保するため所有と経営の制度的分離を進め、株主総会は基本的事項だけを決定する機関であることを原則としている（295Ⅰ・Ⅱ・Ⅲ）。株主総会は、定時または臨時に招集手続を経て開催される。

2. 権　　限

　株主総会の権限は、会社の意思決定に限られ、執行行為をすることはできない（執行は取締役または執行役がする）。そして、株主総会の意思決定の権限は、取締役会設置会社では、原則として法律上定められた事項に限られる（295Ⅱ・Ⅲ）。株主総会の法定権限は、①取締役・監査役などの機関の選任・解任に関する事項のほか、②会社の基礎的変更に関する事項（定款変更、合併・会

社分割等、解散等)、③株主の重要な利益に関する事項（株式併合、剰余金配当等）、
④取締役にゆだねたのでは株主の利益が害されるおそれが大きいと考えられ
る事項（取締役の報酬の決定等）である。それ以外の事項の決定は、取締役会
にゆだねられる（362Ⅱ・Ⅳ・Ⅴ参照）。しかし、取締役会設置会社でも、定款で定
めれば、法定事項以外の事項を株主総会の権限とすることもできる（295Ⅱ）。^{*1)2)}

　以上に対して、非取締役会設置会社では、株主総会は一切の事項について
決議できる万能の機関である（295Ⅰ）。

　　＊1）　**株主総会の権限**　　取締役会設置会社においても定款による株主総会の権限
　　の拡大を認めるのは、中小会社を念頭に置いたものと考えられる。上記のうち、③
　　④は立法論としては別の考え方もありうる。実際、たとえばアメリカの州会社法で
　　は、剰余金配当と取締役の報酬の決定は株主総会の権限ではない〔日本法でも前者
　　は取締役会決議でできる場合があり〔定款の定めが必要〕（454Ⅴ・459Ⅰ④・Ⅱ）、後者も
　　指名委員会等設置会社では株主総会の権限ではない（404Ⅲ）。なお、上場会社において、
　　買収対抗策としての新株予約権無償割当てを株主総会の権限としたうえで株主総会
　　で決定し実行した例として、183頁＊1）(6)〔最決平成19・8・7〕がある。

　　＊2）　**株主意思確認決議・勧告的決議**　　近年、上場会社等で、会社法上は株主総
　　会の権限外である事項を株主総会で「決議」することが行われる。この総会は株主
　　意思確認総会と呼ばれ、そこでの決議は株主意思確認決議とか勧告的決議などと呼
　　ばれている。その法的意味等については、意見が分かれている。

3．招　　集

　株主総会は、取締役が株主を招集して開催する（296Ⅲ）。ただし、株主全
員が開催に同意して出席した場合（代理人でも可）は、招集の必要はないと解
されてきた〔全員出席総会と呼ばれる〕^{*1)}（最判昭和60・12・20民集39-8-1869〈百選27〉〈商
判Ⅰ-74)）。そこで、平成14年改正は、議決権を行使できる株主全員が同意し
た場合には、招集手続なしで開催できることを明文の規定で認め、会社法も
これを引き継いでいる（300本文。なおただし書）。

　　＊1）　**一人会社の株主総会**　　株主が1人の会社では、その者が望めば、招集手続
　　は不要でいつでもどこでも株主総会を開催できると解すべきである（最判昭和46・
　　6・24民集25-4-596参照）。

　(1)　**招集の時期**　　定時株主総会は、決算期ごとに定時（権利行使の基準日

を定めた場合は124Ⅱにより基準日から３か月以内）に開催しなければならない（296 Ⅰ）。これは本来は年度決算に関する決議をする〔または報告を受ける〕ために開かれるが、その機会に他の事項（取締役の選任・定款変更・合併等）を決議することももちろん可能である。このほか、臨時の必要がある場合には、臨時株主総会を開催する（同Ⅱ）。

> **＊２） 招集地**　会社法は、平成17年改正前商法の招集地の規定を削除した。その結果、２つの会場をビデオ中継等で結んで開催することも容易になった。しかし、株主に著しく不便な場所で開催したような場合は、決議取消事由となると思われる〔なお規則63②参照〕。

> **＊３） バーチャルオンリー株主総会**　令和３年６月16日に産業競争力強化法改正等が公布され（令和３年法律70号）、６月17日から施行されている。一定の条件のもとで上場会社が経産大臣および法務大臣による確認を受けて定款を変更した場合（施行日から２年間はみなし定款変更可）にはバーチャルオンリー株主総会（場所の定めのない株主総会）を実施できる特例が設けられている（同法66Ⅰ、附則３、産業競争力強化法に基づく場所の定めのない株主総会に関する省令〔令和３年法務省・経済産業省令１号（令和３年６月16日）、経済産業大臣＝法務大臣「産業競争力強化法第66条第１項に規定する経済産業大臣及び法務大臣の確認に係る審査基準」（同）、経済産業省＝法務省「産業競争力強化法に基づく場所を定めない株主総会に関するQ&A」（同）〕。ある上場会社が平成３年８月にこのバーチャルオンリー株主総会を開催し、同年中に３社がこれを開催した。令和４年８月末の時点で、バーチャルオンリー株主総会を開催した会社はこれら３社を含めて22社、また、株主総会において将来バーチャルオンリー株主総会の開催を可能とするための定款変更を決議した会社は316社に達したようである。

(2) 招集権者　**（ア）**　取締役会設置会社では取締役会〔非取締役会設置会社では取締役〕が、①開催の日時・場所、②議題〔法は「株主総会の目的事項」と呼ぶ〕、③書面投票・電子投票〔214頁以下〕を認めるときはその旨〔株主数1000人以上の会社では書面投票は必須（上場会社が金融商品取引法に基づき委任状勧誘する場合を除く）〕、④その他法務省令で定める事項〔規則63〕を決定し（298）、代表取締役等がこれを執行して招集するのが原則である〔取締役会設置会社が株主総会で決議することができる事項は、295Ⅱ＋298Ⅰ②＋309Ⅴによって決まることになる〕。

（イ）　これに対して、少数株主（６か月前からどの時期をとっても総株主の議決権の３％以上を有していた株主〔６か月要件と３％要件は定款で緩和可。また、非公開会

社では6か月要件はない〕）は、まず取締役に株主総会の招集を請求し、招集手続がとられないときには、裁判所の許可を得てみずから招集することができる(297)。[*4)]

> ＊4)　**少数株主による株主総会の招集**　　少数株主の請求を受けて会社が招集をすることとした場合は、それによる株主総会が開催される蓋然性が高いときは、少数株主の裁判所に対する株主総会招集許可の申立ては却下される（東京高決令和2・11・10金融商事1608-46〔もっともこの事案では、会社が予定した総会開催日の前日に会社が開催を中止するという事態が生じた〕）。

(3)　招集通知　　株主総会の招集は、株主に出席の機会と準備の期間を与えるため、招集通知を株主（議決権を行使できない株主を除く）に対して総会の日の2週間前までに（非公開会社では原則1週間前まで。非取締役会設置会社では定款でさらに短縮可）発しなければならない〔電磁的方法での通知も可〕(299Ⅰ—Ⅳ)〔取締役選任決議の場合の選任される取締役の数の記載について、最判平成10・11・26金融商事1066-18〈百選A8〉〈商判Ⅰ-73〉〕。

(4)　招集通知時における提供資料　　招集通知時に一定の書類（株主総会資料）を提供しなければならない。

（ア）　取締役会設置会社では、定時総会の招集通知時に計算書類と事業報告（＋監査報告・会計監査報告）を提供する(437・計算規則133・規則133)。

（イ）　書面投票・電子投票を採用する株主総会と議決権を有する株主が1000人以上（株主名簿で計算する）の会社のすべての株主総会では、招集通知時に、①議決権行使のための参考書類（株主総会参考書類という）〔電磁的記録も可〕と、②議決権行使書面・電磁的手段を交付する(301・302)。参考書類と議決権行使書面・電磁的手段の記載事項と様式は法務省令で定められる[*5)]〔規則65・66・73以下、参考書類の記載・記録事項は議案ごとに定められている（規則73以下。令和2年改正に注意)〕。新型コロナウイルス感染症の感染拡大を受けての特別措置について、44頁(21)参照。招集通知発出後に場所と時間を変更した事案について、大阪地決令和2・4・22資料版商事法務435-143。

（ウ）　上場株式について議決権の代理行使を勧誘するときは、代理行使のための参考書類と賛否を明記できる委任状を添付する（電磁的方法も可）(金商194、金融商品取引法施行令36の2—36の6、上場株式の議決権の代理行使の勧誘に関する内閣府

令〔平成15年内閣府令21号〕）。上場会社がすべての株主にこの委任状の勧誘をする
ときは、（イ）の書面投票制度の適用はない（298Ⅱただし書・規則64）。昔は、証
券取引法の委任状勧誘制度には不備が多かったが、平成15年3月に上記の府
令が整備され（同年4月1日施行）、金融商品取引法に引き継がれている。^{※6)}

＊5）　ウェブ開示制度　（1）概要　　法務省令により、株主に提供しなければな
らない株主総会参考書類・事業報告・計算書類のうちの一定の記載事項について、
一定の要件を満たしたインターネットによる開示の措置をとることにより、株主へ
の提供に代えることが認められる（規則94・133Ⅲ―ⅤⅦ・計算規則133Ⅳ―ⅥⅧ・134
Ⅳ―Ⅵ）〔令和4年12月26日改正で範囲拡大〕。この措置をとるためには定款の定めを
要する。また、参考書類の記載事項については参考書類にウェブのアドレスを記載
し（規則94Ⅱ）、それ以外の事項についてはウェブのアドレスを株主に通知しなけれ
ばならない（規則133Ⅳ、計算規則133Ⅴ・134Ⅴ）。

（2）情報の修正　　株主総会参考書類の発出後に事情変更等により修正が必要に
なった場合に備えて、あらかじめ招集通知とあわせて修正後の事項の株主への周知
方法を通知しておくことで対応することが認められる〔つまり修正はウェブ開示です
ることが認められる〕（規則65Ⅲ）〔このほか、計算規則133Ⅶ等も同じ〕。

＊6）　委任状の勧誘　　近年、委任状の記載事項等の瑕疵が決議の効力に及ぼす効
果が問題となった事例がまま見られる（東京地判平成17・7・7判時1915-150、東京地
判平成19・12・6判タ1258-69・金融商事1281-37〈百選31〉〈商判Ⅰ-84〉）。金融商品取引
法の委任状規制の違反は、会社法上当然に違法となるわけではなく、違法を判断す
る際の要素になると解されている。なお、東京地決令和1・6・20金融法務2129-
82＋東京高決令和1・6・21金融法務2129-78。

(5)　株主総会資料の電子提供制度　　令和元年改正により、株主総会資料
の電子提供制度（電子化）が導入された（改正後の325の2―325の7等）〔令和4年9
月1日施行。上場会社等については、令和5年3月1日以降に開催される株主総会に係る資料から
適用されている〕。

（ア）　概要　　株主総会資料（株主総会参考書類・議決権行使書面・計算書類およ
び事業報告・連結計算書類）〔法文上は「株主総会参考書類等（325の2）」〕の電子提供
制度が新設された。この制度は、インターネットの利用による株主総会資料
の提供を促進するため、会社は、株主総会資料を自社のホームページ等のウ
ェブサイトに掲載し、株主に対してそのウェブサイトのアドレス等を書面に
より通知した場合には、株主の個別の承諾を得ていないときであっても、会

社が株主に対して株主総会資料を適法に提供したものとする制度である。

　（イ）　**電子提供措置をとる旨の定款の定め**　　会社が株主総会資料の電子提供制度を採用するためには、定款の定めを要する（325の2、振替159の2 I）。振替株式を発行する会社は電子提供制度の採用が義務づけられる（振替159の2 I）。これにより上場会社には電子提供制度の採用が義務づけられることとなる。また、そのような会社において定款変更決議をする負担を軽減するために、改正の施行日において電子提供制度採用の定款変更決議がされたものとみなされる（令和元年改正整備法10 II）。振替株式を発行する会社以外の会社は、定款を変更することによって株主総会資料の電子提供制度を採用することができることになる。なお、株主総会資料の電子提供措置を採用する会社が株主に対して株主総会の招集の通知の必要的記載事項以外の事項に関する情報を任意に書面で提供することは妨げられない。

　（ウ）　**電子提供措置**　　①電子提供措置開始日は「株主総会の日の3週間前の日または株主総会の招集の通知を発した日のいずれか早い日」となる（325の3 I）。ただし、平成31年2月14日の法制審議会の附帯決議を受けて、東京証券取引所は、「株主総会の日の3週間前の日よりも前に」電子提供措置をとることを上場会社に求める「企業行動規範」の「望まれる事項」のなかで定めている（東京証券取引所有価証券上場規程446・同施行規則437③。なお、次に述べる招集通知についても、2週間前よりも「早期に発送する」ことを要請している。同規則437②）。②電子提供措置期間の末日は、株主総会の日以後3か月を経過する日である。決議取消しの訴えの提訴期間を考慮したためである。③電子提供の対象となる事項は、具体的に列挙されている（325の2）。議決権行使書面が交付されるときは、そこに記載すべき事項に係る情報については電子提供しなくてよい（325の3 II）。④金融商品取引法に基づいて有価証券報告書を提出する会社は、同法に基づく電子公衆縦覧制度であるEDINETによりその提出がされるが、そこにおいて株主総会資料を提供する場合は、それをもって会社法のもとでの電子提供がされたものと取り扱われる（325の3 III）。

　（エ）　**株主総会の招集の通知等の特則**　　株主総会資料の電子提供制度を採用する会社における株主総会の招集の通知の発送期限は、改正前と同様、株主総会の日の2週間前までである〔なお、招集通知の記載事項は、株主総会の日時

と場所・株主総会の目的事項があるときは当該事項・書面投票をとるときはその旨・電子投票をとるときはその旨・電子提供措置をとるときはその旨・EDINET を使用するときはその旨・法務省令で定める事項である〕(325の4)。

　(オ)　書面交付請求　①株主総会資料の電子提供措置を採用する会社では、株主に書面での株主総会資料の提供を求める権利(書面交付請求権)が認められる(325の5 I)。定款による書面交付請求権の排除は認められない。②振替株式の株主による書面交付請求権の行使は、加入者の直近上位機関を経由してすることができ、この場合、個別株主通知は不要となる(振替159の2 II)。また、書面交付請求は、銘柄ごとにすることができる。③株主総会での議決権行使に係る基準日の定めがある場合には、書面交付請求は基準日までにしなければならない(325の5 II参照)。④電子提供措置事項のうち法務省令(規則95の4)〔令和4年12月26日に一部改正。令和5年3月1日施行〕に定めるものの全部または一部については、交付する書面に記載することを要しない旨を定款で定めることができる(325の5 III)。⑤いったん書面交付請求がされた場合には、その後、その株主にはずっと書面を交付し続けなければならないか。原則として書面交付請求日から一年を経過したときは、会社はその株主に対して書面交付を終了する旨を通知し、かつ、これに異議のある場合には1か月以上の一定の催告期間内に異議を述べるべき旨を催告することができるものとし(325の5 IV)、この通知および催告を受けた株主がした書面交付請求は、その株主が催告期間内に異議を述べたときを除いて、催告期間を経過した時にその効力を失う(325の5 V)。

　(カ)　電子提供措置の中断　一定の場合には電子提供措置の中断は電子提供措置の効力に影響を及ぼさない(325の6)。なお、電子提供措置の調査制度は設けられていない。

　(6)　株主の提案権　**(ア)**　取締役会設置会社では、少数株主(6か月前からどの時期をとっても総株主の議決権の1%以上または300個以上の議決権を有していた株主〔6か月要件と1%・300個要件は定款で緩和可。また、非公開会社では6か月要件はない。取締役会設置会社でない会社では単独株主〕)は、①会社が招集する株主総会で一定の事項を株主総会の目的とすること、または、②その提出する議案の要領〔東京地判平成19・6・13判時1993-140〕を株主に通知することを請求できる

（303・305）〔札幌高判平成 9・1・28資料版商事法務155-107〕。①は議題の提案権であり（たとえば「取締役選任の件」）、②は議案の提出権を前提としての（たとえば「Ａを取締役に選任する件」）議案要領通知請求権である（なお、東京地判令和 2・11・11金融商事1613-48）。いずれも、取締役に対して株主総会の日の 8 週間前までに〔定款で期間短縮可〕請求しなければならない（303 II 後段〔取締役会設置会社のみ〕・305 I 本文・規則93〔株主総会参考書類の記載事項等〕）。定款または定款の委任に基づく株式取扱規則等で請求の方法を書面等によるとすることができると解されている。①の場合、その議題は株主総会の決議事項（295）に含まれ、かつ、提案する株主が議決権を行使できるものでなければならない（303 I ）。②の場合、さらに、その議案が法令・定款に違反するとき、または、実質的に同一の議案について10分の 1 以上の賛成を得られなかった総会から 3 年を経ていないときは、認められない（305 IV ）。会社が株主総会の招集そのものを怠っている場合には、少数株主は上述した招集権〔203頁(2)・(イ)〕を行使するしかないが、少数株主要件は高い。なお、会社法上明文の規定はないが、株主提案権の行使が権利の濫用として許されない場合がある（東京地決平成24・5・25資料版商事法務340-33＋東京高決平成24・5・31金融商事1426- 2、東京高判平成27・5・19金融商事1473-26〈百選28〉〈商判 I -79〉参照）。

　以上とは別に、会社法は、株主総会の場における議案の提出権についても明文の規定を置く（304）〔取締役会設置会社でも少数株主権ではなく単独株主権〕。

　（イ）　令和元年改正により、株主提案権の濫用的行使を防止するため、株主が提案することができる議案の数の制限が設けられた（305 IV V ）。①数の制限の適用対象としては、取締役会設置会社において株主が会社法305条 1 項に基づく議案要領通知請求権を行使して同一の株主総会に提案することができる議案の数を制限するものであり（305 IV ）、株主が会社法303条 1 項に基づく議題提案権を行使して同一の株主総会に提案することができる議題の数および株主が会社法304条に基づく議場における議案提案権を行使して提案することができる議案の数について制限を設けるものではない。

　②数の制限は10である。すなわち、株主が会社法305条 1 項に基づく議案要領通知請求権を行使して同一の株主総会に提案することができる議案の数は10個までであり、数がそれを超えた場合は、超えた数の議案については議

案要領通知請求権は否定される（305Ⅳ）。その意味は、会社は10個を超える部分の議案について株主の議案要領通知請求権の行使を拒絶することができるという意味であって、拒絶しないことも認められ、拒絶しなくても株主総会決議が違法となるわけではない。

　③株主が提出しようとする議案の数が10を超えるときにおける10を超える数の議案は、取締役がこれを定めるものとするが、ただし、株主がその請求と併せて株主が提出しようとする2以上の議案の全部または一部について議案相互間の優先順位を定めている場合には、取締役はその優先順位に従わなければならない（305Ⅴ）。

　④役員等の選任に関する議案、役員等の解任に関する議案および会計監査人を再任しないことに関する議案は、それぞれ、当該議案に関する役員等の数にかかわらず、1つの議案とみなされる（305Ⅳ①②③）。

　⑤定款の変更に関する2以上の議案については、当該2以上の議案について異なる議決がされたとすればその議決の内容が相互に矛盾する可能性がある場合には、これらは1つの議案とみなされる（305Ⅳ④）。なお、議案という概念は、ここでは、数を数えることとの関係で特別の意味を有するというべきことになる。

　(7)　**総会検査役**　　後述する〔218頁参照〕。

4．議　決　権

　(1)　**1株1議決権の原則**　　個々の株主の株主総会における議決権の数は、1株について1個の議決権である（308Ⅰ本文）。この例外は、法が定めた次の場合にだけ認められる。
^{＊1)}

　　＊1)　**複数議決権株式**　　1株につき複数の議決権を有するような株式は、会社法のもとでは、認められない。もっとも、種類ごとに単元株式数を異にすることが認められるので、これにより、複数議決権株式と同様の実質を作り出すことが可能である〔91頁＊2)参照〕。

　(ア)　**単元未満株式**　　単元株制度が採用されている場合には、1単元について1個の議決権が与えられ（308Ⅰただし書）、単元未満の株式の株主は議決権を有しない〔139頁参照〕。

（イ） 議決権制限株式 議決権制限株式〔90頁参照〕の株主は、制限された事項につき議決権を行使することができない。なお、種類株主総会は株主総会とは異なるものであって、議決権制限株式についても議決権が認められる。

（ウ） 取締役・監査役の選解任株式 これがある場合には〔96頁参照〕、取締役・監査役の選解任は株主総会では行われず種類株主総会で行われる。

（エ） 自己株式 会社が保有する自己株式は、議決権を有しない（308Ⅱ）。

（オ） 相互保有株式 「会社がその総株主の議決権の4分の1以上を有することその他の事由を通じて株式会社がその経営を実質的に支配することが可能な関係にあるものとして法務省令〔規則67〕で定める株主」は、議決権を有しない（308Ⅰ本文かっこ書）。相互保有株式の規制という。4分の1以上の議決権を保有された等の会社による議決権の行使を認めることは公正でないと考えられるからである。
*2)

　＊2） 相互保有株式 相互保有株式については、規則67条が重要な定めをしているので留意する必要がある。

　　なお、関連する問題点として、次の点がある。すなわち、会社法は、平成17年改正前商法における親会社・子会社概念を変更して、親会社・子会社を定義することとした（会社2③④・規則3）。この点に関連して、形式基準（議決権数の比率）で親子会社を判定していた平成17年改正前商法211条ノ2第1項（および同3項）では、その判定に際して、相互保有株式も議決権があるものとするとされていた（同211ノ2Ⅴ）。しかし、会社法はこの規定（同211ノ2Ⅴ）を廃止した。その理由は、立案担当者によれば、財務諸表規則の子会社概念との統一性を確保するためであるとされる。そして、会計基準においても、相互保有株式を親子会社判定の際の議決権割合の算定において分母・分子に含めないこととされている（企業会計基準委員会の企業会計基準適用指針第22号「連結財務諸表における子会社及び関連会社の範囲の決定に関する適用指針」（平成20年5月13日・平成23年3月25日最終改正）第5項(3)）。

　　この点について、会社法施行規則67条1項を類推適用すべきであるとの有力な見解がある。この見解は、たとえばA会社がB会社の議決権の4分の1以上を保有していて相互保有規制によりB社はその保有するA社の株式について議決権を行使できないような場合、会社法施行規則67条1項が類推適用されないとするとB社がA社の発行済株式総数の51％を保有していてもB社はA社の親会社にはならないこととなってしまい（正確には、規則3Ⅲにいう議決権割合の算定においてB社の保有するA社株式の議決権はカウントされず）、不都合であるという点にある。いずれにしても、実質的にみて支配関係が存するかどうかということが肝要であり、実質基準を重視

する趣旨からすれば、40％以上といった形式基準を満たしていないとおよそ実質基準が適用されないとしている現行の会社法施行規則および財務諸表規則・会計基準は、十分とはいえないように思われる。

（カ） 特別利害関係を有する株主が有する株式 会社が自己株式を取得する一定の場合には、自己株式取得を承認する株主総会決議において、取得の相手方となる株主は議決権を行使することができない（140Ⅲ・160Ⅳ・175Ⅱ）。このような株主に議決権行使を認めることは株主間の公平に反すると考えられるからである。*3)*

> **＊3） 議決権の排除** 昔は、株主総会決議に特別の利害関係を有する株主の議決権行使を排除し（昭和56年改正前239Ⅴ）、その代わりにその結果著しく不当な決議がされた場合にこの者を事後的に救済する訴えを設けていたが（昭和56年改正前253）、特別利害関係があるとはいっても事前に議決権行使を排除することには批判があったため、昭和56年改正で、それ以前とは逆に、特別利害関係人にも議決権の行使を認めることとし、その結果著しく不当な決議がされた場合は取消事由とすることとした（平成17年改正前商法247Ⅰ③）〔会社法831Ⅰ③に継承〕。その後、平成6年改正・平成13年6月改正で、相対で自己株式を取得する場合に株主総会決議でその相手方の株主の議決権を排除することとし、そのかぎりで特別利害関係人の議決権排除という考え方が復活した。

（キ） 基準日後に発行された株式 議決権行使に関する基準日の後に発行された株式については、その株主総会で議決権は有しない（124Ⅰ参照）。このようなことを認めないと議決権を行使できる株主を確定することが困難になるという総会運営の技術的な理由による（なお、東京地判令和3・1・13金融商事1614-36は、株主総会を開催するに際して議決権行使の基準日を定めなかった場合について、株主総会の招集通知は、その発送の時点において株主名簿に記載または記録されている株主に対して発送すれば足り、招集通知の発送後、その株主総会の開催までに株式譲渡により株式を取得した株主がいたとしても、その株主に改めて招集通知を発送する必要はないと判示している）。したがって、会社側からそのような株主の議決権行使を認めることは、さしつかえない（124Ⅳ本文）〔会社法での新設規定〕〔124Ⅳについては、同項ただし書を含めて116頁参照〕。

(2) 議決権の行使方法 株主自身が株主総会に出席してその議決権を行使することが原則であるが〔コロナ禍で抽選によって総会に出席できる株主を選ぶこ

とを適法とした事例がある（静岡地沼津支決令和4・6・27金融商事1652-37〈商判 I -77〉）〕、次のような特例が認められる。なお、議決権行使に関する贈収賄・利益供与は処罰される[4)5)]（968・970。78頁参照。最決昭和44・10・16刑集23-10-1359〈百選102〉〈商判 I -195〉）。

＊4）　契約による議決権行使の制限　契約で議決権を一定の方向等に行使することを他の株主または第三者との合意で定めた場合（議決権拘束契約などという）、そのような契約も契約としては有効であるが、ただし、株主がこの契約に違反しても議決権行使自体の効力に影響はないと一般には解されている。裁判例として、東京高判平成12・5・30判時1750-169〈百選A18〉〈商判 I -124〉（取締役会決議）、名古屋地決平成19・11・12金融商事1319-50、東京高判令和2・1・22金融商事1592-8。

＊5）　議決権行使禁止の仮処分　裁判例として、東京地決昭和63・6・28判時1277-106、名古屋地決平成19・11・12金融商事1319-50、東京地決平成24・1・17金融商事1389-60〈百選A10〉〈商判 I -75〉、東京地決令和1・6・20金融法務2129-82＋東京高決令和1・6・21金融法務2129-78等がある。

（ア）　代理行使　株主は代理人により議決権を行使することができる（310 I 前段）。多くの会社では、定款で代理人の資格を株主である者に限定しているが、そのような限定は許されると解されている[6)]（最判昭和43・11・1民集22-12-2402〈百選29〉〈商判 I -80〉）。

　株主または代理人は会社に代理権を証明する書面（委任状）を提出しなければならないが（310 I 後段。電磁的方法も可。III・IV）、それは株主総会ごとに別々でなければならない（310 II）。この委任状は、株主総会の日から3か月間本店に備え置いて、株主の閲覧・謄写に供する[7)]（310VI・VII）。会社は株主総会に出席できる代理人の数を制限できる（310 V）。

＊6）　代理人の資格　定款で議決権行使の代理人資格を株主に限定している会社が、株主である地方公共団体または会社の職員または従業員に議決権を代理行使させても、違法ではないとした判例がある（最判昭和51・12・24民集30-11-1076〈百選34〉〈商判 I -87〉）。そのような会社で、株主でない弁護士による議決権の代理行使を会社が拒絶した場合について、違法とした判例（神戸地尼崎支判平成12・3・28金融法務1580-53、弁護士でない非株主を含む場合について、札幌高判令和1・7・12金融商事1598-30）と適法とした判例（東京高判平成22・11・24資料版商事法務322-180）がある。この点について、近年、違法とする裁判例がある（東京地判令和3・11・25判タ1503-196）。これは非公開会社の事案であり、東京地裁は「非公開会社が定款をも

って株主総会における議決権行使の代理人の資格を当該非公開会社の株主に限る旨
を定めた場合においても、株主が、当該非公開会社に対し、その代理人として弁護
士を出席させ、当該弁護士に議決権を代理行使させる旨をあらかじめ申し出たとき
は、当該非公開会社が、その定款の定めを理由に、当該株主がその代理人として弁
護士を出席させ、当該弁護士に議決権を代理行使させることを拒否することは、株
主総会が当該弁護士により攪乱され当該非公開会社の株主の共同の利益が害される
おそれがあるなどの特段の事情のない限り、会社法310条1項に違反するというべ
きである」と判示している。これは、株主の議決権が株主の基本的権利であること
の重要性にかんがみて、非公開会社において同事案のような事情があるときは株主
総会が弁護士により攪乱されその会社の株主の共同の利益が害されるおそれがある
ことなどの立証責任を転換したものであると解される。

＊7）　令和元年改正　　令和元年改正により、代理権を証明する書面および議決権
行使書面・電磁的記録の閲覧謄写請求権の濫用的な行使に対応するための規律が設
けられた（310ⅦⅧ・311ⅣⅤ・312ⅤⅥ）。具体的には、株主名簿の閲覧謄写請求権に
関する規律（125Ⅲ）と同様、一定の拒絶事由に該当する場合を除いて会社はこれ
を拒むことはできない（すなわち、一定の拒絶事由に該当する場合には拒むことができ
る）。このこととの関係で、株主が請求をする場合にはその請求の理由を明らかに
してしなければならない。

（イ）　書面による行使——書面投票制度　　これは、株主総会に出席しない
株主のための制度である。議決権を有する株主数が1000人以上（株主名簿で計
算する）の会社は必須（ただし、298Ⅱただし書・規則64）、それ以外の会社は任意で
採用できる。株主総会の招集通知時に、①議決権の行使について参考となる
べき事項を記載した書類（株主総会参考書類）と②株主が議決権を行使する
ための書面（議決権行使書面）を交付し、電磁的方法での招集通知を承諾し
た株主については電磁的記録で作成し電磁的方法で提供してもよい（301）。

　書面投票の適用がある場合、株主総会に出席しない株主は、議決権行使書
面に所要の記載をし、法務省令で定める時〔規則69〕までに会社に提出するこ
とによって議決権を行使することができ、その議決権数は、出席株主の議決
権数に算入される[8)9)]（311Ⅰ・Ⅱ）。

　なお、提出された議決権行使書面は、委任状と同じく、総会の日から3か
月間本店に備え置き、株主の閲覧・謄写に供される（311Ⅲ・Ⅳ）〔令和元年改正に
つき、＊7）参照〕。賛否の票数を株主が調査できるようにし、また決議取消し

の訴えを提起できるようにするためである。

 *8） **書面投票制度** 会社がその判断で総会の当日に到着した議決権行使書面を受け付けることはさしつかえない。また、議決権行使書面を提出した株主も総会に出席することができ、その場合は書面による議決権行使は効力を失うのが原則である（ただし、東京高判令和1・10・17金融商事1582-30〈百選A9〉〈商判Ⅰ-92〉および217頁*6）の裁判例を参照）。

 *9） **会社法施行規則** 参考書類と議決権行使書面の記載事項と様式は法務省令で定められている。①議決権行使書面には、議案ごとに株主が賛否を記載する欄を設けなければならないが（別に棄権の欄を設けることもできる）、役員等の選任等の議案で2名以上の候補者が提案されるときは、この欄は株主が各候補者について賛否等の記載をすることができるものでなければならない（規則66Ⅰ①）〔東京地判平成19・12・6判タ1258-69・金融商事1281-37〈百選31〉〈商判Ⅰ-84〉は、候補者ごとに別々の議案を構成すると述べた。これは近年定着しつつある考え方であるが（候補者が10名の場合は10個の議案があることになる）、その妥当性については検討の余地がないではない〕。②会社は、賛否の記載のない議決権行使書面が会社に提出されたときは、各議案について賛成・反対・棄権のいずれかの意思の表示があったものとして取り扱う旨を、あらかじめ議決権行使書面に記載することができる（規則66Ⅰ②）。③議決権行使書面には、株主の氏名と議決権を行使できる議決権数を記載する（規則66Ⅰ⑤）。

（ウ） 電磁的方法による行使——電子投票制度 これも、株主総会に出席しない株主のための制度である。平成13年11月改正は、株主総会ごとに、取締役会決議〔取締役会設置会社の場合。以下同じ〕で電磁的方法による議決権行使を採用することを可能にし、会社法もこれを引き継いでいる（298Ⅰ④。招集通知にその旨の記載が必要〔299Ⅱ①・Ⅲ〕）。電子投票が採用された場合、会社は、株主総会参考書類と議決権行使書面の内容に相当するものを株主に提供し（302）、株主総会に出席しない株主は、法務省令で定める時〔規則70〕までに、電磁的方法で議決権を行使することができ、その議決権数は、出席株主の議決権数に算入される（312Ⅰ—Ⅲ。電子投票の記録の備置き・閲覧・謄写につき312Ⅳ・Ⅴ）〔令和元年改正につき、*7）参照〕。

 *10） **電子投票制度** (1) 株主の承諾がなくても取締役会決議で総会ごとに採用を決めることができる。その理由は、株主はつねに株主総会に出席する機会が保障されているからである（議決権を有する株主数1000人以上の会社では書面投票の機会も保障される）。なお、そのような会社以外の会社が書面投票制度を採用する場合も同

様に取締役会決議で決めることができるが、その理由も同じである。

　(2)　会社がその判断で株主総会の当日に到着した電磁的議決権行使を受け付けることはさしつかえない。また、電磁的議決権行使をした株主も株主総会に出席することができ、その場合は電磁的議決権行使は効力を失うのが原則である。なお、議決権を有する株主数1000人以上の会社では書面投票制度が保障される。そのような会社が電子投票制度を採用し、電子投票と書面投票の両方が到着したような場合には、別段の定めをしないかぎり〔規則63④ロ参照〕、後に到着したほうが優先すると解すべきであろう（一般に、電子投票または書面投票が複数到着したような場合にも同様と解される）。

　(エ)　不統一行使　　株主は2個以上の議決権を有する場合には、その全部で賛成または反対するのが通常であるが、「議決権の不統一行使」といって、一部で賛成し残りで反対することも認められる (313 I)。とくに株主が株式の信託を受けている場合など他人のために株式を保有する場合には、その他人の意向に従って議決権を行使することを認めることが妥当なので、会社法は、このような不統一行使を認めている。しかし、これらの場合以外には、会社は不統一行使を拒絶できる (313Ⅲ)。そして、会社にこの点を検討する機会を与えるため、取締役会設置会社では、不統一行使をしようとする株主は総会の日の3日前までに不統一行使をする旨と理由を会社に通知することが要求される (313Ⅱ)。

5. 議事と決議

(1)　議事　　議事の方法については会社法はとくに定めていないので、定款または慣習による。議事の運営は議長が行う (315 I)。議題は招集通知に記載された事項に限られるが、延期・続行の決議はすることができる[*1] (317)。議事については議事録を作成しなければならないが[*2] (318)〔電磁的記録も可〕、議事録は証拠のためのものであって、決議の効力とは関係がない。

　＊1)　株主総会の延期・続行　　延期とは議事に入らないで総会を延期すること（後に開催される総会を延会という）、続行とは議事に入ったが審議が終わらないで総会を後日に継続すること（後に開催される総会を継続会という）をいう。いずれも同一の総会が日を分けて開催されるだけであって、別々の総会ではない。延期・続行は議事運営の問題なので、あらかじめ招集通知になくてもその場の必要に応じて普通

決議で決定でき、次の日時・場所をその決議で決定したときは改めて招集通知をする必要はない。

　＊2）　**株主総会の議事録**　　内容等は法務省令で定められている（規則72）。作成し、総会の日から10年間本店に備え置く（318ⅠⅡ、なおⅢ）。株主および会社債権者は営業時間内いつでも閲覧・謄写の請求ができる（318Ⅳ）〔会社債権者につき、最判令和3・7・5金融商事1631-2〕。親会社社員〔＝親会社の株主など（31Ⅲ）〕は、その権利を行使するため必要があるときは、裁判所の許可を得て議事録の閲覧・謄写の請求ができる（318Ⅴ）。

　（ア）　議長　　株主総会の議長は通常は定款で定められるが、その定めがない場合は総会で選任する。少数株主が招集した株主総会では、定款に定めがあったとしても総会で別に議長を定めることができると解されている。議長は、議事運営の権限を有し、株主総会の秩序を乱す者があれば退場させることができる（315）。

　（イ）　取締役等の説明義務　　取締役・会計参与・監査役・執行役は、株主総会において株主が質問した特定の事項について説明する義務を負う[3][4]（314本文）〔したがってこれらの者は総会に出席する義務がある〕。ただし、①その事項が総会の目的事項（298Ⅰ②）〔決議事項と報告事項を含む〕と関係がない場合、②説明することが株主共同の利益を著しく害する場合〔企業秘密を害するとき等〕、③その他正当な理由がある場合として法務省令で定める場合〔規則71〕は、説明を拒絶できる（314ただし書）〔説明のため調査を必要とするときにも説明を拒絶できるが、株主が株主総会の日の相当の期間前に質問事項を通知した場合または調査が著しく容易である場合には、調査を理由として説明を拒むことはできないとされている〕。一括説明は認められる（東京高判昭和61・2・19判時1207-120〈百選32〉〈商判Ⅰ-81〉）。なお、会計監査人は、定時総会で出席を求める決議がされたときは、出席して意見を述べなければならない（398Ⅱ）。

　＊3）　**説明義務**　　株主が株主総会で質問をし意見を述べることができることは当然である。したがって、説明義務に関する規定の意義は、説明の拒絶事由を定めた点と説明の回避に備えて事前に株主が質問事項を通知できることを認めた点にある。

　＊4）　**説明義務の程度**　　求められる説明の程度は平均的な株主を基準とすると述べる判例がある（東京地判平成16・5・13金融商事1198-18）〈商判Ⅰ-82〉。

　(2)　決議方法　　株主総会の決議は多数決によって行われるが、その要件

は決議事項により異なる。なお、取締役会設置会社では、決議は株主総会の目的事項（298 I ②）についてしかすることができ^{＊5）6）}ない（例外を含めて309 V）〔表決の方法に瑕疵があるとされた事例として、大阪地判平成16・2・4金融商事1191-38、挙手による採決を適法とした事例として、東京地判平成14・2・21判時1789-157〕。

  ＊5）　**議決権行使の結果の開示**　　金融商品取引法上、上場会社等は、株主総会における議案ごとの議決権行使の結果を臨時報告書において開示することが求められる（開示府令19 II ⑨の2）〔191頁＊1）(3)参照〕。

  ＊6）　**議決権行使の結果の取扱い**　　特定の株主の議決権行使の結果の取扱いが争われた事例として、神戸地決令和3・11・22資料版商事法務454-131〔株式交換差止請求権（796の2①）を被保全権利とする仮処分を認容〕＋神戸地決令和3・11・26資料版商事法務454-124〔保全異議事件・仮処分決定認可〕＋大阪高決令和3・12・7資料版商事法務454-115〔原審の仮処分を取り消し、仮処分申立てを却下〕＋最決令和3・12・14資料版商事法務454-106〔抗告棄却〕。

　（ア）　普通決議　　特別の要件が法律または定款で定められていない場合の決議で、議決権を行使することができる株主の議決権の過半数を有する株主が出席し（定足数）、その出席株主の議決権の過半数で決定する（309 I）。この定足数は定款で軽減・排除することができ、多くの会社では定足数を完全に排除し、単に出席株主（人数は問わない）の議決権の過半数で決めることとしている。

　ただし、例外として、役員（取締役・会計参与・監査役）〔会計監査人は含まない〕の選任・解任〔監査役の解任と累積投票で選任された取締役・監査等委員である取締役の解任を除く＝これらは特別決議事項（309 II ⑦）〕の決議と公開会社における支配株主の異動をもたらす募集株式発行等の決議については、定足数の定款による引下げは議決権を行使することができる株主の議決権の3分の1までにしかできない〔なお、決議要件を定款で引き上げることも認められる〕（341、206の2 V）。^{＊7）}

　（イ）　特別決議　　一定の重要な事項の決議〔309 II に列挙されている〕は、議決権を行使することができる株主の議決権の過半数を有する株主が出席し（定足数）、その出席株主の議決権の3分の2以上の多数で決定するが、この定足数は、定款で3分の1まで軽減することができ〔平成14年改正〕、他方、決議要件である3分の2基準は定款で引き上げることが認められるうえ、一定数以上の株主の賛成を要する等を定款で定めてもよい〔会社法での新設規定〕

（309Ⅱ）。

（ウ）　特殊決議　　上記の特別決議以上に厳重な要件の決議がある。①議決権を行使することができる株主の半数以上（これを上回る割合を定款で定めることも可）で、かつ、当該株主の議決権の3分の2（これを上回る割合を定款で定めることも可）以上の賛成が必要な場合（309Ⅲ）、②総株主の半数以上（これを上回る割合を定款で定めることも可）で、かつ、総株主の議決権の4分の3（これを上回る割合を定款で定めることも可）以上の賛成が必要な場合（309Ⅳ）である（広島高松江支判平成30・3・14金融商事1542-22）〔②は有限会社法から継承したものであるが継承のしかたに疑問の余地がある〕。

　なお、取締役の責任免除等には総株主の同意が必要であるが、この場合は必ずしも株主総会を開く必要はない。

（エ）　株主総会開催の省略——書面によるみなし決議等　　平成14年改正は、株主総会の決議事項について、議決権を行使できる株主全員が取締役または株主の提案に同意した場合には、その提案を可決した総会決議があったものとみなすこととし、総会の開催を省略することを認めた。会社法は、これを引き継ぎ（319）〔同意の書面または電磁的記録は10年間本店に備え置いて株主・債権者の閲覧・謄写に供する〕、さらに報告事項についても株主全員に報告事項を通知し、株主全員が同意した場合に、総会開催の省略が認められることを明文化した(320)。

　　＊7）　**定款による要件の加重**　　非公開会社の株主総会決議の定足数について頭数要件を定款で定めることはできないとされた事例（東京高判令和4・10・31金融商事1664-28）、また、株主総会の決議要件を「出席株主全員の同意」とした定款の定めが一部を除いて有効とされた事例がある（東京地判令和2・8・19＋東京高判令和3・4・22）。

(3)　総会検査役と業務調査者　　**（ア）　総会検査役**　　この制度は、経営権に関する争いがあり株主総会の混乱が予想される場合等に、株主総会の招集手続と決議方法の公正を調査し、決議の成否についての証拠を保全するために認められた制度である。会社〔会社法で追加〕または少数株主（公開会社で取締役会設置会社では6か月前からどの時期をとっても総株主の議決権の1％以上を有していた株主〔要件の詳細は、306Ⅰ・Ⅱ参照〕）は、株主総会の招集の手続と決議の方

法を調査させるため、株主総会前にあらかじめ検査役の選任を裁判所に請求することができる (306)。検査役は調査の結果を裁判所に報告し、裁判所は必要があれば改めて取締役に株主総会を招集させることができ (307 I ①・Ⅱ・Ⅲ)、この株主総会で前の株主総会手続の瑕疵が是正される。また、調査の結果を株主に通知させることもできる (307 I ②)〔会社法で新設〕（東京地裁民事第8部では、令和4年5月に「総会検査役の手引き」を作成し、同部で選任された総会検査役に配布している〔金融法務事情2200号46頁以下〕）。

（イ）**業務調査者**　会社法のもとでは、①株主総会は、その決議で、取締役・会計参与・監査役・監査役会・会計監査人がその株主総会に提出・提供した資料を調査する者を選任することができる (316 I)。②少数株主が招集した株主総会 (297参照) においては、その決議で、会社の業務および財産の状況を調査する者を選任することができる (316 Ⅱ)。なお、この調査者の選任だけを目的とする株主総会を招集することも認められる。

（ウ）**会社との関係**　準委任関係であって、民法の委任の規定の適用がある (民656・643以下)。ただし、裁判所選任の検査役の場合は、解任権と報酬決定権は裁判所が有する。

(4)　多数決の限界と修正　多数決といっても、株主平等の原則に違反したり、固有権を侵害する決議をすることはできないと解されている。その他、一定の場合には、著しく不当な決議も違法な決議となる (831 I ③)〔次頁参照〕。また、反対株主の株式買取請求権制度〔(5)参照〕・累積投票制度 (342)〔234頁参照〕・取締役等の解任権〔236頁参照〕は、多数決を修正する機能がある。

(5)　株主の株式買取請求権　（ア）**株主総会決議の場合**　一定の基礎的変更の場合等に、多数決で決議が成立したときには、反対株主に、投下資本を回収して経済的救済を与える等のため、会社に対してその所有する株式を公正な価格で買い取ることを請求する権利が認められる〔402頁参照〕。

（イ）**単元未満株式の買取請求権**　単元未満株式についても買取請求権が認められる (192・193)。その趣旨は、単元未満株式を有する者に投下資本の回収を保証することにある〔140頁参照〕。

6. 株主総会決議の瑕疵

　株主総会の決議に手続上または内容上の瑕疵（かし）がある場合には、そのような決議は違法な決議であって、その決議の効力をそのまま認めることはできない。しかし、決議が有効かどうかは会社・株主・取締役等多数の者の利害に影響を与えるので、これを一般原則による処理にゆだねることは法的安定性を害し妥当ではなく、法律関係を画一的に確定し、瑕疵の主張をできるだけ制限することが望ましい。そこで、会社法は、株主総会の決議の取消しの訴え (831) と株主総会の決議の不存在・無効確認の訴え (830) を用意し、決議の取消しまたは不存在・無効確認の判決には対世的効力を認め、また、取消しの訴えについては提訴権者（原告適格）と提訴期間を制限している〔66頁**図表5**参照〕。

　(1) 各種の訴え　　決議の瑕疵の軽重に応じて2つの制度がある。

　(ア) 株主総会決議の取消しの訴え　　決議取消しの訴えの事由は、①招集手続または決議方法の法令・定款違反、または著しい不公正、②決議内容の定款違反、③特別利害関係人が議決権を行使した結果著しく不当な決議がされたときである (831 I)。決議を取り消す判決があると、その判決の効力は、設立無効等の判決と同様、第三者にも及ぶ (838)〔対世的効力〕。提訴権者（原告適格）は、株主等（取締役・監査役・清算人）に限られ[*1]（当該決議の取消しにより株主等となる者を含む）、提訴期間は、決議の日から3か月以内に限られる (831 I)。被告は会社である (834[17]。最判昭和36・11・24民集15-10-2583参照)。

　取消しの訴えは形成訴訟であり、決議は取消判決の確定によって決議の時にさかのぼって無効になる〔＝遡及効がある〕が、それまでは一応有効に存在し、また、提訴期間が経過すれば瑕疵は治癒され、もはやその効力は争えない。以上のような限定は、取消事由は決議不存在や決議内容の法令違反のような重大な瑕疵でないため、取消しの訴えを株主総会決議の法的安定性を重視した制度としたからである。なお、専属管轄・担保提供命令・弁論等の併合・原告が敗訴した場合に悪意または重過失があったときの賠償責任は、他の「会社の組織に関する訴え」の場合と同様である[*2)3)4)5)] (835―837・846)。

　株主総会決議に取消事由がある場合であっても、取消事由が招集手続また

は決議方法の法令・定款違反という手続上の瑕疵にすぎない場合には、裁判所は、①その違反する事実が重大でなく、かつ、②決議の結果に影響を及ぼさないと認めるならば、取消しの請求を棄却することができる (831Ⅱ)〔裁判所による「裁量棄却」という〕。[＊6]

* 1)　**原告適格**　　831条1項・828条2項に留意。対象となる株主総会決議で株主の資格を奪われた者も原告適格を有する (東京高判平成22・7・7金融商事1347-18) ことは、平成26年改正で明文化された。

* 2)　**不当決議の取消し**　　昭和56年改正前は、決議に特別の利害関係を有する株主の議決権行使を排除し、その代わりにその結果著しく不当な決議がされた場合にこの者を事後的に救済する訴えを設けていたが、特別利害関係があるとはいっても事前に議決権行使を排除することには批判があったため、昭和56年改正で、それ以前とは逆に、特別利害関係人にも議決権の行使を認めることとし、その結果著しく不当な決議がされた場合は取消事由とすることとした。ここにいう特別利害関係人とは、対象となる株主総会決議について株主としての利害関係以外の利害関係を有する株主をいう。昭和56年改正前は狭く解していたが、現行法のもとではある程度広く解してよい。たとえば、退職慰労金を支給する決議において支給を受ける者は特別利害関係人に該当すると解される (浦和地判平成12・8・18判時1735-133。なお、東京地判平成9・6・17資料版商事法務161-185)〔その他、東京地判平成16・10・14判タ1221-294 (第三者割当て〔特殊な事例〕)、東京地決平成19・6・28金融商事1270-12 (買収対抗策〔183頁＊1)(6)参照)、東京地決平成22・9・6金融商事1352-43)。

* 3)　**決議取消事由**　　831条1項1号の取消事由としては、招集通知もれ、招集通知の記載・添付書類の不備、招集通知期間の不足、取締役会決議を経ない代表取締役による招集、取締役・監査役の説明義務違反、定足数の不足、非株主の決議参加、多数決の要件不足等の具体的な法令・定款違反のほか、手続が著しく不公正な場合 (出席困難な場所での開催等) も含まれる (なお、最判平成8・11・12判時1598-152〈百選A11〉〈商判Ⅰ-83〉)。招集通知が他の株主にされず自分に来ている場合に取消しの訴えを起こせるかについては、株主は自分にとっての瑕疵だけを問題にできるとしてこれを否定する見解も有力であるが、これを肯定するのが多数説・判例である (最判昭和42・9・28民集21-7-1970〈百選33〉〈商判Ⅰ-85〉)。その他、204頁 **(イ)**、216頁**(2)**の判例参照。近年のものとして、東京地判平成28・12・15金融商事1517-38、東京地判平成31・3・8金融商事1574-46＋東京高判令和1・10・17金融商事1582-30〈百選A9〉〈商判Ⅰ-92〉、東京地判令和3・4・8資料版商事法務448-133〔217頁＊6)の裁判例も参照〕。

　　2号の取消事由としては、定款所定の員数を超える取締役の選任等が考えられる。

3号の取消事由は、＊2）参照。

＊4）　**訴えの利益**　　（1）　主要な判例。①株主以外の者に新株引受権を与える旨の株主総会決議につき決議取消しの訴えの係属中、同決議に基づき新株が発行されてしまったときは決議取消しの訴えの利益は消滅する（最判昭和37・1・19民集16-1-76）。②役員選任の株主総会決議取消しの訴えの係属中、その決議に基づいて選任された取締役ら役員がすべて任期満了により退任し、その後の株主総会の決議によって取締役ら役員が新たに選任され、その結果、取消しを求める選任決議に基づく取締役ら役員がもはや現存しなくなったときは、特別の事情のないかぎり、決議取消しの訴えは訴えの利益を欠くに至る（最判昭和45・4・2民集24-4-223〈百選36〉〈商判Ⅰ-88）。役員報酬の会社への返還を求める場合は、特別の事情があるとした事例として、東京高判昭和60・10・30判時1173-140）。これに対して、訴えの利益はなくならないとされた事例として、最判平成2・4・17民集44-3-526〈商判Ⅰ-96〉（不存在確認の訴えの利益）、最判平成11・3・25民集53-3-580（同）、東京高判平成30・6・6金融商事1547-14（同）、最判令和2・9・3民集74-6-1557〈百選A14〉〈商判Ⅰ-95〉（事業協同組合の通常総会決議の取消しの訴えの利益）。③計算書類承認に関する株主総会決議の取消訴訟の係属中に、その後の決算期の計算書類の承認決議がされても、当該計算書類につき承認の再決議がされた等の特別の事情がないかぎり、決議取消しの訴えの利益は失われない（最判昭和58・6・7民集37-5-517〈百選37〉〈商判Ⅰ-89〉）。④役員に退職慰労金を贈呈する株主総会決議（第1の決議）について、取締役等の説明義務違反を理由としてこれを取り消す第1審判決があった後、同決議の取消しの確定を条件として効力を生じる趣旨で同一の議案（ただし第1の決議と異なり慰労金の総額を明示）を可決する株主総会決議（第2の決議）がされ、取消訴訟の提起もなくこれが確定した場合、かりに第1の決議に取消事由があるとしてこれが取り消されたとしても、その判決の確定により第2の決議が第1の決議に代わってその効力を生じることになるのであるから、第1の決議の取消しを求める実益はない。取締役等に対する過料の制裁を求める上で第1の決議の取消しは法律上必要ではなく、単なる立証上の便宜をはかる必要性をもって第1の決議につき訴えの利益があるものとすることはできない（最判平成4・10・29民集46-7-2580。近年の事例として、東京地判令和3・1・25金融商事1615-48）。⑤その他（最判平成28・3・4民集70-3-827〈百選35〉〈商判Ⅰ-90〉〔議案を否決する株主総会決議は、それによって新たな法律関係が生じることはないし、その決議を取り消すことによって新たな法律関係が生じるものでもないから、その決議の取消しを請求する訴えは不適法であると判示（取締役を解任する決議が否決された事例）〕、東京高判平成22・7・7〔＊1）〕参照）。

　（2）　株主総会決議の瑕疵の連鎖　　場合を分けて考える必要がある。

〈類型１〉(ｱ)株主総会決議①⇒(ｲ)取締役会決議（代表取締役を選定）⇒(ｳ)取締役会決議（重要財産譲渡を決定）⇒(ｴ)代表取締役が会社を代表して重要財産譲渡を実施

〈類型２〉(ｱ)定時株主総会決議①（計算書類の承認・確定）⇒(ｲ)定時株主総会決議②（計算書類の承認・確定）⇒(ｳ)定時株主総会決議③

〈類型２―１〉決議①について招集手続または決議方法が法令違反

〈類型２―２〉決議①について計算書類の内容が法令違反（粉飾決算により貸借対照表上に架空資産を計上、その結果利益〔分配可能額〕が虚偽）

〈類型３〉(ｱ)株主総会決議①⇒(ｲ)同一の内容の株主総会再決議

〈類型４（類型１の変形）〉(ｱ)株主総会決議①⇒……⇒(ｵ)株主総会決議（合併契約の承認）⇒(ｶ)合併の効力発生

〈類型１〉決議①について決議取消しの判決が確定すると、遡及して①は無効となる。その結果(ｲ)(ｳ)はなかったことになり、(ｴ)も違法となる（上記令和２年最判参照）〔下記(3)も参照〕。①の後にされた対外的行為については、善意の第三者を保護し、取引の安全を図る必要がある。①の後にされた対内的行為は無効となる。

〈類型２―１〉昭和56年改正前商法では、計算書類の承認・利益〔剰余金〕配当とも株主総会決議が必要であった。現在は、一定の条件のもとで両方とも株主総会決議は不要（438・439・454Ⅰ・459）。この結果、現在は、上場会社では通常は株主総会にこれらを付議しない。

決議①について決議取消しの判決が確定すると、計算書類は未確定となる。その結果、②（そして③）による計算書類の確定も未確定となる（最高裁の立場＝上記の昭和58年最判）。

〈類型２―２〉会計不正は法令違反であり、その後の貸借対照表をすべて直すべきである。過年度修正に関する会計基準があるが、資産の架空計上などの違法な貸借対照表の場合にはそのままは適用されないと解すべきである。

〈類型３〉実務では、決議①について決議を取り消す第１審判決が出ると、会社は再決議をすることが少なくない。再決議は、それ自体が適法にされていれば有効であるが、効力を有するのはその決議以降であり、その効力を決議①の時点まで遡及させることはできない（元の決議である決議①と再決議とでは株主構成が異なる）。では、再決議により、係属中の①に係る決議取消しの訴えについて訴えの利益は（再決議の成立によって）消滅するか。その間の法律関係への影響を考えて判断するのが妥当である。「原則は消滅しないが、特段の事情ある場合は消滅する」と考えるのが妥当と思われるが、上記平成４年最判は原則と例外が逆に読める（その事件では訴えの利益を否定。東京高判平成27・3・12金融商事1469-58〈百選A13〉〈商判Ⅰ-

86〉はこれを肯定)。

〈類型4〉㋔の後は、合併の効力を否定するためには合併無効の訴え（828Ⅰ⑦⑧）によらなければならない。したがって、株主総会決議取消しの訴えが係属していた場合には、それを合併無効の訴えに変更する（いわゆる吸収説）〔410頁＊1）参照〕。なお、㋐（決議①）に瑕疵があると、㋔も招集について適法な取締役会決議がなく適法でない代表取締役による招集となるので瑕疵があることになる。

(3) **株主総会決議の瑕疵の連鎖への対処方法** 上記の最判令和2・9・3は中小企業等協同組合法に基づく事業協同組合の理事の選挙に関する事案であるが、そこで述べられた法の解釈論は会社法に基づく会社にもあてはまると理解されている。たとえば、取締役会設置会社で指名委員会等設置会社でない株式会社で取締役の任期を2年としている会社において、ある年の6月の定時株主総会（①）で取締役が選任され、2年後の6月の定時株主総会（②）で取締役が選任された。①の株主総会決議に手続的な瑕疵があり、決議取消しの訴えが提起され、②の後になって①の決議取消しを認容する判決が確定した。この場合、取消しの効果は①の時点に遡及し、①の時点で①の決議は無効であったことになる。この結果、②の決議も瑕疵を帯びる。なぜなら、①による取締役の選任は無効であったことになるので、法的には、①によって取締役に選任された者は取締役でなかったことになり、その者によって構成される取締役会も取締役会ではなく、また、その取締役会で選定された代表取締役も代表取締役でなかったことになる。このため、その取締役会による②の株主総会の招集の決定や代表取締役によるその招集は、いずれも権限のない機関による決定や招集行為であって違法なものであったことになる。

以上は、最高裁の判例理論として確立したと見受けられる。では、実務では、どう対処したらよいか。永遠に取締役を選任することができなくなりそうにもみえる。こうした瑕疵の連鎖を断ち切る方法としては、まず、①の決議がそれ以前の取締役全員を再任するものであり、かつ、その中からそれ以前の代表取締役と同じ者が代表取締役に選定された場合であれば、従前の取締役・代表取締役が引き続き取締役・代表取締役としての権利・義務を有する（346Ⅰ・351Ⅰ）。このため、①の決議が遡及的に無効となっても、②の決議は瑕疵を帯びない。しかし、実際問題として、そのような場合は多くはないであろう。次に、取締役・代表取締役の職務執行代行者が選任されてその者によって②の総会が招集された場合や全員出席総会〔202頁参照〕において②の決議がされた場合があげられるが、これらに該当する事案も実際には少ないであろう。そうすると、残された唯一の方法は、少数株主が裁判所の許可を得て株主総会を招集して（297）②の決議をすることである。実際にも、この方法が実務では定着しつつあると見受けられる。この方法は、本来の少数株主に

よる株主総会の招集制度の趣旨と異なる利用のされ方であるが、瑕疵の連鎖を肯定する解釈が最高裁の判例理論で確立した以上、やむをえない対処方法である。裁判所もこうした少数株主による株主総会の招集を許可しないわけにはいかないことになる。

＊5）　**提訴期間**　　主要な判例として次のものがある。①株主総会決議取消しの訴えを提起した後、平成17年改正前商法248条１項〔会社法831Ⅰ〕の期間経過後に新たな取消事由を追加主張することは許されない（最判昭和51・12・24民集30-11-1076〈百選34〉〈商判Ⅰ-87〉）、②株主総会決議無効確認訴訟において、決議無効原因として主張された瑕疵が決議取消原因に該当し、しかもその訴訟が決議取消訴訟の原告適格・出訴期間等の要件をみたしているときは、たとえ決議取消しの主張が出訴期間経過後にされたとしても、なお決議無効確認訴訟の提起時から決議取消訴訟が提起されていたものと同様に扱う（最判昭和54・11・16民集33-7-709〈百選40〉〈商判Ⅰ-97〉）。

＊6）　**裁判所の裁量棄却**　　昭和13年改正で裁量棄却の規定が置かれたが、昭和25年改正で削除された。しかし、その後も判例・学説は合理的範囲で裁判所の裁量棄却権を認めたため（最判昭和46・3・18民集25-2-183〈百選38〉〈商判Ⅰ-91〉）、昭和56年改正は、判例で確立しつつあった要件のもとに裁量棄却権の規定を復活させた。主要な判例として次のものがある。①株主総会の招集手続に定款に別段の定めがないにもかかわらず本店の所在地またはこれに隣接する地に招集しなかったという違法があった場合、決議が発行済株式の約64％の株式を有する出席株主全員の賛成によって成立したものであり、過去10年以上にわたって東京都内で株主総会が開催され、そのことについて株主から異議が出たことがなかったときでも、その決議の取消請求を棄却することはできない（最判平成5・9・9判時1477-140）。②計算書類と附属明細書につき監査役の監査を受けずになされた利益処分案の承認決議は決議の方法に法令違反の瑕疵があるが、監査役が監査をしようとすれば容易にできた場合には、その瑕疵は重大なものではなく、かつ、利益処分案を含む計算書類の承認決議が発行済株式総数1089万株のうち845万株の株式を有する株主の賛成によりされ、議決権の過半数を占める大株主はいずれも異議なく賛成していた場合には、その瑕疵は決議の結果に影響を及ぼすものではない（東京地判昭和60・3・26金融商事732-26〔当該監査役が総会決議取消しを求めた事例〕）。③営業の重要な一部の譲渡についての株主総会の招集通知に議案の要領の記載がない場合には、その株主総会決議取消請求を平成17年改正前商法251条〔会社法831Ⅱ〕により棄却することはできない（最判平成7・3・9判時1529-153）。④その他、東京地判平成19・12・6判タ1258-69・金融商事1281-37〈百選31〉〈商判Ⅰ-84〉、東京地判平成24・9・11金融商事1404-52

〈商判 I -93〉。

（イ）　株主総会決議の不存在確認・無効確認の訴え　　株主総会決議が存在しない場合または決議の内容が法令に違反する場合には、決議の不存在または無効の確認を求める正当な利益があるかぎり、誰でも、いつでも、不存在確認または無効確認の訴えを提起することができる[*7]（830 I・II）。

　不存在または無効確認の判決の効力は第三者にも及ぶ（838）〔対世効〕。これらの訴えの性質は確認訴訟であって、訴えによらなくても不存在または無効を主張することができる。なお、専属管轄・担保提供命令・弁論等の併合・原告が敗訴した場合に悪意または重過失があったときの賠償責任は、取消しの訴えの場合と同様である（835—837・846）。

　　*7)　**主要判例**　　主要な判例として次のものがある。
　　　(1)　無効事由　　株主総会の決議の内容自体に何ら法令または定款違反の瑕疵がなく、単に決議をする動機・目的に公序良俗違反の不法があるにとどまる場合は、決議は無効とはならない（最判昭和35・1・12商事法務167-18）〔議決権行使の濫用として決議取消事由とした事例がある（宮崎地判平成21・9・11判時2060-145）〕。
　　　(2)　無効確認の利益　　新株がすでに発行された後は、新株発行無効の訴えを提起しないかぎり新株発行を無効とすることはできず、新株発行に関する株主総会決議無効確認の訴えは確認の利益を欠くに至る（最判昭和40・6・29民集19- 4 -1045）。近年の事例として、東京地判平成26・11・20金融商事1457-52〈百選A 43〉〔株主意思確認決議について無効確認の訴えに係る確認の利益を否定〕、東京高判令和 3・5・13金融商事1623-12〔否決の株主総会決議について一般私法上の無効確認の訴えに係る確認の利益を否定〕。
　　　(3)　決議の不存在　　①株主 9 名、発行済株式総数5000株の株式会社において、株主の 1 人である代表取締役が、自己の実子である 2 名の株主に口頭で総会招集の通知をしただけで、他の 6 名の株主（持株数2100株）には招集通知をせず、この親子 3 名だけが株主総会としての決議をしても、株主総会が成立しその決議があったものとはいえない（最判昭和33・10・3民集12-14-3053〔昭和56年改正で決議不存在についての明文規定が導入される前の判例〕）。②株主総会の開催を禁止する仮処分に違反して総会が開催された場合は、その総会での決議は不存在である（浦和地判平成11・8・6判タ1032-238〈商判 I -78〉）〔学説上は異論もある〕。③取締役選任の株主総会決議が不存在である場合には、その取締役によって構成される取締役会は正当な取締役会とは言えず、その取締役会によって選任された代表取締役も正当に選任さ

れたとは言えないので、そのような取締役会の招集決定に基づき、そのような代表
取締役が招集した株主総会において新たに取締役選任決議がされても、全員出席総
会などの特段の事情がないかぎり、その決議は不存在である（最判平成2・4・17民
集44-3-526〈百選39〉〈商判Ⅰ-96〉）。④取締役等を選任するA株主総会決議の不存在
確認請求に同決議が存在しないことを理由とする後任取締役等の選任に関するB株
主総会決議の不存在確認請求が併合されている場合には、A株主総会決議不存在の
確認の利益がある（最判平成11・3・25民集53-3-580）。⑤株主総会の決議がその成
立要件を欠いた場合でも、その決議の内容が商業登記簿に登記されているときは、
その効力のないことの確定を求める訴えは適法である（最判昭和38・8・8民集17-
6-823、最判昭和45・7・9民集24-7-755〔昭和56年改正前の判例〕）。⑥訴権の濫用
（最判昭和53・7・10民集32-5-888〈商判Ⅰ-94〉〔有限会社の事例〕、東京地判平成23・
5・26判タ1368-238）。⑦その他（東京地判平成22・6・24判時2090-137、東京地判平成
23・1・26判タ1361-218〔議長資格のない者による採決〕、東京高判平成30・1・18金融商
事1538-14、東京高判平成30・6・6金融商事1547-14〔確認の利益を肯定〕、大阪高判令和
3・7・30金融商事1627-17、東京高判令和3・8・19金融商事1630-8）。

(2)　判決の効果　　決議が判決によって取り消され、または不存在・無効
の場合には、その決議の効力は決議の時点にさかのぼって無効となる〔66頁
図表5参照〕。しかし、その間に（判決が確定するまでの間に）決議を前提として
各種の行為がされているのが通常であって、これらの行為の効力をどう解す
べきかという問題がある。①売買・貸借などのように株主総会の決議を有効
要件としない行為の効力は、それによって影響を受けると解すべきではない
（取締役会設置会社では定款で株主総会の決議事項と定められた場合に限ってここでの問
題が生じる）。②これに対して、剰余金配当・定款変更・取締役等の選任など
株主総会の決議をその有効要件とする行為は、決議の時点にさかのぼって遡
及的に無効とならざるをえない。しかし、このような結果を認めると、法的
安定性を害し、とくに決議がされた外観的事実を信頼した者の利益を害する
ことになる。そこで、①設立無効等の場合には、会社法は特別規定で遡及効
を排除するが（839）、②そのような特別規定がない場合であっても、不実の
登記を信頼した者（908Ⅱ）その他の善意者保護の規定（民109・110・112等）を適
用または類推適用することによって、妥当な解決をはかる必要がある。たと
えば、取締役の選任決議が無効であれば最初から取締役でないわけであるが、
その者が代表取締役としてした行為の善意の相手方はこれらの規定により保

護されるべきである。^{＊8）}

> **＊8）　不存在決議後の行為の効力**　　次のような判例がある。Aが代表取締役とし
> て招集した株主総会で資本減少・株式併合決議がされた場合において、それ以前の
> Aの取締役選任の株主総会決議が法律上不存在であったとしても、その総会に大株
> 主は口頭で通知を受け出席しており、また資本減少・株式併合決議については、総
> 会の目的を明らかにした招集通知が全株主に遅くとも総会の日の2週間前に発せら
> れており、その他の点で手続に瑕疵はなかったうえ、上記決議後に増資が行われ、
> その払込みを終え登記がなされている等の事情があるときには、上記決議後の法律
> 関係の進展を考えると、商法の基本にある外観法理、すなわち外観を基礎として諸
> 般の法律関係が進展していく場合の法的安定の要請から、上記決議とそれに基づく
> 資本減少・株式併合は、有効と認めるべきである（東京高判昭和59・6・28判時1124-
> 210）。

3　役員および会計監査人の選任と解任

1．通　　則

(1)　**選任権限**　　役員（取締役・会計参与・監査役）および会計監査人は、
株主総会の決議で選任する（329Ⅰ）。なお、選任決議の際に、法務省令で定
めるところにより、役員が欠けた場合または会社法・定款で定めた役員の員
数を欠くこととなるときに備えて補欠の役員を選任することができる（329
Ⅲ・規則96）〔会社法での新設規定〕。

(2)　**役員等と会社との関係**　　会社と役員・会計監査人との関係は、委任
に関する規定に従う（330）。

2．取　締　役

(1)　**資格**　　①法定の欠格者（331Ⅰ）は取締役にはなれない^{＊1）}〔取締役は自然
人でなければならない〕。②定款で資格を制限する（たとえば日本人に限る）こと
はできるが、株主に資格を限定することは許されない〔非公開会社は別〕（331Ⅱ）。
ただし、株主を取締役に選任することはもちろん認められ、実際にもそのよ
うな場合が多い。^{＊2）3）4）}

＊1）　**令和元年改正**　　令和元年改正により、成年被後見人等に係る取締役等の欠
格規定は削除され、取締役等への就任の承諾と成年被後見人等が取締役等の資格で
した行為の効力に係る規律が設けられた（改正後の331の2）。

＊2）　**使用人兼務取締役**　　部長・工場長などの使用人（従業員）が取締役を兼務
することは認められ、実際にも、終身雇用制を背景として、多くの会社では、その
ような使用人兼務取締役が多数存在する〔ただし指名委員会等設置会社では禁止（331
Ⅳ）〕。取締役と監査役または親会社の監査役との兼任はできない（335Ⅱ）。

＊3）　**監査等委員会設置会社の取締役**　　監査等委員である取締役は、監査等委員
会設置会社・その子会社の業務執行取締役・使用人・会計参与（法人のときは、そ
の職務を行うべき社員）・執行役を兼任することはできない（331Ⅲ）。

＊4）　**独占禁止法**　　会社法とは別の観点（競争政策）から、独占禁止法は、取締
役が競争関係にある他の会社の役員を兼任することを禁止する（独禁13）。

（2）　員数　　①取締役会設置会社では3人以上必要である（331Ⅴ）〔非取締
役会設置会社では1人でもよい〕。②監査等委員会設置会社では、監査等委員で
ある取締役は、3人以上で、その過半数は、社外取締役でなければならない
（331Ⅵ）。員数につき、定款で最低数を高め、また、最高数を定めることもで
きる。

（3）　任期　　（ⅰ）　原則は2年（選任後2年以内に終了する事業年度のうち最終の
ものに関する定時株主総会の終結の時まで）である〔定款または株主総会決議で短縮可〕
（332Ⅰ）。再選はもちろんできる。その場合、任期は2年ごとに株主総会に取
締役の信任を求めることを意味する。（ⅱ）　例外として、①非公開会社（監査
等委員会設置会社・指名委員会等設置会社を除く）では、定款により任期を選任後
10年以内に終了する事業年度のうち最終のものに関する定時株主総会の終結
の時まで伸長することが認められる（332Ⅱ）。また、②監査等委員会設置会
社の取締役（監査等委員である者を除く）と指名委員会等設置会社の取締役は1
年（332Ⅲ・Ⅵ）、会計監査人設置会社で定款により剰余金配当等の権限を取締
役会に与えた場合も1年である（459Ⅰ）。③監査等委員会設置会社の監査等
委員である取締役の任期は、2年であり、定款・総会決議で短縮できない
（332Ⅰ・Ⅳ。ただし、Ⅴ）。④定款変更の場合の特則（332Ⅶ）。

（4）　社外取締役　　（ⅰ）　社外取締役とは、株式会社の取締役であって、次
の要件のいずれにも該当するものをいう（2⑮）。イ　当該株式会社またはそ

の子会社の業務執行取締役（363Ⅰ各号の取締役および当該株式会社の業務を執行したその他の取締役をいう。以下同じ）・執行役・支配人その他の使用人（以下「業務執行取締役等」という）でなく、かつ、その就任の前10年間当該株式会社またはその子会社の業務執行取締役等であったことがないこと。ロ　その就任の前10年内のいずれかの時において当該株式会社またはその子会社の取締役・会計参与（法人のときは、その職務を行うべき社員。以下同じ）・監査役であったことがある者（業務執行取締役等であったことがあるものを除く）にあっては、当該取締役・会計参与・監査役への就任の前10年間当該株式会社またはその子会社の業務執行取締役等であったことがないこと。ハ　当該株式会社の親会社等（自然人に限る）または親会社等の取締役・執行役・支配人その他の使用人でないこと。ニ　当該株式会社の親会社等の子会社等（当該株式会社および子会社を除く）の業務執行取締役等でないこと。ホ　当該株式会社の取締役・支配人その他の重要な使用人または親会社等（自然人に限る）の配偶者・二親等内の親族でないこと。

　　(ii)　登記　　社外取締役については、①特別取締役制度の導入、②監査等委員会設置会社、③指名委員会等設置会社という社外取締役の存在が法律上の要件とされている制度を採用する場合にだけ、社外取締役である旨の登記が義務づけられる（911Ⅲ21・22・23）。

　　(iii)　社外取締役を置くことの義務づけ　　令和元年改正により、監査役会設置会社（会社法上の公開会社かつ大会社に限る）であって株式に係る金融商品取引法上の有価証券報告書提出会社について、社外取締役を置くことが義務づけられた（327の2〔平成26年改正で新設された令和元年改正前の同条に置き換わった〕・976 19の2〔過料〕*6）〔令和2年改正後の規則74等と平成31年1月改正後の開示府令に注意〕。なお、社外取締役が欠けた場合であっても、遅滞なく社外取締役が選任されるときは、その間に取締役会を開催することができ、その取締役会の決議は瑕疵を帯びないものと考えられる〔権利義務取締役（346Ⅰ）等の規定の適用もある〕。

　　(iv)　業務執行の社外取締役への委託　　令和元年改正により、一定の場合に、取締役会（非取締役会設置会社では取締役）が社外取締役に業務の執行を委託することができることとする規律がセーフハーバー・ルールとして新設された（348の2）。そのような社外取締役への業務の執行の委託が認められる

のは、会社と取締役（指名委員会等設置会社では執行役）との利益が相反する状況にあるとき、その他取締役（指名委員会等設置会社では執行役）が会社の業務を執行することにより株主の利益を損なうおそれがあるときであり、手続としては、そのたびごとに、取締役会決議（非取締役会設置会社では取締役の決定）が必要である。そして、委託された業務の執行は会社法2条15号イに規定する会社の業務の執行に該当しないものとされる。ただし、社外取締役が業務執行取締役（指名委員会等設置会社では執行役）の指揮命令の下に委託された業務を執行したときは、この限りでない^{＊7)}。

＊5）　**社外取締役の要件**　　平成26年改正で強化され、①親会社等の取締役・執行役・使用人でないこと等と②近親者でないことが資格要件に追加された（2⑮参照）。一般に、独立性の要件としては、雇用等関係の不存在・親族関係の不存在・取引関係（経済的利害関係）の不存在の3つが要求されるが、最後の点は社外取締役の要件とはされていない。なお、上場会社は、取引所の規制によりこれをも満たす「独立」役員を置いて通知することが要求される（190頁＊1)(2)・193頁(8)参照）。他方、雇用等関係の不存在に関する過去要件（不存在が就任前何年あればよいか）は緩和され、10年間空白期間があれば社外取締役になれることとなった（2⑮参照）。この過去要件は、平成13年12月改正前は5年であったのが（ただし当時は社外監査役に関する）、同改正で撤廃され、平成26年改正で10年として復活したことになる。

＊6）　**社外取締役の設置**　　上場会社向けのコーポレートガバナンス・コード〔191頁＊1)(5)〕の原則4─8は、上場会社は独立社外取締役を少なくとも2名以上（プライム市場上場会社は3分の1以上）選任すべきであると定めている〔452頁参照〕。また、上場会社については、独立役員制度〔190頁＊1)(2)〕により独立役員を1名以上置くことが求められる。

　　実際には、社外取締役を置いてコーポレート・ガバナンス面での役割を期待することは潮流となっており、令和5年7月の時点で、東京証券取引所のプライム市場上場会社（1,833社）のなかで2名以上の独立社外取締役（独立役員として届出がされている社外取締役）を選任する会社の比率は99.2％、独立社外取締役が全取締役の3分の1以上を占める会社の比率は95％となっている（東京証券取引所「東証上場会社における独立社外取締役の選任状況及び指名委員会・報酬委員会の設置状況」令和5年7月31日）。

＊7）　**業務執行の社外取締役への委託**　　なお、指名委員会等設置会社の取締役は、会社法または会社法に基づく命令に別段の定めがある場合を除き、指名委員会等設置会社の業務を執行することができないこととされているため（415）、仮に社外取

締役の行為が業務の執行に該当すると評価される場合には同条との関係でもその行為の適法性について疑義が生じるおそれもあるが、改正後の規律は同条の定める「別段の定め」に該当することとなると考えられる。

　また、指名委員会等設置会社では、取締役は、法令に別段の定めがあるときを除き、会社の業務を執行することはできず、執行役が会社の業務を執行することとされている（418 I ②）。このため、改正後の規律は「株式会社と執行役との利益が相反する状況にある場合その他執行役が株式会社の業務を執行することにより株主の共同の利益を損なうおそれがある場合」とし、取締役が株式会社の業務を執行することにより株主の共同の利益を損なうおそれがある場合については規律の対象に含めていない。

　その都度、取締役会決議（非取締役会設置会社では取締役の決定。以下同じ）を必要とする理由は、社外取締役は、委託を受けた業務の執行について業務執行取締役の指揮命令の下に執行することはできず、独立してこれを執行することが想定されているため、社外取締役が誰の監督も受けずに継続的に業務を執行するという事態が生じないようにするためである。

　監査等委員会設置会社ではこの委託の決定権限を取締役会が取締役に委任することはできないこととされるが、指名委員会等設置会社でもこの委託の決定権限を取締役会が執行役に委任することはできず、また、監査等委員会設置会社・指名委員会等設置会社以外の取締役会設置会社でもこの委託の決定権限を取締役会が取締役に委任することはできない。

　この規律はあくまでセーフハーバー・ルールであって、この規律を設けることによって、現行法の解釈上「業務を執行した」に該当しないと考えられている社外取締役の行為について、これを新たに「業務を執行した」に該当するものとすることを意図するものではない。

3．会計参与

(1)　**資格**　　①会計参与は、公認会計士・監査法人または税理士・税理士法人でなければならない（333 I）。そして、会計参与に選任された監査法人または税理士法人は、その社員の中から会計参与の職務を行うべき者を選定し、これを株式会社に通知しなければならない（333 II）。②法定の欠格者は会計参与または職務を行うべき社員になれない（333 III）。

(2)　**員数**　　とくに規制はない。

(3)　**任期**　　取締役と同じである（334 I。なお II）。

4．監 査 役

(1)　資格　　取締役についての2．(1)①②と同じ(335Ⅰ)。さらに、兼任禁止規制として、監査役は、会社・その子会社の取締役・支配人その他の使用人、または子会社の会計参与(法人のときはその職務を行うべき社員)・執行役を兼ねることができない(335Ⅱ)。[*1)]

　　＊1)　監査役の兼任禁止　　判例は、①取締役であった者が営業〔事業〕年度の途中で監査役に選任された場合、その選任は違法ではなく、その者が取締役であった期間について監査適格がないとはいえないとする(東京高判昭和61・6・26判時1200-154〔最判昭和62・4・21商事法務1110-79により上告棄却〕)。また、②監査役に選任される者が、平成17年改正前商法276条〔会社法335Ⅱ〕により兼任が禁止される地位を辞任することは、株主総会の監査役選任決議の効力発生要件ではない(最判平成1・9・19判時1354-149〔会社の顧問弁護士を監査役に選任する株主総会決議が有効とされた事例〕)。なお、③弁護士の資格を有する監査役が特定の訴訟事件につき会社の訴訟代理人となることは、平成17年改正前商法276条に反しない(最判昭和61・2・18民集40-1-32〈百選70〉〈商判Ⅰ-127〉)。

(2)　員数等　　監査役会設置会社では、3人以上で、かつ、その半数以上〔過半数ではない〕は、「社外監査役」でなければならない(335Ⅲ)。[*2)]

　　＊2)　社外監査役　　「社外監査役」とは、株式会社の監査役であって、次の要件のいずれにも該当するものをいう(2⑯)〔平成26年改正により、社外取締役の要件(231頁＊5)）に合わせて改正された〕。

　　イ　その就任の前10年間当該株式会社またはその子会社の取締役・会計参与(法人のときは、その職務を行うべき社員。以下同じ)・執行役・支配人その他の使用人であったことがないこと。ロ　その就任の前10年内のいずれかの時において当該株式会社またはその子会社の監査役であったことがある者にあっては、当該監査役への就任の前10年間当該株式会社またはその子会社の取締役・会計参与・執行役・支配人その他の使用人であったことがないこと。ハ　当該株式会社の親会社等(自然人に限る)または親会社等の取締役・監査役・執行役・支配人その他の使用人でないこと。ニ　当該株式会社の親会社等の子会社等(当該株式会社およびその子会社を除く)の業務執行取締役等でないこと。ホ　当該株式会社の取締役・支配人その他の重要な使用人または親会社等(自然人に限る)の配偶者・二親等内の親族でないこと。登記する(911Ⅲ⑱)。

(3)　**任期**　①監査役の任期は、4年（選任後4年以内に終了する事業年度のうち最終のものに関する定時株主総会の終結の時まで）である（336Ⅰ）。独立性を保障するためなので、定款等で短縮することはできない。②例外として、非公開会社では、取締役と同様、定款により10年まで伸長することができる（336Ⅱ）。③補欠監査役の任期は、定款によって、退任した監査役の任期満了時までとすることが認められる（336Ⅲ。なおⅣ）。

5．会計監査人

(1)　**資格**　①会計監査人は、公認会計士または監査法人でなければならない（337Ⅰ）。そして、会計監査人に選任された監査法人は、その社員の中から会計監査人の職務を行うべき者を選定し、これを会社に通知しなければならない（337Ⅱ）。②法定の欠格者は会計監査人の職務を行うべき社員になれない（337Ⅲ）。

(2)　**員数**　とくに規制はない。

(3)　**任期**　1年（選任後1年以内に終了する事業年度のうち最終のものに関する定時株主総会の終結の時まで）である（338Ⅰ）。なお、会計監査人は、この定時株主総会において別段の決議がされなかったときは、その株主総会において再任されたものとみなされる（338Ⅱ。なおⅢ）。

6．選任と終任

(1)　**選任**　役員（取締役・会計参与・監査役）および会計監査人の選任は、株主総会の普通決議で行う〔設立時取締役は発起人または創立総会〕（329Ⅰ・38Ⅰ・88Ⅰ）。なお、監査等委員会設置会社では、取締役の選任は、監査等委員である取締役とそれ以外の取締役とを区別してしなければならない（329Ⅱ・38Ⅱ・88Ⅱ）。

（ア）　**定足数**　普通決議については法律の定める定足数を定款で完全に排除できるが、役員〔会計監査人は含まれない〕の選任決議〔解任決議が普通決議の場合も同じ〕の定足数は少なくとも議決権を行使することができる株主の議決権の3分の1以上必要である（341・343Ⅳ）。

（イ）　**累積投票──取締役選任の場合の特例**　2人以上の取締役を同じ株

主総会で選任する場合、通常は、1人ずつ別々に選任の決議をするので、その全部が多数派株主から選ばれることになる。しかし、これに対して、少数派株主にもその持株数に応じて取締役を選出する可能性を与える制度が「累積投票（cumulative voting）制度」と呼ばれるものである。同じ株主総会で2人以上の取締役を選任する場合には、その取締役全員の選任を一括し、その代わりに各株主に1株〔単元株制度採用会社では1単元〕につき選任される取締役の数と同数の議決権（3人選任のときは1株につき3票）を認め、各株主にはその議決権を全部1人に集中して投票するか、または数人に分散して投票するかの自由を認め、投票の結果最多数を得た者から順次その員数までを当選者とする投票の方法である。一種の比例代表制度ともいえる。会社法は、2人以上の取締役を同時に選任する場合には、株主（1株の株主でもよい）から株主総会の5日前までに会社に書面で〔電磁的方法も可〕請求があった場合にだけ累積投票の方法によることとし、請求がなければ通常の決議方法による。そして、定款で累積投票の方法を採用しないことを定めれば、完全にこの制度を排除することができる（342・規則97）。^{*1)}

　＊1）　**累積投票制度**　アメリカ法を参考として昭和25年に導入したが、批判もあり、昭和49年に定款で完全に排除することを認めた。

　（ウ）　選任の効果　株主総会で選任された者が承諾すれば取締役等の地位につく（会社と被選任者との間で契約が締結されると通常考える）。なお、選任の登記がされる（911Ⅲ⑬等）。

　（エ）　監査役の選任　監査役の選任に関する議案を株主総会に提出するには、監査役（監査役が2人以上ある場合は、その過半数〔監査役会設置会社では監査役会〕）の同意を得なければならない（343Ⅰ・Ⅲ）〔東京地判平成24・9・11金融商事1404-52〈商判Ⅰ-93〉〕。また、監査役〔監査役会設置会社では監査役会〕は、取締役に対し、監査役の選任を株主総会の目的とすることまたは監査役の選任に関する議案を株主総会に提出することを請求することができる（343Ⅱ・Ⅲ）。

　（オ）　会計監査人の選任　監査役設置会社では、株主総会に提出する会計監査人の選任・解任・会計監査人を再任しないことに関する議案の内容は、監査役が（監査役が2人以上ある場合はその過半数で〔監査役会設置会社では監査役会が〕）決定する（344）。^{*2)}

（カ） **監査等委員である取締役の選任** 監査等委員会設置会社では、監査等委員である取締役の選任に関する議案を株主総会に提出するには、監査等委員会の同意を得なければならない (344の2 I)。また、監査等委員会は、取締役に対し、監査等委員である取締役の選任を株主総会の目的とすることまたは監査等委員である取締役の選任に関する議案を株主総会に提出することを請求することができる (344の2 II)。

> ＊2） **会計監査人の選任等議案の決定権** 平成26年改正前は、会計監査人の選任等議案の総会への提出と報酬等の決定についての監査役または監査役会の「同意権」（前者は平成26年改正前344条、後者は399条〔277頁参照〕）を付与していたが、立法論として、同意権ではなくて決定権を付与すべきとの議論があった（インセンティブのねじれ問題と呼ぶ）。平成26年改正は、前者について決定権を付与するという改正をした。

(2) 終任 （ア） 終任事由 役員および会計監査人と会社との関係は委任の規定に従う (330)。したがって、役員と会計監査人はいつでも辞任することができ (民651)〔辞任の意思表示は必要（東京高判昭和59・11・13判時1138-147）〈取締役〉〕、また、その者の死亡・破産・後見開始 (民653) も終任事由となる。^{＊3}このほか、任期の満了・解任・資格の喪失・会社の解散によっても地位を失う〔なお（ウ）参照〕。地位を失ったときは、登記する。

> ＊3） **会社の破産** 会社が破産手続開始の決定を受けた場合、破産財団についての管理処分権限は破産管財人に帰属するが、取締役・監査役の選任・解任のような破産財団に関する管理処分権限と無関係な会社組織に関する行為等は、破産管財人の権限には属さず、破産者である会社が自ら行うことができる。そのため、会社につき破産手続開始の決定がされても直ちには会社と取締役・監査役との委任関係は終了するものではなく、破産手続開始時の取締役・監査役は破産手続開始によりその地位を当然には失わず、会社組織に関する行為等については取締役・監査役としての権限を行使できる。したがって、会社の取締役・監査役の選任・解任を内容とする株主総会決議不存在確認の訴えの係属中に会社が破産手続開始の決定を受けても、同訴訟についての訴えの利益は当然には消滅しない（以上、最判平成21・4・17判時2044-74〈百選A15〉〈商判 I -100〉）。

（イ） 解任 ①株主総会は、その普通決議で、いつでも、理由をとわず、役員および会計監査人を解任することができるが (339 I)、「正当な理由」（最

判昭和57・1・21判時1037-129〈百選42〉〈商判Ⅰ-101〉〔取締役〕）なく解任した場合は、会社は損害賠償をしなければならない（339Ⅱ）〔東京地判平成27・6・22、東京地判平成27・6・29判時2274-113〈百選A16〉〈商判Ⅰ-102〉、東京地判平成29・1・26金融商事1514-43、東京地判平成30・3・29金融商事1547-42、東京地判令和2・9・16金融商事1606-48〕（任期の定めのない取締役（特例有限会社）に339条2項の適用はないと判示した判例として、秋田地判平成21・9・8金融商事1356-59、解任の訴えの利益を欠くと判示した判例として、東京高判令和3・11・17金融商事1635-14）。取締役の地位の安定を確保するため、平成17年改正前商法は特別決議事項としていたが、会社法は、株主の信認が重要と考えて普通決議〔定足数規制は選任の場合と同じ（341）〕とした（ただし定款で決議要件を加重できる）。なお、監査役の解任は特別決議事項（309Ⅱ⑦・343Ⅳ）であり、累積投票で選任された取締役の解任・監査等委員である取締役の解任も同様（309Ⅱ⑦・342Ⅵ・344の2Ⅲ）である。

②解任の決議が成立しなかった場合〔拒否権付種類株主総会による拒否の場合を含む〕でも、その役員が不正の行為（会社財産を私的に使用するなど）をしたとき、または法令・定款に違反する重大な事実があったときは、少数株主（6か月前からどの時期をとっても総株主の議決権の3％以上または発行済株式の3％以上を有していた株主〔対象となる取締役等の株式は3％の計算から除き、また定款で要件緩和可、非公開会社では6か月要件なし〕）は、30日以内にその役員の解任の訴えを提起することができる（854）〔高松高決平成18・11・27金融商事1265-14〕。

③監査役（または監査役会・監査等委員会・監査委員会）には、一定の場合に、会計監査人の解任権が認められる（340）。

＊4）　**339条2項**　損害には報酬も含まれるが、339条2項が〔正当な理由ある場合以外の場合に〕損害賠償を認めるのは、損害額を擬制する趣旨ではなく賠償額の合意を擬制する趣旨であると解すべきであり、そうだとすれば擬制されるべき合意を合理的な範囲に解釈によって限定すること等は認められるべきである〔本文で引用した近年の判例はこの傾向にある〕。

＊5）　**解任の訴え**　株主総会で多数が得られず解任決議が成立しなかったときに、少数株主にその修正を認める制度である。したがって、通常は提案権を行使し、または総会の招集を求め、総会で成功しなかったときに、この訴えを提起することになる〔なお、株主総会で解任議案について議決権を有しない株主にも原告適格がある（854Ⅰ②参照）〕。会社と役員の双方を被告とする（855＝最判平成10・3・27民集52-2-661

を明文化。管轄につき856)。

（ウ） 欠員の場合の処置 終任により法定または定款所定の役員の員数が欠ける結果になった場合には、後任の役員を選任しなければならないが(976<u>22</u>参照)、任期満了または辞任により退任した役員は、後任者が就任するまで引き続き役員としての権利義務を有する (346Ⅰ)〔「役員権利義務者」などと呼ぶ〕。その間退任の登記はできない (最判昭和43・12・24民集22-13-3334〈商法百選9〉)〔株主による解任の訴え (854) の対象とはならない (最判平成20・2・26民集62-2-638〈百選43〉〈商判Ⅰ-103〉)〕。しかし、それが不適当な場合とその他の事由 (解任等) による場合は、裁判所に、一時役員としての職務を行う者 (「仮役員」とか「一時役員」と呼ぶが、権限は普通の取締役等と同じ) を選任してもらうことができる (346Ⅱ・Ⅲ)。

（3） 株主総会での意見陳述権等 ①監査等委員である取締役・会計参与・監査役・会計監査人は、それぞれ、監査等委員である取締役・会計参与・監査役・会計監査人の選任・解任・辞任 (会計監査人の場合は不再任も含む) について、株主総会に出席して意見を述べることができる (342の2Ⅰ・345Ⅰ・Ⅳ・Ⅴ)。また、監査等委員会が選定する監査等委員は、株主総会において、監査等委員である取締役以外の取締役の選任・解任・辞任について監査等委員会の意見を述べることができる (342の2Ⅳ)。

②監査等委員である取締役・会計参与・監査役・会計監査人を辞任した者、会計監査人を解任された者は、それぞれ、辞任後または解任後最初に招集される株主総会に出席して、辞任した旨およびその理由または解任についての意見を述べることができる (342の2Ⅱ・345Ⅱ・Ⅳ・Ⅴ)。

③取締役は、②の者に対し、②の株主総会を招集する旨と招集事項 (298Ⅰ<u>①</u>) を通知しなければならない (342の2Ⅲ・345Ⅲ)。

（4） 職務執行停止・職務代行者 取締役等の選任決議について無効確認・不存在確認・取消しの訴え、解任の訴えが提起されても、理由のないことがありうるので、訴えの提起によって当然にその取締役等に職務執行停止の効力が生じるわけではない。しかし、訴えの提起があったにもかかわらず、その取締役等にそのまま取締役等の職務の遂行を認めることは適切でない場合がありうる。さらに、選任決議が無効・不存在であるかまたはその取消し

が確定すると、最初にさかのぼって取締役等でなくなるので、その間にその者が職務を行った場合には不都合が生じる。そこで、民事保全法上の仮処分の制度に基づき、訴えの提起後または訴えの提起前でも急迫な事情がある場合には、裁判所は、当事者の申立てにより、取締役等の職務執行を停止することができ、さらに職務代行者の選任もできる（民保23Ⅱ・24）〔後任取締役が選任された場合について、最判昭和45・11・6民集24-12-1744〈百選44〉〈商判Ⅰ-104〉〕。代表取締役等についても職務執行停止・職務代行者選任が認められる。会社法は、これら取締役等〔917①に列挙されている〕の仮処分の登記（917①・民保56）と取締役および代表取締役の職務代行者の権限（352Ⅰ・Ⅱ）について規定を置いている〔352Ⅰにいう「常務」について、最判昭和50・6・27民集29-6-879〈百選45〉〈商判Ⅰ-106〉〕。

(5)　選解任種類株式がある場合の特例　　取締役・監査役の選任について内容の異なる株式がある場合には（108Ⅰ⑨）、以上の原則は適用されず、そのような種類株式の定款の定めに従って取締役・監査役の選解任などが行われる（347）〔詳細は、96頁参照〕。

4　取締役・取締役会・代表取締役

1．概要──会社の業務執行と代表

(1)　取締役会設置会社の場合　　取締役はその全員で取締役会を構成し、取締役会が会社の業務執行その他株主総会の権限以外の事項について会社の意思を決定する。したがって、取締役は取締役会のメンバーにすぎない。そして、取締役会は取締役の中から代表取締役を選定し（362Ⅱ・Ⅲ）、代表取締役が、業務の執行をし、対外的に会社を代表する。なお、日常的な業務の執行については、その意思決定も取締役会から代表取締役にゆだねることが認められ、それが通常である。一般の取締役に業務執行をゆだねることもでき、その場合は、その取締役はそのかぎりで業務執行をすることになるが、業務執行権限はあくまで対内的な関係で付与されるにすぎない〔243頁参照〕。

(2)　指名委員会等設置会社の場合　　指名委員会等設置会社は取締役会設置会社ではあるが、指名委員会等設置会社では、上記とは異なり、取締役は、

法令に別段の定めがある場合を除いて、取締役の資格では業務執行をすることができない（監督と執行を制度的に分離する趣旨。取締役が執行役を兼任することは認められる）。取締役会の機能は、監督が中心となるため、取締役会の権限も、原則として、基本事項の決定・委員会メンバーの選定監督・執行役の選任監督等に限定され、一定事項を除いて、業務決定の権限を執行役に委譲することができる。取締役会は基本的事項の決定と業務執行の監督を行い、執行役が業務を執行し、代表執行役が会社を代表する。

　このような指名委員会等設置会社については、後述する＊1)〔*9*参照〕。

　(3)　**監査等委員会設置会社の場合**　　監査等委員会設置会社も取締役会設置会社であり、指名委員会等設置会社とは異なり、取締役会が会社の業務執行その他株主総会の権限以外の事項について会社の意思を決定するのが原則であり、代表取締役が、業務の執行をし、対外的に会社を代表する。ただし、社外取締役が過半数である場合または定款で定めた場合には、監督と執行を分離することが認められる。すなわち、そのような場合には、取締役会の権限を基本事項の決定等に限定し、一定事項を除いて、業務決定の権限を取締役に委譲することができる。

　このような監査等委員会設置会社については、後述する〔*8*参照〕。

　(4)　**非取締役会設置会社の場合**　　①各取締役が業務を執行するのが原則であるが〔定款で別段の定め可〕、2人以上いる場合は過半数で業務を決定する〔定款で別段の定め可〕（348 I・II。なおIII・IV）。②各取締役が単独で会社を代表するのが原則であるが〔全員が代表取締役であることになる〕、代表取締役その他株式会社を代表する者を定めることができ、その場合は、その者が会社を代表する（349 I・II）。代表取締役を定める場合は、定款・定款の定めに基づく取締役の互選または株主総会の決議によって、取締役の中から代表取締役を定める（349 III）。

　このような非取締役会設置会社については、後述する〔*10*参照〕。

　(5)　**会社・取締役間の訴訟における会社代表者**　　上記の例外として、会社・取締役（取締役であった者を含む）間の訴訟において会社を代表する者は、株主総会で定める〔取締役会設置会社では株主総会で定めたときを除いて取締役会で定めることができる〕（353・364）。ただし、監査役設置会社では監査役が代表し

(386)、監査等委員会設置会社では監査等委員会が選定する監査等委員または取締役会が定める者等が代表し (399の7)、指名委員会等設置会社では監査委員会が選定する監査委員または取締役会が定める者等が代表する (408)。

 ＊1)　本書の構成　　以下の本書の記述は、次のとおりである。

  (ア)　「**2．取締役**」から「**7　会計監査人**」まで＝取締役会設置会社であって指名委員会等設置会社ではない会社を念頭に置いて述べる。ただし、指名委員会等設置会社などとの比較をする意味で場所によっては指名委員会等設置会社などの条文を比較として引用する場合がある。

  (イ)　「**8　監査等委員会設置会社**」＝監査等委員会設置会社に特有の事項についての記述。

  (ウ)　「**9　指名委員会等設置会社**」＝指名委員会等設置会社についての記述。

  (エ)　「**10　非取締役会設置会社**」＝非取締役会設置会社についての記述。

  (オ)　「**11　役員等の損害賠償責任**」「**12　株主代表訴訟・差止請求権・検査役**」および「**13　会社補償と役員等賠償責任保険**」＝すべての会社についての記述。

2．取締役

　取締役会設置会社における取締役は、取締役会の構成員であるが、株主総会にも出席する (314 I 本文参照)。また、各種の訴えを提起する権限がある (828 II 等)。

　なお、会社法が「取締役」の権限として規定を置く場合でも、取締役会設置会社では、執行する性質のものは代表取締役または業務執行取締役の権限であることに注意する必要がある。

3．取締役会

　取締役会は、取締役全員で構成し、その会議により業務執行に関する会社の意思決定をするとともに取締役の職務執行を監督する機関である。

　(1)　権限　　取締役会設置会社では、取締役会は、すべての取締役で組織し (362 I)、次に掲げる職務を行う (362 II)。①会社の業務執行の決定、②取締役の職務の執行の監督、③代表取締役の選定および解職。

　(ア)　業務執行に関する意思決定　　取締役会は業務執行を決定する (362 II ①)。法令または定款で株主総会の権限とされている事項は決定できないが、

法律で取締役会で必ず決定しなければならないと定められている事項（具体的な法定事項のほか「重要な業務執行」を含む）は必ず取締役会で決定しなければならず、定款によってもその決定を代表取締役その他の取締役にゆだねることはできない（362Ⅳ）〔特別取締役による取締役会決議の例外として、246頁参照、監査等委員会設置会社における例外として、279頁参照〕。

362条4項は、「重要な業務執行」のほか、次の事項を列挙する。①重要な財産の処分および譲受け〔最判平成6・1・20民集48-1-1〈百選60〉〈商判Ⅰ-121〉、さいたま地判平成23・9・2金融商事1376-54（取締役の善管注意義務・忠実義務違反に基づく責任も認めた）、東京高判平成25・2・21資料版商事法務248-29〕、②多額の借財〔東京地判平成26・9・16金融商事1453-44（スワップ取引）〕、③支配人その他の重要な使用人の選任および解任、④支店その他の重要な組織の設置、変更および廃止、⑤社債の募集〔676①の事項その他の社債を引き受ける者の募集に関する重要な事項として法務省令で定める事項〕〔規則99〕、⑥取締役の職務の執行が法令および定款に適合することを確保するための体制その他株式会社の業務ならびに当該株式会社およびその子会社から成る企業集団の業務の適正を確保するために必要なものとして法務省令で定める体制〔規則100〕の整備、⑦定款規定に基づく取締役等の責任の一部免除（426Ⅰ参照）。

大会社では取締役会決議で⑥（業務適正確保体制）〔リスク管理体制ないし会社法上の内部統制システム〕を必ず決定しなければならない。^{*1)}

なお、362条4項以外にも、会社法が取締役会の決議事項と定めている事項は多数ある。また、以上のような法定事項以外の事項（日常的事項）についても取締役会で決定することができるが（決定すれば代表取締役を拘束する）、取締役会は招集によって会合する機関にすぎないため、一般には、それらの事項の決定は代表取締役等に委譲されていると考えられる。

＊1）　業務適正確保体制（会社法上の内部統制システム）　　会社法施行規則が定める業務適正確保体制は、次のとおりである（規則100）〔ここでは取締役会設置会社で指名委員会等設置会社以外の場合を挙げるが、非取締役会設置会社では、会社法348Ⅲ④・規則98、監査等委員会設置会社では、会社法399の13Ⅰ・規則110の4、指名委員会等設置会社では、会社法416Ⅰ①・規則112参照）。(ア)　原則──①取締役の職務の執行に係る情報の保存および管理に関する体制、②損失の危険の管理に関する規程その他の体

制、③取締役の職務の執行が効率的に行われることを確保するための体制、④使用
人の職務の執行が法令および定款に適合することを確保するための体制、⑤次に掲
げる体制その他の会社ならびにその親会社および子会社から成る企業集団における
業務の適正を確保するための体制——イ　子会社の取締役、執行役、業務を執行す
る社員、会社法598条1項の職務を行うべき者その他これらの者に相当する者（ハ
およびニにおいて「取締役等」という）の職務の執行に係る事項の会社への報告に関
する体制、ロ　子会社の損失の危険の管理に関する規程その他の体制、ハ　子会社
の取締役等の職務の執行が効率的に行われることを確保するための体制、ニ　子会
社の取締役等および使用人の職務の執行が法令および定款に適合することを確保す
るための体制。(イ)　監査役設置会社以外の会社では、(ア)の体制には、取締役が株主
に報告すべき事項の報告をするための体制を含む。(ウ)　監査役設置会社（監査役の
監査の範囲を会計に関するものに限定する旨の定款の定めがある会社を含む）では、さら
に、①監査役がその職務を補助すべき使用人を置くことを求めた場合におけるその
使用人に関する事項、②①の使用人の取締役からの独立性に関する事項、③監査
役の①の使用人に対する指示の実効性の確保に関する事項、④次に掲げる体制その
他の監査役への報告に関する体制——イ　取締役および会計参与ならびに使用人が
監査役に報告をするための体制、ロ　子会社の取締役、会計参与、監査役、執行役、
業務を執行する社員、会社法598条1項の職務を行うべき者その他これらの者に相
当する者および使用人またはこれらの者から報告を受けた者が監査役に報告をする
ための体制、⑤④の報告をした者が当該報告をしたことを理由として不利な取扱
いを受けないことを確保するための体制、⑥監査役の職務の執行について生ずる費
用の前払または償還の手続その他の当該職務の執行について生ずる費用または債務
の処理に係る方針に関する事項、⑦その他監査役の監査が実効的に行われることを
確保するための体制。なお、事業報告での開示（規則118②）、監査役等による監査
（規則129Ⅰ⑤・130Ⅱ②・130の2Ⅰ②・131Ⅰ②）。

　　上場会社では、金融商品取引法が求める財務報告の適正を確保するための内部統
制システムについての報告書作成および監査が要求される（金商24の4の4〔平成20
年4月1日以降に開始する事業年度から適用されている〕）。これは、同法に基づく情報
開示制度の適正を確保するためのものであるが、会社法上の内部統制システムは取
締役等の善管注意義務を具体化したものと解すべきであり、両者の目的は必ずしも
同じではない。

（イ）　業務執行　　平成14年改正は、誰に業務執行権限があるかを法文上
明定し、会社法もそれを引き継いでいる（363Ⅰ）。①代表取締役、②代表取
締役以外の取締役で取締役会決議により取締役会設置会社の業務を執行する

取締役として選定された者〔本書では、選定業務執行取締役と呼ぶことがある〕。①②以外の取締役に業務執行権限を付与することも禁止されるわけではない。^{*2)3)}

＊2） **業務執行取締役・業務執行取締役等・業務執行者**　会社法上、「業務執行取締役」とは、「①②および会社の業務を執行したその他の取締役」をいい、「業務執行取締役等」とは、業務執行取締役・執行役・使用人をいい、そのような業務執行取締役等は「社外取締役」の要件を満たさない（2⑮）。また、「業務執行者」とは、「業務執行取締役（指名委員会等設置会社では執行役）その他当該業務執行取締役の行う業務の執行に職務上関与した者として法務省令で定めるもの（規則2Ⅲ⑥、令和2年一部改正）」をいう〔分配可能額を超えた剰余金分配について責任を負う〕（462Ⅰ）。なお、業務執行取締役等以外の取締役・会計参与・監査役・会計監査人を「非業務執行取締役等」という（427Ⅰ）。

＊3） **業務と職務**　業務の執行と職務の執行とは概念が異なり、主語が異なるだけでなく、後者のほうが広い。監査・監督や意思決定（そのプロセスに関する行為を含む）は業務執行には含まれない。このように解すると、立法論としては、取締役会による監督〔次の(ｳ)参照〕の対象は業務執行としたほうがよいように思われる。なお、業務適正確保体制（内部統制システム）の整備は、業務執行にあたる。

（ｳ）**監督**　取締役会は取締役の職務の執行を監督する（362Ⅱ②）。取締役会で意思決定した事項は、代表取締役等の業務執行権限を有する取締役が執行する。その執行は取締役会の決定に反するものであってはならないので、取締役会は代表取締役等の業務執行を監督する権限を有する（とくに代表取締役を解職する等の権限が重要である）。この監督機能に資するため、会社法は、代表取締役および選定業務執行取締役に3か月に1回以上職務執行の状況を取締役会に報告することを求める（363Ⅱ）。なお、監査役は取締役会の構成員ではないが、業務執行の適法性を監査する権限を有するので〔271頁参照〕、取締役会に出席する義務があり、必要なときは意見を述べなければならず、さらに、取締役の不正行為・そのおそれ・法令・定款違反の事実・著しく不当な事実があると認めるときは、遅滞なく、これを取締役会に報告しなければならない（383Ⅰ本文・382）。

（2）**招集**　取締役会は常設の機関ではなく、必要に応じて開催される。原則として招集権者が個々の取締役・監査役に通知して招集するが（368Ⅰ）、その全員が同意すれば招集手続なしで開催できる（同Ⅱ。最判昭和31・6・29民集

10-6-774)。したがって、あらかじめ取締役・監査役全員の同意で定めた定例日に開催する場合には、その都度の招集手続は不要である。招集権は、原則として個々の取締役にある（366Ⅰ本文）。定款または取締役会決議で特定の取締役（たとえば取締役会会長や社長）を招集権者と定めた場合でも（同Ⅰただし書）、それ以外の取締役も法定の要件に従って招集できる（同Ⅱ・Ⅲ）。また、監査役も、取締役の不正行為・そのおそれ・法令・定款違反の事実・著しく不当な事実があると認めるときは、必要があれば同じ要件のもとに招集できる（383Ⅱ—Ⅳ）〔監査役設置会社・監査等委員会設置会社・指名委員会等設置会社以外の会社では株主も法定の要件に従って招集できる(367)〕。なお、招集の通知（書面でも口頭でもよい）は、取締役会の日の1週間前に発しなければならないが（368Ⅰ〔定款で短縮可〕）、通知に議題等を示す必要はない（株主総会に関する299Ⅳ・298Ⅰと対照的）。取締役会の場合には、業務執行に関するさまざまな事項が付議されることは当然予想されるべきであるからである。

(3)　**決議**　　取締役会の決議は、「議決に加わることができる取締役」の過半数が出席し、その出席取締役の過半数で決定する（369Ⅰ）。定款でこの要件を加重できるが軽減はできない（369Ⅰ）。平成17年改正前商法では、決議は適法に開催された取締役会での決議でなければならず、書面による決議や持ち回り決議は認められなかった（最判昭和44・11・27民集23-11-2301）が、会社法は、①定款で定めれば、議決に加わることができる取締役全員が書面により〔電磁的記録も可〕議案である提案に同意する意思表示をした場合には、その提案を可決した取締役会決議があったものとみなすこととし、取締役会の開催を省略することを認めた〔監査役が異議を述べた場合は不可〕（370）。②また、取締役会への報告事項についても、取締役・監査役の全員に通知した場合は、取締役会への報告は省略できることとした〔3か月ごとの報告（363Ⅱ）は不可。したがって、最低でも3か月に1回は取締役会を開催しなければならない〕（372）。

　取締役は個人的信頼に基づき選任され「1人1議決権」が認められるので、株主の場合と異なり、他人に委任して議決権を代理行使することは認められない（310対照）〔なお、代表取締役選任についての議決権拘束契約を有効とした判例として、東京高判平成12・5・30判時1750-169〈百選A18〉〈商判Ⅰ-124〉〕。他方、決議の公正を期すため、決議について特別の利害関係を有する取締役は議決に加わることがで

きない（369Ⅱ。最判昭和44・3・28民集23-3-645〈百選63〉〈商判Ⅰ-125〉〔代表取締役の解任。
学説では反対説も有力〕、東京地判平成7・9・20判時1572-131〔会社・取締役間の取引の承認〕、
東京地決平成29・9・26金融商事1529-60〔取締役の解任議案の株主総会への提出〕）（漁業協同組
合の理事会決議につき、最判平成28・1・22民集70-1-84〈百選A17〉）。

　なお、取締役会の決議に手続または内容上の瑕疵がある場合については、
会社法は、株主総会の決議のような特別の訴えの制度を用意していないので、
一般原則により決議は無効となる*5)。決議が無効となった場合、代表取締役等
の行為にどのような影響を与えるかについては、困難な問題があるが、後述
する〔251頁＊5)参照〕。

> ＊4)　**一人会社の取締役会決議**　　株主が1人の会社では、法が取締役会決議を要
> 求する場合でも不要と解されている（最判昭和45・8・20民集24-9-1305〔利益相反取
> 引の承認〕、最判平成5・3・30民集47-4-3439〈商判Ⅰ-35〉〔譲渡制限株式の譲渡の承
> 認〕〔学説では反対説もある〕）。
>
> ＊5)　**取締役会決議の無効**　　最高裁の判例は「取締役会の開催にあたり、取締役
> の一部の者に対する招集通知を欠くことにより、その招集手続に瑕疵があるときは、
> 特段の事情のないかぎり、右瑕疵のある招集手続に基づいて開かれた取締役会の決
> 議は無効になると解すべきであるが、この場合においても、その取締役が出席して
> もなお決議の結果に影響がないと認めるべき特段の事情があるときは、右の瑕疵は
> 決議の効力に影響がないものとして、決議は有効になると解するのが相当である」
> という（最判昭和44・12・2民集23-12-2396〈百選62〉〈商判Ⅰ-123〉）。しかし、株主総
> 会の場合と異なり、取締役会では個々人の出席・発言が重要であって、学説上は決
> 議を有効とすべき特段の事情を認めることには反対が強い。近年の事例として、東
> 京地判平成29・4・13金融商事1535-56＋東京高判平成29・11・15金融商事1535-63。
> また、決議を無効とした事例として、東京高判平成30・10・17金融商事1557-42、
> 無効確認請求を棄却した事例として、富山地高岡支判平成31・4・17資料版商事法
> 務423-175、決議の不存在を認めた事例として、東京地判平成22・6・24判時2090-
> 137。

(4)　**特別取締役による取締役会決議**　　この制度は、取締役会メンバーの
一部を特別取締役としてあらかじめ選定しておき、取締役会で決定すべき事
項のうちで迅速な意思決定が必要と考えられる重要な財産の処分・譲受けと
多額の借財（362Ⅳ①②）について特別取締役により議決し、それを取締役会
決議とすることを認める制度である*6)。

迅速な意思決定が必要なのは取締役会が大規模な会社であると考えられるため、会社法は、取締役の数が6人以上の会社についてだけこの制度の利用を認め、他方で、意思決定が特別取締役に委任されるため取締役会の監督機能を強化する必要があると考え、1人以上の社外取締役（2 ⑮）がいる会社にだけこの制度の利用を認める（373 I）。ただし、特別取締役は社外取締役である必要はない（迅速な意思決定を確保するため）。

取締役会決議であらかじめ3人以上の特別取締役を選定しておき、その特別取締役が重要な財産の処分・譲受けと多額の借財の決定権限を有する〔定足数・決定要件は取締役会決議と同様〕（373 I・II・IV）。取締役会の監督機能を確保するため、特別取締役の互選で定めた者は、決議後、遅滞なく、決議の内容を特別取締役以外の取締役に報告しなければならない（373 III）。

＊6）　特別取締役による取締役会決議　迅速な意思決定を認めるために平成14年改正で創設された重要財産委員会制度について、会社法は、特別取締役による取締役会決議という制度に衣替えし、規律の実質も一部緩和した。

(5)　議事録　取締役会の議事については、法務省令で定めるところにより、議事録を作成し、出席した取締役・監査役は署名または記名押印する〔電磁的記録も可〕（369 III・IV・規則101）。議事録（370条に基づき取締役会決議を省略したときは取締役全員の意思表示を記載したもの。以下同じ）は、10年間本店に備え置く〔電磁的記録も可〕（371 I）。①株主は、その権利を行使するため必要があるときは、裁判所の許可を得て議事録の閲覧・謄写を請求することができ（許可されなかった事例として、福岡高決平成21・6・1金融商事1332-54、許可された事例として、大阪高決平成25・11・8判時2214-105〈百選 A19〉〈商判 I-126〉）〔監査役設置会社・監査等委員会設置会社・指名委員会等設置会社以外の会社では、裁判所の許可は不要で、営業時間内いつでも請求できる〕、②会社債権者は、役員・執行役の責任追及のため必要があるときは、裁判所の許可を得て、議事録の閲覧・謄写を請求することができ、③親会社社員〔＝親会社の株主など（31 III）〕は、その権利を行使するため必要があるときは、裁判所の許可を得て、議事録の閲覧・謄写を請求することができる（371 II—V）。この場合、裁判所は、閲覧または謄写をすることにより、会社・その親会社・その子会社に著しい損害を及ぼすおそれがあると認めるときは、許可をすることができない（同VI）。＊7）

　なお、決議に反対した取締役は議事録に異議をとどめておかないと決議に賛成したものと推定され、不利益を受けるおそれがある (369Ⅴ)。

　　＊7）　**取締役会の議事録**　　取締役会の議事録は、企業秘密の漏出や閲覧権の濫用をおそれて簡単なものになりがちであった。そこで、昭和56年改正は、株主総会の議事録と取扱いを違えて、本店だけに備え置き（10年間）、閲覧・謄写には、裁判所の許可を必要とし、裁判所は会社・親会社・子会社に著しい損害を及ぼすおそれがあるときは許可できないものとした。

4．代表取締役

　取締役会設置会社においては、業務執行をし、対外的に会社を代表する常設の機関が、代表取締役 (47Ⅰ) である〔指名委員会等設置会社は別〕。法的には、代表取締役は取締役会の下部機関であり、取締役会の指揮・監督に服する。

　　＊1）　**業務執行と代表**　　業務執行は、機関の行為が会社の行為と認められるという面からみたものであり、代表は機関が会社の名前で第三者とした行為の効果が会社に帰属するという面からみたものである。業務執行には内部的な行為もあり、その場合には代表は問題にならないが、対外的な業務執行は代表の面をあわせ有する。つまり代表は対外的な業務執行である。

　(1)　**選任**　　取締役会設置会社では〔指名委員会等設置会社は別〕、代表取締役は、取締役会の決議で取締役のなかから選定する (362Ⅱ③・Ⅲ〔非取締役会設置会社については349Ⅲ〕)。したがって、代表取締役は取締役会の構成員でもあり、意思決定と執行の連携が確保される（取締役会設置会社である非公開会社において取締役会の決議によるほか株主総会の決議によっても代表取締役を定めることができる旨の定款の定めは有効であるとした判例として、最決平成29・2・21民集71-2-195〈百選41〉〈商判Ⅰ-105〉、代表権がないとされた事例として、大阪地判平成30・2・20金融商事1620-48)。員数は1人でも数人でもよいが、実際には、定款で社長・副社長などを置き、これらを代表取締役とするのが通常である（会長は取締役会の議長にすぎないこともあるが代表取締役である場合が多い）。登記 (911Ⅲ⑭)。

　(2)　**終任**　　代表取締役が取締役の地位を失えば当然代表取締役の地位も失うが、逆に、代表取締役をやめても当然には取締役の地位は失わない。したがって、取締役会はその決議で取締役を解任することはできないが、代表

取締役を解職することはできる（最判昭和41・12・20民集20-10-2160〔解職の効果は決議で生じ、本人への告知は不要〕）。また、代表取締役が取締役にとどまりながら代表取締役を辞任することもできる。なお、代表取締役の終任によって法律・定款所定の代表取締役の員数が欠ける結果になった場合には、必要があれば裁判所に一時代表取締役を選任してもらえるが、任期満了または辞任による退任者は原則として後任者の就任まで引き続き代表取締役の権利義務を有する（351。なお352）。

(3) 権限　代表取締役は執行機関として内部的・対外的な業務執行権限を有する（363 I ①）。株主総会決議・取締役会決議で決められた事項をそのまま執行するほか、取締役会から委譲された範囲内では自ら意思決定をし執行する。そして、対外的な業務執行をするため会社の代表権を有する。

(ア) 代表権　ⓐ 原則　代表取締役の代表権は、会社の業務に関する一切の裁判上・裁判外の行為に及ぶ包括的なものであり（349Ⅳ）、これを制限しても善意の第三者に対抗できない（同Ⅴ）。行為が客観的に事業に関するものと認められる以上は代表取締役が自己のためにした場合でも〔権限濫用という〕、相手方が悪意でないかぎり対抗できない。*2)

代表取締役が複数いる場合でも各自が単独で会社を代表する。*3)

なお、代表取締役の代表権の範囲は会社の事業全般に及び、特定の営業所の事業に限られない点で支配人の代理権（11 I）とは異なる。

*2)　**代表権の濫用**　最高裁の判例は、代表取締役が自己の利益のため表面上会社の代表者として法律行為をした場合に、相手方がその代表取締役の真意を知りまたは知りうべきであったときは、民法93条ただし書（平成29年民法改正後は93条1項ただし書）の規定を類推しその法律行為は効力を生じない（最判昭和38・9・5民集17-8-909）として、取引の相手方を保護するが（近時の例として、東京高判平成26・5・22金融商事1446-27）、学説上は、相手方はその過失の有無を問わず保護されるべきであるとして、民法93条の類推適用に反対する見解が多い（内部的制限に関する349Ⅴを類推適用する説やその他の理論構成をする説がある）。なお、平成29年民法改正により、民法93条の規律は改正され、それとは別に、新しく代理権の濫用に関する規定（改正後の民107）が設けられている。

*3)　**共同代表取締役制度の廃止**　平成17年改正前商法は、共同代表制度〔数人が共同してだけ会社を代表でき、その氏名と共同代表の定めを登記する制度〕（平成17年改

正前商法261）を用意していたが、立法論としては批判が強く、会社法により、廃止された。会社法のもとでもそのようなことを定めることはできるが、代表権の内部的制限となり、善意の第三者には対抗できない（349Ⅴ）。

　(b)　表見代表取締役　　**表見代表取締役**（社長、副社長その他会社を代表する権限を有すると認められる名称を付した取締役）**の行為については、善意の第三者に対して会社が責任を負う**[*4]（354）。

　＊4）　表見代表取締役　　(1)　平成17年改正前商法が「社長、副社長、専務取締役、常務取締役其ノ他会社ヲ代表スル権限ヲ有スルモノト認ムベキ名称ヲ附シタル取締役ノ為シタル行為ニ付テハ」（平成17年改正前商法262）としていた例示のうち、会社法は「代表取締役以外の取締役に社長、副社長その他株式会社を代表する権限を有するものと認められる名称を付した場合」と規定し、「専務取締役、常務取締役」を条文の文言上削除した（354）。しかし、大規模の会社でも専務取締役や常務取締役に代表権を与える例は見られるし、中小の会社ではそういう場合が多いものと見受けられる。したがって、会社法のもとでも、専務取締役や常務取締役という名称を与えたような場合には、具体的事情にもよるが、本条の適用または類推適用が認められると解すべきである。

　　(2)　平成17年改正前商法のもとでの主要な判例として、次のものがある。①取締役ではない者がした行為にも262条〔＝会社法354。以下同じ〕の類推適用がある（使用人に常務取締役の名称を付した事例として、最判昭和35・10・14民集14-12-2499。これに対して、取締役でも従業員でもない者に専務取締役であることを示す名刺の使用を会社が許諾していた場合に262条の類推適用を否定した判例として、浦和地判平成11・8・6判時1696-155）。②262条は取引の安全保護のための規定なので訴訟手続には適用がない（最判昭和45・12・15民集24-13-2072）。③262条に基づき会社が責任を負うためには、第三者は善意であれば足りその無過失は不要であるが（最判昭和41・11・10民集20-9-1771）、代表権の欠缺を知らないことにつき第三者に重過失があるときは会社は責任を免れる（最判昭和52・10・14民集31-6-825〈百選46〉〈商判Ⅰ-108〉）。④会社名義で振り出された約束手形につき、手形面上に会社代表者として表示されている者に代表権はあるが、同代表者の記名押印をした者には代表権がない場合、会社が後者に対して常務取締役等会社を代表する権限を有するものと認められる名称を与えており、かつ、手形受取人が上記の者の代表権の欠缺につき善意であるときは、上記の者が表見代表取締役として自己の氏名を手形面上に表示した場合と同様、会社は手形金支払の責任を負う（最判昭和40・4・9民集19-3-632）。

　(c)　不法行為　　**代表関係であるから、代表取締役の不法行為による会**

社の責任は、民法715条ではなく会社法350条による〈近時の事例として、最判平成
21・7・9判時2055-147〈百選50〉〈商判Ⅰ-140〉〔責任否定〕〕〔代表取締役個人も責任を負う
〈最判昭和49・2・28判時753-97〉〕。

　　(d)　会社・取締役間の訴訟　　以上の例外として、会社と取締役（取締役で
あった者を含む）との間の訴訟については、前述したように〔240頁参照〕、代表
取締役に代表権はない〔会社を代表する者は、株主総会で定める（取締役会設置会社
では株主総会で定めたときを除いて取締役会で定めることができる）（353・364）。ただし、
監査役設置会社では監査役が代表し（386）、監査等委員会設置会社では監査等委員会が選
定する監査等委員または取締役会が定める者等が代表し（399の7）、指名委員会等設置会
社では監査委員会が選定する監査委員または取締役会が定める者等が代表する（408）〕。

　(イ)　権限違反の行為の効力　　代表取締役の行為が、①定款所定の会社の
目的の範囲を逸脱した場合や、②株主総会・取締役会の決議に基づかない場
合等の効力については、困難な問題であるが、解釈にゆだねられる〔①につい^{＊5）}
ては5頁参照、②については＊5）参照〕。

　　＊5）　決議に基づかない行為の効力　　代表取締役が株主総会または取締役会の決
　　議に基づかないでした行為の効力をどう解すべきかという問題がある（決議が無
　　効・不存在等のときも同様）。会社の利益と決議事項であり決議を経ていないことを
　　知らなかった第三者の利益をどのように調整すべきかという問題である。この問題
　　は、事項ごとに考えるしかない。株主総会の決議事項については、第三者は決議事
　　項であることは知るべきであるが、決議が有効であったことまで調査せよと要求す
　　るのは酷な場合もあるであろう。取締役会の決議事項については、取引の安全保護
　　の要請が高い事項は（新株の発行や社債の発行）、効力に影響がないと解されている。
　　通常の取引の場合には（たとえば重要な財産の処分）、善意の第三者は保護されるべ
　　きとの見解が多い（その理論構成は分かれ、前述した権限濫用の場合と同様、内部的制
　　限に関する349Ⅴを類推適用する説やその他の理論構成をする説がある）。なお、判例は、
　　取締役会決議がないことを相手方が知りまたは知りうべきときは無効とするもの
　　〔民93の類推〕（最判昭和40・9・22民集19-6-1656〈百選61〉〈商判Ⅰ-107〉）、代表取締
　　役の選任決議が無効である場合にその者がした行為について平成17年改正前商法
　　262条〔＝会社法354〕を類推適用して善意の第三者を保護したもの等がある（最判昭
　　和56・4・24判時1001-110）。なお、最判平成21・4・17民集63-4-535〈商判Ⅰ-122〉
　　は、代表取締役が取締役会の決議を経ないで重要な業務執行に該当する取引をした
　　場合、取締役会の決議を経ていないことを理由とする同取引の無効は原則として会

社のみが主張することができると判示している。

（ウ）業務執行　　以上は、代表取締役の対外的な権限についてであるが、代表取締役は、会社内外の業務執行をし（363 I ①）、株主総会・取締役会の決議を実行に移すとともに、日常の業務など取締役会から委譲された事項を決定し執行する。その際、数人の代表取締役のなかの 1 人を最高執行者とし、他の者や代表取締役以外の業務執行取締役との間で上下の関係を定めることは当然許される。そうでないと会社の統一ある業務執行が実際上できなくなるからである。
^{＊6）}

＊6）　業務執行権限　　(1)　昔から代表取締役でない一般の取締役に業務執行権限の一部を委譲することは行われてきており（ここでは業務担当取締役と呼ぶ）、選定業務執行取締役（363 I ②）以外の取締役に業務執行権限を付与することも禁止されるわけではないが、そのような権限を付与された取締役は業務を執行すると社外取締役としての要件を満たさない（2 ⑮〔ただし、230頁(iv)参照〕）。また、平成 9 年以降、「執行と経営」の分離による経営効率の向上等をめざして、執行役員という名称の者を置いて、取締役会の規模を縮小し、具体的な業務執行を執行役員（取締役ではない）に委譲する会社が登場した。ただし、いずれにせよ、対外的には、これらの業務執行取締役・業務担当取締役・執行役員は、代表取締役の権限を会社の内部で制約するにすぎないと考えられ、したがって、上述したように、対外的には、これに反した行為も善意者には対抗できない（349 V）。

(2)　業務担当取締役は、使用人を兼務する場合もあればそうでない場合もあるようである。いずれにせよ、業務執行権は取締役会または代表取締役から内部的に委譲されていると考えることになると思われる。

(3)　執行役員にもいろいろなケースがあるようである。特定部署の最高責任者である従業員の肩書とする会社が多いとも言われている。そのような場合には、会社との関係は雇用関係であると考えられるが、取締役と同様、委任関係とみるべき場合もある。この場合も、業務執行権は取締役会または代表取締役から内部的に委譲されていると考えることになる。いずれにせよ、取締役会の法定決議事項について、執行役員に意思決定を委譲することは現行会社法上できない。

また、取締役のうちで上位の者（たとえば常務取締役以上）からなる会議体（常務会とか経営委員会等と呼ばれる）を設けて、そこで経営の具体的な意思決定をすることも昔から行われているが、この場合にもやはり、取締役会の法定決議事項について、そのような会議体に意思決定を委譲することは現行会社法上できない。

なお、特別取締役による取締役会決議制度については、246頁参照。

5．取締役と会社との関係——取締役の義務と報酬

(1)　取締役の一般的な義務　　**(ア)　概要**　　①会社と取締役との法律関係は委任の規定が適用される（330）。したがって、取締役は、取締役会の構成員として、また代表取締役のように業務執行権限を有する取締役として、職務を行うに際しては、会社に対し、善良な管理者の注意義務〔善管注意義務〕を負う（民644）。②商法は、昭和25年改正で「取締役は法令・定款の定めと株主総会の決議を遵守し会社のため忠実にその職務を遂行する義務を負う」とする規定を導入したが（平成17年改正前商法254ノ3）〔取締役の忠実義務と呼ばれ、会社法355条に継承〕、最高裁の大法廷判決は、この忠実義務は「商法254条3項〔会社法330〕、民法644条に定める善管義務を敷衍し、かつ一層明確にしたにとどまり、通常の委任関係に伴う善管義務とは別個の高度な義務を規定したものではない」と解している（最大判昭和45・6・24民集24-6-625〈百選2〉〈商判Ⅰ-3〉）。これらの善管注意義務・忠実義務の一般的規定から、判例・学説で承認されてきた義務として、次の2つ〔(イ)(ウ)〕が重要である。また、会社法は、これらの一般規定だけでは十分でないと考え、後述する(2)の特別の規制を設けている。

　　＊1）**取締役の善管注意義務**　　いわゆる日本版ビジネス・ジャッジメント・ルール（経営判断原則——裁判所は経営判断には事後的に介入しないというルール）が認められている〔ただし、アメリカと異なり日本では裁判所は判断の内容その他すべての事情を審査する〕。たとえば、東京地判平成16・9・28判時1886-111は、次のように述べている。「企業の経営に関する判断は不確実かつ流動的で複雑多様な諸要素を対象にした専門的、予測的、政策的な判断能力を必要とする総合的判断であり、また、企業活動は、利益獲得をその目標としているところから、一定のリスクが伴うものである。このような企業活動の中で取締役が萎縮することなく経営に専念するためには、その権限の範囲で裁量権が認められるべきである。したがって、取締役の業務についての善管注意義務違反又は忠実義務違反の有無の判断に当たっては、取締役によって当該行為がなされた当時における会社の状況及び会社を取り巻く社会、経済、文化等の情勢の下において、当該会社の属する業界における通常の経営者の有すべき知見及び経験を基準として、前提としての事実の認識に不注意な誤りがなかったか否か及びその事実に基づく行為の選択決定に不合理がなかったか否かという観点から、当該行為をすることが著しく不合理と評価されるか否かによるべきで

ある」。

　現在では、善管注意義務に違反しないとされるためには、①問題となる行為が経営上の専門的判断にゆだねられた事項についてのものであること、②意思決定の過程に著しい不合理性がないこと、③意思決定の内容に著しい不合理性がないことの3つが要求される（最判平成22・7・15判時2091-90〈百選48〉〈商判Ⅰ-135〉〔子会社株式の買取り。善管注意義務違反を認めた原審を破棄〕）。その後の事例として、東京地判平成27・10・8判時2295-124＋東京高判平成28・7・20金融商事1504-28〈商判Ⅰ-136〉〔株式取得による他社の買収〕、名古屋地判平成29・2・10金融商事1525-50〔不採算事業〕、福岡高判宮崎支判平成29・11・17金融商事1532-14〔農協の理事〕などがある。

　以上のほか、善管注意義務違反が問題となった近年の事例〔株主代表訴訟が多い〕として、最判平成20・1・28判時1997-143・148〈百選49〉〈商判Ⅰ-131〉、最判平成21・11・27金融商事1335-20、最決平成21・11・9刑集63-9-1117〈商判Ⅰ-132〉〔特別背任罪を認めた事例であるが刑事事件における銀行の取締役についての経営判断原則に関する判示がある〕（以上の3件は銀行の融資判断。その後のものとして、東京高判平成29・9・27）、東京高判平成20・5・21判タ1281-274〔事業法人のデリバティブ取引の失敗〕、大阪高判平成18・6・9判時1979-115〔健康を損なう食品添加物の不公表、監査役の責任も肯定〕、最判平成18・4・10民集60-4-1273〈百選12〉〈商判Ⅰ-137〉〔脅迫されての金員の提供〕、大阪高判平成19・3・15判タ1239-294〔自己株式取得〕、東京地判平成17・3・10判タ1228-280〔第三者に対する損害賠償請求権の不行使〕、東京地判平成28・7・14判時2351-69〈商判Ⅰ-139〉〔社外取締役の監視義務・常勤監査役の監査義務〕、東京高判平成28・10・12金融商事1553-48〔現実には行われていない業務の報酬名目での金員の受領〕、東京高判平成28・12・7金融商事1510-47〈商判Ⅰ-129〉〔監査委員の提訴判断〕、東京地判平成29・4・27〔会計不正〕、東京地判平成30・3・29判時2426-66〈商判Ⅰ-141〉〔会計不正〕、東京高判平成30・5・9金融商事1554-20〔買収防衛のための弁護士費用の支出〕、東京高判平成30・9・26金融商事1556-59〔取締役報酬額決定の代表取締役への再一任〕、東京高判令和1・9・25金融商事1613-40〔一人株主の意思決定に従った取締役〕等（なお、親子会社の場面での事例として、東京地判平成13・1・25判時1760-144〔子会社管理〕、大阪地判平成14・1・30判タ1108-248〈商判Ⅰ-113〉〔関連会社への債権放棄〕、福岡高判平成24・4・13金融商事1399-24〈百選51〉〈商判Ⅰ-142〉〔子会社への貸付け等〕、東京高判平成30・9・20金融商事1566-27〔私募債の購入〕、神戸地判令和1・5・23金融商事1575-14〔子会社への貸付け等〕、東京地判令和2・2・27資料版商事法務433-108＋東京高判令和3・9・22＋最決令和4・10・21〔銀行持株会社の子会社管理〕、東京地判令和3・11・25金融商事1642-44〔海

外子会社の私的利用〕、最決令和 4・6・27〔訴訟代理と弁護士法〕、東京地判令和 4・7・13〈商判 I -133〉〔原発事故〕）。

＊2）　取締役の忠実義務　　（1）　忠実義務の規定（平成17年改正前商法254ノ 3 ＝会社法355）はアメリカ法を参考に昭和25年改正で導入された規定であり、自己または第三者の利益を会社の利益よりも上位に置いてはならないとする義務であると解されている。そこで、学界では、この忠実義務と善管注意義務とは別の概念であるとする見解が有力である。両者の内容は、両者を別個のものと考えたほうがわかりやすい〔なお、社債管理者については、平成 5 年改正で公平誠実義務と善管注意義務を別個に並べて規定した（平成17年改正前商法297ノ 3 ＝会社法704 I II）〕。もっとも、英米においては、注意義務と忠実義務とは、法律上かなり異なる。①注意義務では義務を負う者の過失の有無が問題となるが、忠実義務ではそれは問題とならず、無過失責任である。②違反があった場合の義務を負う者の責任の範囲は、注意義務の場合には被害者が受けた損害の賠償であるが、忠実義務の場合には義務を負う者が得た利益の吐出しである。しかし、これらの差異を、日本の現行会社法の取締役の責任について認めることは、容易ではない。平成17年改正前商法254条ノ 3 〔会社法355〕は、抽象的な表現にとどまっているため、これらの 2 点の差異を認めることも解釈論としてまったく不可能ではないかもしれないが、忠実義務違反があった場合の取締役の責任については、平成17年改正前商法266条〔会社法423〕という規定があるため、たとえば取締役が得た利益の会社への吐出しをこの規定のもとで認めることは法文上無理がある（平成17年改正前商法266 I ⑤・会社法423 I 参照）〔なお、例外として平成17年改正前商法266 IV〔会社法423 II〕はその意味で英米的な発想を取り入れているといえる〕。

　　（2）　取締役が忠実義務を負うのは、その職務行為とそれに関連した行為に限られない。しかし、取締役が会社の外で個人の資格でする行為（とくに経済的活動）のすべてを規制することは行き過ぎである。なお、取締役を退任して会社をやめた後は、取締役の義務は負わない。ただし、取締役の影響力を行使して従業員の引抜きをした場合に、忠実義務違反を理由に平成17年改正前商法266条 1 項 5 号〔会社法423 I〕に基づく損害賠償責任を認めた事例がある（東京高判平成 1・10・26金融商事835-23〈百選A20〉〈商判 I -145〉、東京高判平成16・6・24判時1875-139）。このような場合には、不法行為責任も問題となる（東京地判平成22・7・7 判タ1354-176）。

＊3）　法令遵守義務　　355条は「取締役は、法令及び定款並びに株主総会の決議を遵守し、株式会社のため忠実にその職務を行わなければならない」と定めているので、取締役は法令遵守義務を負う（定款および株主総会決議についても同じ）。そして、すべての法令について法令に違反する行為は423条 1 項の「任務懈怠」となる（た

だし過失責任）〔291頁＊2）参照〕。法令違反行為は355条に違反するので任務懈怠となるということもできるが、取締役以外の役員（監査役など）も法令遵守義務を負うというべきであり、取締役以外の役員には355条の適用はないので、法令遵守義務は善管注意義務から出てくるというべきである（取締役については、かりにもし355条がなかったとしても善管注意義務から法令遵守義務があることになる）。なお、東京高判令和5・1・26（カルテル課徴金の取締役への転嫁）。

（イ）　監視義務　代表取締役はもちろん一般の取締役も、他の代表取締役または取締役の行為が法令（善管注意義務・忠実義務の一般的規定を含む）・定款を遵守し適法かつ適正にされていることを監視する義務を負うと解されている[＊4]（最判昭和48・5・22民集27-5-655〈百選67〉〈商判Ⅰ-154〉、最判昭和55・3・18判時971-101等）。

> **＊4）　取締役の監視義務**　代表取締役が他の代表取締役の行為につき監視義務を負うことは当然であるが、代表取締役は他の（代表権のない）取締役の行為についても監視義務を負う。また、（代表権のない）取締役は、取締役会の構成員として、代表取締役の行為につき監視義務を負う。本文で引用した昭和48年の最高裁判決は「株式会社の取締役会は会社の業務執行につき監査する地位にあるから、取締役会を構成する取締役は、会社に対し、取締役会に上程された事柄についてだけ監視するにとどまらず、代表取締役の業務執行一般につき、これを監視し、必要があれば、取締役会を自ら招集し、あるいは招集することを求め、取締役会を通じて業務執行が適正に行なわれるようにする職務を有する」という〔監視義務違反により平成17年改正前商法266条ノ3第1項（会社法429Ⅰ）の責任が肯定された事例〕。なお、（代表権のない）取締役は、他の（代表権のない）取締役の行為についても監視義務を負うと解すべきであろう。
>
> もっとも、昭和48年最判等は中小規模の会社に関する事案であって、近年の状況にかんがみると、取締役会が定期的に開催され、取締役会による監督機能がそれなりに果たされている会社（次に述べる業務適正確保体制が構築され運用されている場合を含む）では、個々の非業務執行取締役の監視義務の範囲は限定されると解すべきである。近年の事例として、東京地判平成28・7・14判時2351-69〈商判Ⅰ-139〉等を参照。

（ウ）　業務適正確保体制の構築義務　規模がある程度以上の会社になると、健全な会社経営のために会社が営む事業の規模・特性等に応じた業務適正確保体制（会社法上の内部統制システム・リスク管理体制）を構築して運用する

必要がある（コンプライアンス＝法令遵守体制の整備を含む）。そのような体制〔条文は「取締役の職務の執行が法令および定款に適合することを確保するための体制その他株式会社の業務ならびに当該株式会社およびその子会社から成る企業集団の業務の適正を確保するために必要なものとして法務省令で定める体制の整備」と規定しているが、コンプライアンスの観点からは、従業員の監督体制も重要である〕は取締役会で決定する〔取締役会設置会社では、362Ⅳ⑥・規則100、監査等委員会設置会社では、399の13Ⅰ・規則110の4、指名委員会等設置会社では、416Ⅰ①・規則112、非取締役設置会社では、348Ⅲ④・規則98参照。なお、事業報告での開示（規則118②）、監査役等による監査（規則129Ⅰ⑤・130Ⅱ②・130の2Ⅰ②・131Ⅰ②）〕。したがって、取締役会の決定に基づいて、代表取締役等の業務執行権限を有する取締役は、業務適正確保体制を構築して運用する義務を負い、取締役は、代表取締役等が業務適正確保体制を構築して運用する義務を履行しているか否かを監視する義務を負う（大阪地判平成12・9・20判時1721-3〈商判Ⅰ-138〉〔銀行の事例〕・最判平成21・7・9判時2055-147〈百選50〉〈商判Ⅰ-140〉〔242頁＊1〕）、東京地判平成21・10・22判時2064-139〔従業員のインサイダー取引の防止〕、東京地判令和2・2・27資料版商事法務433-108＋東京高判令和3・9・22＋最決令和4・10・21〔銀行持株会社の子会社管理〕参照）。

(2)　会社と取締役との利益相反行為の規制　取締役が自己（または第三者）の利益をはかって会社の利益を害するおそれがあるため、次のような特別の規制がある。

(ア)　競業取引　（ⅰ）　取締役が自己または第三者の利益のために会社の事業の部類に属する取引を自由にできるとすると、会社の取引先を奪うなど会社の利益を害するおそれが大きい。そこで、取締役会設置会社では、取締役がこのような競業取引を行う場合には、その取引について重要な事実を開示して取締役会の事前の承認を得なければならない（356Ⅰ①・365Ⅰ）。

　　（ⅱ）　取締役がこの義務に違反した場合には、①その取締役は会社に対して損害賠償責任を負い（423Ⅰ・Ⅱ）、また、②取締役解任の正当事由になりうる（339）。なお、取締役会が適切な措置をとれるように、会社法は、承認を受けたかどうかにかかわらず、競業取引をした取締役は、遅滞なくその取引につき重要な事実を取締役会に報告しなければならないこととしている（365Ⅱ）〔以上に対して、非取締役会設置会社では株主総会で承認する（356Ⅰ①）〕。

＊5）　競業取引の規制　　支配人（12）や代理商（17）の競業禁止規制と類似するが、取締役の場合には、次のような特色がある。①規制される取引の範囲が自己または第三者のために会社の事業の部類に属する取引をすることに限定される〔「ために」とは、「名において」（権利義務の帰属が基準）ではなくて「計算において」（経済的利益の帰属が基準）の意味であると解されてきた。会社法は規制違反があった場合の介入権の制度を廃止したこと（平成17年改正前商法264Ⅲの廃止）、条文の文言は「計算において」（120Ⅰ参照）と「ために」を使い分けていること等を理由に、会社法のもとでは「名において」と解する見解も有力である。しかし、もともとの制度の趣旨からすれば経済的な利益の帰属を基準とするほうが妥当であると思われる〕。したがって、同種の事業を目的とする他の会社の無限責任社員や取締役になること自体は、代表取締役等にならないかぎり、規制の対象とならない〔なお、独禁法は競争政策の観点から他社の役員との兼任を禁止する（独禁13）〕。また、会社の機会（corporate opportunity）を奪う行為は、競業をしないかぎり356条1項1号の対象とはならないが（たとえば会社が取得予定の土地を取締役が個人で買うなど）、一般的な忠実義務違反（355）になりうると解される〔なお、取締役を退任した者が従業員の引抜きをはかった事例として255頁＊2）参照〕。②取締役会の承認を受けるため事実の開示が要求され、また競業取引の取締役会への報告義務がある〔上述〕。③いわゆる介入権制度は会社法で廃止されたが、損害賠償請求について、競業取引により取締役または第三者が得た利益の額が会社が受けた損害の額と推定される（423Ⅱ）（名古屋高判平成20・4・17金融商事1325-47〈商判Ⅰ-146〉）。④なお、取締役会の承認を受けて競業取引をした場合には、その結果会社に損害が生じても当然には損害賠償責任は生じない（423Ⅲと対照的）。しかし、取締役に善管注意義務違反等がある場合にはそれに基づいて損害賠償責任が生じる（423Ⅰ）。⑤上記のほか、競業取引が問題となった事例として、東京地判昭和56・3・26判時1015-27〈百選53〉〈商判Ⅰ-109〉、大阪高判平成2・7・18判時1378-113等がある。グループ内での競業は利害対立がなければ取締役会の承認は不要と解されている（大阪地判昭和58・5・11金融商事678-39）。

（イ）　利益相反取引（取締役・会社間の取引）　　（i）　①直接取引　　取締役が自己または第三者のために会社と取引をする場合には（会社から財産を譲り受け、金銭の貸付けを受け、会社に財産を譲渡する等）、その取締役がみずから会社を代表するときはもちろん、他の取締役が会社を代表するときであっても、会社の利益を害するおそれがある。そこで、取締役会設置会社では、このような利益相反取引（自己取引ともいう）をする場合には、その取引について重要な事実を開示して取締役会の事前の承認を得なければならない（356Ⅰ②・

365 I）〔非取締役会設置会社では株主総会の承認が必要（356 I ②）〕。その承認を受けた場合には、民法108条は適用されず、その取締役が同時に会社を代表することも認められる[*6]（356 II）〔平成29年民法改正により民法108条が改正され、改正後の同条は次に述べる（承認を受けた）間接取引にも適用されないことが明定された（平成29年民法改正整備法による改正後の会社法356 II 参照）〕。

　②間接取引　　上記のような直接取引でなくても、会社が取締役の債務につき取締役の債権者に対して保証や債務引受をする場合等〔間接取引〕にも、会社の利益が害されるおそれがあるため、直接取引の場合と同様、その取引について重要な事実を開示して取締役会の事前の承認を得なければならない（356 I ③・365 I）〔非取締役会設置会社では株主総会の承認が必要（356 I ③）〕。

　③報告　　以上の利益相反取引をした取締役は、競業取引の場合と同様に、遅滞なくその取引につき重要な事実を取締役会に報告しなければならない（365 II）。なお、利益相反取引は取締役解任の正当事由になりうる（339）。

　以下は、取締役会設置会社の場合について述べる。

　(ⅱ)　対象　　この規制の趣旨からすれば、取締役会の承認を受けなければならない取引は、裁量によって会社の利益を害するおそれがある行為に限られるべきであり、したがって普通取引約款による運送契約・預金契約や債務の履行、相殺など、性質上そのようなおそれがない行為は、含まれないと解されている[*7]。

　(ⅲ)　取引の効力　　取締役会の承認を得ないで利益相反取引が行われた場合に、その取引の効力がどうなるかについて、会社法は規定を設けていないので、解釈問題となる。一般に、その取引は無効であるが（ただし追認されれば効力を生じる）、会社の利益を保護する趣旨であるから、取締役の側から無効を主張することはできないと解されている。また、最高裁の判例によれば、会社が第三者に対して無効を主張するのには、その者の悪意（取締役会の承認を得ていないことを知っていること）を立証しなければならないと解されている[*8]〔相対的無効〕。

　(ⅳ)　責任　　会社法356条1項2号3号の利益相反取引により〔取締役会の承認の有無を問わない〕会社に損害が生じた場合には、その取締役は会社に対して損害賠償責任を負うが（423 I。なおⅢ〔任務懈怠の推定〕に注意）〔過失責任〕、

自己のために直接取引をした取締役は、「任務を怠ったことが当該取締役の責めに帰することができない事由によるもの」であったときでも損害賠償責任を負う (428 I)〔無過失責任〕。

* 6) **民法108条との比較** 356条 1 項は、他の取締役が会社を代表する場合も含む点で、民法108条よりもカバーする範囲が広い。

* 7) **利益相反取引** ①「自己または第三者のために」の「ために」については、直接取引の場合は、競業取引の場合と異なり「名において」の意味と解する見解が有力である。②利益相反取引にあたるか否かは、手形行為について昔から争いがあるが、最高裁の大法廷判決は、「会社から取締役への約束手形の振出は、単に売買、消費貸借等の実質的取引の決済手段としてのみ行われるものではなく、簡易かつ有効な信用授受の手段としても行われ、また、約束手形の振出人は、その手形の振出により、原因関係におけるとは別個の新たな債務を負担し、しかも、その債務は、挙証責任の加重、抗弁の切断、不渡処分の危険等を伴うことにより、原因関係上の債務よりも一層厳格な支払義務である」という理由で、原則として平成17年改正前商法265条 1 項〔会社法356 I ②〕の取引にあたるとする (最大判昭46・10・13民集25-7-900〈百選55〉〈商判 I -111〉)。このほか、会社法356条 1 項 2 号 3 号〔平成17年改正前商法265 I 〕の取引にあたるとされた事例として、会社が自社の取締役が代表取締役となっている他の会社に約束手形を振り出すこと (最判昭和46・12・23判時656-85)、そのような他の会社のために為替手形の引受けをすること (最判昭和47・2・22判時662-81)、取締役が妻の債務につき個人としてとともに会社を代表して連帯保証をすること (東京高判昭和48・4・26高民26-2-204)、代表取締役が個人で買い受けた土地の代金支払確保のため個人と会社と共同で約束手形を振り出すこと (東京高判昭和48・7・19金融法務703-30)、代表取締役を被保険者、会社を保険金受取人とする生命保険で、保険契約者を会社からその代表取締役個人に、保険金受取人を会社からその代表取締役の配偶者に変更すること (仙台高決平成 9・7・25判時1626-139) 等。あたらないとされた事例として、債務の履行 (大判大正 9・2・20民録26-184)、取締役の会社に対する負担なしの贈与 (大判昭和13・9・28民集17-1895)、取締役の会社に対する無利息・無担保の金銭貸付 (最判昭和38・12・6民集17-12-1664)、取締役が手形金額と同額の金銭を交付して会社から手形の裏書譲渡を受けること (最判昭和39・1・28民集18-1-180)、競売手続による競落 (東京高決昭和31・3・5高民 9-2-76)、会社のため保証する目的で会社振出の手形の受取人となって裏書をすること (大阪高判昭和38・6・27高民16-4-280) 等。③人的適用範囲につき、ＡＢ両会社の代表取締役を兼ねている者がＡ社の債務につきＢ社を代表してする保証は、Ａ社の利益にして、Ｂ社に不利益を及ぼす行為であって、取締役が第三者の

ためにする取引にあたる（最判昭和45・4・23民集24-4-364）。A社からB社への不動産の譲渡につき、同旨（最判平成12・10・20民集54-8-2619）。これに対して、第三者を介しての関連会社への融資につき、会社が平成17年改正前商法265条1項〔会社法356Ⅰ②〕の適用を回避する目的で第三者を介在させた等の特段の事情がない限り、平成17年改正前商法265条1項前段〔会社法356Ⅰ②〕の取引には該当しないとした事例がある（大阪地判平成14・1・30判タ1108-248〈商判Ⅰ-113〉）。親子会社となる会社間での取引について、さいたま地判平成22・3・26金融商事1344-47。④取締役会の承認が不要な場合として、取締役が会社の全株式を所有し（一人会社）、会社の事業が実質上その取締役の個人経営のものにすぎないとき（最判昭和45・8・20民集24-9-1305〔学説では反対説あり〕。ただし、東京地判平成20・7・18判タ1290-200）、取締役と会社間の取引につき株主全員の合意があるとき（最判昭和49・9・26民集28-6-1306〈百選54〉〈商判Ⅰ-110〉〔閉鎖会社における会社から取締役に対する子会社株式の譲渡の事例〕）。

＊8）　**356条1項違反の利益相反取引の効力**　　間接取引と直接取引のうちの手形取引について、最高裁の大法廷判決は「相対的無効説」を採用している（最大判昭和43・12・25民集22-13-3511〈百選56〉〈商判Ⅰ-112〉、最大判昭和46・10・13民集25-7-900〈百選55〉〈商判Ⅰ-111〉）。取締役会の承認のない利益相反取引は無効というより無権代理（効果不帰属）というべきかもしれないが、平成29年民法改正後においても、第三者との関係についての上記の最高裁の判例理論（相対的無効説）は生きていると考えられる（昭和43年最判の判示を参照）。なお、東京高判平成26・5・22金融商事1446-27〔手形の裏書〕。

このほか、会社が取締役に貸し付けた金銭の返還を求めた場合に、その取締役は平成17年改正前商法265条1項〔会社法356Ⅰ②〕違反を理由として貸付けの無効を主張することはできない（最判昭和48・12・11民集27-11-1529）。

＊9）　**428条**　　自己のために直接取引をした取締役は、無過失を立証して責任を免れることはできないが（428）、任務懈怠がなかったことを立証して責任を免れることができるかどうか（423Ⅲ参照）については見解の対立がある。これが認められてよいと思う。

（ウ）　取締役の報酬　　（ⅰ）　取締役は報酬を受けるが（民648Ⅰ対照）、その額の決定を取締役会にまかせるとお手盛りの弊害があるので、定款または株主総会の決議で定めることが要求される[10][11]（361Ⅰ）〔ただし指名委員会等設置会社では報酬委員会が決定するので定款または株主総会決議は不要＝361条1項の適用はない（404Ⅲ）〕〔公開会社では、さらに、支払った報酬額は社内取締役と社外取締役に区分して事業

報告で開示する（規則121④・124⑤）。金融商品取引法上の有価証券報告書等でも社内取締役と社外取締役とに区分して書き（企業内容等の開示に関する内閣府令の平成15年3月改正）、1億円以上の報酬等を受けた者は個別に開示する（同内閣府令の平成22年3月改正）（191頁＊1）(3)参照）〕。報酬には、金銭以外の現物報酬も含まれ、また会社法では「賞与その他の職務執行の対価として会社から受ける財産上の利益」も報酬と同じ規制に含めることを明記した（361Ⅰ）〔報酬と合わせて「報酬等」という〕。

　平成14年改正は、定款または株主総会決議で定めるべき事項を明確化し、①確定金額を報酬とする場合にはその金額、②不確定金額を報酬とする場合にはその具体的な算定方法、③金銭以外を報酬とする場合にはその具体的な内容を定めなければならないこととし、②③の場合には議案を提出した取締役は株主総会でその議案内容が相当である理由を開示しなければならないこととし、会社法はこの規律を引き継いだが（令和元年改正前361Ⅰ・Ⅳ）、令和元年改正により規律の充実化がされた。

　(ii) 令和元年改正により、次の改正がされた（361ⅠⅣⅦ）。

　(1) 報酬等の決定方針　①監査役会設置会社（公開会社かつ大会社に限る）で株式に係る有価証券報告書提出会社と監査等委員会設置会社は、取締役（監査等委員である取締役を除く）の報酬等（361Ⅰ）について、取締役の個人別の報酬等の内容を定款または株主総会の決議で定めた場合を除き、「報酬等の決定方針」を取締役会で定めなければならない（361Ⅶ）。たとえば、多くの会社における伝統的な実務のように、株主総会決議で取締役全員の報酬等に係る金額の総額の上限を定めたような場合には、その定めに基づく取締役の個人別の報酬等の内容についての決定に関する方針を、取締役の報酬等の決定方針として、取締役会決議によって定めることを要する[*12]（報酬等の決定方針の具体的な内容は、規則98の5）。

　②指名委員会等設置会社については、会社法409条によって報酬委員会が執行役等の個人別の報酬等の内容に関する方針を定めることとされているため、本規律は適用されない。

　③監査等委員会設置会社については、適用対象となる取締役には監査等委員である取締役は含まれない。その理由は、取締役の報酬等に関する会社法361条1項各号の事項は、監査等委員である取締役とそれ以外の取締役とを

区別して定めることを要するとされ（同条2項）、監査等委員である取締役の報酬等については、定款または株主総会で各取締役の報酬等を定めない場合には、同条1項の範囲内で（すなわちたとえば、株主総会決議で総額の上限を定めた場合にはその範囲内で）監査等委員である取締役の協議によって定めることとされているため（同条3項）、この規律との整合性をとったものである。

　④令和元年改正は、改正前会社法361条4項中「第1項第2号又は第3号」を「第1項各号」に改めた。この結果、議案を株主総会に提出した取締役による議案の事項を相当とする理由の株主総会における説明義務（361Ⅳ）の対象となる事項に同条1項1号（報酬等のうち額が確定しているものについてのその額）が含まれることとなった。

　⑤取締役会は報酬等の決定方針の決定を取締役に委任することはできない。

　(2)　金銭でない報酬等に係る定款または株主総会の決議による定め　　株式または新株予約権による報酬等（以下「エクイティ報酬」と総称することがある）について、定款または株主総会決議で定めるべき事項が改善され、報酬として交付する株式・新株予約権の数の上限など法務省令で定められている（361Ⅰ③④・規則98の2・98の3。指名委員会等設置会社の執行役等につき、409Ⅲ③④・規則111・111の2）。なお、会社の株式または新株予約権の取得に要する資金に充てるための金銭を報酬等とする場合についても、同様の規律となった（361Ⅰ⑤・規則98の4。指名委員会等設置会社の執行役等につき、409Ⅲ⑤・規則111の3）。

　(3)　取締役の報酬等である株式および新株予約権に関する特則　　①エクイティ報酬の場合について、募集株式の発行または自己株式の処分（以下「募集株式の発行等」という）および新株予約権の発行手続の特例が設けられ、払込みを要しない募集株式の発行等および新株予約権の行使が認められることになった。

　②本規律が適用される会社の範囲は上場会社に限定される。また、払込みを要しないで募集株式の発行等を受けられるのは株式報酬の場合だけであるから、その対象は、定款または株主総会決議による定めに係る取締役（取締役であった者を含む）に限定される（以上、202の2ⅠⅡ・236Ⅲ。指名委員会等設置会社につき、202の2Ⅲ・236Ⅳ）。

　③株式を報酬として交付した場合における会計処理は、法務省令で定めら

れている（計算規則42の2、42の3および2Ⅲ34〔株式引受権〕、54の2、76Ⅰ1ハ・2ハ、96Ⅱ1ハ・2ハ、1054・1063。会計基準等については、令和3年1月28日に公表された企業会計基準委員会の実務対応報告第41号「取締役の報酬等として株式を無償交付する取引に関する取扱い」等による。43頁⑳参照）。

　（4）　情報開示の充実　　取締役を含む会社役員（規則2Ⅲ4参照）の報酬等について、公開会社における事業報告での情報開示の充実が図られている（規則1214―6の3）。

　　（ⅲ）　指名委員会等設置会社以外の会社では、定款または株主総会決議（あるいはその授権を受けた取締役会決議等）によって報酬の金額が定められなければ具体的な報酬請求権は発生せず、取締役は会社に対して報酬を請求することはできないが（最判平成15・2・21金融法務1681-31〈百選A21〉〈商判Ⅰ-116〉〔株主総会決議がなくても株主全員の同意があったとして報酬支払が有効とされた事例として、東京地判平成25・8・5金融商事1437-54〕、他方において、定款規定・株主総会決議がなく支払われた報酬であっても、事後的に株主総会決議をすれば違法な報酬支払も有効なものとなる（最判平成17・2・15判時1890-143）〔報酬相当額の対会社損害賠償責任を求める株主代表訴訟提起後に総会決議をした事例〕。

　　＊10）　**取締役の報酬の規制**　　定款または株主総会決議を必要とする理由を、通説は、「お手盛り防止」すなわち取締役会に任せると同僚意識から制御が効かないことに求めるが、取締役は株主総会が選任するわけであるから報酬も選任のいわば条件として総会が決定すると考えるべきもののように思われる。近年では、諸外国の例を参考として、日本でもストック・オプション〔後述③〕（これにも伝統的なものと行使価格を1円と定めるいわゆる株式報酬型のものとがある）およびこれ以外の仕組み（特定譲渡制限付株式〔リストリクテッド・ストック〕や信託を用いた仕組み等）を含めて、業績連動型の報酬を導入する会社が増えている（従業員の報酬についても同様）。

　　　そこで、業績連動報酬について、令和元年改正は本文に述べたような改正を行った〔本文の(2)(3)〕。この結果、上場会社についてはゼロ円ストック・オプションも可能となる。なお、本文に述べた手続を経て株式が報酬として交付される場合には有利発行規制〔160頁〕の適用はない。

　　　①　個々の取締役の報酬額を定款または総会で定める必要はなく、全取締役の報酬の総額の最高限度額を定めれば足りると解されており、実際にも総会決議でそのような定め方をするのが通常である。個々の取締役への具体的配分の決定は取締役会にゆだねられる（最判昭和60・3・26判時1159-150）。取締役会は具体的な決定を代

表取締役に一任できると解されている（最判昭和31・10・5商事法務51-13、東京地判平成30・4・12金融商事1556-47＋東京高判平成30・9・26金融商事1556-59。なお、規則98の5⑥、121⑥の3等、企業内容等の開示に関する内閣府令の平成31年改正後の第二号様式（有価証券届出書）「記載上の注意」の67役員の報酬等、第三号様式（有価証券報告書）「記載上の注意」の38役員の報酬等）。いったん総会が決議した報酬総額の限度額を超えないかぎり毎年決議をする必要はない。監査役の報酬は、取締役の報酬とは別に定めなければならない（387Ⅰ—Ⅲ）。

　② 賞与　　取締役に支給される賞与は、報酬に含まれるべきはずであるが、従来は、日本では慣行として賞与は利益処分として支払われ、平成17年改正前商法269条1項の総会決議は不要とされてきた。会社法のもとでは、職務執行の対価としての性質を有するかぎり上記の361条1項の規制を受ける〔なお、会計基準では、費用計上を求めることとなった。企業会計基準第4号「役員賞与に関する会計基準」（平成17年11月29日）〕。

　③ ストック・オプション　　インセンティブ報酬としての新株予約権（いわゆるストック・オプション）の付与〔177頁参照〕は、会社法のもとでは、その公正価値をもって「額が確定している報酬」（361Ⅰ①）に該当する（361Ⅰ③〔令和元年改正前〕にも該当する）と解されてきたようである。ストック・オプションの付与について費用計上を義務づける会計基準のもとで〔企業会計基準第8号「ストック・オプション等に関する会計基準」（平成17年12月27日・平成25年9月13日改正）・企業会計基準適用指針第11号「ストック・オプション等に関する会計基準の適用指針」（平成17年12月27日・平成18年5月31日改正）〕、その費用がオプションの公正価値に対応する額として算定されるものである場合には、取締役へのストック・オプションの付与は、新株予約権発行手続との関係では公正な払込金額による発行であると解する一方で〔177頁＊2）参照〕、会社法361条の報酬規制に服すると解することも可能である。しかし、未公開企業などの場合には、簡便法により、新株予約権発行時の株式時価を基準とする費用算定が認められており、そうなると、行使価格が新株予約権発行時の株式時価と等しければオプションの費用はゼロということになる。そしてそのような場合には、ゼロ円の報酬を支払うとして361条を適用するのは意味がないだけでなく正しいともいえない（なお、361条1項のもとでは総会では取締役全員の総額を決めればよいと解するとしても、総額内であるためには個別に額を算出する必要があろう）。

　ストック・オプションの場合は、その経済的実質からすれば、それを保有する者は株価が将来上昇した場合に新株予約権を行使して利益を得るので、報酬規制の本来の趣旨からすれば、そのような「仕組み全体」をみて「額が確定していない」報酬（361Ⅰ②③〔令和元年改正前〕）として定款または株主総会決議で定めることとす

るのが望ましいといえたが、この点は平成元年改正で改善された。

④　使用人兼務取締役の報酬　　最高裁の判例は、「取締役の報酬額を株主総会決議で定める際、使用人兼務取締役が使用人として受ける給与は取締役の報酬額に含まれない旨明示したうえ、取締役全員の報酬の総額を定め、その具体的配分を取締役会の決定に委ねることは、少なくとも使用人として受けるべき給与の体系が明確に確立しており、かつそれによって給与の支給がされている限り、さしつかえない」というが（前掲最判昭和60・3・26）、学説には反対も強い。なお、事業報告における開示においては、使用人の給与部分を合算して開示することは認められず、使用人の給与部分が重要な場合には別途開示することになると解される（規則121⑪参照）。

⑤　退職慰労金・死亡弔慰金　　取締役・監査役であった者に対する退職慰労金または死亡弔慰金は、有力な反対説もあるが、それが在職中の職務執行の対価であるときは、平成17年改正前商法269条1項〔会社法361Ⅰに相当〕（または平成17年改正前商法279〔会社法387Ⅰに相当〕）の報酬に含まれる。取締役に対する退職慰労金については、株主総会決議によりその金額などの決定をすべて無条件に取締役会に一任することは許されないが、株主総会決議において、明示的もしくは黙示的にその支給基準を示し、具体的な金額・支払期日・支払方法などはその基準によって定めるべきものとして、その決定を取締役会に任せることは許される（最判昭和39・12・11民集18-10-2143〈百選59〉〈商判Ⅰ-117〉、同旨、最判昭和48・11・26判時722-94、最判昭和58・2・22判時1076-140。株主総会決議を欠く退職慰労金の返還が争われた事例として、最判平成21・12・18金融商事1338-22〈百選A22〉〈商判Ⅰ-119〉、内規の廃止の効力をすでに退職した取締役に及ぼせないとした事例として、最判平成22・3・16判時2078-155〈商判Ⅰ-120〉、その他、東京高判平成20・9・24判タ1294-154、宮崎地判令和3・11・10＋福岡高宮崎支判令和4・7・6金融商事1657-35、釧路地帯広支判令和5・1・16）。なお、取締役が退職に際して支給を受ける退職慰労金は、従業員にも共通に適用される退職慰労金支給規定に基づき勤続年数と退職時の報酬額を基礎にして算出すべきものとされている場合であっても、平成17年改正前商法269条1項〔会社法361Ⅰに相当〕の報酬にあたる（最判昭和56・5・11判時1009-124）。なお、監査役に対する退職慰労金等については、387条が適用される。

⑥　取締役報酬の不支給決議　　定款または株主総会の決議によって取締役の報酬が具体的に定められた場合には、その報酬額は、会社と取締役間の契約内容となり契約当事者を拘束するから、その後、株主総会が当該取締役の報酬を無報酬とする旨の決議をしても、当該取締役は、これに同意しないかぎり、報酬請求権を失わないとする判例がある（最判平成4・12・18民集46-9-3006〈百選A23〉〈商判Ⅰ-118〉）。

⑦　その他　　報酬の減額の効力が認められなかった事例（福岡高判平成16・12・21判タ1194-271）や報酬を総会に提案した取締役の損害賠償責任が否定された事例（東京地判平成19・6 ・14金融商事1271-53）、総会での説明義務違反がなかったとされた事例（東京地判平成19・10・31金融商事1281-64）、全株主の同意があったとされた事例（東京高判平成30・6 ・28金融商事1549-30）等がある。

＊11）　監査等委員会設置会社における特則　　監査等委員会設置会社では、361条1項の事項は、監査等委員である取締役とそれ以外の取締役とを区別して定めなければならない。監査等委員である各取締役の報酬等について定款の定めまたは株主総会の決議がないときは、361条1項の報酬等の範囲内で監査等委員である取締役の協議によって定める。監査等委員である取締役は、株主総会において、監査等委員である取締役の報酬等について意見を述べることができ、また、監査等委員会が選定する監査等委員は、株主総会において、監査等委員である取締役以外の取締役の報酬等について監査等委員会の意見を述べることができる（以上、361ⅡⅢⅤⅥ）。

＊12）　報酬等の決定方針の内容　　規則98条の5は次の事項を定めている。

①取締役（監査等委員である取締役を除く）の個人別の報酬等（②の業績連動報酬等・③の非金銭報酬等のいずれでもないものに限る）の額またはその算定方法の決定に関する方針

②取締役の個人別の報酬等のうち、利益の状況を示す指標、株式の市場価格の状況を示す指標その他の当該株式会社又はその関係会社（計算規則2Ⅲ㉕）の業績を示す指標（以下……「業績指標」という）を基礎としてその額または数が算定される報酬等（以下……「業績連動報酬等」という）がある場合には、当該業績連動報酬等に係る業績指標の内容および当該業績連動報酬等の額または数の算定方法の決定に関する方針

③取締役の個人別の報酬等のうち、金銭でないもの（募集株式または募集新株予約権と引換えにする払込みに充てるための金銭を取締役の報酬等とする場合における当該募集株式または募集新株予約権を含む。以下……「非金銭報酬等」という）がある場合には、当該非金銭報酬等の内容および当該非金銭報酬等の額若しくは数またはその算定方法の決定に関する方針

④①の報酬等の額、業績連動報酬等の額または非金銭報酬等の額の取締役の個人別の報酬等の額に対する割合の決定に関する方針

⑤取締役に対し報酬等を与える時期または条件の決定に関する方針

⑥取締役の個人別の報酬等の内容についての決定の全部または一部を取締役その他の第三者に委任することとするときは、次の事項　イ　当該委任を受ける者の氏名または当該株式会社における地位および担当　ロ　イの者に委任する権限の内容

ハ　イの者によりロの権限が適切に行使されるようにするための措置を講ずることとするときは、その内容

⑦取締役の個人別の報酬等の内容についての決定の方法（⑥の事項を除く）

⑧①から⑦までの事項のほか、取締役の個人別の報酬等の内容についての決定に関する重要な事項

5　会 計 参 与

　会計参与は、取締役〔指名委員会等設置会社では執行役〕と共同して、計算書類等を作成する者である。その設置は、会社の任意である（ただし327Ⅱ参照）。

(1)　資格と選任等　　前述した〔232頁参照〕。

(2)　権限　　(ア)　計算書類等の作成　　会計参与は、取締役〔指名委員会等設置会社では執行役〕と共同して、計算書類（435Ⅱ）およびその附属明細書、臨時計算書類（441Ⅰ）ならびに連結計算書類（444Ⅰ）を作成する（374Ⅰ前段・Ⅵ）。

(イ)　会計参与報告　　会計参与は、計算書類等を作成する場合には、法務省令で定めるところにより、会計参与報告を作成しなければならない[*1]（374Ⅰ後段・規則102）。

　　＊1）　**会計参与報告**　　会計参与報告の内容は次のとおり（規則102）。①会計参与が職務を行うにつき会計参与設置会社と合意した事項のうち主なもの　②計算関係書類のうち、取締役又は執行役と会計参与が共同して作成したものの種類　③計算関係書類の作成のために採用している会計処理の原則及び手続並びに表示方法その他計算関係書類の作成のための基本となる事項であって、次の事項（重要性の乏しいものを除く）　イ資産の評価基準及び評価方法　ロ固定資産の減価償却の方法　ハ引当金の計上基準　ニ収益及び費用の計上基準　ホその他計算関係書類の作成のための基本となる重要な事項　④計算関係書類の作成に用いた資料の種類その他計算関係書類の作成の過程及び方法　⑤④の資料が次の事由に該当するときは、その旨及びその理由　イその資料が著しく遅滞して作成されたとき　ロその資料の重要な事項について虚偽の記載がされていたとき　⑥計算関係書類の作成に必要な資料が作成されていなかったとき又は適切に保存されていなかったときは、その旨及びその理由　⑦会計参与が計算関係書類の作成のために行った報告の徴収及び調査の結果　⑧会計参与が計算関係書類の作成に際して取締役又は執行役と協議した主な事項

　（ウ）　**会計帳簿の閲覧等**　　会計参与は、いつでも、①会計帳簿またはこれに関する資料の閲覧・謄写をし、②取締役〔指名委員会等設置会社では取締役・執行役〕および支配人その他の使用人に対して会計に関する報告を求めることができる（374 II・VI）。

　（エ）　**子会社調査権**　　会計参与は、その職務を行うため必要があるときは、会計参与設置会社の子会社に対して会計に関する報告を求め、または会計参与設置会社もしくはその子会社の業務および財産の状況の調査をすることができるが、その子会社は、正当な理由があるときは、報告または調査を拒むことができる（374 III・IV）。

　（オ）　**その他**　　会計参与は、その職務を行うにあたっては、欠格事由のある者（333 III ②③）を使用できない。

　（3）　**義務・報酬等**　　会計参与は、職務を行うについて会社に対して善管注意義務を負う（330・民644）。このほか、次のような特別の規定がある。

　（ア）　**不正行為の報告**　　会計参与は、その職務を行うに際して取締役の職務の執行に関し不正の行為または法令・定款に違反する重大な事実があることを発見したときは、遅滞なく、これを株主〔監査役設置会社では監査役、監査役会設置会社では監査役会〕に報告しなければならない（375 I・II）。

　なお、以上は、監査等委員会設置会社では、報告の相手方は監査等委員会となり（375 III）、指名委員会等設置会社では、執行役・取締役の職務執行であり、報告の相手方は監査委員会となる（375 IV）。

　（イ）　**取締役会への出席**　　取締役会設置会社の会計参与（監査法人または税理士法人である場合はその職務を行うべき社員）は、計算書類等・連結計算書類を承認する取締役会（436 III・444 V）に出席する義務を負い、必要があると認めるときは、意見を述べなければならない（376 I）。

　そこで、会計参与設置会社において、取締役会を招集する者は、取締役会の日の1週間（定款で短縮可）前までに、各会計参与に対してその通知を発する（376 II）。なお、会計参与設置会社において、招集手続を省略して上記の取締役会を開催する場合には、会計参与の全員の同意が必要となる（376 III）。

　（ウ）　**株主総会における意見陳述**　　(2)(ア)の書類の作成に関する事項について会計参与が取締役〔指名委員会等設置会社では執行役〕と意見を異にすると

きは、会計参与（監査法人または税理士法人である場合にはその職務を行うべき社員）は、株主総会において意見を述べることができる（377）。

（エ） 計算書類の備置き・閲覧 （i） 計算書類等の備置き 会計参与は、次の書類を次の期間、法務省令で定めるところにより、会計参与が定めた場所に備え置かなければならない（378Ⅰ・規則103）。①各事業年度に係る計算書類およびその附属明細書ならびに会計参与報告——定時株主総会の日の2週間（非取締役会設置会社では、1週間）前の日（開催省略〔319Ⅰ〕の場合は、提案があった日）から5年間、②臨時計算書類および会計参与報告——臨時計算書類を作成した日から5年間。

（ii） 株主・会社債権者による閲覧 会計参与設置会社の株主および債権者は、会計参与設置会社の営業時間内（会計参与が請求に応じることが困難な場合として法務省令で定める場合〔規則104〕を除く）は、いつでも、会計参与に対して、(i)①②の閲覧、謄本・抄本の交付、電磁的提供等を請求をすることができるが、閲覧以外は費用（会計参与が定める）を支払わなければならない（378Ⅱ）。

（iii） 親会社社員による閲覧 会計参与設置会社の親会社社員〔親会社の株主等〕は、その権利を行使するため必要があるときは、裁判所の許可を得て、上記の請求ができる〔費用支払は(ii)と同じ〕（378Ⅲ）。

（オ） 報酬 会計参与の報酬等（＝報酬、賞与その他の職務執行の対価として会社から受ける財産上の利益）は、定款または株主総会の決議で定める（379Ⅰ）〔ただし404Ⅲ〕。なお、会計参与が2人以上ある場合で各会計参与の報酬等について定款の定めまたは株主総会決議がないときは、報酬等は、定款または総会決議で定めた範囲内において、会計参与の協議によって定める（379Ⅱ）〔ただし404Ⅲ〕。また、会計参与（監査法人または税理士法人である場合にはその職務を行うべき社員）は、株主総会において、会計参与の報酬等について意見を述べることができる（379Ⅲ）。

（カ） 費用等の会社への請求 会計参与は、その職務の執行について会計参与設置会社に対して、①費用の前払、②支出した費用および支出の日以後におけるその利息の償還、③負担した債務の債権者に対する弁済（債務が弁済期にない場合は、相当の担保の提供）を請求でき、会社は、その請求に関する

費用または債務が会計参与の職務の執行に必要でないことを証明した場合を
除き、これを拒むことができない (380)。

6　監査役および監査役会

　監査役は、取締役（および会計参与）の職務執行を監査する機関である。原
則として会計監査を含めた業務監査を行う (例外は389)。また、監査等委員会
設置会社・指名委員会等設置会社以外の大会社で公開会社である会社は監査
役会を置かなければならない (328Ⅰ)。*1)

> **＊1)　会社法に基づく監査と金融商品取引法に基づく監査**　　会計監査についてい
> えば、会社法による監査役・監査役会の監査は株主と会社債権者のためのものであ
> るのに対して、金融商品取引法による公認会計士または監査法人の監査は投資者保
> 護のためのものである。このように目的は若干異なるが、機能面では重なり合う。
> そこで、昭和49年制定の商法特例法は、大会社では公認会計士または監査法人を会
> 計監査人に選任して決算の監査を行わせることとした。すなわち、金融商品取引法
> の監査は株主総会で承認され確定した財務諸表を対象として行われる事後監査であ
> るのに対して、商法特例法による会計監査人の監査は、株主総会に提出される計算
> 書類を対象として行われる事前監査とし、その監査報告書は、株主が定時株主総会
> で決算承認決議を行う際の資料として、総会の招集通知に添付して株主に送付する
> こととした。昭和56年改正では、貸借対照表・損益計算書については、会計監査人
> と監査役の適法意見があれば取締役会の承認かぎりで確定することができるとし、
> 両者の適法意見が得られないと原則に戻って総会の承認を必要とすることとして、
> 会計監査人と監査役の監査が会社の経理の健全化に資することを法は期待した。こ
> の考え方は、会社法に引き継がれている。

1．監査役

(1)　資格と選任等　　前述した〔233頁参照〕。

(2)　権限　（ア）業務監査　（i）原則　　監査役は、取締役（および会
計参与）の職務の執行を監査する機関である (381Ⅰ前段)。したがって、その職
務と権限は、会計の監査を含む会社の業務全般の監査に及ぶ（会計監査を除い
た部分を「業務監査」と呼ぶこともある）。監査役の場合、その権限に属する事項
は原則として義務でもある。監査とは、業務執行の法令・定款違反または著

しい不当性の有無をチェックし指摘することであって、取締役の裁量的判断一般の当否をチェックすることは含まれない[*1)]。なお、数人の監査役がいる場合であっても、各自が独立して監査権限を行使し〔独任制〕、監査役会が置かれる場合であってもこの原則に変わりはない。なお、会計監査〔計算書類等の監査〕については、後述する〔319頁参照〕。

　　＊1）　**適法性監査と妥当性監査**　　監査役が取締役の職務執行が法令・定款に適合しているかどうかを監査すること〔適法性監査〕は当然であるが、その妥当性についての監査〔妥当性監査〕ができるかについては争いがある。誰が見ても不当と認められるような場合は「著しく不当」(382参照)として監査の対象となるが、そうでない場合には、業務執行の裁量を監査することは適切とはいえず、その意味では妥当性監査は監査役の権限に属さないと一般に解されている。ただし、監査役は取締役の善管注意義務の違反の有無は監査するわけであるから、実際問題としては、妥当性にかかわる事項についても監査権限を有することとほとんど変わりはない。

　(ii)　**非公開会社における例外**　　非公開会社（監査役会設置会社と会計監査人設置会社を除く）では、定款で、監査役の監査権限の範囲を会計監査に限定することが認められる（389Ⅰ。登記は911Ⅲ⑰イ）。その場合には、次の(イ)(ウ)(エ)は、会計に関する事項に限定され、また、(3)(ア)(イ)(ウ)の義務も負わず、(4)(ア)(イ)の適用もない[*2)]（389Ⅱ―Ⅶ・規則107・108）〔(5)(ア)(イ)の適用はある〕。

　なお、会社法においては、「監査役設置会社」には、監査役の監査の範囲を会計に関するものに限定する定款の定めがある会社は含まれないので（2⑨）、注意が必要である。

　　＊2）　**監査役設置会社以外の会社における監査権限**　　監査役設置会社以外の会社〔監査役の監査範囲が会計に限定されている会社を含む〕においては、監査役が有すべき監督是正権は、株主に与えられる（357ⅠⅡ・360ⅠⅡ・367等）〔監査等委員会設置会社と指名委員会等設置会社は別〕。

　(イ)　**監査報告**　　監査役は、(ア)の監査について、法務省令で定めるところにより、監査報告を作成しなければならない（381Ⅰ後段・規則105・計算規則122・127）。

　(ウ)　**調査権**　　監査役は、いつでも、取締役・会計参与・支配人その他の使用人に対して、事業の報告を求め、また、みずから会社の業務および財産の調査をする権限を有する（381Ⅱ）。

（エ）　**子会社調査権**　　監査役は、その職務を行うため必要があるときは、子会社に対して事業の報告を求め、または子会社の業務および財産の状況の調査をすることができるが、子会社は、正当な理由があるときは、報告または調査を拒むことができる（381Ⅲ・Ⅳ）。

（3）　**義務**　　監査役は、職務を行うについて会社に対して善管注意義務を負う（330・民644）〔監査役の責任を認めた事例として、名古屋高判平成23・8・25判時2162-136、大阪地判平成25・12・26判時2220-109＋大阪高判平成27・5・21判時2279-96〈百選A31〉〈商判Ⅰ-130〉。農業協同組合の監事の責任を認めた事例として、最判平成21・3・31民集63-3-472〈百選A24〉〈商判Ⅰ-148〉、最判平成21・11・27判時2067-136、最判令和3・7・19金融商事1629-8（監査の範囲が会計に関するものに限定されている監査役は、計算書類等の監査を行うに当たり、計算書類等に表示された情報が会計帳簿の内容に合致していることを確認しさえすれば常にその任務を尽くしたといえるものではない）〕。このほか、次のような特別の規定がある。

（ア）　**不正行為の報告**　　監査役は、その職務を行うに際して取締役の職務の執行に関し不正の行為または法令・定款に違反する事実・著しく不当な事実を発見したときは、遅滞なく、これを取締役会〔非取締役会設置会社では取締役〕に報告しなければならない（382）。

（イ）　**取締役会への出席**　　監査役は、取締役会に出席する義務を負い、必要があると認めるときは、意見を述べなければならない（383Ⅰ本文）。例外として、特別取締役による取締役会（373Ⅰ参照）には全員出席する必要はなく、互選により出席する監査役を定めてもよい（383Ⅰただし書）。

　　必要があると認めるときは、招集権者に対して取締役会の招集を求め、招集されないときはみずから招集することもできる（383Ⅱ・Ⅲ。なおⅣ）。

（ウ）　**株主総会への報告**　　監査役は、取締役が株主総会に提出しようとする議案・書類その他法務省令で定めるもの（規則106）を調査する義務を負い、法令・定款違反または著しく不当な事項があると認めるときは、その調査の結果を株主総会に報告する義務を負う（384）。

（4）　**差止請求および会社代表**　　（ア）　**差止請求**　　監査役は、取締役が会社の目的の範囲外の行為その他法令・定款違反の行為をし、またはこれらの行為をするおそれがある場合において、その行為によって会社に著しい損害が生じるおそれがあるときは、その取締役に対し、その行為の差止め〔法

文上は「やめること」〕を請求することができる (385 I)。裁判所が仮処分を命じるときでも担保を立てなくてよい (385 II)〔監査役が臨時株主総会開催禁止の仮処分を申し立て、認容された事例として、東京地決平成20・12・3 資料版商事法務299-337〈商判 I -76〉、少数株主が招集した臨時株主総会の開催禁止の仮処分を監査役が申し立てたが認められなかった事例として、東京高決令和2・11・2金融商事1607-38〕。

（イ）　会社代表　　次の場合には、監査役が会社を代表する。

①取締役（取締役であった者を含む）・会社間の訴訟等、②取締役の責任を追及する訴えの提起の請求〔株主代表訴訟の前段階の請求〕、③株主代表訴訟の訴訟告知・通知および和解に関する通知・催告を受けること (386 I・II)〔①②は意思決定も監査役がする〕〔令和元年改正につき後述305頁＊5)〕。

(5)　報酬等　　**（ア）　報酬**　　監査役の報酬等（＝報酬、賞与その他の職務執行の対価として会社から受ける財産上の利益）は、定款または株主総会の決議で決定する (387 I)。なお、監査役が2人以上ある場合で各監査役の報酬等について定款の定めまたは株主総会決議がないときは、その報酬等は、定款または総会決議で定めた範囲内において、監査役の協議によって定める (387 II) （千葉地判令和3・1・28金融商事1619-43)。また、監査役は、株主総会において、監査役の報酬等について意見を述べることができる (387 III)。

（イ）　費用等の会社への請求　　監査役は、その職務の執行について会社に対して①費用の前払、②支出した費用および支出の日以後におけるその利息の償還、③負担した債務の債権者に対する弁済（債務が弁済期にない場合は、相当の担保の提供）を請求でき、会社は、その請求に関する費用または債務がその監査役の職務の執行に必要でないことを証明した場合を除き、これを拒むことができない (388)。

2．監査役会

監査等委員会設置会社・指名委員会等設置会社以外の大会社で公開会社である会社は監査役会を置かなければならない〔それ以外の会社（監査等委員会設置会社・指名委員会等設置会社を除く）では設置は任意〕(328 I)。監査役会設置会社 (2⑩) では、監査役は3人以上で、かつ、その半数以上〔過半数ではない〕は社外監査役 (2⑯) でなければならない (335 III)。

(1)　**権限等**　　監査役会は、すべての監査役で組織し、次の業務を行う (390 Ⅰ・Ⅱ)。①監査報告の作成（規則105・計算規則123・128）、②常勤の監査役の選定および解職、③監査の方針、監査役会設置会社の業務および財産の状況の調査の方法その他の監査役の職務の執行に関する事項の決定。なお、③の決定は、個々の監査役の権限の行使を妨げることはできない〔独任制〕。また、②については、監査役会は、少なくとも1人は常勤の監査役を選定しなければならない^{*1)}（390Ⅲ）。

監査役は、監査役会の求めがあるときは、いつでもその職務の執行の状況を監査役会に報告しなければならない（390Ⅳ）。

なお、取締役・会計参与・監査役または会計監査人が監査役の全員に対して監査役会に報告すべき事項を通知したときは、その事項を監査役会に報告する必要はない（395）。

　　＊1）　常勤監査役　　会社法は「常勤」概念を定義していない。フル・タイムという意味と思われる。複数の会社の常勤監査役を兼務する例があり、これを認める学説が多いが、常勤をフル・タイムの意味と解すると、疑問の余地がある。なお、そもそも取締役も監査役もその職務の必要に応じて働くべき存在であって、立法論としては、会社法が常勤性を要求するようなことはやめたほうがよいように思われる（取締役については現行法は常勤性を要求していない）。

(2)　**監査役会の運営**　　（ア）　**招集**　　監査役会は常設の機関ではなく、必要に応じて開催される。原則として招集権者が個々の監査役に通知して招集するが（392 Ⅰ）、その全員が同意すれば招集手続なしで開催できる（392Ⅱ）。したがって、あらかじめ監査役全員の同意で定めた定例日に開催する場合には、そのつどの招集手続は不要である。招集権は、原則として個々の監査役にある（391）。

なお、招集の通知（書面でも口頭でもよい）は、1週間前までに発しなければならないが（392 Ⅰ〔定款で短縮可〕）、通知に議題等を示す必要はない〔取締役会と同様〕（株主総会に関する299Ⅳ・298 Ⅰ と対照的）。監査に関するさまざまな事項が付議されることは当然予想されるべきであるからである。

（イ）　**決議**　　監査役会の決議は、監査役の過半数で決定する（393 Ⅰ）〔定足数に関する規定はない〕。

取締役会の場合と同様、監査役は個人的信頼に基づき選任され「1人1議決権」が認められるので、他人に委任して議決権を代理行使することは認められない。

なお、監査役会の決議に手続または内容上の瑕疵がある場合には、一般原則により決議は無効となる。

（ウ） 議事録 監査役会の議事については、法務省令で定めるところにより、議事録を作成し、出席した監査役は署名または記名押印する〔電磁的記録も可〕（393Ⅱ・Ⅲ・規則109）。議事録は、10年間本店に備え置く^{*2)}〔電磁的記録も可〕（394Ⅰ）。

> **＊2） 監査役会の議事録** ①株主は、その権利を行使するため必要があるときは、裁判所の許可を得て、議事録の閲覧・謄写を請求することができ、②会社債権者は、役員の責任追及のため必要があるときは、裁判所の許可を得て、議事録の閲覧・謄写を請求することができ、③親会社社員〔＝親会社の株主など（31Ⅲ）〕は、その権利を行使するため必要があるときは、裁判所の許可を得て、議事録の閲覧・謄写を請求することができる（394Ⅱ・Ⅲ）。この場合、裁判所は、閲覧または謄写をすることにより、会社・その親会社・その子会社に著しい損害を及ぼすおそれがあると認めるときは、許可をすることができない（394Ⅳ）。
>
> なお、決議に反対した監査役は議事録に異議をとどめておかないと決議に賛成したものと推定され、不利益を受けるおそれがある（393Ⅳ）。

7 会計監査人

会計監査人は、計算書類等の監査（会計監査）をする者である。大会社と監査等委員会設置会社・指名委員会等設置会社は会計監査人を置かなければならないが（327Ⅴ・328Ⅱ）、それ以外の会社では、その設置は会社の任意である。

（1） 資格と選任等 前述した〔234頁参照〕。

（2） 権限 （ア） 計算書類等の監査 会計監査人は、会社の計算書類（435Ⅱ）およびその附属明細書、臨時計算書類（441Ⅰ）・連結計算書類（444Ⅰ）を監査する（396Ⅰ前段）。

（イ） 会計監査報告 会計監査人は、計算書類等の監査について、法務省令で定めるところにより、会計監査報告を作成しなければならない（396Ⅰ

後段・規則110・計算規則126)。

（**ウ**）　**会計帳簿の閲覧等**　　会計監査人は、いつでも、①会計帳簿または
これに関する資料の閲覧・謄写をし、②取締役〔指名委員会等設置会社では執行
役・取締役〕・会計参与・支配人その他の使用人に対して会計に関する報告を
求めることができる（396Ⅱ・Ⅵ）。

（**エ**）　**子会社調査権**　　会計監査人は、その職務を行うため必要があると
きは、子会社に対して会計に関する報告を求め、また、会社またはその子会
社の業務および財産の状況の調査をすることができるが、子会社は、正当な
理由があるときは、報告または調査を拒むことができる（396Ⅲ・Ⅳ）。

（**オ**）　**その他**　　会計監査人は、その職務を行うに当たっては、欠格事由
のある者を使用することはできない（396Ⅴ）。

（3）　**義務・報酬等**　　会計監査人は、職務を行うについて会社に対して善
管注意義務を負う[1]（330・民644）。このほか、次のような特別の規定がある。

（**ア**）　**不正行為の報告**　　会計監査人は、その職務を行うに際して取締役
の職務の執行に関し不正の行為または法令・定款に違反する重大な事実があ
ることを発見したときは、遅滞なく、これを監査役〔監査役会設置会社では監査
役会〕に報告しなければならない[2]（397Ⅰ・Ⅲ。なお金商193の3）。監査役は、その
職務を行うため必要があるときは、会計監査人に対し、その監査に関する報
告を求めることができる[3]（397Ⅱ）。

（**イ**）　**定時株主総会での意見陳述**　　①(2)(ア)の書類〔計算書類等〕が法令
または定款に適合するかどうかについて会計監査人が監査役と意見を異にす
るときは、会計監査人〔監査法人である場合はその職務を行うべき社員〕は、定時
株主総会に出席して意見を述べることができる[4]（398Ⅰ）。
②定時株主総会において会計監査人の出席を求める決議があったときは、
会計監査人は定時株主総会に出席して意見を述べなければならない（398Ⅱ）。

（**ウ**）　**会計監査人の報酬等**　　会計監査人の報酬等は会社が定めるが、取
締役は、会計監査人（一時会計監査人の職務を行うべき者を含む）の報酬等を定め
る場合には、監査役（監査役が2人以上ある場合はその過半数）の同意を得なけれ
ばならない[5]（399Ⅰ）。

　　＊1）　**監査人の注意義務**　　財務諸表監査についてであるが、ある判例は、「会計監

査の目的は、第一次的には会社の財務諸表が適法かつ適正に作成されているかを審査することにある。粉飾決算の発見は、財務諸表に虚偽の記載があると疑いがもたれる場合には監査の対象となるものであるから、副次的な目的であるとはいえる。しかし、監査人としては、被監査会社の監査上の危険を正確に検証し、財務諸表に不自然な兆候が現れた場合は、不正のおそれも視野に入れて、慎重な監査を行うべきである」と述べる（大阪地判平成20・4・18判時2007-104〈百選71〉〈商判Ⅰ-162〉）〔粉飾決算を見逃した大手監査法人に監査契約上の債務不履行を理由として会社に対する損害賠償責任を認めた事例（過失相殺8割）〕。なお、金融商品取引法に基づく責任を認めた事例として、東京高判平成30・3・19判時2374-56。内部統制の有効性の評価等を引き受けた監査法人の義務につき、東京地判令和2・6・1金融商事1604-42。日本公認会計士協会の上場会社監査事務所名簿への登録を認めない旨の決定につき、最判令和2・11・27判時2487-28。財務諸表監査に関する最近の動向について、199頁参照。

＊2）　**不正行為報告の特則**　　監査等委員会設置会社では、報告先は監査等委員会となり、指名委員会等設置会社では、執行役・取締役の職務執行についてであり、報告先は監査委員会となる（397Ⅳ・Ⅴ）。

＊3）　**報告徴求の特則**　　会計監査人に報告を求める権限を有するのは、監査等委員会設置会社では監査等委員会が選定した監査等委員となり、指名委員会等設置会社では監査委員会が選定した監査委員会の委員となる（397Ⅳ・Ⅴ）。

＊4）　**意見陳述の特則**　　①については、監査役会設置会社では「監査役」は「監査役会または監査役」、監査等委員会設置会社では「監査役」は「監査等委員会または監査等委員」となり、指名委員会等設置会社では「監査役」は「監査委員会またはその委員」となる（398Ⅲ・Ⅳ・Ⅴ）。

＊5）　**会計監査人の報酬等についての同意の特則**　　監査役会設置会社では監査役会、監査等委員会設置会社では監査等委員会、指名委員会等設置会社では監査委員会の同意となる（399Ⅱ・Ⅲ・Ⅳ）。

8　監査等委員会設置会社

1．概　　要

「監査等委員会設置会社」制度は、平成26年改正で新しく導入された制度である。取締役会と会計監査人を置く会社は、定款に定めることにより監査

等委員会設置会社となることを選択することができる（なお、そのような会社は指名委員会等設置会社〔*9*参照〕となることを選択することもできる）。監査等委員会設置会社は、監査役は存在しない一方、監査等委員会が取締役会に置かれ、そのメンバー（監査等委員）の過半数は社外取締役でなければならない。監査等委員会設置会社になることにより、監査役設置会社・監査役会設置会社における監査役・監査役会の役割（監査）のすべてと取締役会の役割（監督）の一部を監査等委員会に一元化することができる〔監査等委員以外の取締役の任期は1年、監査等委員である取締役の任期は2年〕。他方、一定の条件のもと（＝取締役会の過半数が社外取締役である場合または定款で定めた場合）で業務執行の決定権限を取締役会から取締役に大幅に委任することが認められ（委任できる事項は指名委員会等設置会社で取締役会から執行役に委任できる事項と同じ）、これをすれば執行と監督を分離することによりいわゆるモニタリング・モデル〔200頁＊2）参照〕を実現することができる。このような監査等委員会設置会社を選択するかどうかは、会社の任意である。大会社かつ公開会社は、監査役会設置会社・監査等委員会設置会社・指名委員会等設置会社の3つの選択肢があるということになる〔197頁**図表13**参照〕。会社法がこのような機関設計の選択制を認めたのは、ガバナンスの仕組みとして何がベストであるかは必ずしも明確ではなく、複数の仕組みのいずれもが制度としての合理性があると考え、その選択を各会社の判断にゆだねることとしたためである。＊1）

> ＊1）　**監査等委員会設置会社**　監査等委員会設置会社に関する日本の制度は、諸外国の法制を参考にしているものの、同一ではなく、ユニークな制度となっている。なお、社外取締役にガバナンス機能を期待する法制は、近年の諸外国の法制の潮流である。

2．監査等委員会設置会社の選択

(1)　**定款の定め**　監査等委員会設置会社（2⑪の2）となるためには、その旨を定款で定めなければならない（326Ⅱ。登記につき、911Ⅲ㉒）。

(2)　**必要な機関**　監査等委員会設置会社は、監査等委員会を置かなければならず（2⑪の2）、他方、監査役を置くことはできない（327Ⅳ）。なお、取締役会と会計監査人を置く必要がある（327ⅠⅣ）。

3．取締役・取締役会・監査等委員会

（1） **取締役の選任・資格・任期・報酬等** ①株主総会において監査等委員となる取締役とそれ以外の取締役とを別々に選任しなければならない（329Ⅱ）。②監査等委員となる取締役は、監査等委員会設置会社またはその子会社の業務執行取締役・支配人その他の使用人・当該子会社の会計参与（法人であるときは、その職務を行うべき社員）・執行役を兼ねることはできない（331Ⅲ）。③任期は、監査等委員となる取締役は2年〔選任後2年以内の最終の事業年度に関する定時株主総会の終結の時まで〕であり〔定款・総会決議で短縮不可〕、監査等委員以外の取締役は1年〔選任後1年以内の最終の事業年度に関する定時株主総会の終結の時まで〕である（332ⅠⅢⅣ。なおⅤⅥ）。④監査等委員となる取締役は、3人以上で、その過半数は社外取締役でなければならない（331Ⅵ）。⑤報酬等（361）〔267頁＊11）参照〕。

（2） **取締役会の権限** 監査等委員会設置会社における取締役会の権限は、原則としては、大会社で監査役会設置会社である会社における取締役会の権限と同様である（399の13Ⅰ―Ⅳ・規則110の4・110の5）。しかしながら、①取締役の過半数が社外取締役である場合には、取締役会決議により、法定の基本事項を除いて（＝399の13Ⅴただし書に列挙されている〔指名委員会等設置会社における416Ⅳただし書列挙事項と同じ〕）、重要な業務執行の決定を取締役に委任することができる（399の13Ⅴ）。また、②取締役会の決議により重要な業務執行（399の13Ⅴただし書列挙事項を除く）の決定の全部または一部を取締役に委任することができる旨を定款で定めることができる（399の13Ⅵ）。実務では、②の定款の定めを置く会社が多い。

なお、取締役会の招集について、招集権者の定めがある場合であっても、監査等委員会が選定する監査等委員は取締役会を招集することができる（399の14）。

＊1） **取締役会の権限** 399条の13に定められている。㋐次の事項その他会社の業務執行の決定（同条Ⅰ）。①経営の基本方針、②監査等委員会の職務の執行のため必要なものとして法務省令（規則110の4Ⅰ）で定める事項、③取締役の職務の執行が法令および定款に適合することを確保するための体制その他株式会社の業務なら

びに当該株式会社およびその子会社から成る企業集団の業務の適正を確保するために必要なものとして法務省令（規則110の4Ⅱ）で定める体制〔業務適正確保体制・会社法上の内部統制システム〕の整備。(イ)取締役の職務の執行の監督。(ウ)代表取締役の選定および解職。

　(ウ)の代表取締役は、監査等委員でない取締役のなかから取締役会が選定する（同条Ⅲ）。

　(ア)の業務執行の決定については、まず、上記の①②③は、取締役会で必ず決定しなければならない（同条Ⅱ）。次に、同条4項は、次の事項その他の「重要な業務執行」を取締役会の決定事項としている〔362Ⅳとほぼ同じ〕。①重要な財産の処分および譲受け、②多額の借財、③支配人その他の重要な使用人の選任および解任、④支店その他の重要な組織の設置、変更および廃止、⑤社債の募集（676の事項その他の社債を引き受ける者の募集に関する重要な事項として法務省令で定める事項）〔規則110条の5〕、⑥定款規定に基づく取締役等の責任の一部免除（426Ⅰ参照）。ただし、これらの399条の13第4項の事項は、本文で述べた要件がみたされているときは、基本事項（＝同条Ⅴただし書に列挙されている事項）を除いて、その決定権限を取締役に委任することが認められる（同条Ⅴ・Ⅵ）。

　(3)　監査等委員会　　(ア)　権限　　監査等委員会は、監査等委員となる取締役として株主総会で選任された者全員で組織し（399の2ⅠⅡ）〔その過半数は社外取締役でなければならない（331Ⅵ）〕、次の職務を行う（399の2Ⅲ）。①取締役（会計参与設置会社では、取締役および会計参与）の職務の執行の監査および監査報告の作成。②株主総会に提出する会計監査人の選任・解任・会計監査人を再任しないことに関する議案の内容の決定。③342条の2第4項（監査等委員以外の取締役の選任等）および361条6項（監査等委員以外の取締役の報酬等）に規定する監査等委員会の意見の決定。

　監査等委員会の権限を取締役会の権限とすることはできない。

　監査等委員会は、監査役設置会社・監査役会設置会社の監査役・監査役会の権限に相当する権限を有するほか、いわゆる妥当性監査の権限も有する。これに応じて、会社法は詳細な規定を設けている（399の2Ⅳ〔費用請求〕、399の3〔調査権〕、399の4〔取締役会への報告義務〕、399の5・規則110の2〔株主総会への報告義務〕、399の6〔取締役の行為の差止め〕、399の7〔取締役と会社間の訴訟における会社の代表等〕）。なお、計算書類の作成・監査等については、監査役設置会社・監査役会設置会社の監査役・監査役会に代わって監査等委員会が決算監査を行うことになる

（436以下。連結計算書類につき444）。

　これらの監査等委員会および監査等委員の権限は、指名委員会等設置会社の監査委員会および監査委員の権限とほぼ同様である^{＊2）}。

（イ）　運営　　招集権者、招集手続等、決議、議事録など（399の 8 ―399の12・規則110の 3 ）。

（ウ）　利益相反取引（取締役・会社間の取引）**についての任務懈怠の推定の排除**

　監査等委員会設置会社では、監査等委員以外の取締役が利益相反取引をする場合にその取引につき監査等委員会の承認を受けたときは、任務懈怠の推定（423Ⅲ）は適用されない（423Ⅳ）。

　　＊2)　監査等委員会の特徴　　監査等委員会設置会社では、監査役会設置会社が監査役の独任制をとっていることと異なり、監査は監査等委員会という組織で行うということを想定している。このため、この点に関し、監査等委員会設置会社については監査役会設置会社とは異なる規律が設けられている（監査役会設置会社と異なり、会社法399条の 2 第 2 項は個々の監査等委員ではなく監査等委員会の職務と規定し、常勤の監査等委員を置くことは要求されない等）。また、監査等委員会は会議体として規定されており、たとえば、監査役会と異なり（393Ⅰ）、定足数の規定がある（399の10Ⅰ）。しかしながら、他方において、監査役会設置会社の規律をほぼそのまま引き継いだと思われる規律が少なくない。たとえば、監査等委員会の議事録については取締役の閲覧・謄写権がなく（399の11）、監査等委員会の招集機関の短縮は取締役会決議でなく定款の定めによる（399の 9 Ⅰ）。また、監査等委員会の職務執行の状況を取締役会の報告する義務はない。これらは、指名委員会等設置会社の監査委員会と異なる。

　　　会社法に監査等委員会がその職務の執行の状況を取締役会に報告する義務の規定がない点は監査役会と同じであるが、任意にそのような報告をすることが認められるかという問題がある。監査等委員会がその判断によって、適宜にあるいは監査等委員会の運営規則等で一定時期を定めて、取締役会に報告をするということはさしつかえないと解すべきである。なお、妥当性監査ないし監督は取締役会と監査等委員会との双方が権限を有するため、妥当性監査ないし監督に関する監査等委員会の活動については、取締役会のほうからその報告を求め、監査等委員会がこれを承諾することによってそのような報告が取締役会にされるということも認められると解すべきである。

　　　指名委員会等設置会社では、会社法上、取締役と執行役とが制度的に分離され、取締役会の職務は監督なので、監査委員会と取締役会は共同ないし連携して妥当性

監査ないし監督を行うことが期待されているといえる。これに対して、監査等委員会設置会社では、制度の建付けとしては、上述のように監査等委員会は監査役会制度を多くの点で引き継いでおり、取締役会と監査等委員会とが別々の機関と位置づけられている（制度上は監査等委員会の取締役会からの独立性が確保されている）。このため、妥当性監査ないし監督を取締役会と監査等委員会のどちらが担当すべきかという問題が生じる。なお、伝統的な監査役会設置会社においても、程度の差はあるが、理屈のうえでは同様の問題が生じうる。

9　指名委員会等設置会社

1.　概　　要

「指名委員会等設置会社」制度は、平成14年改正で導入された制度である（会社法により名称がそれまでの「委員会等設置会社」から「委員会設置会社」に改められ、さらに平成26年改正で「委員会設置会社」から「指名委員会等設置会社」に改められた〔この名称変更について定款変更や変更登記は不要（平成26年改正附則3条）〕）。取締役会と会計監査人を置く会社は、定款に定めることにより指名委員会等設置会社となることを選択することができ、指名委員会等設置会社は、監査・監督の仕組みと業務執行の仕組みについてそれ以外の会社と大きく異なる。具体的には、①取締役会の役割は、基本事項の決定と委員会メンバーおよび執行役の選定・選任等の監督機能が中心となり、指名委員会・監査委員会・報酬委員会の3つの委員会〔指名委員会等＝2⑫〕（社外取締役がメンバーの過半数）が監査・監督の役割を果たす（監査役や監査役会は存在せず、監査委員会がその役割を果たす）、②監督と執行が制度的に分離され、業務執行は執行役が担当し（取締役は原則として業務執行はできない）、会社を代表する者も代表執行役となるほか、業務執行の意思決定も大幅に執行役にゆだねられる（ただし、取締役が執行役を兼ねることは可）〔取締役の任期はつねに1年となり、執行役の任期も1年〕。このような指名委員会等設置会社を選択するかどうかは、会社の任意である。[*1]

＊1）　**指名委員会等設置会社**　日本の制度はアメリカ法を参考にしているが、同一ではなく、多くの点で異なっている。

2．指名委員会等設置会社の選択

⑴　**定款の定め**　　指名委員会等設置会社（2⑫）となるためには、その旨を定款で定めなければならない（326Ⅱ。登記につき、911Ⅲ㉓）。

⑵　**必要な機関**　　指名委員会等設置会社は、次の機関を置かなければならず（2⑫・402Ⅰ）、他方、監査役を置くことはできない（327Ⅳ。なお監査等委員会も置けない。同Ⅵ）。①指名委員会、②監査委員会、③報酬委員会、④執行役。なお、取締役会と会計監査人を置く必要がある（327ⅠⅤ）。

3．取締役・取締役会・3つの委員会

⑴　**取締役の任期と兼任制限**　　取締役の任期は、1年〔選任後1年以内の最終の事業年度に関する定時株主総会の終結の時まで〕である（332Ⅵ）。取締役会の機能は監督権能に特化するのでそのメンバーである取締役は毎年株主総会で信任を受けるべきであると考えられるためである。

　　法令に別段の定めがある場合を除いて、取締役の資格では業務執行をすることはできない（415）。監督と執行を制度的に分離する趣旨である〔後述するように、取締役が執行役を兼任することは認められる〕。

　　また、取締役は、支配人その他の使用人を兼任することは認められない（331Ⅳ）〔会社法で明記された〕。

⑵　**取締役会**　　（ア）　**取締役会の権限**　　取締役会の機能は、監督が中心となるため、取締役会の権限も、原則として、基本事項の決定・委員会メンバーの選定監督・執行役の選任監督等に限定される[*1)]。

　　そして、法の定める基本事項（＝416Ⅳただし書に列挙されている事項）を除いて、業務執行の決定権限を執行役に委任することができる（416Ⅳ）。これを取締役に委任することはできない。募集株式発行等や社債の募集などを含めて業務執行の決定権限のほとんどすべてを執行役に委任することができ、これによりいわゆるモニタリング・モデル〔200頁＊2）参照〕を実現することができる。

　　＊1）　**取締役会の権限**　　416条1項に定められている。その職務の執行を取締役に委任することはできない（416Ⅲ）。また、次の事項は、取締役会で必ず決定しなければならない（416Ⅰ①・Ⅱ）。①経営の基本方針、②監査委員会の職務の執行のた

め必要なものとして法務省令（規則112 I）で定める事項、③執行役が 2 人以上ある場合における執行役の職務の分掌および指揮命令の関係その他の執行役相互の関係に関する事項、④執行役から取締役会の招集の請求を受ける取締役、⑤執行役の職務の執行が法令および定款に適合することを確保するための体制その他株式会社の業務ならびに当該株式会社およびその子会社から成る企業集団の業務の適正を確保するために必要なものとして法務省令（規則112 II）で定める体制〔業務適正確保体制・会社法上の内部統制システム〕の整備。

（イ）　取締役会の招集・取締役会への報告等　　指名委員会等がその委員の中から選定する者は、つねに取締役会を招集することができる（417 I）。また、すべての執行役は取締役に対し、取締役会の目的事項を示して、取締役会の招集を請求することができ、一定の要件のもとで、招集がされないときは、みずから招集することができる（417 II）。

委員会がその委員の中から選定する者は、遅滞なく、その委員会の職務の執行の状況を取締役会に報告しなければならない（417 III）。

執行役は、3 か月に 1 回以上、自己の職務の執行の状況を取締役会に報告しなければならない〔代理人（他の執行役に限る）による報告も可〕（417 IV）。

執行役は、取締役会の要求があったときは、取締役会に出席し、取締役会が求めた事項について説明をしなければならない（417 V）。

(3)　3 つの委員会──指名委員会・監査委員会・報酬委員会　　**（ア）　権限**　　3 つの委員会〔＝指名委員会等（2 12）〕の権限は次のとおり。これらの委員会の権限を取締役会の権限とすることはできない。

①指名委員会（404 I）──株主総会に提出する取締役（および会計参与）の選任・解任に関する議案の内容の決定。

②監査委員会（404 II）──(i)執行役等〔執行役・取締役・会計参与〕の職務の執行の監査および監査報告の作成、(ii)株主総会に提出する会計監査人の選任・解任および会計監査人を再任しないことに関する議案の内容の決定。[*2)]

③報酬委員会（404 III）──執行役等〔上記〕の個人別の報酬等の内容の決定〔361 I・379 I II の適用はなく、定款または株主総会決議は不要〕。執行役が支配人その他の使用人を兼ねているときは、その支配人その他の使用人の報酬等の内容についても、同様。[*3)]

なお、費用等の会社への請求[4]（404Ⅳ）。

（イ） 構成 各委員会は、それぞれ、取締役会決議で選定した委員〔取締役でもある〕3人以上で組織するが、各委員会につき、その過半数は社外取締役でなければならない[5]（400Ⅰ—Ⅲ）。 同じ取締役（社外取締役を含む）が複数の委員会メンバーを兼ねることはできる。なお、監査委員会メンバー（監査委員）は、その会社・子会社の執行役・業務執行取締役、または子会社の会計参与〔法人のときは社員〕・支配人その他の使用人を兼ねることはできない（同Ⅳ）。

> *2) **監査委員会** 監査委員会は、監査役設置会社・監査役会設置会社の監査役・監査役会の権限に相当する権限を有するほか、いわゆる妥当性監査の権限も有する。これに応じて、会社法は詳細な規定を設けている（405—407・408〔執行役または取締役と会社間の訴訟における会社の代表〕）。なお、計算書類の監査については、監査役設置会社・監査役会設置会社の監査役・監査役会に代わって監査委員会が決算監査を行うことになる（436以下。連結計算書類につき444）。
>
> *3) **報酬委員会** 報酬委員会は、執行役等が受ける個人別の報酬の内容の決定に関する方針を定めたうえで、それに従って各報酬を決定する（409ⅠⅡ。なお、Ⅲに注意）。
>
> *4) **各委員会の運営** 委員会は取締役・執行役に委員会への出席・必要事項の説明を求め、選定された委員は取締役会の招集権限を有し、委員会の費用等は会社に請求できる一方で、選定された委員はその委員会の職務の執行の状況を取締役会に遅滞なく報告しなければならず、また、取締役会はすべての委員会の議事録の閲覧・謄写ができる（411Ⅲ・417Ⅰ—Ⅲ・413Ⅱ）。なお、委員会は各委員が招集するが、その運営は監査役設置会社・監査役会設置会社の取締役会とほぼ同様である（410—414・規則111）。
>
> *5) **委員の解職権** 各委員会の委員の解職権は取締役会にある（401）。

4．執行役および代表執行役

(1) 権限・選任等 ①執行役は、会社との関係は委任関係であり（402Ⅲ）、(ⅰ)取締役会決議により委任された業務執行の決定をし〔その範囲は広汎である（3．(2)(ア)参照）〕、(ⅱ)業務執行をする（418）〔対外的代表権は(2)の代表執行役だけが有する〕。②選任は、取締役会決議で行う（402Ⅰ・Ⅱ）〔欠格事由は取締役と同じ（402Ⅳ。なおⅤ）〕。執行役は取締役である必要はないが、取締役が執行役を兼任する

ことは認められる (同Ⅵ)。任期は1年〔選任後1年以内の最終の事業年度に関する定時総会が終結した後最初に開催される取締役会の終結の時まで (同Ⅶ。なおⅧ)〕。いつでも取締役会決議で解任されうる (403)〔執行役の取締役会に対する報告義務等について、417Ⅳ・Ⅴ〕。執行役が複数いる場合に、取締役会から委任された業務執行の決定をし、実行をするために、執行役会とでもいうべき会議体を設けて対応することはさしつかえない。

　なお、執行役は、会社に著しい損害を及ぼすおそれのある事実を発見したときは、直ちに、その事実を監査委員に報告しなければならない (419)。

　(2) 代表執行役　　執行役が1人の場合は法律上当然にその者が代表執行役になるが、執行役が複数いる場合には取締役会決議で代表執行役を選定する (420Ⅰ。なお、Ⅱ〔解職権〕)。一般の会社の代表取締役と同様、表見代表執行役 (421)の規定があるほか、代表権の範囲などについて一般の会社の代表取締役に関する規定が準用される (420Ⅲ)〔法文上は指名委員会等設置会社に354の適用もあるが、立法論としては再考に値する〕。

　また、株主による執行役の行為の差止請求権が認められるが (422)、これは取締役の行為の場合と同様である〔309頁参照〕。

10　非取締役会設置会社

　公開会社・監査役会設置会社・監査等委員会設置会社・指名委員会等設置会社のいずれにも該当しない会社は、取締役会を設置しないことが認められる (327Ⅰ参照)。このような非取締役会設置会社について、会社法は、平成17年廃止前の有限会社法の規律をおおむね引き継いでいる。

　(1) 業務執行と代表　　すでに述べたように、①各取締役が業務を執行するのが原則であるが〔定款で別段の定め可〕(348Ⅰ)、業務執行の決定については、取締役が2人以上いる場合は、定款で別段の定めをした場合を除いて、過半数で業務執行を決定する (348Ⅱ)。ただし、支配人の選任・解任その他348条3項に定める事項の決定は、各取締役に委任することはできない (348Ⅲ・規則98)。また、大会社では、リスク管理体制〔業務適正確保体制・会社法上の内部統制システム〕の整備については決定が義務づけられる (348Ⅳ)。②各取締役が

単独で会社を代表するのが原則であるが〔全員が代表取締役であることになる〕、代表取締役その他会社を代表する者を定めることができ、その場合は、その者が会社を代表する (349Ⅰ・Ⅱ)。代表取締役を定める場合は、定款・定款の定めに基づく取締役の互選または株主総会の決議によって、取締役の中から代表取締役を定める (349Ⅲ)。③会社・取締役間の訴訟において会社を代表する者は、株主総会で定める (353)〔ただし、監査役設置会社では監査役が代表する (386)〕。④取締役の任期は、2年が原則であるが、非公開会社で監査等委員会設置会社・指名委員会等設置会社でない場合は、定款により10年まで伸長できる (332Ⅱ)〔監査役を置いた場合の任期の伸長も同様 (336Ⅱ)〕。⑤取締役が競業取引や利益相反取引をする場合には、重要な事実を開示した上で株主総会の承認を受けなければならない (356Ⅰ)。

(2) **監査・監督**　①非公開会社では、監査役の設置は任意である。ただし、会計監査人を置く場合には監査役も置かなければならない (327Ⅲ)。なお、監査役会を置くことはできない (327Ⅰ②)。②非公開会社 (監査役会設置会社と会計監査人設置会社を除く) は、取締役会の設置の有無にかかわらず、定款で定めれば、監査役の監査の範囲を会計事項に限定することができる (389Ⅰ。なおⅡ以下。登記は911Ⅲ⑰イ)。③監査役が置かれない場合には、株主による監督是正権が強化される〔取締役会の株主への報告義務 (357Ⅰ)、株主の差止請求権 (360Ⅰ—Ⅲ) 参照〕。

11　役員等の損害賠償責任

1．役員等の会社に対する損害賠償責任

役員 (取締役・会計参与・監査役)・執行役・会計監査人〔すべて含めて「役員等」という〕は会社に対して委任または準委任の関係に立ち (330)、善管注意義務 (民644) を負い、また、取締役は会社に対して忠実義務 (355) を負うので、具体的な法律または定款の規定に違反した場合はもちろん、一般的な善管注意義務または忠実義務に違反して会社に損害を与えたときは、民法上の債務不履行の一般原則 (民415) によって会社に対して損害賠償責任を負うことに

なるはずである。にもかかわらず、取締役については、平成17年改正前商法
266条という規定が設けられてきた〔この条文は昭和25年改正で導入され、その後
改正を経て会社法制定まで維持された〕。その理由は、上記の一般原則では不十分
であると法は考えたからである。

　会社法は、平成17年改正前商法266条の責任を含めて、規律の大幅な整理
と改正をした〔株主代表訴訟の対象となる（847Ⅰ）〕。

　(1)　**任務懈怠**　　**(ア)　責任の内容**　　役員等（＝役員〔取締役・会計参与・
監査役〕・執行役・会計監査人）は、その任務を怠ったときは、会社に対し、こ
れによって生じた損害を賠償する責任を負う（423Ⅰ）（*1）2）3）4）〔取締役については、平成
17年改正前商法266Ⅰ⑤（法令・定款違反の行為をした場合）を引き継ぎ、昭和25年改正
前の規定ぶりに戻した規定で、指名委員会等設置会社では平成14年改正ですでにこのよう
な規定ぶりになっていた〕。

　(イ)　損害額の推定　　取締役・執行役が会社法356条1項（365Ⅰに注意）・
419条2項に違反して競業取引（356Ⅰ①）をした場合には、それにより取締
役・執行役が得た利益の額は会社に生じた損害の額と推定される（423Ⅱ）〔平
成17年改正前商法266Ⅳを引き継いだ規定。258頁＊5）③参照〕。

　(ウ)　任務懈怠の推定　　取締役・執行役が利益相反取引（356Ⅰ②③）をし
た場合は、〔356Ⅰ・419Ⅱ違反の有無にかかわらず〕次の取締役・執行役について
任務懈怠が推定される（423Ⅲ）〔利益相反取引に関する平成17年改正前商法266Ⅰ④に
ついて改正した規定〕。①356条1項（419Ⅱで準用する場合を含む）の取締役・執行
役（423Ⅲ①）、②会社が利益相反取引をすることを決定した取締役・執行役
（423Ⅲ②）、③利益相反に関する取締役会の承認の決議に賛成した取締役（指名
委員会等設置会社では取締役の利益相反取引の場合に限る）（423Ⅲ③。なお、369Ⅴ）。

　なお、監査等委員会設置会社では、監査等委員でない取締役が利益相反取
引をする場合にその取引につき監査等委員会の承認を受けたときは、任務懈
怠は推定されない（423Ⅳ）。

　(エ)　無過失責任　　自己のために利益相反取引の直接取引をした取締
役・執行役の責任は、無過失責任である（428Ⅰ。後述する一部免除〔軽減〕もできな
い〔428Ⅱ〕）〔平成17年改正前商法266Ⅰ④をほぼ引き継いだ規定であるが、同Ⅰ③と同Ⅵ
は削除された〕。

＊1) 平成17年改正前商法266条の改正 （1） 平成17年改正前商法266条1項は5項目にわけて取締役の会社に対する弁済責任および損害賠償責任について規定を設けていた。①違法配当または違法な中間配当（①）、②利益供与（②）、③他の取締役への金銭の貸付（③）、④利益相反取引（④）、⑤法令または定款違反の行為（⑤）。⑤にいう「法令」には、具体的な職務を定めた規定だけでなく一般的な忠実義務や善管注意義務を定めた規定も含まれるので、取締役が任務を怠った場合の会社に対する責任は⑤の損害賠償責任ですべて尽くされていた。しかし、それ以外に、①から④までは無過失責任を定め（違法配当につき、東京地決平成12・12・8金融法務1600-94）〔ただし、下記(3)参照〕、さらに①から③までの場合は弁済責任額を法定していた〔なお266Ⅳについて下記(2)参照〕。そして、⑤にいう法令とは、会社財産の健全性を確保することを直接または間接の目的とする法令に限られるとする有力な学説があるが、会社を名あて人とし会社の営業に際して遵守すべきすべての法令が含まれると解されていた（最判平成12・7・7民集54-6-1767〈百選47〉〈商判Ⅰ-134〉）。

（2） 以上の平成17年改正前商法266条については、①1号の違法配当の責任は、粉飾決算の場合のように計算書類に虚偽記載があったような場合には、学説では過失責任であると解する見解が多かった（立証責任は取締役が負担する）。取締役に監査役・会計監査人等の判断を信頼することを認めるべきこと〔「信頼の原則」と呼ぶことがある〕を理由とする（また金融商品取引法上の民事責任との均衡も理由とする）。2号から4号までについても行為の当事者以外の取締役に関して同様に解する説があった。②4号の責任は多数決で免除できたが（平成17年改正前商法266Ⅵ）、3号はそれができず、したがって3号は4号の特則であった。③取締役が4号の責任を負う場合、その取締役が平成17年改正前商法265条1項〔利益相反〕の取引をするにつき故意または過失により善管注意義務・忠実義務違反したときには、5号の責任も負うとされていた（5号の責任は多数決で免除できない。最判平成12・10・20民集54-8-2619）。④関連会社に対する債権放棄につき4号の責任を否定した事例がある（大阪地判平成14・1・30判タ1108-248〈商判Ⅰ-113〉）。⑤取締役が5号に基づく責任を負うには、取締役の故意または過失を必要とすると解されていた（最判昭和51・3・23金融商事503-14、前掲最判平成12・7・7。立証責任が債務不履行の一般原則によるのかどうかは明確でない）。⑥平成17年改正前商法266条1項5号違反の場合の賠償責任額について、取締役ごとに寄与度に応じた因果関係の割合的認定等を行って責任額を配分した例がある（東京地判平成8・6・20判時1572-27〈商判Ⅰ-144〉等）。⑦監査役につき取締役とともに善管注意義務違反に基づく責任が認められた事例として、大阪高判平成18・6・9判時1979-115、273頁(3)所掲の判例。

（3） 委員会等設置会社〔当時〕における取締役・執行役については、①上記5号

に対応する責任は任務懈怠責任との表現ぶりで規定され、②違法配当（執行役のみ）と利益相反取引の場合の責任は過失責任とされ（利益供与は委員会等設置会社以外と同じ）、③会社の行為が取締役会決議に基づくときでも一定の場合を除いて決議に賛成した取締役は行為をしたものとみなされず、議事録に異議をとどめなくても決議に賛成したものと推定されないとされていた。

　(4)　会社法は、以上を大幅に整理・統合して、上記の５号を任務懈怠という規定ぶりの規定とし、１号は過失責任化し、２号は利益供与行為をした取締役（執行役も同じ）を除いて過失責任化し、３号は廃止（４号に吸収）して４号も自己のために利益相反取引の直接取引をした取締役（執行役も同じ）を除いて過失責任化し、６項は廃止した。また、266条２項も廃止した（同３項は維持）〔292頁(4)参照〕。

　(5)　取締役の善管注意義務違反に関する判例について、253頁＊１）。監査役に関する判例について、273頁(3)参照。なお、東京高判令和５・１・26（カルテル課徴金の取締役への転嫁）。

＊２）　**法令・定款違反**　会社法は、平成17年改正前商法266条１項５号の表現を任務懈怠の規定に改めたが（423Ⅰ）、法令・定款に違反する行為は、任務懈怠となる〔255頁＊３）参照〕。なお、注＊１）の最判平成12・７・７は、「取締役がその職務遂行に際して会社を名あて人とする法令を遵守することも、取締役の会社に対する職務上の義務に属するというべき」ことを理由とする。しかし、理由は、すべての法令を遵守して経営を行うことが株主の通常の合理的意思ないし期待であることに求められるべきである。

＊３）　**任務懈怠と過失**　423条１項は民法415条の特別規定ということができるが、取締役等の任務は法律上当然に生じることもあるので、任務懈怠と過失とを別の要件としている〔いわゆる２元説〕（任務懈怠があったとしても過失がなければ責任は負わない）〔上記最判平成12・７・７〕。428条１項も「任務を怠ったこと」と「責めに帰することができない事由」を区別している。ただし、善管注意義務違反（会社法上の内部統制システム構築義務違反を含む）の有無を判断する際は、「任務懈怠＋過失」と２段階には考えないで、善管注意義務違反があると判断すると過失の有無は問題にしない（＝過失の有無も善管注意義務違反のなかで判断する）のがこれまでの判例の趨勢であるといえる。

＊４）　**消滅時効・遅延損害金の利率など**　平成29年民法改正前は、平成17年改正前商法266条１項５号に基づく取締役の会社に対する損害賠償債務の消滅時効期間は、商法522条所定の５年ではなく、民法167条１項により10年であり（最判平成20・１・28民集62-1-128）、遅延損害金の利率は民法所定の年５分であり、また、取締役の会社に対する損害賠償債務は、期限の定めのない債務であり、履行の請求を

受けた時に遅滞に陥る（最判平成26・1・30判時2213-123）とされていた。なお、平成29年民法改正により、商法514条（法定利率）と同法522条（消滅時効）は削除され、民事法定利率と民事消滅時効に一本化され、かつ、法定利率は3年ごとに法務省令で定められる変動利率となった（平成29年改正後の民法166—169、404）。

(2)　**利益供与**　　利益供与の場合に利益供与に関与した取締役（執行役も同じ）の責任も同様であるが、利益供与行為をした取締役（執行役も同じ）は無過失責任である（120Ⅳ）〔平成17年改正前商法266Ⅰ②を一部過失責任にして引き継いだ規定〕〔78頁参照〕。

(3)　**剰余金分配**　　分配可能額を超えて剰余金分配がされた場合には、一定の業務執行者等（一定の取締役等）は、分配された額を会社に支払う義務を負うが、無過失を立証したときは、この責任を免れる（462Ⅰ・Ⅱ）〔平成17年改正前商法266Ⅰ①（違法配当の場合）を過失責任にする等して引き継いだ規定〕〔343頁参照〕。

(4)　**責任を負う者**　　上記の責任を負う者は、①任務懈怠等に該当する行為（不作為を含む）をした取締役等自身であるが、②その行為が取締役会の決議に基づいてされた場合には、その決議に賛成した者も、それが任務懈怠に該当するときは、同一の責任を負う。なお、平成17年改正前商法266条2項は、取締役会決議に賛成した取締役は行為をした者とみなしていたが、この規定は、会社法では、過失責任化に合わせて、削除された。ただし、利益相反取引の場合には、決議に賛成した取締役は、任務懈怠が推定される（423Ⅲ③。なおⅣ）。また、決議に参加した取締役は議事録に異議をとどめておかないと決議に賛成したものと推定される（369Ⅴ）。

(5)　**責任の態様**　　(1)について責任を負う取締役等が複数いる場合には連帯責任となる（430）。

2．役員等の責任の免除と軽減

1．で述べた取締役の責任については、昔は厳格な手続のもとでだけそれを免除することが認められたが〔次の(1)〕、株主代表訴訟が多数提起されたことを契機として、平成13年12月改正は、それまでの責任免除制度のほかに、新たに、平成17年改正前商法266条1項5号に基づく責任に限って、一定の

条件のもとでその軽減〔法文上は「一部免除」〕を認める制度を導入した〔次の(2)〕。会社法も、一部改正のうえで、これを役員等の責任の免除・軽減制度として引き継いでいる。平成26年改正で一部改正がされた。

(1) 責任の免除　　総株主（議決権を有しない株主も含む）の同意があれば、1.(1)(2)(3)の役員等の責任を免除することができる (424・120 V・462 III〔会社債権者保護のため免除できるのは分配可能額までの額に限られる〕)。なお、会社に最終完全親会社等がある場合、多重代表訴訟の対象となる特定責任 (847の3 IV) を総株主の同意で免除するには、会社の総株主の同意に加えてその会社の最終完全親会社等の総株主の同意も必要となる (847の3 X)〔平成26年改正〕。

(2) 責任の軽減（一部免除）　　**(ア) 株主総会決議による事後の軽減**　　① 423条1項に基づく役員等の会社に対する責任 (428 I の場合を除く。以下同じ) は、その役員等に「職務を行うにつき善意でかつ重大な過失がないとき」は、賠償責任を負うべき額から次の金額の合計額〔「最低責任限度額」という〕を控除した額を限度として、株主総会の特別決議で、免除することができる (425 I・309 II⑧)〔なお、株主総会とは、多重代表訴訟の対象となる特定責任 (847の3 IV) については、会社の株主総会と最終完全親会社等の株主総会。以下(2)において同じ〕。(i)その役員等がその在職中に会社から職務執行の対価として受け、または受けるべき財産上の利益の1年間当たりの額に相当する額として法務省令で定める方法により算定される額 (規則113) について、④代表取締役・代表執行役の場合は6年分、⓪代表取締役以外の取締役 (業務執行取締役等〔2⑮イ〕に限る)・代表執行役以外の執行役の場合は4年分、⑳ ④⓪以外の取締役・会計参与・監査役・会計監査人の場合は2年分。(ii)その役員等が会社の新株予約権を引き受けた場合 (238条3項の場合〔有利な条件または有利な金額〕に限る) におけるその新株予約権に関する財産上の利益に相当する額として法務省令で定める方法により算定される額 (規則114)。

②取締役〔多重代表訴訟の対象となる特定責任 (847の3 IV) については、対象会社の取締役および最終完全親会社等の取締役〕は、上記のうちで取締役 (監査等委員・監査委員以外)・執行役の責任軽減の議案を株主総会に提出するには、監査役〔監査等委員会設置会社では監査等委員、指名委員会等設置会社では監査委員〕の全員の同意を得なければならない (425 III)。

　③責任の軽減の決議をする株主総会では、取締役〔多重代表訴訟の対象となる特定責任（847の3Ⅳ）については、対象会社の取締役および最終完全親会社等の取締役〕は、次の事項を開示しなければならない（425Ⅱ）。ⅰ責任の原因となった事実と賠償の責任を負う額、ⅱ責任免除をすることができる額の限度とその算定の根拠、ⅲ責任を免除すべき理由と免除額。

　④責任軽減の決議があった場合、会社が決議後にその役員等に対し、退職慰労金その他の法務省令で定める財産上の利益（規則115）を与えるときは、株主総会の承認が必要であり、その役員等が決議後に新株予約権の行使・譲渡をするときも同様である（425Ⅳ）。また、役員等が新株予約権証券を所持するときは、会社に遅滞なく預託しなければならず、その譲渡のため返還を求めるには上記の譲渡を承認する株主総会決議が必要である（425Ⅴ）。

　（イ）　定款規定＋取締役会決議に基づく軽減　　①取締役2人以上の監査役設置会社・監査等委員会設置会社・指名委員会等設置会社は、（ア）の場合と同じ責任について(ア)の場合と同じ主観的要件・軽減の限度で、定款において、取締役会決議〔非取締役会設置会社では責任を負う取締役以外の取締役の過半数の同意〕により責任の軽減をすることができる旨を定めることができるが、「責任の原因となった事実の内容、当該役員等の職務の執行の状況その他の事情を勘案して特に必要と認めるとき」に限られる（426Ⅰ）。この定款の定めは登記する（911Ⅲ㉔）。

　②監査役〔監査等委員会設置会社では監査等委員、指名委員会等設置会社では監査委員〕の全員の同意は、定款を変更して上記の定めを設ける議案を株主総会に提出する場合と責任の免除に関する議案を取締役会に提出する場合の両方に必要である〔425Ⅲが準用される〕（426Ⅱ。なお同項後段）。

　③上記の定款の定めに基づき取締役会が責任の免除の決議を行ったときは遅滞なく、（ア）③の事項および免除に異議があれば一定の期間内（1か月以上)に述べるべき旨を公告し、または株主に通知しなければならない(426Ⅲ―Ⅵ)。

　④そして、上記期間内に総株主（責任を負う役員等を除く）の議決権の100分の3以上〔定款で軽減可〕を有する株主が異議を述べたとき〔多重代表訴訟の対象となる特定責任（847の3Ⅳ）については、会社の総株主（責任を負う役員等を除く）の

議決権の100分の3以上（定款で軽減可）を有する株主または最終完全親会社等の総株主（責任を負う役員等を除く）の議決権の100分の3以上（定款で軽減可）を有する株主が異議を述べたとき〕は、会社は責任免除をすることはできない（426Ⅶ）。

　⑤なお、免除後の退職慰労金の支給等の規制は、（ア）の場合と同様である（426Ⅷ）。

　（ウ）　定款規定＋責任限定契約に基づく事前の軽減　　①業務執行取締役等〔2⑮イ〕以外の取締役・会計参与・監査役・会計監査人（「非業務執行取締役等」という）については、（ア）（イ）の場合と同じ責任について（ア）の場合と同じ主観的要件・軽減の限度で、定款で定めた額の範囲内であらかじめ会社が定めた額と最低責任限度額とのいずれか高い額を限度とする旨の契約を会社はこれらの非業務執行取締役等と締結することができる旨を定款で定めることができる（427Ⅰ）〔重過失の意義について、大阪高判平成27・5・21判時2279-96〈百選A31〉〈商判Ⅰ-130〉〕。この定款の定めと非業務執行取締役等は登記する（911Ⅲ㉕）。なお、契約を締結した非業務執行取締役等が業務執行取締役等に就任したときは、その契約は将来に向かってその効力を失う（427Ⅱ）。

　②監査役〔監査等委員会設置会社では監査等委員、指名委員会等設置会社では監査委員〕の全員の同意は、定款を変更して上記の定めを設ける議案を株主総会に提出する場合に必要である〔425Ⅲが準用される〕（427Ⅲ。なお同項後段）。

　③責任限定契約をした会社が非業務執行取締役等の任務懈怠により損害を受けたことを知ったときは、その後最初に招集される株主総会において、次の事項を開示しなければならない（427Ⅳ）。ⅰ(ア)③の事項、ⅱ責任限定契約の内容とその契約を締結した理由、ⅲ非業務執行取締役等が賠償する責任を負わないとされた額。

　④行為後の退職慰労金の支給等の規制は(ア)(イ)の場合と同様（427Ⅴ）。

3．役員等の第三者に対する損害賠償責任

　取締役等がその任務に違反した場合には、本来は会社に対する関係で責任を負うにすぎないが、その結果、株主や会社債権者が損害を受ける場合を想定し、会社法は、取締役等に会社以外の第三者に対する特別の責任を認める規定を設けている。

(1)　責任を負う者　　役員等（＝役員〔取締役・会計参与・監査役〕・執行役・会計監査人）である（429Ⅰ・Ⅱ）。責任を負うべき者が複数いる場合は連帯責任となる（430）。

(2)　責任を負う場合　　①役員等に職務を行うについて悪意または重大な過失があった場合である〔したがって軽過失の場合は除く〕（429Ⅰ）。

②特定の書類や登記・公告等に虚偽の記載・記録があった場合には、虚偽記載等の行為をした次の者は、その無過失を立証しないかぎり（立証責任の転換）、この責任を負う（429Ⅱ）。

（ア）　取締役・執行役　　④株式、新株予約権、社債・新株予約権付社債を引き受ける者の募集をする際に通知しなければならない重要な事項についての虚偽の通知または募集のための会社の事業その他の事項に関する説明に用いた資料についての虚偽の記載・記録、⓪計算書類・事業報告・これらの附属明細書・臨時計算書類に記載・記録すべき重要な事項についての虚偽の記載・記録、⑧虚偽の登記、⑤虚偽の公告（440Ⅲに規定する措置を含む）。

（イ）　会計参与　　計算書類・その附属明細書・臨時計算書類・会計参与報告に記載・記録すべき重要な事項についての虚偽の記載・記録。

（ウ）　監査役・監査等委員・監査委員　　監査報告に記載・記録すべき重要な事項についての虚偽の記載・記録。

（エ）　会計監査人　　会計監査報告に記載・記録すべき重要な事項についての虚偽の記載・記録。

以上の①または②の要件がみたされれば、一般の不法行為の要件（民709）がなくても、第三者は役員等に損害賠償を請求することができる。

(3)　制度の趣旨等　　この制度の趣旨や適用範囲については、さまざまな考え方がある。通説・判例は、取締役等の任務は会社に対するものにすぎないので、第三者に対しては不法行為の要件（民709）をみたさないかぎり責任を負わないはずであるが、第三者保護のため、会社に対する任務違反について悪意または重過失があれば（軽過失を除く）、第三者に対する権利侵害や故意過失を問題にしないで、損害賠償責任を負うこととしたのが制度の趣旨であるとする（特別の法定責任）。

429条1項の前身である平成17年改正前商法266条ノ3第1項〔取締役の第三

者に対する責任〕について、最高裁の大法廷判決（最大判昭和44・11・26民集23-11-2150〈百選66〉〈商判Ⅰ-152〉）は、次のような重要な判示を行った。①取締役は、会社に対する善管注意義務ないし忠実義務に違反して第三者に損害を被らせても第三者に対して当然に損害賠償責任を負うものではないが、266条ノ3第1項は、第三者保護の立場から、取締役が直接に第三者に対して責任を負うことを定めた。②取締役の任務懈怠と第三者の損害との間に相当因果関係があるかぎり、会社が損害を被った結果ひいては第三者に損害が生じた場合か〔間接損害〕、直接第三者が損害を被った場合〔直接損害〕かを問わず、取締役はその賠償責任を負う。③同条1項の責任と一般不法行為責任とは競合する。④第三者は、任務懈怠につき取締役の悪意・重過失を立証すれば、自己に対する加害についての故意・過失を立証しなくても、同条1項の責任を追及できる。⑤同条1項の責任を追及できるのは、取締役の加害行為について会社自体が損害賠償責任を負う場合にかぎられない。⑥代表取締役が、他の代表取締役その他の者に会社業務の一切を任せきり、それらの者の不法行為ないし任務懈怠を看過した場合には、自らもまた悪意・重過失により任務を怠ったものとして同条1項の責任を負う〔監視義務違反に基づく責任〕。その後、⑥については代表取締役でない取締役にも適用があるとされた（最判昭和48・5・22民集27-5-655〈百選67〉〈商判Ⅰ-154〉、最判昭和55・3・18判時971-101）。

　この規定は、これまで、中小の会社で会社が倒産した場合に、会社債権者が債権回収のため取締役（名目的取締役や登記簿上の取締役を含む）を訴えるという形で広く使われてきている。^{＊1）2）}

　もっとも、会社が実質破綻しているのにずっと取引を続けていたというような場合については、昔は裁判所は比較的広く「重過失」を認めていたが、近年、変化の兆しがある（たとえば東京地判平成23・9・29判時2138-134〈百選A29〉〈商判Ⅰ-186〉、高知地判平成26・9・10金融商事1452-42〈商判Ⅰ-153〉〔いずれも責任を否定〕、大阪高判平成26・12・19判時2250-80、大阪高判平成27・7・10判時2281-135〔いずれも責任を肯定〕。監査の範囲を会計に限定した大会社の監査役の責任を否定した事案として、大阪高判平成29・4・20判時2348-110）。なお、責任の前提となる取締役の義務については、423条1項との関係で問題となる義務とは異なる面があり、429条1項の適用が問題となる場面では取締役の義務がより厳格に解される場合があることに留意す

る必要がある（福岡高判平成11・5・14判タ1026-254、大阪高判平成27・10・29判時2285-117
〈百選A28〉〈商判Ⅰ-157〉、東京地判令和2・1・20判タ1483-242参照）。

　また、近年は、伝統的な事案とは類型を異にする事案（上場会社の事案を含
む）において、429条1項に基づく取締役の責任が問われる事例が増加しつ
つある。それらは、①名誉毀損の事例（東京高判平成23・7・28）、②過労死の事
例（京都地判平成22・5・25判時2081-144＋大阪高判平成23・5・25労判1033-24〈百選A27〉〈商
判Ⅰ-155〉〔上場会社の事例〕）、③消費者保護・投資者保護の事例（大阪高判平成26・
2・27金融商事1441-19〔会話学校の受講者に対する責任が認められた〕、札幌地判令和3・3・25
金融商事1622-33〔レセプト債〕）等に分けられる。③の類型には、業者（株式会社）
が金融商品を売る際の説明義務違反なども含まれる。その第三者が株主の場
合はやや特殊であり〔＊1）参照〕、③のなかでも別の類型と考えたほうがよい。

　これらの動向から、近年は、学界では、429条に基づく役員等の責任は不
法行為責任の特殊な類型であると把握しなおすべきとの指摘がされている。

　＊1）　取締役の対第三者責任に関する諸問題　　①「職務を行うにつき重過失」が
　あったとされた典型例として、最判昭和41・4・15民集20-4-660（代表取締役が、
　事業の遂行につきはっきりとした見通しも方針もなく、事業の拡張により収益が増加し約
　束手形金の支払が可能になると軽率に考え、約束手形を振り出して金融を受け、会社の資
　産・能力を顧慮しないで調査不十分の事業に多額の投資をし破綻を招いた場合）。これま
　での諸判例を大別すると、このような(i)履行の見込みの少ない取引をした場合のほ
　か、(ii)放漫経営の場合があるが、別の次元のものとして、本文にも述べた(iii)取締役
　の監視義務違反に基づくものがある〔256頁＊4）および後出⑥⑦⑧も参照〕。

　　②従来、直接損害とは、会社が損害を受けたか否かを問わず、取締役の行為によ
　って第三者が直接個人的に被った損害をいい、間接損害とは、第一次的に会社に損
　害が生じ、その結果第二次的に第三者が損害を被った損害をいうと定義したうえで、
　平成17年改正前商法266条ノ3第1項で取締役が第三者に対して負うべき損害賠償
　責任の損害の範囲は、直接損害・間接損害の両方を含むと解する見解（両損害包含
　説）〔本文に引用した判例ほか判例・多数説〕、直接損害に限ると解する見解（直接損害
　限定説）、間接損害に限ると解する見解（間接損害限定説）があった（直接損害・間接
　損害という概念の区分に疑問を呈する見解も有力）。直接損害限定説は、通常、直接損
　害について一般不法行為責任を認めない。間接損害については、会社債権者の場合
　は債権者代位権（民423）等、株主の場合は代表訴訟（847）等に頼ることとなる。
　間接損害限定説は、いうまでもなく間接損害につき一般不法行為責任の余地を認め

ない。直接損害については一般不法行為責任に頼ることになる。また、間接損害についても当該損害が間接損害であることを立証するために会社に損害が生じたことを立証する必要があると考えるのが筋である。両損害包含説に立てば、そもそも両損害を区別する必要がなくなる。したがって、間接損害の場合にも、会社に損害が生じたことを立証する必要はない。逆にいえば、取締役の任務懈怠により会社に損害が生じた場合には第三者にも損害が生じる場合が多いという前提に立って、悪意・重過失による任務懈怠の場合には直接第三者が損害の回復を求めてよいと会社法は考えたと理解することになる。

③「第三者」とは会社以外の者をいうので株主も含まれるが、間接損害の場合（会社が損害を受けた結果株主が損害を受けた場合）は、代表訴訟等で会社の損害を回復できる場合は、法はそちらを期待していると解される（東京高判平成17・1・18金融商事1209-10〔会社の業績悪化による解散によって保有株式が無価値となった場合であっても、株主は取締役に対して直接損害賠償を請求することはできないとされた〕）。

④消滅時効期間は民法167条1項により10年（最判昭和49・12・17民集28-10-2059）、遅延損害金の利率は民法所定の年5分（最判平成1・9・21判時1334-223）〔以上は平成29年民法改正前〕、過失相殺も可能（最判昭和59・10・4判時1143-143）。なお、平成29年民法改正について、291頁＊4）参照。

⑤損害賠償請求権は責任を追及する債権者の債権に随伴しない（最判昭和62・2・17判時1228-128〔有限会社の事例〕）。

⑥名目的取締役の監視義務——取引先の代表者が、要請により会社の株式を引き受けるとともに非常勤のいわゆる社外重役として名目的に取締役に就任した場合において、一度も出社せず、代表取締役の独断専行に任せてその業務執行を監視せず、同代表取締役に対し取締役会の招集を求めたり自らこれを招集したりすることもなかった事例で、この代表取締役が代金支払の見込もないのに商品を買い入れ、その代金を支払うことができなくなり売主に対し代金相当額の損害を与えたときに、上記名目的取締役は、会社の業務執行を監視するという職責を尽くさなかったので平成17年改正前商法266条ノ3第1項〔＝会社法429Ⅰ〕に基づく損害賠償責任を負うとされた（最判昭和55・3・18判時971-101）。

⑦不実の登記簿上の取締役——取締役でないのに取締役として就任の登記をされた者が平成17年改正前商法14条〔＝会社法908Ⅱ〕の類推適用により取締役でないことを善意の第三者に対抗できないときは、その登記簿上の取締役はその第三者に対し平成17年改正前商法266条ノ3第1項〔＝会社法429Ⅰ〕の取締役としての責任を免れることができないとされた（最判昭和47・6・15民集26-5-984〈商法百選8〉〈商判Ⅰ-158〉）。取締役を辞任した者が登記申請権者である会社の代表者に対し辞任登

記を申請しないで不実の登記を残存させることに明示の承諾を与えていた等の場合につき、同旨（最判昭和62・4・16判時1248-127〈百選68〉〈商判Ⅰ-159〉）。

⑧事実上の取締役——平成17年改正前商法266条ノ3第1項〔＝会社法429Ⅰ〕は、取締役でなくても対外的にも対内的にも重要事項についての決定権を有する実質的経営者（事実上の代表取締役）に類推適用される（東京地判平成2・9・3判時1376-110）。親会社の代表取締役であり、小規模会社の実質的所有者として、事実上、会社の業務執行を継続的に行い、会社を支配していた監査役は、代表取締役の業務執行について監視義務を負う（京都地判平成4・2・5判時1436-115）。その他、高松高判平成26・1・23判時2235-54。

⑨平成17年改正前商法266条ノ3第2項〔＝会社法429Ⅱ〕につき、不実記載の書類を第三者が実際に見たことを要件とすべきかについては見解は分かれている（名古屋高判昭和58・7・1判時1096-134〈商判Ⅰ-160〉、横浜地判平成11・6・24判時1716-144参照）。

＊2）　**会計監査人の対第三者責任**　　大阪地判平成18・2・23判時1939-149、東京地判平成19・11・28判タ1283-303〈百選69〉〈商判Ⅰ-161〉〔いずれも429Ⅱの前身規定に基づく責任を否定〕参照。

12 株主代表訴訟・差止請求権・検査役

(1)　**責任追及等の訴え——株主代表訴訟**　　会社が取締役等に対して有する権利を、一定の場合には、株主が会社に代わって行使することが認められる。アメリカ法を参考として昭和25年改正で導入された制度である。この場合には、株主は会社の機関として行動するといえる。

取締役等の責任は本来は会社自身が追及すべきものであるが、取締役間の同僚意識などからその責任追及が行われない可能性があり、その結果会社ひいては株主の利益が害されるおそれがある。そこで、会社法は、個々の株主に、みずから会社のために取締役等に対する会社の権利を行使し訴えを提起することを認め、この訴訟は「株主代表訴訟」と呼ばれる〔会社法の法文上は会社が訴える場合を含めて「責任追及等の訴え」という（847Ⅰ本文）〕。そして、会社が取締役等を訴える場合も、株主が代表訴訟で取締役等を訴える場合も、馴れ合い訴訟となる弊害に対処するため、訴訟告知・再審の特則を置く。

なお、平成26年改正は「多重代表訴訟」制度を導入したが、後述する〔(2)

参照〕。

（ア）　対象　　代表訴訟の対象となるのは、①発起人・設立時取締役・設立時監査役・役員等（取締役・会計参与・監査役・執行役・会計監査人）・清算人〔法文上は「発起人等」と総称されるが、以下本書では「取締役等」と表現することもある〕の責任の追及、②違法な利益供与がされた場合の利益供与を受けた者からの利益の返還（120Ⅲ参照）、③不公正価額での株式・新株予約権引受けの場合の出資者からの差額支払（212Ⅰ・285Ⅰ参照）および出資が仮装された場合の引受人等からの支払（102の2Ⅰ・213の2Ⅰ・286の2Ⅰ参照）である（847Ⅰ本文）。

①については、取締役等の責任（423Ⅰ等）に限られるという見解〔847Ⅰ本文の文言も参照〕（東京地判平成10・12・7判時1701-161、東京地判平成20・1・17判時2012-117）と、これに限定されず取締役が会社に対して負担するすべての債務を含むと解する見解（大阪高判昭和54・10・30高民32-2-214。従来の多数説）とが対立していたが、最高裁は、取締役の地位に基づく責任のほか取締役の会社に対する取引債務についての責任も含まれると判示した（最判平成21・3・10民集63-3-361〈百選64〉〈商判Ⅰ-147〉〔会社への真正な登記名義の回復を原因とする所有権移転登記手続を求めた株主代表訴訟（平成17年改正前商法の下での事例）〕）〔取締役等以外の者を被告とする詐害行為取消しの訴えは代表訴訟不可（仙台高判平成24・12・27判時2195-130）〕。

（イ）　原告適格　　(i)　原告適格　　6か月前から引き続き株式を有する株主である〔非公開会社では6か月要件はない〕（847Ⅰ本文・Ⅱ）。また、6か月要件は定款で短縮できるが、他方、単元未満株式の株主については定款で権利行使できないと定めることができる（189Ⅱ・847Ⅰ本文）。なお、例外的に原告適格が認められる場合として、下記(iii)。

原告適格を有する者は、会社に対し、書面その他の法務省令〔規則217〕で定める方法により、「責任追及等の訴え」の提起を請求することができる（847Ⅰ本文）。

(ii)　原告適格の継続　　代表訴訟を提起した株主またはそれに共同訴訟参加した株主は、その訴訟の係属中に株主でなくなったとしても、次の場合には、引き続き訴訟を追行することができる（851Ⅰ）。①その者が当該株式会社の株式交換または株式移転により当該株式会社の完全親会社〔他の株式会社の発行済株式の全部を有する株式会社その他これと同等のものとして法務省令で定め

る株式会社（847の2Ⅰ・規則218の3）〕の株式を取得したとき。②その者が当該株式会社が合併により消滅する会社となる合併により、合併により設立する株式会社または合併後存続する株式会社もしくはその完全親会社の株式を取得したとき。

①の「当該株式会社」には「当該完全親会社」も含み、原告適格の継続規定は、株主が当該株式会社の完全親会社の株式の株主でなくなったときにも準用される（851Ⅱ）。また、②の「当該株式会社」には「合併により設立する株式会社または合併後存続する株式会社もしくはその完全親会社」も含み、原告適格の継続規定は、株主が合併により設立する株式会社または合併後存続する株式会社もしくはその完全親会社の株式の株主でなくなったときにも準用される[*1]（851Ⅲ）。

(ⅲ)　**株式交換等があった場合における旧株主**　　(ⅱ)で原告適格の継続を認めることとのバランス上、平成26年改正は、提訴より先に株式交換等があった場合について、その後に「旧株主」（株式交換等により完全親会社等の株主となった者）が提訴できるよう原告適格を認める旨の規定を導入した[*2]（847の2・規則218の2―218の4）。

　＊1）　原告適格の継続　　本文で述べた会社法の規定は、平成17年改正前商法のもとでの判例の立場〔株式移転により原告が株主の資格を喪失した場合には株主代表訴訟の当事者適格を失うとした東京地判平成13・3・29判時1748-171、名古屋高判平成15・4・23等〕を、立法により変更したものである。

　　たとえば、(ア)T社の株主Aが代表訴訟を提起し訴訟が係属中に、T社がP社の株式を対価とする吸収合併でP社に吸収されたような場合（AはP社の株主となる）、原告適格は継続する。(イ)この場合、T社がP社の株式を対価とする株式移転（または株式交換）によりP社の完全子会社になったような場合（AはP社の株主となる）、原告適格は継続する。(ウ)上記(ア)で対価が現金の場合、原告適格は継続しないが（訴え却下となる）、対価がP社の親会社であるR社の株式であったような場合には（合併の結果AはR社の株主となる）、R社がP社の完全親会社である場合に限り、原告適格は継続する。法がR社が完全親会社である場合に限定した理由はよくわからないが、株式交換・株式移転が親会社となる会社が完全親会社となる場合に限られている（平成11年改正での制度導入時にそうした）こととの平仄を合わせただけと推察される。したがって、R社がたとえばP社の株式の90％を保有する親会社である場合には原告適格は継続しない。なお、当初は完全親会社であったが、その後そうで

なくなったような場合〔たとえば(イ)(ウ)でP社・R社がその後T社の株式の一部を売却したような場合〕には原告適格は失われざるをえない。(エ)他方、上記の例で、その後、P社やR社が他社(たとえばS社)と合併・株式交換・株式移転したような場合でも、(ア)(イ)および(ウ)冒頭のパターンに相当するような場合には、原告適格は継続する。

＊2) 旧株主による代表訴訟　たとえば、＊1)(イ)の例で、T社の株主Aが代表訴訟を提起しないうちに、T社がP社の株式を対価とする株式交換でP社の完全子会社になったような場合(AはP社の株主となる)でも、AはT社の取締役等の責任を追及する代表訴訟を提起することが認められる〔**図表17**参照〕。

図表17　株式交換等と株主代表訴訟

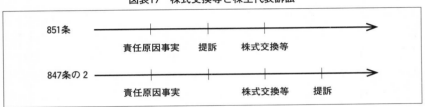

（ウ）　請求できない場合　　株主による代表訴訟が「当該株主若しくは第三者の不正な利益を図り又は当該株式会社に損害を加えることを目的とする場合」には、請求できない(847Ⅰただし書)〔会社法での新設規定〕。

（エ）　手続　　①まず、株主は、会社に対して、書面その他の法務省令で定める方法(規則217)により、会社が取締役等に責任追及等の訴えを提起するように請求する(847Ⅰ)〔監査役設置会社・監査等委員設置会社・指名委員会等設置会社では、この請求を受け、また代表訴訟の告知・和解の通知・催告を受けるのは、監査役・監査等委員会が選定する監査等委員・監査委員会が選定する監査委員(386Ⅰ・Ⅱ①、399の7Ⅰ・Ⅴ①、408Ⅰ・Ⅴ①)(この点が問題になった事例として、最判平成21・3・31民集63-3-472〈百選A24〉〈商判Ⅰ-148〉)、東京高判平成26・4・24金融商事1451-8〈商判Ⅰ-149〉〕。

②そして、会社が請求後60日以内に訴えを提起しない場合(訴えを提起するかどうかは、監査役設置会社・監査等委員設置会社・指名委員会等設置会社では監査役・監査等委員会が選定する監査等委員・監査委員会が選定する監査委員が決定する)、みずから取締役等に対してその債務を会社に対して履行するよう、訴えを提起することができる(847Ⅲ)〔単元未満株式の株主については定款で権利を否定できる〕。なお、手続上の例外として、会社に回復できない損害を生じるおそれがある

ときは、直ちに訴えを提起できる (同Ⅴ)。

　会社が請求の日から60日以内に責任追及等の訴えを提起しない場合において、その請求をした株主または取締役等から請求を受けたときは、その者に対し、遅滞なく、責任追及等の訴えを提起しない理由を書面その他の法務省令で定める方法 (規則218) により通知しなければならない (847Ⅳ)〔会社法での新設規定〕。

　なお、株主は、代表訴訟を提起したときは、遅滞なく、会社に対し、訴訟告知をしなければならない (849Ⅳ)。

　③訴額は、実際の請求額ではなく、「財産権上の請求でない」請求として算定され (847の4Ⅰ)、代表訴訟を提起する手数料は、民訴費用法4条2項による (平成15年民訴費用法改正前は一律8,200円。同改正後は一律13,000円)〔この規律および次の④以下と(オ)から(ク)までの記述については、旧株主による代表訴訟〔前掲(イ)(iii)〕と多重代表訴訟〔後掲(2)〕の場合にも同趣旨の規律が設けられている。以下、(ク)までの本書の記述は、これら以外の通常の代表訴訟を念頭に置いて述べる (ただし、引用する条文は上記の代表訴訟に関する規定を含んでいる)。なお、「適格旧株主」(847の2Ⅸ)・「株主等」(847の4Ⅱ)〔＝株主＋適格旧株主＋最終完全親会社等の株主〕・「株式会社等」(848)〔＝株式会社＋株式交換等完全子会社 (847の2Ⅰ)〕の定義に注意。本書では「株主」「会社」と表現するが、法文上は「株主等」「株式会社等」と規定されている場合が多い〕。

　④被告が原告株主の悪意を疎明したときは、裁判所は相当の担保の提供を命じることができる[*3] (847の4ⅡⅢ)。

　　　＊3）　担保提供の要件としての悪意　　この場合の「悪意」については、一般には不当目的の場合と不当訴訟の場合をいうと解されているが、代表訴訟の制度趣旨にかんがみて、不当訴訟が過失による場合については、考え方は分かれている (たとえば、東京地決平成6・7・22判時1504-121と東京高決平成7・2・20判タ895-252〈百選65〉〈商判Ⅰ-151〉、大阪高決平成9・11・18判時1628-133を比較)。

　⑤会社は、責任追及等の訴えを提起したときは、遅滞なく、訴えの提起をした旨を公告し、または株主に通知しなければならず、会社が株主代表訴訟の告知を受けた場合も同様である (849Ⅴ—Ⅺ)〔非公開会社では通知する〕〔なお、代表訴訟提起後に、取締役に対する損害賠償請求権の会社による譲渡を例外的に認め代表訴訟を棄却した事例として、東京地判平成17・5・12金融法務1757-46〕。

　（オ）　**補助参加**　　会社が被告取締役等の側へ補助参加するには（849ⅠⅡ参照）、監査役（または監査等委員・監査委員）の全員の同意が必要である[*4]（849Ⅲ）。

　　＊4）　**会社の被告取締役側への補助参加**　　最決平成13・1・30民集55-1-30〈百選A25〉〈商判Ⅰ-150〉は、取締役会の意思決定が違法であるとして取締役に対し提起された株主代表訴訟では、会社は、特段の事情がないかぎり、取締役を補助するため訴訟に参加することが許されるとした（平成13年12月改正前の事例）。会社法はこのような場合の限定をはずし、かつ、民事訴訟法42条の「補助参加の利益」も不要とした（849Ⅰ参照）。

　（カ）　**判決の効力**　　株主は会社のために訴えを提起するので、判決の効力は、勝訴・敗訴ともに、会社に及ぶ（民訴115Ⅰ[2]）。

　代表訴訟の結果、勝訴した場合でも、原告株主は、会社への給付を要求できるだけであって、自分には1円も要求できない。ただ、勝訴した場合には（一部勝訴の場合も含む）、株主の負担で会社が利益を得たことになるので、株主はその支出した必要費用（調査費用等）と弁護士報酬のうちの相当と認められる額の支払を会社に請求することができる（852Ⅰ・Ⅲ）。また敗訴した場合には、悪意があったときでなければ、会社に対し損害賠償責任を負うことはない（同Ⅱ。なお、Ⅲ）。

　（キ）　**訴訟上の和解**　　訴訟上の和解をすることも認められ、その場合には、責任免除に総株主の同意は不要となる（850Ⅳ）。会社が和解の当事者でないときは、会社の承認が必要である（850Ⅰ）。裁判所は、会社に対し、和解の内容を通知し、かつ、その和解に異議があれば2週間以内に述べるべき旨を催告し（同Ⅱ）、会社がその期間内に書面で異議を述べなかった場合は、上記による通知の内容で和解をすることを承認したものとみなされる[*5]（同Ⅲ）。

　　＊5）　**令和元年改正**　　令和元年改正により、会社がその取締役（監査等委員および監査委員を除く）、執行役および清算人ならびにこれらの者であった者の責任を追及する訴えに係る訴訟における和解をするには、監査役設置会社では監査役（監査役が2人以上ある場合は各監査役）の同意を、監査等委員会設置会社では各監査等委員の同意を、指名委員会等設置会社では各監査委員の同意を、それぞれ得なければならないことになった（849の2）。

　（ク）　**不当な訴訟遂行の防止等**　　責任追及等の訴えを会社が提起した場合も、株主が代表訴訟として提起した場合も、訴訟が妥当に遂行されるとは限

らない。そこで、会社が提起した場合には株主は、株主が提起した場合には会社と他の株主は、提起された訴訟に参加することを認められる（849 I）。なお専属管轄（848）。また、確定判決があっても、それが当事者の共謀による詐害的行為に基づいたものであれば、当事者以外の会社または株主は再審の訴えを提起して確定判決を争うことが認められる（853）。

　(2)　**多重代表訴訟**　　平成26年改正は、親会社株主の保護のため、一定の限定された範囲で、親会社株主に子会社の取締役等の子会社に対する責任を追及する代表訴訟を認める制度を導入した〔親子関係が多重になっている場合（孫会社等の場合）にも認められるので、一般に「多重代表訴訟」と呼ばれている〕（847の3〔「最終完全親会社等の株主による特定責任追及の訴え」という〕）。

　（ア）　対象——特定責任　　①一般の代表訴訟の対象となる取締役等〔法文上は「発起人等」〕の会社〔以下「対象会社」と呼ぶ〕に対する責任（847 I 本文に定める責任等）のうち、取締役等の責任の原因となった事実が生じた日において最終完全親会社等およびその完全子会社等（847の3 Ⅲにより当該完全子会社等とみなされるものを含む）における対象会社の株式の帳簿価額が当該最終完全親会社等の総資産額として法務省令（規則218の6）で定める方法により算定される額の5分の1（定款で厳格化可）を超える場合における当該取締役等の責任が対象となる（847の3 Ⅳ）〔「特定責任」という〕。なお、最終完全親会社等が取締役等の責任の原因となった事実が生じた日において最終完全親会社等であった株式会社をその完全子会社等としたものである場合には、上記の適用については、当該最終完全親会社等であった株式会社は上記の最終完全親会社等とみなされる（847の3 Ⅴ）。

　②「完全親会社等」とは、(i)完全親会社と(ii)株式会社の発行済株式の全部を他の株式会社およびその完全子会社等（株式会社がその株式または持分の全部を有する法人をいう）または他の株式会社の完全子会社等が有する場合における当該他の株式会社をいう（847の3 Ⅱ）。そして、(ii)の場合、(ii)の他の株式会社およびその完全子会社等または(ii)の他の株式会社の完全子会社等が他の法人の株式または持分の全部を有する場合における当該他の法人は、当該他の株式会社の完全子会社等とみなされる（847の3 Ⅲ）。

　③「最終完全親会社等」とは、対象株式会社の完全親会社等であって、そ

の完全親会社等がないものをいう (847の3Ⅰ)。たとえば、Ａ社がＢ社の100％子会社であり、Ｂ社株式の100％をＣ社とＤ社が合計で保有し、Ｃ社とＤ社がそれぞれＥ社の100％子会社であるような場合で、Ｅ社にはその完全親会社等が存在しない場合、Ｅ社がＡ社の最終完全親会社等となる。

④特定責任の原因となった事実によって当該最終完全親会社等に損害が生じている場合にかぎられる (847の3Ⅰただし書②参照)。

（イ）　原告適格　6か月前から引き続き①対象会社の最終完全親会社等の総株主（完全無議決権株式の株主を除く）の議決権の100分の1以上の議決権を有する株主または②当該最終完全親会社等の発行済株式（自己株式を除く）の100分の1以上の数の株式を有する株主である〔6か月要件と100分の1要件は定款で短縮できる〕〔非公開会社では6か月要件はない〕(847の3Ⅰ本文・Ⅵ)。

原告適格を有する者は、対象会社に対し、書面その他の法務省令 (規則218の5) で定める方法により、特定責任に係る責任追及等の訴え（「特定責任追及の訴え」という）の提起を請求することができる (847の3Ⅰ本文)。

（ウ）　請求できない場合 (847の3Ⅰただし書①②)　　　　上記(ア)④のほか、一般の代表訴訟と同様、特定責任追及の訴えが原告株主または第三者の不正な利益を図り、あるいは対象会社または最終完全親会社等に損害を加えることを目的とする場合には、請求できない。

（エ）　手続〔原則として原告はまず対象会社に特定責任追及の訴えを提起するよう請求する〕、**（オ）**補助参加、**（カ）**判決の効力、**（キ）**訴訟上の和解、**（ク）**不当な訴訟遂行の防止等については、一般の代表訴訟に準じるものとして詳細な規定が置かれている (847の3Ⅶ―Ⅸ・規則218の7、847の4―853)〔一般の代表訴訟について303―305頁参照〕。

（ケ）　特定責任の免除　　なお、株式会社に最終完全親会社等がある場合、特定責任を総株主の同意で免除するには (55・103Ⅲ・120Ⅴ・424〔486Ⅳで準用する場合を含む〕・462Ⅲただし書・464Ⅱ・465Ⅱ)、対象会社の総株主の同意に加えて対象会社の最終完全親会社等の総株主の同意も必要とされている (847の3Ⅹ)。

（3）　違法行為の差止め――株主の差止請求権　　取締役（または執行役）が法令または定款に違反する行為をした場合には会社に対する損害賠償責任を負うが (423Ⅰ)、このような事後の救済ではなく、その行為がされる前に

それを事前に防止できることが望ましい。会社としては取締役（または執行役）のそのような違法行為を差し止める権利を当然有するはずであるが、会社がその行使を怠る可能性があるため、個々の株主に一定の要件のもとで会社のためその差止め〔法文上は「やめること」〕を請求する権利が認められる (360・422)。このような差止請求権は監査役（または監査等委員・監査委員）にも認められる (385・399の6・407)。なお、類似の制度が募集株式の不公正発行等の場合にも定められているが (210・247)、制度の趣旨は異なる〔166頁参照〕。

　（ア）　差止請求　　取締役（または執行役）が会社の目的の範囲外の行為その他法令・定款違反の行為をし、またはこれらの行為をするおそれがある場合で、その行為によって会社に著しい損害が生じるおそれがある場合には、6か月前から引き続き株式を有する株主は、その取締役（または執行役）に対して、行為の差止め〔法文上は「やめること」〕を請求することができる^{*6)} (360 I・II・422 I・II)〔非公開会社では6か月要件はない。また、6か月要件は定款で短縮できるが、他方、単元未満株式の株主については定款で権利行使できないと定めることができる〕。請求は裁判外でもできるが、それでは有効に目的を達成できないときは、その取締役（または執行役）を被告として差止めの訴えを提起し、さらに差止請求権を被保全権利として仮処分 (民保23 II) の申立てをすることが可能である。

　上記の「著しい損害」は、監査役設置会社・監査等委員会設置会社・指名委員会等設置会社では「回復することができない損害」が生じるおそれある場合に限定される (360 III)。これは、「著しい損害」が生じるおそれがある場合は、監査役・監査等委員・監査委員が差止請求をする権限を有するからである (385・399の6・407)。

　　＊6）　株主の差止請求権　　①「会社の目的の範囲外の行為」とは、定款所定の目的の範囲外の行為をいうが、差止めは行為がされる前の段階での問題なので、客観的には目的の範囲内であっても主観的に目的の範囲外の行為であれば差止めの対象になると解されている。②差止請求がされた例として、東京高判平成11・3・25判時1686-33〈商判 I -114〉〔請求は棄却〕、東京地決平成16・6・23金融商事1213-61〈百選58〉〈商判 I -115〉〔申立て却下〕、東京高決平成17・6・28判時1911-163〔株主総会開催禁止仮処分命令申立却下決定に対する即時抗告を棄却〕、東京地決平成17・11・11金融商事1245-38〔株主総会招集禁止の仮処分を却下〕、東京地判令和3・2・17金

融商事1616-16〔株主総会の議長としての取締役の行為の差止めの仮処分の申立てを却下〕。
③代表取締役が差止めの仮処分に違反して第三者と取引をしたような場合は、特別の規定がないかぎり（民保53→54・58・61参照）、善意の第三者には対抗できないと解するしかない。会社法上の各種の差止請求権については、**図表18**参照。

図表18　会社法上の各種の差止請求権

	360条・422条	385条・399条の6・407条	210条・247条	171条の3	182条の3	784条の2・796条の2・805条の2・816条の5	179条の7
	取締役・執行役の違法行為等の差止め	取締役・執行役の違法行為等の差止め	募集株式発行等の差止め	全部取得条項付種類株式の取得の差止め	株式の併合の差止め（一定の場合）	組織再編の差止め	株式等売渡請求に係る売渡株式等の全部の取得の差止め
原告	株主（公開会社では6か月要件あり）	監査役・監査等委員・監査委員	株主	株主	株主	株主	売渡株主等
被告	取締役・執行役	取締役・執行役	会社	会社	会社	会社	特別支配株主
要件	法令・定款違反＋会社に著しい損害（監査役設置会社・監査等委員会設置会社・指名委員会等設置会社では回復することができない損害）が生じるおそれ	法令・定款違反＋会社に著しい損害が生じるおそれ	法令・定款違反または著しく不公正な方法＋株主が不利益を受けるおそれ	法令・定款違反が株主に不利益を受けるおそれ	法令・定款違反＋株主が不利益を受けるおそれ	法令・定款違反（または略式組織再編の場合は対価が著しく不当）＋株主が不利益を受けるおそれ	法令・定款違反または対価が著しく不当＋売渡株主等が不利益を受けるおそれ
訴え	会社のため（法定訴訟担当）	会社のため（法定訴訟担当）					
仮処分（民保23条2項）	可	可	可	可	可	可	可

（イ）　差止めの訴え　　株主による差止めの訴えは、会社が取締役（または執行役）に対して有する差止請求権を会社のために行使するものであって、取締役（または執行役）を被告として提起され、会社は訴訟の当事者にはならないものの、判決の効力は、勝訴・敗訴ともに、会社に及ぶ（民訴115Ⅰ②）と解されている。この見解に立てば、この点でその本質は株主代表訴訟と異

ならない（ただし、代表訴訟と異なり、会社にまず請求する必要はなく、いきなり訴えを提起できる）。したがって、会社法上とくに規定はないが、担保提供や訴訟参加・訴訟告知・勝訴株主の費用の会社負担などに関する代表訴訟の規定（847の4ⅡⅢ・849以下参照）が差止めの訴えにも類推適用されるべきものと解されている〔専属管轄（848参照）は類推されないと解されている〕。

　⑷　**業務執行に関する検査役による調査**　　会社の業務の執行に関し、不正の行為または法令もしくは定款に違反する重大な事実があることを疑うに足りる事由があるときは、①総株主の議決権の100分の3〔定款で軽減可〕以上の議決権を有する株主、または②発行済株式（自己株式を除く）の100分の3〔定款で軽減可〕以上の数の株式を有する株主は、会社の業務および財産の状況を調査させるため、裁判所に対し、検査役の選任の申立てをすることができる（358Ⅰ・Ⅱ）〔報酬は裁判所が定める（358Ⅲ）〕〔大阪高決昭和55・6・9判タ427-178〈百選A30〉〈商判Ⅰ-169〉〕（申請後に100分の3要件を欠くに至った場合は申請は却下される〔最決平成18・9・28民集60-7-2634〈百選57〉〈商判Ⅰ-170〉〕）。

　この検査役は、その職務を行うため必要があるときは、子会社の業務および財産の状況も調査することができ（358Ⅳ）、必要な調査を行い、調査の結果を記載し、または記録した書面または電磁的記録〔法務省令で定めるものに限る（規則228）〕を裁判所に提供して報告をし（358Ⅴ。なおⅥ）、さらに、会社および検査役の選任の申立てをした株主に対し、その書面の写しを交付し、または同項の電磁的記録に記録された事項を法務省令で定める方法（規則229）により提供する（358Ⅶ）。

　裁判所は、必要があると認めるときは、取締役に対し、①一定の期間内に株主総会を招集することや、②調査の結果を株主に通知することを命じ（359Ⅰ）、その場合には、取締役は、上記の報告の内容を株主総会において開示するとともに（359Ⅱ）、取締役（監査役設置会社では取締役および監査役）は、その報告の内容を調査し、その結果を株主総会に報告する（359Ⅲ）。

13　会社補償と役員等賠償責任保険

１．会社補償

　令和元年改正により、補償契約という契約を会社と役員等（423 I）との間で締結して、それに基づいて補償がされる場合について、手続等の規律が新設された（430の２）。

　①補償とか会社補償というのは、わかりにくい概念である。ここでは、役員等にその職務の執行に関して発生した費用や損失の全部または一部を会社が事前または事後に負担することを意味する。令和元年改正前は、会社法上、会社補償に関する規定はなく、この問題は解釈にゆだねられていた。たとえば、役員等が第三者から責任追及に係る請求を受けた場合において、その役員等に過失がないときは、その役員等が要した費用について同法330条および民法650条に基づいて補償が認められるという解釈があった。しかし、どのような範囲において、どのような手続により、会社補償をすることができるかについての解釈は確立していない。

　②そこで、令和元年改正は「補償契約」を定義し、会社が補償契約の内容の決定をするには、取締役会設置会社では取締役会（非取締役会設置会社では株主総会）の決議を要するとした（430の２ I）〔株主総会参考書類の記載につき、規則74 I ⑤等〕。「補償」の対象は、㋐役員等が、その職務の執行に関し、法令の規定に違反したことが疑われ、または責任の追及に係る請求を受けたことに対処するために支出する費用と、㋑役員等が、その職務の執行に関し、第三者に生じた損害を賠償する責任を負う場合における損失であり、㋑は次の２つである。(i)損害を役員等が賠償することにより生じる損失、(ii)損害の賠償に関する紛争について当事者間に和解が成立したときは、役員等がその和解に基づく金銭を支払うことにより生じる損失（430の２ I）。

　③取締役会は補償契約の内容の決定を取締役または執行役に委任することはできない。

　④上記の例外として、補償契約を締結している場合であっても、次の費

用・損失は補償することができない。㈦費用のうち通常要する額を超える部分、㈡会社が損害を賠償するとすれば役員等が会社に対して423条1項の責任を負う場合には、損失のうち当該責任に係る部分、㈣役員等がその職務を行うにつき悪意または重大な過失があったことにより対第三者責任を負う場合には、損失の全部（430の2Ⅱ）。

　⑤なお、役員等が不当な目的で職務を執行していたような悪質な場合であっても会社の費用で防御費用が賄われることとなると、役員等の職務の適正性を害することが懸念される。そこで、会社が、事後に、役員等が自己もしくは第三者の不正な利益を図り、または会社に損害を加える目的で職務を執行したことを知った場合には、役員等に対し、補償した金額に相当する金銭を返還することを請求することができる（430の2Ⅲ）。

　⑥補償契約の内容の決定には取締役会設置会社では取締役会決議（非取締役会設置会社では株主総会決議）が必要であるが、補償契約に基づき補償を実行する際には、これらの決議は必要でない。ただ、事案によっては、補償契約に基づく補償の実行は「重要な業務執行の決定」（362Ⅳ等）に該当することはありうると考えられる。なお、補償契約の締結およびそれに基づく補償の実行について利益相反取引規制（356・365）は適用されず、平成29年改正後の民法108条の適用もない（430の2ⅥⅦ）。

　⑦重要な事実の取締役会への事後報告（430の2ⅣⅤ）。また、公開会社は事業報告での情報開示が求められる（規則121 3の2 ― 3の4 ）。

2．役員等賠償責任保険

　令和元年改正により、次の規律が設けられた（430の3）。①役員等賠償責任保険〔D&O保険ともいう〕を念頭に置いて、会社法上、手続等に関する規律が設けられた。今回の新しい規律の対象となる役員等賠償責任保険契約の内容を会社が決定するには、取締役会設置会社では取締役会（非取締役会設置会社では株主総会）の決議を要する（430の3Ⅰ）〔株主総会参考書類の記載につき、規則74Ⅰ 6 等〕。なお、利益相反取引規制（356・365）は適用されず、平成29年改正後の民法108条の適用もない（430の3ⅡⅢ）。②対象となる保険契約は、「会社が役員等がその職務の執行に関し責任を負うこと又は当該責任の追及に係る請求を

受けることによって生ずることのある損害を保険者が塡補することを約する
保険契約であって、役員等を被保険者とするもの（法務省令で定めるもの〔規則
115の2〕を除く）」である。③取締役会は役員等賠償責任保険契約の内容の決
定を取締役または執行役に委任することはできない。④公開会社は事業報告
での情報開示が求められる（規則119 2の2 ・121の2）。

第7節　計　　算

1　概　　要

　会社法は、株式会社の計算について詳細な規制を設けている^{*1)}（431—465）。株式会社の計算（会計）を会社法が規制する理由は、①株主と会社債権者への情報提供と、②剰余金分配の規制の2つである。前者は、所有と経営の制度的分離〔1頁参照〕を前提として、会社の状況（経営成績と財政状態）についての情報を株主に提供し、また会社財産だけが引当てである会社債権者にも情報を提供することが目的である。後者は、株主と会社債権者との利害調整のため剰余金配当などの剰余金分配を規制することが目的である。

　会社法のほかに、金融商品取引法は、その適用がある上場会社等について、投資者保護の目的で詳細な会計に関する規制を設けており、金融商品取引法に基づく会計は一般に企業会計と呼ばれている。金融商品取引法が適用される会社は、金融商品取引法と会社法の両方の会計法制に服することになる。このほか、実際には、法人税を計算・納付するための税務会計も重要である^{*2)3)4)5)}。

　会社法は、平成17年改正前商法の規制を大幅に整理・横断化し、新しい剰余金分配規制等の体系を整備した。

> ＊1)　**株式会社の計算規制**　平成17年改正前商法は、総則で商人全般について会計帳簿と貸借対照表の作成・保存等の規定を設け（平成17年改正前商法32—36）、株式会社については、さらに詳細な規定を設けていたが（平成17年改正前商法281—295）、会社法は、会社法のなかにすべて規定を置くこととした。
>
> ＊2)　**会社法の会計規制の目的**　本文に述べたように、会社法の会計規制の目的は、①株主・会社債権者への情報提供と②剰余金分配規制との2つである。①は、一般に会社債権者は保守的な会計（たとえば金融資産の含み益を利益に計上しない）を望み、株主は「真実」を伝える会計（たとえば金融資産の含み益を利益に計上する）を望むため、どちらを重視するかで規制のあり方は異なると解されてきたが、近年は、会社債権者も情報提供を目的とする会計では真実を伝える会計のほうが望ましいと解されるようになり、true and fair view を伝える会計が情報提供会計の基本的考え

方となりつつある。これに対して、②は、株主と会社債権者の間の利害を調整するための規制であるので、両者の利害は対立する。会社債権者保護を重視すると、情報提供目的での会計により計算された利益概念（業績評価利益）〔たとえば金融資産の含み益を含む〕よりも狭い範囲での利益概念（処分可能利益）〔たとえば金融資産の含み益を含まない〕を配当可能な利益（剰余金）とするのが通常である。

＊3）　**金融商品取引法による会計の規制**　　金融商品取引法は、証券市場における投資者保護のため、有価証券の公募をする会社や上場会社等に情報の開示を要求している（金融商品取引法上のディスクロージャー制度）。そのなかで会計に関する情報提供は中心部分を占め、その会計基準は、企業会計審議会や企業会計基準委員会が定めた企業会計原則その他の会計基準によることとされている。また、貸借対照表等の財務諸表の様式等は「財務諸表等の用語、様式及び作成方法に関する規則」（財務諸表規則）で定められ（金商193）、財務諸表は公認会計士または監査法人の監査証明を受けなければならない（金商193の2、「財務諸表等の監査証明に関する内閣府令」参照。なお、金商193の3）。

＊4）　**商法（会社法）会計・企業会計・税務会計の関係**　　昔から、日本では、この3つの会計は、密接に関係し、それらの間の相違をできるかぎり少なくするように調整がされてきた〔トライアングル体制などと呼ばれる〕。しかし、近年では、商法（会社法）・金融商品取引法・税法の目的の違いにかんがみて、むしろこれら3つの会計は必要な範囲で分離する傾向がある。もっとも、情報開示については、近年、会社法に基づく事業報告・計算書類と金融商品取引法に基づく有価証券報告書との一体的開示に向けた検討が進められている〔329頁＊4）参照〕。

＊5）　**使用人の先取特権**　　平成15年民法改正前は、商法は、使用人保護のために、雇用関係に基づくすべての債権につき会社の総財産のうえに高順位の先取特権を認めていたが（同改正前商法295）、同改正によりこの規定は民法に統合され（同改正後民法306②・308）、商法の規定は削除された。

2　会計の原則と会計帳簿等

(1)　**会計の原則**　　会社法431条は、「株式会社の会計は、一般に公正妥当と認められる企業会計の慣行に従うものとする」と定めている[1]（なお、計算規則3は文言が異なっている）。

＊1）　**公正な会計慣行**　　平成17年改正前商法32条2項の「商業帳簿の作成に関する規定の解釈については公正なる会計慣行を斟酌すべし」を継承したものである。

ここにいう「一般に公正妥当と認められる企業会計の慣行」とは、主として企業会計審議会と企業会計基準委員会が定めた企業会計原則その他の会計基準を意味するが、これに限られるわけではない。平成13年7月に会計基準の開発等を目的とする民間団体として財団法人財務会計基準機構が設立され、そこに企業会計基準委員会が設置され、それ以来、会計基準は、この企業会計基準委員会で開発されてきている。なお、IFRS（国際財務報告基準・国際会計基準）の導入について、38頁参照。

なお、「公正な会計慣行」や「継続性の原則」が問題となった事例として、大阪地判平成15・10・15金融商事1178-19、東京地判平成17・5・19判時1900-3、東京地判平成17・9・21判タ1205-221、最判平成20・7・18刑集62-7-2101〈百選72〉〈商判Ⅰ-163〉〔刑事事件〕、最判平成21・12・7刑集63-11-2165〔刑事事件〕〔これらの2件については、民事事件も別にある〕、大阪地判平成24・9・28判時2169-104、最判令和2・7・2民集74-4-1030〔税務上の取扱いと一般に公正妥当と認められる会計処理の基準〕。

(2) 株式会社の会計帳簿の作成・保存義務 株式会社は、法務省令で定めるところにより、適時に、正確な会計帳簿を作成しなければならず (432Ⅰ)、また、会計帳簿の閉鎖の時から10年間、その会計帳簿およびその事業に関する重要な資料を保存しなければならない (432Ⅱ)。

(3) 株主の会計帳簿閲覧権 会社法は、出資者である株主に対する情報提供を義務づけているが、これだけでは株主の権利保護に十分でないと考え、少数株主権として、①会社の会計帳簿を閲覧・謄写する権利を認め、さらに②裁判所が選任する検査役による会社業務・財産の調査の制度を設けている。ここでは、①について述べる〔②については310頁参照〕。

(ア) 総株主の議決権の100分の3〔定款で要件緩和可〕以上の議決権を有する株主または発行済株式（自己株式を除く）の100分の3〔定款で要件緩和可〕以上の数の株式を有する株主は、会社の営業時間内は、いつでも、会計帳簿またはこれに関する資料の閲覧・謄写を請求することができる (433Ⅰ前段)。その場合には、請求の理由を明らかにしてしなければならない (433Ⅰ後段)（最判平成2・11・8判時1372-131）〔会計帳簿の範囲の特定のしかたについて、東京高判平成18・3・29判タ1209-266〕。この請求の理由は具体的に記載する必要があるが、閲覧・謄写請求の要件として、その記載された請求の理由を基礎づける事実が客観的に存在することの立証までは必要ない（最判平成16・7・1民集58-5-1214）〈百選73〉

〈商判 I -164〉。

　（**イ**）　閲覧・謄写の対象となるのは会社の会計帳簿と資料であるが〔電磁的記録の場合を含む〕、計算書類と附属明細書は個々の株主が閲覧・謄写請求できるので〔325頁参照〕、ここでいう会計帳簿とはこれらの書類の作成の基礎となる帳簿、また会計の資料とは、会計帳簿の記録材料となった資料を意味する。会計帳簿は、いわゆる日記帳・元帳・仕訳帳がこれにあたる。伝票を仕訳帳に代用する場合には、伝票も含む。会計の資料とは、会計帳簿に含まれない伝票や受取証のほか、契約書や信書等も会計帳簿の記録材料として使用された場合は含まれる〔なお、横浜地判平成 3・4・19判時1397-114〈百選 A 32〉〈商判 I -165〉参照〕。

　（**ウ**）　この請求があった場合でも、濫用防止のため、会社は、次のいずれかに該当すると認められるときは、拒絶することが認められる（433Ⅱ）。①請求する株主（請求者）がその権利の確保または行使に関する調査以外の目的で請求を行ったとき。②請求者が会社の業務の遂行を妨げ、株主の共同の利益を害する目的で請求を行ったとき。③請求者が会社の業務と実質的に競争関係にある事業を営み、またはこれに従事するものであるとき。④請求者が会計帳簿またはこれに関する資料の閲覧または謄写によって知り得た事実を利益を得て第三者に通報するため請求したとき。⑤請求者が、過去 2 年以内において、会計帳簿またはこれに関する資料の閲覧または謄写によって知り得た事実を利益を得て第三者に通報したことがあるものであるとき。[*2]

　＊2）　**拒絶事由**　　上掲の最判平成16・7・1 は、株式譲渡制限会社における株主・社員が株式等の譲渡手続に適切に対処するためその株式等の適正な価格を算定する目的でした帳簿閲覧請求は、特段の事情がないかぎり、株主等の権利の確保または行使に関して調査をするために行われたものであって、上記①の拒絶事由に該当しないとする。また、③の拒絶事由について、請求者が会社と競業を行う者であるなどの客観的事実が認められれば足り、請求者に会計帳簿等の閲覧謄写によって知り得る情報を自己の競業に利用するなどの主観的意図があることは要しない（最決平成21・1・15民集63-1-1〈百選74〉〈商判 I -167〉〔親会社株主が子会社の会計帳簿閲覧を請求した事例。次の（**エ**）参照〕）。なお、上場会社について③の拒絶事由を認めた事例として、東京地決平成19・6・15金融商事1270-40＋東京高決平成19・6・27金融商事1270-52〔仮処分事件〕＋東京地判平成19・9・20判時1985-140〈商判

Ⅰ-166〉。

(エ) 株式会社の親会社社員〔＝親会社の株主など (31Ⅲ)〕は、その権利を行使するため必要があるときは、会計帳簿またはこれに関する資料の閲覧・謄写請求をすることができるが（請求の理由を明らかにしてする点は同じ）、裁判所の許可が必要である (433Ⅲ)。その親会社社員について(**ウ**)の事由があるときは、裁判所は許可をすることはできない (433Ⅳ)。

(4) 会計帳簿の提出命令 裁判所は、申立てによりまたは職権で、訴訟の当事者に対し、会計帳簿の全部または一部の提出を命じることができる (434)〔東京高決昭和54・2・15下民30-1＝4-24〕〈商法百選22〉〈商判Ⅰ-168〉。

3 計 算 書 類

1. 概 要

株式会社は、定款所定の決算期（日本では1年決算とし3月末を決算期とする会社が多い）ごとに、その事業年度に関する①計算書類（貸借対照表・損益計算書・その他会社の財産および損益の状況を示すために必要かつ適当なものとして法務省令で定めるもの〔＝株主資本等変動計算書と個別注記表（計算規則59)〕）〔4つは別々の資料としなくてもよい（計算規則57Ⅲ)〕、②事業報告および③これらの附属明細書を作成して、監査役の監査（会社によっては監査役会〔監査等委員会設置会社では監査等委員会、指名委員会等設置会社では監査委員会〕と会計監査人の監査）を受け、これを取締役会で承認したうえで、計算書類と事業報告を定時株主総会に提出して、事業報告についてはその内容を報告し、計算書類については株主総会の承認を求めなければならないのが原則である。ただし、たとえば会計監査人・監査役会設置会社では、計算書類について、会計監査人の無限定適正意見があり、これを不相当とする監査役会の意見と監査役の意見の付記がないときは、株主総会の承認を求める必要はなく、それらの内容の報告をすれば足りる（以上、435—439・計算規則135)。

計算書類の種類と内容、資産の評価等、計算書類・事業報告・附属明細書の方式については法務省令で定められる[*1]〔会社法のもとでは、「事業報告」は計算

書類には含まれないが、本書では、以下において、計算書類と並べて事業報告についても記述する〕。

　＊1）　**連結財務諸表**　　実際には、2つ以上の会社が支配従属関係にあるなど企業集団を形成している場合が少なくない。そのような場合には、個々の会社の財務諸表だけでは、これらの会社の経済実体が正しく把握できない。そこで、昭和50年に企業会計審議会により連結財務諸表原則が定められた。これによれば、連結財務諸表は、支配従属関係にある2つ以上の会社からなる企業集団を単一のものとみて、親会社がその企業集団の経営成績と財政状態を総合的に開示するために作成するものであり、連結貸借対照表・連結損益計算書・連結剰余金計算書・連結キャッシュ・フロー計算書・連結附属明細表からなる。そして、証券取引法〔金融商品取引法の前身〕上、有価証券届出書と有価証券報告書には連結財務諸表を含めなければならないとされてきたが（企業内容等の開示に関する内閣府令8・15）、今日では、上場会社等はむしろ子会社等を多数有するのが通常の姿なので、平成11年4月以降に開始する事業年度からは、証券取引法上は連結財務諸表のほうが主な財務諸表であることとなった。なお、連結財務諸表の作成方法等については、「連結財務諸表の用語、様式及び作成方法に関する規則」で定められている。商法でも、平成14年改正により、大会社のうちで証券取引法適用会社について、連結計算書類制度を導入した〔後述331頁〕。

2. 計算書類の作成・監査・公示・承認・公開

　⑴　**作成・保存**　　株式会社は、法務省令〔計算規則〕で定めるところにより、その成立の日における貸借対照表を作成しなければならないが〔電磁的記録も可〕（435Ⅰ・Ⅲ）、さらに、法務省令〔計算規則〕で定めるところにより、各事業年度に関する①計算書類〔貸借対照表・損益計算書・株主資本等変動計算書・個別注記表（後2者は計算規則59）〕および②事業報告と③これらの附属明細書を作成しなければならない〔電磁的記録も可〕（435Ⅱ・Ⅲ）。

　計算書類を作成した時から10年間、その計算書類とその附属明細書を保存しなければならない（435Ⅳ）。

　＊1）　**利益処分案という概念の廃止**　　平成17年改正前商法が計算書類の1つとしていた利益処分案（または損失処理案）というものは、会社法では廃止された。剰余金配当や損失処理がいつでも可能となったこと等がその理由である（453・454Ⅰ等参照）。もっとも実際には、決算期に剰余金配当（または損失処理）をするとい

う実務は、続いている〔なお、452・361Ⅰ参照〕。

(2) 監査 **（ア） 監査役設置会社（監査役の監査の範囲を会計事項に限定する定款の定めがある会社を含み、会計監査人設置会社を除く）** 計算書類・事業報告・附属明細書について、法務省令で定めるところにより、監査役の監査を受ける（436Ⅰ・計算規則121以下）。

（イ） 会計監査人設置会社 ①計算書類とその附属明細書については、監査役（監査等委員会設置会社では監査等委員会、指名委員会等設置会社では監査委員会）と会計監査人の両方の監査を受ける（436Ⅱ①）〔会計監査は会計監査人が主として行い、監査役（と監査役会）の監査は業務監査を主とするが、会計についても、会計監査人の監査の方法または監査の結果を不相当と認めれば、監査役が独自に監査する〕。②事業報告とその附属明細書については、監査役（監査等委員会設置会社では監査等委員会、指名委員会等設置会社では監査委員会）の監査を受ける（436Ⅱ②）。

（ウ） 取締役会設置会社では、計算書類・事業報告・附属明細書について（上記で監査を受ける場合は監査を受けたもの）、取締役会で承認をする（436Ⅲ）。

なお、監査期間の確保や監査報告の記載事項などは、法務省令で定められ[*2)3)4)]る（規則129以下・計算規則122以下）〔監査の定義について計算規則121Ⅱに注意〕。[5)]

＊2） 事業報告とその附属明細書の内容 規則で細かく定められている（規則117、118―128）。

　　（ア） 基本 事業報告の内容は次のとおり（規則118）〔平成27年2月・平成30年3月等に一部改正〕。①会社の状況に関する重要な事項（計算書類及びその附属明細書並びに連結計算書類の内容となる事項を除く）、②348条3項4号・362条4項6号・399条の13第1項1号ロ及びハ・416条1項1号ロ及びホに規定する体制〔業務適正確保体制ないし会社法上の内部統制システム〕の整備についての決定又は決議があるときは、その決定又は決議の内容の概要及び当該体制の運用状況の概要、③会社の支配に関する基本方針（182頁(4)参照）、④当該株式会社（当該事業年度の末日において、その完全親会社等があるものを除く）に特定完全子会社（当該事業年度の末日において、当該株式会社及びその完全子会社等〔847の3Ⅲの規定により当該完全子会社等とみなされるものを含む。以下同じ〕における当該株式会社のある完全子会社等〔株式会社に限る〕の株式の帳簿価額が当該株式会社の当該事業年度に係る貸借対照表の資産の部に計上した額の合計額の5分の1〔847の3Ⅳの規定により5分の1を下回る割合を定款で定めた場合にあっては、その割合〕を超える場合における当該ある完全子会社等をいう。以下同じ）がある場合には、次に掲げる事項――イ 当該特定完全子会社の名称及び住所 ロ

当該株式会社及びその完全子会社等における当該特定完全子会社の株式の当該事業年度の末日における帳簿価額の合計額　ハ　当該株式会社の当該事業年度に係る貸借対照表の資産の部に計上した額の合計額。⑤当該株式会社とその親会社等との間の取引（当該株式会社と第三者との間の取引で当該株式会社とその親会社等との間の利益が相反するものを含む）であって、当該株式会社の当該事業年度に係る個別注記表において計算規則112条1項に規定する注記を要するもの（同項ただし書の規定により④―⑥及び⑧に掲げる事項を省略するものを除く）があるときは、当該取引に係る次に掲げる事項――イ　当該取引をするに当たり当該株式会社の利益を害さないように留意した事項（当該事項がない場合にあっては、その旨）　ロ　当該取引が当該株式会社の利益を害さないかどうかについての当該株式会社の取締役（取締役会設置会社にあっては、取締役会。ハにおいて同じ）の判断及びその理由　ハ　社外取締役を置く株式会社において、ロの取締役の判断が社外取締役の意見と異なる場合には、その意見。

　(イ)　公開会社の特則　　公開会社は、(ア)の事項のほか、次の事項を事業報告の内容としなければならない（規則119）。①会社の現況に関する事項、②会社役員に関する事項〔平成20年3月改正〕、③会社の役員賠償責任保険契約に関する事項〔令和2年11月改正〕、④会社の株式に関する事項、⑤会社の新株予約権等に関する事項。①―⑤はさらに細かく定められている（規則120以下）〔平成27年2月・平成30年3月・令和2年11月等に一部改正〕。

　(ウ)　会計参与設置会社の特則（規則125）

　(エ)　会計監査人設置会社の特則（規則126）

　(オ)　事業報告の附属明細書（規則128）　　事業報告の附属明細書は、事業報告の内容を補足する重要な事項をその内容とするが、公開会社は、他の法人等の業務執行取締役・執行役・業務を執行する社員等を兼ねる会社役員（会計参与を除く）についての兼務の状況の明細（他の会社の事業が会社の事業と同一の部類のものであるときは、その旨を含む）（重要でないものを除く）を附属明細書の内容としなければならない〔平成20年3月改正〕〔関連当事者との取引について、企業会計基準第11号「関連当事者の開示に関する会計基準」（平成18年10月17日）、財務諸表規則8条の10、計算規則112条参照〕。また、株式会社とその親会社等との間の取引（当該株式会社と第三者との間の取引で当該株式会社とその親会社等との間の利益が相反するものを含む）であって、当該株式会社の当該事業年度に係る個別注記表において計算規則第112条1項に規定する注記を要するもの（同項ただし書の規定により④―⑥及び⑧に掲げる事項を省略するものに限る）があるときは、当該取引に係る規則118条5号イからハまでに掲げる事項を事業報告の附属明細書の内容としなければならない。

＊3） **事業報告とその附属明細書に関する監査報告の内容**　　(ア)　監査役の監査報告（規則129）　　①監査役の監査（計算関係書類〔規則 2 Ⅲ[11]〕に係るものを除く。以下同じ）の方法及びその内容、②事業報告及びその附属明細書が法令又は定款に従い会社の状況を正しく示しているかどうかについての意見、③取締役（当該事業年度中に当該会社が指名委員会等設置会社であった場合にあっては、執行役を含む）の職務の遂行に関し、不正の行為又は法令若しくは定款に違反する重大な事実があったときは、その事実、④監査のため必要な調査ができなかったときは、その旨及びその理由、⑤規則118条 2 号の事項〔会社法上の内部統制システム〕（監査の範囲に属さないものを除く）がある場合において、その事項の内容が相当でないと認めるときは、その旨及びその理由、⑥規則118条 3 号の事項〔支配に関する基本方針〕・ 5 号の事項〔親会社等との取引〕が事業報告の内容となっているとき又は規則128条 3 項の事項〔親会社等との取引〕が事業報告の附属明細書の内容となっているときは、その事項についての意見、⑦監査報告を作成した日〔⑦は監査役会設置会社では不要〕。

(イ)　監査役会の監査報告の内容（規則130）　　監査役会は(ア)により監査役が作成した監査報告（監査役監査報告）に基づき、監査役会の監査報告（監査役会監査報告）を作成しなければならない。その内容は次のとおり。①監査役及び監査役会の監査の方法及びその内容、②(ア)②—⑥の事項、③監査役会監査報告を作成した日。この場合に、監査役は、監査役会監査報告の内容と監査役監査報告の内容が異なる場合には、その事項に係る監査役監査報告の内容を監査役会監査報告に付記することができる。なお、監査役会が監査役会監査報告を作成する場合には、監査役会は、1 回以上、会議を開催する方法又は情報の送受信により同時に意見の交換をすることができる方法により、監査役会監査報告の内容（付記を除く）を審議しなければならない。

(ウ)　監査等委員会の監査報告の内容〔監査等委員会設置会社〕（規則130の 2 ）①監査等委員会の監査の方法及びその内容、②(ア)②—⑥の事項、③監査報告を作成した日。この場合、監査等委員は、監査報告の内容が監査等委員の意見と異なる場合には、その意見を監査報告に付記することができる。なお、監査報告の内容（付記を除く）は、監査等委員会の決議で定めなければならない。

(エ)　監査委員会の監査報告の内容〔指名委員会等設置会社〕（規則131）　　①監査委員会の監査の方法及びその内容、②(ア)②—⑥の事項、③監査報告を作成した日。この場合、監査委員は、監査報告の内容が監査委員の意見と異なる場合には、その意見を監査報告に付記することができる。なお、監査報告の内容（付記を除く）は、監査委員会の決議で定めなければならない。

＊4） **計算書類とその附属明細書に関する監査報告の内容**　　(1)　非会計監査人設置

会社　(ア)　監査役の監査報告（計算規則122）　　①監査役の監査の方法及びその内容、②計算関係書類〔計算規則2Ⅲ③〕が会社の財産及び損益の状況をすべての重要な点において適正に表示しているかどうかについての意見、③監査のため必要な調査ができなかったときは、その旨及びその理由、④追記情報、⑤監査報告を作成した日〔⑤は監査役会設置会社では不要〕。④の追記情報とは、継続企業の前提に係る事項・正当な理由による会計方針の変更・重要な偶発事象・重要な後発事象その他の事項のうち、監査役の判断に関して説明を付す必要がある事項又は計算関係書類の内容のうち強調する必要がある事項をいう。

　(イ)　監査役会の監査報告の内容（計算規則123）　　(ア)により監査役が作成した監査報告（監査役監査報告）に基づき、監査役会の監査報告（監査役会監査報告）を作成する。その内容は次のとおり。①上記(ア)②—④の事項、②監査役及び監査役会の監査の方法及びその内容、③監査役会監査報告を作成した日。この場合、監査役は、監査役会監査報告の内容が監査役の監査役監査報告の内容と異なる場合には、その事項に係る各監査役の監査役監査報告の内容を監査役会監査報告に付記することができる。なお、監査役会が監査役会監査報告を作成する場合には、監査役会は、1回以上、会議を開催する方法又は情報の送受信により同時に意見の交換をすることができる方法により、監査役会監査報告の内容（上記の付記を除く）を審議しなければならない。

　(2)　会計監査人設置会社　　(ア)　会計監査人の会計監査報告（計算規則126）〔令和元年・令和3年に改正〕　　①会計監査人の監査の方法及びその内容、②計算関係書類が会社の財産及び損益の状況をすべての重要な点において適正に表示しているかどうかについての意見があるときは、次のイからハまでの意見と事項——イ　無限定適正意見（監査の対象となった計算関係書類が一般に公正妥当と認められる企業会計の慣行に準拠して、計算関係書類に係る期間の財産及び損益の状況をすべての重要な点において適正に表示していると認められる旨）　ロ　除外事項を付した限定付適正意見（監査の対象となった計算関係書類が除外事項を除き一般に公正妥当と認められる企業会計の慣行に準拠して、計算関係書類に係る期間の財産及び損益の状況をすべての重要な点において適正に表示していると認められる旨、除外事項並びに除外事項を付した限定的適正意見とした理由）　ハ　不適正意見（監査の対象となった計算関係書類が不適正である旨及びその理由）、③②の意見がないときは、その旨及びその理由、④継続企業の前提に関する注記に係る事項、⑤②の意見があるときは、事業報告およびその附属明細書の内容と計算関係書類の内容または会計監査人が監査の過程で得た知識との間の重要な相違等について、報告すべき事項の有無および報告すべき事項があるときはその内容、⑥追記情報、⑦会計監査報告を作成した日。⑥の追記情報とは、正当な

理由による会計方針の変更・重要な偶発事象・重要な後発事象その他の事項のうち、会計監査人の判断に関して説明を付す必要がある事項又は計算関係書類の内容のうち強調する必要がある事項をいう。なお、当該事業年度に係る計算書類（その附属明細書を含む）の監査をする時における過年度事項（当該事業年度より前の事業年度に係る計算書類に表示すべき事項）が会計方針の変更その他の正当な理由により当該事業年度より前の事業年度に係る定時株主総会において承認又は報告をしたものと異なるものに修正されている場合において、当該事業年度に係る計算書類が当該修正後の過年度事項を前提として作成されているときは、会計監査人は、当該修正に係る事項をも、監査しなければならない。臨時計算書類及び連結計算書類についても、同様。

　(イ)　監査役の監査報告（計算規則127）　　①監査役の監査の方法及びその内容、②会計監査人の監査の方法又は結果を相当でないと認めたときは、その旨及びその理由（会計監査報告の内容の通知がないときは会計監査報告を受領していない旨）、③重要な後発事象（会計監査報告の内容となっているものを除く）、④会計監査人の職務の遂行が適正に実施されることを確保するための体制に関する事項、⑤監査のため必要な調査ができなかったときは、その旨及びその理由、⑥監査報告を作成した日〔⑥は監査役会設置会社では不要〕。

　(ウ)　監査役会の監査報告（計算規則128）　　(イ)により監査役が作成した監査報告（監査役監査報告）に基づき、監査役会の監査報告（監査役会監査報告）を作成する。その内容は、次のとおり。①監査役及び監査役会の監査の方法及びその内容、②上記(イ)の②―⑤の事項、③監査役会監査報告を作成した日。この場合、監査役は、監査役会監査報告の内容が監査役の監査役監査報告の内容と異なる場合には、その事項に係る各監査役の監査役監査報告の内容を監査役会監査報告に付記することができる。なお、会計監査人設置会社の監査役会が監査役会監査報告を作成する場合には、監査役会は、1回以上、会議を開催する方法又は情報の送受信により同時に意見の交換をすることができる方法により、監査役会監査報告の内容（上記の付記を除く）を審議しなければならない。

　(エ)　監査等委員会の監査報告〔監査等委員会設置会社〕（計算規則128の2）　　①監査等委員会の監査の方法及びその内容、②上記(イ)②―⑤の事項、③監査報告を作成した日。この場合、監査等委員は、監査報告の内容が監査等委員の意見と異なる場合には、その意見を監査報告に付記することができる。なお、監査報告の内容（付記を除く）は、監査等委員会の決議で定めなければならない。

　(オ)　監査委員会の監査報告〔指名委員会等設置会社〕（計算規則129）　　①監査委員会の監査の方法及びその内容、②上記(イ)の②―⑤の事項、③監査報告を作成した

図表19　監査日程〔会計監査人および監査役会設置会社〕

取締役、計算書類・事業報告を監査のため提出
⇩
取締役、附属明細書を監査のため提出
⇩
会計監査人、会計監査報告を提出
〔監査期間は、計算書類は4週間、附属明細書は1週間（関係者の合意で短縮可）〕
⇩
監査役会、監査報告を提出
〔監査期間は、計算書類・事業報告は4週間、附属明細書は1週間（関係者の合意で短縮可）〕
⇩
取締役会承認
⇩
定時株主総会招集通知の発送〔総会の日の2週間前まで〕
⇩
定時株主総会（計算書類等の報告・剰余金配当決議）〔＊〕
⇩
公告または電磁的公開等〔総会後遅滞なく〕

〔＊〕取締役会で剰余金配当を決定できる会社もある〔339頁参照〕。

　日。この場合、監査委員は、監査報告の内容が監査委員の意見と異なる場合には、その意見を監査報告に付記することができる。なお、監査報告の内容（付記を除く）は、監査委員会の決議で定めなければならない。

　＊5）　会計監査制度の近年の動向　　金融商品取引法に基づく監査人の監査等に関する近年の潮流については、199頁(3)以下を参照。

(3)　事前の開示　　**（ア）**　取締役会設置会社では、取締役会の承認をへた計算書類と事業報告（＋監査報告・会計監査報告）は、法務省令で定めるところにより、定時株主総会の招集通知に際して株主に提供する〔直接開示〕(437・計算規則133)。

　（イ）　附属明細書は招集通知時に提供する必要はないが、計算書類・事業報告や監査報告・会計監査報告とともに、定時株主総会の日の原則として2週間前から、本店に5年間、写しを支店に3年間備え置き、株主・会社債権者・親会社社員の閲覧・謄写に供する〔間接開示〕(442。例外等が細かく定められている)〔なお、東京高判平成27・11・11〕。株主はこれらを資料として定時株主総会で

議決権を行使することになる。

(4) **承認** 取締役は、監査を受けた計算書類・事業報告を定時株主総会に提出して、事業報告についてはその内容を報告し、計算書類については株主総会の承認を受ける (438 I —Ⅲ)。この承認は、計算が正当であることを承認する株主総会の決議である。ただし、会計監査人設置会社では、計算書類が法令・定款に従い会社の財産および損益の状況を正しく表示しているものとして法務省令で定める要件に該当する場合〔たとえば監査役会設置会社では、会計監査人の無限定適正意見があり、これを不相当とする監査役会の意見・監査役の意見の付記がない場合〕には、株主総会の承認を求める必要はなく、取締役会の承認で確定することができ、その場合には定時株主総会には計算書類を提出してその内容の報告をする^{*6）} (439・計算規則135)。

> * 6） **計算書類の確定権限** 昭和56年改正で、原則としては貸借対照表と損益計算書も株主総会の承認を必要としつつ（平成17年改正前商法283）、大会社では、各会計監査人の監査報告書に、貸借対照表・損益計算書が法令・定款に従い会社の財産・損益の状況を正しく示している旨の記載（特例法13Ⅱ、平成17年改正前商法281ノ3Ⅱ③参照）があり、かつ、各監査役の監査報告書に、同事項についての会計監査人の監査の結果を相当でないと認める旨の記載（平成5年改正前特例法14Ⅱ①参照）がない場合には、株主総会の承認を不要とした（平成5年改正前特例法16 I）。平成5年改正は、各監査役の監査報告書の適法意見に代えて、監査役会の監査報告書の適法意見と各監査役のそれを不相当とする意見の付記がないことをもって、株主総会の承認を不要とする要件としたが（特例法16 I）、各監査役の承認が必要であるという実質には変化はない。会社法もこれを引き継いでいる。

(5) **事後の公開（いわゆる決算公開）** 上記の定時株主総会の終結後遅滞なく、会社は、法務省令で定めるところにより、貸借対照表（大会社では貸借対照表および損益計算書）を公告しなければならない (440 I・計算規則136・148)。この場合、①公告方法が官報または日刊新聞紙である会社の場合は、その要旨を公告することで足りる (440Ⅱ・計算規則137—146・148)。また、②①の会社は、法務省令で定めるところにより、貸借対照表の内容である情報を、定時株主総会の終結の日の後5年間、継続して電磁的方法により不特定多数の者が提供を受けることができる状態に置く措置をとることができる〔電磁的公開〕(440Ⅲ・計算規則147)。他方、③金融商品取引法上の有価証券報告書提出会社は、

この公告は免除される[*7]（440Ⅳ）〔会社法での新設規定〕。

> **＊7）　貸借対照表・損益計算書の公開**　　会社債権者等の保護をはかった制度である。以前は、すべての会社が貸借対照表の公告を要求されていたが（昭和56年改正前商法283Ⅲ）、実際には公告をしない会社が少なくなかった。昭和56年改正は、貸借対照表の公告に代えてその要旨を公告してもよいこととし、また、大会社は貸借対照表だけでなく損益計算書をも公告するが、そのいずれも要旨の公告で足りることとした。平成13年11月改正は、公告に代えて、貸借対照表の内容（要旨ではなく全体。大会社では損益計算書の内容も）をインターネット等によって公開する道を認め（公開するウェブサイトのアドレス等は登記する。平成17年改正前商法188Ⅱ⑩）、大規模会社には公告費用の節約を認めるとともに、中小規模の会社には法を遵守して貸借対照表を公開することを期待することとした〔電磁的公開〕。さらに平成16年改正は電子公告制度〔50頁＊5）〕を創設したため、同改正施行後は、貸借対照表等の公開は電磁的公開または電子公告によることができ、電子公告による場合には、電磁的公開の場合と同様、調査機関の調査を受けなくてよいほか（平成17年改正前商法457）、貸借対照表等の公告とそれ以外の公告とでは異なるウェブサイトとすることが認められる（平成17年改正前商法188Ⅲ前段）。会社法は、この規律を引き継いだうえで（941参照）、旧有限会社類型に相当する会社についてもこの決算公告を求めることとした〔既存の特例有限会社は除く〕。

3．臨時計算書類

　会社法が新しく導入した制度であり、事業年度中の一定の日を臨時決算日と定めて、決算をすることが認められる（441Ⅰ）。一定の会社では監査を必要とすること、株主総会の承認を必要とすること（その例外が認められること）等は、通常の決算の場合と同様である（441Ⅱ—Ⅳ）。この臨時決算をすれば、臨時決算日までの損益を剰余金配当等の分配可能額（461Ⅱ）に含めることができる〔342頁参照〕。

4．計算書類の内容・様式

　計算書類の内容・様式は法務省令で定められる[*1)2)3)4)]。

> **＊1）　資産・負債の評価**　　商法は、原価法を基調としながら、流動資産・固定資産・金銭債権・社債等・株式等・暖簾（のれん）の6種の資産について、それぞれ個別に資産の評価基準を定めてきたが、平成11年改正で金融資産（金銭債権・社債

等・株式等）については時価法を採用することを認めた。

　会社法は、多くを会計慣行にゆだねることとして、規制を簡素化した。

　㈠　資産（計算規則5）　①取得価額を付すのが原則である。②償却資産については、事業年度の末日（事業年度の末日以外の日において評価すべき場合にあっては、その日）において相当の償却をしなければならない。③(i)事業年度の末日における時価がその時の取得原価より著しく低い資産（その資産の時価がその時の取得原価まで回復すると認められるものを除く）は、事業年度の末日における時価、(ii)事業年度の末日において予測することができない減損が生じた資産又は減損損失を認識すべき資産は、その時の取得原価から相当の減額をした額〔いわゆる減損会計〕、④取立不能のおそれのある債権については、事業年度の末日においてその時に取り立てることができないと見込まれる額を控除しなければならない。⑤債権については、その取得価額が債権金額と異なる場合その他相当の理由がある場合には、適正な価格を付すことができる。⑥次の資産については、事業年度の末日においてその時の時価又は適正な価格を付すことができる。(i)事業年度の末日における時価がその時の取得原価より低い資産〔いわゆる低価法〕、(ii)市場価格のある資産（子会社及び関連会社の株式並びに満期保有目的の債券を除く）〔いわゆる時価法〕、(iii)(i)(ii)の資産のほか、事業年度の末日においてその時の時価又は適正な価格を付すことが適当な資産。

　㈡　負債（計算規則6）　①債務額を付すのが原則である。②次の負債については、事業年度の末日においてその時の時価又は適正な価格を付すことができる。(i)退職給付引当金（使用人が退職した後に当該使用人に退職一時金、退職年金その他これらに類する財産の支給をする場合における事業年度の末日において繰り入れるべき引当金をいう）その他の将来の費用又は損失（収益の控除を含む）の発生に備えて、その合理的な見積額のうち当該事業年度の負担に属する金額を費用又は損失として繰り入れることにより計上すべき引当金（株主に対して役務を提供する場合において計上すべき引当金を含む）〔企業会計基準委員会の企業会計基準第29号「収益認識に関する会計基準」（平成30年3月30日）を受けて平成30年10月に改正〕、(ii)払込みを受けた金額が債務額と異なる社債、(iii)(i)(ii)の負債のほか、事業年度の末日においてその時の時価又は適正な価格を付すことが適当な負債。

　㈢　組織再編等の場合の資産・負債の評価（計算規則7─10）

　㈣　のれん（計算規則11）

　㈤　組織再編行為により生じる株式の特別勘定（計算規則12）

＊2）　**繰延資産と引当金**　繰延資産とは、すでに支出された費用を将来の収益に対応させるために貸借対照表上の資産項目として計上される金額であり（したがっ

て、資産といっても通常の資産とは性格が異なる）、逆に、引当金とは、未だ支出または発生していない費用または損失を当期の収益に対応させる結果として貸借対照表上に（通常は負債項目として）計上される金額である。一般には、いずれもしかるべき費用としかるべき収益とを当該期間に対応させることが合理的であることから認められる会計処理である（費用収益対応の原則、期間損益計算の原則）。実際の効果としては、繰延資産は、すでに支出した費用を次年度以降の負担とするため、利益が平準化され当期の利益が増大する。また、引当金は、逆に当期の利益を圧迫する。

　平成17年改正前商法は、繰延資産については限定列挙で認め規則的償却を求めてきたが、会社法では、これらは会計慣行にゆだねることとした（分配制限がある〔計算規則158〕）。引当金については、＊1）(イ)参照。

＊3）　**税効果会計**　　翌期以降に支払うことが見込まれ、または支払わずにすむことが見込まれる税金（法人税等）の額を当期に負債項目または資産項目として計上することを認める会計処理をいい、公正な会計慣行として近年認められるに至った。どのような条件で認められるべきかについては、近年とくに金融機関について議論がある。

＊4）　**様式**　　(1)　総則　　計算書類と附属明細書に表示する金額の単位は1円単位、1000円単位または100万円単位とする（計算規則57Ⅰ）。日本語で表示するが、その他の言語で表示することが不当でない場合は日本語以外でもよい（計算規則57Ⅱ）。

　(2)　貸借対照表（計算規則72―86）　　資産・負債・純資産の3つの部に区分する（計算規則73Ⅰ）。(ア)資産の部は、流動資産・固定資産・繰延資産の各項目に区分し、固定資産は、さらに有形固定資産・無形固定資産・投資その他の資産の各項目に区分する（計算規則74Ⅰ・Ⅱ）。(イ)負債の部は、流動負債・固定負債の各項目に区分する（計算規則75Ⅰ）。(ウ)純資産の部は、株主資本・評価・換算差額等・株式引受権・新株予約権の各項目に区分する（計算規則76Ⅰ）。株主資本の項目は、次の項目に区分する（計算規則76Ⅱ）。①資本金、②新株式申込証拠金、③資本剰余金、④利益剰余金、⑤自己株式〔控除項目〕、⑥自己株式申込証拠金。③の資本剰余金は、資本準備金とその他資本剰余金に区分し（計算規則76Ⅳ）、④の利益剰余金は、利益準備金とその他利益剰余金に区分する（計算規則76Ⅴ）。評価・換算差額等の項目は、その他有価証券評価差額金・繰延ヘッジ損益・土地再評価差額金その他適当な名称を付した項目に細分する（計算規則76Ⅶ）。新株予約権の項目は、自己新株予約権の項目を控除項目として区分することができる（計算規則76Ⅷ）。

　(3)　損益計算書（計算規則87―94）　　次の項目に区分して表示する（計算規則88Ⅰ）。①売上高、②売上原価、③販売費及び一般管理費、④営業外収益、⑤営業外

図表20 貸借対照表

（〇年〇月〇日現在）

（単位：百万円）

科 目	金 額	科 目	金 額
（資産の部）		**（負債の部）**	
流動資産	×××	**流動負債**	×××
現金及び預金	×××	支払手形	×××
受取手形	×××	買掛金	×××
売掛金	×××	短期借入金	×××
契約資産	×××	リース債務	×××
有価証券	×××	未払金	×××
商品及び製品	×××	未払費用	×××
仕掛品	×××	未払法人税等	×××
原材料及び貯蔵品	×××	契約負債	×××
前払費用	×××	前受金	×××
その他	×××	預り金	×××
貸倒引当金	△ ×××	前受収益	×××
固定資産	×××	〇〇引当金	×××
有形固定資産	×××	その他	×××
建物	×××	**固定負債**	
構築物	×××	社債	×××
機械装置	×××	長期借入金	×××
車両運搬具	×××	リース債務	×××
工具器具備品	×××	〇〇引当金	×××
土地	×××	その他	×××
リース資産	×××	**負債合計**	×××
建設仮勘定	×××	**（純資産の部）**	
その他	×××	**株主資本**	
無形固定資産	×××	資本金	×××
ソフトウェア	×××	資本剰余金	×××
リース資産	×××	資本準備金	×××
のれん	×××	その他資本剰余金	×××
その他	×××	利益剰余金	×××
投資その他の資産	×××	利益準備金	×××
投資有価証券	×××	その他利益剰余金	×××
関係会社株式	×××	〇〇積立金	×××
長期貸付金	×××	繰越利益剰余金	×××
繰延税金資産	×××	自己株式	△ ×××
その他	×××	**評価・換算差額等**	×××
貸倒引当金	△ ×××	その他有価証券評価差額金	×××
繰延資産	×××	繰延ヘッジ損益	×××
社債発行費	×××	土地再評価差額金	×××
		株式引受権	×××
		新株予約権	×××
		純資産合計	×××
資産合計	×××	**負債・純資産合計**	×××

〔出所〕社団法人日本経済団体連合会ひな型（令和4年）

費用、⑥特別利益、⑦特別損失。

(4)　株主資本等変動計算書（計算規則96）　　(5)　個別注記表（計算規則97—116）

(6)　計算書類の附属明細書（計算規則117）

(7)　その他　　別記事業（計算規則118）、会社法以外の法令による準備金等（計算規則119）、IFRS（国際財務報告基準・国際会計基準）での連結計算書類（計算規則120〔平成21年計算規則改正、平成22年3月期から適用〕）、米国基準での連結計算書類（平成28年1月改正後の計算規則120の3）。平成28年3月期からは、修正国際基準での連結計算書類の作成が認められている（平成28年1月改正後の計算規則120の2）。

(8)　有価証券報告書と事業報告・計算書類の一体的開示　　金融商品取引法に基づく有価証券報告書と会社法に基づく事業報告・計算書類の一体的開示に向けた検討がされており、金融庁＝法務省「一体的開示をより行いやすくするための環境整備に向けた対応について」（平成29年12月28日）、公益財団法人財務会計基準機構「有価証券報告書の開示に関する事項―『一体的開示をより行いやすくするための環境整備に向けた対応について』を踏まえた取組―」（平成30年3月30日）、内閣官房＝金融庁＝法務省＝経済産業省「事業報告等と有価証券報告書の一体的開示のための取組の支援について」（平成30年12月28日）、経済産業省「事業報告等と有価証券報告書の一体的開示FAQ（制度編）」（令和3年1月18日）が公表されている。

4　連結計算書類

　平成14年改正は、連結計算書類制度を導入し、会社法もこれを引き継いでいる。この制度は情報提供の充実をはかるために導入されたものであって、剰余金配当規制は従来どおり単体の貸借対照表を基準とするが、計算規則によれば、連結配当規制適用会社では、単体ベースの剰余金の額が連結ベースの剰余金の額より大きい場合には、分配可能額（461Ⅱ）〔342頁参照〕からその差額を控除し、連結ベースを基準とすることができる〔逆に単体ベースの剰余金を増やすことはできない〕（計算規則158④・2Ⅲ⑤）。

　連結計算書類とは、「その会社およびその子会社から成る企業集団の財産および損益の状況を示すために必要かつ適当なものとして法務省令で定めるもの」をいう（444Ⅰ）〔連結貸借対照表・連結損益計算書・連結株主資本等変動計算書・連結注記表（計算規則61）〕。

　会計監査人設置会社は、法務省令で定めるところにより、各事業年度に関

する連結計算書類を作成することができるが〔電磁的記録も可〕（444Ⅰ・Ⅱ）、その作成が義務づけられるのは、事業年度の末日において大会社であって、かつ、金融商品取引法上の有価証券報告書提出会社に限られる（444Ⅲ）〔詳細は、計算規則62以下〕。

連結計算書類は、法務省令で定めるところにより、監査役・監査役会（監査等委員会設置会社では監査等委員会、指名委員会等設置会社では監査委員会）および会計監査人の監査を受けたうえで、取締役会で承認し〔取締役会設置会社〕、定時株主総会の招集通知時に株主に提供したうえで、定時株主総会に提出し、その内容と監査の結果を報告する（444Ⅳ—Ⅶ・416Ⅳ⑬・計算規則121以下）。

5 資本金と準備金

1. 概 要

資本金という制度は、会社債権者の保護、言い換えれば株主と会社債権者との利害調整のために設けられた制度である。株式会社では、株主有限責任のため会社財産のほかには財産的基礎がないので、会社法は、資本金という一定額を基準として、それにさらに準備金という制度を設け、原則としてこれらの数字の合計額を超える額を「分配可能額（461Ⅱ）」〔342頁〕として算出し、その額を限度として株主への配当等による会社財産の払戻しを認める。したがって、資本金と準備金の制度は、剰余金分配規制との関係で意味をもつ制度である。資本金および準備金の額に相当する財産が実際に会社のなかでどのような形で保有されるかはまったく問題ではない。資本金や準備金の増加・減少といっても、貸借対照表上の資本金の額または準備金の額という数字（計数）が増加または減少することを意味するのであって、これによって現実の会社財産の増減を意味するわけではない。

2. 資本金・準備金・剰余金の算定

(1) **資本金** 資本金の額は、会社法の規定により算出される。[*1)] 原則は株式の実際の払込金額（現物出資の場合は給付額）の総額であるが（445Ⅰ）〔改正前

商法が発行価額を基準としていたのを改正〕、株式発行の際にその2分の1までの額（払込剰余金）は、資本金としないことが認められ（445Ⅱ）、その場合には、それは資本準備金としなければならない（445Ⅲ）〔詳細は、計算規則13以下〕。

＊1）　資本金　　(1)　最低資本金制度の廃止　　会社法では、最低資本金規制は廃止されたが、剰余金分配との関係ではその趣旨が残されている（458）。

(2)　資本に関する諸原則　　資本金は会社の財産を確保するための基準となる一定の金額であるが、会社債権者保護のため、昔は、次のような原則が認められると説明されてきた。しかし、会社法のもとでは、存在するといえそうなのは、(イ)だけである。

(ア)　資本充実の原則　　資本金の額に相当する財産が実際に会社に拠出されることをいう。発行価額の全額払込み・現物出資の全部給付の要求（平成17年改正前商法170Ⅰ・172・177Ⅰ・Ⅲ・280ノ7・280ノ14Ⅰ）・現物出資等の厳格な調査（平成17年改正前商法173・181・184・185・280ノ8）・発起人や取締役等の引受け・払込み・給付担保責任（平成17年改正前商法192・280ノ13）・現物出資不足額塡補責任（平成17年改正前商法192ノ2・280ノ13ノ2）・株主からの相殺禁止（平成17年改正前商法200Ⅱ）などは、この原則のあらわれであるといわれてきた。しかし、会社法のもとでは、払込みや給付がなければ失権することとなり、引受け・払込み・給付担保責任は廃止された。会社法は、全額出資の要求（34Ⅰ・63Ⅰ・208ⅡⅢ）、現物出資等の調査（33・207）、不足額塡補責任（52・103Ⅰ・212・213）、相殺禁止（208Ⅲ）は引き継いでおり、また、平成26年改正により出資が仮装された場合の責任（52の2・102Ⅲ Ⅳ・102条の2・103Ⅱ・213の2Ⅰ・213の3Ⅰ）が導入されている。

(イ)　資本維持の原則　　資本金の額に相当する財産が実際に会社に維持されることをいう。利益配当の規制（平成17年改正前商法290Ⅰ）・中間配当の規制（平成17年改正前商法293ノ5Ⅲ・Ⅳ）・自己株式取得の財源規制（平成17年改正前商法210Ⅲ・210ノ2・211ノ3Ⅲ・204ノ3ノ2Ⅴ）などは、この原則のあらわれであるといわれてきた。日本の商法は、資本金の額に準備金の額等を加算した額を純資産額から差し引いた額をもって配当可能限度額等としてきたが、会社法では剰余金分配規制として改正・横断化されるにいたった〔342頁参照〕。

(ウ)　資本不変の原則　　資本金の額自体の減少を自由には許さないことをいう。ただし、法定の手続を踏めば、資本金の減少も認められる〔335頁参照〕。

(エ)　資本確定の原則　　予定された資本金の額に相当する財産の拠出が得られないかぎり、設立または増資（新株発行）の効力を否定することをいう。昭和25年改正前はこれを認めていたが、同年改正は授権株式制度を採用したため、授権株式数を定款で定め、設立時にはその一部を発行すればよいことになった。会社が成立し

た後の新株発行の際は、引受けが発行予定新株の総数に達しないときでも、引受け・払込みがあった部分だけで新株発行の効力が認められてきたが（平成17年改正前商法280ノ9）、さらに、会社法は、設立時にも一部に払込みがない場合は払込みがあった部分だけで設立することを認めたので、資本確定の原則はとられていない。

(2) **準備金** 準備金（法定準備金ともいう）には、資本準備金と利益準備金とがある。

剰余金の配当をする場合には、法務省令で定めるところにより、準備金の合計額が資本金の額の4分の1に達するまで、配当により減少する剰余金の額の10分の1を資本準備金または利益準備金として積み立てなければならない（445Ⅳ・計算規則22）。

(3) **合併等の場合** 以上の例外として、組織変更や合併・吸収分割・新設分割・株式交換・株式移転・株式交付に際して資本金または準備金として計上すべき額は、法務省令で定められている（445Ⅴ・計算規則33以下）。取締役・執行役に対するエクイティ報酬の場合についても法務省令で定められている（会社法445Ⅵ、計算規則42の2・42の3）〔令和元年会社法改正・令和2年計算規則改正で追加〕。

(4) **公示** このようにして算定された資本金・準備金の額は、定款には記載しないが、登記と貸借対照表により公示・公開される（911Ⅲ⑤）〔準備金の額は登記は不要で、貸借対照表により公開される〕。

(5) **剰余金** 貸借対照表上の純資産額から資本金と準備金の額を差し引いた額が剰余金となるはずであるが、剰余金配当規制との関係での分配可能額規制では決算日後の剰余金の変動も考慮に入れるため、会社法は、剰余金を定義することとしている。すなわち、剰余金とは、次の①②③④を加算し、⑤⑥⑦を減算した合計額である[*2]（446）。①最終事業年度の末日におけるイおよびロの合計額からハからホまでの合計額を減じて得た額――イ 資産の額、ロ 自己株式の帳簿価額の合計額、ハ 負債の額、ニ 資本金および準備金の額の合計額、ホ 法務省令で定める各勘定科目に計上した額の合計額（計算規則149）。②最終事業年度の末日後に自己株式の処分をした場合における自己株式の対価の額から自己株式の帳簿価額を控除して得た額。③最終事業年度の末日後に資本金の額の減少をした場合における減少額（準備金組入額〔447Ⅰ②〕を除く）。④最終事業年度の末日後に準備金の額の減少をした場合にお

ける減少額（資本金組入額〔448 I ②〕を除く）。⑤最終事業年度の末日後に自己株式の消却をした場合〔178 I〕における自己株式の帳簿価額。⑥最終事業年度の末日後に剰余金の配当をした場合における次の合計額――イ　454条1項1号〔剰余金配当〕の配当財産の帳簿価額の総額（454Ⅳ①〔現物配当の場合〕に規定する金銭分配請求権を行使した株主に割り当てた当該配当財産の帳簿価額を除く）、ロ　454条4項1号〔現物配当の場合〕に規定する金銭分配請求権を行使した株主に交付した金銭の額の合計額、ハ　456条〔現物配当の場合〕に規定する基準未満株式の株主に支払った金銭の額の合計額。⑦法務省令で定める各勘定科目に計上した額の合計額（計算規則150）。

　　＊2）　**剰余金の計算**　　剰余金の計算例については、後述343頁＊2）参照。

（6）　**任意積立金**　　会社が自発的に積み立てるものをいう。会社は、株主総会の決議により、損失の処理、任意積立金の積立てなど、会社財産の流出を伴わない剰余金の処分をすることができる（452・計算規則153。資本金・準備金を増加する場合は、450・451による）。

3．資本金・準備金の減少および増加

（1）　**資本金・準備金の減少**　　資本金の減少および準備金の減少〔法文上は資本金・準備金の「額」の減少〕は、原則として、株主総会決議と会社債権者異議手続が必要である。株主総会の特別決議が必要なのは基礎的変更であるからであり、また、債権者異議手続が必要なのは、資本金・準備金は会社の責任財産の基準となる数字であり、会社債権者の利益に重大な影響が及ぶからである。
＊1）

　　＊1）　**会社法における概念整理**　　会社法は、資本金減少・準備金減少を数字（計数）の減少と整理したので、たとえば、平成17年改正前商法のもとでの「実質上の資本減少」は会社法のもとでは資本金減少＋剰余金配当、「株式消却を伴う資本減少」は会社法のもとでは資本金減少＋自己株式取得等となった。

　　　　資本金減少や準備金減少は金額だけを減少するのであるから、株主総会決議を必要とすべき理由はなく、立法論としては、これを不要とすべきである。

（ア）　**株主総会決議**　　（i）　資本金の減少をする場合には、株主総会決議により、①減少する資本金の額、②減少する資本金の額の全部または一部を

準備金とするときは、その旨および準備金とする額、③資本金の額の減少の効力発生日を定めなければならない（447Ⅰ）。

　株主総会の決議は、特別決議であるが、①定時株主総会で、かつ、②減少する資本金の額が定時株主総会の日（計算書類を取締役会で確定する場合は取締役会の承認があった日）における欠損の額として法務省令で定める方法により算定される額（規則68〔マイナスの分配可能額〕）を超えない場合には、普通決議でよい（309Ⅱ⑨）。この例外は、欠損填補をする場合で、以前から、準備金について損失処理として定時株主総会の普通決議で行われることが認められてきたものであり、また、資本金制度の趣旨（欠損の吸収）にも沿うものであるからである。

　減少する資本金の額は、資本金減少の効力発生日における資本金の額を超えることはできない〔マイナスとなる資本金減少は認められない〕（447Ⅱ）。また、株式の発行と同時に資本金減少をする場合には、合計で資本金が増加する結果となるようなときは、株主総会決議は不要で、取締役会設置会社では取締役会の決議（それ以外の会社では取締役の決定）で行うことができる（447Ⅲ）。

　(ii)　準備金の減少も、資本金の減少とほぼ同様であり、株主総会決議（普通決議）により、①減少する準備金の額、②減少する準備金の額の全部または一部を資本金とするときは、その旨および資本金とする額、③準備金の額の減少の効力発生日を定めて行う（448Ⅰ）〔その他Ⅱ・Ⅲは、資本金減少と同様〕。

（イ）　会社債権者異議手続　　(i)　資本金または準備金を減少する場合には（減少する準備金の額の全部を資本金とする場合を除く）、会社債権者は、資本金・準備金の減少について異議を述べることができるが、準備金のみを減少する場合であって、かつ、①定時株主総会で決議し、かつ、②上記の減少額が定時株主総会の日（計算書類を取締役会で確定する場合は取締役会の承認があった日）における欠損の額として法務省令で定める方法により算定される額（計算規則151〔マイナスの分配可能額〕）を超えない場合には、異議を述べることはできない（449Ⅰ）。この例外は、平成17年改正前商法のもとで、会社債権者異議手続なしで準備金の使用が認められていたという規律を引き継いだものである。

　(ii)　債権者が異議を述べることができる場合には、会社は、①資本金等

の額の減少の内容、②会社の計算書類に関する事項として法務省令で定める
もの（計算規則152）、③債権者が一定の期間内〔1か月以上〕に異議を述べるこ
とができる旨を官報に公告し、かつ、知れている債権者には、各別にこれを
催告しなければならない（449Ⅱ）。ただし、その公告を、官報に加えて日刊
新聞紙または電子公告でするときは、各別の催告は不要となる（449Ⅲ）。

　債権者が期間内に異議を述べなかったときは、その債権者は、資本金等の
額の減少について承認をしたものとみなされる（449Ⅳ）。これに対して、債
権者が期間内に異議を述べたときは、会社は、その債権者に対し、①弁済し、
②相当の担保を提供し、③その債権者に弁済を受けさせることを目的とする
信託会社・信託兼営金融機関への相当の財産の信託のいずれかをしなければ
ならないが、資本金等の額の減少をしてもその債権者を害するおそれがない
場合は、この措置は不要である（449Ⅴ）〔債権者を害するおそれがないとされた事例とし
て、大阪高判平成29・4・27判タ1446-142〈百選A33〉〈商判Ⅰ-172〉、東京地判令和2・2・26〕。

　（ウ）　資本金・準備金減少の効力発生時期　　いずれも株主総会等で定めた
効力発生日に効力が生じるが、会社債権者異議手続が終了していないときは、
終了した時点となる（449Ⅵ）。なお、会社は、株主総会等で定めた効力発生
日までは、いつでも効力発生日を変更することができる^{*2)3)}（449Ⅶ）。

　　＊2）　**資本金減少の効力等**　　資本金減少により変更登記がされるが、これは効力
　　　とは関係がない（最判昭和42・2・17判時481-124〔有限会社の事例〕）。資本金減少の
　　　効力が発生する時点までは、株主総会の特別決議〔当時〕で資本金減少を撤回する
　　　ことが認められる（大判昭和5・7・17民集9-868）。

　　＊3）　**減資差益**　　資本金減少の結果、減少した資本金の額が欠損の填補にあてた
　　　金額を超えた場合には、その超過額＝差益（従来は「減資差益」と呼ばれた）は、資
　　　本準備金にはならず（「その他資本剰余金」となる）、したがって、分配可能額（461
　　　Ⅱ）に含まれる。

　（エ）　資本金減少無効の訴え　　資本金減少の手続等に瑕疵がある場合には、
資本金減少無効の訴えをもってのみ、資本金減少を無効とすることが認めら
れる。

　提訴期間は効力発生日から6か月、提訴権者（原告適格）は、株主等〔株
主・取締役・清算人（＋監査役設置会社では監査役・指名委員会等設置会社では執行
役）〕・破産管財人・資本金減少を承認しなかった債権者である（828Ⅰ⑤・Ⅱ⑤）。

無効判決には対世効がある (838)。平成17年改正前商法では遡及効を防ぐ規定は設けられていなかったが、会社法で設けられた (839)。専属管轄・担保提供命令・弁論等の併合・原告が敗訴した場合に悪意または重過失があったときの賠償責任は、他の「会社の組織に関する訴え」の場合と同様である (835—837・846)。

(2)　**資本金・準備金の増加──剰余金からの組入れ**　　株主総会決議（普通決議）により、剰余金を減少して、それを資本金・準備金に組み入れることができる。この場合には、総会決議では、①減少する剰余金の額と②資本金または準備金の額の増加の効力発生日を定める (450 I・II・451 I・II)。剰余金をマイナスにするようなことはできない (450 III・451 III)。

6　剰余金の分配

1．概　　要

　株式会社の事業による利益は、会社が解散すれば残余財産の分配として出資者である株主に分配されるが、通常、会社は存続期間を定めないで永続的に事業を行うため、定期的に区切って出資者である株主に利益その他の剰余金の配当を行うことを認める必要がある。剰余金配当請求権は、出資者である株主にとってもっとも基本的な権利の1つであるが、定期的に区切ったとき（多くの株式会社では1年間）にいくらまでの剰余金を配当として株主に分配することを認めるかという配当規制〔より一般には株主への払戻しの規制〕の問題は、会社債権者と株主の利害調整の問題として、会社法の会計規制のなかでのもっとも中心的な規制である。

　会社法は、剰余金の処分のうちで、財産（金銭を含む）が会社から流出するものについて、横断的な規制（分配可能額規制および取締役等の期末の欠損塡補責任）を整備することにより、会社債権者との関係では、異議手続を経ずに、いつでも期中何回でも、そのような剰余金分配（配当・自己株式の有償取得等の株主への払戻し）をすることができるように規制を整備しなおした。また、分配可能額については、原則として、分配時までの実際の剰余金の変動（増

減）を考慮に入れることとし、かつ、臨時決算をした場合には期間損益も考慮に入れることとした。また、配当については、現物（金銭以外）を配当することも認めることとした。^{*1)2)}

> ＊1)　**剰余金の処分**　　剰余金の処分のうちで、財産（金銭を含む）が会社から流出しないものについては、いつでも、株主総会決議で行うことができる（452・計算規則153。なお450・451）。
>
> ＊2)　**建設利息の廃止**　　建設利息制度（平成17年改正前商法291）は、会社法では廃止された。

2. 剰余金の配当

(1)　手続　　**(ア)　原則——株主総会決議**　　剰余金の配当（株主への配当をいう。自己株式には配当できない〔453〕）は、株主総会決議〔現物配当の場合を除いて普通決議（下記（イ）参照）。定時株主総会決議である必要はない〕により、①配当財産の種類（その会社の株式等〔株式・社債・新株予約権〕は「配当」できない）および帳簿価額の総額、②株主に対する配当財産の割当てに関する事項、③剰余金の配当の効力発生日を定めて行う（454 I）。剰余金の配当について内容の異なる2以上の種類の株式を発行しているときは、各種類の株式の内容に応じて②の事項を定める（454 II）。

②は、株主間（株式間。種類株式の場合は種類株式間）で平等でなければならない^{*1)}（454 III）。

> ＊1)　**日割配当**　　日割配当（事業年度の途中で新株発行があった場合には新株には日割りで配当すること）は、会社法のもとでは禁止される。

(イ)　現物配当　　現物配当（配当財産を金銭以外の財産とすること）も認められるが、その場合には、株主総会の決議により次の事項を定めることができる（454 IV）。①株主に対して金銭分配請求権（現物配当財産に代えて金銭を交付することを会社に対して請求する権利）を与えるときは、その旨および金銭分配請求権を行使することができる期間〔配当効力発生日より前でなければならない〕、②一定数未満の数の株式を有する株主に対して配当財産の割当てをしないこととするときは、その旨およびその数。

現物配当で、かつ、株主に金銭分配請求権を与えない場合は、上記の剰余

金分配の株主総会決議は特別決議となるが（309Ⅱ⑩）〔株主保護のため〕、それ以外の場合は、普通決議でよい。

①②を定めた場合の処理は法で定められている（455・456・計算規則154）。

（ウ）　**例外——取締役会決議**　①ⓐ会計監査人設置会社かつ監査役会設置会社は取締役の任期を1年以内と定めれば、また、ⓑ監査等委員会設置会社は（監査等委員である取締役以外の取締役の任期は1年以内）、そしてⓒ指名委員会等設置会社は、②定款に定めることにより、剰余金配当（現物配当で株主に金銭分配請求権を与えない場合を除く）を株主総会ではなく、取締役会の権限とすることが認められる。この場合には、③最終事業年度に係る計算書類が法令および定款に従い会社の財産および損益の状況を正しく表示しているものとして法務省令で定める要件（計算規則155）に該当する場合にかぎり、そのような定款の定めは効力を有する（以上、459Ⅰ④・Ⅱ・Ⅲ）〔このような例外は、平成17年改正前商法のもとでは、委員会等設置会社（当時）についてだけ認められていたが、会社法では、その範囲を広げた。監査等委員会設置会社・指名委員会等設置会社でも定款の定めが必要。③の要件は、ⅰ計算書類についての会計監査報告の内容に無限定適正意見があり、ⅱ監査役会・監査等委員会または監査委員会の監査報告の内容（付記の内容も含む）として会計監査人の監査の方法または結果を相当でないと認める意見がないこと等である〕。

なお、以上のような取締役会への権限移動は、同じ要件のもとで、次の場合にも認められる（459Ⅰ①—③）。①特定者からの場合を除く自己株式の有償取得、②欠損塡補のための準備金減少、③財産流出を伴わない剰余金の処分（452参照）。

また、このような取締役会への権限移動をする定款規定を置いた場合には、取締役会決議事項を株主総会では決議できないことを定款で定めることも認められる〔そのような定款規定を置くと株主の提案権を排除する効果がある〕（460Ⅰ。要件としてⅡ）。

（エ）　**中間配当**　（ウ）の特例を設けていない会社であっても、取締役会設置会社は、一事業年度の途中で1回に限り、取締役会の決議によって剰余金の配当（金銭配当に限る）をすることができる旨を定款で定めることができる（454Ⅴ）〔平成17年改正前商法の中間配当制度を引き継いだ規制〕。
　＊2）

　＊2）　**中間配当**　　昭和49年改正で決算監査が強化され、監査の時間を確保するため、定時株主総会は決算期から3か月以内に開けばよくなった。その結果、それ以前には多くの大企業は年2回決算をし、年2回配当をしてきたが、年1回決算に移行した。そこで、従来年2回配当を受けてきた株主の不満を避けるため、同年の改正でこの制度が導入された。

　（オ）　**配当金の支払など**　　（ⅰ）　配当の時期　　伝統的には、事業年度（多くの株式会社では1年間）の末日（決算期）に決算をし、これに基づき利益処分案を定時株主総会で決議し、配当額を決定してきた。会社法のもとでは、年に何回も配当をすることもできるが、従来のように決算期ごとの配当支払は実務上その後も続いている。

　（ⅱ）　配当金支払請求権　　剰余金配当の効力が生じると、確定額の配当金支払請求権（現物の場合は配当財産交付請求権）が具体的に発生する。したがって、この請求権が帰属するのは本来は効力発生日の株主名簿上の株主であるが、従来から多くの会社では、定款で決算期を基準日とし、配当はその基準日現在の株主に支払うと定めている。この場合、基準日から3か月以内に(124Ⅱ参照)配当金支払請求権が発生するようにしなければならないが、実際の配当金の支払はその後となってもよいと解すべきである。なお、配当金支払請求権が発生した後に株式が移転してもこの権利は当然には移転せず、独立して譲渡・差押え・転付命令等の対象となる。

　（ⅲ）　配当金の支払（現物配当の場合を含む）　　会社が費用を負担して、株主の株主名簿上の住所または株主が会社に通知した住所で支払う〔持参債務〕（457Ⅰ。なおⅡ・Ⅲ）。

　(2)　**要件**　　第1に、会社の純資産額が300万円を下回る場合には、配当はできない（458）。

　第2に、「分配可能額」を算出し、その限度内でのみ株主への配当およびその他の剰余金分配をすることができる（461）。

　第3に、配当をする場合には、法務省令で定めるところにより、準備金の合計額が資本金の額の4分の1に達するまで、配当により減少する剰余金の額の10分の1を資本準備金または利益準備金として積み立てなければならない（445Ⅳ・計算規則22）。

　なお、配当をした場合における配当後の剰余金の額は法務省令で定められている（計算規則23）。

3．剰余金分配規制

　剰余金分配規制は、①事前の分配可能額規制〔財源規制ともいう〕と②期末の欠損填補責任（取締役等の責任）の2つである。

　(1)　**分配可能額規制**　　（ア）　**規制の内容**　　次の(イ)の行為により株主に交付する金銭等（当該会社の株式を除く）の帳簿価額の総額は、その行為の効力発生日における分配可能額〔下記(ウ)〕を超えることはできない（461Ⅰ）。[*1)]

　（イ）　規制の対象となる剰余金分配（461Ⅰ）――①譲渡制限株式の買取り（138[1]ハ・[2]ハ参照）、②子会社からの自己株式の取得および市場取引・公開買付けによる自己株式の取得（163・165Ⅰ参照）、③株主との合意による自己株式の取得（157Ⅰ参照）、④全部取得条項付種類株式の取得（173Ⅰ参照）、⑤相続人等への売渡請求に基づく自己株式の買取り（176Ⅰ参照）、⑥所在不明株主の株式の買取り（197Ⅲ参照）、⑦端数処理手続における自己株式の買取り（234Ⅳ・235Ⅱ参照）、⑧剰余金の配当。

　（ウ）　**分配可能額**（461Ⅱ）　　①②を加算し、③④⑤⑥を減算した合計額である。[*2)]原則は、その他資本剰余金とその他利益剰余金の合計額が分配可能額になる。

　①剰余金の額（446）。②臨時計算書類につき株主総会等の承認（441Ⅳただし書の場合は、441Ⅲの承認）を受けた場合における　イ　その期間の利益の額として法務省令で定める各勘定科目に計上した額の合計額（計算規則156）および　ロ　その期間内に自己株式を処分した場合における対価の額。③自己株式の帳簿価額。④最終事業年度の末日後に自己株式を処分した場合における対価の額。⑤　②の場合におけるその期間の損失の額として法務省令で定める各勘定科目に計上した額の合計額（計算規則157）。⑥法務省令で定める各勘定科目に計上した額の合計額（計算規則158）〔同[4]と[6]に注意〕。

　　＊1)　**帳簿価額**　　金銭以外（現物）の場合に帳簿価額を基準としたのは、立法時には、分配可能額のほうも帳簿価額を基準として算定されるからであると説明することが可能であったと考えられるが、その後、会計処理基準が、会社分割等の場合

を除いて、効力発生日において現物を時価で評価替えをしたうえで、時価と簿価の差額はその日の属する事業年度に損益として計上し、評価替え後の簿価（つまり時価）により剰余金を減少させることとしたため、その場合には、会社法でも帳簿価額の意味を原則評価替え後の簿価と解釈することになる。

＊2）　**分配可能額**　　「剰余金」の額（446）をいったん計算して、そこから加算・減算して「分配可能額」（461Ⅱ）を算出する。

　　たとえば、会社が保有する自己株式は貸借対照表上の純資産の部にマイナス表示で計上されるが、期末現在でいったん「剰余金」の額に含め、分配時点における額を減算する。その理由は、期末から分配時までの間に変動があった場合に、その変動を考慮するためである。

　　たとえば、期末の貸借対照表において、資産総額＝A、負債総額＝L、資本金＝C、資本準備金＝CR、その他資本剰余金＝CS、利益準備金＝ER、その他利益剰余金＝ES、自己株式＝TS（控除方式で表示される）とする。簡単のため、その後の剰余金の変動がないとすると、次のようになる。(i)「剰余金」の額（＝S）〔446〕＝A＋TS－（L＋C＋CR＋ER＋X）。ただし、X＝A＋TS－（L＋C＋CR＋ER＋CS＋ES）〔計算規則149〕。よって、S＝CS＋ES。(ii)「分配可能額」〔461Ⅱ〕＝S-TS。期末後に自己株式の額が変動したような場合には、変動後の額（帳簿価額）をもって(ii)の計算でのTSとする。

　　数字例をあげると、期末の貸借対照表において、資産総額1000、負債総額400、資本金300、準備金200、その他利益剰余金〔利益等〕200、自己株式△100であったとする。この場合、「剰余金」の額は、1000（資産総額）＋100（自己株式〔446①ロ〕）－400（負債総額）－300（資本金）－200（準備金）－0（調整計算＝計算規則177）＝200となる。分配時までに変化がないような場合は、資本金300、準備金200、その他利益剰余金200、自己株式△100なので、「分配可能額」は、200（剰余金）－100（自己株式〔461Ⅱ③〕）＝100となる。これに対して、たとえば、期末後に自己株式が150に増加したような場合は、資本金300、準備金200、その他利益剰余金200、自己株式△150となり、「分配可能額」は、200（剰余金）－150（自己株式〔461Ⅱ③〕）＝50となる。

　　なお、単純に「S＝CS＋ES」と法律で規定しなかったのは、立法時に会計処理が未定であったという事情によるものと推測される。

(2)　違法な剰余金分配とその効果等　　　(ア)　違法な剰余金分配の効力

上記の分配可能額規制に違反して分配可能額がないのに（または分配可能額を超えて）剰余金分配をしたときは、その剰余金分配〔従来、配当の場合は俗に「たこ配当」と呼ばれてきた〕は、無効であると考えたい。

＊3）　**違法な剰余金分配の効力**　　会社法のもとでは、違法な剰余金分配（分配可能額を超えた剰余金分配）もその効力は有効であると説明されている。その理由は、会社法461条1項が「当該行為がその効力を生ずる日」と表現している（463Ⅰも「効力を生じた日」と表現している）ことと、分配可能額規制の適用がある場合で分配可能額を超えた対価流出による自己株式取得の場合に無効と解すると同時履行の抗弁権があるため流出額のスムーズな返還に支障となるということのようである。

　　しかし、会社法のもとでも、無効説も成り立ちうると思う。株主の弁済責任（462Ⅰ）の履行について、株主に会社が取得した自己株式の返還との同時履行の抗弁権を認めるかどうかは、有効説・無効説にかかわらず存在する問題である。無効説をとったとしても、不当利得返還請求と同時履行の抗弁権排除の点については462条1項により特別規定化されていると解すべきで、この点は決め手にはならない。

　　462条1項の弁済責任は、たとえば一株あたりの分配可能額が60円で100円現金配当されたような場合であっても、100円全額を弁済する責任である。その意味では最低限の会社債権者保護の達成（40円の返還）を超える回復を求めているわけである。そうだとすれば、これが現物配当であったような場合（たとえば、一株あたりの分配可能額は60円、現物の簿価は100円、時価は140円とする）、弁済責任を負う額は100円であるが、違法配当の効力を無効であると解して、会社によるその現物の返還請求を認めてさしつかえないように思われる。なお、弁済責任を負う額（462Ⅰにいう帳簿価額）とは交付時の時価であるべきであると解するとしても、なおその後値上がりした場合に、会社にその現物の返還を求めることを認めてさしつかえないように思われる。要するに、有効説で何か絶対に困るような不都合があるとも思えないが、無効説のほうが優れているように思う。

（イ）　違法な剰余金分配の返還　　会社は株主に対してその返還を請求でき（462Ⅰ）、会社債権者は直接株主に対して違法分配額を自分に返還することを請求できる（463Ⅱ〔債権額が上限〕）〔会社法で改正〕。さらに、多数の株主から返還させることは実際上困難なので、会社法は、①業務執行者〔業務執行取締役（指名委員会等設置会社では執行役）その他当該業務執行取締役の行う業務の執行に職務上関与した者として法務省令で定める者（計算規則159）〕および②株主総会や取締役会に剰余金分配議案を提案した取締役等（462Ⅰ各号・計算規則160・161）に対して、分配額（交付をした金銭等の帳簿価額に相当する金銭）を支払う義務を負わせている（462Ⅰ）〔株主代表訴訟の対象となる（847Ⅰ）〕。

　この場合、①②の者は、その職務を行うについて注意を怠らなかったことを証明したときは、462条1項の責任を免れるが〔過失責任〕（462Ⅱ）〔会社法で

図表21　違法配当に関する責任

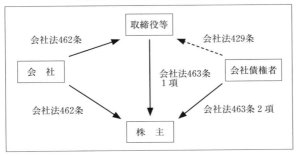

の新設規定〕（過失がなかったとされた事例として、東京地判平成30・3・29判時2426-66〈商判Ⅰ-141〉、責任が認められた事例として、東京高判令和1・5・16金融商事1585-12）、①②の者の責任は、総株主の同意によっても、免除することはできない〔分配可能額を超える部分〕（462Ⅲ）〔会社債権者保護のため（会社法で改正）。したがって、分配可能額までは総株主の同意で免除できる（なお847の3Ⅹ）〕。

　462条1項の責任を履行した取締役等が株主に求償する場合は、悪意の株主に限られる（463Ⅰ）。これに対して、会社または会社債権者が株主に対して返還を求める場合には、株主の善意・悪意を問わない。

　(3)　分配可能額を超える自己株式の買取り──(1)の特別規定　　株式買取請求権が行使されると会社は自己株式を取得することになり会社から金銭が流出する。そこで、会社法は、合併等の場合以外の場合で一定の場合には、特別の会社債権者保護のための手当てを新設した。横断的な剰余金分配規制を整備する一環である[4]。すなわち、法が定める一定の場合または株式併合の場合において株式買取請求権に応じて会社が株式を取得し（116Ⅰ・182の4Ⅰ）、株主に支払った金銭の額が支払日における分配可能額を超えるような場合には、その株式の取得に関する職務を行った業務執行者は、会社に対し、連帯して、その超過額を支払う義務を負う〔その者がその職務を行うについて注意を怠らなかったことを証明した場合は、責任を免れる〕（464Ⅰ）。この責任は、総株主の同意がなければ免除できない[5]（464Ⅱ。なお847の3Ⅹ）。

　　＊4)　自己株式の有償取得　　自己株式の有償取得の場合の分配可能額規制は、次のように分類できる。①462条の適用がある場合〔上記(イ)〕、②462条の適用はなく、

464条の適用もない場合（たとえば分配可能額を超える取得請求権付株式または取得条項付株式の有償取得）、③462条の適用はなく、464条の適用がある場合。株式買取請求権が行使されて会社が株式を取得する場合は、合併等の場合は②に該当し、その他（116Ⅰ・182の4Ⅰに定める場合）は③に該当する。②の場合における分配可能額を超える自己株式の有償取得の効力等は、場合に応じて異なる。たとえば、分配可能額を超える取得請求権付株式または取得条項付株式の有償取得は無効とされているが（166Ⅰただし書・170Ⅴ参照）、合併等における株式買取請求による自己株式の取得は分配可能額を超えたとしても有効である。

＊5）　**464条**　　この場合の責任について、会社債権者の同意がなくても全株主の同意があれば免除を認めるのは、平成17年改正前商法を引き継いだものである（たとえば平成17年改正前商法266Ⅰ①・Ⅴ）。説明はできなくはないが、立法政策として妥当かどうか、再検討に値する。

なお、分配可能額を超えるような場合には、株式買取請求権を発生させる原因となる行為等を取締役限りでやめることができるかということが問題となる〔多くは株主総会決議に基づく行為であって取締役限りではやめることはできないと思われ、そうだとすると、それらの場合には取締役は過失なし（464Ⅰただし書）として免責されるということになろう〕。立法論としては、アメリカ法のように、分配可能額を超える結果となるような場合には買取請求はできないとすべきではないかと思われる。

(4)　**期末の欠損塡補責任**　　分配可能額規制を守っていた場合であっても、期末に欠損が生じたような場合には、業務執行者は、会社に対し、連帯して、その欠損の額（分配額が上限）を支払う義務を負う〔その者がその職務を行うについて注意を怠らなかったことを証明した場合は、責任を免れる〕（465Ⅰ）。この責任は、総株主の同意がなければ免除できない（465Ⅱ。なお847の3Ⅹ）。＊6）

＊6）　**期末の欠損塡補責任**　　会社法の規定は、基本的には平成17年改正前商法の規制を引き継いだものである。責任を負うこととなる剰余金分配行為は列挙されている（465Ⅰ）。なお、決算期における剰余金配当〔定時株主総会に基づく〕、資本金減少・準備金減少に伴う剰余金配当〔平成17年改正前商法における実質上の資本減少・準備金減少〕の場合には、この責任は発生しない（465Ⅰ⑩）。また、剰余金分配行為をする時点で過失がなかったことを立証できれば、責任を免れる（465Ⅰただし書）。

この期末の欠損塡補責任について、会社債権者の同意がなくても全株主の同意があれば免除を認めるのは、平成17年改正前商法を引き継いだものである（たとえば平成17年改正前商法293ノ5Ⅶ）。説明はできなくはないが、立法政策として妥当かどうか、再検討に値する。

第8節　定款の変更

　株式会社の根本規則である定款も事情によってこれを変更する必要が生じる場合が少なくない。そのような定款の変更は、原則として、株主総会の特別決議ですることができる (466・309Ⅱ⑪)〔ただし例外として、取締役会決議等でできる場合がある (184Ⅱ・195Ⅰ等)。また、法による定款規定のみなし変更として、182Ⅱ等、みなし廃止として、112Ⅰ等〕。

　会社が複数の種類の株式を発行している場合に、一定の事項についての定款変更がある種類の株主に損害を与えるようなときには、その種類の株主による総会 (種類株主総会) の承認決議が必要である (322Ⅰ①)。

　なお、定款変更は、株主総会の決議により当然に効力を生じると解されている。したがって、その後、書面 (または電磁的記録) としての定款を書き換えたり、その事項が登記事項であるときには変更登記をしたりしなければならないが、これらの手続は定款変更の効力発生要件ではない。

第9節　解散・清算

1．概　　要

　株式会社の法人格の消滅をもたらす原因となる事実を解散という。解散に続いて法律関係の後始末をする手続を清算という。会社の法人格は、合併の場合を除いて、解散によって直ちに消滅はせず、会社は清算手続に入り、その完了〔会社法は「結了」と呼ぶ (476・929参照)〕によって消滅する。清算の目的は会社のすべての権利義務を処理して残余財産を株主に分配することにある。したがって、会社は事業を継続することはできず、事業を前提とする諸制度や諸規定は適用されなくなる。しかし、清算中の会社 (清算株式会社と呼ぶ) も法人格としてはそれ以前の会社とまったく同じであって、権利能力の範囲

が清算の目的の範囲内に限定されるにすぎない (476)。

　会社法は、通常清算手続における裁判所の監督を廃止し、その他の規制を緩和する一方で、特別清算については、裁判所の関与を強化し、債権者の多数決で定められる「協定」に基づく弁済を可能とする等の改正を行った〔なお、整理制度は廃止された〕。

2. 解　散

　(1) **解散事由と効果**　　(ア)　**解散事由**　　株式会社は次の事由によって解散する (471)。①定款で定めた存続期間の満了、②定款で定めた解散事由の発生、③株主総会決議、④合併（消滅会社）、⑤破産手続開始の決定、⑥解散命令（824 I ）・解散判決（833 I ）。このほか休眠会社のみなし解散制度がある (472 I)。なお、業種によっては、事業の免許の取消しが会社の解散事由となる（銀行法40、保険業法152 Ⅲ ②等）。

　　(イ)　**解散の効果**　　解散により、会社は、合併と破産手続開始決定（破産手続の中で清算が行われる）の場合を除いて、清算手続に入る (475①)。なお、会社はいったん解散しても、一定の場合には、株主総会決議により、再び解散前の状態に復帰することができる〔会社の継続〕(473)。

　(2) **解散決議**　　株主総会は、その特別決議で、会社の解散を決定することができる (471③・309 Ⅱ ⑪)。たとえば、事業の全部を譲渡しても会社は当然には解散せず、解散するためには解散の総会決議が必要である。

　(3) **解散命令**　　会社〔持分会社を含む。以下同じ〕の存在が公益上許されない場合には、裁判所が解散を命じる (824 I)。すなわち、裁判所は、①会社の設立が不法な目的に基づいてされた場合、②会社が正当な理由がないのにその成立の日から1年以内にその事業を開始せず、または引き続き1年以上その事業を休止した場合、③業務執行取締役・執行役または業務を執行する社員が、法令・定款で定める会社の権限を逸脱しもしくは濫用する行為または刑罰法令に触れる行為をした場合において、法務大臣から書面による警告を受けたにもかかわらず、なお継続的にまたは反覆して当該行為をした場合の3つの場合に、法務大臣または株主・社員・債権者その他の利害関係人の申立てにより、公益を確保するため会社の存立を許すことができないと認め

るときは、非訟事件手続により、解散を命じる決定をする (824―826)。しかし、この制度はほとんど利用されず、実際には存在していないような会社が登記簿上存在する事例が多く生じたため、休眠会社の整理の制度〔(5)参照〕が導入された。

(4)　**解散判決**　　解散に必要な株主総会の特別決議は成立させることができないが、株主の正当な利益を保護するためには会社を解散するしかないような場合に、少数株主が解散の訴えを提起することを認めたのが、この制度である。

　総株主（完全無議決権株式の株主を除く）の議決権の10分の1〔定款で軽減可〕以上の議決権を有する株主または発行済株式（自己株式を除く）の10分の1〔定款で軽減可〕以上の数の株式を有する株主だけが株式会社を被告として解散の訴えを提起することができる (833 I・834 I 20)〔持分会社では各社員が解散の訴えを提起できる (833 II)〕。要件は厳格である。次のいずれかにあたる場合であって、しかも「やむを得ない事由」がなければならない (833 I)。①会社が業務の執行において著しく困難な状況に至り、その会社に回復することができない損害が生じ、または生じるおそれがあるとき。たとえば、取締役や株主の間に激しい対立があり、会社としての意思決定ができないような場合がその例である（東京地判平成1・7・18判時1349-148〈商判 I -180〉、東京地判平成28・2・1〈百選93〉）。②会社の財産の管理または処分が著しく失当で、その会社の存立を危うくするとき。「やむを得ない事由」とは、株主間の対立などがあるために、役員改選等による事態の打開も解散決議もできないような場合をいう（東京地立川支決令和4・9・9金融法務2200-102。なお、合名会社・合資会社の場合についての判例が参考になる。最判昭和33・5・20民集12-7-1077、最判昭和61・3・13民集40-2-229〈百選79〉〈商判 I -197〉）〔なお、最決平成26・7・10判時2237-42（株式会社の解散の訴えに係る請求を認容する確定判決の効力を受ける第三者は、その確定判決に係る訴訟について独立当事者参加の申出をすることによって、その確定判決に対する再審の訴えの原告適格を有することになる。独立当事者参加の申出は、参加人が参加を申し出た訴訟において裁判を受けるべき請求を提出しなければならず、単に当事者の一方の請求に対して訴え却下または請求棄却の判決を求めるのみの参加の申出は許されない）〕。

(5)　**休眠会社のみなし解散**　　12年間一度も登記をしていない会社は、法

務大臣が事業を廃止していないことの届出をするように官報で公告し、登記所から会社に通知する（472ⅠⅡ）。事業を廃止していないことの届出（規則139）か何らかの登記を公告の日から2か月以内にすればよいが、どちらもせずに放置すると、2か月が経過した日にその会社は解散したものとみなされる（472Ⅰ）〔平成27年12月に休眠会社の整理が行われ、約1万6000社の株式会社について職権で解散の登記が行われた〕。なお、解散したものとみなされた会社も、3年間は会社継続の決議をすることができる（473）。

3. 清 算

(1) **清算会社** 清算段階に入ると〔清算株式会社（476）〕、取締役は地位を失い、清算人がとって代わる。これに対して、株主総会や監査役は継続する。株式は解散後も自由に譲渡できる。

(2) **清算人** 清算事務は清算人が行う。解散時の取締役がそのまま清算人になるのが原則である〔法定清算人（478Ⅰ①）〕。しかし、定款・株主総会決議で別の者を清算人に選任することもできる（478Ⅰ②③）。裁判所が清算人を選任する場合もある（478Ⅱ）。清算人に任期の定めはない。裁判所が選任した以外の清算人は株主総会の普通決議でいつでも解任できる（479Ⅰ）。重要な事由があれば少数株主は裁判所に解任を請求できる（479Ⅱ・Ⅲ）。

清算人の地位は取締役とほぼ同じであるが（491が多数の規定を準用。報酬につき485）、その職務権限は清算事務に限られる。会社法は、①現務の結了、②債権の取立て・債務の弁済、③残余財産の分配をかかげるが（481）、これらに限定されるわけではない（ただし、前述したように、清算会社の権利能力は清算の目的の範囲内に限られるため清算会社は事業活動はできない）。清算人は1人でもよく（最判昭和46・10・19民集25-7-952を477Ⅰで明文化）、2人以上の場合は、原則として過半数で清算業務を決定するが（482Ⅱ）、清算人会を置くこともでき（477Ⅱ・Ⅲ）、法は、会社代表と清算人会の規定を設けている（483・489・490）。

(3) **清算手続** 株式会社の清算手続には、裁判所の監督に服さない通常清算（475―509）と裁判所の監督のある特別清算（510―574）がある。後者は、倒産処理手続の1つである。前者の通常清算の概要は次のとおりである。

まず、解散の時点で継続中の事務を完結し、取引関係も完結する（現務の

結了）。次に、弁済期の来た債権を取り立て、金銭以外の財産は換価する。そして会社の債務を弁済する。その方法としては、2か月以上の一定の期間内に債権の申出をするように催告し（清算開始後遅滞なく官報で公告する）、この期間経過後に、申し出た債権者と知れている債権者の全員に弁済する (499—501)〔弁済期未到来の債務・条件付債務・期間不確定の債務も弁済する〕。それ以外の債権者は除斥される (503)。その結果、残った財産（残余財産）があれば、株主に原則として持株数に比例して分配する (504—506)。債務の弁済をしないで株主に分配してはならないが、争いがある分については弁済に必要な財産を留保して残余財産を分配してもよい (502)。

(4)　特別清算　　債務超過〔清算会社の財産がその債務を完済するのに足りない状態〕の疑いがあれば、清算人は裁判所に特別清算の申立てをしなければならない (511 II)。債務超過の疑いの有無にかかわらず、債権者・清算人・監査役・株主は、特別清算の申立てをすることができる (511 I)。これに基づき、裁判所は、①清算の遂行に著しい支障を来すべき事情がある場合、または②債務超過の疑いがある場合には、特別清算の開始を命じる (510)。

特別清算手続は、通常清算と異なり、裁判所の監督のもとで行われるので、清算人の権限は制約され、一定額以上の財産の処分行為等には裁判所の許可が必要である (535・536 I・II・規則152、なお896)〔その代わり事業譲渡にも株主総会の特別決議は不要 (536 III)〕。債務の弁済は原則として比例按分とし、債権者間の実質的平等を重視する (537・565)。その内容は債権者集会の多数決で定める「協定」で定めるが、裁判所の認可が必要である (563—572)。

特別清算手続に入ると、個別の強制執行の停止など、倒産処理手続に共通の問題が生じる。そのために必要な規定が設けられている。協定が成立する見込みがない場合、協定は成立したが実行の見込みがない場合、または特別清算によることが債権者の一般の利益に反する場合には、裁判所は、破産手続開始の原因となる事実があると認めるときは、職権で破産手続の開始を決定する (574 I)〔協定が否決された場合および協定の不認可の決定が確定した場合も同じ (574 II)〕。

第4章　持分会社

　会社法は、合名会社と合資会社に加えて、新たにすべての社員が有限責任社員である合同会社〔日本版LLC〕を創設し、これら3つの種類の会社を「持分会社」という1つの類型に整理して、規律を整備しなおした。

　持分会社の特徴は、内部関係（社員間および社員・会社間）の規律については原則として定款自治が認められその設計が自由であること、機関について株式会社のような規制がないこと（取締役のような機関の設置は強制されない）、社員の議決権は原則として1人1議決権であること、持分の譲渡には原則として他の社員全員の承諾が必要であるが、投下資本の回収方法としては、出資の払戻しや退社による持分の払戻しが比較的自由である〔合同会社では別〕こと等の点にある。

　以下では、合名会社・合資会社・合同会社の法制について概観する。

1．概　　要

　合名会社は、無限責任社員だけからなる持分会社である（576 II）。

　合資会社は、無限責任社員と有限責任社員の両方からなる持分会社である（576 III）。

　合同会社は、有限責任社員だけからなる持分会社である[*1]（576 IV）。

　　＊1）　**合同会社**　　有限責任社員だけからなる持分会社であるので、会社債権者保護のため、合同会社に特有の規律として、次のものが設けられている。

　　　（ア）　全額出資規制（578）〔なお、加入時につき604 III、合名会社・合資会社からの移行時につき640参照〕。

　　　（イ）　会社債権者による計算書類の閲覧権（625）。

　　　（ウ）　分配規制──資本金減少（626・627）、利益配当（628—631）、出資払戻し（632—634）、持分の払戻し（635・636）。

　　　（エ）　任意清算手続の不許（668 I）。

2．設　　立

　1人以上の社員になろうとする者〔合資会社では無限責任社員と有限責任社員に
なろうとする者それぞれ1人以上が必要〕が定款を作成し (575)、設立登記をする
と (912〔合名会社〕、913〔合資会社〕、914〔合同会社〕)、成立する (579)。法人も社員
になれる〔平成17年改正前商法55条は削除された〕（なお、598に注意）。

　(1)　定款　　絶対的記載事項は、次のとおりである (576〔持分会社に共通の規
定〕)。①目的、②商号、③本店の所在地、④社員の氏名または名称および住
所、⑤社員が無限責任社員または有限責任社員のいずれであるかの別〔合名
会社の場合は全員を無限責任社員、合同会社では全員を有限責任社員とすると書く〕、⑥
社員の出資の目的およびその価額または評価の標準。個々の社員の出資につ
きその種類（金銭・現物・労務・信用）〔有限責任社員は金銭等（＝金銭その他の財産
〔151参照〕）に限る〕と客体（法は「目的」と呼ぶ）を特定し、金銭出資以外につい
てはその評価額（法は「評価の標準」と呼ぶ）を定めなければならない。後者は、
利益配当の基準等として必要だからである。

　(2)　設立の無効・取消し　　株式会社の設立無効の場合と同様の設立無効
の訴えに加えて (828 I ①)、取消しの訴えの制度が定められている (832)。な
お、ある社員の設立行為が無効となりまたは取り消された場合には、設立自
体が無効となりまたは取り消されるが〔無効・取消判決があった場合につき644②③〕、
その社員を退社させて他の社員全員の同意で会社を継続することができる
(845)。

3．運　　営

　(1)　概要　　持分会社の法律関係は、①会社と社員間、②会社と第三者間
に分けられる。実質的には組合的な性質があるので、③社員相互間、④社員
と第三者間の法律関係も問題となる。①③を内部関係、②④を外部関係と呼
ぶと、内部関係の規律については原則として定款自治が認められその設計が
自由であるが、外部関係は、第三者の利害に関係するため強行規定である。

　(2)　財産関係　　**(ア)　出資**　　すべての社員が出資義務を負うが、その
種類〔無限責任社員は、財産のほか労務・信用も可〕と程度は定款で定める (576 I

⑥）。出資は、合同会社を除き、会社の設立段階で履行する必要はない。出資の払戻しも可能である（624）〔合同会社では債権者保護規制がある（632—634）〕。

（イ）損益の分配　合名会社と合資会社では無限責任社員がいるため（576Ⅱ・580Ⅰ）、株式会社や合同会社の場合のように会社債権者保護の必要がなく、したがって利益の分配は会社の自由にゆだねられる（計算の規制はある。614以下）。損失が出ても、社員は追加出資をして現実にそれを塡補する必要はない。

（ウ）責任　持分会社の債務は、法人としての会社の債務であるが、無限責任社員は、会社債権者に対して、連帯して、無限の責任を負う。しかし、その責任には、従属性と二次性がある。①従属性——会社の債務が消滅すれば社員の責任がないことはいうまでもないが、会社が債務を負っていても債権者の権利行使を拒否できる事由があるときには社員もその事由を主張して履行を拒むことができる（581）。②二次性——社員は、会社財産で債務を完済できないときと会社財産に対する強制執行が功を奏しないときに、責任を負う（580Ⅰ①②）。後者の場合には、社員が会社に弁済能力があり容易に強制執行できることを立証すれば責任を免れる（580Ⅰ②）。

　有限責任社員は、会社債権者に対して直接の責任を負うが〔従属性・二次性なども同じ〕、ただし、その限度は出資額に限定される（580Ⅱ）。責任の限度は出資の履行により減少するが（580Ⅱ）、逆に責任に基づく弁済は出資の限度を減少する。そこで、出資の減少・利益配当は内部的には自由であるが、対外的には、出資を減少しても一定の期間内はそれ以前の出資額による責任を負い（583Ⅱ）、また利益がないのに配当した額は責任限度額の計算につき出資の履行分から控除する（623Ⅱ）。以上について、合同会社では債権者保護規制がある（632—634）。

　なお、会社債権者に弁済した社員は、会社に対して第三者の弁済による求償権を取得し（民501）、他の社員に対してその負担部分について連帯債務者の求償権を取得する（民442）。以上については、擬似社員も責任を負う（589Ⅰ）。また、入社前に生じた債務・退社後登記前に生じた債務についても責任を負うが（605・612Ⅰ）、退社または解散の登記後法定の除斥期間が経過すれば消滅する（612Ⅱ・673Ⅰ）。

(3) **活動関係** （ア）**業務執行** 各社員が業務執行の権利を有し義務を負うのが原則であるが、定款で定めれば一部の社員だけを業務執行社員とすることができる (590 I)。特別の理由があれば法定の手続で業務執行権を奪うこともできる (860②)。業務執行の意思決定は業務執行社員の過半数でする（会議を開く必要はない）のが原則であるが (590 II)、支配人の選任・解任は原則として総社員の過半数 (591 II) による決定が必要である一方、日常業務は各業務執行社員が単独でできる (590 III。ただし、対外的執行は代表権のある社員に限る)。

（イ）**代表権** 業務執行社員は原則として代表権を有する (599 I―III)。代表権は会社の業務に関する一切の事項に及び、それを制限しても善意の第三者に対抗できない (599 IV・V。なお600)。合名会社と合資会社では、社員全員が代表社員であるときは代表社員の登記は不要で、そうでないときは登記が必要とされている (912⑥・913⑧)。合同会社では代表社員はつねに登記する必要がある (914⑦)。

（ウ）**業務執行社員と会社との関係** 業務執行社員は善管注意義務と忠実義務を負う (593 I・II。なおIII―V〔法文上は民法の委任の規定の準用のしかたが株式会社の取締役の場合と異なる〕)。業務執行社員は競業が禁止され (594)〔株式会社の取締役より厳しい〕、社員・会社間の取引（間接取引を含む）と訴訟について特則がある (595・601)。業務執行社員は任務懈怠があれば会社に対して損害賠償責任を負う (596)。業務を執行する有限責任社員は、職務を行うにつき悪意または重過失があれば第三者に対して損害賠償責任を負う (597)。なお、業務執行権のない社員は調査権を有する (592)。

法人が業務執行社員となる場合には、業務執行社員の職務を行うべき者を選任し、その者の氏名および住所を他の社員に通知しなければならず、その場合には、その職務を行う者について、上記の規定が準用される (598)。

4. 変　動

(1) **定款変更** 定款の変更は、総社員の同意が必要である (637)。定款で定めれば多数決にしてもよい。

(2) **社員の変動** 社員は定款の絶対的記載事項なので、その変動は定款

変更の1つの場合であるが、特則がある。

（ア）　加入　　加入しようとする者と会社との契約によるが、定款変更なので総社員の同意が必要である（604・576Ⅰ④—⑥）。加入により社員の地位を取得するが責任については特則がある（605）。

（イ）　退社　　定款所定の事由・総社員の同意を得た場合は問題ないが（607Ⅰ①②）〔総社員の同意について、最判昭和40・11・11民集19-8-1953〕、個々の社員は他の社員の意思にかかわらず一方的に退社できる（606）。このほか、社員の死亡・成年被後見は当然の退社事由であるが（607Ⅰ③⑦）、除名は他の社員の過半数で決定したうえ訴えによらなければならない（607Ⅰ⑧・859）〔合同会社の社員について除名請求を認めなかった事例として、東京高判令和1・12・11金融商事1594-28。認めた事例として、東京地判令和3・11・29〕。また、社員の破産手続開始決定は当然の退社事由である（607Ⅰ⑤）。退社すると原則として持分の払戻しを受ける（611）〔合同会社では債権者異議規制がある（635・636）〕〔最判昭和62・1・22判時1223-136〈百選77〉〈商判Ⅰ-198〉（合資会社の社員の金銭出資義務の履行期が定款又は総社員の同意により定められていない場合に、会社からの右義務の履行請求前に社員が退社したときは、右社員の会社に対する持分払戻請求権は成立しない）、最判令和1・12・24民集73-5-457〈百選78〉〈商判Ⅰ-199〉（無限責任社員が合資会社を退社した場合において、退社の時における当該会社の財産の状況に従って当該社員と当該会社との間の計算がされた結果、当該社員が負担すべき損失の額が当該社員の出資の価額を超えるときには、定款に別段の定めがあるなどの特段の事情のない限り、当該社員は、当該会社に対してその超過額を支払わなければならない）〕。

（ウ）　持分（社員の地位）の変動　　①譲渡——持分の譲渡は当事者間の契約でできるが、他の社員全員の承諾が必要である（585Ⅰ）〔定款で別段の定め可（585Ⅳ）〕。業務を執行しない有限責任社員の持分の譲渡は、業務執行社員全員の承諾が必要である（585ⅡⅢ）〔定款で別段の定め可（585Ⅳ）〕。なお、持分の譲渡の結果社員が脱退・加入する場合の責任関係は、入社・退社の場合と同じである。②持分の差押え（611Ⅶ・609）〔最判昭和49・12・20判時768-101〈百選76〉〈商判Ⅰ-196〉〕。③相続——社員の死亡は退社事由であり（607Ⅰ③）、相続人が持分の払戻しを受ける（ただし608）。

5．会社の終了

(1)　**解散**　　解散事由は次のとおり (641)〔持分会社に共通の規定〕。①定款で定めた存続期間の満了、②定款で定めた解散の事由の発生、③総社員の同意、④社員が欠けたこと、⑤合併（消滅会社）、⑥破産手続開始の決定、⑦解散判決・解散命令。なお、合名会社の破産手続開始原因は、社員が無限責任を負うため、一般の法人と異なり、債務超過ではなく支払不能である (破産15・16)。解散の効果は株式会社とほぼ同様であり、継続も認められる (642)。

(2)　**清算**　　法定清算（株式会社でいえば通常清算に相当するものだけで、特別清算に相当するものはない）が原則であるが (644以下)、一定の条件のもとで任意清算（債務の弁済手続をとらないで社員に会社財産を分配すること）も認められる (668—671)〔合同会社では認められない〕。なお、社員の責任は、清算の進行とは関係なく解散の登記後 5 年間残る (673 I)。この期間を過ぎると社員の責任は消滅し、会社債権者は会社に財産が残っていればそれに権利行使できるにすぎなくなる (673 II)。

(3)　**他の会社への変更**　　持分会社間での会社の種類の変更は、概念上、組織変更ではない〔組織変更および合併等については、第 6 章参照〕。合名会社・合資会社・合同会社間の変更は、定款変更〔総社員の同意〕によりすることができる (637・638。なお640)。

　合資会社において有限責任社員か無限責任社員のいずれかがいなくなると、その合資会社は合名会社または合同会社に移行する定款変更をしたものとみなされる (639。なお640)。

第5章 社 債

1 総 説

(1) **社債の意義**　社債とは、通常は、公衆に対する起債によって生じた会社に対する多数に分割された債権であって、それについて通常有価証券（社債券）が発行されるものをいうと解されているが[*1) 2) 3) 4)]、平成17年改正前商法は社債の定義規定を置いていなかった。これに対して、会社法は、社債を「この法律の規定により会社が行う割当てにより発生する当該会社を債務者とする金銭債権であって、676条各号に掲げる事項〔募集事項〕についての定めに従い償還されるものをいう」と定義した（2⃞23）。

　また、会社法は、会社法上のすべての種類の会社が社債を募集形態で発行することができることを明らかにし、社債に関する規定も第4編に置くこととした（676以下）。

　以下、本章では、主として株式会社が社債を発行する場合を念頭に置いて述べる。

> *1)　**社債の定義**　社債は、通常はその大量性と対公衆性に特徴があるが、1人に対して社債を発行することも可能であるので（実例もある）、厳密に社債を定義することは、きわめて困難である。なお、会社法の定義は、日本の会社（2⃞①）が外国で社債を発行する場合や外国会社（2⃞②）が日本で社債を発行する場合に、日本の会社法の社債に関する規定の適用があるかという従来争われていた問題について、影響を及ぼす可能性がある。
>
> *2)　**短期社債**　社債、株式等の振替に関する法律（平成13年法律75号、平成14年、平成16年、平成17年に改正）〔振替法〕は、次に述べる短期社債等について、その振替を行う振替機関と短期社債等の発行・譲渡等に関する特別規定を設けている。これは、CP（コマーシャル・ペーパー）のペーパーレス化を実現するために設けられた特別規定である。したがって、この法律は券面のない社債を想定するが、短期社債には会社法の社債権者集会に関する規定の適用を排除している。「短期社債」

とは、次のすべてをみたす社債をいう。①各社債の金額が1億円を下回らないこと。②元本の償還について、社債の総額の払込みのあった日から1年未満の日とする確定期限の定めがあり、かつ、分割払いの定めがないこと。③利息の支払期限を②の元本の償還期限と同じ日とすること。④担信法により担保が付されるものでないこと。⑤振替法の適用があること。

＊3）　**社債と相殺**　　社債もその法的性質は金銭債権であって（2回）、相殺の対象となる。東京高判平成13・12・11判時1774-145は、社債（金融債）を受働債権とする相殺は社債の性質上できないというが、そのように解するのは正しくない（この東京高判は最判平成15・2・21金融法務1678-61〈百選A37〉〈商判Ⅰ-174〉により破棄自判。なお最判平成13・12・18判時1773-13）。

＊4）　**社債と利息制限法**　　社債には、特段の事情がある場合を除き、利息制限法1条は適用されない（最判令和3・1・26民集75-1-1〈百選A35（原審）〉〈商判Ⅰ-173〉）。

(2)　**会社法が規定を置く理由**　　社債もその法的性質は金銭債権であって、たとえば銀行借入れと同じである。にもかかわらずなぜ社債について会社法が特別の規定を置くのであろうか。それは、①社債を有価証券化する〔または振替制度にのせる〕ことを可能にするためと、②社債には公衆に対する起債によって生じるという集団性があるためにその発行について特別の技術的処理を設けることが妥当であり、また、③多数の社債権者を保護しまた集団的な取扱いをすることが必要であると、日本の会社法は考えたためである〔英米の会社法は日本の会社法のような社債に関する規定を設けてはいない〕（社債と株式との比較については、145頁参照）。

なお、会社が物上担保付の社債を発行する場合については、担保付社債信託法（担信法）が重要な特別規定を設けている〔372頁参照〕。日本では、戦後しばらくの間は事業会社が発行する社債はすべて物上担保付社債であったが、その後は、無担保社債の発行が増大している。

2　社債の発行

(1)　**社債の発行手続の概要**　　株式会社が社債を発行するためには取締役会設置会社では取締役会の決議が必要である（362Ⅳ⑤）〔監査等委員会設置会社では一定の場合に取締役に委任でき（399の13Ⅴ本文・Ⅵ）、指名委員会等設置会社では執行役

に委任できる（416Ⅳ本文）〕（法は「社債を引き受ける者の募集」と呼ぶ）。また、原則として社債管理者〔平成17年改正前商法では社債管理会社と呼んでいた〕を設置し、社債権者のための社債の管理を委託しなければならないが（702本文〔権限等は368頁参照〕）、例外として、各社債の金額が 1 億円以上である場合その他法務省令で定める場合（規則169）〔当該種類の社債の総額を社債の金額の最低額で除した数が50未満の場合〕には、社債管理者の設置は不要である^{* 1) 2) 3)}（702ただし書）〔なお、令和元年改正で新設された社債管理補助者の制度について、後述370頁参照〕。

＊ 1)　社債管理者の設置強制　　平成 5 年改正前の商法は、社債募集の受託会社という制度を設けていた。この受託会社は、発行会社から社債募集の委託を受けて発行会社のために社債発行事務を行うものであったが（平成 5 年改正前商法304）、商法は、同時に受託会社に対して社債権者の利益保護のための権限を定めていた（平成 5 年改正前商法309等）〔なお、受託会社は銀行または信託会社に限られていた（平成 5 年改正前商法中改正法律施行法56Ⅰ）〕。この受託会社については、担保付社債の受託会社と異なり、その設置は強制されていなかったが、実務上は、国内で事業会社が公募債を発行する際には銀行を受託会社とし、発行会社と受託会社との間で社債募集委託契約（平成 5 年改正前商法301Ⅱ⑭参照）を締結して社債を発行するのが確立した慣行であった。このような実務慣行については、受託会社が本来は発行会社と投資者間で決定されるべき社債の発行条件等の事項の決定に深く関与し、社債発行市場の自由化を妨げているとの批判がされたが、他方において、社債権者の利益保護のためには、公募社債については原則として社債権者保護の委託を受けた機関の設置を強制すべきであるとの意見が唱えられた。

　そこで、平成 5 年改正は、発行会社から社債権者保護の委託を受ける社債管理会社という制度を設けて、その設置を原則として強制することとし（平成17年改正前商法297本文）、社債管理会社の権限と義務に関する規定を整備した（平成17年改正前商法309）。他方、社債募集の委託に関する規定はほとんどすべて削除した（平成 5 年改正前商法304等）。しかし、改正後も、社債管理会社が社債募集の委託を受けて発行会社のために社債発行事務を行うことが禁止されるわけではない（なお964Ⅰ④参照）〔会社法で名称が「社債管理会社」から「社債管理者」に改められた〕。

　以上の社債管理会社の設置を強制する原則に対して、平成17年改正前商法は、各社債の金額が 1 億円を下らない場合または社債の総額を社債の最低額で除した数が50を下る場合には、社債管理会社を置かなくてもよいと定めた（平成17年改正前商法297ただし書。なお、長期信用銀行法10Ⅱ等の特別法上の例外もある）。前者は社債権者が大口投資家のみの場合、後者は社債権者が多数になるおそれがない場合であっ

て、法は、社債権者保護のために社債管理会社の設置を強制する必要はないと考え
たのであるが、これらの場合は、金融商品取引法上「私募」とされる場合にほぼ相
応する（金商2Ⅲ、金商法施行令1の4―1の7）。

　会社法は、これを引き継いでいるが、銘柄統合〔後述372頁＊5）参照〕にも対応し
た規定を置いた（規則169）。

　なお、社債管理者を設置すべき場合にこれを置かないで発行された社債について
は、すみやかに社債管理者を設置しないと、社債総額につき期限の利益を喪失する
と解すべきである（714Ⅱ参照）。

＊2）　**社債に関する制限**　　平成17年改正前商法は、社債の大量性と対公衆性から
　いくつかの制限を設けていた〔①再募集の制限　旧社債の払込完了後でないと新社
　債を発行することはできない（平成17年改正前商法298）。②金額の制限　同一種類の
　各社債の金額（券面額）は均一または最低額の倍数でなければならない（同299）。
　③割増償還の制限償還額が券面額を超える場合（割増償還）には、超過額は各社債
　について同率でなければならない（同300）〕。会社法では、これらはすべて削除さ
　れた。

＊3）　**社債発行限度**　　平成5年改正前の商法は、社債権者の利益保護のためには
　会社の現存の資力以上の固定債務負担を抑制する必要があるという考え方に立って、
　社債の総額について制限を設けていたが（平成5年改正前商法297と社債発行限度暫定
　措置法）、平成5年改正は、社債発行限度規制を全廃した。なお、長期信用銀行等
　については、発行限度規制が残されている（長期信用銀行法8等）。

(2)　社債の発行手続　　**（ア）　募集事項の決定**　　会社が社債を募集する
ためには、次の募集社債に関する事項を定めなければならない^{＊4)5)}（676）。

　①募集社債の総額、②各募集社債の金額、③募集社債の利率、④募集社債
の償還の方法および期限、⑤利息支払の方法および期限、⑥社債券を発行す
るときは、その旨、⑦社債権者が698条〔記名社債・無記名社債間の転換〕の請
求の全部または一部をすることができないこととするときは、その旨、⑧社
債管理者を定めないこととするときは、その旨、⑨社債管理者が社債権者集
会の決議によらずに706条1項2号の行為〔社債全部についての訴訟行為・倒産手
続での行為〕をすることができることとするときは、その旨、⑩社債管理補
助者を定めることとするときは、その旨、⑪各募集社債の払込金額（各募集
社債と引換えに払い込む金銭の額）もしくはその最低金額またはこれらの算定方
法、⑫募集社債と引換えにする金銭の払込みの期日、⑬一定の日までに募集

社債の総額について割当てを受ける者を定めていない場合において、募集社債の全部を発行しないこととするときは、その旨およびその一定の日、⑭以上のほか法務省令で定める事項（規則162）〔分割払込み、合同発行、金銭以外の給付、社債管理者の約定権限の内容、社債管理者の約定辞任事由〕（⑧⑩は令和元年改正で追加）。

　　＊4）　**募集社債概念**　　会社法は、新株発行や新株予約権発行の場合と同様、引き受ける者の募集をし、引受けをした者に割当てを行うという手続で発行するものを募集社債と定義し、これについて規定を整備することとした。

　　＊5）　**永久債・劣後債等**　　永久債や劣後債を発行する場合は、本文の④⑤の定め方に工夫が必要である。破産法99条2項は劣後契約を認めるが、いわゆる超劣後債〔優先株式と同等まで劣後する社債等〕には対応しておらず、従来どおり停止条件付債権と構成することで可能と解すべきである。また、永久債は、本来は元本を永久に償還しない社債をいうが、これについては、会社法では社債は元本を償還するものとされているため（2㉓）〔本文の④参照〕、会社の解散時等に償還されると定めることにより、可能となる。なお、諸外国では元本のない社債も発行されている。会社法はそういうものは想定していないともいえるが、想定元本を各募集社債の金額と定めれば（社債権者集会の議決権もこれにより定まる）、そういう社債も認めてもよいように思う。

　（イ）　取締役会決議　　株式会社の場合には、取締役会設置会社では、取締役会決議で「676条1号に掲げる事項その他の社債を引き受ける者の募集に関する重要な事項として法務省令で定める事項（規則99）」を定めなければならない（362Ⅳ⑤）が〔監査等委員会設置会社では一定の場合に取締役に委任でき（399の13Ⅴ本文・Ⅵ）、指名委員会等設置会社では執行役に決定を委任できる（416Ⅳ本文）〕、これら以外の事項は、取締役会で定めないで、その決定を取締役に委任することが認められる。その結果、①取締役会決議で発行する社債の総額を定め、具体的な発行は何回かに分けて取締役が決定し実行すること（シリーズ発行〔＝発行時期は異なっても1つの種類の社債となる〕）も認められる〔このような発行方法は、平成17年改正前商法のもとでも解釈によりMTN〔中期債〕について採用されてきた〕。また、②売出発行の方法〔＊7）参照〕も認められることとなった。[6)7)]

　　＊6）　**取締役会決議**　　社債が取締役会の決議によらず、または決議に違反して発行された場合であっても、社債自体の効力には影響はないと解されている。

　　＊7）　**社債の発行方法**　　(1)　総額引受け　　特定の者が（複数でもよい）社債の総額を包括的に引き受ける方法。発行会社（起債会社）との引受契約によって社債が

成立するから、発行会社は直ちに所要資金を入手でき、引受人は後日機をみてその社債を公衆に売り出せばよい。引受人は金融商品取引法により原則として証券会社（有価証券関連業務を行う金融商品取引業者）に限られる（金商36の4Ⅱ・2Ⅵ・Ⅷ⑥・33Ⅰ）。

　(2)　公募発行　　直接公衆から募集する方法。昔は、募集事務を発行会社自身が行うこと（直接募集）は少なく、他の会社に委託すること（間接募集・委託募集）が多く、受託会社〔＊1)参照〕が自己の名をもって発行会社の計算で募集に必要な行為をし、社債金額の払込みを受けて（平成5年改正前商法304参照）、発行会社の発行した社債券を交付することが多かった。平成5年改正は、この募集の委託についての規定を商法上削除したが〔＊1)参照〕、社債管理者が募集の委託を受けることはさしつかえない。

　　なお、応募額が発行予定社債総額にみたないときは、応募額をもって社債を成立させることもできるが、応募不足額について証券会社が発行会社との契約でこれを引き受ける方法（いわゆる残額引受け）もある。

　(3)　売出発行　　一定期間を定めてその期間内に公衆に対し個別的に社債を売り出す方法。特別法（長期信用銀行法11Ⅱ等）で認められている。平成17年改正前商法では認められないと解されていたが、会社法のもとでは可能となった〔676⑪参照〕。

(3)　社債の成立　　社債の引受けは、総額引受けの場合は別として (679)、そうでない社債発行の場合には、募集株式発行の場合と同様に、原則として法定事項を通知して引受けの募集をし、申込みがあった者に対して割当てをする (676—678・規則163・164)。割当てがあると、申込者は社債権者となる (680①。総額引受けの場合は同②参照)。

　社債の応募額が発行予定総額に至らなかった場合であっても、実際の応募額を総額として社債が成立する。[＊8]

　なお、社債の払込みについては、応募額の全額を1度に払い込ませるのが通常であるが、分割払いも許される。

　　＊8）　**社債申込証の廃止**　　株式申込証と同様、会社法で廃止された。なお、金融商品取引法は、投資者保護のため、株式募集についてと同様に、内閣総理大臣への有価証券届出書の提出と目論見書の作成・使用の強制等の規制を設けており、目論見書を交付した場合は、会社法上の募集に際しての法定事項の通知は不要である（677Ⅳ）。

3 社債権者の権利と社債の流通

(1) 社債権者の権利　　社債権者は社債の期限が到来した時に償還（社債の元本の返済）を受け、それまでの間は発行時に定められた内容の利息の支払を受ける権利を有する。償還の期限・方法・金額、利息支払の時期・方法・利率等の社債の権利の内容は、募集事項で定められ (676)、社債券および社債原簿に記載される^{＊1)}（681。債券の記載事項につき697 I ）。

> ＊1）　**償還・利息支払・時効**　　(1) 償還　　社債は通常は集団的大量的な債権で社債権者が一般公衆であるため、普通の借入金と異なる若干の規律が設けられている。
> 　　① 償還金額　　券面額を償還するのが原則であるが、券面額を超えまたは券面額を下回る額の償還を約してもよいと解すべきである。
> 　　② 償還期限　　発行後一定期間据え置き、その後一定期日までに随時償還をするか、または、定期的に一定額もしくはそれ以上の額を抽せんによって償還し一定の期日に全部の償還を終える旨を定めるのが普通の方法である。据置期間中は会社は償還をする必要がなく、社債権者も償還を受ける必要がないのに対し（民136 II ただし書）、据置期間経過後は会社は定めに従って償還する義務を負う。したがって、会社が定めに反して抽せんをしない場合には、各社債権者は訴えをもって抽せんをすべきことを請求することができるが、このように償還を怠った場合のため、後述のように団体的な対応策が認められている〔*4*参照〕。
> 　　③ 買入消却　　会社はいつでも自己の社債を取得したうえ、社債券を破棄して社債を消滅させることができる。社債の市場価格が下落している場合には、会社は社債の償還よりも有利なこの方法を選ぶことがある。
> 　　(2) 利息の支払　　無記名社債の利息の支払のためには、社債券に各期の利札を添付しておいて、利札と引換えに支払をするのが通例である。そして会社が利息の支払を怠った場合にも、償還を怠った場合と同様の団体的救済が認められる〔*4*参照〕。
> 　　(3) 時効　　社債の消滅時効期間は、償還請求権（705 II 前段の請求権も同様）については、公衆を社債権者とする社債の性質上、10年とされ、利息請求権（700 II の請求権も同様）については 5 年とされている（701）〔平成29年民法改正後においても701条は維持されている〕。
> 　　(4) 利札　　社債券から切り離された利札は、利息支払請求権を表章した独立の有価証券となり、社債券とは別に流通する。そこで期限前に繰上償還がされる場合

に社債券から支払期未到来の利札が切り離されていることがあるが、利札所持人の利益を保護するため、本体である社債券が償還されても利札所持人には利札の券面額に相当する金額を支払うべきものとし、その代わり社債券の所持人には償還額からその金額を控除して支払うことが認められる（700 I）。

(2) 社債の有価証券化と流通　会社法は、株式発行の場合と同様に、募集事項で定めたときにだけ、社債を社債券という形で有価証券化するという規律にした（676 ⑥）。募集事項で社債券の発行を定めた場合には、会社は、社債発行日以後遅滞なく社債券を発行しなければならない（696）。社債権者の権利は社債券に表章される*²⁾。また、社債原簿が作成される*³⁾。①社債券を発行する旨の定めがない社債については、社債原簿への記載が譲渡・質入れの会社および第三者に対する対抗要件である（688 I・693 I〔名義書換等について691・規則168・694〕）。②社債券を発行する旨の定めがある社債については、記名社債の譲渡は意思表示と社債券の交付により行われるが（687）、会社に対抗するためには社債原簿上の名義書換が必要である（688 I・691・規則168）。無記名社債の譲渡は、社債券の交付によって行われる（687）〔有価証券法理により社債券の交付は譲渡の効力要件かつ対第三者対抗要件（688 III 参照）〕〔質入れについては、692・693 II〕。日本で発行される社債は、そのほとんどが無記名社債である。社債券のある社債には善意取得制度の適用がある（689 II）〔なお、権利推定（689 I）〕。社債券から切り離された利札は利息支払請求権を表章する独立の有価証券となる。

　＊2）　**社債券**　その記載事項は法定されている（697 I）。利札も付すことができる（697 II）。社債券には記名式と無記名式とがあり、特別の定め（676 ⑦）がないかぎり社債権者は相互に転換の請求ができる（698）。
　＊3）　**社債原簿**　法定事項を記載して作成し〔電磁的記録も可〕（681・規則165〔社債の種類〕・規則166）、本店に備え置いて社債権者・株主等の閲覧・謄写に供する（684・規則167）。その法律上の意義は、譲渡の名義書換（688 I・II）、質権設定の記載（693・694）、社債権者に対する通知・催告（685）について認められる。

(3) 振替社債　証券決済法制改革の一環として、平成14年に短期社債等の振替に関する法律〔358頁＊2）参照〕が改正され、法律の題名が「社債等の振替に関する法律」と改められるとともに、一般の社債や国債等についてもそ

の無券面化（電子化）を実現し新しい振替制度を創設し、振替機関と口座管理機関からなる多層構造での保有制度を創設した（平成14年法65号。社債等登録法は平成20年1月4日に廃止の効力が生じた）〔平成16年改正により、法律の題名がさらに「社債、株式等の振替に関する法律」と改められ、株式等についても従来の保管振替制度から新しい振替制度（新しい階層保有制度を含む）への移行が実現した。120頁参照〕。この制度のもとでの「振替社債」については、①券面を発行しない。②その譲渡・質入れは、口座管理機関または振替機関がその管理する口座において当該譲渡・質入れに関する社債の金額の増額の記載または記録をすることで、その効力が生じる。③善意取得も認められるが、その場合には、社債権者の有する社債の総額がその発行総額を超えることとなる可能性を認め、そうなった場合には、発行会社との関係では社債権者は按分比例で社債権を有することとする一方で、一定の口座管理機関と振替機関が社債の消却義務を負うほか、損害賠償責任で処理する。④加入者（社債権者）が発行会社に対して権利を行使する場合には、口座管理機関または振替機関から証明書の交付を受け、それを供託して権利行使するが、他方、発行会社からの元利金の支払については、法律上定めはなく、通常は口座管理機関および振替機関を通じて情報が発行会社に通知され、発行会社はそれに基づいて元利金の支払をすることになろう。このような振替社債についても、債券に関する規定を除いて、会社法の社債に関する諸規定の適用がある。

4 社債権者の団体性——社債管理者・社債管理補助者と社債権者集会

(1) 社債権者の団体的行動　会社法は、社債が多数の公衆が有する債権であることを想定して、社債権者が共同の利益のために団体的行動をとることを認め、そのために社債管理者制度・社債管理補助者と社債権者集会制度を設けている。^{*1)}

> ＊1）　**団体的行動**　(1)　社債権者はいわば団体として発行会社に対し権利の行使その他の行動をすることができる。社債権者は一般大衆である場合が想定され、各自の有する利益はそれほど大きくないから、一般原則に従って個別的行動しかできないとするとその権利保護が十分でないからである。もっとも、団体的行動はつね

に社債権者にとって有利であるとは限らない。

　なお、社債権者の団体性の基礎を社債の一体性に求める見解もあるが、社債の一体性という理屈は、個々の問題を解決するうえでは実益はないのみならず、かえって誤解を生じるおそれがある〔たとえば、社債と相殺につき359頁＊3）参照〕。

　　①　弁済　　社債管理者は法律上当然に、社債権者のために弁済（元本の償還と利息の支払）を受け、または債権の実現を保全するのに必要な一切の裁判上・裁判外の行為をすることができ（705Ⅰ）、また、社債権者集会の代表者〔代表社債権者〕（737Ⅰ本文）・社債権者集会決議の執行者〔決議執行者〕（737Ⅰただし書）は社債権者集会の決議に基づき、社債権者のために弁済を受けるのに必要な一切の裁判上・裁判外の行為をすることができる（737Ⅱ）〔なお、大判昭和3・11・28民集7-1008〈百選81〉〈商判Ⅰ-176〉）。社債管理者等が上記により発行会社から弁済を受けると、発行会社の債務は消滅するが、社債権者は社債管理者等に対し社債券または利札と引換えにその支払を請求することができ（705Ⅱ）、したがって社債券または利札はこのような支払請求権を表章する有価証券に変わる。

　　②　不履行　　発行会社が利息の支払または定期の償還を怠った場合には、社債権者集会の決議により、一定期間内に弁済しないと社債総額につき期限の利益を失う旨を通知することができる（739）。

　　③　資本金減少・合併等に対する異議　　個々の社債権者が異議を述べることはできず、社債権者集会の決議により、または〔社債管理委託契約に別段の定めがないかぎり〕社債管理者が異議を述べることが認められる（740Ⅰ・Ⅱ。なおⅢ）。

　(2)　発行会社がある社債権者に対して行った弁済・和解等が著しく不公正であって、相手方が善意でない場合には、社債管理者は法律上当然に、代表社債権者・決議執行者は集会の決議に基づき、訴えをもってその行為を取り消すことができる（865）。すべての社債権者が利益共通関係に立っているのに、ある者だけが抜けがけ的に有利な取扱いを受けるのは不当だからである。この訴えは民法の詐害行為の取消しの訴え（民424）に類似するが、取消しの対象は一般債権者に対する詐害行為ではなく、同種類の他の社債権者に対する偏頗行為である。

(2)　社債管理者　　社債管理者〔平成17年改正前商法では社債管理会社と呼んでいた〕とは、社債の発行会社から社債の管理の委託を受けてこれを行う者であるが（702本文）、会社法は社債権者の利益保護のため、次のような資格と権限や義務を定めている。

(ア)　資格　　社債管理者になれるのは、銀行・信託会社またはこれらに準じる者で法務省令で定める者に限られる（703・規則170）〔担信法3条の免許を

受けた会社や保険会社など〕。証券会社（有価証券関連業を行う金融商品取引業者）は、社債管理者にはなれない（金商36の4 I）。

（イ） 権限等 ①社債管理者は、社債権者のために弁済（元本償還と利息の支払）を受け、また債権の実現を保全するために必要な一切の裁判上・裁判外の行為をする権限を有する（705 I）〔なお特別代理人（707）。社債管理者や特別代理人が社債権者のために裁判上・裁判外の行為をするときは個別の社債権者を表示することを要しない（708）〕。②また、社債権者集会の決議を経て、ⅰ支払の猶予・発行会社の責任の免除・和解、ⅱ訴訟行為・倒産手続の手続に関する一切の行為をする権限を有する（706。なお、会更190 I ②）〔募集事項で定めればⅱは社債権者集会決議を不要とできる（676 ⑧・706 I ただし書・Ⅱ・Ⅲ）〕。③そして、これらの行為をするために必要があれば、裁判所の許可を得て発行会社の業務・財産の状況を調査することができる（706 Ⅳ）。④これらの法定権限のほか、社債管理委託契約で定めれば、発行会社が「財務上の特約」条項に違反した場合に期限の利益の喪失を宣言する権限等の約定権限を有することができる〔裁判所の許可なく調査する権限も可〕（676 ⑫・規則162 ④）。⑤以上のほか、社債権者集会を招集し（717 Ⅱ）、これに出席して意見を述べ（729 I 本文）、その決議を執行し（737 I 本文）、また不公正行為の取消しの訴えを提起でき（865 I）、合併等での会社債権者異議手続で異議を述べる（740 Ⅱ。なおⅢ）などの権限が認められる。[*2)]

> **＊2） サムライ債における債券管理者** サムライ債（日本において外国の国家や法人等が円建てで発行する債券をいう）に置かれる債券管理者は、会社法上の社債管理者とはいえない（外国国家のサムライ債の債券管理者が債券所持人のために発行者に対して債券の支払を求める訴訟を提起できるかが争われた事例として、最判平成28・6・2民集70-5-1157〈百選A36〉〈商判 I -177〉〔破棄差戻し〕）。

（ウ） 義務 社債管理者は、社債権者のために公平・誠実に社債の管理を行わなければならず〔公平誠実義務（704 I）〕、また、社債の管理にあたり社債権者に対して善管注意義務を負う（704 Ⅱ）。約定権限の行使も社債の管理にあたるので、その行使に際してもこれらの義務を負う。

（エ） 責任 ①社債管理者が会社法や社債権者集会決議に違反する行為をし、これにより社債権者に損害が生じたときは、社債管理者は社債権者に対して連帯して損害賠償責任を負う[*3)]（710 I）。②さらに特別の責任として、

社債管理者は、発行会社が社債の償還・利息の支払を怠り、または発行会社について支払の停止があった後またはその前3か月以内に、次の行為をした場合は、社債権者に対して損害賠償責任を負う〔ただし、社債管理者が誠実にすべき社債の管理を怠らなかったことまたは損害が当該行為によって生じたものでないことを証明したときは、責任を免れる（名古屋高判平成21・5・28判時2073-42〈百選80〉〈商判 I-175〉）〕（710 II）〔会社法で一部改正〕。(i)社債管理者の債権に係る債務について社債発行会社から担保の供与または債務の消滅に関する行為を受けること。(ii)社債管理者と法務省令（規則171）で定める特別関係者に対して社債管理者の債権を譲り渡すこと（その特別関係者が当該債権に係る債務について発行会社から担保の供与または債務の消滅に関する行為を受けた場合に限る）。(iii)社債管理者が発行会社に対する債権を有する場合において、契約によって負担する債務をもっぱら当該債権をもってする相殺に供する目的で発行会社の財産の処分を内容とする契約を発行会社との間で締結し、または発行会社に対して債務を負担する者の債務を引き受けることを内容とする契約を締結し、かつ、これにより発行会社に対し負担した債務と当該債権とを相殺すること。(iv)社債管理者が発行会社に対して債務を負担する場合において、発行会社に対する債権を譲り受け、かつ、当該債務と当該債権とを相殺すること。

＊3）　**社債管理者の損害賠償責任**　　710条1項が原則的規定であり、2項はその特別規定である。

　　社債管理者は社債権者との間で直接の法律関係に立たないため、商法は平成5年改正でその義務違反に基づく損害賠償責任の規定を設けたが、会社法はこれを強化して、相殺等の場合を2項に追加した。

　　2項は、発行会社に対して貸付債権を有する銀行等が同時に社債管理者でもある場合について、社債管理者でありながら自己の貸付債権の優先的回収をはかるような利益相反行為を防止するため、1項よりも厳格な要件での損害賠償責任を規定したものである。すなわち、たとえば、社債管理者が発行会社の不払いまたは支払停止前3か月以内に自己の貸付債権について担保の供与や債務の消滅に関する行為〔本旨弁済を含むか否かについては争いがある〕を受けた場合には（710 II①）、社債権者に対して損害賠償責任を負うが、2項ただし書の要件を社債管理者が立証すれば責任を免れる。ただし書にいう誠実にすべき社債の管理を怠らなかったときとは、たとえば、3か月以内に救済融資をしてその担保を取得した場合等をいい、社債権者の損害が社債管理者の行為によって生じたものでないときとは、たとえば、3か

月以前に取得した担保権を3か月以内に実行して弁済を受けた場合等をいう。

(3)　社債管理補助者　　令和元年改正により、社債管理補助者制度が新設された^{*4)}（676[7の2]・[8の2]・714の2—714の7）。

社債管理者が置かれない社債（702ただし書参照〔担保付社債は除く〕）について、社債発行会社は、社債管理補助者を置くことができる〔設置は任意（676[7の2]・[8の2]・714の2・714の6）〕。会社が社債管理補助者となる者に社債の管理の補助を行うことを委託すること〔委託契約〕によって設置される（714の2）。

（ア）　資格　　社債管理補助者になれるのは、社債管理者になれる者（703・規則170）その他法務省令で定める者（規則171の2＝弁護士および弁護士法人）である（714の3）。

（イ）　権限等　　社債管理補助者は、社債権者のために次の行為をする権限を有する。(ア)法定権限（714の4Ⅰ）（ⅰ)破産手続参加、再生手続参加または更生手続参加、(ⅱ)強制執行または担保権の実行の手続における配当要求、(ⅲ)清算株式会社に対する債権の申出をすること。(イ)約定権限（限定列挙ではない）（714の4Ⅱ・Ⅴ）（ⅰ)社債に係る債権の弁済を受けること。(ⅱ)(ア)と(イ)(ⅰ)以外の705条1項の行為、(ⅲ)706条1項各号の行為、(ⅳ)社債発行会社が社債の総額について期限の利益を喪失することとなる行為。(ⅱ)の一部と(ⅲ)(ⅳ)は社債権者集会の決議を要する（714の4Ⅲ）。「委託契約に定める範囲内において」権限を有するので、委託契約においてある権限の行使の時期、条件または方法等を定めることだけでなく、委託契約においてある権限をまったく有しないと定めることもでき、この場合には、社債管理補助者はその権限を有しないこととなる。なお、社債管理補助者は、委託契約に従い、社債の管理に関する事項を社債権者に報告し、または社債権者がこれを知ることができるようにする措置をとらなければならない（714の4Ⅳ、その他714の7参照）。

（ウ）　義務　　社債管理者の義務と同様である（公平誠実義務と善管注意義務について、714の7・704・714の5Ⅰ、その他714の7参照）。

（エ）　責任　　社債管理者の責任に関する会社法710条1項が準用されるが、同条2項は準用されない（714の7）。

　　＊4)　経緯　　日本で会社が社債を公募により発行する場合には、会社法702条ただし書に基づいて社債管理者を定めていないことが多い。その理由として、会社法上、

社債管理者の権限が広範であり、また、その義務・責任および資格要件が厳格なため、社債管理者の設置に要するコストが高くなることや、社債管理者となる者の確保が難しいことが指摘されてきた。その一方で、近年、社債管理者を定めないで発行された社債について、その債務の不履行が発生し、社債権者に損失や混乱が生じるという事例が見られたことを契機として、このような社債について、社債の管理に関する最低限の事務を第三者に委託することを望む声が出された。そこで、令和元年改正により、社債権者のために社債の管理の補助を行うことを第三者に委託することができるようにする制度として、社債管理補助者制度が新設された。社債管理補助者の個別の権限を委託契約で定めることができる点に特徴がある。

(4)　**社債権者集会**　　社債権者集会とは、社債権者の利害に重大な関係がある事項について社債権者の意思を決定するために構成される集会である。会社法が社債権者集会制度を置く理由は社債の公衆性にかんがみ社債権者の利益を保護するためであるが、同時に、必要な場合には社債権者の多数決で事を決定する道を認めるためでもある。

　株主総会と異なり、常設の制度ではない。また、種類 (681①・規則165) ごとの社債について別個の社債権者集会が構成される (715)。[*5]

　決議事項は、社債の期限利益の喪失 (739Ⅰ)、資本金減少・合併等に対する異議 (740Ⅰ) などの法定事項のほか、「社債権者の利害に関する事項」である (716)〔令和元年改正で元利金の減免が多数決で決定できることが明記された)。決議は当然には効力を生じず、裁判所の認可があってはじめて効力が発生する[*6] (732・734・735)。裁判所は、①社債権者集会の招集の手続またはその決議の方法が法令または676条の募集のための発行会社の事業その他の事項に関する説明に用いた資料に記載・記録された事項に違反する場合、②決議が不正の方法によって成立するに至った場合、③決議が著しく不公正である場合、④決議が社債権者の一般の利益に反する場合には、社債権者集会の決議の認可をすることはできない (733)。

　なお、社債権者集会の決議方法については、社債権者は保有する社債金額に応じて議決権を有し (723Ⅰ。なおⅡ)、原則は普通決議で、定足数の規定はなく出席した社債権者の議決権総額の過半数で決するが (724Ⅰ)、一定の重要事項については特別決議で、社債権者の議決権総額の5分の1以上、かつ、出席した社債権者の議決権総額の3分の2以上の同意が必要である (724Ⅱ)。

この場合、無記名社債については、集会日の1週間前までに社債券を招集者に提示しないと議決権を行使できない[*7)]（723Ⅲ）。以上のほか、社債権者集会の招集その他の手続等について詳細な規定が設けられている[*8)]（717―731・規則172―177）。

* 5)　**銘柄統合**　　異なる種類の社債について社債権者集会決議等でその内容を変更し、1つの銘柄にすること（銘柄統合）も認められる。

* 6)　**決議事項に関する裁判所の許可制度の廃止**　　平成17年改正前商法では、法定事項以外の事項について決議をする場合には、裁判所の事前の許可が必要であったが、会社法で、この制度は廃止された。

* 7)　**社債権者集会**　　平成17年改正前商法では、特別決議の要件が厳格でその成立が容易でないといわれていたため、会社法では、定足数は廃止し、本文で述べたような決議要件に一本化した。また、平成17年改正前商法では、無記名社債の社債権者はその有する社債券を供託しないと議決権を行使できないとされ、供託されなかった社債の議決権数を定足数に算入しなくてよいかどうかは見解が分かれており、算入しない取扱いがされた例があるが（東京地決平成13・6・5金融法務1630-35）、供託した者があまりに少数であるような場合には、そのような取扱いのもとでされた社債権者集会決議を認可してよいかという問題もありえたので、会社法は、社債券の供託という制度を廃止し、提示すればよいことに改めた〔なお、会更190〕。

* 8)　**令和元年改正**　　令和元年改正により、社債権者の全員の同意があった場合には社債権者集会の決議の省略が認められることになった（改正後の735の2）。なお、社債権者の同意等に瑕疵がある場合には、社債権者集会の決議があったものとはみなされず、訴えの利益を有する者は、いつでもそのことを主張することができるものと解される。

5　担保付社債

担保付社債とは、社債権を担保するため物上担保が付された社債で、会社法のほか担信法により規制される。多数の変動する社債権者が物上担保権を直接個別に取得し行使することは不可能なので、発行会社と社債権者との間に受託会社（免許が必要）を置き、発行会社と受託会社との信託契約により（担信2・18）、受託会社が担保権を取得し、これを総社債権者のために管理・実行する義務を負い、総社債権者は受益者としてその債権額に応じて平等に

担保の利益を受けるという仕組みである^{*1)}（同37）。

> **＊1）　担保付社債の特徴**　　担保付社債の担保権は、発行会社と受託会社との信託
> 契約で設定される〔発行会社以外の者による担保提供・社債発行後の担保提供も可〕。①
> 被担保権と担保権が別人に帰属すること、②担保権が被担保権の成立前に効力
> を生じること、③信託の最高額を定めてこれに対してあらかじめ担保権を設定して
> おき、その額まで社債を数回に分けて発行し、後に発行する分も同一順位の担保権
> を享受できる道を認めていることなどの点に特徴がある。社債に付すことができる
> 担保には、株式会社の総財産を一体として変動するままの状態で担保に供する企業
> 担保権（企業担保法）も認められる。なお、受託会社は、担信法に特別の規定があ
> る場合を除き、担保付社債の管理について会社法上の社債管理者と同一の権限を有
> し義務を負う（担信35）。

6　新株予約権付社債

(1)　**概要**　　新株予約権付社債とは、新株予約権を付した社債をいう^{*1)}（2
22）。

　新株予約権付社債は、昔の転換社債・新株引受権付社債と同様に社債権者
に対して発行会社の株式のコール・オプションを社債発行と同時に付与する
ものであり、社債権者は、社債の保有者として安定的な地位を享受すること
ができるとともに、会社の業績があがれば新株予約権を行使して株主となる
ことができる。会社からみれば、一般に、このようなオプションを付与する
分だけ社債を低利で発行することができ、その意味でこのような社債が認め
られない場合と比べて資金調達手段の多様化という利益を得ることができる。
従来、このような社債は社債の堅実性と株式の投機性とを併有するといわれ
てきたが、それは上記のような意味である。なお、このような社債は実務で
は広くエクイティ・リンク社債などと総称されている。会社法は新株予約権
付社債についてのみ特別の規定を置いているが、これら以外のエクイティ・
リンク社債（たとえば、いわゆる利益参加社債など）を発行することが会社法上
可能かどうかについては見解が分かれている。

> **＊1）　経緯**　　平成13年11月改正前までは、商法は、転換社債と新株引受権付社債
> に関する規定を設けていた（平成13年改正前商法341ノ2以下・341ノ8以下）。ところ

が、平成13年11月改正は、新株予約権制度を新設したため〔172頁以下参照〕、これに応じて、従来の転換社債と新株引受権付社債に関する規定を整理しなおして、新しく「新株予約権付社債」に関する規定に置き換えることとした。

　①平成13年改正前は、転換社債は、社債権者に対して、社債の発行後所定の期間内にその社債を所定の数の社債発行会社の株式（新株）に転換することのできる権利が付与された社債として規定され、②新株引受権付社債は、社債権者に対して社債発行会社の新株引受権（一定期間に一定金額を払い込むことにより新株の発行を受けることができる権利）が付与された社債であり、社債権者は、社債の発行後所定の期間内に所定の数の新株を所定の発行価額で発行するよう会社に請求する権利を有し、新株引受権を行使しても社債は残存するものとして、規定されていた。転換社債は株式に転換する権利を付した社債なので同一の証券に社債権と転換権とが表章されるが、新株引受権付社債の場合には、新株引受権を行使しても（その場合には社債の償還を新株の払込みに流用することをあらかじめ定めたときを別とすれば、現実の払込みが必要になる）社債権には影響がないので、社債権と新株引受権とを1枚の証券に表章すべき必然性はない。そこで、平成13年改正前の商法は、両者を1枚の証券に表章する非分離型の新株引受権付社債と、両者を別々の証券に表章する（両者は別々に流通する）分離型の新株引受権付社債との双方を認めていた。

　平成13年11月改正は、上記のうち、①転換社債に関しては、新株予約権付社債であって、新株予約権の分離譲渡ができず、社債の発行価額と新株予約権の行使に際して払い込むべき金額（行使価格）を同額としたうえで、新株予約権を行使するときは、必ず社債が償還されて社債の償還額が新株予約権の行使に際して払い込むべき金額の払込みに当てられるものとして、規定を整備し、②新株引受権付社債に関しては、分離型の新株引受権付社債については、会社が社債と新株予約権とを同時に募集し、両者を同時に割り当てるものなので、社債の規定と新株予約権の規定が同時に適用されるものと位置づけ、格別の規定は置かないものとし、他方、非分離型の新株引受権付社債については、新株予約権付社債であって新株予約権を分離して譲渡することができないものとして、規定を整備した。なお、コール・オプションを一般的に解禁したことに伴い〔173頁＊1）参照〕、この観点から課されていた改正前の新株引受権付社債に関する制限（平成13年改正前商法341ノ8 Ⅲ・Ⅳ）は、撤廃された。

(2)　**新株予約権付社債の発行**　　**（ア）　基本**　　会社法のもとでは、新株予約権付社債については、原則として、新株予約権に関する規定と社債に関する規定との両方が適用される。そして、新株予約権付社債に特別の規定が若干設けられている。なお、①社債に付する新株予約権の数は、社債の金額

ごとに均等でなければならず (236Ⅱ)、また、②新株予約権付社債では新株予約権または社債の一方だけを譲渡・質入れすることはできない〔どちらかが消滅したときは別〕(254Ⅱ・Ⅲ・267Ⅱ・Ⅲ)。

　　（イ）　発行手続　　募集新株予約権の発行手続による。すなわち、株式会社で公開会社では、原則として取締役会決議で、募集新株予約権付社債の新株予約権の内容を含めた募集事項を定めて発行する (236Ⅰ・238Ⅰ〔とくに⑥⑦〕・240Ⅰ)。募集社債についての規定の適用はない (248)。転換社債型の新株予約権付社債（社債の償還をもって新株予約権行使の際の出資〔現物出資〕にあてる）の場合は、その趣旨を定める^{＊2)} (236Ⅰ③・238Ⅰ⑥⑦)。

　　（ウ）　有利発行　　新株予約権付社債の新株予約権部分について、①無償〔払込みを要しないという意味〕で発行し、それが新株予約権を引き受ける者に「特に有利な条件」である場合と、②払込金額が新株予約権を引き受ける者に「特に有利な金額」である場合には、新株予約権に関する規定に従い、「有利発行」として株主総会の特別決議が必要である^{＊3)} (238Ⅲ・239Ⅰ・240Ⅰ・309Ⅱ⑥)。

　　　＊2)　新株予約権付社債　　(1)　取締役会決議事項　　平成17年改正前商法のもとでは、新株予約権付社債について、社債の発行価額と新株予約権の行使価格が同一であることが要求されていたため（平成17年改正前商法341ノ3Ⅱ）、平成13年11月改正前の転換社債と同様の商品性を維持しようとすると、新株予約権部分を無償として発行するしかなかった〔たとえば経済実質は社債部分が80円、新株予約権部分が20円であっても、100円分をもって社債の償還額として新株予約権行使の際の出資目的額とする〕。そして、その場合には、新株予約権はそれ自体としては特に有利な条件での付与となるものの、その分を社債の利率等で埋め合わせたような場合には、新株予約権の公正価値を含めてその点が明らかにされていれば、有利発行〔＊3〕参照〕には該当しないと解してよいと考える必要があった。この点については、会社法では、社債の発行価額（払込金額）と新株予約権の行使価額が同一であることは要求されなくなった。しかし有利発行該当性の問題は残っている。

　　　(2)　新株予約権付社債券の発行等　　社債券が発行される場合には、同じ証券に新株予約権と社債とが表章される（行使の際の規整につき280Ⅲ—Ⅵ参照）。なお、平成13年11月改正後は、新株予約権付社債は必ず証券が発行され、かつ、新株予約権付社債券は無記名式だけが認められてきたが、会社法のもとでは、証券を発行しないことも認められ、かつ、記名式・無記名式の両方が認められる。

　　　(3)　新株予約権付社債の発行の無効　　平成17年改正前商法のもとで、新株予約

権付社債の発行の無効請求を却下した事例があるが（東京高判平成15・8・20金融商事1196-35。有利発行が問題となった事例）、却下したのは妥当でなく、無効事由に該当しないとして棄却すべきであった（ただし、新株予約権がすべて行使ずみであった事例なので、却下という結論は妥当であったとの指摘もある）。なお、会社法のもとでは、無効の訴えの制度が整備された（828Ⅰ④）〔188頁参照〕。

＊3） 有利発行　①平成13年11月改正前は、転換社債と新株引受権付社債につき、転換権または新株引受権の行使によって生じる新株の発行に着目して、新株の有利発行との比較で、転換社債や新株引受権付社債の有利発行が論じられる傾向が強かった。転換社債や新株引受権付社債の条件が有利かどうかは社債発行の時点で判断するしかない（有利かどうかを転換時または新株引受権行使時で判定するのでは実際上収拾がつかない）が、上記のような考え方に立つ見解からは、発行時で判断することが認められる理由として、転換時または新株引受権行使時ではなく社債の発行時に社債の応募額に相当する金銭が会社に払い込まれるからであると説明されてきた（なお、新株引受権付社債の場合は平成13年改正前商法341ノ8Ⅲ参照）〔その意味で商法は新株発行の場合の規制の考え方を変容していると説明されてきた〕。このような見解からは、転換社債または新株引受権付社債の発行時において転換価額または新株引受権の行使価額が株価以上でないと（バブル期にはこれを多少上回っていないと）「特に有利」となると説かれ、実務もこれに従ってきた。②このような見解に対しては、学説上、「特に有利」かどうかは、転換権または新株引受権自体の価値を基準として判断すべきであるとの批判があった。③平成13年11月改正は、新株予約権について一般的な規定を設けたため、新株予約権付社債の場合についても、一般の新株予約権に関する規定の考え方〔173頁＊1）参照〕と整合性をとった考え方をすることが妥当と考えられる。したがって、同改正後は、②の見解に立って、すなわちコール・オプション自体（転換社債型と新株引受権付社債型とではその内容が異なることに注意）の価値を基準として、有利発行にあたるかどうかを判断すると考えるべきである。有利発行にあたらないとされた事例として、東京地決平成19・11・12金融商事1281-52、名古屋地決平成20・11・19金融商事1309-20。取締役の対第三者責任を否定した事例として、東京高判令和1・7・17金融商事1578-18〈百選A34〉〈商判Ⅰ-178〉。

　もっとも、実務では新株予約権部分と社債部分を一体として新株予約権付社債の現在価値を算定することが定着しており、有利発行該当性もこれをもとに判断することが妥当と思われる。

第6章　組織再編等

　本章では、組織変更、株式会社の事業譲渡等および組織再編（会社の合併、会社分割、株式交換・株式移転、株式交付の総称）について述べる。

　組織再編についての商法改正の歴史をみると、戦後しばらくの間は合併を除いてはほとんど改正はなかった。ところが、平成11年の商法改正で株式交換・株式移転制度が創設され、さらに、平成12年の商法改正で会社分割制度が創設され、制度の整備が完成した（なお、令和元年改正により、株式交付制度が新設されている〔429頁参照〕）。

　そこで、平成13年以降の組織再編についての商法改正の流れは、平成12年改正までに整備された制度のもとでの実務の経験等にかんがみ、規制緩和ないし規律の整理をはかるというものである。

　会社法は、全体として組織再編の制度を大幅に横断化し、株式会社・持分会社間の組織変更を可能とし、また、原則として4種類の会社（株式会社・合名会社・合資会社・合同会社）間で合併等の組織再編を可能としたなどの点に特色があるが、基本的には上記の流れの中に位置づけられる。

第1節　組織変更

　(1)　**組織変更の意義**　　会社の組織変更とは、会社が法人格の同一性を保ちつつ別の類型の会社になることであり、したがって、①株式会社から持分会社（合名会社・合資会社・合同会社）への組織変更と②持分会社（合名会社・合資会社・合同会社）から株式会社への組織変更がある（2㉖）。

　なお、合名会社・合資会社・合同会社間での変更は、「持分会社の種類」の変更にすぎず、組織変更にはあたらない〔357頁参照〕。

　(2)　**組織変更の手続**　　組織変更手続の流れは、次のとおりである。

　①法定事項を定めた組織変更計画を作成する（743。株式会社から持分会社への組

織変更計画の法定事項は744、持分会社から株式会社への組織変更計画の法定事項は746）。

②組織変更計画の内容と法務省令事項を事前に開示し、株主および会社債権者の閲覧に供する（株式会社から持分会社への組織変更の場合のみ。775）。

③組織変更計画で定めた効力発生日の前日までに組織変更計画について総株主の同意〔株式会社〕または総社員の同意〔持分会社〕を得る〔持分会社では定款で別段の定め可〕（株式会社から持分会社への組織変更は776Ⅰ、持分会社から株式会社への組織変更は781Ⅰ。なお前者における登録質権者と登録新株予約権者への通知につき776Ⅱ・Ⅲ）。

なお、新株予約権を発行している株式会社が組織変更により持分会社となる場合は、組織変更が効力を生じると新株予約権は消滅するので（745Ⅴ）、通常は組織変更計画の中で新株予約権を買い取るが（744Ⅰ⑦⑧参照）、不満な新株予約権者（新株予約権付社債を含む）には公正な価格での買取請求権が認められる（777・778）。

④会社債権者異議手続を行う（株式会社から持分会社への組織変更では779、持分会社から株式会社への組織変更では781Ⅱ）。

⑤組織変更計画で定めた効力発生日に組織変更の効力が発生する〔定款変更をしたものとみなされる〕（株式会社から持分会社への組織変更は745、持分会社から株式会社への組織変更は747。なお効力発生日の変更につき780・781Ⅱ）。

⑥登記をする（920。形式上は、組織変更前の会社の解散の登記と組織変更後の会社の設立の登記をする）。

(3) 組織変更の無効 組織変更無効の訴えが用意され、この訴えによってのみ無効を主張することができる（828Ⅰ⑥・Ⅱ⑥・834⑥・835—839・846参照）〔有限会社法につき最判昭和46・6・29民集25-4-711）。組織変更を無効とする判決が確定すると、変更前の会社に復帰する（清算手続は不要）。

第2節 事業譲渡等および組織再編

本節では、株式会社の事業譲渡等および組織再編（会社の合併、会社分割、株式交換・株式移転、株式交付）について述べる。

会社法の組織再編法制のもとでは、（ア）合併については、すべての種類

の会社間での合併が認められる。なお、吸収合併では、株式会社・持分会社どちらも存続会社となることができ、新設合併でも、株式会社・持分会社のどちらも新設会社とすることができる。

　（イ）　会社分割については、株式会社・合同会社は分割会社となることができるが、合名会社・合資会社は分割会社となれない (757・762Ⅰ)。承継会社にはすべての種類の会社がなれる。

　（ウ）　株式交換・株式移転については、合名会社・合資会社は株式交換により完全親会社となる会社になることができず、持分会社は（合同会社を含めて）株式移転により完全親会社となる新設会社になれない (767・772)。株式交付は、株式会社についての制度である (774の2)。

　なお、以下では、組織再編については、主として株式会社どうしの場合と新設会社が株式会社の場合について述べる。

図表22　各種の組織再編行為

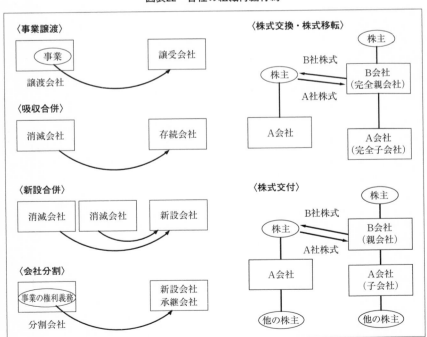

　事業譲渡等や組織再編は、株式会社の事業の売却（買収）や事業の再編・提携の主要な法的手段である^{*1)}。

　これらの行為は、会社の基礎的変更として、会社法は原則として株主総会の特別決議で決定することを要求している^{*2)}。また、会社法は（すべての場合ではないが）反対株主に株式買取請求権を認め、多くの場合について（すべての場合ではないが）、事前・事後の開示を求め、会社債権者異議手続を要求し、効力発生時期を法定するとともに、無効の訴えの制度を用意するなど、特別の規律を設けている〔424頁**図表26**参照〕。

　*1)　**企業買収・企業再編・企業提携**　　一般に企業の買収・再編・提携と呼ばれるものにはさまざまな内容のものが含まれる。

　⑴　一般に会社の事業を第三者に売却する場合を第三者からみて買収と呼ぶ〔M&Aともいう〕。第三者が株式会社である場合を想定すると、買収の法的手段としては、①買収の対象会社の事業（その全部または一部）の譲受け（譲受けの対価が株式の場合には事業の現物出資となる）、②対象会社の吸収合併、③対象会社の吸収分割があるが、このほかにも、対象会社の資産の譲受けを伴わなくても、④対象会社の株式（その全部または少なくとも支配権を確保するに十分な数）を譲り受けることによっても、経済的には対象会社の買収が可能である。④の方法としては、買収会社が対象会社の完全親会社になるような株式交換のほか、株式交付、株式の任意の譲受け（対価が株式の場合には現物出資となる）、株式公開買付け（金商27の2Ⅵ・27の2以下）、大量の株式第三者割当てを受けるなどの方法がある。新設合併（対象会社が2社以上の場合）、新設分割、株式移転などの方法で新たに会社を新設し、買収会社がその新設会社を支配する（子会社等とする）方法もあるし、新設会社が対象会社の事業を譲り受けたり、株式の任意の譲受け（対価が株式の場合には現物出資となる）、株式公開買付け、大量の株式第三者割当てを受けるなどの方法も考えられる。

　⑵　これに対して、企業グループ内での事業の移転などは、一般に企業の再編と呼ぶ（「再編」という概念は買収・提携等の場合も含めた広義の意味で使われることもある）。企業グループ内に事業がとどまるという点で、経済実体からすると、第三者への売却とは異なる。法人税制上も一定の要件をみたす企業グループ内での再編（および共同事業のための再編）の場合には、資産の譲渡損益を認識しないこととしている（法人税法61の2・62の2—62の9）。このような企業再編の法的手段としては、買収の場合と同じ手段が利用可能である。すなわち、①事業（その全部または一部）の譲受け（譲受けの対価が株式の場合には事業の現物出資）、②吸収合併、③吸収分割、④株式の譲受け〔株式交換のほか、株式交付、株式の任意の譲受け（対価が株

式の場合には現物出資となる）、株式公開買付け、大量の株式第三者割当てなど〕があるほか、新設合併（対象会社が2社以上の場合）、新設分割、株式移転などの方法でグループ内に新たに会社を新設する方法、新設会社が対象会社の事業を譲り受けたり、株式交付、株式の任意の譲受け〔対価が株式の場合には現物出資となる〕、株式公開買付け、大量の株式第三者割当てを受けるなどの方法も考えられる。

　(3)　企業の提携には、さらに一層のバラエティが考えられる。合弁会社（ジョイント・ベンチャー）の設立を始め、上記の買収・再編の各方法も利用できるほか、事業の賃貸・経営委任・損益共通契約などの方法（467 I ④参照）も考えられる。

　(4)　上記(1)のうちで上場会社の株式のすべてを取得しようとする場合、いわゆる「二段階キャッシュアウト」の方法が利用されることが多い。通常は、第一段階として、公開買付けの方法で対象会社の全株式の取得を試み、これで取得できなかった残りの株式を、第二段階として、株式交換や特別支配株主の株式売渡請求（179以下）または株式の併合（180以下）を利用した取得などの方法で取得する（なお、第二段階として略式合併等を利用し、その段階で対象会社の全資産を取得することもありうる）。このような「二段階買収」では、第二段階での株式交換等の対価の価格が第一段階での公開買付けの価格よりも低いと、第一段階の公開買付けにおいて公開買付けに応じて持株を売却することを望まない株主も後により低い価格で退出させられるおそれがあるため公開買付けにやむをえず応じるという効果が生じ（強圧性と呼ぶ）適切ではない。したがって、第二段階における対価の額は原則として第一段階と同じであることが望ましい（東京地決平成21・3・31金融商事1315-29参照。もっとも、大阪地決平成24・4・27判時2172-122参照）。また、この点とは別に、友好的な買収の場合には、利害状況によっては、そもそも第一段階の公開買付けの価格が適正か（低すぎるのではないか）という問題がある。

　(5)　なお、近年は、MBO（management buyout）と呼ばれる取引も見られる。これは、上場会社において、経営者等がプライベートエクイティ・ファンド等の投資ファンドや金融機関から資金を得て、その会社の支配権を公開買付け等の方法で取得してその会社を非上場化し、数年の間に、企業価値を高めて再上場を図る（投資ファンド等はこれにより資金回収をする）という手法である。この場合、通常は、第一段階として、ファンド等から資金を得た受皿会社が公開買付けの方法で対象会社の株式の取得を試み、これで取得できなかった残りの株式を、第二段階として、特別支配株主の株式売渡請求（179以下）または株式の併合（180以下）を利用して金銭を対価として強制的に取得するということが行われるので〔93頁＊2）参照〕、上記(4)で述べた問題が生じる。

　(6)　企業買収・企業提携においては、当事者間での買収や提携に関する契約においてさまざまな条項が定められるが、近年、それらの条項の違反の有無が争われる

ことが少なくない（たとえば、他との協議禁止条項について、最決平成16・8・30民集
58-6-1763〈百選94〉〈商判Ⅰ-192〉、表明保証条項や説明義務について、東京地判平成
18・1・17判時1920-136、東京地判平成19・7・26判タ1268-192、東京地判平成19・9・
26判時2001-119、東京地判平成19・9・27判時1987-134、大阪地判平成20・7・11判時
2017-154、東京地判平成23・4・19判時2129-82、大阪地判平成23・7・25判時2137-79。
その他、東京地判平成20・12・17判タ1287-168〔価格調整条項〕、東京地判平成22・3・8
判時2089-143〔マテリアル条項等〕、東京高判平成24・9・9〔損害賠償の予定〕）。

(7) 産業活力の再生及び産業活動の革新に関する特別措置法（産活法として知ら
れる）の平成23年改正は、いわゆる自社株を対価とする公開買付け等について、主
務大臣の認定を受けた株式会社に会社法の有利発行規制や現物出資規制の特例を認
めたが、産業競争力強化法（平成25年法律98号、平成26年1月施行〔産活法は廃止〕）
に引き継がれている。そして、会社法の令和元年改正は株式交付制度を新設した
〔後述（429頁以下）〕。なお、産業競争力強化法の令和3年改正により、株式対価
M&Aにおける事前認定不要の株式譲渡益課税繰延べおよび株式買取請求権の適用
除外等が設けられている。

＊2) **基礎的変更** 何を原則として株主総会の特別決議を必要とすべき基礎的変
更とするかは国によって異なる。株主総会の権限とする理由は、非日常的・非通常
的行為であり取締役会よりも株主総会での意思決定になじむ、非営業的行為であり
株主の投資判断になじむ、経営者の利益相反を含む場合もありうるため総会決議を
求めることに理があるといった点にあると考えられる。このように考えると、日本
の会社法は、定款変更や資本金減少なども原則としては基礎的変更であると考えて
いることになる〔準備金減少や一部の資本金減少は株主総会の普通決議でよいとしている。
335頁参照〕。なお、株式数が減少する場合に株主総会決議が必要なのは（たとえば、
株式の併合〔127頁〕）、株主間の公平からくる要請であって〔153頁**図表10**参照〕、基礎
的変更に株主総会決議を要求するのとは理由が異なる。

1 株式会社の事業譲渡等

1. 概 要

株式会社がその事業を移転する方法として、その事業の全部または重要な
一部を譲渡することが考えられる。会社法は、このような事業譲渡を始めと
して、いくつかの類型の取引について、株主総会の特別決議を要求している

(467 I・309 II⑪)。以下では、これらの取引について概観する。*1)2)*

> **＊1）　営業譲渡から事業譲渡への改正**　　平成17年改正前商法は「営業」の譲渡等
> としていたのを、会社法は「事業」の譲渡等と概念を改めた。これは他の法人法制
> との整合性をはかり、また、商号との関係を考慮したためであると説明されている
> が（個人商人は複数の営業を有し営業ごとに複数の商号を有することができるが会社は全
> 体として1つの商号しか有することができない）、その規律の実質に変更はない。
>
> **＊2）　独占禁止法上の規制**　　独占禁止法は、一定の取引分野における競争の実質
> 的制限を生じ、または不公正な取引方法による他の会社の事業の全部または重要部
> 分の譲受け等を禁止し、これに違反すると、公正取引委員会は排除措置を命じるこ
> とができる（独禁16 I・17の2 I）。違反行為を予防するために、一定の要件をみた
> した事業の譲受け等（同16 I 列挙の行為より行為類型が狭く、さらに一定規模以上のも
> のに限る）を公正取引委員会への事前届出制とし、届出受理後原則30日間はこれを
> 禁止する（同16 II・III・10 VIII）。なお、独占禁止法上、公正取引委員会は、競争促進
> のため独占的状態にある会社または合併等の規制に違反した会社について強制的に
> 事業の一部譲渡の措置を命じる権限を有する（同8の4・17の2 I）。

2．事業譲渡・譲受け

(1)　事業譲渡・譲受けの手続　　**(ア)　概要**　　ⓐ　譲渡会社　　(i)　原則
　　取締役会設置会社では、重要な財産の処分には取締役会決議が必要であ
る（362 IV ①）。そして、すべての会社で、事業の全部の譲渡・事業の重要な一
部の譲渡の場合には、株主総会の特別決議が必要となる（467 I ① ② ②の2・309
II ⑪）〔正確にいえば、会社法467条1項は、事業譲渡等の効力発生日の前日までに、事業
譲渡等の行為に係る契約を株主総会決議で承認すると定めている。合併等の場合と異なり、
契約について法定事項は定められていない〕。原則として反対株主には株式買取請
求権が認められる（469・470）〔219頁・402頁参照〕。
　　(ii)　例外——総会決議不要　　次の場合には、株主総会決議は不要であ
る。①簡易手続——事業の重要な一部の譲渡の場合で、譲渡する資産の規模
が小さい場合（467 I ②）〔譲渡資産の簿価が総資産額（規則134）の20％以下の場合〕（定
款で基準厳格化可）。②略式手続——譲受会社が「特別支配会社」である場合
（468 I）。「特別支配会社」とは、「ある株式会社の総株主の議決権の10分の9
（これを上回る割合を当該株式会社の定款で定めた場合にあっては、その割合）以上を

他の会社および当該他の会社が発行済株式の全部を有する株式会社その他こ れに準ずるものとして法務省令で定める法人（規則136）が有している場合に おける当該他の会社」をいう（468Ⅰ）。すなわち、たとえば、A社の議決権 ある株式の90％以上をB社が単独でまたはB社とその完全子会社が共同で保 有しているような場合に、B社は特別支配会社に該当し、A社からB社への 事業譲渡には、A社における株主総会決議が不要となる。その理由は、株主 総会の開催を要求する意味が乏しい（開催したとしても承認される可能性が高い） からである〔90％基準が採用された点については、400頁＊6）参照〕。②の場合は、不満 な株主に株式買取請求権が認められる（469・470）。この略式手続は、合併等 の場合と同様の制度である。

　　(b)　譲受会社　　(i)　原則　　取締役会設置会社では、重要な財産の譲 受けには取締役会決議が必要である（362Ⅳ①）。すべての会社で、他の会社 〔外国会社を含む〕の事業全部の譲受けの場合には、株主総会の特別決議が必 要となる（467Ⅰ③・309Ⅱ⑪。なお467Ⅱ）。反対株主には株式買取請求権が認めら れる（469・470）〔219頁・402頁参照〕。

　　(ii)　例外——株主総会決議不要　　次の場合には、株主総会決議は不要 である。①略式手続——譲渡会社が特別支配会社である場合（468Ⅰ）〔上述〕。 ②簡易手続——譲受会社が支払または交付する譲受けの対価の額（簿価）が 譲受会社の純資産額（規則135）の20％以下の場合〔定款で厳格化可〕（468Ⅱ）。そ の理由は、譲受会社にとってインパクトが小さく基礎的変更とはいえ、株 主総会決議を要求する必要はないと考えられるからである。ただし、株主に 通知・公告し、株主は反対の通知を会社にすることができ、反対が一定数 （規則138）に達した場合には、株主総会決議を省略した手続は認められず、株 主総会決議をしなければならなくなる（468Ⅲ）。①の場合と②の場合で株主 総会決議をした場合には〔平成26年一部改正〕、不満な株主に株式買取請求権が 認められる（469・470）。これらの略式手続・簡易手続は、合併等の場合と同 様の制度である。

　　(c)　事後設立　　通常の発起設立または募集設立手続により〔＝組織再編等 以外により〕設立された会社は、会社成立後2年以内は、事業の譲受けにあ たらなくても、一定の場合には株主総会の特別決議が必要である〔20％基準

の適用がある〕（467 I ⑤）〔52頁＊6）参照〕。

　（イ）　個々の財産等の移転手続　　事業譲渡の場合には、事業に属する個々の資産については個別に移転手続（第三者対抗要件の具備を含む）をする必要がある（不動産の登記や指名債権の対抗要件具備など）。また、債務を移転する場合、免責的債務引受とするためには、一般原則に従って債権者の承諾が必要である。なお、債務を移転しない場合であっても、会社法総則の規定に基づいて譲受会社が弁済責任を負う場合があり（22 I・23 I）、詐害的な事業譲渡等の場合にこれを認める判例が出され（たとえば、最判平成16・2・20民集58-2-367〈商法百選18〉〈商判 I-9〉〔事業譲渡に平成17年改正前商法26 I（＝会社法22 I）を類推適用〕、東京高判平成13・10・1判時1772-139〔事業の賃貸借について同じ〕〔22頁＊1）参照〕）、平成26年改正で明文の規定が設けられるに至った（23の2）〔421頁＊6）参照〕。

　（2）　事業譲渡の意味——株主総会決議の必要性　　株主総会の特別決議を必要とする事業譲渡とは何かについては、法律上、定義はない。そこで、解釈で決めることになる〔とくに「事業の重要な一部」は何かが問題となる〕。この点について、平成17年改正前商法のもとで、その譲渡に株主総会の特別決議を要する営業譲渡概念について、最高裁の大法廷判決は、平成17年改正前商法24条以下〔＝会社法21—24〕の営業譲渡と同じであると解している。すなわち、「〔平成17年改正前〕商法245条1項1号〔＝会社法467 I ①〕によって特別決議を経ることを必要とする営業の譲渡とは、同法24条以下にいう営業の譲渡と同一意義であって、営業そのものの全部または重要な一部を譲渡すること、詳言すれば、一定の営業目的のため組織化され、有機的一体として機能する財産（得意先関係等の経済的価値のある事実関係を含む）の全部または重要な一部を譲渡し、これによって、譲渡会社がその財産によって営んでいた営業的活動の全部または重要な一部を譲受人に受け継がせ、譲渡会社がその譲渡の限度に応じ法律上当然に同法25条〔＝会社法21〕に定める競業避止義務を負う結果を伴うものをいう」という（最大判昭和40・9・22民集19-6-1600〈百選82〉〈商法百選15〉〈商判 I-179〉）〔この事件では休業中の会社が全財産を譲渡するのに総会決議を不要とした〕。その理由は、①営業の譲渡が単なる財産の譲渡と異なることは、商法総則〔現在では会社法総則〕の規定から明らかであり、②営業でない財産の譲渡につき譲渡会社の営業が遂行できなくなるかどうかという相手方からわからない

事情で決議の要否をきめるのは法律関係の明確性と取引の安全を害するという2点にある〔このほか③競業避止義務を負う結果同じ営業の再開が法律上できなくなるときだけに譲渡会社を保護すればよいとの考慮も働いたとの指摘もある〕。

　しかし、この見解については、学界では批判が強く、ここでは株主総会の特別決議の要否が問題なのであるから、その取引が株主に与える影響の大きさによって判断すべきであるとする見解が多い。[*2)]

　　＊1)　**子会社の株式等の譲渡**　　子会社の株式等の譲渡は経済的には事業の（一部の）譲渡であるといえる場合が多いが、法的には子会社の株式等を事業（の一部）とはいいにくいため、平成26年改正により、467条1項2号の2が新設された。すなわち、株式会社がその子会社の株式または持分の全部または一部の譲渡をする場合、①その譲渡により譲り渡す株式または持分の帳簿価額が会社の総資産額として法務省令で定める方法により算定される額〔規則134〕の5分の1〔定款で基準厳格化可〕を超え、かつ②会社が効力発生日において当該子会社の議決権総数の過半数の議決権を有しないときは、467条1項が適用される。②は譲渡後も譲渡会社が当該子会社の支配権を有しているような場合は基礎的変更といえないと考えられるため467条1項は適用しないこととするという考え方である。

　　＊2)　**「事業の重要な一部」の意義**　　学説は、一般に、端的に有機的一体性のある組織的財産であれば足りるとし（得意先関係の有無を問わない）、かつ、譲渡会社がその後その営業〔事業〕の継続が困難になるかどうか（必ずしも競業避止義務を負うかどうかを問わない）を基準として考える傾向が強い（なお、東京地判昭和62・7・31判時1264-123）。また、上記最大判昭和40・9・22の理解のしかたについても、事業が承継可能であることと反対の特約がないかぎり総則の規定に基づき譲渡会社に競業が禁止されることは、事業概念の属性であると解される。

　　　なお、株主に与える影響の大きさを基準に考えると、会社法が事業の譲受けについては、譲渡の場合と異なり、全部の場合だけを規定し重要な一部の場合を規定していないのは不均衡であるが、むしろ立法論としては、主要諸外国と同様に、事業の譲受けについては株主総会決議は不要とすべきであろう〔なお、(1)(ア)(b)(ii)参照〕。

　(3)　**手続違反の効果**　　株主総会決議が必要な場合にそれを経なかったときは、その事業譲渡・譲受けは無効であるが（通説）、取引の安全保護の見地から、譲渡会社にとって事業の重要な一部であることを譲受人が知らなかったときは有効と解する見解も有力である（なお、無効の主張が信義則に反し許されないとした例として最判昭和61・9・11判時1215-125〈百選5〉〈商判Ⅰ-17〉）。

3. 事業の賃貸など

　会社法は、上述の事業の譲渡・譲受けのほか、次の取引に株主総会の特別決議を要求する（467 I④・309 II⑪）〔なお、例外として相手方が特別支配株主の場合には総会決議は不要で、また、いずれにせよ、反対または不満な株主に原則として株式買取請求権が認められる点は、事業譲渡等の場合と同様である〕。①事業の全部の賃貸、②事業の全部の経営の委任、③他人と事業上の損益の全部を共通にする契約その他これに準じる契約の締結・変更または解約。日本ではこれらの取引は実際にはあまり行われていないと言われている。会社法は、事業全部の賃貸・経営の委任についてだけ株主総会決議を要求し、重要な一部の場合には要求せず、また、賃貸する側・経営委任する側だけに株主総会決議を要求し、これを受ける賃借会社・受任会社側には要求しないが、前述したように、ここでの問題はその取引が株主に与える影響の大きさによって判断すべき問題であるとすると、立法論としては、現行法の規定は不十分であることになる。なお、取締役会設置会社では、事業の重要な一部の賃貸・経営委任や全部または重要な一部の賃借・受任にも取締役会決議は必要である（362 IVにいう重要な業務執行にあたる）。

2 合 併

1. 意 義

　(1) **合併の意味**　　会社の合併とは、2つ以上の会社が契約によって1つの会社に合体することである。このような1つの会社への合体には、当事会社の1つが存続して他の消滅する会社を吸収する場合〔吸収合併〕（2㉗）と、当事会社のすべてが消滅して新しい会社を設立する場合〔新設合併〕（2㉘）とがあるが、実際には前者のほうがよく利用される。会社法は、いずれの場合にも、合併の結果、一部または全部の会社が解散によって消滅すると構成するため、合併は消滅する会社にとっては解散の一場合である（471④）。ただし、合併の場合には、その他の解散の場合と異なり、消滅会社〔法文上は

吸収合併消滅会社または新設合併消滅会社〕の財産は存続会社〔法文上は吸収合併存続会社〕または新設会社〔法文上は新設合併設立会社〕に包括的に承継され、消滅会社の株主は合併手続の中で対価の交付を受けるため、清算手続は不要である。

_{＊1）2）3）}

＊1）　**合併の法的性質**　　従来、合併〔存続会社または新設会社の株式を対価とするもの〕の法的性質については、当事会社が合体する組織法上の特別の契約であると考える見解（人格合一説）と消滅会社がすべての財産を現物出資し、存続会社が株式を発行しまたは新設会社が設立されると考える見解（現物出資説）とが対立してきた。債務超過の会社を消滅会社とする合併はできないと解されてきたが（ただし例外的場合あり）、これは後者のほうが説明がしやすい。しかし、現物出資説は、消滅会社が合併により清算を必要とせずに当然消滅する面を説明できない。いずれにせよ、今日では、どちらの見解をとっても具体的問題の解決に差異はない。

＊2）　**合併と事業譲渡との比較**　　合併とくに吸収合併はその経済実体は事業譲渡に類似し、法的にもどちらも株主総会の特別決議が必要で（略式手続および簡易手続の場合を除く）、また（原則として）反対株主は株式買取請求権を有する。しかし法的には合併と事業譲渡には次のような違いがある。①事業譲渡は通常の取引法上の契約なので、契約で決めた範囲の財産が個別に移転し（個々の財産の移転手続が必要）、事業財産のうちのあるものを除外しまたは事業の一部を移転することもできるが、合併は消滅会社の全財産が包括的に移転し（個々の財産の移転手続は不要）、財産を一部除外したりすることはできない。②事業譲渡では、全部譲渡の場合でもそれにより譲渡会社は当然には解散しないが（したがってその後、事業目的を変更して事業を続けるか、解散して残余財産を株主に分配する等の選択肢がある）、合併では消滅会社は法律上当然に解散・消滅し、株主は存続会社・新設会社の株式その他の対価を受け取る。③事業譲渡では、譲渡会社は債権者の承諾を得て譲受者に免責的債務引受をさせないかぎり債務を免れないが、合併では消滅会社の債務は当然に存続会社または新設会社に引き継がれる。そのため、事業譲渡とは異なり、合併では会社債権者異議手続を会社法は要求する。④合併では法定事項を定めた合併契約〔電磁的記録も可〕の締結が会社法上要求されるが、事業譲渡ではこれがない。⑤合併については会社法は合併無効の訴えを用意するが、事業譲渡ではこれがない。

＊3）　**独占禁止法上の規制**　　独占禁止法は、合併により一定の取引分野における競争の実質的制限を生じるか、または、合併が不公正な取引方法によるものである場合は、合併を禁止し、これに違反すると、公正取引委員会は排除措置を命じることができる（独禁15Ⅰ・17の2Ⅰ）。違反行為を予防するために、一定の要件をみたした

合併を公正取引委員会への事前届出制とし、届出受理後原則30日間は合併を禁止し、違反した場合は、公正取引委員会は合併無効の訴えを提起できる（同15Ⅱ Ⅲ・18Ⅰ）。

(2)　合併の効果　　（ア）　吸収合併の場合には合併により当事会社の一部（消滅会社）が、新設合併の場合には当事会社の全部が解散する（471④）。この場合は、清算は行われず（475①）、消滅会社は解散すると同時に消滅する。

（イ）　合併により、吸収合併の場合には存続会社の新株が発行されるのが通常であり、また、新設合併の場合には新会社が成立する〔以下、株式会社どうしおよび新設会社が株式会社の合併の場合について述べる〕。そして、合併の対価として、消滅会社の株主は持株数に応じて存続会社の株式等または新設会社の株式等の交付を受け、存続会社または新設会社の株主となる（存続会社の株式以外のものを対価とする場合は別）。消滅会社の株主が対価として株式の交付を受ける場合、それまで有していた消滅会社の株式と同じ価値のものでなければならないが、その数は同じとは限らない（消滅会社と存続会社または新設会社の価値が等しいとは限らないため）。そこで割当ての比率〔合併比率〕を定めて消滅会社の株主に存続会社または新設会社の株式が交付されるのが通常である。なお、存続会社は新株に代えてその保有する自己株式を交付することも認められ、さらに、会社法のもとでは、「対価柔軟化」といって、存続会社の株式以外のもの（たとえば存続会社の親会社の株式とか金銭だけとか）を交付することも認められる。＊4）5）6）7）

（ウ）　合併により存続会社または新設会社は消滅会社の権利義務を包括的に承継する（750Ⅰ・752Ⅰ・754Ⅰ・756Ⅰ）。したがって、消滅会社の権利義務はすべて一括して法律上当然に移転し、個々の権利義務について個別の移転行為は不要である（第三者対抗要件の具備も不要と解されているが、不動産の登記等はしないわけにはいかない）。契約によりその一部について移転を留保することはできない。しかし移転するものは実質的な資産であって、計算上の数字である資本金や準備金はそのまま移転するわけではなく、合併による存続会社の資本金の増加額は消滅会社の資本金の額と、新設会社の資本金の額は消滅会社の資本金の合計額と、それぞれ一致するとは限らない。＊8）

＊4）　**対価の柔軟化**　（1）経緯　　平成17年改正前商法のもとでは、消滅会社の株主に交付する対価は、存続会社または新設会社の株式でなければならないとされ

ていた（ただし、割当ての比率を簡単にするために対価の一部を金銭で交付することは認められた〔合併交付金〕）。これに対して、会社法は、平成17年改正前商法を変更して、吸収合併の場合において、消滅会社の株主に対して、存続会社等の株式を交付せず、金銭その他の財産を交付することを認めた〔吸収合併だけでなく、吸収分割・株式交換の場合にも対価柔軟化が認められた〕（吸収合併につき749Ⅰ②・751Ⅰ③、吸収分割につき758④・760⑤、株式交換につき768Ⅰ②・770Ⅰ③）〔なお新設合併の場合につき、753Ⅰ⑥⑧、新設分割の場合につき、763Ⅰ⑥⑧参照〕。ただし、法案提出時の事情で、施行は、他の部分の施行時期より1年遅れ〔平成19年5月1日〕とされた(附則Ⅳ)。

　(2)　意義　　内外からの要望の強かった企業買収の容易化という観点から、このような対価の柔軟化が認められるに至った。しかし他方で、このような対価の柔軟化を認めると、少数株主のいわゆる締出しが容易に行われることとなるとする批判がされ、また、対価が不十分とする少数株主の保護の必要性が指摘されていた。

　これらの点については、少数株主の排除（締出し）と対価の不十分性とを区別して考えるのがわかりやすい。すなわち、前者については、キャッシュアウト・マージャー（cashout merger）〔金銭のみを対価とする吸収合併〕の場合には、少数株主の株式は多数決によって「収用」されるので「正当な補償」が必要になる。株式を失うという意味は、合併の後の将来の事業から生じるリターンに参加する機会にあずかれないという意味である（換言すれば、存続会社が上場会社であれば、対価が金銭であったとしても比率が公正であれば受け取った金銭で存続会社の株式を購入可能である）。国が私人の土地を収用して公園を作るような場合には、その土地を公園にすることにより社会的な価値が創出されると考えられるものの、私人が収用する場合に同様の理屈があてはまるかといえば疑問の余地もあり、したがって、この場合については、一般に、「正当な補償」の額は、合併前の公正価格では足りず、少数株主も合併によって生じるシナジーの分配にあずかれるべきであると解されている。

　また、後者については、対価が存続会社の株式である場合でも合併比率が公正でなければ、消滅会社の株主は当該合併によって生じうるシナジー等を公平に享受することはできない（ここでも、存続会社が上場会社であれば、対価が金銭であったとしても比率が公正であれば受け取った金銭で存続会社等の株式を購入可能である）。したがって、（シナジー等を発生させる）当該合併には賛成するが比率に不満があるような株主への救済手段を確保する必要がある。

　そこで、反対株主の株式買取請求権に基づく買取価格を平成17年改正前商法の「決議ナカリセバ有スベカリシ公正ナル価格」から変更するとか、事後の損害賠償請求を認めやすくするとかが考えられるが（なお、株主総会決議取消しや合併無効では、当該合併をなかったこととするものであって対応できない）、会社法では、前者が採用

図表23　三角合併の例

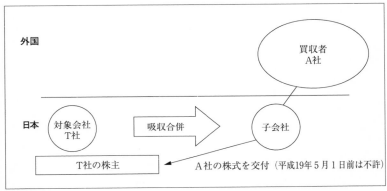

され、買取価格は単に「公正な価格」と改正された〔402頁参照〕。

　(3)　三角合併　　対価柔軟化により、いわゆる三角合併が可能となる。三角合併とは、存続会社が消滅会社の株主に対して、存続会社自身の株式ではなく、存続会社の親会社の株式を交付する方法をいう〔図表23参照〕。つまり、合併対価は親会社株式ということになる。これにより、国内の会社どうしの合併が容易になり、また、クロスボーダーでの買収が可能になると言われているが、税制上の取扱いが実際には重要である。

　この場合、存続会社となる子会社が対価として交付するのに必要な親会社株式を有していないような場合には、親会社株式を取得する必要が生じる。この点について、一般には、子会社による親会社株式の取得は禁止されているが（135Ⅰ・規則3Ⅳ）、例外として、三角合併の対価として使用するための取得は認められ（800Ⅰ）、三角合併の効力発生日までその保有が認められる（800Ⅱ本文）。ただし、取得できる数量は、三角合併に使用する株式数の範囲内である（800Ⅰ）。

　また、三角合併と同様に、親会社株式を対価とする株式交換（いわば三角株式交換）も認められる。

＊5）　合併交付金　　平成17年改正前商法のもとでは、合併交付金は、合併比率調整のために支払われるほか、配当に代えて支払われる場合があり、実際にもそのような配当に代わる合併交付金が支払われる例が多いと言われていた（なお、合併比率の調整を超えて交付金を支払うことが認められるかについては争いがあった）。しかし、そのような配当に代わる合併交付金は、本質的には比率調整のための合併交付金と同じ機能を有するものと考えるべきである。すなわち、合併の場合において、消滅

会社の決算期が合併期日〔平成17年改正前商法のもとでは当事会社が経済的に合体する日〕よりも後に到来するときには、平成17年改正前商法のもとでは合併の際に消滅会社の株主に配当をすることはできないので（平成17年改正前商法のもとでは、決算期が到来しないかぎり配当をすることはできなかった）、その配当すべき分については、理論的にはこれを織り込んだ株式の割当比率を定めることが考えられるが、そのような計算をして割当比率を算定することは実際上容易ではない。そこで、割当比率は配当すべき分を除外して定め、配当分は合併交付金として処理するのが通例であって、その意味では、配当に代わる合併交付金と呼ばれているものは、実質的には割当比率調整の手段としての意味を有する。

＊6）　合併貸借対照表　　合併するために作成する貸借対照表を合併貸借対照表と呼ぶことがある。適正な合併比率を定めるためには、決算貸借対照表を基準とするのではなく、たとえば資産を評価替えして評価益を計上するなどした貸借対照表を作成してこれを基準とするほうが望ましい場合がある。なお、合併当事会社の決算期は同じ日であるとは限らず、さらに合併期日等の会計処理を合体させる日と効力発生日（平成17年改正前商法では吸収合併の場合も含めて登記の日）が違うと、計算の処理がきわめて複雑となる。平成9年改正時に、この点について商法上規定を置くことが検討されたが、見送られた。

＊7）　合併比率の不公正　　合併比率の不公正が合併無効事由になるかどうかについては、後述409頁参照。なお、合併比率が不公正であった場合には、損害を受けた株主は損害賠償請求ができると解すべきである（会社には損害は生じないので、株主代表訴訟には向かない。大阪地判平成12・5・31判時1742-141〈商判Ⅰ-185〉）。

＊8）　会計処理　　平成20年12月26日に、企業会計基準委員会から次のものが公表された。企業会計基準第21号「企業結合に関する会計基準」〔平成31年1月16日最終改正〕、企業会計基準第22号「連結財務諸表に関する会計基準」〔平成25年9月13日最終改正〕、企業会計基準第23号「『研究開発費等に係る会計基準』の一部改正」、改正企業会計基準第7号「事業分離等に関する会計基準」、改正企業会計基準第16号「持分法に関する会計基準」、改正企業会計基準適用指針第10号「企業結合会計基準及び事業分離等会計基準に関する適用指針」〔その後、企業会計基準第26号「持分法に関する会計基準」（平成24年5月17日改正）を反映〕〔平成31年1月16日最終改正〕。これに対応して、平成21年3月27日に、会社法施行規則および会社計算規則の一部改正が公布され（平成21年法務省令7号）、同年4月1日に施行された。

　企業結合の会計処理は、改正前は、その企業結合の経済的実体に応じ持分プーリング法とパーチェス法とが使い分けられていたが、会計基準のコンバージェンスを推進する観点から、改正後は、持分プーリング法は廃止され、共同支配企業の形成

図表24　企業結合の会計処理

	改正後	改正前
持分プーリング法	廃止※	認容
株式が対価の場合の測定日	企業結合日の時価	公表日前の合理的期間における株価
負ののれん	生じた事業年度の利益	20年以内に規則的償却
少数株主持分	全面時価評価法	部分時価評価法または全面時価評価法
段階取得	連結財務諸表上は取得の対価となる財の企業結合日の時価、個別財務諸表上は個々の取引ごとの原価の合計額	個々の取引ごとの原価の合計額
外貨建てのれん	決算日の為替相場で換算	発生時の為替相場で換算
企業結合で取得した途中段階の研究開発	資産として計上	費用として計上

※共同支配企業の形成等の例外的場合を除く。

および共通支配下の取引以外の企業結合はパーチェス法により処理される。したがって、改正前の会計基準における持分の結合に該当するような企業結合は、共同支配企業の形成等の例外に該当する場合を除いて、いずれかの結合当事企業を取得企業として決定しなければならない。

　単体ベースでの会計処理の概要は、次のとおりである。

　パーチェス法の場合、取得した会社（たとえば合併の存続会社）では、取得原価（対価が株式の場合にはその株式の株価で算定する）を受け入れた資産および負債に時価で配分する。取得原価と配分した価額との差額はのれん（正または負ののれん）として認識し（計算規則11参照）、正ののれんは、20年以内の合理的方法により規則的な償却をする。なお、一定〔半額〕の配当制限がかかる（計算規則158Ⅰ）。

　取得した会社（たとえば合併の存続会社）における純資産の部は、払込資本の増額として処理し、具体的には、資本金・資本準備金・資本剰余金に割り振る（445Ⅴ・計算規則35。なお、計算規則36）。なお、増加すべき資本金・準備金の減少により剰余金を計上することも可能である（447・448参照）。

　なお、合併差損等の差損が生じる場合であっても、合併等をすることが可能である（795Ⅱ）〔399頁＊4）参照〕。

2．合併の手続

(1) **概要**　合併のポイントは、株式会社どうしおよび新設会社が株式会社の合併についていえば、消滅会社がその全資産を存続会社または新設会社に移転し、そのいわば対価として消滅会社の株主が存続会社または新設会社の株式等を取得する点にある。したがって、各当事会社の株主にとっては相手会社の資産状態と合併の条件が重要な問題となる。そこで、会社法は、当事会社間で合併契約〔電磁的記録も可〕を作成し、それを各当事会社の株主総会で承認することを要求する（例外として略式合併および簡易合併）。また、会社債権者も相手会社の資産状態により重大な影響を受けるため、会社法は、各会社において会社債権者異議手続をとることを要求する。そして、消滅会社の株主に存続会社または新設会社の株式を交付するような場合に必要があれば株式併合や株式分割をしてその準備をし、また、新設合併の場合は新設会社の定款を作成しなければならない。このようにして消滅会社の資産が存続会社または新設会社に引き継がれるとともに、消滅会社の株主に存続会社または新設会社の株式等が交付され、当事会社は合体することになる。それで実質的な合併手続はすべて完了する。会社法は、合併の登記を要求するが、吸収合併の効力は合併契約において定めた効力発生日に生じ、新設合併の効力は新設会社成立の日（設立登記の日）に生じるとしている。

　手続の流れは、組織変更について述べたところと似ているが、次のとおりである[1]〔以下、株式会社どうしおよび新設会社が株式会社の合併について述べるが、持分会社を当事会社の一方または双方また新設会社とする場合もほぼ同様である。また、会社分割や株式交換・株式移転の手続の流れも同様であり、会社法はこれらを横断する形で手続に関する規定を設けている〕。

　① 　合併契約の締結　　当事会社間で法定事項を定めた合併契約を締結する[2]（吸収合併は748・749、新設合併は748・753）。

　② 　事前の開示　　各当事会社において、合併契約の内容と法務省令事項を事前に開示し、株主および会社債権者の閲覧に供する（吸収合併の消滅会社は782・規則182、存続会社は794・規則191、新設合併の消滅会社は803・規則204）。書面投票制度・電子投票制度の適用がある会社以外の会社では、事前開示は、株主が株

主総会への準備〔簡易合併の場合は総会省略に反対するかどうかの判断〕をするのに役立つ。また会社債権者にとっては異議を述べるかどうか〔(5)参照〕の判断材料になる。

③　株主総会による承認　　合併契約で定めた効力発生日の前日までに、各当事会社において、合併契約について株主総会の特別決議（309Ⅱ⑫）による承認を得る〔略式合併・簡易合併の場合は株主総会決議は不要〕（吸収合併の消滅会社は783・784、存続会社は795・796、新設合併の消滅会社は804）。

なお、反対株主や一定の新株予約権者（消滅会社のみ。新株予約権付社債を含む）には公正な価格での買取請求権が認められる（吸収合併の消滅会社は785—788、存続会社は797・798、新設合併の消滅会社は806—809）〔例外あり〕。

④　会社債権者異議手続　　各当事会社において、会社債権者異議手続を行う（吸収合併の消滅会社は789、存続会社は799、新設合併の消滅会社は810）。

⑤　登記　　登記をする（吸収合併は921、新設合併は922）。なお、新設合併の場合には、通常の設立手続の規定の適用はなく（814Ⅰ）、新設会社の定款は消滅会社が作成する（814Ⅱ）。吸収合併の場合は合併契約で定めた効力発生日に効力が発生し（750Ⅰ）、新設合併は新設会社の成立の日（設立登記の日）に効力が発生する（754Ⅰ）。なお効力発生日の変更（吸収合併。790）。

⑥　事後の開示　　効力発生日後、遅滞なく、法務省令事項を開示し、株主および会社債権者の閲覧に供する（吸収合併の存続会社は801・規則200、新設合併の新設会社は815・規則211・213）。合併無効の訴え〔409頁参照〕を提起するかどうかの判断材料を与える趣旨がある。

＊1）　**手続の流れ**　　(1)　条文配置上は、類型ごとに共通の規定が置かれている（次頁**図表25**参照）。

(2)　組織変更および吸収型再編では、株主総会等による合併契約等の承認決議は効力発生日の前日までにする必要がある（776Ⅰ等）。また、株式買取請求の請求期間は効力発生日の20日前から前日までの間である（785Ⅴ等）。会社債権者異議手続は、効力発生日の前日までに終了しておかないとその組織再編行為の効力が発生しない（750Ⅵ等）。これに対して、新設型再編では、登記日が効力発生日となるので、それまでに株主総会等の決議・買取請求手続・会社債権者異議手続を終えておく必要がある（922等）。買取請求手続の通知・公告等は株主総会決議から2週間以内にしなければならない（806Ⅲ）〔決議前に手続を開始してもよい〕。

図表25　組織再編手続に関する条文の配置〔株式会社の場合〕

	基本形		効力発生日		A社		B社
吸収合併	A社→B社	契約	契約で定めた日	a1	782-793	b1	794-802
新設合併	A1社とA2社→B社	契約	設立登記日	a2	803-813	b2	814-816
吸収分割	A社→B社	契約	契約で定めた日	a1	782-793	b1	794-802
新設分割	A社→B社	計画	設立登記日	a2	803-813	b2	814-816
株式交換	A社→B社	契約	契約で定めた日	a1	782-793	b1	794-802
株式移転	A社→B社	計画	設立登記日	a2	803-813	b2	814-816
株式交付	A社→B社	計画	計画で定めた日	—	—	—	816の2-816の10

（注1）　a1、a2、b1、b2はA社側・B社側について、各組織再編に共通の規定。
（注2）　a1b1は「吸収型再編」、a2b2は「新設型再編」と呼ばれる。

＊2）　合併契約　　法が要求する事項は次のとおりである〔株式会社どうしおよび新設会社が株式会社の合併の場合〕。

（ア）　吸収合併の合併契約（749Ⅰ。なおⅡ・Ⅲ）

①　存続会社および消滅会社の商号および住所　②存続会社が吸収合併に際して消滅会社の株主に対してその株式に代わる金銭等を交付するときは、当該金銭等についての次の事項　イ当該金銭等が存続会社の株式であるときは、当該株式の数（種類株式発行会社にあっては、株式の種類および種類ごとの数）またはその数の算定方法ならびに存続会社の資本金および準備金の額に関する事項　ロ当該金銭等が存続会社の社債（新株予約権付社債についてのものを除く）であるときは、当該社債の種類および種類ごとの各社債の金額の合計額またはその算定方法　ハ当該金銭等が存続会社の新株予約権（新株予約権付社債に付されたものを除く）であるときは、当該新株予約権の内容および数またはその算定方法　ニ当該金銭等が存続会社の新株予約権付社債であるときは、当該新株予約権付社債についてのロの事項および当該新株予約権付社債に付された新株予約権についてのハの事項　ホ当該金銭等が存続会社の株式等以外の財産であるときは、当該財産の内容および数もしくは額またはこれらの算定方法　③②の場合には、消滅会社の株主（消滅会社および存続会社を除く）に対する②の金銭等の割当てに関する事項　④消滅会社が新株予約権を発行しているときは、存続会社が吸収合併に際して当該新株予約権の新株予約権者に対して交付する当該新株予約権に代わる当該存続会社の新株予約権または金銭についての次の事項　イ当該消滅会社の新株予約権の新株予約権者に対して存続会社の新株予約権を交付するときは、当該新株予約権の内容および数またはその算定方法　ロイの場合において、イの消滅会社の新株予約権が新株予約権付社債に付された新株

予約権であるときは、存続会社が当該新株予約権付社債についての社債に係る債務を承継する旨ならびにその承継に係る社債の種類および種類ごとの各社債の金額の合計額またはその算定方法　ハ当該消滅会社の新株予約権の新株予約権者に対して金銭を交付するときは、当該金銭の額またはその算定方法　⑤④の場合には、消滅会社の新株予約権の新株予約権者に対する④の存続会社の新株予約権または金銭の割当てに関する事項　⑥吸収合併がその効力を生ずる日（「効力発生日」）

　(イ)　新設合併の合併契約（753Ⅰ。なおⅡ—Ⅴ）

　　①消滅会社の商号および住所　②新設会社の目的、商号、本店の所在地および発行可能株式総数　③②のほか、新設会社の定款で定める事項　④新設会社の設立時取締役の氏名　⑤次の事項　イ新設会社が会計参与設置会社である場合——新設会社の設立時会計参与の氏名または名称　ロ新設会社が監査役設置会社（監査役の監査の範囲を会計に関するものに限定する旨の定款の定めがある株式会社を含む）である場合——新設会社の設立時監査役の氏名　ハ新設会社が会計監査人設置会社である場合——新設会社の設立時会計監査人の氏名または名称　⑥新設会社が新設合併に際して消滅会社の株主または社員に対して交付するその株式に代わる当該新設会社の株式の数（種類株式発行会社にあっては、株式の種類および種類ごとの数）またはその数の算定方法ならびに当該新設会社の資本金および準備金の額に関する事項　⑦消滅会社の株主（消滅会社を除く）に対する⑥の株式の割当てに関する事項　⑧新設会社が新設合併に際して消滅会社の株主に対してその株式に代わる当該新設会社の社債等を交付するときは、当該社債等についての次の事項　イ当該社債等が新設会社の社債（新株予約権付社債についてのものを除く）であるときは、当該社債の種類および種類ごとの各社債の金額の合計額またはその算定方法　ロ当該社債等が新設会社の新株予約権（新株予約権付社債に付されたものを除く）であるときは、当該新株予約権の内容および数またはその算定方法　ハ当該社債等が新設会社の新株予約権付社債であるときは、当該新株予約権付社債についてのイの事項および当該新株予約権付社債に付された新株予約権についてのロの事項　⑨⑧の場合には、消滅会社の株主（消滅会社を除く）に対する⑧の社債等の割当てに関する事項　⑩消滅会社が新株予約権を発行しているときは、新設会社が新設合併に際して当該新株予約権の新株予約権者に対して交付する当該新株予約権に代わる当該新設会社の新株予約権または金銭についての次の事項　イ当該消滅会社の新株予約権の新株予約権者に対して新設会社の新株予約権を交付するときは、当該新株予約権の内容および数またはその算定方法　ロイの場合において、イの消滅会社の新株予約権が新株予約権付社債に付された新株予約権であるときは、新設会社が当該新株予約権付社債についての社債に係る債務を承継する旨ならびにその承継に係る社債の種類お

よび種類ごとの各社債の金額の合計額またはその算定方法　ハ当該消滅会社の新株予約権の新株予約権者に対して金銭を交付するときは、当該金銭の額またはその算定方法　⑪⑩の場合には、消滅会社の新株予約権の新株予約権者に対する⑩の新設会社の新株予約権または金銭の割当てに関する事項

　　　(ウ)　記載事項の不備

　　上記の法定記載事項に不備があると合併無効事由〔409頁〕となる。ただし、必要のない事項は記載不要であるし、他の事項も実質的にみて必要な内容が記載してあれば瑕疵はない。法定記載事項以外の事項を定めることももちろん許される。

(2)　株主総会の承認　　(ア)　吸収合併の消滅会社　　(i)　原則──合併契約で定めた効力発生日の前日までに合併契約について株主総会の承認を得ることが必要であるが、消滅会社の株主に交付される対価に応じて決議要件が異なる。①原則は、特別決議 (783Ⅰ・309Ⅱ⑫)〔②③以外の場合、たとえば、対価が譲渡制限株式以外の株式であるとか金銭であるような場合〕、②消滅会社が公開会社で、かつ対価〔の全部または一部〕が「譲渡制限株式等」(規則186) である場合は、特殊決議 (783Ⅰ、309Ⅲ②)、③対価〔の全部または一部〕が「持分等」(規則185) の場合は、総株主の同意が必要 (783Ⅱ)。

　　(ii)　決議要件の加重──①②について、株主総会の決議要件は定款で加重できる^{*3)} (309Ⅱ柱書・Ⅲ柱書)。

　　(iii)　例外──株主総会決議不要　　以上について、略式手続（略式合併）の場合には、株主総会決議は省略できる〔次の(3)参照〕(784Ⅰ本文)。

　　(iv)　その他　　種類株主の保護 (322Ⅰ⑦・783Ⅲ・Ⅳ)、登録質権者・登録新株予約権者への通知・公告 (783Ⅴ・Ⅵ)。

　　(v)　反対株主・新株予約権者の株式買取請求権 (785・786)〔後述(5)参照〕

　　*3)　**株主総会の決議要件の加重**　　敵対的な「二段階買収」(公開買付け等＋合併等) への備えとして利用可能であるとも指摘されている。

(イ)　吸収合併の存続会社　　(i)　特別決議である (795・309Ⅱ⑫)。(ii)　要件加重が認められる点は消滅会社におけるのと同様。①合併差損がある場合^{*4)} (795Ⅱ①②) と②消滅会社が存続会社の株式を有する場合 (795Ⅲ) には、取締役等は株主総会でその旨を説明しなければならない。(iii)　略式手続（略式合併）の場合と簡易手続（簡易合併）の場合には、株主総会決議が不要となる (796)〔(3)(4)参照〕。(iv)　種類株主保護 (322Ⅰ⑦・324Ⅱ⑥・795Ⅳ)。(v)　反対株主の

買取請求権（797・798）。(vi)　なお、800条〔389頁＊4）参照〕。

　　＊4）　**合併差損**　次の場合である。①存続会社が承継する消滅会社の債務の額
　　〔承継債務額〕（規則195 I）が存続会社が承継する消滅会社の資産の額〔承継資産
　　額〕（規則195 II―IV）を超える場合（795 II①）。②存続会社が消滅会社の株主に対し
　　て交付する金銭等〔＝151 I〕（存続会社の株式等を除く）の帳簿価額が承継資産額か
　　ら承継債務額を控除して得た額を超える場合（795 II②）。
　　　このような合併差損が生じるような合併は、平成17年改正前商法のもとでは認め
　　られないと解されていたふしがあるが、会社法では、これを認めることを明記した。
　　　なお、消滅会社が実質的に債務超過であるような場合に合併が可能かどうかは、
　　従来どおり解釈にゆだねられる〔従来は、そのような場合の合併は認められず、ただ、
　　例外として100％子会社の場合等には認められると解されてきたが、会社法のもとでは、株
　　主総会等による承認があったような場合には、これを認めないとする理由は見出しがたい〕。

（ウ）　新設合併の消滅会社　　(i)　特別決議が原則であるが（804 I・309 II⑫）、
例外として、新設会社が持分会社である場合（804 II）〔なお、新設会社が譲渡制限株
式等を交付する場合は(ii)〕。(ii)　種類株主保護（322 I⑦・804 III）、登録質権者・登録
新株予約権者への通知・公告（804 IV・V）、(iii)　反対株主（806・807）・新株予約
権者（808・809）の買取請求権。

(3)　略式手続——株主総会決議不要　　**（ア）　吸収合併の消滅会社**　　(i)
存続会社が特別支配会社である場合には株主総会決議は不要である（784 I
本文）〔特別支配会社とは90％以上の親会社等＝468 I 参照〕。すなわち、たとえば、A社
の議決権ある株式の90％以上をB社が単独でまたはB社とその完全子会社が
共同で保有しているような場合に、B社は特別支配会社に該当し、A社から
B社への吸収合併には、A社における総会決議が不要となる。その理由は、
株主総会の開催を要求する意味が乏しい（開催したとしても承認される可能性が
高い）と考えられるからである。この略式手続は、他の場合と同様の制度で
ある。
　　ただし、①合併対価の全部または一部が譲渡制限株式等であり、②消滅会
社が公開会社であり、かつ、種類株式発行会社でないときは、株主総会決議
の省略はできない（784 I ただし書）。
　　(ii)　略式手続により株主総会決議不要となる場合には、不満な株主には
買取請求権が認められる（785・786）。また、差止めの請求〔後述408頁参照〕、無

効の訴え〔後述409頁参照〕、損害賠償請求等も可能である。

（イ）　吸収合併の存続会社　　消滅会社が特別支配会社である場合には株主総会決議は不要である（796Ⅰ本文）。ただし、消滅会社の株主に対して交付する金銭等の全部または一部が存続会社の譲渡制限株式である場合であって、存続会社が公開会社でない場合は、株主総会決議の省略はできない（796Ⅰただし書）。

　略式手続により株主総会決議不要となる場合における株主の買取請求権（797・798）等は、上記(ⅱ)と同様である。

(4)　簡易手続──株主総会決議不要^{＊5)6)}　　**（ア）**　吸収合併の存続会社においては、合併対価の額（簿価）が存続会社の純資産額（規則196）の5分の1以下の場合〔定款で厳格化可〕には、株主総会決議は不要である（796Ⅱ）。存続会社にとってインパクトが小さく基礎的変更とはいえず、株主総会決議を要求する必要はないからである〔平成17年改正前商法は5％基準であったが会社法で20％基準に緩和された〕。

　ただし、①合併差損が生じるような場合、②消滅会社の株主に対して交付する金銭等の全部または一部が存続会社の譲渡制限株式である場合であって、存続会社が公開会社でない場合〔上記(3)(イ)と同じ〕には、株主総会決議の省略はできない（796Ⅱただし書）。また、③株主に通知・公告し、株主は株主総会省略に反対の通知を会社にすることができ、反対が一定数（規則197）に達した場合には、株主総会決議を省略した手続は認められず、総会決議をしなければならなくなる（796Ⅲ）。

（イ）　簡易手続により総会決議不要となる場合には、不満な株主には差止めの請求〔後述408頁参照〕、無効の訴え〔後述409頁参照〕、損害賠償請求等が認められる。

　＊5）　**簡易手続**　　簡易手続には、財産を出す側の規模が小さい場合（事業の譲渡会社や吸収分割の分割会社等）とその受け手側が支払う対価の規模が小さい場合（事業の譲受会社や吸収合併の存続会社等）とがある。

　＊6）　**簡易手続と略式手続の比較**　　合併の例でいえば、たとえば、A社をB社が吸収合併するという場合で、B社がA社株式（議決権あり）の80％を有している親会社である場合を考えてみる（なお、この場合、一般論としては、A社がB社より規模

として小さいとは限らない)。

　B社がA社を吸収合併する場合に、平成17年改正前商法のもとでは、B社はA社の株主に合併対価としてB社株式を交付することになるが、あまり多数の株式を交付しないという場合には、この合併はB社にはインパクトが小さい。したがって、B社で株主総会決議を要求するほどのことではない。換言すれば、そのような合併はB社について「基礎的変更」に当たらない。

　この場合、A社のほうでも、なぜ株主総会決議が必要なのかという問いがある。総会を開いても、どうせ80％をB社が有しているので、総会決議は通るに決まっている。アメリカではおおむね(州によって多少異なるが)A社・B社ともに株主総会決議は不要とされている。ただし、その理由は異なる。A社では総会を開いても意味がないから総会決議は不要であり、B社で総会決議が不要な理由は、インパクトが小さいから、すなわち基礎的変更ではないからである。

　次に、株式買取請求権についてどう考えるべきかというと、A社については20％の少数株主がいるわけであるから、株主総会を開いてもどうせ通るから総会決議は不要ではあるけれども、しかし少数株主保護のために株式買取請求権は必要である。しかし、B社については、アメリカ的に考えれば、当該合併はインパクトが小さく基礎的変更ではないのであるから、株主総会決議が不要であるだけでなく、株式買取請求制度も不要なはずである。

　しかし、以上のような考え方は、日本では採用されなかった。平成9年の商法改正で簡易合併制度が創設された際には、B社について、やはり少数株主を保護すべきであるとされ、総会決議は不要とするけれども(ただし会社法制定前までは5％基準であり、会社法は20％基準に緩和した)、株式買取請求は認めることとされた。また、A社のほうの略式合併については、制度を設けないこととされた。

　会社法では、略式合併についても、株主総会決議不要という制度が実現することとなった。上記の例で、B社はA社の株式を80％保有しており、A社は株主総会を開いてもどうせ通るというのが理屈であるとすれば、略式(＝総会決議の省略)を認める基準となるべき議決権割合は3分の2としてもよいのではないかという意見もあったが、3分の2基準では低すぎるという意見が有力であり、諸外国の例を見てもヨーロッパでは90％とか95％という基準が一般的なので、結局90％基準が採用された。

　会社法は、略式合併の場合について、少数株主保護のために差止め制度を設けたが(平成26年改正前784Ⅱ・796Ⅱ)、平成26年改正は、合併一般(組織再編一般)について差止め制度を新設することとした(784の2・796の2・805の2)。このため、略式合併の場合についての差止め制度の規定は後者の規定に統合された(784の2

②・796の2②参照）。

　　さらに、平成26年改正は、簡易合併等における存続会社等の株主と略式合併等における特別支配株主は株式買取請求権を有しないこととする改正を行った（797Ⅰただし書・785Ⅱ②・797Ⅱ②）。

(5)　反対株主等の株式買取請求権　　ここでは、単元未満株式以外の株式買取請求権について、まとめて概説する。

(ア)　株主総会決議が必要な場合　　一定の基礎的変更の場合に、多数決で決議が成立したときには、「反対株主」〔＊8）参照〕に、投下資本の回収と一定範囲での損失の塡補を認めて経済的救済を与えるため、会社に対してその所有する株式を公正な価格で買い取ることを請求する権利が認められる。

　　(a)　買取請求権が認められる場合　　①事業の全部または重要な一部の譲渡等の決議（469―470）、②一定の定款変更決議（116―117）、③一定の端数を生じる株式の併合の決議（182の4―182の5）、④合併の決議、⑤新設分割・吸収分割の決議、⑥株式交換・株式移転の決議等（④⑤⑥は、785―786・797―798・806―807）の場合である〔以下では、吸収合併の消滅会社等の場合に関する条文だけを引用するが、他の場合もほぼ同様である〕。ただし、簡易手続の場合と略式手続における特別支配株主については、買取請求権は認められない（469Ⅰ②・797Ⅰただし書・469Ⅱ②・785Ⅱ②・797Ⅱ②）〔平成26年改正〕。

　　(b)　買取価格　　「公正な価格」である[＊7）]（785Ⅰ）。

　＊7）　**公正な価格**　　(1)　制度の趣旨　　合併・会社分割・株式交換および株式移転（以下、組織再編行為と総称する）の場合の反対株主の株式買取請求権制度における株式の買取価格について、平成17年改正前商法は、買取価格を「(当該組織再編行為を承認する株主総会の）決議ナカリセバ其ノ有スベカリシ公正ナル価格」と規定していたが、会社法は単に「公正な価格」と表現を改めた（785Ⅰ・797Ⅰ・806Ⅰ）。この改正については、反対株主に対しては、組織再編行為がなかったならばあったであろう価格（ナカリセバ価格）だけでなく、組織再編行為がシナジーを発生させる場合には組織再編行為により生ずるシナジーの公正な分配まで（シナジー分配価格）を保障しようとする趣旨であると説かれている。その結果、具体的な事例が「ナカリセバ」事例であるか「シナジー分配」事例であるかによって裁判所が行う作業は異なると説かれている。

　　　実際に裁判所が行う作業にかんがみると、株式買取請求権制度の趣旨としては、資本多数決で決定された組織再編行為が実施されることはそれとして認め、①（そ

れを前提として）反対株主の退出を保障し、反対株主が有する企業価値の持分割合相当分を退出価格とするとともに（ここでは「部分清算」と呼ぶ）、②比ゆ的な表現になるが、多数株主の忠実義務違反に基づく損害ないし不利益（以下「損害」と呼ぶ）の填補を認めるものであるとでも表現したほうがベターである。①はつねに認められ、②は「損害」が認定できれば認められる。

　このことを「ナカリセバ」事例と「シナジー分配」事例〔「比率不公正」事例と呼ぶほうがベター〕とについていうと、まず第1に、概念としては、①〔部分清算〕については、どちらの事例にも共通するものである。他方、②〔損害填補〕については、合併においてその消滅会社の反対株主が株式買取請求権を行使する場合を例にとると、「ナカリセバ」事例とは、当該合併の決議による消滅会社の企業価値の毀損により反対株主に生じる損害を填補するものであり、「シナジー分配」事例とは、当該合併の決議による消滅会社株主へのシナジー分配（通常は合併比率）が公正でないために、公正な場合との差額として生ずる株式価値の毀損という損害を填補するものである。第2に、「公正な価格」の決定は、非訟事件であり（868以下〔平成23年に一部改正。39頁参照〕）、裁判所の合理的な裁量にゆだねられるが、裁判所の作業という見地からすると、①の観点からの価格算定はおよそ買取価格決定の申立てがあった場合にはつねにしなければならない作業であるのに対して、②の観点からの価格算定（すなわち「損害」の算定）はつねにしなければならない作業ではなく、①もそうであるが、とくに②は理想的な条件での組織再編行為を創造する作業が求められるため、当事者の主張立証に依存する（869・870参照）。

　(2)　買取価格算定の基準時　　最高裁は、上場株式の事例について、株式買取請求権の行使日をもって買取価格の算定基準時であるとしている。すなわち、「公正な価格」とは、「ナカリセバ」事例では、原則として、株式買取請求がされた日における、組織再編行為を承認する旨の株主総会決議がされることがなければその株式が有したであろう価格をいい（最決平成23・4・19民集65-3-1311〔百選84〕〈商判Ⅰ-181〉、最決平成23・4・26判時2120-126〈商判Ⅰ-182〉）、それ以外の事例の場合には、原則として、組織再編契約ないし計画において定められていた比率が公正なものであったならば当該株式買取請求がされた日においてその株式が有していると認められる価格をいう（最決平成24・2・29民集66-3-1784〔百選85〕〈商判Ⅰ-183〉）。なお、「公正な価格」を算定するに当たって参照すべき市場株価として、株式買取請求がされた日における市場株価やこれに近接する一定期間の市場株価の平均値を用いることは裁判所の裁量の範囲内にある（上記最決平成24・2・29）。

　(3)　裁判例　　神戸地決平成21・3・16金融商事1320-59〔吸収合併の存続会社の株主〕、横浜地相模原支決平成21・3・27＋東京高決平成21・7・17金融商事1341-

31〔吸収合併の存続会社の株主〕、東京地決平成21・4・17金融商事1320-31および同平成21・5・13金融商事1320-41〔株式交換完全親会社となる会社の株主〕、東京地決平成21・3・31金融商事1315-29〔公開買付けに続いて実施されたいわゆる三角株式交換により株式交換完全子会社となる会社の株主〕(「当該公開買付けが実施され、当該株式交換における株式交換比率算定の際の株式交換完全子会社株式の基準価格が決定された後に、株式交換完全子会社の株価が下落したとしても、当該株式交換に反対する同社の株主がした株式買取請求に基づく株式買取価格決定の際の『公正な価格』は、原則として、当該公開買付価格及び当該基準価格を下回ることはないと解するのが相当」と判示した)、東京地決平成22・3・5金融商事1339-44＋東京高決平成22・7・7判時2087-3＋最決平成23・4・19民集65-3-1311〈百選84〉〈商判Ⅰ-181〉〔吸収分割の分割会社の株主〕、東京地決平成22・3・29金融商事1354-28＋東京高決平成22・10・19判タ1341-186〈百選A38〉＋最決平成23・4・26判時2120-126〈商判Ⅰ-182〉〔株式交換完全子会社となる会社の株主〕、東京地決平成22・3・31金融商事1344-36＋東京高決平成23・3・1金融商事1388-24＋最決平成24・2・29民集66-3-1784〈百選85〉〈商判Ⅰ-183〉〔株式移転完全子会社となる会社の株主〕、東京地決平成22・11・15金融商事1357-32〔吸収合併の消滅会社の株主〕、東京地決平成23・3・30金融商事1370-19〔株式交換完全子会社となる会社の株主〕、大阪高決平成24・1・31金融商事1390-32〔MBOにおいて株式を全部取得条項付種類株式とする旨の定款変更（96頁＊5）参照）〕、大阪地決平成24・4・27判時2172-122〔公開買付けに続いて実施された株式交換により株式交換完全子会社となる会社の株主〕(公開買付けの価格よりも低い価格を決定)、東京高決平成28・9・14判タ1433-134〔株式交換完全子会社となる会社の株主〕、最決平成27・3・26民集69-2-365〈百選88〉〈商判Ⅰ-184〉〔吸収合併の消滅会社の株主〕(非流動性ディスカウントを否定)〔124頁＊1）参照〕など。

　(c)　買取請求権の行使要件と行使手続　　①合併等に株主総会決議を要する場合には、議決権を行使できる株主は、ⅰ株主総会前に会社に反対の意思を通知し〔電磁的方法も可〕、ⅱ株主総会で反対することが必要である（785Ⅱ①イ）。議決権制限株式の株主等、株主総会において議決権を行使できない株主はⅰⅱは不要である（785Ⅱ①ロ）。②①以外の場合には、すべての株主である（785Ⅱ②）。

　手続としては、①会社は、合併等の効力発生日の20日前までに、買取請求権を有する株主に対し、合併等をする旨と他の当事会社〔新設合併の場合は新設会社も〕の商号・住所を通知する（785Ⅲ。公開会社等は公告で可〔785Ⅳ〕）。②合併等の効力発生日の20日前から前日までに株式の種類と数を明らかにして、買

取請求権を行使する (785Ⅴ)。③株券が発行されている場合には、株券を提出しなければならず〔喪失登録をしている場合を除く〕(785Ⅵ)、株式を他に譲渡することはできなくなる。④買取請求をすると、その後の撤回は会社の承諾がないとできない (785Ⅶ。ただし786Ⅲ)〔会社法での新設規定〕。⑤合併等が中止されたときは買取請求は失効する (785Ⅷ)。⑥買取請求をした株式については名義書換は請求できない (785Ⅸ)。なお、⑦振替株式の場合には、買取口座が開設され、株主が買取請求をした株式はその買取口座に移管され、他に譲渡することはできない (振替法155)〔③⑥⑦は平成26年改正で追加〕。

　　＊8）　**買取請求権を有する株主**　(1)　株式買取請求権を有する「反対株主」とは、(ⅰ)合併等を承認する株主総会に先立って当該合併等に反対する旨を会社に通知し、かつ、当該株主総会において合併等に反対した株主 (785Ⅱ①イ等)、(ⅱ)いわゆる無議決権株式の株主など、当該株主総会において議決権を行使することができない株主 (同ロ等)、(ⅲ)いわゆる略式合併等のように、株主総会の決議を経ずに合併等を行う場合におけるすべての株主 (785Ⅱ②等) である〔簡易合併等における存続会社等の株主と略式合併等における特別支配株主は買取請求権を有しない (本文参照)〕。(ⅱ)の「議決権を行使することができない株主」とは、株主総会の基準日時点で株式を保有しているにもかかわらず議決権を行使することができない株主という意味であり、議決権制限株式の株主がその例である。基準日後に株式を取得した株主や基準日時点で名義書換をしていない株式の取得者はこれに該当しないので、買取請求権を有しないと解される〔平成17年改正前商法のもとでこのように解されており、会社法の立法経緯から会社法がその立場を変更したものとは認められない〕(東京地決平成21・10・19金融商事1329-30)。ただし、最後の点については、条文を文字通り読んで、これらの株主も買取請求権を有すると解する見解も有力である。会社法で新設された金銭を対価とする合併等のように、株主が強制的に締め出されるタイプ (キャッシュアウト) の合併等の場合には、これらの株主も (株主総会後に取得した株式でなければ) 買取請求権を有すると解するほうが妥当であるように思われる〔全部取得条項付種類株式の取得価格の決定について、94頁＊4）、売渡株式の売買価格の決定について、最決平成29・8・30民集71-6-1000〈百選83〉〈商判Ⅰ-43〉(135頁) 参照〕。

　　(2)　株式買取請求権の原因となる合併等の計画公表後に株式を取得して株主になった者について買取価格を決定する場合には、その価格は合併等を前提として形成される価格によるべきであり、また取得時の価格を超えることはできないとする判例があり (東京地決昭和58・10・11下民34-9＝12-968)、学説にはそのような者の買取請求権を否定する見解すらあるが、＊7）で述べたように、株式買取請求権制度を

多数株主の忠実義務違反によって生じうる損害の塡補という機能を有する制度であると考えると、いずれの見解にも疑問がある。裁判例はこのような制約をしない傾向にある（東京高決平成21・7・17金融商事1341-31）。

＊9）　**買取請求の撤回**　　株式交換の効力発生後に株式買取請求が撤回された場合の法律関係について、東京高判平成28・7・6金融商事1497-26。

　(d)　買取請求権行使の効果　　上記の買取請求がされるとそれによって会社は当然に株式を公正な価格で買い取らなければならなくなる（したがって、買取請求権は形成権である）。買取価格については、まず当事者間の協議で決定し（786 I）、効力発生日から30日以内に協議がととのわない場合は、株主・会社はその後30日以内に裁判所に価格の決定の申立てができる（786 II。期間に申立てがない場合は撤回が認められる。786 III）〔非訟事件。868以下、39頁参照〕。会社は、買取価格の決定があるまでは、株主に対して会社が公正な価格と認める額を支払うことができる（786 V）〔この仮払いにより法定利息の支払を防ぐことができる〕〔平成26年改正で追加〕。買取りは、効力発生日に効力が生じる（786 VI）。会社は、価格につき協議がととのったときは効力発生日から60日以内に支払をし（786 I）、裁判所が決定したときにはその期間〔＝効力発生日から60日間〕経過後は法定利率（民404）の法定利息をつけて支払をする（786 IV）〔平成29年民法改正〕。株券が発行されている会社では、株券と引換えにその代金を支払う（786 VII）。会社が買い取った株式は自己株式となる。

　(e)　株式買取請求権と会社債権者保護　　株式買取請求権が行使されると会社は自己株式を取得することになり会社から金銭が流出する。そこで、一定の場合だけであるが、財源規制と特別の会社債権者保護のための手当てがある（462・464〔116 I・182の4 I の場合〕）〔345頁参照〕。

　（イ）　略式手続・簡易手続の場合　　略式事業譲渡・略式合併等の場合には、株主総会決議は不要であるが、不満な株主にはやはり株式買取請求権が認められる。そこで、会社は略式合併等の旨を株主に通知または公告し（785 III・IV。ここでは略式吸収合併の消滅会社等の場合に関する条文を引用するが、他の場合も同様）、株主は、会社に株式の種類と数を明らかにして、買取請求権を行使できる（785 V）。その他の手続・効果・失効などは（ア）の場合に準じる（785 V〜IX・786）。これに対して、簡易手続の場合と略式手続における特別支配株主については、

買取請求権は認められない（469 I ②・797 I ただし書・469 II ②・785 II ②・797 II ②）〔平成26年改正〕。

（ウ）　新株予約権の買取請求権　　一定の新株予約権者についても買取請求権が認められる（118・119・787・788・808・809）〔会社法で新設〕。

（エ）　種類株式の買取請求権　　譲渡制限・全部取得条項を付す定款変更のための種類株主総会決議の場合（116 I ②）や定款で種類株主総会制度を排除した場合（322 II）において当該行為がされた場合には（116 I ③・785 II ①ロ・797 II ①ロ・806 II）、種類株主に株式買取請求権が与えられる。手続・効果・失効などは上記の株主一般の場合とほぼ同様である。

(6)　会社債権者異議手続　　各当事会社は、債権者に対して、①合併する旨、②他の当事会社〔新設合併の場合は新設会社も〕の商号と住所、③全当事会社の計算書類等（規則188・199・208）、④異議のある債権者は一定の期間（1か月以上）内に述べる旨を官報に公告し、かつ、「知れている債権者」には各別に催告しなければならない[*10]（789 I・II・799 I・II・810 I・II）。ただし、官報公告に加えて日刊新聞紙による公告または電子公告をも行った場合には、知れている債権者に対する個別催告は不要となる（789 III・799 III・810 III）〔平成16年改正〕。期間内に異議を述べなかった債権者は合併を承認したものとみなされる（789 IV・799 IV・810 IV）。異議を述べた債権者には、弁済・担保提供・弁済用財産の信託のいずれかをしなければならないが、合併してもその債権者を害するおそれがない場合には、そのような対応は不要である（789 V・799 V・810 V）。異議を述べたのに無視された債権者は、合併無効の訴えを提起するしかない〔409頁参照〕。

なお、総財産を目的とする企業担保権は、存続会社または新設会社の総財産について効力を有する（企業担保法8 I）。また、合併をする当事会社の双方の総財産が企業担保権の目的となっている場合には、合併後の企業担保権の順位に関する企業担保権者間に協定がなければ、合併をすることはできない（同法8 II）。

また、合併の場合における労働条件の不利益変更について、最判平成28・2・19民集70-2-123参照。

　　[*10)　**債権者異議手続**　　会社債権者異議手続の対象となる債権者は、金銭債権者

に限られるとする見解が有力である。金銭債権者以外の債権者には弁済・担保提供
等のしようがないことを理由とするが、その債権が金銭に見積もることができる以
上、保護手続の対象となる債権者の範囲を限定的に解することは、立法論としては
ともかく、現行法の解釈としては疑問がないではない。なお、知れている債権者に
は、係争中の債権者も含むとする判例がある（大判昭和7・4・30民集11-706〈百選
75〉〈商判 I -171〉〔資本金減少の事例〕）。

　　　社債権者の異議は、社債権者集会の決議または社債管理者による〔366頁＊1）〕。

　(7)　**効力の発生**　　（ア）　**効力発生時期**　　上述したように、吸収合併の
場合は合併契約で定めた効力発生日に効力が発生し、新設合併は新設会社の
成立の日（設立登記の日）に効力が発生する。吸収合併について、平成17年改
正前商法は登記時にその効力が生じるとしていたが〔昭和13年改正以来の制度〕、
上場会社等の株式の流通面で支障をもたらしていると指摘されてきた。そこ
で、会社法は、登記時ではなく、合併契約で定めた一定の日においてその効
力が生じるものとした（750 I 等）。

　（イ）　**登記との関係の特則**　　吸収合併の効力発生日後に合併の登記をす
るとなると、効力発生日から登記がされるまでの間、登記上は、たとえば、
消滅会社の代表取締役はなお代表権を有するような外観を有することとなる
等の問題がある。そこで、会社法は、その間の法律関係が不明確になるとい
う問題を解決するため、合併の登記がされるまでの間は、消滅会社は、第三
者の善意・悪意を問わず、消滅（正確には「解散」）を対抗できないことと
した[11]（750 II）〔登記の効力に関する一般規定である908 I 〔24頁参照〕の特則〕。

　　＊11）　**登記との関係**　　たとえば、消滅会社の代表取締役が、吸収合併の効力発生
　　　　日後しかし登記前に、不動産を第三者に処分したような場合、不動産を譲り受けた
　　　　者は、その善意・悪意にかかわらず、所有権の取得を会社に対抗することができる
　　　　と解される。

3．合併の差止めと無効

　(1)　**合併の差止め**　　平成26年改正は、合併一般について（会社分割、株式
交換・株式移転一般についても）、法令または定款に違反する場合に株主に差止
請求権を認める明文の規定を新設した（784の2・796の2・805の2）。なお、令和
元年改正は、株式交付について株式交付親会社の株主に差止請求権を認めて

いる（816の5）。

　吸収合併における消滅会社を例にとると、①吸収合併が法令または定款に違反する場合、または②略式合併において対価が消滅会社または存続会社の財産の状況その他の事情に照らして著しく不当である場合〔②は平成26年改正前からの継承〕において、消滅会社の株主が不利益を受けるおそれがあるときは、消滅会社の株主は、会社に対し、吸収合併の差止め〔法文上は「やめること」〕を請求することができる（784の2[1][2]）〔吸収合併における存続会社についても同様（796の2）、新設合併における消滅会社については、法令または定款に違反する場合（805の2）〕。

　(2)　合併の無効　　合併の手続に瑕疵があれば、本来であれば合併は無効であるが、その解決を一般原則にゆだねると法的安定性を害するので、会社法は、合併無効の訴えを用意し、合併無効の主張を制限する一方、無効の効果を画一的に確定し、その遡及効を否定する。

　(ア)　無効事由　　法律上明記されていない。合併契約が作成されなかったとき、作成されたが要件不備であったとき、合併契約を承認する株主総会決議に無効または取消事由があるとき、事前開示に不備があったとき、債権者異議手続がされなかったときなど、重大な手続違反が無効事由になると解されているが（合併無効を認めた例として、東京地判平成22・1・29）、無効事由は手続違反に限られるわけではない（名古屋地判平成19・11・21金融商事1294-60〈商判Ⅰ-188〉）。合併比率の著しい不公正を無効事由にできるかについては争いがあるが、これを認めるべきである（反対、東京高判平成2・1・31資料版商事法務77-193〈百選89〉〈商判Ⅰ-187〉〔株式買取請求権があることを理由に無効事由にならないというが、疑問である〕。なお、比率の公正さが損害賠償責任の成否として争われた事例として、東京地判平成19・11・12判時2011-145〔株式交換比率〕、東京地判平成23・9・29判時2138-134〈百選A29〉〈商判Ⅰ-186〉〔株式移転比率〕、東京地判令和4・3・24〔株式交換比率〕）。

　(イ)　無効の訴え　　訴えを提起できる者（原告適格）は、当事会社の株主・取締役・監査役・執行役・清算人・破産管財人・合併を承認しなかった債権者に限られる（828Ⅱ[7][8]。企業担保権者につき企業担保法8Ⅲ）（原告適格が否定された事例として、新潟地判平成29・9・13金融商事1527-48）。提訴期間は、効力発生日から6か月であるが（828Ⅰ[7][8]）、株主総会決議の取消事由に基づくときは決議

後3か月に限られる（831 I 参照）。訴えの被告は存続会社または新設会社である（834⑦⑧）。なお、専属管轄・担保提供命令・弁論等の併合・原告が敗訴した場合に悪意または重過失があったときの賠償責任は、他の「会社の組織に関する訴え」の場合と同様である（835—837・846）。

> **＊1）　株主総会決議の取消し・無効確認の訴えの帰趨**　合併契約を承認した株主総会決議について決議の取消しまたは無効確認の訴えが提起された後、その訴訟の係属中に合併の効力が発生した場合には、総会決議取消しまたは無効確認の訴えは合併無効の訴えに吸収されると解されており〔いわゆる吸収説〕、原告は前者から後者に訴えの変更をしないと、前者の訴えは訴えの利益を欠くこととなる〔学説上は反対説も有力〕（なお、大阪地判平成24・6・29金融商事1399-52参照）。

（ウ）　無効判決の効果　合併を無効とする判決は第三者にも効力がおよび（対世効）、また遡及効が否定される（838・839）。したがって、存続会社または新設会社は無効の判決によって将来に向かっていわば分割されることになる。すなわち、合併によって消滅した会社は復活し、新設した会社は消滅し、発行した株式は無効になる。各当事会社が合併当時有していた財産で存続会社・新設会社に現存するものはもとの会社に復帰する。しかし、存続会社・新設会社が合併後に取得した財産については、このような処理ができないので、対外的には債務は当事会社の連帯とし、プラスの財産は当事会社の共有とし、対内的な負担部分または持分は当事会社の協議で、もし協議がととのわないときは裁判所が、これを定める（843）。

3　会社分割

1．意　義

（1）　会社分割の意味　**（ア）　会社分割**　会社分割とは、1つの会社を2つ以上の会社に分けることをいう〔会社法のもとでは、株式会社（または合同会社）がその事業に関して有する権利義務の全部または一部を法の定める手続により他の会社に移転することをいう（2㉙・㉚参照〔後掲（イ）参照〕）〕。多角経営化した企業がその事業部門を独立させて経営効率の向上をはかったり、不採算部門・新製品

開発部門などを独立させたり、他の会社の同じ部門と合弁企業を作るなどの手段として利用される。会社分割はこのように事業の再編に使われるが、事業の売却（買収）や企業の提携の手段として利用される場合もある。従来は、商法は、会社分割についてまとまった規定を置いていなかったが、平成12年改正で規定が整備された。会社法も基本的には平成17年改正前商法を引き継いでいるが、いくつかの点で重要な改正を行った。^{＊1）2）}

　　本書では、合併の場合と同様、分割会社・承継会社・新設会社が株式会社である場合について述べる。

　　＊1）　**会社分割の意味と法的性質**　　平成12年改正の前は、株式会社の分割と同じ効果を達成しようとすると、①事業を現物出資して新会社を設立する、②新会社を設立した後に現物出資・財産引受け・事後設立などの方法で事業を譲り渡すといった方法をとるしかなかった。これらの方法は、平成12年改正後も利用できるが、裁判所の選任する検査役の調査が必要であり、新会社の株式を分割会社の株主に直接交付することが容易でなく、事業に含まれる資産について個別に移転手続が必要で、債務の移転には債権者の承諾が必要であり、分割する会社の準備金や配当可能利益の引継ぎができない。これに対して、平成12年改正は、会社分割手続を整備し、承継会社または新設会社の株式を分割会社の株主に直接交付する道を認め、営業〔事業〕に含まれる権利義務について個別の移転手続を不要とし、債務の移転にも原則として債権者の承諾を不要とし、さらに検査役の調査も不要とし〔その代わり株主総会の特別決議（簡易分割の場合を除く）と会社債権者異議手続等が必要〕、準備金や配当可能利益の引継ぎも可能とした。したがって、現行制度のもとでは、会社分割は、承継会社または新設会社が交付する株式を対価として分割の対象となる営業〔事業〕の全部または一部（債務を含む）が包括的に承継会社または新設会社に移転する点で合併に類似するが、合併と異なり、分割会社は分割後も存続する。なお、人的分割〔（ウ）参照〕の場合には、分割会社から財産が出て行く一方で対価である承継会社または新設会社の株式は分割会社の株主に交付されるため、分割により分割会社の財産は減少する。極端な場合は（事業全部の分割）、分割により分割会社の財産はなくなることもありうるが、それでも分割会社は法律上当然には解散しない（立法論として手当てをしたほうがよいと思われる）。

　　　会社法は、対価柔軟化を認め、そのもとで横断的な剰余金分配規制をかけるため、人的分割を「物的分割＋剰余金（現物）配当」と構成することとしたが（分割はすべて物的分割となった）〔後述（ウ）〕、上記の問題はなお存在する。

　　＊2）　**独占禁止法上の規制**　　独占禁止法は、共同新設分割または吸収分割により

一定の取引分野における競争の実質的制限を生じるか、または、共同新設分割または吸収分割が不公正な取引方法によるものである場合は、共同新設分割または吸収分割を禁止し、これに違反すると、公正取引委員会は排除措置を命じることができる（独禁15の2Ⅰ・17の2Ⅰ）。違反行為を予防するために、一定の要件をみたした共同新設分割または吸収分割を公正取引委員会への事前届出制とし、届出受理後原則30日間は共同新設分割または吸収分割を禁止し、違反した場合は、公正取引委員会は分割無効の訴えを提起できる（同15の2Ⅱ─Ⅳ・18Ⅱ）。なお、独占禁止法上、公正取引委員会は、競争促進のため独占的状態にある会社を強制的に分割する措置を命じる権限を有する（同8の4）。

（イ） 新設分割と吸収分割 会社法が規定を設けている会社分割には、分割する会社（分割会社〔法文上は吸収分割会社〕）がその「事業に関して有する権利義務の全部または一部」を既存の会社（承継会社〔法文上は吸収分割承継会社〕）に承継させる場合〔吸収分割〕（2㉙）と、分割会社〔法文上は新設分割会社〕がその「事業に関して有する権利義務の全部または一部」を新しく会社を設立してそこ（新設会社〔法文上は新設分割設立会社〕）に承継させる場合〔新設分割〕（2㉚）とがある。前者は、分割とともに吸収合併の面を合わせ有する。なお、2社以上が共同で分割会社となり新設分割をすることも可能で、共同新設分割という。

（ウ） 物的分割と人的分割 一般に、会社分割の対価となる株式等が分割会社に交付される場合を「物的分割」または「分社型分割」、分割会社の株主に交付される場合を「人的分割」または「分割型分割」と呼ぶ。両者をミックスして、分割の対価の一部を分割会社に残りを分割会社の株主に交付することも認められる。会社法は、人的分割の場合には、対価はいったん分割会社に交付され、それが分割会社からその株主に剰余金の配当（金銭以外の場合には現物配当）されると構成することとした。その結果、会社法のもとでは、会社分割とは平成17年改正前商法のもとでの物的分割を意味する。

（エ） 会社分割の対象 会社分割の対象となる「事業に関して有する権利義務の全部または一部」の意味について会社法はとくに定義をしてはいない。したがって、解釈で決めることになる。事業譲渡の場合における「事業」概念が参考になる〔385頁参照〕。もっとも、事業譲渡の場合と異なり、分割の場合はつねに株主総会の特別決議が要求されるので（略式分割と簡易分割

の場合を除く）、会社分割の対象は柔軟に解してさしつかえない。いずれにせよ、事業に関して有する権利義務の全部または一部に該当しない場合には、会社分割手続は利用できない[*3]（現物出資などを利用するしかない）。

* 3）　**会社分割の対象**　　会社分割の対象については、平成17年改正前商法は「営業の全部または一部」としており、営業譲渡の場合における営業概念が参考になるとされていた。会社法は、文言上「事業の全部または一部」ではなく「事業に関して有する権利義務の全部または一部」と規定したので、会社分割の対象は事業自体ではなくなり、したがって、会社分割の対象に財産の有機的一体性等は不要となった。

(2)　**会社分割の効果**　　（ア）　合併の場合と異なり、分割会社は分割後も存続し、分割により解散することはない。会社分割により、吸収分割の場合は承継会社の新株その他の財産が分割会社に交付され、新設分割の場合は新会社が成立し、分割会社は承継会社の株主〔承継会社株式の交付を受けた場合〕または新設会社の株主となる。会社分割と同時またはその後に、分割会社は交付を受けた対価（たとえば承継会社または新設会社の株式）を分割会社の株主に交付することができるが、剰余金の配当となり、一定の条件を満たす場合を除いて〔後述417頁 * 2）〕、剰余金配当規制に服する。

（イ）　承継される資産（債務を含む）との関係で分割により交付される対価が定められ（分割比率）、それに応じて分割会社に承継会社または新設会社の株式等が交付されるが、承継会社の株式を交付する場合には、合併の場合と同様、新株・自己株式のいずれも可能である。

（ウ）　会社分割により、承継会社または新設会社は、分割の対象となる「事業に関して有する権利義務の全部または一部」を承継するが、承継される債権債務は、吸収分割契約または新設分割計画で明記する。債務も原則として債権者の同意なくして免責的に承継会社または新設会社に移転する。したがって、会社分割は、承継会社または新設会社が交付する株式等を対価として分割の対象となる事業に関する権利義務の全部または一部（債務を含む）が包括的に承継会社または新設会社に移転する点で合併に類似するが、合併と異なり、分割会社は分割後も存続するので、包括承継という概念を使うのは必ずしも適切ではなく、資産の移転については第三者対抗要件の具備が必

要である。なお、合併の場合と同じく、移転するものは実質的な資産であっ^{＊4）}て、計算上の数字である資本金や準備金が移転するわけではない。^{＊5）}

　＊4）　**分割の効力発生との関係**　　後述参照〔417頁＊3）〕。

　＊5）　**対価柔軟化・交付金・比率の不公正・会計処理等**　　これらは、合併の場合に準じる〔389—393頁＊4）5）6）7）8）参照〕。

2．会社分割の手続

(1)　**概要**　　会社分割のポイントは、分割会社が分割の対象となる事業に関する権利義務の全部または一部を承継会社または新設会社に移転し、その対価として分割会社が承継会社または新設会社から株式等を取得する点にある。したがって、当事会社の株主にとっては会社（吸収分割の場合は承継会社を含む）の資産状態と会社分割の条件が重要な問題となる。そこで、会社法は、合併の場合と同様に、吸収分割契約・新設分割計画〔電磁的記録も可〕を作成し、それを株主総会で承認することを要求する（例外として略式分割および簡易分割）。また、会社債権者も重大な影響を受けるため、会社法は、合併の場合と同様の会社債権者異議手続をとることを要求するほか、特別の規律を設けている〔後述418頁参照〕。その他も合併の場合と同様であり、分割会社の債権債務が承継会社または新設会社に引き継がれるとともに、分割会社に承継会社または新設会社の株式等の対価が交付され、分割手続が完了する。効力発生日は、合併と同様に、吸収分割の場合は契約で定めた日、新設分割の場合は新設会社成立の日（登記の日）である。

　手続の流れは、合併の場合と同様なので、ごく簡単に述べるにとどめる〔以下、分割会社・承継会社・新設会社が株式会社である場合について述べる〕。

　①吸収分割契約〔吸収分割の場合〕の締結または新設分割計画〔新設分割の場合〕の作成^{＊1）2）}（吸収分割は757・758、新設分割は762・763）

　②事前の開示（吸収分割の分割会社は782、承継会社は794、新設分割の分割会社は803）

　③株主総会による承認　　効力発生日の前日までに、各当事会社において、吸収分割契約または新設分割計画について株主総会の特別決議（309Ⅱ⑫）による承認を得る〔略式手続・簡易手続の場合は総会決議は不要〕（吸収分割の分割会社は783・784、承継会社は795・796、新設分割の分割会社は804・805）。

　なお、原則として反対株主や一定の新株予約権者には公正な価格での買取請求権が認められる（吸収分割の分割会社は785―788、承継会社は797・798、新設分割の分割会社は806―809）。

　④会社債権者異議手続（吸収分割の分割会社は789、承継会社は799、新設分割の分割会社は810）〔後述418頁（**イ**）参照〕

　⑤登記（吸収分割は923、新設分割は924）　吸収分割は吸収分割契約で定めた効力発生日に効力が発生し（759Ⅰ）、新設分割は新設会社の成立の日（設立登記の日）に効力が発生する（764Ⅰ）。なお、元本確定前の根抵当権について、根抵当権者または債務者の分割があった場合に、それが担保する範囲などが明文で定められている（民398の10）。

　⑥事後の開示（吸収分割の分割会社は791、承継会社は801、新設分割の分割会社は811、新設会社は815）

＊1）　吸収分割契約・新設分割計画で定めるべき事項〔株式会社の場合〕

　（1）　吸収分割の分割契約（758）
　①分割会社および承継会社の商号および住所　②承継会社が分割により分割会社から承継する資産、債務、雇用契約その他の権利義務（分割会社および承継会社の株式ならびに分割会社の新株予約権に係る義務を除く）に関する事項　③分割により分割会社または承継会社の株式を承継会社に承継させるときは、当該株式に関する事項　④承継会社が吸収分割に際して分割会社に対してその事業に関する権利義務の全部または一部に代わる金銭等を交付するときは、当該金銭等についての次の事項　イ当該金銭等が承継会社の株式であるときは、当該株式の数（種類株式発行会社にあっては、株式の種類および種類ごとの数）またはその数の算定方法ならびに当該承継会社の資本金および準備金の額に関する事項　ロ当該金銭等が承継会社の社債（新株予約権付社債についてのものを除く）であるときは、当該社債の種類および種類ごとの各社債の金額の合計額またはその算定方法　ハ当該金銭等が承継会社の新株予約権（新株予約権付社債に付されたものを除く）であるときは、当該新株予約権の内容および数またはその算定方法　ニ当該金銭等が承継会社の新株予約権付社債であるときは、当該新株予約権付社債についてのロの事項および当該新株予約権付社債に付された新株予約権についてのハの事項　ホ当該金銭等が承継会社の株式等以外の財産であるときは、当該財産の内容および数もしくは額またはこれらの算定方法　⑤承継会社が吸収分割に際して分割会社の新株予約権の新株予約権者に対して当該新株予約権に代わる当該承継会社の新株予約権を交付するときは、当該新株予約権

についての次の事項　イ当該承継会社の新株予約権の交付を受ける分割会社の新株
予約権の新株予約権者の有する新株予約権（以下「吸収分割契約新株予約権」という）
の内容　ロ吸収分割契約新株予約権の新株予約権者に対して交付する承継会社の新
株予約権の内容および数またはその算定方法　ハ吸収分割契約新株予約権が新株予
約権付社債に付された新株予約権であるときは、承継会社が当該新株予約権付社債
についての社債に係る債務を承継する旨ならびにその承継に係る社債の種類および
種類ごとの各社債の金額の合計額またはその算定方法　⑥⑤の場合には、吸収分
割契約新株予約権の新株予約権者に対する⑤の承継会社の新株予約権の割当てに関
する事項　⑦吸収分割がその効力を生ずる日（以下「効力発生日」という）　⑧分割
会社が効力発生日に次に掲げる行為をするときは、その旨　イ全部取得条項付種類
株式（171Ⅰ）の取得（取得対価が承継会社の株式〔分割会社が吸収分割をする前から有
するものを除き、承継会社の株式に準ずるものとして法務省令で定めるもの（規則178）を
含む。ロにおいて同じ〕のみであるものに限る）　ロ剰余金の配当（配当財産が承継会社
の株式のみであるものに限る）

(2)　新設分割の分割計画（763Ⅰ。なおⅡ）

①新設会社の目的、商号、本店の所在地および発行可能株式総数　②①のほか、
新設会社の定款で定める事項　③新設会社の設立時取締役の氏名　④次の事項　イ
新設会社が会計参与設置会社である場合――新設会社の設立時会計参与の氏名また
は名称　ロ新設会社が監査役設置会社（監査役の監査の範囲を会計に関するものに限定
する旨の定款の定めがある株式会社を含む）である場合――新設会社の設立時監査役
の氏名　ハ新設会社が会計監査人設置会社である場合――新設会社の設立時会計監
査人の氏名または名称　⑤新設会社が新設分割により分割会社から承継する資産、
債務、雇用契約その他の権利義務（分割会社の株式および新株予約権に係る義務を除
く）に関する事項　⑥新設会社が新設分割に際して分割会社に対して交付するその
事業に関する権利義務の全部または一部に代わる当該新設会社の株式の数（種類株
式発行会社にあっては、株式の種類および種類ごとの数）またはその数の算定方法なら
びに当該新設会社の資本金および準備金の額に関する事項　⑦2以上の株式会社ま
たは合同会社が共同して新設分割をするときは、分割会社に対する⑥の株式の割当
てに関する事項　⑧新設会社が新設分割に際して分割会社に対してその事業に関す
る権利義務の全部または一部に代わる当該新設会社の社債等を交付するときは、当
該社債等についての次の事項　イ当該社債等が新設会社の社債（新株予約権付社債
についてのものを除く）であるときは、当該社債の種類および種類ごとの各社債の金
額の合計額またはその算定方法　ロ当該社債等が新設会社の新株予約権（新株予約
権付社債に付されたものを除く）であるときは、当該新株予約権の内容および数また

はその算定方法　ハ当該社債等が新設会社の新株予約権付社債であるときは、当該新株予約権付社債についてのイの事項および当該新株予約権付社債に付された新株予約権についてのロの事項　⑨⑧の場合において、2以上の株式会社または合同会社が共同して新設分割をするときは、分割会社に対する⑧の社債等の割当てに関する事項　⑩新設会社が新設分割に際して分割会社の新株予約権の新株予約権者に対して当該新株予約権に代わる当該新設会社の新株予約権を交付するときは、当該新株予約権についての次の事項　イ当該新設会社の新株予約権の交付を受ける分割会社の新株予約権の新株予約権者の有する新株予約権（以下「新設分割計画新株予約権」という）の内容　ロ新設分割計画新株予約権の新株予約権者に対して交付する新設会社の新株予約権の内容および数またはその算定方法　ハ新設分割計画新株予約権が新株予約権付社債に付された新株予約権であるときは、新設会社が当該新株予約権付社債についての社債に係る債務を承継する旨ならびにその承継に係る社債の種類および種類ごとの各社債の金額の合計額またはその算定方法　⑪⑩の場合には、新設分割計画新株予約権の新株予約権者に対する⑩の新設会社の新株予約権の割当てに関する事項　⑫分割会社が新設会社の成立の日に次に掲げる行為をするときは、その旨　イ全部取得条項付種類株式（171Ⅰ）の取得〔取得対価が新設会社の株式（これに準ずるものとして法務省令で定めるもの（規則179）を含む。ロにおいて同じ）のみであるものに限る〕　ロ剰余金の配当（配当財産が新設会社の株式のみであるものに限る）

＊2）　**剰余金の配当等**　　前述したように、平成17年改正前商法のもとでの人的分割は、会社法のもとでは「会社分割＋剰余金配当」と構成される。そこで、たとえば、承継会社の株式を対価とし、それを分割会社の株主に交付する場合には、吸収分割契約で定めておけば、会社分割の効力発生日に剰余金の配当をすることが認められ（758⑧ロ）〔＊1）参照〕（なお、承継会社の株式を対価とする全部取得条項付種類株式の取得も同じ〔同イ参照〕）、分配可能額規制や期末の塡補責任といった剰余金配当規制の適用は除外される（792、新設分割の場合も同じ。763Ⅰ⑫・812）〔正確には、「承継会社〔または新設会社〕の株式（分割会社が分割前から有するものは除く）」だけが剰余金配当の対象である場合に限られるが、何がこの「承継会社〔または新設会社〕の株式のみ」であるかは法務省令で定められる（規則178・179）〕。平成17年改正前商法と同じ扱いであるが、会社法の体系のもとでは、会社債権者異議手続がふまれるからであるともいえる。なお、会社分割後に、剰余金配当（とくに現物配当）を行うことはもちろん自由であるが、その場合には、剰余金配当規制に服する。

＊3）　**会社分割の登記の効力**　　吸収合併の場合と異なり（750Ⅱ）、吸収分割の場合には、登記の効力についての特則が設けられていない。これは、前述したように

〔411頁＊1）参照〕、会社分割の場合には、会社分割により分割会社は解散するわけではないので、会社分割の登記だけでは、権利義務の承継を第三者に対抗できないからである〔前述したように、会社分割の場合には「包括承継」という概念は使うべきではない〕。合併の箇所で述べた例と同様の例を考えると、たとえば、分割会社の代表取締役が、吸収分割の効力発生日後しかし吸収分割の登記前に、不動産を第三者に処分したような場合には、対抗問題が生じ、その第三者と承継会社の勝敗は、第三者の善意・悪意にかかわらず、その不動産の所有権移転の登記の先後で決まる。つまり、会社分割の登記は関係がない。したがって、この例で不動産の第三者への譲渡が会社分割の登記後にされたような場合であったとしても、問題状況は変わらない（新設分割の場合も同じ）。

(2)　債務の移転・会社債権者異議手続　　**(ア)　債務の移転**　　会社分割により移転する事業に関する権利義務の全部または一部に属する債務は、承継会社または新設会社だけが債務者となる形で移転することができるが（免責的債務引受け）、その場合でも債権者の個別の承諾は不要である〔次の(イ)の債権者異議手続は必要。なお労働契約上の債務につき、(イ)③参照。建物の賃貸人である承継債権者を信義則によって保護した事例として、最決平成29・12・19民集71-10-2592〈百選90〉〈商判 I -190)〕。移転されずに残る債務については債務者の変更はないが、債権の引当てとなる会社財産は変動する。

(イ)　会社債権者異議手続　　合併の場合と同様、分割会社と承継会社は、債権者に対して、①会社分割をする旨、ⅱ他の当事会社〔新設分割の場合は新設会社も〕の商号と住所、ⅲ全当事会社の計算書類等（規則188・199・208）、ⅳ異議のある債権者は一定の期間（1か月以上）内に述べる旨を官報に公告し、かつ、「知れている債権者」には各別に催告しなければならない（789 I ・Ⅱ・799 I ・Ⅱ・810 I ・Ⅱ）。ただし、官報公告に加えて日刊新聞紙による公告または電子公告をも行った場合には、知れている債権者に対する個別催告は不要である〔分割会社の不法行為債権者を除く〕（789Ⅲ・799Ⅲ・810Ⅲ）〔平成16年改正〕。期間内に異議を述べなかった債権者は会社分割を承認したものとみなされる（789Ⅳ・799Ⅳ・810Ⅳ）。異議を述べた債権者には、弁済・担保提供・弁済用財産の信託のいずれかをしなければならないが、会社分割をしてもその債権者を害するおそれがない場合は、そのような対応は不要である（789Ⅴ・799Ⅴ・810Ⅴ）。

　ただし、次の特徴がある。

①　会社分割の場合には分割会社の資産総額に変動がないので、会社分割後も同社に全額を請求できる債権者については異議手続は不要である^{＊4)}〔ただし、剰余金配当等がなされる場合（417頁＊2）参照）は、異議手続が必要〕（789Ⅰ②・810Ⅰ②）。

②　各別の催告が必要な場合に個別催告を受けなかった債権者^{＊5)}〔官報公告に加えて日刊新聞紙による公告または電子公告をも行った場合は分割会社の不法行為債権者に限る〕に対しては、分割契約または分割計画において債務者としなかった会社も、分割会社については分割の効力発生日の財産額、承継会社または新設会社は承継した財産額を限度として、弁済の責任を負う（759Ⅱ・Ⅲ・764Ⅱ・Ⅲ・789Ⅰ②・Ⅲ）。その限度で重畳的債務引受けとなる。たとえば分割会社A社が100億円の財産を有し、そのうち80億円分の財産を剰余金配当を伴う分割により承継会社または新設会社B社に移転した場合、個別催告を受けなかった債権者Cがあれば、分割契約または分割計画においてCに対する債務をA社が負担する旨の定めをしてもB社も80億円の限度で、Cに対する債務をB社が負担する旨の定めをしてもA社も20億円の限度で、責任を負う。

③　労働契約の特例　　労働者も債権者であり、先に述べた一般原則によって権利義務の帰属が決まるが、労働契約の特殊性から、労働者保護のため、特別の規制が別法で定められている〔会社分割に伴う労働契約の承継等に関する法律（平成12年法103号）・平成12年商法改正附則5Ⅰ〕。承継対象の事業に主として従事している労働者の労働契約が分割契約または計画に記載されない場合には、その労働者は異議を述べることができ、異議を述べたときはその労働契約は承継される（同法4）。承継対象の事業に主として従事している労働者以外の労働者の労働契約が吸収分割契約または新設分割計画に記載された場合には、その労働者は異議を述べることができ、異議を述べたときはその労働契約は承継されない（同法5）〔横浜地判平成19・5・29判タ1272-224、最判平成22・7・12民集64-5-1333〈百選92〉〈商判Ⅰ-189〉、東京地判平成25・12・5労判1091-14〕。

④　企業担保権　　会社の総財産が企業担保権の目的となっているときは、その会社は企業担保権が担保する債務を会社分割により承継させることができない（企業担保法8の2）。

⑤　元本確定前の根抵当権〔415頁参照〕。

（ウ）　分割会社の残存債権者を害する物的会社分割　　一時期、分割会社の

残存債権者を不当に害する物的会社分割が行われるようになり（「濫用的な会社分割」などと呼ばれる）、これに対処するため、平成26年改正は、分割会社の残存債権者を害する会社分割についてそのような債権者を保護する規定を新設した（759Ⅳ―Ⅶ・761Ⅳ―Ⅶ・764Ⅳ―Ⅶ・766Ⅳ―Ⅶ）〔なお、事業譲渡の場合についても同様の規定が新設された（23の2）〕〔平成29年民法改正により民法の詐害行為取消し制度が類型化される等の改正を受けたが（同改正後の民法424以下）、ここで述べる会社法と商法の規定は類型化はされずに維持されている〕。

　吸収分割の場合〔承継会社が株式会社の場合について条文を引用する〕についてみると、分割会社が承継会社に承継されない債務の債権者〔残存債権者〕を害することを知って吸収分割をした場合には、承継会社が吸収分割の効力が生じた時において残存債権者を害すべき事実（平成29年民法改正後は「害すること」）を知らなかったときを除き、残存債権者は、承継会社に対して、承継した財産の価額を限度として、その債務の履行を請求することができる（759Ⅳ）。物的分割の場合にかぎられ、人的分割の場合はこの制度は適用されない（同Ⅴ）。この場合、承継会社の責任は、分割会社が残存債権者を害することを知って吸収分割をしたことを知った時から2年以内に請求または請求の予告をしない残存債権者に対しては、その期間経過時に消滅し、また、効力発生日から10年を経過したときも消滅する（同Ⅵ）〔平成29年民法改正〕。

　なお、分割会社について破産手続・再生手続・更生手続開始の決定があったときは、残存債権者は上記の権利は行使できなくなり（同Ⅶ）、残存債権者の権利はこれらの倒産処理手続のなかで処理される。

　以上は、新設分割の場合〔新設会社が株式会社の場合について条文を引用する〕も同様であるが（764Ⅳ―Ⅶ）、新設分割の場合には新設会社の善意・悪意は問題とならない（764Ⅳ参照）。^{*6)}

　＊4）　**債務の履行の見込み**　　平成17年改正前商法は会社分割の当事会社に債務の履行の見込みがあることとその理由の開示を求めていたため、債務の履行の見込みがないと会社分割無効事由になると解されていた（名古屋地判平成16・10・29判時1881-122）。会社法のもとでは、一定の債務について「履行の見込みに関する事項」の開示が要求されるにすぎない（規則183⑥・192⑦・205⑦）。

　＊5）　**各別の催告が必要な場合に個別催告を受けなかった債権者**　　平成17年改正

前商法におけるのとは異なり、会社法〔平成26年改正前〕の条文は、知れている債権者以外の債権者は含まれないと読めたが、制度本来の趣旨にかんがみて、そのような債権者も含まれると解すべきであり、平成26年改正はこの点を明確にした。

＊6）　**濫用的な会社分割**　平成26年改正前の会社法のもとで、分割会社の残存債権者を不当に害する会社分割について、会社法22条1項を類推適用して新設会社に債務を負わせた判例（最判平成20・6・10判時2014-150〈百選A40〉〈商判I-10〉〔22頁＊1）参照〕、東京地判平成22・7・9判時2086-144）、法人格否認を認めた判例（福岡地判平成22・1・14金融法務1910-88）、民法424条に基づく詐害行為取消しを認めた判例（東京地判平成22・5・27判時2083-148＋東京高判平成22・10・27金融商事1355-42、最判平成24・10・12民集66-10-3311〈百選91〉〈商判I-191〉等）がある（平成17年改正前商法のもとで吸収分割の無効を認めた判例として、東京高判平成21・9・30金融法務1922-109がある）。詐害的な会社分割とはどのような場合か等をめぐって学説上争いがある（破産160・161・162の類型参照）。なお、破産法上の否認権行使が認められた事例として、東京高判平成24・6・20判タ1388-366。以上に対し、人的分割における剰余金配当と否認権につき、東京地判平成28・5・26金融商事1495-41。

3．会社分割の差止めと無効

(1)　**会社分割の差止め**　平成26年改正により、合併の場合と同様、会社分割についても、法令または定款に違反する場合に株主に差止請求権を認める明文の規定が新設された（784の2・796の2・805の2）〔平成26年改正前から認められていた略式手続の場合を含めて、408頁参照〕。

(2)　**会社分割の無効**　会社分割の手続に瑕疵があったような場合は、合併の場合と同様に、会社分割無効の訴えによってのみ、会社分割の無効を主張することができる。すなわち、会社法は、無効の主張を制限する一方、無効の効果を画一的に確定し、その遡及効を否定する。①訴えを提起できる者（原告適格）は、各当事会社の株主・取締役・監査役・執行役・清算人・破産管財人・会社分割を承認しない債権者に限られる（828II⑨⑩）〔東京高判平成23・1・26金融商事1363-30参照〕。②提訴期間は、会社分割の効力発生日から6か月以内であるが（同I⑨⑩）、株主総会決議の取消事由に基づくときは決議後3か月以内に限られる（831I参照）。③訴えの被告は、当事会社である（834⑨⑩）。④会社分割を無効とする判決は第三者にも効力が及び〔対世効〕（838）、遡及効が否定される（839）。⑤専属管轄・担保提供命令・弁論等の併合・原

告が敗訴した場合に悪意または重過失があったときの賠償責任は、他の「会社の組織に関する訴え」の場合と同様である（835—837・846）。⑥会社分割を無効とする判決が確定した場合には、合併無効の場合と同様の処理が行われる（843）。

4　株式交換と株式移転

1.　意　　義

(1)　**意味**　　株式交換・株式移転とは、ある株式会社がその株主総会の特別決議の承認等により他の株式会社の100％子会社（完全子会社＝発行済株式のすべてを親会社に保有される会社）となる取引である。その親会社（完全親会社＝子会社の発行済株式のすべてを保有する会社）となる会社が既存の会社である場合を「株式交換」（2㉛）、新設会社である場合を「株式移転」（2㉜）という〔法文上は、株式交換完全子会社・株式交換完全親会社・株式移転完全子会社・株式移転設立完全親会社という概念が使われている〕。2社以上が共同で株式移転をすることも可能で、共同株式移転という（独占禁止法上の規制につき、独禁15の3・18Ⅲ）。なお、株式移転・株式交換という用語は、会社法上の特別の概念であって、通常の意味での株式の交換とか移転という用語とは異なる。この制度は、持株会社の設立を容易にするために、平成11年改正で導入された制度であるが、その利用は持株会社設立のためだけに限られるわけではなく、企業買収の手段などとしても利用することができる。[* 1]

　　＊1）　**制度導入の背景**　　平成9年に持株会社を解禁する独占禁止法の改正が行われた。それまで一律に禁止されていた持株会社が解禁され、事業支配力が過度に集中することとなる場合を除いて、持株会社が認められることとなった（独禁9）。持株会社とは、総資産に占める子会社株式の比重が50％を超える会社をいう（同9Ⅳ①）。一般に、自らは事業をしないで他社の株式を保有し支配することを主な目的とする持株会社を純粋持株会社、自らも事業を行うとともに他社の株式を保有し支配するような会社を事業持株会社と呼ぶことがあるが、独占禁止法が禁止していたのは前者であり、後者は平成9年改正前から認められていたし、実際にも、事業会社が傘下に多数の子会社等を有する事例は数多く見られる。上記の持株会社の定

義からすると、独占禁止法上の持株会社は、自ら事業をまったく行っていない純粋持株会社である必要はない。しかし、持株会社の解禁後、実際には、そのような純粋持株会社を設立し、企業グループを持株会社による統一的指揮のもとで運営する形態に移行する例が多く出現している。独占禁止法は、会社の事業に着目した規制をするのに対して、会社法は、株式所有関係に着目して株式交換・株式移転制度を用意したので、株式交換・株式移転により生じる100％親会社は独占禁止法上の持株会社と同一ではない。100％親会社は独占禁止法上の持株会社である場合もあればそうでない場合もあるし、逆に独占禁止法上の持株会社は傘下の子会社の株式を100％保有する場合もあればそうでない場合もある（100％子会社とそれ以外の子会社を傘下にもつ場合もある）。

　株式交換・株式移転制度が導入される前は、商法上、持株会社を含めて親会社を設立することは容易ではなかった。たとえば、①A社がB社を設立して、A社の営業のすべてを現物出資・財産引受け・事後設立でB社に移転する、②B社がA社を設立し、A社がB社の株主から公開買付け等でB社の株式（できれば全部）を買う、③B社がA社を設立し、A社がB社の株主からB社株式の現物出資を受けるなどの方法が可能であった（現在でも利用可能である）。しかし、検査役の調査が必要、すべての株式の取得が困難、個々の資産・債務の移転手続が必要、多額の資金が必要、などの難点が指摘されていた。

　なお、株式交換・株式移転が行われると、それまである会社の株主であった者はその完全親会社の株主となる。そこで、従来の会社との関係は、親会社を通じた関係に後退する（これを学界では「株主権の縮減」と呼ぶことがある）。そこで、株式交換・株式移転後の会社運営に関しては、とりわけ親会社株主の保護の要請が高い（もっとも親会社株主保護の問題は、完全親会社以外の親会社の場合についても存在する）。他方、子会社は親会社により支配されるため、子会社の債権者の保護についても特別の規律を設けるべきかが問題となる。より一般には、100％親子関係でない親子関係にある場合には、子会社の少数株主の保護の問題もある。これらは、企業グループに関する問題として論じられてきているが、商法は、株式交換・株式移転制度を導入した平成11年改正の際に、あわせて、親会社の株主を保護するため、情報収集権の整備を行った〔435頁参照〕。

(2)　**効果**　株式交換・株式移転によって完全親子会社関係がもたらされる。消滅する会社はない。各当事会社の財産も変動しない。株主が変動するだけである。したがって、合併や会社分割の場合と異なり、原則として会社法は会社債権者異議手続を要求しない。また、検査役の調査も不要とされて

図表26　各種の組織再編行為の規律

	事業譲渡	吸収合併	新設合併	吸収分割	新設分割	株式交換	株式移転	株式交付
基本形	A社⇨B社	A社⇨B社	A_1社とA_2社⇨B社	A社⇨B社	A社⇨B社	A社⇨B社	A社⇨B社	A社⇨B社
対象	事業	消滅会社	消滅会社	事業	事業	株式	株式	株式
契約・計画の事項の法定	×	○	○	○	○	○	○	○
事前開示(A社・B社)	×	○	○(A社)	○	○(A社)	○	○(A社)	○(B社)
総会決議(A社)	○	○	○	○	○	○	○	—
株式買取請求権	○	○	○	○	○	○	○	—
略式・簡易手続	○	○	×	○	○	○	×	—
総会決議(B社)	○	○	—	○	—	○	—	○
株式買取請求権	○	○	—	○	—	○	—	○
略式・簡易手続	○	○	—	○	—	○	—	○
債権者異議手続(A社)	×	○	○	○	○	△	△	—
個別催告省略の可否	—	○	○	△	△	○	○	—
特則	—	—	—	重畳責任	重畳責任	—	—	—
債権者異議手続(B社)	×	○	—	○	—	△	—	△
個別催告省略の可否	—	○	—	△	—	○	—	○
特則	—	—	—	重畳責任	重畳責任	—	—	—
事後開示(A社・B社)	×	○	○	○	○	○	○	○(B社)
効力発生日	×	契約で定めた日	設立登記日	契約で定めた日	設立登記日	契約で定めた日	設立登記日	計画で定めた日
差止め制度	×	○	○	○	○	○	○	○
無効の訴えの制度	×	○	○	○	○	○	○	○

(注)　簡易手続の場合と略式手続における特別支配株主については、買取請求権は認められない(469 I ②・797 ただし書・469 II ②・785 II ②・797 II ②)〔平成26年改正〕。

いる。なお、株式交換は株式交換契約（電磁的記録も可）で定める株式交換の日に効力を生じ、株式移転は新設会社の設立登記により効力が生じる。[3)4)5)]

　＊2)　**会社債権者異議手続**　　会社法は、平成17年改正前商法が認めていなかった新株予約権付社債の承継を認めることとし、また、対価柔軟化〔389頁＊4）参照〕により株式交換で完全親会社となる会社の株式以外のものを対価として交付することを認めることとしたため、これらの場合にかぎって、会社債権者異議手続を要求することとした（789 I ③・810 I ③〔新株予約権付社債の債権者〕、799 I ③〔対価が完全

親会社となる会社の株式だけである場合（規則198）以外の場合における完全親会社となる
会社の債権者〕）。

＊3）　**会計処理**　　完全親会社となる会社が増加する資本金の額または設立時の資
本金の額は、本来であれば、移転する完全子会社となる会社の株式の価値を基準と
して定められるべきである。しかし、その計算は容易ではないので、平成17年改正
前商法は、完全子会社となる会社の純資産額を基準とすることとしていた。しかし、
この点は、会社法では改められ、取得する株式の価値を基準として定めることとな
った。その他、392頁＊8）参照。

＊4）　**株式交換・株式移転貸借対照表**　　株式交換・株式移転をするために決算貸
借対照表とは別に貸借対照表を作成する場合、合併等の場合と同様に、たとえば資
産を評価替えして評価益を計上するなどした貸借対照表を作成できるかは問題であ
る。適正な比率の算定のためにはこれを禁止すべきではないが、現行法は一般には
会社債権者異議手続を用意しておらず、立法論としては、再考の余地がある。

＊5）　**対価の柔軟化・交付金・比率の不公正**　　これらは、合併や会社分割の場合
に準じる〔389―392頁＊4）5）7）参照〕。

2．株式交換・株式移転の手続

　株式交換・株式移転のポイントは、完全子会社となる会社のすべての株式
を完全親会社となる会社が取得し、その対価として完全子会社となる会社の
株主が完全親会社となる会社の株式等の対価を取得する点にある。したがっ
て、各当事会社の株主にとっては会社の資産状態と株式交換・株式移転の条
件が重要な問題となる。そこで、会社法は、株式交換契約の締結または株式
移転計画の作成およびその株主総会での承認を求める〔例外として略式手続・
簡易手続〕。

　なお、株式交換・株式移転により当事会社の財産に変動はないので、会社
法は、原則として会社債権者異議手続をとることを要求しない〔上述〕。

　手続の流れは、合併や会社分割の場合と同様なので、ごく簡単に述べるに
とどめる。

　①　株式交換契約の締結または株式移転計画の作成[1]（株式交換は767・768、株式
移転は772・773）

　②　事前の開示（株式交換完全子会社は782、株式交換完全親会社は794、株式移転完全子
会社は803）

③　**株主総会による承認**　　効力発生日の前日までに、各会社において、株式交換契約または株式移転計画について株主総会の特別決議（309Ⅱ⑫）による承認を得る〔略式手続・簡易手続の場合は総会決議は不要〕（株式交換完全子会社は783・784、株式交換完全親会社は795〔差損が生じる場合につき、795Ⅱ③〕・796、株式移転完全子会社は804）。

　なお、原則として反対株主や一定の新株予約権者には公正な価格での買取請求権が認められる（株式交換完全子会社は785—788、株式交換完全親会社は797・798、株式移転完全子会社は806—809）。

④　**会社債権者異議手続**　　一定の場合のみ〔上述424頁＊2）〕。

⑤　**登記**（株式移転のみ。925）〔株式交換の場合、新株発行による変更登記はされる〕株式交換は株式交換契約で定めた効力発生日に効力が発生し（769Ⅰ）、株式移転は新設会社の成立の日（設立登記の日）に効力が発生する（774Ⅰ）。

⑥　**事後の開示**（株式交換完全子会社は791、株式交換完全親会社は801、株式移転完全子会社は811、株式移転完全親会社は815）

＊1）　株式交換契約・株式移転計画で定めるべき事項

(1)　株式交換契約（768Ⅰ。なおⅡ・Ⅲ）

　　①完全子会社および完全親会社の商号および住所　②完全親会社が株式交換に際して完全子会社の株主に対してその株式に代わる金銭等を交付するときは、当該金銭等についての次の事項　イ当該金銭等が完全親会社の株式であるときは、当該株式の数（種類株式発行会社にあっては、株式の種類および種類ごとの数）またはその数の算定方法ならびに当該完全親会社の資本金および準備金の額に関する事項　ロ当該金銭等が完全親会社の社債（新株予約権付社債についてのものを除く）であるときは、当該社債の種類および種類ごとの各社債の金額の合計額またはその算定方法　ハ当該金銭等が完全親会社の新株予約権（新株予約権付社債に付されたものを除く）であるときは、当該新株予約権の内容および数またはその算定方法　ニ当該金銭等が完全親会社の新株予約権付社債であるときは、当該新株予約権付社債についてのロに規定する事項および当該新株予約権付社債に付された新株予約権についてのハに規定する事項　ホ当該金銭等が完全親会社の株式等以外の財産であるときは、当該財産の内容および数もしくは額またはこれらの算定方法　③②の場合には、完全子会社の株主（完全親会社を除く）に対する②の金銭等の割当てに関する事項④完全親会社が株式交換に際して完全子会社の新株予約権の新株予約権者に対して当該新株予約権に代わる当該完全親会社の新株予約権を交付するときは、当該新株

予約権についての次の事項　イ当該完全親会社の新株予約権の交付を受ける完全子
会社の新株予約権の新株予約権者の有する新株予約権（以下「株式交換契約新株予約
権」という）の内容　ロ株式交換契約新株予約権の新株予約権者に対して交付する
完全親会社の新株予約権の内容および数またはその算定方法　ハ株式交換契約新株
予約権が新株予約権付社債に付された新株予約権であるときは、完全親会社が当該
新株予約権付社債についての社債に係る債務を承継する旨ならびにその承継に係る
社債の種類および種類ごとの各社債の金額の合計額またはその算定方法　⑤④の
場合には、株式交換契約新株予約権の新株予約権者に対する④の完全親会社の新株
予約権の割当てに関する事項　⑥株式交換がその効力を生ずる日（以下「効力発生
日」という）

(2)　**株式移転計画**（773Ⅰ。なおⅡ—Ⅴ）

　①完全親会社の目的、商号、本店の所在地および発行可能株式総数　②①のほ
か、完全親会社の定款で定める事項　③完全親会社の設立時取締役の氏名　④次の
事項　イ完全親会社が会計参与設置会社である場合——完全親会社の設立時会計参
与の氏名または名称　ロ完全親会社が監査役設置会社（監査役の監査の範囲を会計に
関するものに限定する旨の定款の定めがある株式会社を含む）である場合——完全親
会社の設立時監査役の氏名　ハ完全親会社が会計監査人設置会社である場合——完全
親会社の設立時会計監査人の氏名または名称　⑤完全親会社が株式移転に際して完
全子会社の株主に対して交付するその株式に代わる当該完全親会社の株式の数（種
類株式発行会社にあっては、株式の種類および種類ごとの数）またはその数の算定方法
ならびに当該完全親会社の資本金および準備金の額に関する事項　⑥完全子会社の
株主に対する⑤の株式の割当てに関する事項　⑦完全親会社が株式移転に際して完
全子会社の株主に対してその株式に代わる当該完全親会社の社債等を交付するとき
は、当該社債等についての次の事項　イ当該社債等が完全親会社の社債（新株予約
権付社債についてのものを除く）であるときは、当該社債の種類および種類ごとの各
社債の金額の合計額またはその算定方法　ロ当該社債等が完全親会社の新株予約権
（新株予約権付社債に付されたものを除く）であるときは、当該新株予約権の内容およ
び数またはその算定方法　ハ当該社債等が完全親会社の新株予約権付社債であると
きは、当該新株予約権付社債についてのイの事項および当該新株予約権付社債に付
された新株予約権についてのロの事項　⑧⑦の場合には、完全子会社の株主に対
する⑦の社債等の割当てに関する事項　⑨完全親会社が株式移転に際して完全子会
社の新株予約権の新株予約権者に対して当該新株予約権に代わる当該完全親会社の
新株予約権を交付するときは、当該新株予約権についての次の事項　イ当該完全親
会社の新株予約権の交付を受ける完全子会社の新株予約権の新株予約権者の有する

新株予約権（以下「株式移転計画新株予約権」という）の内容　ロ株式移転計画新株予約権の新株予約権者に対して交付する完全親会社の新株予約権の内容および数またはその算定方法　ハ株式移転計画新株予約権が新株予約権付社債に付された新株予約権であるときは、完全親会社が当該新株予約権付社債についての社債に係る債務を承継する旨ならびにその承継に係る社債の種類および種類ごとの各社債の金額の合計額またはその算定方法　⑩⑨の場合には、株式移転計画新株予約権の新株予約権者に対する⑨の完全親会社の新株予約権の割当てに関する事項

3. 株式交換・株式移転の差止めと無効

(1) 株式交換・株式移転の差止め　　平成26年改正により、合併や会社分割の場合と同様、株式交換・株式移転についても、法令または定款に違反する場合に株主に差止請求権を認める明文の規定が新設された（784の2・796の2・805の2）〔平成26年改正前から認められていた略式手続の場合を含めて、408頁参照〕〔近年の事例として、神戸地決令和3・11・22〔株式交換差止請求権（796の2①）を被保全権利とする仮処分を認容〕＋神戸地決令和3・11・26〔保全異議事件・仮処分決定認可〕＋大阪高決令和3・12・7〔原審の仮処分を取り消し、仮処分申立てを却下〕＋最決令和3・12・14〔抗告棄却〕）〔217頁＊6）参照〕。

(2) 株式交換・株式移転の無効　　株式交換・株式移転の手続に瑕疵があった場合についても、合併や会社分割と同様に、その解決を一般原則にゆだねると法的安定性を害するので、会社法は、株式交換無効の訴え・株式移転無効の訴えを用意し、無効の主張を制限する一方、無効の効果を画一的に確定し、その遡及効を否定している。①訴えを提起できる者（原告適格）は、各当事会社の株主・取締役・監査役・執行役・清算人・破産管財人・株式交換または株式移転を承認しなかった債権者に限られる（828Ⅱ⑪⑫）。②提訴期間は、効力発生日から6か月であるが（828Ⅰ⑪⑫）、株主総会決議の取消事由に基づくときは決議後3か月以内に限られる（831Ⅰ参照）。③訴えの被告は当事会社と新設会社である（834Ⅰ⑪⑫）。④なお、専属管轄・担保提供命令・弁論等の併合・原告が敗訴した場合に悪意または重過失があったときの賠償責任は、他の「会社の組織に関する訴え」の場合と同様である（835—837・846）。⑤株式交換・株式移転を無効とする判決は第三者にも効力が及び〔対世効〕

(838)、その遡及効が否定される (839)。したがって、無効判決が確定した場合には、完全親会社は株式交換・株式移転で取得した株式を完全子会社の株主に戻す (844)。

5　株　式　交　付

1. 意　　義

(1)　意味　　株式交付とは、株式会社が他の株式会社をその子会社（法務省令〔規則4の2〕で定めるものに限り、会社法上の株式会社に限り、外国会社は含まない）とするために当該他の株式会社の株式を譲り受け、当該株式の譲渡人に対して当該株式の対価として当該株式会社の株式を交付することをいう（2 [32の2]）。そして、会社法施行規則4条の2は、上記の子会社を会社が他の会社等の財務及び事業の方針の決定を支配している場合における当該他の会社等（規則3Ⅲ[1]の場合に限る）と定めている。すなわち、B株式会社が、A株式会社をB社の子会社（上記）とするために、A社株主からA社株式を譲り受け、その対価としてB社の株式を交付することをいい、B社側で組織再編手続をとることによってA社株式を現物出資財産とする募集株式発行等の手続をしなくてよいこととするものである〔法文上は、A社を「株式交付子会社」、B社を「株式交付親会社」と呼ぶ (774の3Ⅰ[1])〕。*1)

　株式交付親会社が株式交付子会社を新たに会社法施行規則3条3項1号の子会社としようとするときは、現物出資財産に係る検査役の調査や募集株式の引受人および取締役等の財産価額塡補責任に相当する規律の適用はないが、株式交付親会社の株主および債権者の保護については株式交換と同様の規律の適用がある。これは、株式交付は、親子会社関係がなかった株式交付親会社と株式交付子会社との間に親子会社関係が創設されるという点において、いわば部分的ないし片面的な組織再編として、株式交換のような組織法上の行為と同様の性質を有するという考え方を基礎としている。株式交付親会社において原則として株主総会の特別決議を要し、原則として株式交付親会社の反対株主は株式交付親会社に対して株式買取請求権を行使することができ

るため、有利発行規制は適用されない。なお、株式交付による株式交付親会社の株式の交付は、別途、金融商品取引法上の発行開示規制の適用対象となることがある。

> **＊1）　制度導入の背景**　　令和元年改正前は、B株式会社がその株式を対価としてA株式会社を買収しようとする場合には株式交換（767）を用いることができたが、株式交換はB社はA社の発行済株式のすべてを取得する制度であり、A社を完全子会社とすることまでを企図しない場合には株式交換を用いることができず、B社はA社の株式を現物出資財産として会社法199条1項の募集をする必要があった。これについて、①原則として検査役の調査が必要となり（207）、その手続に一定の時間・費用がかかる、②引受人であるA社の株主とB社の取締役等が財産価額填補責任を負う可能性がある（212・213）などが障害となると指摘されてきた。株式会社が他の株式会社を買収して子会社にしようとする場合のうち、株式交換の場合とそうでない場合とにおいて規律に大きな違いを設ける必要はなく、株式交換でない場合においても株式交換の場合と同様の規律の適用があるものとして、株式会社が株式を対価とする買収〔実務では自社株対価の企業買収と呼ぶ〕をより円滑に行うことができるような見直しをすべきであるという指摘もあった。そこで、令和元年改正は株式交付制度という制度を新設した（774の2―774の11・816の2―816の10）。

(2)　**効果**　　株式交付によって親子会社関係がもたらされる。消滅する会社はない。各当事会社の財産も変動しない。株主が変動するだけである。したがって、株式交換・株式移転の場合と同様、原則としては会社債権者異議手続を要求されない（後述2.②参照）。なお、株式交付による株式交付子会社の株式の譲受けおよび株式交付親会社の株式の交付の効力は、株式交付計画で定めた効力発生日（後述2.③参照）に生じる。

2.　株式交付の手続

手続の流れを簡単に述べると、次のとおりである。

①株式交付親会社における株式交付計画の作成（774の2）。株式交付計画において定めるべき事項は法定されている[*1)]（774の3）。また、株式交付子会社の株式の譲渡しの申込み等に係る手続などについて詳細な規律が設けられている（774の4―774の9）。

②株式交付親会社における手続──株式交換の場合と同様、株式交付親会

社には事前・事後の情報開示が求められる（事前の書面等の備置きと閲覧＝816の 2 、事後の書面等の備置きと閲覧＝816の10）。そして、株式交付親会社は、効力発生日の前日までに、株主総会の特別決議によって株式交付計画の承認を受けなければならない〔簡易手続の例外あり〕（816の 3 ・816の 4 ）。また、株式交付親会社の反対株主は原則として株式買取請求権を有する〔簡易手続の場合は除く〕（816の 6 ・816の 7 ）。なお、一定の場合には株式交付親会社の債権者に異議手続が認められる（816の 8 ）。

　③株式交付の効力の発生については、株式交付子会社の株式の譲渡人は株式の交付により必ず株式交付親会社の株主となるものではなく、株式交付による株式交付子会社の株式の譲受けおよび株式交付親会社の株式の交付は株式交付計画に定めた効力発生日（774の 3 Ⅰ⑪）に生じる（774の11Ⅰ―Ⅳ）。なお、譲渡しの申込みがあった株式交付子会社の株式の総数が株式交付計画で定めた下限に満たない場合には、株式交付親会社は遅滞なく申込者に対して株式交付をしない旨を通知しなければならない（774の10）。また、効力発生日において譲渡人から給付を受けた株式交付子会社の株式の総数が株式交付計画で定めた下限に満たない場合等の場合には譲渡人は株式交付親会社の株主とならず、この場合には株式交付親会社は交付を受けた株式交付子会社の株式を譲渡人に返還しなければならない（774の11ⅤⅥ）。

　④効力発生日の変更（816の 9 ）──株式交付親会社は、単独で、効力発生日を変更することができるが、株式交付親会社は変更後の効力発生日を公告しなければならない。なお、効力発生日は、株式交付計画の内容として、株式交付親会社が株式交付子会社の株式の譲渡しの申込みをしようとする者に対して通知しなければならない事項であり、株式交付親会社は、これについて変更があったときは、株式の譲渡しの申込みをした者に通知しなければならない。ただし、株式交付親会社による効力発生日の変更を無制約に認めることは、株式交付子会社の株式および新株予約権等の譲受けの相手方当事者である譲渡人の利益を不当に害するおそれがあって相当でないと考えられるため、変更後の効力発生日は、株式交付計画において定めた当初の効力発生日から 3 か月以内の日でなければならない。この期間は、公開買付期間の延長に関する規律を踏まえたものである。

＊1）　株式交付計画で定めるべき事項　　774条の3第1項に規定されている。①株式交付子会社（株式交付親会社の商号及び住所）　②株式交付親会社が株式交付に際して譲り受ける株式交付子会社の株式の数（株式交付子会社が種類株式発行会社である場合にあっては、株式の種類及び種類ごとの数）の下限〔同条2項＝株式交付子会社が効力発生日において株式交付親会社の子会社となる数を内容とするものでなければならない〕　③株式交付親会社が株式交付に際して株式交付子会社の株式の譲渡人に対して当該株式の対価として交付する株式交付親会社の株式の数（種類株式発行会社にあっては、株式の種類および種類ごとの数）またはその数の算定方法並びに当該株式交付親会社の資本金および準備金の額に関する事項　④株式交付子会社の株式の譲渡人に対する前号の株式交付親会社の株式の割当てに関する事項〔株式交付子会社が種類株式発行会社のときについてⅢ参照〕〔同条4項＝株式交付子会社の株式の譲渡人（同条3項1号の種類の株式の譲渡人を除く）が株式交付親会社に譲り渡す株式交付子会社の株式の数（同条3項2号の事項についての定めがある場合にあっては、各種類の株式の数）に応じて株式交付親会社の株式を交付することを内容とするものでなければならない〕　⑤株式交付親会社が株式交付に際して株式交付子会社の株式の譲渡人に対して当該株式の対価として金銭等（株式交付親会社の株式を除く。以下この号および次号において同じ）を交付するときは、当該金銭等についての次に掲げる事項　イ当該金銭等が株式交付親会社の社債（新株予約権付社債についてのものを除く）であるときは、当該社債の種類および種類ごとの各社債の金額の合計額またはその算定方法　ロ当該金銭等が株式交付親会社の新株予約権（新株予約権付社債に付されたものを除く）であるときは、当該新株予約権の内容および数またはその算定方法　ハ当該金銭等が株式交付親会社の新株予約権付社債であるときは、当該新株予約権付社債についてのイに規定する事項および当該新株予約権付社債に付された新株予約権についてのロに規定する事項　ニ当該金銭等が株式交付親会社の社債および新株予約権以外の財産であるときは、当該財産の内容および数もしくは額またはこれらの算定方法　⑥⑤の場合には、株式交付子会社の株式の譲渡人に対する同号の金銭等の割当てに関する事項〔同条ⅢⅣが準用される〕　⑦株式交付親会社が株式交付に際して株式交付子会社の株式と併せて株式交付子会社の新株予約権（新株予約権付社債に付されたものを除く）または新株予約権付社債（以下「新株予約権等」と総称する）を譲り受けるときは、当該新株予約権等の内容および数またはその算定方法　⑧⑦の場合において、株式交付親会社が株式交付に際して株式交付子会社の新株予約権等の譲渡人に対して当該新株予約権等の対価として金銭等を交付するときは、当該金銭等についての次に掲げる事項　イ当該金銭等が株式交付親会社の株式であるときは、当該株式の数（種類株式発行会社にあっては、株式の種類および種類ごとの数）または

その数の算定方法並びに当該株式交付親会社の資本金および準備金の額に関する事項　ロ当該金銭等が株式交付親会社の社債（新株予約権付社債についてのものを除く）であるときは、当該社債の種類および種類ごとの各社債の金額の合計額またはその算定方法　ハ当該金銭等が株式交付親会社の新株予約権（新株予約権付社債に付されたものを除く）であるときは、当該新株予約権の内容および数またはその算定方法　ニ当該金銭等が株式交付親会社の新株予約権付社債であるときは、当該新株予約権付社債についてのロに規定する事項および当該新株予約権付社債に付された新株予約権についてのハに規定する事項　ホ当該金銭等が株式交付親会社の株式等以外の財産であるときは、当該財産の内容および数もしくは額またはこれらの算定方法　⑨ ⑧の場合には、株式交付子会社の新株予約権等の譲渡人に対する同号の金銭等の割当てに関する事項　⑩株式交付子会社の株式および新株予約権等の譲渡しの申込みの期日　⑪株式交付がその効力を生ずる日（効力発生日）。

3. 株式交付の差止めと無効

(1) 株式交付の差止め　他の組織再編の場合と同様、株式交付についても、法令または定款に違反する場合に株式交付親会社の株主に差止請求権が認められる（816の5）。

(2) 株式交付の無効　株式交付の手続に瑕疵があった場合についても、他の組織再編と同様に、その解決を一般原則にゆだねると法的安定性を害するので、株式交付換無効の訴えの制度が用意されており、無効の主張が制限される一方、無効の効果は画一的に確定され、その遡及効は否定される。なお、他の組織再編の無効の訴えについてと同様、法文上は無効事由は定められてはいない。①訴えを提起できる者（原告適格）は、株式交付の効力が生じた日において株式交付親会社の株主等であった者、株式交付に際して株式交付親会社に株式交付子会社の株式もしくは新株予約権等を譲り渡した者または株式交付親会社の株主等、破産管財人もしくは株式交付について承認をしなかった債権者に限られる（828Ⅱ⑬）。②提訴期間は、効力発生日から6か月である（828Ⅰ⑬）。③訴えの被告は株式交付親会社である（834Ⅰ⑫の2）。④なお、専属管轄・担保提供命令・弁論等の併合・原告が敗訴した場合に悪意または重過失があったときの賠償責任は、他の「会社の組織に関する訴え」の場合と同様である（835―837・846）。⑤株式交付を無効とする判決は第三者

にも効力が及び〔対世効〕(838)、その遡及効が否定される (839)。したがって、無効判決が確定した場合には、株式交付親会社は株式交付で取得した株式等を譲渡人に戻す (844の2)。

6 企業グループ・結合企業と会社法

会社法は、主として個々の株式会社について規定を設けているが、実際には、企業は多くの会社等からなる企業グループを形成し、親子会社関係にある会社も多く見られる（一般に親子関係にある会社など支配・従属関係にある企業を結合企業ともいう）。これらの企業グループの形成・消滅や結合企業の形成・消滅は、上述した事業譲渡、合併、会社分割、株式交換・株式移転やその他のさまざまな方法で行われるが、形成された企業グループや結合企業の運営の局面においては、企業グループまたは結合企業の経済実体を重視した法的処理をすることが望ましい。しかし、どのような場合を企業グループまたは結合企業と定義するかという問題を始めとして、どのような場合にどのような内容の規律を設けるのが妥当かは簡単な問題ではない（金融商品取引法は連結財務諸表との関係で平成17年改正前商法とは異なる子会社概念を用いているし〔(オ)参照〕、法人税法の平成14年改正により導入された連結納税制度は、令和2年度税制改正において見直され、グループ通算制度へ移行することになり、令和4年4月1日以後に開始する事業年度から適用されているが、その適用対象となる企業グループは同法において定められている）。平成17年改正前商法および会社法は、このような企業グループや結合企業の運営の局面については、断片的な対応をするにとどまっており、あとは個々の会社に関する会社法の規定の解釈や一般法理に問題の解決をゆだねた^{*1)2)}（たとえば、子会社管理に関する親会社取締役の責任を否定した事例として、東京地判平成13・1・25判時1760-144、広島高岡山支判令和1・10・18（子会社における情報流出）、東京地判令和2・2・27資料版商事法務433-108＋東京高判令和3・9・22＋最決令和4・10・21〔銀行持株会社の子会社管理〕、責任を一部認めた事例として、さいたま地判平成22・3・26金融商事1344-47、関連会社に対する債権放棄について取締役の責任を否定した事例として、大阪地判平成14・1・30判タ1108-248〈商判Ⅰ-113〉、子会社への貸付け等について親会社の兼任等取締役の責任を認めた事例として、福岡高判平成24・4・13金融商事1399-24〈百選51〉〈商判Ⅰ-142〉、親

会社取締役の責任を否定した事例として、神戸地判令和 1・5・23金融商事1575-14)。平成26年改正は、多重代表訴訟の創設など、親会社株主の保護のための制度をいくつか整備した。会社法が平成17年改正前商法を引き継いで特別に規定を設けた主要な事項と平成26年改正で整備された主要な事項は、次のとおりである。

（ア）　子会社による親会社株式取得の制限 (135)〔102頁参照〕

（イ）　株式相互保有規制 (308 I)〔210頁参照〕

（ウ）　株主等の権利行使に関する利益供与の禁止 (120)〔78頁参照〕

（エ）　会計参与・監査役　　①子会社の取締役・執行役・使用人との兼任禁止 (333 Ⅲ・335 Ⅱ)〔なお会計監査人につき337 Ⅲ②〕、②子会社調査権 (374 Ⅲ Ⅳ・381 Ⅲ Ⅳ〔監査等委員につき399の 3 Ⅱ Ⅲ、監査委員会につき405 Ⅱ Ⅲ、会計監査人につき396 Ⅲ Ⅳ〕。なお、社外取締役 (2 ⑮)・社外監査役 (2 ⑯)）。

（オ）　情報開示　　企業グループや結合企業の運営状況の開示については、商法上は、平成14年改正前までは、営業報告書に企業結合の状況を記載するなど、商法施行規則上での断片的な開示にとどまっていた。他方、金融商品取引法は、有価証券届出書・有価証券報告書を内閣総理大臣に提出すべき会社（上場会社等）は、それらの書類の一部として子会社（財務諸表規則 8 Ⅲ・Ⅳ、連結財務諸表規則 5 。この概念は「実質基準」を用いており平成17年改正前商法上の子会社概念よりも広い）との間の連結財務諸表〔319頁＊1)参照〕を作成し、公認会計士または監査法人の監査証明を受けなければならないとしている（金商193の 2)。企業グループの財務情報は、親子会社を一体として作成された財務諸表によってより正確なものとなるという考え方によるものである（なお、企業会計基準適用指針第15号「一定の特別目的会社の開示に関する適用指針」平成19年 3 月29日〔平成20年 6 月20日改正、平成23年 3 月25日最終改正〕参照）。商法も平成14年改正により、このような連結計算書類による開示を導入するに至った〔331頁参照〕。会社法では、会社法上のすべての法律関係との関係で親会社・子会社の概念を実質基準で定義することになった〔31頁＊1)参照〕。また、関連当事者間の取引等についての開示ルールも整備されている（規則128〔事業報告の附属明細書の内容〕、企業会計基準第11号「関連当事者の開示に関する会計基準」平成18年10月17日〔平成20年12月26日改正〕および計算規則112)。

（カ）　親会社株主等の情報収集権　　株式会社の親会社の株主など〔親会社

社員という（31Ⅲ）〕は、権利を行使するために必要なときは、裁判所の許可を得て子会社の次の書類を閲覧・謄写することができる。①は少数株主権〔条文上は明らかではないが、株式会社の場合は433Ⅰを類推するのが妥当である〕、②以下は単独株主権である。①会計帳簿・資料（433Ⅲ）、②定款（31Ⅲ）、③株主名簿（125Ⅳ）、④新株予約権原簿（252Ⅳ）、⑤株主総会の議事録（318Ⅴ）、⑥取締役会の議事録（371Ⅴ）、⑦計算書類等（442Ⅳ）、⑧社債原簿（684Ⅳ）。なお、裁判所により選任される検査役〔310頁参照〕は、職務を行うために必要があれば子会社の業務および財産の状況も調査する権限を有する（358Ⅳ）。

　　（キ）　子会社株式の譲渡（467Ⅰ②の2）〔386頁＊1）参照〕〔平成26年改正〕

　　（ク）　業務適正確保・内部統制（348Ⅲ4・362Ⅳ6・416Ⅰ1ホ）〔242頁参照〕〔平成26年改正〕

　　（ケ）　株主代表訴訟における原告適格の継続（851）**・旧株主による株主代表訴訟**（847の2）〔301頁参照〕〔後者は平成26年改正〕

　　（コ）　多重代表訴訟（847の3）〔306頁参照〕〔平成26年改正〕

　＊1）　**企業グループの運営と株主および会社債権者の保護**　　親会社をP社、子会社をS社とすると、次のとおりである。

　　⑴　S社の少数株主や債権者の保護　　従来、S社の取締役の責任のほか、S社の少数株主を保護する法理として、P社をS社の事実上の取締役と考える（そのうえで取締役の対会社責任（423Ⅰ）や対第三者責任（429Ⅰ）の規定を適用する）、P社に120条を適用する、P社に債権侵害に基づく不法行為責任を認めるなどの見解が説かれてきた。また、S社の債権者を保護する法理としては、法人格否認の法理や取締役の対第三者責任などが説かれてきた。立法論としても、さまざまな見解がある。判例として、グループ内取引について子会社取締役の子会社に対する責任を否定した事例がある（横浜地判平成24・2・28〔差止め訴訟として、東京高判平成25・2・13〈商判Ⅰ-143〉〕〔その他の類型の事案として、最判平成30・2・15判時2383-15（子会社の契約社員からの相談への対応に係る親会社の信義則上の義務）等〕。

　　⑵　P社の株主や債権者の保護　　本文の(オ)から(コ)までと本文の(ア)の前〔434頁〕の判例を参照。

　＊2）　**上場子会社**　　令和2年2月7日から、東京証券取引所は、上場規則等の改正により、上場子会社のガバナンス向上のため、①独立役員の独立性基準に過去10年以内に親会社または兄弟会社に所属していた者でないことを追加し、②上場子会社を有する上場会社はグループ経営に関する考え方および方針を踏まえた上場子会

社を有する意義および上場子会社のガバナンス体制の実効性確保に関する方策など
をコーポレート・ガバナンス報告書で開示することを求めることになった。①につ
いては、株主総会参考書類の記載事項が改正されている（令和 2 年改正後の会社法
施行規則74Ⅲ③・Ⅳ⑦ハ、74条の 3 Ⅲ③・Ⅳ⑦ハ、76条Ⅲ③・Ⅳ⑥ハ）。

　また、令和 5 年12月26日に、東京証券取引所は「少数株主保護及びグループ経営
に関する情報開示の充実」と「支配株主・支配的な株主を有する上場会社において
独立社外取締役に期待される役割」を公表している。

第7章　国際会社法および外国会社

1．会社の渉外関係──国際私法と実質法

　会社に関する私法的な法律関係が渉外的（国際的）な要素を含むような場合、まず第1に、問題となる法律関係（国際私法では「単位法律関係」という）にどこの国の法律が適用されるべきかを決めなければならない（適用になる国の法律を「準拠法」という）。これは国際私法のルールによって決定される。次に、第2に、国際私法のルールによって準拠法が決まった場合には、その法律（国際私法と区別して「実質法」という）において、問題となる法律関係に具体的にどのような私法ルールが適用されるべきかを検討することになる。

　第1の問題については、日本の国際私法上、明文の規定はないが（なお、2②参照）、一般に、会社の法人格の有無を含めて会社の内部組織に関する法律関係については、その会社がその国の法律に準拠して設立された国の法律が準拠法となると解されている（設立準拠法主義）〔ただし、当該法律関係が公法的な法律関係である場合はもちろん、私法的法律関係であっても日本法の絶対的強行規定の適用が問題となるような場合には（2．参照）、この一般的な国際私法のルールは適用されない〕。もっとも、会社の内部組織に関する法律関係といっても、その限界は必ずしも明確ではなく、個々の法律問題（たとえば、子会社による親会社株式取得の禁止とか社債の成立や効力など）についてどこの国の法律が準拠法になるかに関しては、当然に設立準拠法主義によるのではなく、個々の法律問題ごとに考えるべき場合が少なくない（なお、平成16年改正前の外国会社の株券・債券についての商483は、平成16年改正で廃止された）〔日本の裁判所の国際裁判管轄権について民訴3の3⑦・3の5〕。

2．日本の会社法における外国会社の取扱い

　(1)　**概説**　　①日本の民法は、外国法人（日本法以外の法に準拠して設立された法人〔この定義は日本法上の定義であり国際私法上の定義とは次元が異なる〕）の認許

の制度（外国法人に権利能力を認める制度）を設け（平成18年改正後民法35）、②日本の会社法は、外国会社（2②。日本法以外の法に準拠して設立された会社〔この定義は日本法上の定義であり国際私法上の定義とは次元が異なる〕）について、利害関係人を保護するために次に述べるような規制を設けている（817—823）〔(2)参照〕。③これ以外の日本の会社法の規定について、すなわち、会社法が「会社」という場合に外国会社はつねに含まれるかについては、平成17年改正前商法のもとでは明らかではなく個々の商法・有限会社法の規定ごとに検討する必要があったが、会社法は、明記することとした〔たとえば10以下・135Ⅱ①等。親会社・子会社（2③④・規則3・4）にも外国会社が含まれる〕。

(2)　外国会社の規制　　**(ア)　日本で継続取引をする外国会社**　　外国会社（2②）が日本において取引を継続〔その意味は広く解されている〕してしようとするときは、①日本における代表者を定めなければならない（817Ⅰ前段。代表者の権限等につき817Ⅱ-Ⅳ）。この場合、その日本における代表者のうち1人以上は、日本に住所を有する者でなければならない（817Ⅰ後段）。そして、②会社について登記をしなければならず、登記をするまでは日本において取引を継続してすることができず（818Ⅰ・979Ⅱ）、これに違反して取引をした者は、相手方に対し、外国会社と連帯してその取引によって生じた債務を弁済する責任を負う（818Ⅱ）。平成14年改正前の商法は日本における営業所の設置とその登記をも要求していたが、平成14年改正は、電子商取引の発展等にかんがみて、営業所設置義務を廃止し、貸借対照表等の公開により利害関係人の保護をはかる制度に改めた。

　外国会社の登記事項は、①日本における同種の会社またはもっとも類似する会社の種類での登記事項によるが、さらに加えて、②会社の設立準拠法、③代表者の氏名と住所、④株式会社と同種または類似の会社の場合は貸借対照表等の公告方法・電磁的公開のウェブサイトのアドレス等である（933。なお、934・935）。

　外国会社は日本に営業所を設ける必要はないが、営業所を設けた場合は、登記する（936）。国際裁判管轄権については、日本に事務所または営業所を設けている場合はその事務所または営業所の業務に関する訴えについて（民訴3の3④）、日本に事務所または営業所を設けないで日本で事業を行ってい

る場合には日本における業務に関する訴えについて（同条⑤）、それぞれ日本
の裁判所の国際裁判管轄が認められる。

　（イ）　貸借対照表等の公開　　日本の株式会社と同種または類似の（ア）の外
国会社は、貸借対照表またはこれに類似するものの公告〔要旨でも可〕または
電磁的方法での公開が要求される（819〔公告方法・電磁的公開のウェブサイトのアドレ
ス等は登記する〔上述〕〕）。

　（ウ）　日本におけるすべての代表者の退任　　（ア）で登記した外国会社のす
べての代表者が退任するような場合には、会社債権者異議手続をしなければ
ならず（820Ⅰ・Ⅱ）、その手続が終了してから退任の登記をすることで退任の
効力が生じる（820Ⅲ）。

　（エ）　取引継続の停止・営業所閉鎖命令および日本所在の外国会社財産の清算
　　裁判所は、法務大臣または利害関係人の請求により、外国会社に対して日
本での取引継続の停止・その営業所の閉鎖を命じることができる（827）。そ
の要件は、日本の会社についての解散命令の場合（824）とほぼ同様である。
　　また、日本の会社債権者保護のため、外国会社の日本所在の財産につき、
裁判所の命令により開始する清算手続の制度が用意されている（822）。

　(3)　擬似外国会社の規制　　日本に本店（事実上の本店を意味する）を置き、
または日本で事業を行うことを主たる目的とする外国会社は、日本において
取引を継続してすることができない（821Ⅰ・979Ⅱ）。そして、これに違反して
取引をした者は、相手方に対し、外国会社と連帯して、その取引によって生
じた債務を弁済する責任を負う（821Ⅱ）。日本法の適用を回避するために外
国で設立されたような会社を規制するためである。平成17年改正前商法では、
そのような会社は、「日本において設立する会社と同一の規定」に従うと定
めており（平成17年改正前商法482）、その規定に設立に関する規定を含むか否か
については争いがあったので（含むと解すると擬似外国会社は日本法に準拠して再
設立しないと日本法上法人格は認められないことになる）、会社法では、上記のよう
に規定を改めて、法人格は否定しないこととした。[*1)]

　　＊1)　擬似外国会社の範囲　　これに該当すると実務上困るのは外国証券会社と資
　　　産証券化・流動化で用いられるSPC〔特別目的会社〕であると言われてきた。そ
　　　こで、会社法のもとでは、「日本において事業を行うことを主たる目的とする外国

会社」（821 I ）を「もっぱら日本で事業を行うことを目的とする外国会社」と狭く
解釈するようである。

参 考 文 献

◆体系書

鈴木竹雄・新版会社法〔全訂第5版〕（弘文堂・1994）

鈴木竹雄＝竹内昭夫・会社法〔第3版〕（有斐閣・1994）

石井照久＝鴻常夫・会社法〔第1巻、第2巻以下未完〕（勁草書房・1977）

大隅健一郎＝今井宏・会社法論〔上巻・中巻＝第3版、下巻Ⅰ＝未刊、下巻Ⅱ＝初版〕（有斐閣・1991～92）

大隅健一郎＝今井宏＝小林量・新会社法概説〔第2版〕（有斐閣・2010）

河本一郎・現代会社法〔新訂第9版〕（商事法務・2004）

前田　庸・会社法入門〔第13版〕（有斐閣・2018）

龍田　節＝前田雅弘・会社法大要〔第3版〕（有斐閣・2022）

落合誠一・会社法要説〔第2版〕（有斐閣・2016）

江頭憲治郎・株式会社法〔第8版〕（有斐閣・2021）

森本　滋・会社法・商行為法手形法講義〔第4版〕（成文堂・2014）

永井和之・会社法〔第3版〕（有斐閣・2001）

宮島　司・会社法〔第3版〕（弘文堂・2023）

川村正幸＝仮屋広郷＝酒井太郎・詳説会社法（中央経済社・2016）

近藤光男・最新株式会社法〔第9版〕（中央経済社・2020）

北村雅史＝柴田和史＝山田純子・現代会社法入門〔第4版〕（有斐閣・2015）

柴田和史・会社法詳解〔第3版〕（商事法務・2021）

黒沼悦郎・会社法〔第2版〕（商事法務・2020）

弥永真生・リーガルマインド会社法〔第15版〕（有斐閣・2021）

田中　亘・会社法〔第4版〕（東京大学出版会・2023）

伊藤靖史＝大杉謙一＝田中亘＝松井秀征・会社法〔第5版〕（有斐閣・2021）

髙橋美加＝笠原武朗＝久保大作＝久保田安彦・会社法〔第3版〕（弘文堂・2020）

◆会社法の立案担当者による解説

相澤　哲編著・一問一答　新・会社法〔改訂版〕（商事法務・2009）

相澤　哲編著・立案担当者による新・会社法の解説（別冊商事法務295号・2006）

相澤　哲編著・立案担当者による新会社法関係法務省令の解説（別冊商事法務300号・2006）

相澤哲＝葉玉匡美＝郡谷大輔編著・論点解説　新・会社法　千問の道標（商事法務・2006）

◆平成26年会社法改正の立案担当者による解説

坂本三郎編著・一問一答　平成26年改正会社法〔第2版〕（商事法務・2015）

坂本三郎編著・立案担当者による平成26年改正会社法の解説（別冊商事法務393号・2015）

坂本三郎＝辰巳郁＝渡辺邦広編著・立案担当者による平成26年改正会社法関係法務省令の解説（別冊商事法務397号・2015）

◆令和元年会社法改正の立案担当者による解説

竹林俊憲編著・一問一答　令和元年改正会社法（商事法務・2020）

竹林俊憲ほか・令和元年改正会社法の解説（別冊商事法務454号所収・2020）

渡辺諭ほか・会社法施行規則等の一部を改正する省令の解説（別冊商事法務461号所収・2021）

◆注釈書

上柳克郎＝鴻常夫＝竹内昭夫〔編集代表〕・新版注釈会社法〔全15巻＋補巻4巻〕（有斐閣・1985〜2000）

江頭憲治郎＝森本滋〔編集代表〕・会社法コンメンタール〔全22巻＋補巻〕（商事法務・2008〜2021）

酒巻俊雄＝龍田節〔編集代表〕・逐条解説　会社法〔全9巻＋補巻〕（中央経済社・2008〜、刊行中）

奥島孝康＝落合誠一＝浜田道代編・新基本法コンメンタール　会社法〔第2版〕〔全3巻〕（日本評論社・2015〜2016）

弥永真生・コンメンタール会社法施行規則・電子公告規則〔第3版〕（商事法務・2021）

弥永真生・コンメンタール会社計算規則・商法施行規則〔第4版〕（商事法務・2022）

◆判例集など

神作裕之＝藤田友敬編・商法判例集〔第9版〕（有斐閣・2023）

神作裕之＝藤田友敬＝加藤貴仁編・会社法判例百選〔第4版〕（有斐閣・2021）

神田秀樹＝武井一浩編・判例精選：M＆A・組織再編（有斐閣・2013）

野村修也＝松井秀樹編・判例精選：コーポレート・ガバナンス（有斐閣・2013）

◆その他

浜田道代＝岩原紳作編・会社法の争点（有斐閣・2009）

芦部信喜ほか編・岩波講座・基本法学第7巻・企業（岩波書店・1983）

竹内昭夫＝龍田節編・現代企業法講座1〜3（東京大学出版会・1984〜85）

竹内昭夫＝弥永真生補訂・株式会社法講義（有斐閣・2001）

斎藤静樹・企業会計入門〔補訂版〕（有斐閣・2016）

河本一郎＝川口恭弘・新・日本の会社法〔第2版〕（商事法務・2020）

江頭憲治郎＝門口正人〔編集代表〕・会社法大系〔全4巻〕（青林書院・2008）

江頭憲治郎＝中村直人編著・論点体系会社法〔第2版〕〔全6巻〕（第一法規・2021）

江頭憲治郎編・株式会社法大系（有斐閣・2013）

神田秀樹編・論点詳解　平成26年改正会社法（商事法務・2015）

神田秀樹〔監修〕＝岩田合同法律事務所〔編著〕・時代を彩る商事判例（商事法務・2015）

三輪芳朗＝神田秀樹＝柳川範之編・会社法の経済学（東京大学出版会・1998）

柳川範之・契約と組織の経済学（東洋経済新報社・2000）

柳川範之・法と企業行動の経済分析（日本経済新聞社・2006）

岩村　充・企業金融講義（東洋経済新報社・2005）

田中亘編著・数字でわかる会社法〔第2版〕（有斐閣・2021）

田中亘＝白井正和＝久保田修平＝内田修平編・論究会社法：会社判例の理論と実務（有斐閣・2020）

鈴木一功＝田中亘編著・バリュエーションの理論と実務（日本経済新聞出版・2021）

ハウエル・ジャクソンほか／神田秀樹・草野耕一訳・数理法務概論（有斐閣・2014）

森田　果・実証分析入門（日本評論社・2014）

神田秀樹・会社法入門〔第3版〕（岩波新書・2023）

Reinier Kraakman et al., The Anatomy of Corporate Law（3d ed., Oxford University Press, 2017）〔本書の一部は、初版以来、この共同研究の成果に基づいている〕

Jean Tirole, The Theory of Corporate Finance（Princeton University Press, 2005）

平成17年改正前商法条文（抄）

〔カッコ内は対応する会社法の条文〕

12条（登記の効力）〔会社法908①〕
　登記スベキ事項ハ登記及公告ノ後ニ非ザレバ之ヲ以テ善意ノ第三者ニ対抗スルコトヲ得ズ登記及公告ノ後ト雖モ第三者ガ正当ノ事由ニ因リテ之ヲ知ラザリシトキ亦同ジ

14条（不実の登記）〔会社法908②〕
　故意又ハ過失ニ因リ不実ノ事項ヲ登記シタル者ハ其ノ事項ノ不実ナルコトヲ以テ善意ノ第三者ニ対抗スルコトヲ得ズ

23条（名板貸しの責任）〔会社法9〕
　自己ノ氏、氏名又ハ商号ヲ使用シテ営業ヲ為スコトヲ他人ニ許諾シタル者ハ自己ヲ営業主ナリト誤認シテ取引ヲ為シタル者ニ対シ其ノ取引ニ因リテ生ジタル債務ニ付其ノ他人ト連帯シテ弁済ノ責ニ任ズ

42条（表見支配人）〔会社法13〕
①本店又ハ支店ノ営業ノ主任者タルコトヲ示スベキ名称ヲ附シタル使用人ハ之ヲ其ノ本店又ハ支店ノ支配人ト同一ノ権限ヲ有スルモノト看做ス但シ裁判上ノ行為ニ付テハ此ノ限ニ在ラズ
②前項ノ規定ハ相手方ガ悪意ナリシ場合ニハ之ヲ適用セズ

46条（代理商）〔会社法16〕
　代理商トハ使用人ニ非ズシテ一定ノ商人ノ為ニ平常其ノ営業ノ部類ニ属スル取引ノ代理又ハ媒介ヲ為ス者ヲ謂フ

52条（会社の意義）（会社法なし）
①本法ニ於テ会社トハ商行為ヲ為スヲ業トスル目的ヲ以テ設立シタル社団ヲ謂フ
②営利ヲ目的トスル社団ニシテ本編ノ規定ニ依リ設立シタルモノハ商行為ヲ為スヲ業トセザルモ之ヲ会社ト看做ス

204条（株式の譲渡性とその制限）
　〔会社法107①・127・128②・139①〕
①株式ハ之ヲ他人ニ譲渡スコトヲ得但シ定款ヲ以テ取締役会ノ承認ヲ要スル旨ヲ定ムルコトヲ妨ゲズ
②株券ノ発行前ニ為シタル株式ノ譲渡ハ会社ニ対シ其ノ効力ヲ生ゼズ

222条（数種の株式）（抄）〔会社法108・115〕
①会社ハ左ニ掲グル事項ニ付内容ノ異ル数種ノ株式ヲ発行スルコトヲ得但シ第6号ニ掲グル事項ニ付内容ノ異ル数種ノ株式ヲ発行スルニハ株式ノ譲渡

ニ付取締役会ノ承認ヲ要スル旨ノ定款ノ定アルコトヲ要ス
1　利益又ハ利息ノ配当
2　残余財産ノ分配
3　株式ノ買受
4　利益ヲ以テスル株式ノ消却
5　株主総会ニ於テ議決権ヲ行使スルコトヲ得ベキ事項
6　其ノ種類ノ株主ノ総会（他ノ種類ノ株主ト共同シテ開催スルモノヲ含ム）ニ於ケル取締役又ハ監査役ノ選任
②前項ノ場合ニ於テハ定款ヲ以テ各種ノ株式ノ内容及数ヲ定ムルコトヲ要ス
③利益ノ配当ニ関シ内容ノ異ル種類ノ株式ニシテ会社ノ成立後発行スルモノノ内容中配当スベキ額ニ付テハ前項ノ規定ニ拘ラズ定款ヲ以テ第280条ノ2第1項〔新株発行事項ノ決定〕ノ株主総会又ハ取締役会ガ之ヲ定ムル旨ヲ定ムルコトヲ得但シ定款ヲ以テ配当スベキ額ニ付其ノ上限額其ノ他ノ算定ノ基準ノ要綱ヲ定メタルトキニ限ル
④会社ハ定款ヲ以テ議決権ヲ行使スルコトヲ得ベキ事項ニ付制限アル種類ノ株式（以下議決権制限株式ト称ス）ニ関シ之ヲ有スル株主ガ左ノ規定ノ全部又ハ一部ノ適用ニ付議決権ヲ有セザルモノトスル旨ヲ定ムルコトヲ得
1　総株主ノ議決権ノ100分ノ1、100分ノ3又ハ10分ノ1以上ヲ有スル株主ノ権利ノ行使ニ付テノ規定
2　第245条ノ5第6項〔簡易営業譲受ケへの反対〕、第358条第8項〔簡易株式交換への反対〕、第374条ノ23第8項〔承継会社での簡易吸収分割への反対〕又ハ第413条ノ3第8項〔簡易合併への反対〕ノ規定
⑤議決権制限株式ノ総数ハ発行済株式ノ総数ノ2分ノ1ヲ超ユルコトヲ得ズ
⑥前項ノ規定ニ拘ラズ一単元ノ株式ノ数ヲ定メタル会社ニ於テハ議決権制限株式ニ付テ存スル単元ノ数ハ発行済株式ノ全部ニ付テ存スル単元ノ数ノ2分ノ1ヲ超ユルコトヲ得ズ

245条（営業の譲渡・譲受け・賃貸等）（抄）
　〔会社法309②・467①〕
①会社ガ左ノ行為ヲ為スニハ第343条ニ定ムル決議〔特別決議〕ニ依ルコトヲ要ス
1　営業ノ全部又ハ重要ナル一部ノ譲渡
2　営業全部ノ賃貸、其ノ経営ノ委任、他人ト営業上ノ損益全部ヲ共通ニスル契約其ノ他之ニ準ズル契約ノ締結、変更又ハ解約

3　他ノ会社ノ営業全部ノ譲受

260条（取締役会の権限・業務を執行する取締役等）
〔会社法362②④・363・2〕
①取締役会ハ会社ノ業務執行ヲ決シ取締役ノ職務ノ執行ヲ監督ス
②取締役会ハ左ノ事項其ノ他ノ重要ナル業務執行ニ付テハ取締役ニ決セシムルコトヲ得ズ
　1　重要ナル財産ノ処分及譲受
　2　多額ノ借財
　3　支配人其ノ他ノ重要ナル使用人ノ選任及解任
　4　支店其ノ他ノ重要ナル組織ノ設置、変更及廃止
③左ニ掲グル取締役ハ会社ノ業務ヲ執行ス
　1　代表取締役
　2　代表取締役以外ノ取締役ニシテ取締役会ノ決議ニ依リ会社ノ業務ヲ執行スル取締役ニ指名セラレ其ノ指名ヲ受諾シタルモノ
④前項ノ取締役ハ3月ニ1回以上業務ノ執行ノ状況ヲ取締役会ニ報告スルコトヲ要ス
⑤第3項ノ取締役以外ノ取締役ニシテ会社ノ業務ヲ執行シタルモノハ第188条第2項第7号ノ2〔社外取締役の登記〕ノ規定ノ適用ニ付テハ会社又ハ子会社ノ業務ヲ執行スル取締役ト看做ス

262条（表見代表取締役）〔会社法354〕
社長、副社長、専務取締役、常務取締役其ノ他会社ヲ代表スル権限ヲ有スルモノト認ムベキ名称ヲ附シタル取締役ノ為シタル行為ニ付テハ其ノ者ガ代表権ヲ有セザル場合ト雖モ善意ノ第三者ニ対シテ其ノ責ニ任ズ

264条（取締役の競業避止義務）
〔会社法356・365〕
①取締役ガ自己又ハ第三者ノ為ニ会社ノ営業ノ部類ニ属スル取引ヲヲスニハ取締役会ニ於テ其ノ取引ニ付重要ナル事実ヲ開示シ其ノ承認ヲ受クルコトヲ要ス
②前項ノ取引ヲ為シタル取締役ハ遅滞ナク其ノ取引ニ付重要ナル事実ヲ取締役会ニ報告スルコトヲ要ス
③取締役ガ第1項ノ規定ニ違反シテ自己ノ為ニ取引ヲ為シタルトキハ取締役会ハ之ヲ以テ会社ノ為ニ為シタルモノト看做スコトヲ得
④前項ニ定ムル権利ハ取引ノ時ヨリ1年ヲ経過シタルトキハ消滅ス

265条（取締役の利益相反取引）〔会社法356・365〕
①取締役ガ会社ノ製品其ノ他ノ財産ヲ譲受ケ会社ニ対シ自己ノ製品其ノ他ノ財産ヲ譲渡シ会社ヨリ金銭ノ貸付ヲ受ケ其ノ他自己又ハ第三者ノ為ニ会社ト取引ヲ為スニハ取締役会ノ承認ヲ受クルコトヲ要ス会社ガ取締役ノ債務ヲ保証シ其ノ他取締役以外ノ者トノ間ニ於テ会社ト取締役トノ利益相反ス

ル取引ヲ為ストキ亦同ジ
②前項前段ノ承認アリタル場合ニ於テハ民法第108条〔自己契約・双方代理の禁止〕ノ規定ヲ適用セズ
③前条第2項〔重要な事実の報告〕ノ規定ハ第1項ノ取引ヲ為シタル取締役ニ之ヲ準用ス

266条（取締役の会社に対する責任）
〔会社法120④⑤・369⑤・423・424・430・462〕
①左ノ場合ニ於テハ其ノ行為ヲ為シタル取締役ハ会社ニ対シ連帯シテ第1号ニ在リテハ違法ニ配当又ハ分配ノ為サレタル額、第2号ニ在リテハ供与シタル利益ノ価額、第3号ニ在リテハ未ダ弁済ナキ額、第4号及第5号ニ在リテハ会社ガ蒙リタル損害額ニ付弁済又ハ賠償ノ責ニ任ズ
　1　第290条第1項〔利益配当の制限〕ノ規定ニ違反スル利益ノ配当ニ関スル議案ヲ総会ニ提出シ又ハ第293条ノ5第3項〔中間配当の制限〕ノ規定ニ違反スル金銭ノ分配ヲヲシタルトキ
　2　第295条第1項〔株主の権利行使に関する利益供与の禁止〕ノ規定ニ違反シテ財産上ノ利益ヲ供与シタルトキ
　3　他ノ取締役ニ対シ金銭ノ貸付ヲ為シタルトキ
　4　前条第1項ノ取引〔利益相反取引〕ヲ為シタルトキ
　5　法令又ハ定款ニ違反スル行為ヲ為シタルトキ
②前項ノ行為ガ取締役会ノ決議ニ基キテ為サレタルトキハ其ノ決議ニ賛成シタル取締役ハ其ノ行為ヲ為シタルモノト看做ス
③前項ノ決議ニ参加シタル取締役ニシテ議事録ニ異議ヲ止メザリシ者ハ其ノ決議ニ賛成シタルモノト推定ス
④取締役ガ第264条第1項〔競業避止義務〕ノ規定ニ違反シテ取引ヲ為シタルトキハ其ノ取引ニ因リ取締役又ハ第三者ガ得タル利益ノ額ハ第1項ノ会社ノ蒙リタル損害額ト推定ス但シ同条第三項ニ定ムル権利〔介入権〕ヲ行使シタルトキハ此ノ限ニ在ラズ
⑤第1項ノ取締役ノ責任ハ総株主ノ同意アルニ非ザレバ之ヲ免除スルコトヲ得ズ
⑥第1項第4号ノ取引ニ関スル取締役ノ責任ハ前項ノ規定ニ拘ラズ総株主ノ議決権ノ3分ノ2以上ノ多数ヲ以テ之ヲ免除スルコトヲ得此ノ場合ニ於テハ取締役ハ株主総会ニ於テ其ノ取引ニ付重要ナル事実ヲ開示スルコトヲ要ス

266条ノ3（取締役の第三者に対する責任）
〔会社法429・430・369⑤〕
①取締役ガ其ノ職務ヲ行フニ付悪意又ハ重大ナル過失アリタルトキハ其ノ取締役ハ第三者ニ対シテモ亦連帯シテ損害賠償ノ責ニ任ズ
②取締役ガ株式申込証ノ用紙、新株引受権証書、新株予約権申込証、社債申込証若ハ新株予約権付社債申込証ノ用紙若ハ目論見書若ハ此等ノ書類ノ作

成ニ代ヘテ電磁的記録ノ作成ガ為サレタル場合ニ
於ケル其ノ電磁的記録若ハ第281条第1項ニ掲グ
ルモノ〔計算書類・附属明細書〕ニ記載若ハ記録
スベキ重要ナル事項ニ付虚偽ノ記載若ハ記録ヲ為
シ又ハ虚偽ノ登記若ハ公告（第283条第7項前段
〔貸借対照表の電磁的公開〕ニ規定スル措置ヲ含
ム以下此ノ項ニ於テ同ジ）ヲ為シタルトキ亦前項
ニ同ジ但シ取締役ガ其ノ記載若ハ記録、登記又ハ
公告ヲ為スニ付注意ヲ怠ラザリシコトヲ証明シタ
ルトキハ此ノ限ニ在ラズ

③第266条第2項及第3項〔決議ニ賛成シタ取締役
ノ責任・議事録ニ異議ヲ止メナカッタ取締役ノ責
任〕ノ規定ハ前2項ノ場合ニ之ヲ準用ス

280条ノ2　（新株発行事項の決定）
〔会社法199①③・200①②③・201①②・309②〕

①会社ノ成立後株式ヲ発行スル場合ニ於テハ左ノ事
項ニシテ定款ニ定ナキモノハ取締役会之ヲ決ス但
シ本法ニ別段ノ定アルトキ又ハ定款ヲ以テ株主総
会ガ之ヲ決スル旨ヲ定メタルトキハ此ノ限ニ在ラ
ズ
　1　新株ノ種類及数
　2　新株ノ発行価額及払込期日
　3　現物出資ヲ為ス者ノ氏名、出資ノ目的タル財
　　産、其ノ価格並ニ之ニ対シテ与フル株式ノ種類
　　及数
　4　新株ノ発行価額中資本ニ組入レザル額
　5　株主ニ新株ノ引受権ヲ与フル旨並ニ引受権ノ
　　目的タル株式ノ種類、数及発行価額
　6　前号ノ引受権ヲ譲渡スコトヲ得ベキコト
　7　株主ノ請求アルトキニ限リ新株引受権証書ヲ
　　発行スベキコト及其ノ請求ヲ為スコトヲ得ベキ
　　期間
　8　株主以外ノ者ニシテ之ニ対シ特ニ有利ナル発
　　行価額ヲ以テ新株ヲ発行スベキモノ並ニ之ニ対
　　シ発行スル株式ノ種類、数及発行価額
　9　株式ノ譲渡ニ付取締役会ノ承認ヲ要スル旨ノ
　　定款ノ定アル場合ニ於テ第280条ノ5ノ2第1
　　項但書ノ決議〔第三者割当ての特別決議〕アル
　　トキハ新株ノ割当ヲ受クル者並ニ之ニ対シ割当
　　ツル株式ノ種類及数
②株主以外ノ者ニ対シ特ニ有利ナル発行価額ヲ以テ
新株ヲ発行スルニハ定款ニ之ニ関スル定アルトキ
ト雖モ其ノ者ニ対シ発行スルコトヲ得ベキ株式ノ
種類、数及最低発行価額ニ付第343条ニ定ムル決
議〔特別決議〕アルコトヲ要ス此ノ場合ニ於テハ
取締役ハ株主総会ニ於テ株主以外ノ者ニ対シ特ニ
有利ナル発行価額ヲ以テ新株ヲ発行スルコトヲ必
要トスル理由ヲ開示スルコトヲ要ス
③前項ノ場合ニ於ケル議案ノ要領ハ第232条ニ定ム
ル通知〔総会の招集通知〕ニ之ヲ記載若ハ記録ス
ルコトヲ要ス
④第2項ノ決議ハ決議ノ日ヨリ1年内ニ払込ヲ為ス
ベキ新株ニ付テノミ其ノ効力ヲ有ス

⑤市場価格アル株式ヲ公正ナル価額ニテ発行スル場
合ニ於テハ第1項第2号ノ発行価額ニ付テハ其ノ
決定ノ方法ヲ定ムルヲ以テ足ル

280条ノ10　（新株発行の差止め）〔会社法210〕

会社ガ法令若ハ定款ニ違反シ又ハ著シク不公正ナ
ル方法ニ依リテ株式ヲ発行シ之ニ因リ株主ガ不利益
ヲ受クル虞アル場合ニ於テハ其ノ株主ハ会社ニ対シ
其ノ発行ヲ止ムベキコトヲ請求スルコトヲ得

284条ノ2　（資本）〔会社法445①②〕

①会社ノ資本ハ本法ニ別段ノ定アル場合ヲ除クノ外
発行済株式ノ発行価額ノ総額トス
②株式ノ発行価額ノ2分ノ1ヲ超エザル額ハ資本ニ
組入レザルコトヲ得

290条　（利益の配当）〔会社法461・463②〕

①利益ノ配当ハ貸借対照表上ノ純資産額ヨリ左ノ金
額ヲ控除シタル額ヲ限度トシテ之ヲ為スコトヲ得
　1　資本ノ額
　2　資本準備金及利益準備金ノ合計額
　3　其ノ決算期ニ積立ツルコトヲ要スル利益準備
　　金ノ額
　4　其ノ他法務省令ニ定ムル額
②前項ノ規定ニ違反シテ配当ヲ為シタルトキハ会社
ノ債権者ハ之ヲ返還セシムルコトヲ得

コーポレートガバナンス・コード

(平成27年6月1日策定、平成30年6月1日・令和3年6月11日一部改訂)

第1章　株主の権利・平等性の確保

【基本原則1】　上場会社は、株主の権利が実質的に確保されるよう適切な対応を行うとともに、株主がその権利を適切に行使することができる環境の整備を行うべきである。

　また、上場会社は、株主の実質的な平等性を確保すべきである。

　少数株主や外国人株主については、株主の権利の実質的な確保、権利行使に係る環境や実質的な平等性の確保に課題や懸念が生じやすい面があることから、十分に配慮を行うべきである。

【原則1－1．株主の権利の確保】　上場会社は、株主総会における議決権をはじめとする株主の権利が実質的に確保されるよう、適切な対応を行うべきである。

[補充原則1－1①]　取締役会は、株主総会において可決には至ったものの相当数の反対票が投じられた会社提案議案があったと認めるときは、反対の理由や反対票が多くなった原因の分析を行い、株主との対話その他の対応の要否について検討を行うべきである。

[補充原則1－1②]　上場会社は、総会決議事項の一部を取締役会に委任するよう株主総会に提案するに当たっては、自らの取締役会においてコーポレートガバナンスに関する役割・責務を十分に果たし得るような体制が整っているか否かを考慮すべきである。他方で、上場会社において、そうした体制がしっかりと整っていると判断する場合には、上記の提案を行うことは、経営判断の機動性・専門性の確保の観点から望ましい場合があることを考慮に入れるべきである。

[補充原則1－1③]　上場会社は、株主の権利の重要性を踏まえ、その権利行使を事実上妨げることのないよう配慮すべきである。とりわけ、少数株主にも認められている上場会社及びその役員に対する特別な権利(違法行為の差止めや代表訴訟提起に係る権利等)については、その権利行使の確保に課題や懸念が生じやすい面があることから、十分に配慮を行うべきである。

【原則1－2．株主総会における権利行使】　上場会社は、株主総会が株主との建設的な対話の場であることを認識し、株主の視点に立って、株主総会における権利行使に係る適切な環境整備を行うべきである。

[補充原則1－2①]　上場会社は、株主総会において株主が適切な判断を行うことに資すると考えられる情報については、必要に応じ適確に提供すべきである。

[補充原則1－2②]　上場会社は、株主が総会議案の十分な検討期間を確保することができるよう、招集通知に記載する情報の正確性を担保しつつその早期発送に努めるべきであり、また、招集通知に記載する情報は、株主総会の招集に係る取締役会決議から招集通知を発送するまでの間に、TDnetや自社のウェブサイトにより電子的に公表すべきである。

[補充原則1－2③]　上場会社は、株主との建設的な対話の充実や、そのための正確な情報提供等の観点を考慮し、株主総会開催日をはじめとする株主総会関連の日程の適切な設定を行うべきである。

[補充原則1－2④]　上場会社は、自社の株主における機関投資家や海外投資家の比率等も踏まえ、議決権の電子行使を可能とするための環境作り(議決権電子行使プラットフォームの利用等)や招集通知の英訳を進めるべきである。

　特に、プライム市場上場会社は、少なくとも機関投資家向けに議決権電子行使プラットフォームを利用可能とすべきである。

[補充原則1－2⑤]　信託銀行等の名義で株式を保有する機関投資家等が、株主総会において、信託銀行等に代わって自ら議決権の行使等を行うことをあらかじめ希望する場合に対応するため、上場会社は、信託銀行等と協議しつつ検討を行うべきである。

【原則1－3．資本政策の基本的な方針】　上場会社は、資本政策の動向が株主の利益に重要な影響を与え得ることを踏まえ、資本政策の基本的な方針について説明を行うべきである。

【原則1－4．政策保有株式】　上場会社が政策保有株式として上場株式を保有する場合には、政策保有株式の縮減に関する方針・考え方など、政策保有に関する方針を開示すべきである。また、毎年、取締役会で、個別の政策保有株式について、保有目的が適切か、保有に伴う便益やリスクが資本コストに見合っているか等を具体的に精査し、保有の適否を検証するとともに、そうした検証の内容について開示すべきである。

　上場会社は、政策保有株式に係る議決権の行使について、適切な対応を確保するための具体的な基準を策定・開示し、その基準に沿った対応を行うべきである。

【補充原則１―４①】　上場会社は、自社の株式を政策保有株式として保有している会社（政策保有株主）からその株式の売却等の意向が示された場合には、取引の縮減を示唆することなどにより、売却等を妨げるべきではない。

【補充原則１―４②】　上場会社は、政策保有株主との間で、取引の経済合理性を十分に検証しないまま取引を継続するなど、会社や株主共同の利益を害するような取引を行うべきではない。

【原則１―５．いわゆる買収防衛策】　買収防衛の効果をもたらすことを企図してとられる方策は、経営陣・取締役会の保身を目的とするものであってはならない。その導入・運用については、取締役会・監査役は、株主に対する受託者責任を全うする観点から、その必要性・合理性をしっかりと検討し、適正な手続を確保するとともに、株主に十分な説明を行うべきである。

［補充原則１―５①］　上場会社は、自社の株式が公開買付けに付された場合には、取締役会としての考え方（対抗提案があればその内容を含む）を明確に説明すべきであり、また、株主が公開買付けに応じて株式を手放す権利を不当に妨げる措置を講じるべきではない。

【原則１―６．株主の利益を害する可能性のある資本政策】　支配権の変動や大規模な希釈化をもたらす資本政策（増資、ＭＢＯ等を含む）については、既存株主を不当に害することのないよう、取締役会・監査役は、株主に対する受託者責任を全うする観点から、その必要性・合理性をしっかりと検討し、適正な手続を確保するとともに、株主に十分な説明を行うべきである。

【原則１―７．関連当事者間の取引】　上場会社がその役員や主要株主等との取引（関連当事者間の取引）を行う場合には、そうした取引が会社や株主共同の利益を害することのないよう、また、そうした懸念を惹起することのないよう、取締役会は、あらかじめ、取引の重要性やその性質に応じた適切な手続を定めてその枠組みを開示するとともに、その手続を踏まえた監視（取引の承認を含む）を行うべきである。

第２章　株主以外のステークホルダーとの適切な協働

【基本原則２】　上場会社は、会社の持続的な成長と中長期的な企業価値の創出は、従業員、顧客、取引先、債権者、地域社会をはじめとする様々なステークホルダーによるリソースの提供や貢献の結果であることを十分に認識し、これらのステークホルダーとの適切な協働に努めるべきである。

　取締役会・経営陣は、これらのステークホルダーの権利・立場や健全な事業活動倫理を尊重する企業文化・風土の醸成に向けてリーダーシップを発揮すべきである。

【原則２―１．中長期的な企業価値向上の基礎となる経営理念の策定】　上場会社は、自らが担う社会的な責任についての考え方を踏まえ、様々なステークホルダーへの価値創造に配慮した経営を行いつつ中長期的な企業価値向上を図るべきであり、こうした活動の基礎となる経営理念を策定すべきである。

【原則２―２．会社の行動準則の策定・実践】　上場会社は、ステークホルダーとの適切な協働やその利益の尊重、健全な事業活動倫理などについて、会社としての価値観を示しその構成員が従うべき行動準則を定め、実践すべきである。取締役会は、行動準則の策定・改訂の責務を担い、これが国内外の事業活動の第一線にまで広く浸透し、遵守されるようにすべきである。

［補充原則２―２①］　取締役会は、行動準則が広く実践されているか否かについて、適宜または定期的にレビューを行うべきである。その際には、実質的に行動準則の趣旨・精神を尊重する企業文化・風土が存在するか否かに重点を置くべきであり、形式的な遵守確認に終始すべきではない。

【原則２―３．社会・環境問題をはじめとするサステナビリティを巡る課題】　上場会社は、社会・環境問題をはじめとするサステナビリティを巡る課題について、適切な対応を行うべきである。

［補充原則２―３①］　取締役会は、気候変動などの地球環境問題への配慮、人権の尊重、従業員の健康・労働環境への配慮や公正・適切な処遇、取引先との公正・適正な取引、自然災害等への危機管理など、サステナビリティを巡る課題への対応は、リスクの減少のみならず収益機会にもつながる重要な経営課題であると認識し、中長期的な企業価値の向上の観点から、これらの課題に積極的・能動的に取り組むよう検討を深めるべきである。

【原則２―４．女性の活躍促進を含む社内の多様性の確保】　上場会社は、社内に異なる経験・技能・属性を反映した多様な視点や価値観が存在することは、会社の持続的な成長を確保する上での強みとなり得る、との認識に立ち、社内における女性の活躍促進を含む多様性の確保を推進すべきである。

［補充原則２―４①］　上場会社は、女性・外国人・中途採用者の管理職への登用等、中核人材の登用等における多様性の確保についての考え方と自主的かつ測定可能な目標を示すとともに、その状況を開示すべきである。

　また、中長期的な企業価値の向上に向けた人材戦略の重要性に鑑み、多様性の確保に向けた人材育成方針と社内環境整備方針をその実施状況と併せて開示すべきである。

【原則2−5．内部通報】　上場会社は、その従業員等が、不利益を被る危険を懸念することなく、違法または不適切な行為・情報開示に関する情報や真摯な疑念を伝えることができるよう、また、伝えられた情報や疑念が客観的に検証され適切に活用されるよう、内部通報に係る適切な体制整備を行うべきである。取締役会は、こうした体制整備を実現する責務を負うとともに、その運用状況を監督すべきである。

［補充原則2−5①］　上場会社は、内部通報に係る体制整備の一環として、経営陣から独立した窓口の設置（例えば、社外取締役と監査役による合議体を窓口とする等）を行うべきであり、また、情報提供者の秘匿と不利益取扱の禁止に関する規律を整備すべきである。

【原則2−6．企業年金のアセットオーナーとしての機能発揮】　上場会社は、企業年金の積立金の運用が、従業員の安定的な資産形成に加えて自らの財政状態にも影響を与えることを踏まえ、企業年金が運用（運用機関に対するモニタリングなどのスチュワードシップ活動を含む）の専門性を高めてアセットオーナーとして期待される機能を発揮できるよう、運用に当たる適切な資質を持った人材の計画的な登用・配置などの人事面や運営面における取組みを行うとともに、そうした取組みの内容を開示すべきである。その際、上場会社は、企業年金の受益者と会社との間に生じ得る利益相反が適切に管理されるようにすべきである。

第3章　適切な情報開示と透明性の確保

【基本原則3】　上場会社は、会社の財政状態・経営成績等の財務情報や、経営戦略・経営課題、リスクやガバナンスに係る経営情報等の非財務情報について、法令に基づく開示を適切に行うとともに、法令に基づく開示以外の情報提供にも主体的に取り組むべきである。

その際、取締役会は、開示・提供される情報が株主との間で建設的な対話を行う上での基盤となることも踏まえ、そうした情報（とりわけ非財務情報）が、正確で利用者にとって分かりやすく、情報として有用性の高いものとなるようにすべきである。

【原則3−1．情報開示の充実】　上場会社は、法令に基づく開示を適切に行うことに加え、会社の意思決定の透明性・公正性を確保し、実効的なコーポレートガバナンスを実現するとの観点から、（本コードの各原則において開示を求めている事項のほか、）以下の事項について開示し、主体的な情報発信を行うべきである。

(i)会社の目指すところ（経営理念等）や経営戦略、経営計画

(ii)本コードのそれぞれの原則を踏まえた、コーポレートガバナンスに関する基本的な考え方と基本方針

(iii)取締役会が経営陣幹部・取締役の報酬を決定するに当たっての方針と手続

(iv)取締役会が経営陣幹部の選解任と取締役・監査役候補の指名を行うに当たっての方針と手続

(v)取締役会が上記(iv)を踏まえて経営陣幹部の選解任と取締役・監査役候補の指名を行う際の、個々の選解任・指名についての説明

［補充原則3−1①］　上記の情報の開示（法令に基づく開示を含む）に当たって、取締役会は、ひな型的な記述や具体性を欠く記述を避け、利用者にとって付加価値の高い記載となるようにすべきである。

［補充原則3−1②］　上場会社は、自社の株主における海外投資家等の比率も踏まえ、合理的な範囲において、英語での情報の開示・提供を進めるべきである。

特に、プライム市場上場会社は、開示書類のうち必要とされる情報について、英語での開示・提供を行うべきである。

［補充原則3−1③］　上場会社は、経営戦略の開示に当たって、自社のサステナビリティについての取組みを適切に開示すべきである。また、人的資本や知的財産への投資等についても、自社の経営戦略・経営課題との整合性を意識しつつ分かりやすく具体的に情報を開示・提供すべきである。

特に、プライム市場上場会社は、気候変動に係るリスク及び収益機会が自社の事業活動や収益等に与える影響について、必要なデータの収集と分析を行い、国際的に確立された開示の枠組みであるTCFDまたはそれと同等の枠組みに基づく開示の質と量の充実を進めるべきである。

【原則3−2．外部会計監査人】　外部会計監査人及び上場会社は、外部会計監査人が株主・投資家に対して責務を負っていることを認識し、適正な監査の確保に向けて適切な対応を行うべきである。

［補充原則3−2①］　監査役会は、少なくとも下記の対応を行うべきである。

(i)外部会計監査人候補を適切に選定し外部会計監査人を適切に評価するための基準の策定

(ii)外部会計監査人に求められる独立性と専門性を有しているか否かについての確認

［補充原則3−2②］　取締役会及び監査役会は、少なくとも下記の対応を行うべきである。

(i)高品質な監査を可能とする十分な監査時間の確保

(ii)外部会計監査人からCEO・CFO等の経営陣幹部へのアクセス（面談等）の確保

(iii)外部会計監査人と監査役（監査役会への出席を含む）、内部監査部門や社外取締役との十分な連携の確保

(iv)外部会計監査人が不正を発見し適切な対応を求めた場合や、不備・問題点を指摘した場合の会

社側の対応体制の確立

第4章　取締役会等の責務

【基本原則4】　上場会社の取締役会は、株主に対する受託者責任・説明責任を踏まえ、会社の持続的成長と中長期的な企業価値の向上を促し、収益力・資本効率等の改善を図るべく、
(1)　企業戦略等の大きな方向性を示すこと
(2)　経営陣幹部による適切なリスクテイクを支える環境整備を行うこと
(3)　独立した客観的な立場から、経営陣（執行役及びいわゆる執行役員を含む）・取締役に対する実効性の高い監督を行うこと
をはじめとする役割・責務を適切に果たすべきである。
　こうした役割・責務は、監査役会設置会社（その役割・責務の一部は監査役及び監査役会が担うこととなる）、指名委員会等設置会社、監査等委員会設置会社など、いずれの機関設計を採用する場合にも、等しく適切に果たされるべきである。

【原則4－1．取締役会の役割・責務(1)】　取締役会は、会社の目指すところ（経営理念等）を確立し、戦略的な方向付けを行うことを主要な役割・責務の一つと捉え、具体的な経営戦略や経営計画等について建設的な議論を行うべきであり、重要な業務執行の決定を行う場合には、上記の戦略的な方向付けを踏まえるべきである。
[補充原則4－1①]　取締役会は、取締役会自身として何を判断・決定し、何を経営陣に委ねるのかに関連して、経営陣に対する委任の範囲を明確に定め、その概要を開示すべきである。
[補充原則4－1②]　取締役会・経営陣幹部は、中期経営計画も株主に対するコミットメントの一つであるとの認識に立ち、その実現に向けて最善の努力を行うべきである。仮に、中期経営計画が目標未達に終わった場合には、その原因や自社が行った対応の内容を十分に分析し、株主に説明を行うとともに、その分析を次期以降の計画に反映させるべきである。
[補充原則4－1③]　取締役会は、会社の目指すところ（経営理念等）や具体的な経営戦略を踏まえ、最高経営責任者（CEO）等の後継者計画（プランニング）の策定・運用に主体的に関与するとともに、後継者候補の育成が十分な時間と資源をかけて計画的に行われていくよう、適切に監督を行うべきである。

【原則4－2．取締役会の役割・責務(2)】　取締役会は、経営陣幹部による適切なリスクテイクを支える環境整備を行うことを主要な役割・責務の一つと捉え、経営陣からの健全な企業家精神に基づく提案を歓迎しつつ、説明責任の確保に向けて、そうした提案について独立した客観的な立場において多角的か

つ十分な検討を行うとともに、承認した提案が実行される際には、経営陣幹部の迅速・果断な意思決定を支援すべきである。
　また、経営陣の報酬については、中長期的な会社の業績や潜在的リスクを反映させ、健全な企業家精神の発揮に資するようなインセンティブ付けを行うべきである。
[補充原則4－2①]　取締役会は、経営陣の報酬が持続的な成長に向けた健全なインセンティブとして機能するよう、客観性・透明性ある手続に従い、報酬制度を設計し、具体的な報酬額を決定すべきである。その際、中長期的な業績と連動する報酬の割合や、現金報酬と自社株報酬との割合を適切に設定すべきである。
[補充原則4－2②]　取締役会は、中長期的な企業価値の向上の観点から、自社のサステナビリティを巡る取組みについて基本的な方針を策定すべきである。
　また、人的資本・知的財産への投資等の重要性に鑑み、これらをはじめとする経営資源の配分や、事業ポートフォリオに関する戦略の実行が、企業の持続的な成長に資するよう、実効的に監督を行うべきである。

【原則4－3．取締役会の役割・責務(3)】　取締役会は、独立した客観的な立場から、経営陣・取締役に対する実効性の高い監督を行うことを主要な役割・責務の一つと捉え、適切に会社の業績等の評価を行い、その評価を経営陣幹部の人事に適切に反映すべきである。
　また、取締役会は、適時かつ正確な情報開示が行われるよう監督を行うとともに、内部統制やリスク管理体制を適切に整備すべきである。
　更に、取締役会は、経営陣・支配株主等の関連当事者と会社との間に生じ得る利益相反を適切に管理すべきである。
[補充原則4－3①]　取締役会は、経営陣幹部の選任や解任について、会社の業績等の評価を踏まえ、公正かつ透明性の高い手続に従い、適切に実行すべきである。
[補充原則4－3②]　取締役会は、CEOの選解任は、会社における最も重要な戦略的意思決定であることを踏まえ、客観性・適時性・透明性ある手続に従い、十分な時間と資源をかけて、資質を備えたCEOを選任すべきである。
[補充原則4－3③]　取締役会は、会社の業績等の適切な評価を踏まえ、CEOがその機能を十分発揮していないと認められる場合に、CEOを解任するための客観性・適時性・透明性ある手続を確立すべきである。
[補充原則4－3④]　内部統制や先を見越した全社的リスク管理体制の整備は、適切なコンプライアンスの確保とリスクテイクの裏付けとなり得るものであり、取締役会はグループ全体を含めたこれ

らの体制を適切に構築し、内部監査部門を活用し
つつ、その運用状況を監督すべきである。

【原則4－4．監査役及び監査役会の役割・責務】
監査役及び監査役会は、取締役の職務の執行の監査、
監査役・外部会計監査人の選解任や監査報酬に係る
権限の行使などの役割・責務を果たすに当たって、
株主に対する受託者責任を踏まえ、独立した客観的
な立場において適切な判断を行うべきである。

　また、監査役及び監査役会に期待される重要な役
割・責務には、業務監査・会計監査をはじめとする
いわば「守りの機能」があるが、こうした機能を含
め、その役割・責務を十分に果たすためには、自ら
の守備範囲を過度に狭く捉えることは適切でなく、
能動的・積極的に権限を行使し、取締役会において
あるいは経営陣に対して適切に意見を述べるべきで
ある。

　[補充原則4－4①]　監査役会は、会社法により、
　　その半数以上を社外監査役とすること及び常勤の
　　監査役を置くことの双方が求められていることを
　　踏まえ、その役割・責務を十分に果たすとの観点
　　から、前者に由来する強固な独立性と、後者が保
　　有する高度な情報収集力とを有機的に組み合わせ
　　て実効性を高めるべきである。また、監査役また
　　は監査役会は、社外取締役が、その独立性に影響
　　を受けることなく情報収集力の強化を図ること
　　ができるよう、社外取締役との連携を確保すべき
　　である。

【原則4－5．取締役・監査役等の受託者責任】　上
場会社の取締役・監査役及び経営陣は、それぞれの
株主に対する受託者責任を認識し、ステークホルダ
ーとの適切な協働を確保しつつ、会社や株主共同の
利益のために行動すべきである。

【原則4－6．経営の監督と執行】　上場会社は、取
締役会による独立かつ客観的な経営の監督の実効性
を確保すべく、業務の執行には携わらない、業務の
執行と一定の距離を置く取締役の活用について検討
すべきである。

【原則4－7．独立社外取締役の役割・責務】　上場
会社は、独立社外取締役には、特に以下の役割・責
務を果たすことが期待されることに留意しつつ、そ
の有効な活用を図るべきである。
（ⅰ）経営の方針や経営改善について、自らの知見に基
　　づき、会社の持続的な成長を促し中長期的な企業
　　価値の向上を図る、との観点からの助言を行うこ
　　と
（ⅱ）経営陣幹部の選解任その他の取締役会の重要な意
　　思決定を通じ、経営の監督を行うこと
（ⅲ）会社と経営陣・支配株主等との間の利益相反を監
　　督すること
（ⅳ）経営陣・支配株主から独立した立場で、少数株主

をはじめとするステークホルダーの意見を取締役
会に適切に反映させること

【原則4－8．独立社外取締役の有効な活用】　独立
社外取締役は会社の持続的な成長と中長期的な企業
価値の向上に寄与するように役割・責務を果たすべ
きであり、プライム市場上場会社はそのような資質
を十分に備えた独立社外取締役を少なくとも3分の
1（その他の市場の上場会社においては2名）以上
選任すべきである。

　また、上記にかかわらず、業種・規模・事業特
性・機関設計・会社をとりまく環境等を総合的に勘
案して、過半数の独立社外取締役を選任することが
必要と考えるプライム市場上場会社（その他の市場
の上場会社においては少なくとも3分の1以上の独
立社外取締役を選任することが必要と考える上場会
社）は、十分な人数の独立社外取締役を選任すべき
である。

　[補充原則4－8①]　独立社外取締役は、取締役会
　　における議論に積極的に貢献するとの観点から、
　　例えば、独立社外者のみを構成員とする会合を定
　　期的に開催するなど、独立した客観的な立場に基
　　づく情報交換・認識共有を図るべきである。
　[補充原則4－8②]　独立社外取締役は、例えば、
　　互選により「筆頭独立社外取締役」を決定するこ
　　となどにより、経営陣との連絡・調整や監査役ま
　　たは監査役会との連携に係る体制整備を図るべき
　　である。
　[補充原則4－8③]　支配株主を有する上場会社は、
　　取締役会において支配株主からの独立性を有する
　　独立社外取締役を少なくとも3分の1以上（プラ
　　イム市場上場会社においては過半数）選任するか、
　　または支配株主と少数株主との利益が相反する重
　　要な取引・行為について審議・検討を行う、独立
　　社外取締役を含む独立性を有する者で構成された
　　特別委員会を設置すべきである。

【原則4－9．独立社外取締役の独立性判断基準及
び資質】　取締役会は、金融商品取引所が定める独
立性基準を踏まえ、独立社外取締役となる者の独立
性をその実質面において担保することに主眼を置い
た独立性判断基準を策定・開示すべきである。また、
取締役会は、取締役会における率直・活発で建設的
な検討への貢献が期待できる人物を独立社外取締役
の候補者として選定するよう努めるべきである。

【原則4－10．任意の仕組みの活用】　上場会社は、
会社法が定める会社の機関設計のうち会社の特性に
応じて最も適切な形態を採用するに当たり、必要に
応じて任意の仕組みを活用することにより、統治機
能の更なる充実を図るべきである。
　[補充原則4－10①]　上場会社が監査役会設置会社
　　または監査等委員会設置会社であって、独立社外
　　取締役が取締役会の過半数に達していない場合に

は、経営陣幹部・取締役の指名（後継者計画を含む）・報酬などに係る取締役会の機能の独立性・客観性と説明責任を強化するため、取締役会の下に独立社外取締役を主要な構成員とする独立した指名委員会・報酬委員会を設置することにより、指名や報酬などの特に重要な事項に関する検討に当たり、ジェンダー等の多様性やスキルの観点を含め、これらの委員会の適切な関与・助言を得るべきである。

　特に、プライム市場上場会社は、各委員会の構成員の過半数を独立社外取締役とすることを基本とし、その委員会構成の独立性に関する考え方・権限・役割等を開示すべきである。

【原則4―11. 取締役会・監査役会の実効性確保のための前提条件】　取締役会は、その役割・責務を実効的に果たすための知識・経験・能力を全体としてバランス良く備え、ジェンダーや国際性、職歴、年齢の面を含む多様性と適正規模を両立させる形で構成されるべきである。また、監査役には、適切な経験・能力及び必要な財務・会計・法務に関する知識を有する者が選任されるべきであり、特に、財務・会計に関する十分な知見を有している者が1名以上選任されるべきである。

　取締役会は、取締役会全体としての実効性に関する分析・評価を行うことなどにより、その機能の向上を図るべきである。

［補充原則4―11①］　取締役会は、経営戦略に照らして自らが備えるべきスキル等を特定した上で、取締役会の全体としての知識・経験・能力のバランス、多様性及び規模に関する考え方を定め、各取締役の知識・経験・能力等を一覧化したいわゆるスキル・マトリックスをはじめ、経営環境や事業特性等に応じた適切な形で取締役の有するスキル等の組み合わせを取締役の選任に関する方針・手続と併せて開示すべきである。その際、独立社外取締役には、他社での経営経験を有する者を含めるべきである。

［補充原則4―11②］　社外取締役・社外監査役をはじめ、取締役・監査役は、その役割・責務を適切に果たすために必要となる時間・労力を取締役・監査役の業務に振り向けるべきである。こうした観点から、例えば、取締役・監査役が他の上場会社の役員を兼任する場合には、その数は合理的な範囲にとどめるべきであり、上場会社は、その兼任状況を毎年開示すべきである。

［補充原則4―11③］　取締役会は、毎年、各取締役の自己評価なども参考にしつつ、取締役会全体の実効性について分析・評価を行い、その結果の概要を開示すべきである。

【原則4―12. 取締役会における審議の活性化】　取締役会は、社外取締役による問題提起を含め自由闊達で建設的な議論・意見交換を尊ぶ気風の醸成に努

めるべきである。

［補充原則4―12①］　取締役会は、会議運営に関する下記の取扱いを確保しつつ、その審議の活性化を図るべきである。

　(i)取締役会の資料が、会日に十分に先立って配布されるようにすること

　(ii)取締役会の資料以外にも、必要に応じ、会社から取締役に対して十分な情報が（適切な場合には、要点を把握しやすいように整理・分析された形で）提供されるようにすること

　(iii)年間の取締役会開催スケジュールや予想される審議事項について決定しておくこと

　(iv)審議項目数や開催頻度を適切に設定すること

　(v)審議時間を十分に確保すること

【原則4―13. 情報入手と支援体制】　取締役・監査役は、その役割・責務を実効的に果たすために、能動的に情報を入手すべきであり、必要に応じ、会社に対して追加の情報提供を求めるべきである。

　また、上場会社は、人員面を含む取締役・監査役の支援体制を整えるべきである。

　取締役会・監査役会は、各取締役・監査役が求める情報の円滑な提供が確保されているかどうかを確認すべきである。

［補充原則4―13①］　社外取締役を含む取締役は、透明・公正かつ迅速・果断な会社の意思決定に資するとの観点から、必要と考える場合には、会社に対して追加の情報提供を求めるべきである。また、社外監査役を含む監査役は、法令に基づく調査権限を行使することを含め、適切に情報入手を行うべきである。

［補充原則4―13②］　取締役・監査役は、必要と考える場合には、会社の費用において外部の専門家の助言を得ることも考慮すべきである。

［補充原則4―13③］　上場会社は、取締役会及び監査役会の機能発揮に向け、内部監査部門がこれらに対しても適切に直接報告を行う仕組みを構築すること等により、内部監査部門と取締役・監査役との連携を確保すべきである。また、上場会社は、例えば、社外取締役・社外監査役の指示を受けて会社の情報を適確に提供できるよう社内との連絡・調整にあたる者の選任など、社外取締役や社外監査役に必要な情報を適確に提供するための工夫を行うべきである。

【原則4―14. 取締役・監査役のトレーニング】　新任者をはじめとする取締役・監査役は、上場会社の重要な統治機関の一翼を担う者として期待される役割・責務を適切に果たすため、その役割・責務に係る理解を深めるとともに、必要な知識の習得や適切な更新等の研鑽に努めるべきである。このため、上場会社は、個々の取締役・監査役に適合したトレーニングの機会の提供・斡旋やその費用の支援を行うべきであり、取締役会は、こうした対応が適切にと

られているか否かを確認すべきである。

［補充原則4—14①］　社外取締役・社外監査役を含む取締役・監査役は、就任の際には、会社の事業・財務・組織等に関する必要な知識を取得し、取締役・監査役に求められる役割と責務（法的責任を含む）を十分に理解する機会を得るべきであり、就任後においても、必要に応じ、これらを継続的に更新する機会を得るべきである。

［補充原則4—14②］　上場会社は、取締役・監査役に対するトレーニングの方針について開示を行うべきである。

第5章　株主との対話

【基本原則5】　上場会社は、その持続的な成長と中長期的な企業価値の向上に資するため、株主総会の場以外においても、株主との間で建設的な対話を行うべきである。

　経営陣幹部・取締役（社外取締役を含む）は、こうした対話を通じて株主の声に耳を傾け、その関心・懸念に正当な関心を払うとともに、自らの経営方針を株主に分かりやすい形で明確に説明しその理解を得る努力を行い、株主を含むステークホルダーの立場に関するバランスのとれた理解と、そうした理解を踏まえた適切な対応に努めるべきである。

【原則5—1．株主との建設的な対話に関する方針】

　上場会社は、株主からの対話（面談）の申込みに対しては、会社の持続的な成長と中長期的な企業価値の向上に資するよう、合理的な範囲で前向きに対応すべきである。取締役会は、株主との建設的な対話を促進するための体制整備・取組みに関する方針を検討・承認し、開示すべきである。

［補充原則5—1①］　株主との実際の対話（面談）の対応者については、株主の希望と面談の主な関心事項も踏まえた上で、合理的な範囲で、経営陣幹部、社外取締役を含む取締役または監査役が面談に臨むことを基本とすべきである。

［補充原則5—1②］　株主との建設的な対話を促進するための方針には、少なくとも以下の点を記載すべきである。

(i)株主との対話全般について、下記(ii)～(v)に記載する事項を含めその統括を行い、建設的な対話が実現するように目配りを行う経営陣または取締役の指定

(ii)対話を補助する社内のIR担当、経営企画、総務、財務、経理、法務部門等の有機的な連携のための方策

(iii)個別面談以外の対話の手段（例えば、投資家説明会やIR活動）の充実に関する取組み

(iv)対話において把握された株主の意見・懸念の経営陣幹部や取締役会に対する適切かつ効果的なフィードバックのための方策

(v)対話に際してのインサイダー情報の管理に関する方策

［補充原則5—1③］　上場会社は、必要に応じ、自らの株主構造の把握に努めるべきであり、株主も、こうした把握作業にできる限り協力することが望ましい。

【原則5—2．経営戦略や経営計画の策定・公表】

経営戦略や経営計画の策定・公表に当たっては、自社の資本コストを的確に把握した上で、収益計画や資本政策の基本的な方針を示すとともに、収益力・資本効率等に関する目標を提示し、その実現のために、事業ポートフォリオの見直しや、設備投資・研究開発投資・人的資本への投資等を含む経営資源の配分等に関し具体的に何を実行するのかについて、株主に分かりやすい言葉・論理で明確に説明を行うべきである。

［補充原則5—2①］　上場会社は、経営戦略等の策定・公表に当たっては、取締役会において決定された事業ポートフォリオに関する基本的な方針や事業ポートフォリオの見直しの状況について分かりやすく示すべきである。

プライム市場上場会社向けコード

補充原則1—2④	機関投資家向け議決権電子行使プラットフォームを利用可能に
補充原則3—1②	英文開示
補充原則3—1③	気候変動関連リスク等の開示
原則4—8	独立社外取締役3分の1以上
補充原則4—8③	支配株主がいる場合は、支配株主からの独立社外取締役過半数または独立した特別委員会
補充原則4—10①	指名委員会・報酬委員会における独立社外取締役過半数および役割等の開示

コードにコンプライする場合における情報開示

原則1—4	政策保有株式
原則1—7	関連当事者間の取引
補充原則2—4①	中核人材の多様性
原則2—6	アセットオーナーの機能発揮
原則3—1	情報開示一般
補充原則3—1③前段	サステナビリティ
補充原則4—1①	取締役会から経営陣への委任
原則4—9	独立社外取締役の独立性の基準
補充原則4—11①	取締役会におけるスキル等
補充原則4—11②	取締役・監査役の兼任
補充原則4—11③	取締役会の実効性評価
補充原則4—14②	取締役・監査役のトレーニング
原則5—1	株主との建設的な対話
プライム市場上場会社向け	
補充原則3—1③後段	TCFDまたは同等の枠組みに基づく気候変動関連の開示
補充原則4—10①	指名委員会・報酬委員会

東京証券取引所の企業行動規範

区分	遵守すべき事項	望まれる事項
流通市場の機能維持	・流通市場に混乱をもたらす株式分割等の禁止 ・MSCBの転換又は行使の制限 ・上場会社監査事務所等による監査 ・内部者取引の禁止 ・反社会的勢力の排除 ・その他流通市場の機能を毀損すると東証が認める行為の禁止	・望ましい投資単位の水準維持（50万円未満）※ ・内部者取引の未然防止に向けた環境整備 ・反社会的勢力の排除に向けた体制整備等 ・会計基準等の変更等への的確な対応に向けた体制整備 ・決算内容に関する補足説明資料の公平な提供
少数株主の権利保護	・第三者割当に係る行為規範（株主の意思確認又は独立した者の意見入手） ・書面による議決権行使 ・上場外国会社における実質株主の議決権行使を容易にするための措置 ・独立役員の確保（1名以上） ・コーポレートガバナンス・コードを実施するか、実施しない場合の理由の説明※※ ・機関設計の制限（監査役会又は委員会設置会社） ・社外取締役の確保（1名以上） ・金融商品取引法上の監査人と会社法上の会計監査人の一致（選任プロセスへの株主関与） ・業務の適正を確保するための必要な体制整備と適切な運用 ・買収防衛策の導入に際しての遵守事項 ・MBOの開示に係る遵守事項 ・支配株主との重要な取引等に係る行為規範（利害関係のない者の意見入手） ・その他株主の権利を毀損すると東証が認める行為の禁止	・コーポレートガバナンス・コードの尊重※※ ・取締役である独立役員の確保（取締役である独立役員を少なくとも1名以上） ・独立役員が機能するための環境整備 ・独立役員等に関する情報の株主への提供 ・女性役員の選任※ ・議決権行使を容易にするための環境整備 ・無議決権株式の株主に対する情報提供

※2023年10月改訂ないし追加
※※グロース市場上場会社については、基本原則以外の原則は「望まれる事項」

事項索引

〔　〕はその用語の定義のある会社法の条文を示す

判例索引

著者紹介

神田　秀樹（かんだ　ひでき）

　1953年生まれ。
　1977年東京大学法学部卒業。
　現在：学習院大学教授・東京大学名誉教授
　著　書：『会社法入門〔第3版〕』（岩波新書・2023）
　　　　　『金融商品取引法概説〔第2版〕』（共編著、有斐閣・2017）
　　　　　『金融法講義〔新版〕』（共編著、岩波書店・2017）
　　　　　『数理法務概論』（共訳、有斐閣・2014）
　　　　　『信託法講義〔第2版〕』（共著、弘文堂・2019）

会　社　法〔第26版〕　　　　　法律学講座双書

2001年10月30日	初版1刷発行	2012年3月15日	第14版1刷発行
2002年4月30日	第2版1刷発行	2013年3月15日	第15版1刷発行
2002年11月15日	第3版1刷発行	2014年9月30日	第16版1刷発行
2003年4月15日	第4版1刷発行	2015年6月15日	第17版1刷発行
2004年10月15日	第5版1刷発行	2016年3月15日	第18版1刷発行
2005年4月15日	第6版1刷発行	2017年3月30日	第19版1刷発行
2005年10月15日	第7版1刷発行	2018年3月30日	第20版1刷発行
2006年4月15日	第8版1刷発行	2019年3月15日	第21版1刷発行
2007年3月15日	第9版1刷発行	2020年3月30日	第22版1刷発行
2008年3月15日	第10版1刷発行	2021年3月30日	第23版1刷発行
2009年3月15日	第11版1刷発行	2022年3月30日	第24版1刷発行
2010年3月15日	第12版1刷発行	2023年3月30日	第25版1刷発行
2011年3月15日	第13版1刷発行	2024年3月30日	第26版1刷発行

　著　者　神田　秀樹

　発行者　鯉渕　友南

　発行所　株式会社　弘文堂　　101-0062　東京都千代田区神田駿河台1の7
　　　　　　　　　　　　　　　TEL 03（3294）4801　　振替 00120-6-53909
　　　　　　　　　　　　　　　https://www.koubundou.co.jp

　装　幀　遠山　八郎

　印　刷　港北メディアサービス

　製　本　井上製本所

Ⓒ 2024 Hideki Kanda. Printed in Japan

ISBN978-4-335-31561-9

法律学講座双書